Illustrationen:
Amelie Glienke: S. 169, 175, 255

Projektleitung	Gabriele Biela
Redaktion	Friederike Schöning, Dietlinde Thomas, Cathérine Lau
Bildrecherche	Kirsten Greve, Gertha Maly, EYES-OPEN
Gesamtgestaltung und technische Umsetzung	EYES-OPEN – Agentur für Text & Design, Berlin

www.cornelsen.de

Die Webseiten Dritter, deren Internetadressen in diesem Lehrwerk angegeben sind, wurden vor Drucklegung sorgfältig geprüft. Der Verlag übernimmt keine Gewähr für die Aktualität und den Inhalt dieser Seiten oder solcher, die mit ihnen verlinkt sind.

Dieses Werk berücksichtigt die Regeln der reformierten Rechtschreibung und Zeichensetzung. Bei den mit [R] gekennzeichneten Texten haben die Rechteinhaber einer Anpassung widersprochen.

1. Auflage, 3. Druck 2015

Alle Drucke dieser Auflage sind inhaltlich unverändert und können im Unterricht nebeneinander verwendet werden.

Druck: Stürtz GmbH, Würzburg

ISBN 978-3-06-061207-9

PEFC
PEFC/04-31-1404

PEFC zertifiziert
Dieses Produkt stammt aus nachhaltig bewirtschafteten Wäldern und kontrollierten Quellen.
www.pefc.de

Das Deutschbuch

für die Fachhochschulreife

Herausgegeben von
Thomas Rahner, Christoph Scheele, Helmut van Züren

Erarbeitet von
Martina Biermann, Ralf Dettinger, Gabriele Harff-König, Elisabeth Hennemann, Dr. Manfred Hilke, Julia Kirchen, Petra Pascher, Thomas Rahner, Marianne Rock, Christoph Scheele, Martina Schulz-Hamann, Helmut van Züren

Cornelsen

Vorwort

Liebe Schülerinnen, liebe Schüler,

Sie möchten die Fachhochschulreife erwerben. Das Fach Deutsch bildet dafür eine wichtige Grundlage: In Schule, Studium und Beruf wird es immer wichtiger, kommunikative Situationen richtig zu deuten und sie angemessen zu gestalten. Das erfordert Kompetenzen im Sprechen, im Schreiben und im Umgang mit Texten aller Medien.
Dieses Buch bietet Ihnen dafür Hilfestellungen.

„Das Deutschbuch“ ist nach folgenden Bausteinen gegliedert:

Basisbaustein
Die Kapitel im Basisbaustein bilden das Fundament. Hier finden Sie Grundlagenwissen zum Üben und Festigen, je nach Ihrem Leistungsstand.
An jedes Kapitel dieses Bausteins schließen sich einige Seiten *Weiterführendes* an, die Ihnen die Möglichkeit geben, ergänzendes Wissen zu den jeweiligen Themen selbstständig zu erarbeiten.

Wiederholung
Hier können Sie die zuvor erworbenen Lerninhalte wiederholen, um die Grundlage für die anschließenden Kapitel zu legen.

Lernbaustein 1 und **Lernbaustein 2**
Die Kapitel in diesen Bausteinen bauen aufeinander auf und führen Sie gezielt zu den notwendigen Qualifikationen für die Fachhochschulreife.
An jedes Kapitel schließen sich *Prüfungsseiten* an, in denen die Themen des Kapitels prüfungsrelevant aufbereitet werden. Hier können Sie exemplarische Aufgaben, wie sie in einer Prüfung gestellt werden können, bearbeiten.

Alle drei Bausteine sind nach Kompetenzbereichen gegliedert, die in jedem Baustein bzw. im Teil *Informieren, Methoden, Zusatzmaterialien* wiederkehren. Sie erkennen an der Farbe, in welchem Bereich Sie sich befinden:

- Sprechen und Zuhören
- Sachtexte lesen, analysieren und schreiben
- Literarische Texte lesen und interpretieren
- Grundlagenwissen wie Rechtschreibung, Lerntechniken, Methoden

Je nach Aufgabenstellung arbeiten Sie allein, mit Partnern  oder in Gruppen .

Viel Freude und Erfolg im Unterricht sowie auf Ihrem weiteren Ausbildungsweg wünschen Ihnen die Herausgeber, Autorinnen und Autoren sowie die Verlagsredaktion.

Inhaltsübersicht

Basisbaustein

Wiederholung

Inhaltsübersicht

Inhaltsübersicht

Inhaltsübersicht

Informationen, Material, Methoden

Zusatzmaterial

Inhaltsübersicht

* Gedicht

Kapitel 1

Sprechen als kommunikatives Handeln

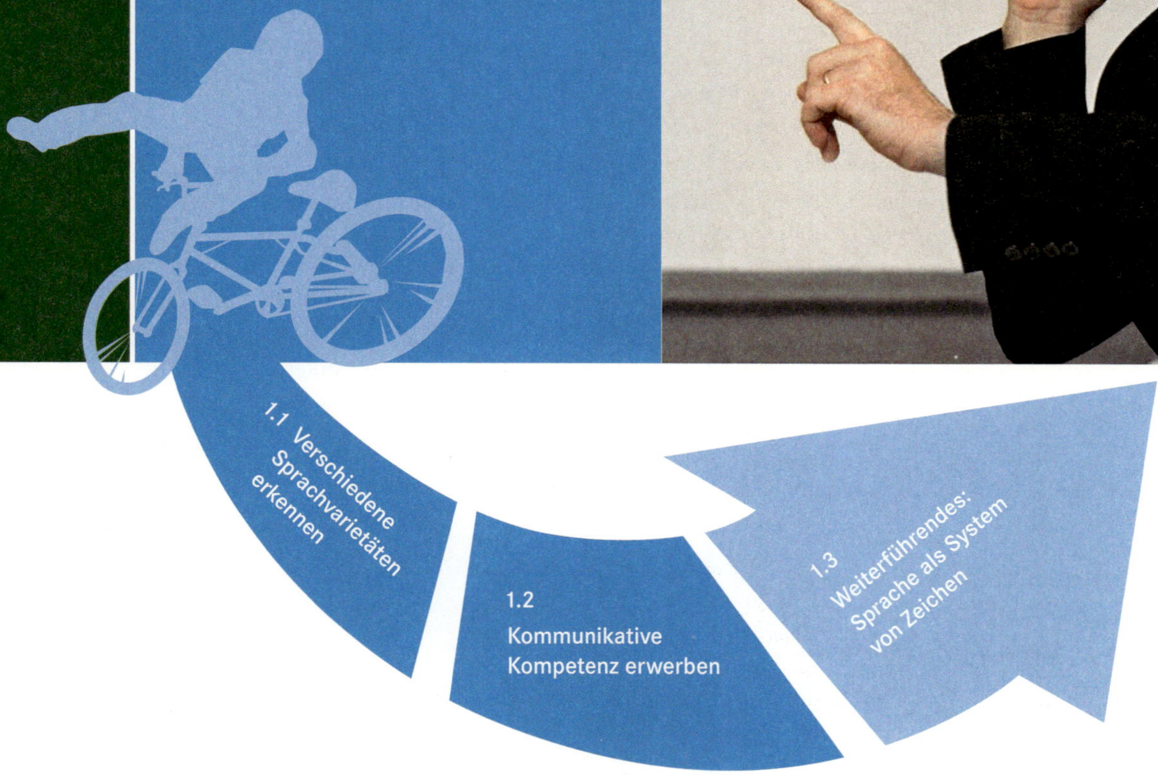

Durch die Sprache tauschen wir uns mit anderen aus, übermitteln Informationen, eignen uns Kenntnisse und Wissen an und stellen soziale Beziehungen her.

Eine Sprachgemeinschaft verfügt allerdings nicht über die eine Sprache, die in allen Situationen und von allen ihren Mitgliedern angewandt wird. So sprechen Menschen auf der Straße anders miteinander als im Büro. Jugendliche kommunizieren anders mit Gleichaltrigen als mit Erwachsenen. Deshalb wird von den Mitgliedern einer Sprachgemeinschaft erwartet, dass sie sich den jeweiligen Situationen sprachlich anpassen können. Diese Fähigkeit entscheidet letztendlich auch über die Chancen im Beruf. Menschen, die sprachlich gewandt sind und sich auf unterschiedliche Kommunikationssituationen entsprechend einstellen können, haben klare Vorteile.

In diesem Kapitel lernen Sie, was es bedeutet, in unterschiedlichen Kommunikationssituationen angemessen zu reagieren.

Womit ich schon Erfahrungen habe

✔ Im Unterricht wird anders gesprochen als auf dem Schulhof.

Verschiedene Sprachvarietäten erkennen

Einführung

Der folgende Textauszug aus dem Roman „Am kürzeren Ende der Sonnenallee" von Thomas Brussig zeigt, wie Sprecher in unterschiedlichen Kommunikationssituationen unterschiedliche Sprachvarietäten verwenden.

Thomas Brussig: Am kürzeren Ende der Sonnenallee (Auszug)

Außer der Musik und den eigenen Bewegungen gab es nichts, und so bemerkten die vom Platz erst viel zu spät, dass der ABV* plötzlich neben ihnen stand, und zwar in dem Moment, als Michas Freund Mario inbrünstig ausrief »O Mann, ist das verboten! Total verboten!« und der ABV den Recorder ausschaltete, um triumphierend zu fragen: »Was ist verboten?«
Mario tat ganz unschuldig. »Verboten? Wieso verboten? Hat hier jemand verboten gesagt?« Er merkte schnell, dass er damit nicht durchkommen würde.
»Ach, *verboten* meinen Sie«, sagte Micha erleichtert. »Das ist doch Jugendsprache.«
»Der Ausdruck *verboten* findet in der Jugendsprache Anwendung, wenn die noch nicht volljährigen Sprecher ihrer Begeisterung Ausdruck verleihen wollen«, sagte Brille, der schon so viel gelesen hatte, dass er sich nicht nur die Augen verdorben hatte, sondern auch mühelos arrogant lange Sätze sprechen konnte. »*Verboten* ist demnach ein Wort, das Zustimmung ausdrückt.«

*Abschnittsbevollmächtigter: Polizist in der DDR, der für ein bestimmtes Stadtviertel zuständig war

1 ***Untersuchen Sie die Äußerungen von Mario und „Brille" im Hinblick auf die jeweilige Kommunikationssituation.***

a) Bestimmen Sie mithilfe des Basiswissens (s. S. 11), welcher Sprachvarietät die Äußerung von Mario (Z. 3) zuzuordnen ist.

b) Beschreiben Sie die Kommunikationssituation, in der diese Äußerung fällt, und die sprachlichen Mittel, die Mario wählt.

c) Bestimmen Sie mithilfe des Basiswissens, welcher Sprachvarietät die Äußerung von „Brille" zuzuordnen ist.

d) Beschreiben Sie die Kommunikationssituation, in der diese Äußerung fällt, und die sprachlichen Mittel, die „Brille" wählt.

e) Wie wird der Polizist auf die Antwort reagieren? Diskutieren Sie.

2 ***Sammeln Sie Ausdrücke, die Sie verwenden, wenn Sie begeistert sind. Ordnen Sie diese Ausdrücke den folgenden Situationen zu:***

a) Sie erhalten eine Jobzusage von Ihrem zukünftigen Arbeitgeber.

b) Sie schauen sich ein Fußballspiel mit Freunden an. Ihre Lieblingsmannschaft gewinnt.

c) Sie besichtigen eine Wohnung mit dem Vermieter. Sie sind von der Wohnung begeistert.

Einführung

Die Arbeitgeberverbände in NRW und das Schulministerium haben gemeinsam festgelegt, was sie von Schulabgängern in sprachlicher und kommunikativer Hinsicht erwarten.

Basiskenntnisse sind in folgenden Bereichen notwendig:
1. Grundlegende Beherrschung der deutschen Sprache in Wort und Schrift
Es muss die Fähigkeit vorausgesetzt werden, einfache Sachverhalte mündlich und schriftlich klar zu formulieren und aufnehmen zu können.
Jugendliche sollen die angemessene Sprachvarietät wählen und die verschiedenen Sprachvarietäten unterscheiden können, z. B. Alltagssprache, Jugendszenesprache, Fachsprache, gehobene Sprache.

(www.schulministerium.nrw.de)

3 ***Erläutern Sie die Anforderungen der Arbeitgeberverbände und des Schulministeriums aus NRW mit Ihren Worten.***

a) Nennen Sie Beispiele für Kommunikationssituationen, in denen die genannten Sprachvarietäten sinnvoll eingesetzt werden können.

b) Begründen Sie, warum es den Arbeitgeberverbänden und dem Schulministerium aus NRW nötig erscheint, von den Schulabgängern Basiskenntnisse der dargestellten Art zu fordern.

Basiswissen | Sprachvarietäten

Mithilfe der Sprache kann zum Ausdruck gebracht werden, ob eine Person einer bestimmten Altersgruppe, Bildungsschicht, Berufsgruppe oder Szene angehört. Diese verschiedenen Sprachformen werden auch als **Sprachvarietäten** bezeichnet.

Standardsprache (Hochdeutsch, gehobene Sprache)
Um sich über Dialektgrenzen hinweg verständigen zu können, braucht man eine Sprachvarietät, die in ganz Deutschland gesprochen und verstanden wird. Es ist die Sprachvarietät, die in der Schule gelehrt und in der offiziellen Kommunikation verwendet wird.

Alltagssprache (Umgangssprache)
ist die Sprachvarietät, die im täglichen Umgang angewendet wird. Sie wird besonders von sozialen (Bildungsstandard, soziale Umwelt des Sprechers) und regionalen Gegebenheiten (Dialekt) geprägt.

Jugendsprache (Jugendszenesprache)
Jugendliche sprechen mit Gleichaltrigen anders als mit Erwachsenen, um sich abzugrenzen. Die Sprache wird benutzt, um eine bestimmte Lebenseinstellung widerzuspiegeln.

Fachsprache
Die besondere Eigenschaft einer Fachsprache ist es, Wörter und Wendungen zu prägen, die nur von einer bestimmten Berufsgruppe verstanden werden. Ziel ist die genauere und schnellere Bezeichnung bestimmter Gegenstände, Tätigkeiten oder Vorgänge für eine effektive Kommunikation. Der **Fachjargon** ist die umgangssprachlich geprägte Sondersprache einer Berufsgruppe.

Jugendsprache

In Großstädten verwenden Jugendliche oft „Kiezdeutsch", eine besondere Form der Jugendsprache, die sich aus einer Mischung aus Deutsch, Türkisch und Arabisch ergibt.

Red isch Deutsch oda was?

In Großstädten unterhalten sich Jugendliche oft in „Kiezdeutsch", einer Mischung aus Deutsch, Türkisch und Arabisch. Ob darunter ihre Deutschkenntnisse leiden, ist unter Experten umstritten.

von FOCUS-SCHULE-Autor Sven Trojanowski

[...] „Wenn du nisch abhaust, Lan, machisch disch Messa, Alta! Ischwör!" – Ein 13-jähriger Junge auf dem Berliner U-Bahnhof Kottbusser Tor unterbricht sein Telefonat und baut sich drohend vor einem viel größeren auf. Der zögert, zieht es dann aber doch vor, schnell zu verschwinden. Zeit für den 13-Jährigen, sich wieder seinem Gespräch zu widmen. „Sie so: ‚Lassma treffen.' Isch so: ‚Hastu Handy bei?' Ischwör, Alta, war so."

[...]

Für den Soziolinguisten Norbert Dittmar, Professor an der Freien Universität Berlin, ist das nichts Besonderes. Für ihn ist klar: In den multi-ethnischen Bezirken deutscher Großstädte entwickelt sich eine neue Sprache, ein „Kiezdeutsch". „Immer mehr deutsche Jugendliche neigen dazu, die deutsche Sprache zu vereinfachen", sagt er. Das Neue an der Kiezsprache ist, „dass fremde Wörter aus dem Türkischen und Arabischen ins Deutsche übernommen werden", sagt Sprachforscher Norbert Dittmar. So sei das türkische „Lan" für „Ey, Mann" oder das arabische „Yalla" für „Auf gehts!" unter deutschen Jugendlichen schon weit verbreitet. Im Gegenzug bleibe der Bildungswortschatz der Schüler klein und undifferenziert. „‚Ich' wird phonetisch zu ‚isch', Artikel werden weggelassen, hier und da auch lokale Präpositionen wie ‚in', ‚nach' oder ‚zu'", erklärt er. „Isch geh Schule" oder „Kann isch mal Saft" halten Einzug in die Umgangssprache. Dittmar hält das für problematisch, „denn einige dieser Jugendlichen werden Teile dieser Sprache auch als Erwachsene weiterbenutzen".

Das sieht Eva Neuland, Professorin und Soziolinguistin an der Universität Wuppertal, anders. In einer Studie, die im Herbst 2007 erscheinen soll, hat sie bei 1200 Jugendlichen die deutsche Schülersprache der „Normalos" untersucht. Sie fand heraus, dass 14- bis 17-Jährige die Jugendsprache am häufigsten benutzen. [...]

Soziolinguist Norbert Dittmar sieht ein Problem darin, dass viele Jugendliche den Unterschied zwischen Hochdeutsch und Kiezdeutsch nicht kennen. „Sie sind einfach nicht mehr in der Lage, zwischen Standarddeutsch und ihrer Kiezsprache zu unterscheiden. Ihnen ist nicht mehr klar, dass es in einem Vorstellungsgespräch anders zugehen muss als im Gespräch untereinander." [...]

(Focus, 24.03.2008)

1 *Geben Sie die unterschiedlichen Ansichten über den Gebrauch der „Kiezsprache" im Text wieder.*

2 *Untersuchen Sie die Kiezsprache anhand der Beispiele im Text.*

a) Was bedeutet der Ausdruck „Isch mach disch Messa" (Z. 1–2)? Stellen Sie Vermutungen über den Ursprung dieser Formulierung an.

b) Übertragen Sie die Sätze „Sie so: ‚Lassma treffen.' Isch so: ‚Hastu Handy bei?' Ischwör, Alta, war so" (Z. 7–9) in die Standardsprache und vergleichen Sie die beiden Versionen. Welche Wörter fallen weg? Welche Wörter werden verändert?

3 *Warum gelingt es vielen Jugendlichen nicht mehr, zwischen Standardsprache und Jugendsprache zu unterscheiden? Erläutern Sie.*

4 *In welchen Situationen fällt es Ihnen schwer, zwischen Jugendsprache und Standardsprache zu unterscheiden? Sammeln Sie Beispiele an der Tafel und diskutieren Sie Lösungsstrategien.*

Jugendsprache

Die Jugendsprache weist viele Neubildungen und Wörter aus dem Englischen auf. So beschreibt der Satz „Völlig zugetextet machte sich die Posse auf in die Aula, um zehn Minuten zu chillen" nichts anderes als den Pausenbeginn nach dem Unterricht.

Ja nicht abkatzen!

von Hans Schuh

Wenn Sie die Jugend nicht mehr verstehen, dann sind Sie eben kein Checker (kluger Kopf), sondern eher eine Raufaser (Spießer), ein Honk (Idiot) oder gar Vollastronaut (Vollidiot). Und wenn Ihr Jüngster vom Waldapotheker (Drogendealer) kommt, blubbert und shisht (Wasserpfeife raucht), verrafft (seltsam) wirkt und Bogenhusten hat (kotzt), dann nur ja nicht abkatzen (Beherrschung verlieren) und ihn wuschig bashen (erregt fertig machen) oder ihm gar Dong geben (verhauen)! Lieber den Vertreterschal (Krawatte) ausziehen und erst einmal mit ihm chillig chatten (entspannt plaudern), bis das Clearasil-Testgelände mit Blitzableiter (Pickelgesicht mit Zahnspange) sagt: „Johnson, alles clisso, komm 'ne Mafiatorte jammern" (Ja, alles klar, gehen wir Pizza essen).

(Die Zeit, 25.10.2007)

5 ***Untersuchen Sie den Text hinsichtlich der sprachlichen Merkmale der Jugendsprache.***

a) Legen sie eine Tabelle an. Ordnen Sie den Bildungskriterien in der linken Spalte Beispiele aus dem Text zu.

Wortneubildungen (Durch Zusammensetzungen wird ein neues Wort gebildet.)	*Vollastronaut, ...*
Anglizismen (Lehnwörter aus dem Englischen)	*Checker, ...*
Bedeutungsverschiebungen (Übertragung eines Wortes von einem Bedeutungsbereich in einen anderen)	*Raufaser, ...*

b) Stellen Sie Vermutungen darüber an, wie es zur Bildung der folgenden Begriffe gekommen sein könnte: *Raufaser, Vollastronaut, abkatzen, Dong geben.*

6 ***Finden Sie eigene Begriffe, die in der Jugendsprache für folgende Ausdrücke verwendet werden könnten: kluger Kopf, Spießer, Krawatte. Berücksichtigen Sie dabei auch die Bildungskriterien in Aufgabe 5 a).***

7 ***Sammeln Sie Ihre Arbeitsergebnisse aus Aufgabe 6 an der Tafel. Stellen Sie Vermutungen darüber an, welcher Begriff am ehesten von einer größeren Gruppe akzeptiert werden könnte.***

8 ***Wie könnten diese Begriffe Eingang in die Jugendsprache finden? Erläutern Sie.***

Sprachwandel

Die meisten Ausdrücke der Jugendsprache verschwinden nach einiger Zeit wieder aus dem Sprachgebrauch. Manches bleibt aber auch erhalten, geht in den allgemeinen Sprachgebrauch über und ist eine Hauptquelle für den allmählichen Sprachwandel.

„Was guckst du, bin isch Kino?“

Gruscheln? Digga? Lollig? Viele Eltern und Pädagogen reagieren geradezu allergisch auf den Jargon ihrer Kinder. Wissenschaftler sehen die neuen Sprachströmungen gelassener – als kreative Abgrenzung von den Erwachsenen und als Chance für eine Belebung der Umgangssprache.

[...]

Wie ganz neue Begriffe, etwa „Vollhorst“ oder „Festnetztelefonierer“ für vermeintlich geistig Minderbemittelte, genau entstanden sind, lässt sich meist nicht aufklären. Manches beruht auf Zufällen, vermutet Neuland: „Da unterläuft einem in der Clique ein Versprecher, und alle lachen. Mitunter fließen solche Wörter dann in den Sprachschatz der Gruppe ein und dienen als Erkennungssignal.“ Einzelnes ziehe dann weitere Kreise und gehe irgendwann vielleicht in die Standardsprache ein. Doch das brauche Zeit. Einiges, was in den 1970er und 1980er Jahren als Jugendsprache galt – zum Beispiel „Typ“ oder „cool“ –, benutzen heute Politiker in ihren Reden.

Ob ein Wort von der Allgemeinheit akzeptiert wird, erkennen Sprachwissenschaftler auch daran, wie Journalisten mit ihm umgehen: Verwenden sie es mit Anführungszeichen oder einschränkenden Kommentaren („wie Jugendliche sagen“), hat es noch keinen Eingang in die Umgangssprache gefunden. Andernfalls ist es bald reif für den Eintrag in den Duden.

[...]

(Spiegel online, 21.06.2008)

1 ***Geben Sie mit eigenen Worten wieder, wie und unter welchen Umständen ein Begriff aus der Jugendsprache in die Standardsprache Eingang finden kann.***

2 ***Untersuchen Sie den Sprachwandel anhand ausgewählter Beispiele aus Ihrem Alltag.***

a) Sammeln Sie Ausdrücke aus der Jugendsprache, die in den vergangenen fünf Jahren für die folgenden Wörter verwendet wurden: *sehr gut/fantastisch*, *Feier*, *Geld*.

b) Vergleichen Sie Ihre Ergebnisse mit denen anderer Gruppen.

c) Fragen Sie Ihre Eltern und/oder Lehrer nach Ausdrücken, die diese während ihrer Schulzeit für *sehr gut/fantastisch*, *Feier*, *Geld* verwendet haben. Überprüfen Sie, welche der genannten Begriffe in einem Wörterbuch zu finden sind.

Alltagssprache – Standardsprache

In der alltäglichen Kommunikation weichen die meisten Sprecher von den Regeln und dem Vokabular der Standardsprache ab, wie der folgende Dialog zwischen den Chat-Teilnehmern „Kaos“ und „Ulli“ zeigt.

Dialog im Chat

Kaos: Hey, hab da mal so 'ne Frage. Jetzt lesen wir halt dieses Buch *„Die Leiden des jungen Werthers“*. Hab auch schon mit dem Lesen angefangen. Aber ich wollt mal so fragen, ob jemand 'ne gute Website kennt, wo so etwas wie 'ne Inhaltsangabe zu dem Text steht.

Ulli: Hätte ich eine solche Inhaltsangabe zur Hand, so würde ich sie dir sehr gerne zukommen lassen. Nun gehört aber das Frühwerk Goethes nicht zu meinen bevorzugten Lektüren, weshalb ich mich auch nicht weiter damit beschäftigen möchte. Deinem Wunsch kann ich hier also nicht entsprechen.

Kaos: Ich glaub's ja wohl nicht. Jetzt hat sich 'n Lehrer hier eingeschlichen. Kontrolliert den Chat. Hey, Admin, kann man da mal was machen?

1 ***Analysieren Sie den Dialog hinsichtlich der verwendeten sprachlichen Mittel.***

a) Warum vermutet „Kaos“, der Chat-Teilnehmer „Ulli“ könnte ein Lehrer sein? Begründen Sie.

b) Welche Sprachvarietät verwendet „Kaos“? Suchen Sie mithilfe des Basiswissens (s. unten) typische sprachliche Mittel und schreiben Sie diese mit den Beispielen aus dem Text in eine Tabelle.

Sprachliche Mittel	Beispiel
Ausruf …	*Hey (Z. 1, 9)* …

c) Vergleichen Sie die Chat-Beiträge. Welche Unterschiede bestehen bezüglich der Wortwahl und der Grammatik?

Basiswissen – Alltagssprache – sprachliche Mittel

Hier sind einige wichtige sprachliche Mittel aufgelistet, die in der Alltagssprache verwendet werden.

Wortebene

Ausrufe → *Mann!, Mensch!*

Füllwörter → *mal, so*

Satzebene

Ellipsen: Auslassungen eines Satzteils → *Kenn ich.*

Parataxe: Aneinanderreihung von Hauptsätzen → *Sven hat angerufen. Er kommt später.*

Alltagssprache – Standardsprache

In der offiziellen Kommunikation – wie hier bei einem Bewerbungsverfahren – ist die Verwendung der Standardsprache ein Muss.

Dialog im Chat

Kati: Ich brüte gerade über einer Initiativbewerbung. Kann ich so formulieren? „Meine Ausbildung zur Bürokauffrau schloss ich im Jahre 2006 erfolgreich ab. Nach meiner Ausbildung bekam ich zusätzliche Qualifikationen im …" Das klingt doch so gequält! Warum kann ich nicht einfach schreiben, dass bislang alles ganz gut lief und ich einfach voll Lust habe, mich noch in meinem Beruf zu verbessern?

Haselnussratte: Du hast übrigens auch keine zusätzlichen Qualifikationen „bekommen", sondern „erworben".

Kati: Das ist doch nun wirklich egal. Bekommen – erwerben! Das macht doch keinen Unterschied.

H.: Doch, das ist so! Auch die Aussagen, alles sei bislang beruflich gut gelaufen und du habest voll Lust, dich zu verbessern, finde ich nicht angemessen. Diese Formulierungen musst du verändern.

2 ***Warum sollte auf die Formulierungen „gut gelaufen" und „voll Lust haben" in der geschilderten Situation verzichtet werden?***

3 ***Üben Sie den korrekten Gebrauch der Standardsprache.***

a) Verfassen Sie ein eigenes Anschreiben für eine Initiativbewerbung.

b) Tauschen Sie Ihr Anschreiben mit einem Partner/einer Partnerin aus. Korrigieren Sie dessen/deren Anschreiben und berücksichtigen Sie dabei besonders umgangssprachliche Wendungen.

c) Sammeln Sie diese umgangssprachlichen Wendungen an der Tafel. Suchen Sie nach Entsprechungen aus der Standardsprache.

4 ***Vervollständigen Sie die folgende Liste mit Ausdrücken aus der Alltagssprache und der Standardsprache.***

Alltagssprache	Standardsprache
schlecht laufen	es läuft schlecht
hochmotiviert sein	*sehr motiviert sein*
brauchen	*benötigen*
gucken	schauen
heulen	*weinen*
ausrasten	Kontrolle verlieren
bekommen	*erhalten*
auf etwas abfahren	abgehen
da	*weglaufen*

Standardsprache

Bei öffentlichen Anlässen empfiehlt sich der Gebrauch der Standardsprache. So auch bei der Rede im Rahmen einer Schulentlassung.

Situation

Sie sind Schülersprecher/-in bzw. Stufensprecher/-in:

In dieser Funktion hat die Schulleitung Sie gebeten, eine Rede anlässlich der Überreichung der Abschlusszeugnisse zu halten.

Der Vortrag sollte eine Redezeit von drei Minuten nicht überschreiten, das entspricht einer Textlänge von ungefähr 1,5 DIN-A4-Seiten.

1 ***Bereiten Sie eine Rede mithilfe der Arbeitstechnik „Reden verfassen und halten" vor.***

a) Sammeln Sie zunächst Themen, die im Rahmen einer solchen Feier relevant sein können. Gehen Sie dabei von Ihrem konkreten Schulalltag aus (s. Punkt 1).

b) Gliedern Sie nun den Stoff (s. Punkt 2).

c) Formulieren Sie die Rede (s. Punkt 3).

d) Suchen Sie sich einen Ort, an dem Sie die Rede ungestört laut lesen können. Nachdem Sie so mit dem Text vertraut geworden sind, üben Sie die Technik des „vorausschauenden Lesens" (s. Punkt 4 und Punkt 5) ein.

e) Wählen Sie einen Redner, der die von Ihrer Gruppe verfasste Rede vortragen wird.

2 ***Tragen Sie die Rede vor.***

a) Die Sprecher der jeweiligen Gruppen treten nach vorne und tragen die Rede vor.

b) Die Zuhörer notieren sich ihre Eindrücke.

c) Erst nachdem alle Reden gehalten worden sind, äußern die Zuhörer Kritik an den einzelnen Beiträgen.

Arbeitstechnik — Reden verfassen und halten

1. Stoff sammeln
Auswahl von Themen zur wirkungsvollen Behandlung des Gegenstands

2. Stoff gliedern
Begrüßung – Darlegung des Sachverhalts – Hauptteil – Redeschluss (s. Kapitel 13)

3. Sprachlich-stilistische Ausarbeitung
Sprachrichtigkeit; Deutlichkeit, Angemessenheit von Inhalt und Zweck der Rede, rhetorische Mittel (s. Kapitel 13)

4. Einprägen
Einübung der Rede durch mehrmaligen lauten Vortrag; Vorbereitung für das vorausschauende Lesen (s. Punkt 5)

5. Vortrag
Vorausschauendes Lesen → Sie lesen einen Satz bis zur Hälfte ab, dann heben Sie den Kopf, stellen Blickkontakt zu den Zuhörern her und tragen den Rest des Satzes frei vor.

Standardsprache

Sprache und Stil

Klassenarbeiten sind Bestandteil des Unterrichts, einer sozialen Situation, in der auf jeden Fall Standardsprache verwendet wird. Umgangssprachliche Wendungen entsprechen in der schriftlichen Kommunikation im Unterricht nicht der Regel. Sollten sie trotzdem benutzt werden, handelt es sich in den meisten Fällen um sprachliche Mängel, die entsprechend zu Fehlern und zwangsläufig zu Punktabzügen führen. Die folgenden Beispiele sind Klassenarbeiten zum Thema „Sprache und Kommunikation" entnommen.

Originalversion
1. „Die digitale und somit auch die verbale Kommunikation **läuft** auf der Inhaltsebene **ab.**"
2. „Am Schluss, nachdem der Mann in dem viel zu langen Kostüm die Treppe heruntergestürzt war und sie ihm deutlich machte, dass er nichts **auf die Reihe bekomme, rastet er aus.**"
3. „Es wird also nach einer Erklärung des Begriffs gesucht, um diesen zuordnen zu können. Wird dazu keine Vorstellung gefunden, bleibt dieser im **Schrank hängen.**"

Korrigierte Version
1. „Die digitale und somit die verbale Kommunikation **vollzieht** sich auf der Inhaltsebene."
2. „Am Schluss, nachdem der Mann in dem viel zu langen Kostüm die Treppe heruntergestürzt war und sie ihm deutlich machte, **dass ihm nie etwas gelinge, verliert er die Fassung.**"
3. „Es wird also nach einer Erklärung des Begriffs gesucht, um diesen zuordnen zu können. Wird dazu keine Vorstellung gefunden, entsteht keine **Entsprechung von Begriff und Bild, also kein Verstehen.**"

3 ***Formulieren Sie die folgenden Formulierungen so um, dass diese den Anforderungen der Standardsprache in einer schriftlichen Arbeit entsprechen:***

Volkswirtschaft / Thema: Finanzpolitik

a) *Durch einen anhaltenden Euro-Höhenflug kann die deutsche Exportwirtschaft einen gewaltigen Knacks bekommen.*

Projektbeschreibung / Thema: Marketing

b) *Wer Kapital hat und es anlegen will, macht es dort, wo er die höchsten Zinsen kriegt.*

Deutsch / Thema: B. Schlink – „Der Vorleser"

c) *Als Michael erzählt, dass er auf die Schule keinen Bock habe, schmeißt Hanna ihn raus.*

d) *Sie rastete total aus, weil er zu spät nach Hause kam.*

Fachsprache

In zweiter Auflage ist das Wörterbuch „Werbisch-Deutsch“ einer Werbeagentur erschienen. Es wendet sich an alle, die beruflich mit Werbung zu tun haben und die Werber verstehen wollen oder müssen.

Komisches Werbisch

Übersetzungshilfe: Sebastian Turner, Chef der Werbeagentur Scholz & Friends, erklärt die seltsame Sprache seiner Branche und sein werbisch-deutsches Wörterbuch.

mm *Um es in der Sprache Ihrer Sphäre zu formulieren: Ist das Wörterbuch für Werber ein Non-Profit-Project, mit dem Sie Ihr Commitment für das bessere Wording von Longcopies zum Ausdruck bringen?*
Turner Eindeutig ja.
mm *Warum reden Werber so komisch?*
Turner In jeder Berufsgruppe gibt es Fachbegriffe, die einem besseren Verständnis innerhalb der Branche dienen. Weil die Werbewelt stark von amerikanischen Agenturen geprägt wurde, haben sich bei uns viele Anglizismen breitgemacht.
mm *Zum Beispiel so ein Wortbastard wie Longcopy …*
Turner … was nichts anderes ist als die Bezeichnung für einen längeren Lauftext. Die schnoddrige Umgangssprache im Agenturalltag hat aber auch viele liebenswerte Begriffe hervorgebracht. So wird die Mappe, in der wir Werber unsere Entwürfe zum Kunden tragen, als „Sarg“ bezeichnet.
mm *Reden manche Werber vielleicht auch deshalb so gespreizt, weil sie mit großen Worten die geistige Schlichtheit ihres Tuns bemänteln wollen?*

Turner Gute Werber lassen sich daran erkennen, dass sie auf inhaltsleere Anglizismen verzichten. Es sind eher Halbprofessionelle und übereifrige Novizen, die mit ihrem Marketing-Kauderwelsch beweisen wollen: Ich gehöre dazu. […]

(manager magazin, 17.04.2003)

1 ***Stellen Sie mithilfe der Informationen im Text Vermutungen darüber an, warum es zur Herausbildung von Fachsprachen kommt.***

2 ***Analysieren Sie die Verwendung bestimmter Fachbegriffe der Werbewirtschaft.***
a) Formulieren Sie die erste Frage des Reporters so um, dass sie für Laien verständlich wird.
b) Vergleichen Sie Ihre Version mit dem Originalzitat. Welche Unterschiede können Sie feststellen?
c) Warum wird die Mappe, die Entwürfe für den Kunden enthält, als „Sarg“ bezeichnet? Finden Sie eigene Begriffe für eine solche Mappe.

3 ***Erläutern Sie auf der Grundlage Ihrer Arbeitsergebnisse, wodurch sich diese Fachsprache auszeichnet.***

Fachsprache

Die folgenden Definitionen sind dem Wörterbuch „Werbisch-Deutsch" entnommen.

Beihefter Beilage, die sich an eine Zeitschrift klammert

Prime Time Die Zeit des Tages, zu der besonders viele Menschen den Fernseher nebenher laufen lassen

Relaunch Meist künstlicher Wiederbelebungsversuch für ein Produkt, das für den Verbraucher fast schon gestorben ist; eine „Lass es uns noch einmal versuchen"-Kampagne

Rub-off-Effekt Perfider* Einfluss auf die Wahrnehmung, der darin besteht, dass ein und dieselbe Anzeige gleich viel seriöser erscheint, wenn sie in der *Financial Times Deutschland* statt in der *Praline* gedruckt wird

Testimonial Verbraucherdarsteller. Jemand, der vor laufender Kamera glaubhaft versichern kann, dass er das Produkt vor den Dreharbeiten schon einmal ausprobiert hat

* perfide: hinterlistig, tückisch

4 *Suchen Sie eigene Begriffe für die folgenden Ausdrücke: Beihefter, Prime Time, Relaunch, Rub-off-Effekt, Testimonial.*

5 *Vergleichen Sie Ihre Versionen mit den Originalbegriffen.*

Hauptsendezeit

Zwischenfazit

- Jugendsprache (Jugendszenesprache)
- Alltagssprache (Umgangssprache)
- Standardsprache
- Fachsprache
- Sprachwandel: Ursachen und Bedingungen

Kommunikative Kompetenz erwerben

Schlüsselqualifikationen im Berufsalltag

Neben den fachlichen sind in der modernen Arbeitswelt auch andere Kompetenzen sehr wichtig. Sie entscheiden oft – ebenso wie das Fachwissen – über Erfolg oder Misserfolg.

Erfolgsgaranten Soft Skills

Erfolg im Arbeitsleben basiert zu 50 Prozent auf Fachkompetenz. Das belegen internationale Studien. Die andere Hälfte hängt von den so genannten Soft Skills wie Kommunikations- und Teamfähigkeit ab.

Die wachsende Bedeutung so genannter „weicher Faktoren" wie *soziale Kompetenz, Fähigkeit zur Problemlösung, Mobilität und Flexibilität* stellt auch Wolfgang Hennigsen, Vermittler bei der Zentralstelle für Arbeitsvermittlung, fest. Man produziert anders als früher, hat flachere Hierarchien und ist teamorientierter, fasst er zusammen. Einsame Tüftler seien nicht mehr gefragt, was zähle, ist die Zusammenarbeit.

Hinterfragt man jedoch die Inhalte dieser Persönlichkeitsmerkmale, herrscht wie bei den meisten buzz-words* erst mal Ratlosigkeit. Hat Kommunikationsfähigkeit etwas mit dem Tratsch auf dem Gang zu tun und verlangt das Durchsetzungsvermögen nicht eher die Ellenbogen-Taktik, die man mit weichen Faktoren so gar nicht in Verbindung bringen will? Diplom-Psychologe Juergen Hesse […] bringt Licht ins Dunkel. Was verbirgt sich hinter den Anforderungen von Persönlichkeitsmerkmalen? Und welche Aussagekraft haben sie im Bezug auf die ausgeschriebene Stelle? […]

* buzz-word: Begriff oder Spruch, mit dem beim Zuhörer besondere Beachtung erreicht werden soll

(Focus, 26.01.2007)

1 *Definieren Sie die Begriffe „soziale Kompetenz", „Fähigkeit zur Problemlösung" und „Mobilität und Flexibilität" (Z. 2–3).*

2 *Erschließen Sie mithilfe des Basiswissens die Beziehung zwischen „Sozialkompetenz" und „Kommunikationsfähigkeit".*

Basiswissen – Schlüsselqualifikationen im Berufsalltag

Teil der Schlüsselqualifikationen ist **Fachkompetenz**, die auf Wissen und Können innerhalb eines bestimmten Fachgebietes zielt.

Die **Humankompetenz** umfasst persönliche Qualitäten wie Verantwortungs- und Pflichtbewusstsein, Selbstständigkeit, Zuverlässigkeit usw.

Soziale Beziehungen leben und gestalten zu können, Spannungen einordnen und lösen zu können, das sind Bestandteile der **Sozialkompetenz**.

Wer sich der ständig verändernden Arbeitswelt und der damit verbundenen Entwicklung neuer Medien und Arbeitstechniken gegenüber offen zeigt, der verfügt über **Methodenkompetenz**.

Die **Kommunikationsfähigkeit (kommunikative Kompetenz)** ist der Schlüsselbaustein zur Beherrschung dieser Kompetenzen. Wer den Umgang mit Worten beherrscht und sich der Wirkung von Sprache bewusst ist, der kann Beziehungsstrukturen analysieren, beziehungsstabilisierend und beziehungsprägend wirken.

Schlüsselqualifikationen im Berufsalltag

Jedem ist bewusst, wie wichtig ein angemessener Umgang mit Sprache im Berufs- und Privatleben ist. Und doch nutzen wir nur einen minimalen Teil des Wortschatzes.

Reden – Überzeugen – Gewinnen

Wissenschaftler lüften das Geheimnis perfekter Kommunikation: wie Profis Rhetorik für den Karrieresprung nutzen und Politiker die Massen faszinieren. Die Macht der Sprache – eine neue FOCUS-Serie.

von FOCUS-Redakteur Werner Siefer und FOCUS-SCHULE-Chefredakteurin Gaby Miketta

[...]

Die Macht der Sprache ist jedoch allgegenwärtig: Der langnasige Cyrano de Bergerac verführte allein mit galanter Konversation und poetischen Briefen die schöne Cousine Roxane, allerdings im Namen des stattlichen, aber sprachlich ungelenken Kadetten Christian. Stalin, Hitler und Goebbels festigten mit einer ausgefeilten Propagandapolitik ihre totalitären Regime. Über eine restriktive Sprachenpolitik versuchen viele Staaten, ethnische Minderheiten zu unterdrücken. Denn „stirbt eine Sprache aus, stirbt auch die Identität des Volkes“, erklärt Hans-Jürgen Sasse, Linguist an der Universität Köln und Sprecher der Arbeitsgemeinschaft „Bedrohte Sprachen“.

Mit unseren Worten weben wir das soziale Beziehungsgeflecht, doch wir „haben es nicht gelernt, mit dem verbalen Potenzial umzugehen“, vermutet Polizeipsychologe Manfred Langer.

Die deutsche Sprache bietet etwa 400 000 Wörter, um zu sagen, was wir meinen. Doch durchschnittlich nutzen wir nur 4000 Wörter, also ein Prozent, um uns zu verteidigen, zu überzeugen, zu verführen und zu gewinnen. „Deshalb steht es um das Redevermögen unserer Staatsbürger schlecht“, warnt Gert Ueding, Deutschlands einziger Rhetorikprofessor an der Universität Tübingen.

[...] Dabei ist die kommunikative Kompetenz wichtiger denn je. In fast jedem Beruf müssen komplizierteste Sachverhalte verständlich dargestellt werden. Zudem sind wir durch die Fernsehbildung verwöhnt: Wo jeder Witz rhetorisch sitzt, die Lacher szenisch geplant, die Argumentation und Körpersprache professionell ausgearbeitet sind, stechen nur noch die schneidigsten Redner hervor. [...]

In einer FOCUS-Umfrage glaubten 96 Prozent der Befragten, dass sprachlich gewandte Menschen in vielen Berufen und im Privatleben Vorteile haben.

Untersuchungen belegen, dass Führung in Unternehmen durch mündliche Kontakte erfolgt und Führungskräfte sogar zwischen 75 und 90 Prozent ihrer Zeit mit interaktiver Kommunikation verbringen. „Rhetorik“, sagt der langjährige Mitarbeiter Uedings, Burkhard Wessel, „bietet ein Konzept, Sprache als ein Handlung initiierendes Element einzusetzen.“ Zudem verbessert eine gelungene rhetorische Ausbildung zahlreiche Schlüsselqualifikationen. [...]

(Focus, 28.10.1996)

3 ***Untersuchen Sie den Text unter folgenden Gesichtspunkten:***

a) Erklären Sie den Zusammenhang zwischen kommunikativer Kompetenz und dem Wortschatz.

b) Wie erklären Sie sich den Widerspruch, dass man zwar kommunikative Kompetenz als Karrieremerkmal anerkennt, aber das eigene sprachliche Potenzial so wenig ausschöpft?

c Wie muss Sprache eingesetzt werden, damit sie „ein Handlung initiierendes Element“ (Z. 44) sein kann? Nennen Sie Beispiele aus Ihrem konkreten Alltag.

4 ***Spielen Sie eine typische Kommunikationssituation mit folgenden Sprecherpaaren, bei der a) Kommunikation gelingt und b) Kommunikation fehlschlägt.***

- Vorstellungsgespräch: Personalchef/-in – Bewerber/-in
- Verkaufsgespräch: Kunde/Kundin – Verkäufer/-in
- Rückgabe der Klassenarbeit: Lehrer/-in – Schüler/-in

Sprachverhalten reflektieren

Um die kommunikative Kompetenz zu verbessern, ist es erforderlich, bewusst mit dem eigenen Sprachverhalten und dem anderer umzugehen.

Alles eine Sache des guten Geschmacks? Von wegen!

von Dieter E. Zimmer

[...]

Die wichtigste Voraussetzung für angemessenes Deutsch und gleichzeitig sein wichtigstes Merkmal ist, was ich kurzerhand „Sprachbewusstsein" nennen möchte. Ich meine damit etwas anderes als das berühmte subjektive „Sprachgefühl", nämlich die kontrollierte Verwendung von Sprache, die Einschaltung einer bewussten Prüfinstanz zwischen Denken und Sprechen. Diese Instanz weiß, dass sich jeder Gedanke auf vielerlei Art ausdrücken lässt, sie ist sich der Sprache als Werkzeug bewusst. Ohne Sprachbewusstsein kann niemand sein Deutsch den verschiedenen Sprechsituationen anpassen. Man muss dazu das richtige, das treffendste Wort kennen und in der richtigen Millisekunde in den entstehenden Satz einfügen können, die wörtlichen von den übertragenen Bedeutungen der Wörter unterscheiden, [...].

[...]

Wer Sprachbewusstsein besitzt, weiß, dass die Umschreibung mit *würde* nicht die einzige Art ist, den Konjunktiv auszudrücken. Er weiß, wann der Genitiv und wann dessen Umschreibung mit *von* angemessen ist. Er weiß, dass nach den Konjunktionen *weil* und *obwohl* die Nebensatzstellung bis vor etwa dreißig Jahren in der Schriftsprache die einzig richtige war, dass sich aber seitdem, zunächst mündlich, dann aber auch schriftlich, die Hauptsatzstellung ausbreitet [...].

Er weiß, dass das Perfektpartizip von *winken* bis ebenfalls vor dreißig Jahren hochsprachig einzig *gewinkt* hieß und *gewunken* zunächst ein Scherz war, eine Analogie zu *gestunken*, aber wenn die Sprachgemeinschaft heute auf *gewunken* besteht, wird er sich dem nicht widersetzen, warum auch, in der Sprachgeschichte hat es bei der Konjugation manchen Wechsel von stark nach schwach gegeben.

[...]

(Die Zeit, 26.07.2007)

1 ***Erschließen Sie aus dem Textzusammenhang die Bedeutung von „Sprachbewusstsein".***

a) Erklären Sie den Unterschied zwischen „Sprachbewusstsein" und „Sprachgefühl".

b) Nennen Sie die Beispiele, die der Autor anführt, um „Sprachbewusstsein" näher zu beschreiben.

c) Erklären Sie mithilfe des Grammatikkapitels, welche Bedeutung diese grammatischen Strukturen für die Entwicklung von kommunikativer Kompetenz haben.

d) Nennen Sie Beispiele aus dem Text, die veranschaulichen, wie grammatische Strukturen aus der Alltagssprache in die Standardsprache Eingang finden.

2 ***Kann die Kenntnis der Verwendung des Konjunktivs, der Satzstellung nach Konjunktionen oder des Partizip Perfekts dazu beitragen, kommunikative Kompetenz zu verbessern? Nehmen Sie Stellung.***

Worthülsen erkennen

Sprache kann dazu verwendet werden, bestimmte Sachverhalte zu klären. Sie kann aber auch dazu dienen, Sachverhalte zu verschleiern.

An die Wand geworfen

Warum PowerPoint-Präsentationen und Marketing-Jargon Sprache und Geist beschädigen.

von Josef Joffe

[…] Der Chef der Telekom [doziert] über den neuen „Markenauftritt“ (kann eine Marke auftreten?): „One Company. One Service. Wir haben Marketing und Vertrieb gestrafft, die Zahl der Marken reduziert und die neue Markenarchitektur etabliert … Wir haben die bisherige Kommunikation auf den Prüfstand gestellt und uns für eine Vereinfachung unserer Marktansprache entschieden.“ Er hätte es prägnanter sagen können: „Wir verringern Personal und Produkte. Wir wollen verständlich mit den Kunden reden.“ Merkmal des Marketing-Sprech ist also die Redundanz („Weitschweifigkeit“) sowie das Generische („Allgemeinplatz“). Diese kleine Ansprache hätte jeder deutsche Boss halten können. Aber es sind nicht nur die Bosse, die so reden, weshalb auch der *USP (unique selling proposition)* des gesamten Abendlandes zur Disposition auf der Agenda steht. Fast alle, die im Weinberg des Zeitgeistes arbeiten, kommunizieren („reden“) so: Sozialarbeiter, Gender-Beauftragte, Think-Tanker, Bürokraten, Wohlfahrtsverwalter, die „sinnstiftende Klasse“ ganz allgemein (ausgenommen natürlich diese Zeitung).

Greifen wir wahllos ein paar Beispiele heraus. „Lernprozesse“ (früher „Lernen“) sind immer „kreativ“, Profile werden stets „geschärft“, um „kreativ genutzt“ zu werden. Das sind Wörter, die munter von der Festplatte purzeln. Besonders beliebt ist die Redundanz durch Wiederholung und Pleonasmen („doppelt gemoppelt“). „Programm“ reicht nicht, ein „Programmdesign“ muss her. Dieses wird „initiiert und etabliert“ – „gefördert“ sowieso. Die „Erfolgskontrolle“ ist zu armselig, stattdessen heißt es: „Entwicklungen werden durch Methoden der Selbstevaluation und durch die Maßnahmen zur Qualitätsprüfung erfasst.“ Selbstverständlich muss stets „sensibilisiert und qualifiziert“ werden.

Die „Konzeption“ eines Projekts muss durch die thematische Ausgestaltung aufgebläht werden. Und immer wieder die Aneinanderreihung des Gleichen: „Die Blabla hat für alle Phasen der Programmarbeit konkret auf die Programme zugeschnittene Instrumente entwickelt, um die Qualität zu sichern und Ergebnisse für weitere Vorhaben zu nutzen.“ Es könnte auch heißen: […] Aber so würde ein Geschäftsbericht nicht 100, sondern nur 20 Seiten füllen und die Bedeutung der jeweiligen Institution mindern, limitieren und reduzieren. […]

(Zeit online, 31/2007, S. 42)

1 ***Analysieren Sie die sprachlichen Mittel des Marketing-Jargons anhand des Textes.***

a) Suchen Sie im Text typische Begriffe des Marketing-Jargons.

b) „Markenauftritt“ (Z. 2) – gelungene Wortschöpfung oder Worthülse? Nehmen Sie Stellung.

c) Formulieren Sie folgende Aussage so um, dass sie kurz und schlüssig ist: *Die Abteilung X hat für alle Phasen der Programmarbeit konkret auf die Programme zugeschnittene Instrumente entwickelt, um die Qualität zu sichern und Ergebnisse für weitere Vorhaben zu nutzen. (vgl. Z. 41–44)*

d) Übertragen Sie die folgende Aussage analog zu den im Text genannten Beispielen in den Marketing-Jargon: *Das neue Programm wird getestet und eingeführt.*

2 ***Erläutern Sie, welche Ziele die Benutzer dieses Jargons verfolgen.***

Worthülsen erkennen

Besonders in beruflichen Situationen sollten Floskeln und standardisierte Phrasen vermieden werden. Sie schränken Schlagfertigkeit und Spontaneität ein.

Keine Floskeln im Bewerbungsgespräch

[...]

Der Bewerber sitzt dem Personalchef gegenüber. Der blättert in den Unterlagen und stellt schließlich die entscheidende Frage:

„Warum sollen wir von den 20 verbliebenen Bewerbern gerade Sie einstellen?"

„Weil ich weiß, wie man überzeugend wirkt. Bei den anderen 19 bin ich mir da nicht so sicher", lautet die Antwort der Bewerberin. Das klingt frech, aber der Personalchef lacht und schon wirkt die Situation entspannter. [...]

Sich authentisch verkaufen

Silvia Schneider, Personalreferentin eines mittelständischen Berliner Unternehmens, kennt solche Situationen zu Genüge: „Mit solchen Fragen teste ich, ob der Bewerber authentisch ist, denn nichts ist langweiliger als eine auswendig gelernte und hochtrabend klingende Standardantwort", sagt sie. Wer es hingegen schaffe, die Personalerin mit gekonnten Antworten zu überraschen, habe beste Karten.

Für Bewerber hingegen ist das durchaus ein Dilemma. Einerseits soll ein Gespräch gründlich vorbereitet sein, andererseits sollen die Antworten eben nicht vorformuliert und floskelhaft standardisiert, sondern kreativ und geistreich wirken. „Doch das muss kein Gegensatz sein", sagt René Borbonus. [...] „Von Winston Churchill ist überliefert, dass nichts so viel Vorbereitung gekostet hat wie seine Stegreifreden", betont Borbonus und zieht Parallelen zu Bewerbungssituationen. „Eine gute Vorbereitung, in der man kritische Situationen im Kopf durchspielt, ist das A und O."

Vorbereitung ist ein Muss

Auch Schlagfertigkeits-Trainer Matthias Pöhm rät, sich auf Bewerbungsgespräche optimal vorzubereiten. „Sie müssen auf die Fragen präpariert sein – auch wenn am Ende von 50 vorbereiteten Fragen nur drei gestellt werden. Aber das sorgt für eine Sicherheit, die auf das ganze Gespräch abfärbt", so Pöhm.

Anders als Pöhm aber hat René Borbonus Schwierigkeiten mit dem Begriff „Schlagfertigkeit": „Da steckt schon das Wort ‚schlagen' drin, was auf den Versuch anspielt, den Gesprächspartner zu übertrumpfen oder zu überfahren." Doch das sei in Bewerbungsgesprächen tabu, betont der Westerwälder. Auf keinen Fall dürfe ein Bewerber den Personaler mit einem flapsigen Kommentar angreifen, ihn beleidigen oder gar dessen Kompetenz in Frage stellen.

In brenzligen Situationen: Rückfragen hilft

Auf der sicheren Seite ist hingegen, wer in brenzligen Situationen auf den Trick des Rückfragens zurückgreift. Borbonus: „Wenn ein Personaler etwa sagt: ‚Ich glaube nicht, dass Sie die richtige Person für diese Position sind', und der Bewerber fragt zurück: ‚Worauf beziehen Sie sich denn?', muss der Personalchef die Kritikpunkte benennen – und man kann auf jeden einzelnen eingehen."

Meist zielen kritische Nachfragen eines Personalers auf die „wunden Punkte" einer Biografie ab. Gerade darauf könne man sich optimal vorbereiten, sagt Borbonus. Schließlich kenne man die entsprechenden Stellen im Lebenslauf selbst am besten.

[...]

(www.monster.de)

3 ***Setzen Sie sich mit den Aussagen des Textes auseinander.***

a) Erklären Sie, warum eine auswendig gelernte Antwort hochtrabend klingen kann.

b) Formulieren Sie weitere Antworten auf die Frage des Personalchefs (vgl. Z. 5–6), die authentisch wirken.

c) Sammeln Sie die Ergebnisse an der Tafel und erörtern Sie, welche die überzeugendste Antwort ist.

Sprachvarietäten unterscheiden

Wenn wir uns sprachlich mitteilen, achten wir bei der Wahl unserer Worte auf unsere Zuhörer oder Leser. Die folgenden Leserbriefe sind unterschiedlichen Zeitungen entnommen und befassen sich mit dem Thema Nachhilfe.

Situation

„Mein Sohn gibt selbst als Schüler hin und wieder Schülern aus unteren Klassen Nachhilfe. Professionelle gewerbliche Nachhilfe würde ich selbst nie finanzieren, da es hinreichend sehr gute Schüler an den Schulen gibt, die auch den Unterrichtsstil der jeweiligen Lehrer gut kennen."

„Ich denke, dass Nachhilfe wirklich nur was bringt, wenn man selber will und wenn der Nachhilfelehrer auch wirklich was auf dem Kasten hat. Denn ich kann mir denken, dass viele das nur machen, weil sie Kohle brauchen."

„Nachhilfe wird nicht erst bei schlechten Noten in Anspruch genommen, sondern viel früher. Eltern mit Schülern in höheren Klassen können Inhalte nicht mehr erklären und greifen auf die Nachhilfe zurück, weil sie sich nicht anders zu helfen wissen."

1 ***Untersuchen Sie den Zusammenhang zwischen Zielgruppe und Sprache.***

a) Ordnen Sie die Texte den folgenden Pressemedien zu: *Spießer* (Jugendmagazin), *Die Welt* (überregionale Tageszeitung) und *Südkurier* (regionale Tagszeitung).

b) Begründen Sie Ihr Ergebnis anhand der sprachlichen Mittel in den Leserbriefen.

c) Verfassen Sie zwei Leserbriefe zum Thema „Privatuniversitäten" für die folgenden Medien: *FAZ* (überregionale Tageszeitung) und *Unicum* (Studentenmagazin, das kostenlos an Leser verteilt wird).

Fazit

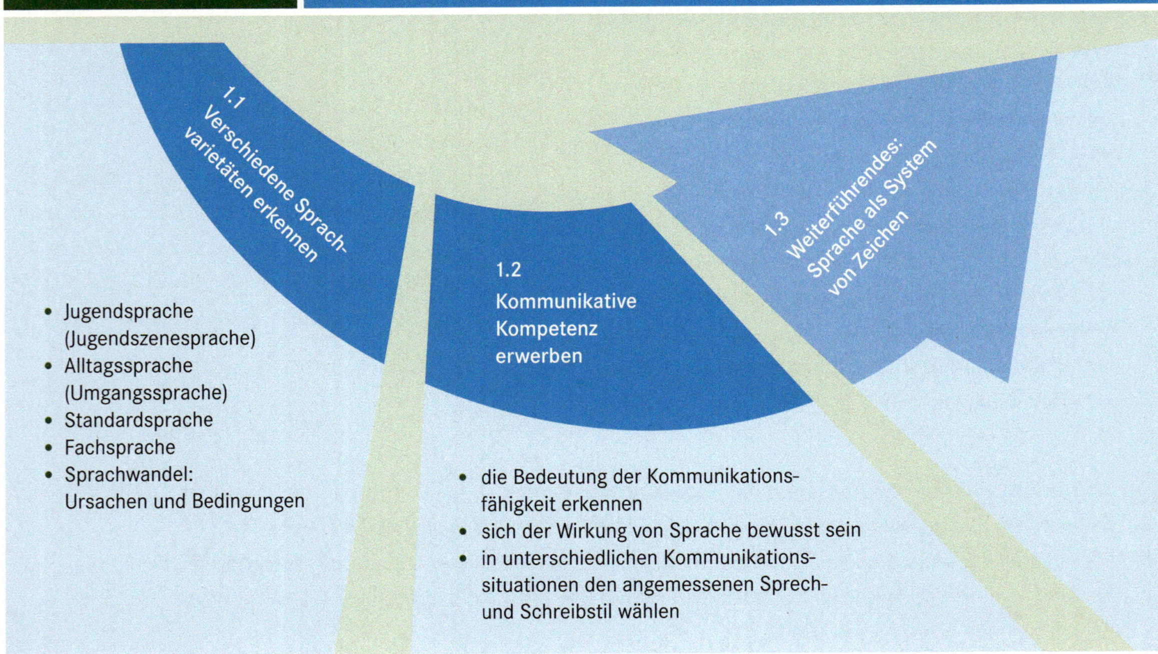

Sprache als System von Symbolen

Der folgende Textauszug aus dem satirischen Roman „Gullivers Reisen“ von Jonathan Swift belegt auf humorvolle Weise die Notwendigkeit einer Sprache als Mittel der Verständigung. Auf einer seiner Reisen kommt Gulliver zur Akademie von Legado, an der ausschließlich undurchführbare Projekte versucht werden, in diesem Fall die Abschaffung der Sprache.

Jonathan Swift: Gullivers Reisen (Auszug)

Darauf gingen wir in die Fakultät für Sprachen, wo drei Professoren darüber berieten, die Sprache ihres eigenen Landes zu verbessern. Das erste Projekt bestand darin, die Rede dadurch abzukürzen, dass man vielsilbige Wörter zu einsilbigen beschneidet und Verben und Partizipien auslässt, da alle vorstellbaren Dinge in Wirklichkeit ja doch nur Hauptwörter seien. Das zweite Projekt war ein Plan zur völligen Abschaffung aller Wörter überhaupt, und man machte geltend, dass das außerordentlich gesundheitsfördernd und zeitsparend wäre. Denn es ist klar, dass jedes Wort, das wir sprechen, in gewissem Maße eine Verkleinerung unserer Lungen durch Abnutzung bedeutet und folglich zur Verkürzung unseres Lebens beiträgt. Es wurde deshalb folgender Ausweg vorgeschlagen: Da Wörter nur Bezeichnungen für Dinge sind, sei es zweckmäßiger, wenn alle Menschen die Dinge bei sich führten, die zur Beschreibung der besonderen Angelegenheit, über die sie sich unterhalten wollen, notwendig seien. [...] Viele der Gelehrtesten und Weisesten sind jedoch Anhänger des neuen Projekts, sich mittels Dingen zu äußern; das bringt nur die eine Unbequemlichkeit mit sich, dass jemand, dessen Angelegenheiten sehr umfangreich und von verschiedener Art sind, ein entsprechendes größeres Bündel von Dingen auf dem Rücken tragen muss, falls er es sich nicht leisten kann, dass ein oder zwei starke Diener ihn begleiten. Ich habe oft gesehen, wie zwei dieser Weisen unter der Last ihrer Bündel fast zusammenbrachen wie bei uns die Hausierer. Wenn sie sich auf der Straße begegneten, legten sie ihre Lasten nieder, öffneten ihre Säcke und unterhielten sich eine Stunde lang; dann packten sie ihre Utensilien wieder ein, halfen einander, ihre Bürden wieder auf den Rücken zu nehmen, und verabschiedeten sich.

1 ***Erarbeiten Sie folgende Fragestellungen mithilfe des Textes:***

a) Nennen Sie Begriffe, die nicht durch den Verweis auf Gegenstände zum Ausdruck gebracht werden können.

b) Versuchen Sie, wie die Gelehrten der Akademie von Legado, folgende Aussagen nonverbal mitzuteilen:
- Gib mir bitte Papier und Stift.
- Ich bin traurig, weil meine Mutter krank ist.
- Obwohl ich bisher noch keine Bestätigung von ihr bekommen habe, rechne ich fest mit ihrem Kommen.
- Eine Novellierung des Personenstandrechts soll die kirchliche Trauung auch ohne vorhergehende standesamtliche Zivilehe legitimieren.

c) In welchen Fällen ist das Unterfangen, Sprache durch nonverbale Impulse zu ersetzen, zum Scheitern verurteilt? Erläutern Sie.

2 ***Nonverbale Kommunikation gilt als analoge Kommunikation, die Verwendung sprachlicher Zeichen als digitale. Welche grundsätzlichen Unterschiede zwischen der analogen und der digitalen Kommunikationsform verdeutlicht der Text?***

Entstehung von Sprache und Schrift

Die Besonderheit der menschlichen Kommunikation besteht in der Möglichkeit, Worte zu bilden, also Zeichen, die auf konkrete Gegebenheiten verweisen.

Wer sprach das erste Wort? Die Entstehung von Sprache und Schrift

von Martin Kuckeberg

Schon der aufrechte Gang hat ja unsere frühen Vorfahren von den Menschenaffen unterschieden, aber erst die Sprache hat uns wirklich zu dem gemacht, was wir als „Mensch" empfinden. Der Kunsthistoriker Martin Kuckeburg hat über die Entstehung von Sprache und Schrift eine historische Übersicht veröffentlicht.

Sprache kann leider nicht versteinern, daher sind die Erforscher der Frühmenschen auf Indizien angewiesen, wenn sie die Entwicklung der Sprechfähigkeit klären möchten. Solche Indizien können beispielsweise Knochenfunde sein, die Auskunft geben, wie der Kehlkopf der Frühmenschen gebaut war.

Martin Kuckeberg hat viele Indizien zusammengetragen, daher traut er sich zu, die Frage zu beantworten: Spätestens der entwickelte Homo erectus konnte sprechen, vor rund 500.000 Jahren. Das Gehirnvolumen dieses Frühmenschen war schon beinahe so groß wie unseres und er hat groß angelegte Jagdzüge durchgeführt, was ohne sprachliche Verständigung kaum möglich gewesen sein dürfte – um nur zwei der vielen Anhaltspunkte zu nennen.

[…] Noch vor nicht allzu langer Zeit dachte man, dass die Schrift – zumindest in Ägypten – auf religiöse Handlungen zurückgeht; heute gehen die Archäologen aber davon aus, dass sich die Schrift sowohl in Ägypten als auch in Mesopotamien aus wirtschaftlicher Buchführung entwickelt hat. Nach Ägypten kam die Schrift möglicherweise sogar als Übernahme aus dem Zweistromland, aufgrund von Anregungen durch Wanderarbeiter.

[…] Wie aber ist die Schrift entstanden, wenn sie nicht auf kultische Handlungen zurückgeht? Die Archäologen haben eine überraschende Antwort parat, und die reicht 10.000 Jahre zurück: Man fand in Vorderasien in allen größeren Siedlungen sehr viele, kleine Tonmarken – kegelförmige, runde, eckige – vergleichbar den Chips in einer Spielbank. Jede Tonmarke stand für eine bestimmte Warenmenge oder für ein Tier, was damals in einer Art Behörde registriert wurde – und wenn ein Bauer als Steuer drei Schafe ablieferte, dann wurden drei Chips, die für „Schaf" standen, in einen Krug gelegt. Der besseren Übersicht halber wurde der Abdruck eines Chips außen am Tonkrug angebracht – gleichsam als Symbol für „Schafe". […]

(hr-online, 24.11.2004)

1 ***Erarbeiten Sie mithilfe des Textes folgende Fragestellungen:***

a) Erläutern Sie den Satz „Aber erst die Sprache hat uns wirklich zu dem gemacht, was wir als ‚Mensch' empfinden" (Z. 2–4).

b) Erklären Sie, welche Konsequenzen die Tatsache, dass „Sprache nicht versteinern kann" (vgl. Z. 7), für die Sprachforschung hat.

c) Erläutern Sie, warum große Jagdzüge nur mit sprachlicher Verständigung möglich gewesen sein können. Stellen Sie Vermutungen darüber an, wie eine solche Jagd ausgesehen haben könnte.

d) Erläutern Sie, in welchen Fällen die Tonmarke nicht mehr ausreichte, um sich schriftlich zu verständigen. Verwenden Sie in dem Zusammenhang auch Ihre Antworten aus Aufgabe 1 (S. 27).

Der Einfluss der Sprache auf den Menschen

Unser sprachliches Verhalten prägt unsere Wirklichkeit.

Mr. Mits und die Sprache

Von dem Augenblick an, in dem Mr. Mits am frühen Morgen die Nachrichten anstellt, bis er am Abend bei einem Roman oder einer Zeitung einschläft, schwimmt er in Wörtern. Zeitungsverleger, Politiker, Verkäufer, Radioansager, Leitartikler, Pfarrer, Arbeitskollegen, Bücher und Werbesprüche – Wörter strömen aus allen Richtungen auf ihn ein. Und auch Mr. Mits trägt jedes Mal zu diesem Niagarafall von Wörtern bei.

Wörter in Zeitungen lassen ihn mit der Faust auf den Tisch schlagen. Worte seiner Vorgesetzten erfüllen ihn mit Stolz und fördern seinen Arbeitseifer. Worte, die hinter seinem Rücken gesprochen werden, machen ihn krank vor Ärger. Mr. Mits erfährt jeden Tag die „Sprachbedingtheit unserer Gesellschaft", ohne darüber nachzudenken.

1 *Was ist unter der „Sprachbedingtheit unserer Gesellschaft" zu verstehen? Erläutern Sie.*

Inwieweit Sprache auch unser Denken beeinflusst, das hat der Linguist Daniel L. Everett anhand der Sprache der Pirahã – eines Eingeborenenstammes am Amazonas – untersucht.

Wie Kultur unser Denken formt

[...] In den meisten uns bekannten Sprachen existieren numerische Einheiten, die zum Basisvokabular gehören. Tatsächlich aber enthalten nicht alle Sprachen ein völlig ausgearbeitetes Zählsystem.

Pirahã gehört wohl eindeutig zu Letzteren: Die Sprache kennt nachweislich keinen Begriff für „Zahl" und Pronomen (etwa „ich" kontra „wir") existieren nur in einer Form, Singular und Plural gibt es nicht. Auch Quantifikatoren wie „mehr", „einige", „alle" und „jeder" fehlen fast völlig. Das Zählsystem selbst besteht aus den Wörtern *hoi* (in abfallendem Ton gesprochen) für „eins", *hoi* (mit steigendem Ton) für „zwei" sowie *baagi* oder *aibai* für größere Mengen, also in etwa „viele" bedeutend.

Während Pirahã eine sehr komplexe Verbstruktur aufweist, sind in dieser Sprache bestimmte vergleichende Konstruktionen nicht möglich [...]. Beispielsweise seien Fragen wie „Enthält dieser Haufen mehr Nüsse als jener?" nicht möglich gewesen, da diese Konstruktion in der Pirahã-Grammatik nicht existiere. [...]

(ORF On Science – Wie Kultur das Denken formt, 18.03.2006)

2 *Erarbeiten Sie die folgenden Fragestellungen mithilfe des Textes:*

a) Wie viele Pronomen gibt es im Deutschen? Was sagt die Tatsache, dass die Pirahã keine Singular- und Pluralform für Pronomen kennen, über deren Lebenswirklichkeit aus?

b) Welche Rückschlüsse lassen sich aus der Tatsache ziehen, dass die Sprache der Pirahã eine sehr komplexe Verbstruktur aufweist?

c) Welche Rückschlüsse lassen sich aus der Tatsache ziehen, dass die Pirahã nur ein rudimentär ausgebildetes Zählsystem haben?

3 *Der Philosoph Ludwig Wittgenstein stellte folgende These auf: „Die Grenzen meiner Sprache bedeuten die Grenzen meiner Welt." Erörtern Sie seine These in diesem Zusammenhang.*

Wortbedeutungen

Ein Wort kann seine Bedeutung in verschiedenen Kontexten verändern.

Konnotation und Denotation

„Du bist ein Esel!" Diese Beleidigung findet sehr häufig Verwendung. Dass diese Beschimpfung auch in der gewünschten Form verstanden wird, ist aber keinesfalls selbstverständlich.

Die Sprachgemeinschaft definierte den Begriff und einigte sich auf eine feste Bedeutung. Deshalb liegt diesem Begriff eine bestimmte lexikalische Zuordnung zugrunde, die auch heute noch gilt. Das Wort „ESEL" bedeutet in diesem Sinne: „Art der Pferde, mit langen Ohren und Schwanzquaste: Hausesel, meist grau; Trag- und Zugtier".

Diese Grundbedeutung wird als Denotation bezeichnet. Die Sprachgemeinschaft hat diese Bedeutung durch eine Übereinkunft (Konvention) festgelegt.

Die Grundbedeutung kann in bestimmten Zusammenhängen von Nebenbedeutungen überlagert werden. Diese werden Konnotationen genannt. Sie zielen auf zusätzliche Bedeutungseinheiten des Begriffes, die sich aber immer erst aus dem kommunikativen Zusammenhang ergeben und zumeist emotionale, wertende und individuelle Bedeutungskomponenten zum Ausdruck bringen.

„Du bist ein Esel!" bezeichnet dann eine Person, die sich töricht, ungeschickt oder widerborstig verhält, und nicht das Haustier.

1 ***Erarbeiten Sie folgende Fragestellungen mithilfe des Textes:***

a) Was ist unter den Begriffen Denotation und Konnotation zu verstehen? Wodurch unterscheiden sie sich?

b) Notieren Sie zu jedem Wort in der Tabelle unten die jeweils denotative Bedeutung und alle konnotativen Bedeutungen, die Ihnen einfallen.

	Denotation	Konnotationen
Esel	Art der Pferde, mit langen Ohren und Schwanzquaste: Hausesel, meist grau; Trag- und Zugtier	Person, die sich störrisch oder ungeschickt verhält
Pfau		
Spatz		
Zicke		

c) Was muss hinsichtlich der zentralen Aufgabe von Sprache, nämlich Verständigungsmittel zu sein, in Bezug auf die häufig wechselnden Wortbedeutungen in Kommunikationssituationen bedacht werden?

Sprachwandel

Die Sprache verändert sich ständig. Viele neue Wörter werden aus anderen Sprachen übernommen. Deutsche benutzen in diesem Zusammenhang vorzugsweise englische Ausdrücke, wobei Begriffe direkt übernommen werden oder in Mischformen Verwendung finden.

Die verkaufte Sprache

Aus dem Kreis der Weltsprachen ist das Deutsche verschwunden. Nun wird es auch in seiner Heimat zum Sanierungsfall.

von Jens Jessen

[...] Warum ist auf Bahnhöfen kein Schalter für Auskünfte, sondern ein *Service Point*? Was hat der englische Genitiv-Apostroph in *Susi's Häkelstudio* zu suchen? Welcher Teufel trieb eine deutsche Wissenschaftsministerin zu einer Kampagne mit dem Motto *„Brain up"*, was weder auf Deutsch noch auf Englisch Sinn ergibt?

Die Überflutung mit englischen Wendungen ist nur ein, wahrscheinlich der kleinste Teil des Problems. Der größere Teil besteht in ihrer kenntnislosen Aneignung zu dekorativen Zwecken. Viel spricht dafür, den Geist einer aufschneiderischen Werbung dabei am Werk zu sehen. Die deutsche Bahn will sich nicht nur technisch modernisieren; sie will auch modern wirken. Dass ihre sprachliche Modernisierung ein *fake* ist, (um ein gutes englisches Wort zu verwenden), scheint ihr egal zu sein. Ähnliches gilt für ihre Neigung, jede Neuigkeit à tout prix *kommunizieren* zu müssen, anstatt sie einfach nur mitzuteilen.

Der Ausdruck *à tout prix* ist übrigens aus einer älteren Epoche übernommen. Den Import von französischen Wendungen des 18. Jahrhunderts hat das Deutsche allerdings gut überstanden. Die meisten Ausdrücke sind wieder verschwunden; die übrigen haben sich bis zur Unkenntlichkeit in den Wurzelbestand des Deutschen eingemoost.

[...]

Es lohnt sich, bei der Psychologie des Sprachimporteurs zu verweilen. Der Sprachimporteur ist vor allem ein Marketingexperte in eigener Sache. Er will angeben mit der frisch erworbenen Kenntnis, er kehrt ins verschnarchte Dorf seines Ursprungs zurück und brilliert dort im Glanze seiner Glasperlen, die er den zurückgelassenen Landsleuten andrehen will. Die Undeutlichkeit und die Euphemismen des Business-Englisch sind kein Mangel, sie sind die Voraussetzungen des betrügerischen Tuns. So werden dem *Trainee* (deutsch: Lehrling) die *Karriere-Optionen eröffnet* (deutsch: Hoffnungen gemacht), zum *Asset-Manager* (deutsch: Kaffeekocher) aufzusteigen.

[...]

(Die Zeit, 26.07.2007)

1 ***Erarbeiten Sie mithilfe des Textes folgende Fragestellungen:***

a) Welche kommunikative Wirkung geht von Anglizismen aus?

b) Wie wird der zunehmende Gebrauch von Anglizismen im Text begründet?

c) Welche Position zum Gebrauch von Anglizismen vertritt der Autor des Textes?

d) Welche Position zu diesem Thema vertreten Sie?

2 ***Sammeln Sie Anglizismen, die Ihnen im Alltag begegnen.***

a) Notieren Sie Begriffe, deren Verwendung im englischen Original sinnvoll ist.

b) Notieren Sie Begriffe, die Ihrer Meinung nach bloße Worthülsen sind.

c) Stellen Sie die Gruppenergebnisse vor und begründen Sie die jeweiligen Zuordnungen.

Sprache als Selbstdarstellung

Der Zusammenhang zwischen der situationsgerechten Sprachbeherrschung und den privaten und beruflichen Möglichkeiten ist unbestritten. Rollengerechtes Sprechen fördert die beruflichen Einstiegs- und Karrieremöglichkeiten. Sprache und Sprachkultur bieten also gute Chancen zur positiven Selbstdarstellung.

Sprache als Visitenkarte

Kleidung, Körper, Gesicht, Frisur, Auto, Wohnung, Büro – an allem arbeiten und feilen wir, weil es als Ausdruck der eigenen Persönlichkeit gesehen wird. Wir glauben, anderen dadurch ein positives Bild von uns vermitteln zu können, weil wir auch selbst andere nach diesen Kriterien beurteilen.

Die Sprache fehlt in dieser Reihe. Sie wird offenkundig nicht oder kaum als Chance zur positiven Selbstdarstellung betrachtet, außer vielleicht in der Jugendsprache, wenn die Verwendung eines gewissen Vokabulars Zugehörigkeit zu einer bestimmten Gruppe und Ich-Stärke signalisieren soll.

Das ist eine Fehleinschätzung. In wenigen Minuten kann sich jemand durch ein Sprechverhalten, das nicht der Rolle und der Situation entspricht, disqualifizieren.

Sprache ist also durchaus eine Visitenkarte der Persönlichkeit. Zuverlässigkeit, Zielstrebigkeit und sicheres Auftreten lassen sich eben nicht demonstrieren, wenn schlechte und phrasenhafte Formulierungen das Gespräch prägen.

Situationsgerechtes Sprechen erfordert Disziplin, weil Grundregeln eingehalten werden müssen. Die Sprache muss für die Kommunikationspartner verständlich sein. Leere, blasse und formelhafte Wendungen, wie sie Politiker gerne verwenden, sind zu meiden. Die Zielgruppe muss unbedingt berücksichtigt werden. Verwenden Sie bekannte und aussagekräftige Wörter! Bevorzugen Sie Verben – und zwar im Aktiv. Wählen Sie bejahende Aussagen statt verneinender. Seien Sie anschaulich in Ihren Vergleichen! Vermeiden Sie Floskeln und Phrasen.

1 ***Erarbeiten Sie mithilfe dieses Textes folgende Fragestellungen:***

a) Warum sollte auch die Sprache als Teil der „Visitenkarte" gesehen werden?

b) Welche Konsequenzen ergeben sich daraus für die Sprachverwendung?

c) Welche Ratschläge für regelkonformes Sprechen enthält der Text?

2 ***Formulieren Sie die folgenden Aussagen gemäß der Ratschläge im Text um.***

- Verkäufer zum Kunden:
  „Ein Umtausch kann aufgrund der fehlenden Quittung nicht bewilligt werden."
- Schüler zum Lehrer:
  „Ich bekomme nie eine gute Zensur von Ihnen. Sie können mich nicht leiden.
  So macht Schule keinen Spaß."
- Im Vorstellungsgespräch:
  „Ich hatte halt so die Idee, dass es schon ziemlich interessant sein könnte, hier zu arbeiten."

Kapitel 2

Sachtextanalysen schreiben

Texte werden von Autorinnen und Autoren mit unterschiedlichen Absichten geschrieben. Einige sollen uns informieren, andere unterhalten oder uns im Sinne des Autors beeinflussen. Da Leserinnen und Leser in der Regel nicht bei einer Autorin oder einem Autor nachfragen können, wie etwas gemeint ist und welche Wirkung sie/er beabsichtigt, muss der Text durch intensive Beschäftigung erschlossen werden. Dabei hilft die Textanalyse.

In diesem Kapitel lernen Sie durch die Beschäftigung sowohl mit informierenden und expressiven als auch mit appellativen Texten ein Gespür dafür zu entwickeln, mit welchen sprachlichen Mitteln und rhetorischen Figuren Texte ihre Wirkung erzielen. Außerdem erarbeiten Sie, wie Sie Ihre Analyseergebnisse in schriftlicher Form darlegen.

Was ich bereits weiß oder im Wiederholungsteil selbstständig erarbeiten kann

- ✔ Grundlegende Arbeitstechniken zum Erschließen eines Textinhaltes sind z. B. die 5-Schritt-Lesetechnik, das Exzerpieren, das Visualisieren.
- ✔ Besonders in appellativen (z. B. Werbetexten), aber auch in heiter-ironischen Texten werden rhetorische Mittel eingesetzt, um entsprechende Wirkungen zu erzielen.
- ✔ Bei der Wiedergabe wörtlicher Rede in Texten wird die indirekte Rede verwendet.

Analyse informativer und expressiver Sachtexte

Den Inhalt eines Textes erfassen

Eine Inhaltsangabe zu einem Text ist notwendig, um die wichtigsten Informationen jederzeit abrufen zu können. Als Methode empfiehlt sich z. B. das Exzerpieren (➩Wiederholung: Kapitel 7 bzw. 20). Dazu gehört, Begriffe zu klären, Inhalte knapp mit eigenen Worten zusammenzufassen und Fragen oder Ergänzungen zu notieren. In dem folgenden Text hat ein Schüler begonnen, ihm unbekannte Begriffe grün zu markieren, wichtige Informationen in wörtlicher Rede hat er gelb markiert.

Erste Prüfung im Netz

Passe ich zu diesem Arbeitgeber? Das können Bewerber mit „Self-Assessments" herausfinden. Die anonymen Online-Tests ersparen ihnen so manche Blamage.

von Deike Uhtenwoldt

Mit seinem Zeugnis ist Timo zufrieden. Immerhin hat der Gymnasiast 13 Punkte in Mathe und Englisch, 10 Punkte in Deutsch und mit 7 Punkten auch noch eine knappe Note 3 in Gemeinschaftskunde. Das sind die Noten, die auch „C!You", das Berufsorientierungsportal der Stadt Hamburg, von Interessenten für den mittleren und gehobenen Beamtendienst abfragt. In Timos Fall allerdings fällt die Bewertung negativ aus. „Sie erfüllen grundsätzlich unsere Bewerbungsvoraussetzungen, aber Ihre eingegebenen Schulnoten erfüllen nur unsere Mindestanforderungen", gibt Ausbildungsberater Oliver Voigt am Ende der ersten virtuellen Vorstellungsrunde am Monitor zu bedenken. Im Falle einer echten Bewerbung müsste Timo mit vielen aussichtsreicheren Konkurrenten rechnen.

Direkte Rückmeldung möglich

Ziemlich konkurrenzlos dagegen ist mit „C!You" das Personalamt Hamburg, zumindest im öffentlichen Dienst. Der Name steht für „Check Yourself", dahinter verbirgt sich eine Kombination aus Selbstdarstellungsplattform für Arbeitgeber und Selbst-Test-Elementen für alle, die sich für eine Laufbahn in der Hamburger Verwaltung interessieren. […] Wer sich für „C!You" unter einem frei gewählten Namen registriert, lernt nicht nur Ausbilder, Stationen und Räumlichkeiten kennen, sondern löst auch schon ein paar typische Aufgaben und bekommt dazu eine direkte Rückmeldung. „Self-Assessments" nennen Personaler solche Online-Instrumente zur besseren Berufsfindung.

„Self-Assessments dienen der Orientierung, nicht der Auswahl", sagt Christoph Beck, Professor für Personal- und Bildungswesen an der Fachhochschule Koblenz. Wichtig sei, dass die Anonymität gewahrt bleibe und das „Self-Assessment" keinerlei Einfluss auf eine spätere Kandidatur habe. „Das ist der Unterschied zu Online-Assessments. Der Interessent kann ganz entspannt testen, ob das etwas für ihn ist." Aber Ziel sei es natürlich schon, so die Qualität der Bewerbungen zu verbessern, räumt Beck ein. „Denn die Vorstellungen der Bewerber unterscheiden sich oft erheblich von der Realität." […]

Wo bleibt das Spielerische?

Timos Können und vor allem sein demokratisches Grundverständnis prüft „C!You" per Fragetechnik. Immerhin, dass die Gewaltenteilung vom Staatstheoretiker Montesquieu abstammt, weiß der Sechzehnjährige. Aber wo bleibt da das Spielerische, fragt er. Etwas widerwillig berechnet er Elterngeldanträge im Bezirksamt Altona und erstellt einen Personalplan zur Vorbereitung des Hamburger Marathons in der Behörde für Bildung und Sport. „Gerade diese Station habe ich mir interessanter vorgestellt", sagt der Gymnasiast. Nicht mal die Hälfte der Aufgabe füllt Timo aus, dann bricht er genervt ab und wundert sich über die Rückmeldung: „Sie haben diese komplexe Aufgabe gut gelöst."

„Wir haben die Rückmeldung möglichst pädagogisch angelegt", erklärt Joachim Dierks, Geschäftsführer der Cyquest GmbH, die sich auf Selbsterkundungsprogramme spezialisiert hat. […] Real sind zumindest die Personen, deren virtuelle Vertreter in den Programmen auftreten. „Die Ausbildung

Den Inhalt eines Textes erfassen

bekommt dadurch ein Gesicht. Das hat mir im Bewerbungsverfahren Sicherheit gegeben", erklärt Lincy Thekkeveettil, Trainee bei Gruner + Jahr in Hamburg. Auf der Internetseite des Medienunternehmens fand die Vierundzwanzigjährige hinter dem Link „Förderung von Talenten" das Recruiting-Portal „Cypress". Sie klickte sich durch die Abteilungen Development & Controlling, Redaktion, Anzeigen und Vertrieb und löste die gestellten Aufgaben. Am Ende lobte das Programm ihre Fähigkeiten: „Sie könnten gut zu uns passen. Bewerben Sie sich doch einmal."

Ein Gefühl für das Unternehmen bekommen

Heute ist Thekkeveettil nicht nur Trainee im Verlagshaus, sondern auch selbst Teil von „Cypress". Für die Redaktion des Magazins „Neon" lässt sie Interessenten das Cover gestalten, Farben, Aufmacherfoto und Schrift auswählen – aber dies nur virtuell. Im wirklichen Ausbildungsleben arbeitet die Deutsche indischer Abstammung zurzeit in der Electronic Media Sales GmbH. Der verlagseigene Vermarkter für elektronische Medien kommt allerdings in dem virtuellen Recruiting-Portal gar nicht vor. „Im Self-Assessment werden standardisierte Anforderungen und typische Themen dargestellt. Das geht nicht so sehr in die Tiefe", sagt Thekkeveettil. Die Aufgaben seien auch nicht schwer zu lösen, ergänzt Daniel Köthe, der das Trainee-Programm von G+J gerade erfolgreich abgeschlossen hat. „Das hat nichts mit den Aufgaben im wirklichen Bewerbungsprozess zu tun." Dafür bekämen die Interessenten aber ein Gefühl für das Unternehmen. „Man lernt weniger über sich selbst als über die Branche. Die Inhalte sind sehr plastisch", lobt der 29-Jährige.[...]

Virtuelle Werkzeuge mit Grenzen

Die Grenzen der virtuellen Werkzeuge betont [...] Christoph Beck. Eine gewisse „Übungskünstlichkeit" werde immer bestehen bleiben. Der Betriebswirtschaftler warnt deshalb davor, zu viel von Self-Assessments zu erwarten. „Das ist ein Instrument des Employer Branding, um sich als Arbeitgeber bekannt zu machen."

(Frankfurter Allgemeine Zeitung, 29.03.2008, S. C4)

1 ***Exzerpieren Sie den Text unter der Fragestellung: „Wozu dienen Self-Assessments und wie funktionieren sie?"***

a) Schlagen Sie die grün markierten Begriffe nach (➪ Kapitel 20).

b) Erstellen Sie Karteikarten mit den entsprechenden Begriffen und Erläuterungen dazu.

c) Schreiben Sie die gelb markierten sowie weitere wesentliche Zitate aus dem Text heraus und ordnen Sie diese den im Text erwähnten Personen zu.

d) Geben Sie die wesentlichen Aussagen dieser Personen in indirekter Rede (➪ Kapitel 5) wieder.

e) Fassen Sie die wichtigsten Aussagen des Textes zu Zweck und Funktionsweise von Self-Assessments mit eigenen Worten zusammen.

Self-Assessment

aus dem Englischen = Selbst-Beurteilung

– meist online, z. B. auf Berufsorientierungsportal der Stadt Hamburg oder der Uni Bremen

– dienen der Orientierung bei der Berufs- oder Studienwahl ...

– ...

Den Aufbau eines Textes erkennen

Für das Erschließen eines Textes ist es wesentlich, seinen Aufbau zu erkennen. Hierbei können z. B. Teilschritte der 5-Schritt-Lesetechnik (➪ Kapitel 20) hilfreich sein: Abschnitte und ihre Funktion erkennen, Zwischenüberschriften analysieren oder selbst solche formulieren. Im folgenden Text wurden die Abschnitte nicht folgerichtig angeordnet.

Wenn Personaler googeln

Für Personaler ist es inzwischen Standard, den Namen des Bewerbers durch die Suchmaschine zu jagen. Die gibt so manches preis, was man eigentlich lieber vertraulich behandelt.

ABSCHNITT A

„Aber auch im privaten Bereich nutzten immer mehr Menschen das Internet, um sich ein Bild über eine andere Person zu machen", sagt Mario Grobholz vom Anbieter myOn-ID in Köln. […] Seine Firma bietet Surfern deshalb an, sich um ihren „digitalen Ruf" zu kümmern. Spezielle Programmiertechniken sollen dafür sorgen, dass unliebsame Internet-Altlasten in den Treffern einer Suchanfrage weiter auf den hinteren Plätzen verschwinden.

Gerade das Web 2.0 habe dazu geführt, dass immer mehr Surfer ihr Privatleben im Netz öffentlich machen, sagt Grobholz. Für Neugierige seien daher besonders „Social Networks" wie „studiVZ.net" oder „Xing.com" ergiebig: Hier geben Mitglieder von sich aus Auskunft, etwa über ihre Hobbys oder den beruflichen Werdegang. Andere Portale sind darauf spezialisiert, alte Schulfreunde wiederzufinden. Hierüber können auch Fremde den Schulabschluss und Jahrgang von anderen erfahren. Dazu müssen sie meist nicht einmal die jeweilige Seite besuchen – oft landen die Daten gleich in den Treffern einer Web-Suchabfrage.

ABSCHNITT B

Das machen sich etwa Personalentscheider zunutze. „Bei Bewerbungen wird immer öfter ein Blick darauf geworfen, was im Internet über den Menschen steht", sagt Klaus Reiners vom Bundesverband Deutscher Unternehmensberater (BDU) in Bonn. Der Leumund im Netz entscheidet in einigen Fällen sogar über die beruflichen Chancen: So könnten peinliche Fotos oder Lästereien über den alten Arbeitgeber im Web zum „Karriere-Killer" werden, warnt Reiners. Auch Einträge über extreme politische Ansichten und erotische Vorlieben seien teilweise ein Ausschlusskriterium für Arbeitgeber.

In einer Umfrage des BDU unter deutschen Personalberatern vom November 2006 gab jeder Vierte an, schon einmal einen Kandidaten nach einer Netzrecherche vom Auswahlprozess ausgeschlossen zu haben.

ABSCHNITT C

Die Nabelschau im Netz hat dabei Folgen, über die sich wohl nicht jeder bewusst ist: Mithilfe des Namens und einiger zusätzlicher Suchwörter lassen sich bei Google oder Yahoo Angaben wie Alter und Wohnort oft kinderleicht herausfinden, wenn sie einmal ins Internet eingespeist wurden. Wer viel im Netz unterwegs ist, hinterlässt oft sogar Spuren, die auf Arbeitgeber, Hobbys oder Vereinsmitgliedschaften schließen lassen.

Hat ein Surfer dabei erst einmal eine persönliche Angabe wie etwa die private E-Mail-Adresse eines anderen herausgefunden, stößt er leicht auf weitere Kontaktdaten. Denn Suchmaschinen durchsuchen zum Beispiel auch Forenbeiträge – dadurch finden sich schnell auch Treffer etwa aus privaten Gebrauchtbörsen oder Kontaktanzeigen.

ABSCHNITT D

Künftig könnte es sogar noch einfacher werden, persönliche Profile von anderen im Web abzufragen. Neue Netzwerk-Projekte aus den USA wie „Spock.com" sind mit dem Versprechen an den Start gegangen, in Zukunft jeden Erdenbürger zu katalogisieren und einen Eintrag über ihn bereitzuhalten. […]

Den Aufbau eines Textes erkennen

ABSCHNITT E

„Und, was machst du sonst so?" – Diese Frage können sich Webnutzer inzwischen sparen, wenn sie mehr über jüngste Bekanntschaften oder neue Bürokollegen erfahren wollen. Schließlich ist es manchmal gar nicht nötig, sie direkt zu fragen. Das Internet gibt häufig ebenso gut Auskunft. Denn über Suchmaschinen lässt sich vieles längst per Mausklick erfahren, was mancher sonst lieber vertraulich behandelt. Ob geschäftlich oder privat: Jobbewerber, alte Schulfreunde oder neue Partner „auszugoogeln" ist eine gängige Methode, um heimlich einen Einblick in das Leben anderer zu erhalten.

„Mithilfe von Suchmaschinen ist es heute ein Leichtes, private Dinge über andere herauszufinden", sagt Prof. Michael Ronellenfitsch in Wiesbaden, Landesbeauftragter für den Datenschutz in Hessen. Oft seien die Betroffenen selbst schuld: Viele Menschen gehen zu unvorsichtig mit ihren persönlichen Daten um und geben im Web bereitwillig Privates preis. „Das ist dann natürlich für jedermann im Handumdrehen abrufbar."

[...]

1 ***Analysieren Sie den Aufbau des Textes.***

a) Ordnen Sie die Textabschnitte. Notieren Sie die richtige Reihenfolge der Abschnitte A–E (mit Ordnungszahlen 1. bis 5.) in Ihrem Heft.

b) Übertragen Sie die unten stehende Tabelle in Ihr Heft.

c) Geben Sie den Abschnitten Zwischenüberschriften.

d) Bestimmen Sie die Funktion der einzelnen Textabschnitte.

	Zwischenüberschrift	*Funktion*
1. Abschnitt	*Das Privatleben des Bewerbers „ausgoogeln"*	*Einleitung: Hinführung zu der Frage: Was Personaler im Netz suchen und finden*
2. Abschnitt	...	...

2 ***Visualisieren Sie die wichtigsten Aussagen des Textes: Fertigen Sie eine Mindmap an oder verwenden Sie Bilder, Grafiken und Symbole, um den Inhalt der Abschnitte und den Aufbau des Textes zu verdeutlichen (➪ Kapitel 3 und Wiederholung: Kapitel 6).***

Sprachliche Mittel – Absicht und Wirkung erschließen

Sachtexte dienen nicht nur der Information. Sie können auch expressiv (ausdrucksvoll) unterhalten oder von einer Meinung überzeugen wollen. Um die Intention (die Aussageabsicht) eines Textes erfassen zu können, untersuchen Sie die Verwendung der sprachlichen Mittel genauer. Bei dem folgenden Text hat eine Schülerin ihre Sprachanalyse wie folgt begonnen:

Kolumne, die Kolumne = Druckspalte; in der Presse auch kurzer Meinungsbeitrag vom Umfang einer Spalte, der regelmäßig an der gleichen Stelle der Zeitung erscheint

Kolumne: English, please!

Überschrift in Englisch – reizt zum Weiterlesen

Manchmal denke ich: Früher war doch alles leichter. Da schloss man sein Studium in aller Seelenruhe ab – Zeit für eine Demo der Anti-Atomkraftwerksgemeinschaft und das Treffen mit der befreundeten Friedensgruppe war immer genug da – und man musste danach meist keine großen Befürchtungen bezüglich Arbeitslosigkeit und unbezahlter Dauerpraktika haben. Heute machen sich unter uns Studenten viele schon während des Studiums, oder sogar schon davor, Sorgen, was sie danach erwartet. Man fragt sich, ob die Qualifikationen, die man von der Uni mitbringt, ausreichen. Man hetzt von einem Praktikumsplatz zum nächsten, um den Lebenslauf auch schön am Leben zu halten. Es scheint auch die Zeit gekommen, da man als studentischer Bewerber vor Freude umkippt, wenn sich hochrangige Unternehmen dazu herablassen, auf ein Bewerbungsschreiben mit ein paar Zeilen zu antworten – und sei es nur, um abzusagen.

Hyperbel (Übertreibung)
Ironie

Personifikation

Was braucht man nun, um sich zu profilieren gegenüber der Konkurrenz? Ganz hoch im Kurs, weil allseits der Globalisierungswahn herrscht, sind Fremdsprachen. Oder anders: Ohne Englisch geht nix. Die Wirtschaftsstudenten haben diese Tatsache schon länger begriffen. Googelt man im Internet nach Studiengängen mit wirtschaftlicher Ausrichtung, erscheint eine lange Liste unzähliger „Business Schools", deren Homepages häufig schon nicht mehr in deutscher Sprache geschrieben sind. Auch die Abschlüsse haben sich bekanntlich international angepasst. Es scheint kaum einen Arbeitsbereich mehr zu geben, in dem es nicht heißt „English, please!".

umgangssprachlicher Ausdruck

Auf gut Neudeutsch

Kein Wunder. Haben sich doch die englischen Wörtchen selbst jenseits des Beruflichen in allen Ecken und Winkeln eingenistet. Wer spricht schon noch vom „Verkaufsschlager", wenn man „Bestseller" sagen kann. Und ein deutsches Wort für „Computer" fällt mir schon gar nicht mehr ein. Rechenautomat? Klingt ziemlich seltsam. Das Gute am Fremdsprachenfieber ist, dass immer mehr Unis Partnerhochschulen im Ausland haben, wo man als Student dann ohne große Probleme ein Auslandssemester machen kann. Und wer möchte nicht einmal im Sand am Meer studieren oder bei –15° C im Tiefschnee? Ziemlich nachteilig aber ist, dass es dies in der Regel nicht ganz für lau gibt, und noch blöder: Weil es so viele machen, kommt man sich fast wie ein Außenseiter vor, wenn man noch nicht die halbe Welt gesehen hat und folglich auch nicht mit australischem Akzent prahlen kann.

Ironie

Sprachliche Mittel – Absicht und Wirkung erschließen

Im Vorstellungsgespräch kann man sich auf die Frage nach Auslandserfahrungen wahrscheinlich auch nicht mehr damit aus der Affäre ziehen, dass man angibt, die „German Kleinigkeiten" einfach mehr zu schätzen als die weite Welt. In diesem Sinne: Good luck!

(Kolumne@einstieg.com. Aus: Einstieg Abi II-2008)

1 ***Geben Sie den Inhalt des Textes kurz in eigenen Worten wieder und beschreiben Sie Ihren ersten Leseeindruck.***

2 ***Analysieren Sie die sprachliche Gestaltung des Textes.***

a) Erläutern Sie die ersten Ergebnisse der Sprachanalyse in den Spalten neben dem Text.

b) Notieren Sie weitere sprachliche Gestaltungsmittel sowie damit verbundene Absichten des Autors. Beschreiben Sie deren Wirkung (➪ Kapitel 4, S. 96–97). Ergänzen Sie dazu folgende Tabelle:

Textstelle/ Zeilenangabe	sprachliche(s) Mittel	Intention (Absicht)	Wirkung
„Da schloss man sein Studium in aller Seelenruhe ab – Zeit für eine Demo der Anti-Atomkraftwerksgemeinschaft und das Treffen mit der befreundeten Friedensgruppe war immer genug da" Z. 1–4	*Ironie (Behauptung, die durchblicken lässt, dass sie so nicht stimmt) Hyperbel (Übertreibung)*	*Die Autorin oder der Autor will auf eine große Differenz zwischen früheren und heutigen Studienbedingungen aufmerksam machen.*	*Die Übertreibung wirkt distanzierend zu den heutigen Bedingungen, aber auch zu den früheren, da die politischen Aktivitäten – für die angeblich immer Zeit war – lächerlich gemacht werden.*
2. Abschnitt	...	...	...

3 ***Nennen Sie den möglichen Adressatenkreis dieses Textes.***

4 ***Bestimmen Sie den Text nach seiner hauptsächlichen Funktion.***

a) Übertragen Sie dazu das Dreieck in Ihr Heft und zeichnen Sie ein Kreuz an der Stelle ein, an der Sie den Text „English, please!" entsprechend seiner Intention und Wirkung einordnen.

b) Begründen Sie Ihre Meinung mithilfe Ihrer Arbeitsergebnisse aus den Aufgaben 1–3.

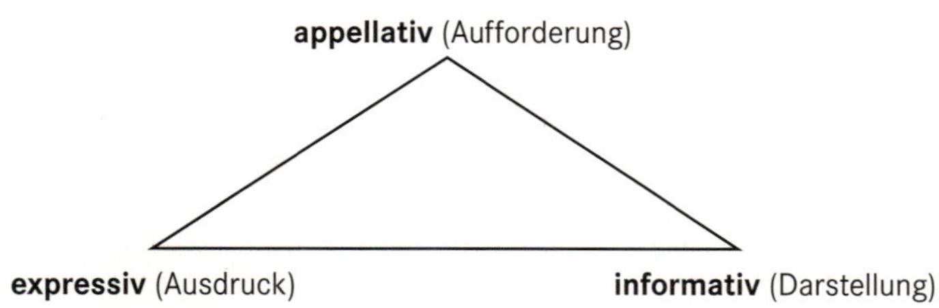

Eine vollständige Textanalyse verfassen

Sachtexte sind oft erst dann richtig zu verstehen, wenn man die zeitgeschichtlichen Bedingungen ihrer Entstehung mit berücksichtigt. Es kann z. B. wichtig sein, ob ein Text Bezug auf ein konkretes Ereignis nimmt, ob die Meinung einer Interessengruppe oder Partei zuzuordnen ist, ob das Thema gerade im Zentrum öffentlicher Diskussionen stand oder steht oder das zugrunde liegende Material in der Kritik ist. Das heißt, Sie benötigen für eine gute Textanalyse tagespolitisches wie auch allgemeines Wissen.

Wenn die Lehre an der Einstellung scheitert

von Midia Nuri

Auf dem Ausbildungsmarkt hat sich vieles gebessert, auch die Lehrstellenlücke klaffte 2007 nicht so weit auseinander wie erwartet. Doch beim Sprung in die Berufsausbildung scheitern die Jugendlichen oft an einer anderen Hürde – an sich selbst.

Manchmal geht es im Bewerbungsgespräch zu wie in der Fernsehwerbung eines großen IT-Konzerns. Da antwortet die 17-jährige Realschulabsolventin auf die Frage der Personalverantwortlichen, warum sie sich ausgerechnet hier bewirbt: „Meine Freundin hat gesagt, ich soll mich hier bewerben.“ „Und dann habe ich natürlich gefragt, warum?“, erinnert sich Katrin Tremel, beim Bereich Grundsatz Ausbildung der Deutschen Post in Bonn für die Rekrutierung zuständig. „Dann kam: Das hat sie nicht gesagt.“

Doch die nackten Zahlen sehen gut aus: Ende September zählte die Bundesagentur für Arbeit (BA) 626.000 neu abgeschlossene Ausbildungsverträge – 8,6 Prozent mehr als im Vorjahr (plus 49.800 Neuverträge). Neu eingeworben haben Kammern und Verbände im Rahmen des Ausbildungspakts in den vergangenen vier Jahren 88.900 neue Ausbildungsplätze, und 53.600 Betriebe haben erstmals ausgebildet. […]

Soft Skills gehören in den Lebenslauf

Die in jedem Bewerbungsgespräch anwesenden drei Postler sind kulant. Bei ihnen wird kein Bewerbungsgespräch abgebrochen. „Schon gar nicht wegen einer Äußerung am Anfang des Gesprächs, wo die Jugendlichen natürlich nervös sind“, sagt Tremel. Doch es ging weiter, wie es begonnen hatte. In kurzen, oft unvollständigen Sätzen brachte die Bewerberin hervor, sie wolle Bürokauffrau werden, weil man da mit Kunden reden könne. Was sie denn über die Post wisse? Dass sie Briefe austrägt. „Im Nachhinein ist es fast lustig, aber eigentlich ist es tragisch“, findet Tremel. […] „Wir brauchen Mitarbeiter, die kommunizieren können, die über den Tellerrand hinausgucken und nicht vor einem Problem hocken wie das Kaninchen vor der Schlange, sondern es aktiv lösen“, begründet sie. Wenn die viel beschworene Sozialkompetenz fehlt, ist das häufig schlimmer als mäßige Noten in Mathe oder Deutsch. „Es ist leichter, den Azubis Rechnen und Schreiben besser beizubringen, als aus einem Muffel einen freundlichen Angestellten eines Dienstleistungskonzerns zu machen“, erklärt Olaf Stieper, Leiter der Abteilung Berufsbildung bei der Metro AG in Düsseldorf.

Jugendliche sollten ihre Sozialkompetenz in der schriftlichen Bewerbung hervorheben, „indem sie in den Lebenslauf reinschreiben, dass sie seit Jahren in einer Fußballmannschaft spielen oder ehrenamtlich in der freiwilligen Feuerwehr mitarbeiten“, schlägt Stieper vor. „Streitschlichterposten, Schülerlotsentätigkeit – das vergessen die meisten Bewerber reinzuschreiben“, pflichtet Tremel bei. „Dabei ist das fast interessanter als der Rest.“

Erfolgreiche Bewerber sind engagierter

„Ob groß oder klein – durch die Bank wünschen sich unsere Unternehmen von Ausbildungsplatzbewerbern die klassischen bürgerlichen Tugenden“, hält Bernd Engelhardt, Vize-Hauptgeschäftsführer der Industrie- und Handelskammer Stuttgart, fest. Von seinen Bewerbern wünscht er sich Ehrlichkeit, Pünktlichkeit und Zuverlässigkeit. „Ich schaue nach, wie viele unentschuldigte Fehlstunden ein Bewer-

Basisbaustein

Eine vollständige Textanalyse verfassen

ber hat", bestätigt Stieper. Das lasse ahnen, wie verlässlich der Bewerber sein wird.

„Natürlich sind Jugendliche von vielleicht 17 Jahren oft noch etwas verpeilt", räumt Engelhardt ein. Doch was hilft es, wenn die Anforderungen gewachsen sind und auch die Konkurrenz unter den Bewerbern nach wie vor groß ist? Jugendliche sollten sich aktiv um Praxiserfahrung bemühen. Die allein bringt es. „Ich bin immer wieder verwundert, wie sich junge Leute in der Ausbildung binnen kurzer Zeit zu echten Leistungsträgern entwickeln", erzählt Stieper. Im Betriebsalltag entwickelten sich die meisten Jugendlichen sehr schnell positiv.

Daher sollten sie auch lieber das eine oder andere Praktikum zusätzlich machen – in jedem Fall aber eines in dem Bereich, in dem sie sich um einen Ausbildungsplatz bemühen. „Viele probieren erst die Traumberufe durch: Tierpark oder Kindergarten", so Stieper. „Wenn sie dann feststellen, dass beides nichts für sie ist, sagen sie sich: Dann eben Büro – ohne ein zusätzliches Praktikum von zwei oder besser drei Wochen." Genau dieses freiwillige, zusätzliche Engagement ist es aber, das erfolgreiche Bewerber um eine Lehrstelle vom Rest unterscheidet, da sind sich die Personalverantwortlichen einig.

Jugendliche wirken satt

„Auch in einem Bereich, für den sie sich nicht so geeignet fühlen, sollten Jugendliche mal ein Praktikum machen", empfiehlt Elvira Gemmer, Berufsbildungsreferentin der Handwerkskammer Rheinhessen (HWK). Gerade Mädchen sollten den technischen Bereich ausprobieren, statt stur in Richtung Friseurin oder Bürokauffrau zu laufen. „Einigen wird das besser gefallen, als sie dachten", ist Gemmer überzeugt. Die Aussichten seien bestens. „Sie können übernommen werden und später den Meisterlehrgang oder sogar ein Ingenieurstudium absolvieren, sich selbstständig machen oder in die Industrie gehen mit Aussicht auf eine Führungsposition", schwärmt sie. Was sie vermisst, ist schon das Interesse an solchen Aussichten. „Die Jugendlichen wirken satt."

Welchen Experten auch immer man nach seinen Erfahrungen mit Lehrstellenbewerbern fragt: Jeder bringt sein Unverständnis zum Ausdruck, wie wenig junge Leute sich für ihre Berufsplanung zu interessieren scheinen. Vor kurzem reiste Stieper mit Metro-Vorstandschef Eckhard Cordes zu einer Veranstaltung mit Schülern, die gerade in den Abiturprüfungen stecken. „Zwei Drittel von denen wussten im Februar noch nicht, was sie im Sommer beruflich machen werden", stellte Stieper entsetzt fest. „Da können Sie Turbo-Abitur noch und nöcher einführen – wenn die Zeit dann bei der beruflichen Orientierung versäumt wird, bringt das nicht viel."

(Stern online, 05.04.2008 – 13:01)

1 ***Bearbeiten Sie den Text nach der 5-Schritt-Lesetechnik (➪ Kapitel 20).***

2 ***Analysieren Sie den Text mithilfe folgender Fragen und Aufgaben:***

a) Was ist der Anlass für den Artikel? Mit welcher Intention wurde der Text verfasst?

b) Was bemängeln die Personalverantwortlichen an den Bewerbern? Erstellen Sie eine Liste.

c) Welche Wünsche werden formuliert, welche Erwartungen an die Bewerber gestellt? Schreiben Sie entsprechende Zitate mit Seiten- und Zeilenangabe heraus.

d) Ordnen Sie Wünsche und Erwartungen Oberbegriffen im Text zu (z. B. Soft Skills).

3 ***Notieren Sie sich sprachliche Mittel, die Ihnen besonders aufgefallen sind. Mit welcher Absicht wurden sie verwendet?***

4 ***Nehmen Sie zu dem im letzten Absatz formulierten Vorwurf persönlich Stellung.***

Eine vollständige Textanalyse verfassen

5 *Ordnen Sie Ihre Analyseergebnisse zum Text auf S. 40 f. den Elementen der Textanalyse (Basiswissen) zu. Ergänzen Sie Ihre Analyse zu noch nicht berücksichtigten Aspekten.*

Basiswissen | **Elemente einer Textanalyse**

Elemente	Fragestellungen/Analyseaspekte	Worauf ist zu achten?
Einleitung	1. Autor, Titel, Erscheinungsort, Erscheinungsdatum 2. Anlass, Textsorte, Thema, Autorenintention	- Titel kann Hinweise geben - Art des Mediums und Textsorte können auf Adressaten verweisen
Hauptteil 1. Inhalt und Aufbau	3. Welche Informationen/Aussagen sind enthalten? 4. Wie ist der gedankliche (logische) Aufbau? (Thesen, Argumente) 5. Welche Quellen und Belege werden genannt? 6. Kommen Personen direkt zu Wort?	- Schlüsselwörter finden - Absätze, Zwischenüberschriften - Übergänge zwischen Abschnitten - Hinweise auf Personen, Medien, Institutionen, Studien usw. - wörtliche Rede/indirekte Rede
2. Sprache u. a. Gestaltungsmittel	7. Welche sprachlichen Mittel werden eingesetzt? 8. Welche Sprachebene(n) wird/werden verwendet? – (Fachsprache, Hochsprache, Umgangssprache) 9. Ergänzen Bilder, Diagramme u. a. den Text?	- Sprachbilder, rhetorische Figuren - Wortwahl (z. B. Fremdwörter, umgangssprachliche Ausdrücke) - Kombination von Text und Bild
3. Absicht und Wirkung	10. Was soll mit dem Text erreicht werden? (Information, Aufforderung zum Handeln, Kritik, Unterhaltung, Meinungsbildung, Manipulation) 11. Wie wirkt der Text auf Sie?	- Grundstimmung/sprachliche Gestaltung (z. B. sachlich-informativ, heiter-ironisch, provozierend, auffordernd)
Schluss	12. Fazit, Bewertung	- persönlicher Nutzen (z. B. Wissenszuwachs, Meinungsbildung)

Die folgende Schülerarbeit zu dem Text auf S. 40 hat viel Kritik erhalten:

Muster

Der Text „Wenn die Lehre an der Einstellung scheitert" von Midia Nuri ist am 5. April 2008 in der Online-Ausgabe der Wochenzeitung „Stern" erschienen. Die Autorin thematisiert die Mängel von Bewerbern auf dem Ausbildungsmarkt. Anhand von Äußerungen Personalverantwortlicher verschiedener Unternehmen zeigt sie auf, welche Mängel bei den Bewerbern gesehen werden und welche Wünsche und Erwartungen an die Auszubildenden bei den Unternehmen bestehen.

Anlass für den Artikel sind die vordergründig guten Zahlen auf dem deutschen Ausbildungsmarkt, die ein weiteres Auseinanderklaffen der so genannten Lehrstellenlücke verhindert haben. Veröffentlicht wurden sie von der Bundesagentur für Arbeit (BA), bewertet vom Bundesinstitut für Berufsbildung (BIBB). Diesen Anlass nutzt die Autorin, um Personalverantwortliche deutscher Unternehmen ihre

Eine vollständige Textanalyse verfassen

persönliche Sicht auf die Bewerber um Ausbildungsplätze äußern zu lassen.

Sprachlich fallen an diesem Text insbesondere die häufigen Zitate auf, in denen die offenbar befragten Personalverantwortlichen ausführlich zu Wort kommen. Die einzelnen Abschnitte des Textes sind mit aussagekräftigen Zwischenüberschriften versehen.

Frau Nuri räumt am Anfang ihres Textes ein, dass sich die Situation auf dem Lehrstellenmarkt verbessert habe. Diesen positiven Zahlen stellt sie jedoch die Aussagen der Personalverantwortlichen entgegen. Diese beklagen eine Vielzahl von Mängeln bei ihren Bewerbern. Dabei seien es nicht so sehr die Zeugnisse oder die in den Einstellungstests bewiesenen Fähigkeiten, die Sorge bereiten. Vielmehr fehle es den Bewerbern an den so genannten Soft Skills, also Fähigkeiten wie Sozialkompetenz, aber auch klassischen Tugenden wie Ehrlichkeit, Pünktlichkeit und Zuverlässigkeit.

Grundsätzlich vermissen die angesprochenen Personalverantwortlichen bei den jugendlichen Bewerbern das notwendige Interesse an der eigenen Berufsplanung, was im Text mit eindrucksvollen Beispielen belegt wird. So wird von Bewerbern berichtet, die ihre Berufswahl mit der Möglichkeit zu umfangreichem Kundenkontakt begründen, dies aber nicht in einem vollständigen Satz erläutern konnten. Auch das Wissen über den Beruf und das Unternehmen, bei dem man sich beworben hat, sei bei einigen Bewerbern mangelhaft.

Den Schluss des Textes bildet die Erfahrung des Vorstandschefs eines großen deutschen Unternehmens, der bei einer Veranstaltung mit angehenden Abiturienten entsetzt feststellen musste, dass zwei Drittel der Anwesenden wenige Monate vor Ende ihrer Schulzeit noch keine Vorstellung über ihren Berufsweg hatten. Dieser eklatante Mangel hebe nach seiner Auffassung die Vorteile verkürzter Schulzeiten wieder auf.

Diese Erfahrung kann jeder Schüler einer Abschlussklasse bestätigen. Auch in meiner Klasse wissen mehr als die Hälfte der Schüler kurz vor dem Abschluss noch nicht, was sie später beruflich machen wollen. Dieser Text zeigt, dass man als Bewerber um einen Ausbildungsplatz nicht nur gute Zeugnisse mitbringen muss, sondern auch früh genug beginnen sollte, sich sorgfältig beruflich zu orientieren.

6 ***Setzen Sie sich mit dem Muster auseinander und bewerten Sie es.***

a) Wo liegt der inhaltliche Schwerpunkt dieser Textanalyse? Was bleibt unberücksichtigt?

b) Ordnen Sie die Elemente einer Textanalyse (➪ Basiswissen) den Textabschnitten der Musteranalyse mithilfe von Zeilenangaben zu.

c) Wurden die Fragen aus dem Basiswissen in der Musteranalyse beantwortet?

d) Schließen Sie sich der Bewertung am Schluss an? Verfassen Sie eine eigene Bewertung.

Zwischenfazit

- den Inhalt erfassen
- den Aufbau erkennen
- sprachliche Mittel – Absicht und Wirkung erschließen
- die Analyse schreiben: Einleitung, Hauptteil, Schluss

Analyse appellativer Sachtexte – Werbebrief

Inhalt, Aufbau und Gestaltungsprinzipien

Zu appellativen Texten – also Texten, die eine vorwiegend auffordernde Funktion haben – zählen Werbetexte. Sie haben aber einen Sonderstatus. Denn sie nutzen ganz bewusst die Möglichkeiten von Bildern und Sprache, um Menschen zu beeinflussen. Bei der Beurteilung und Bewertung von Werbetexten geht es deshalb vor allem um die Frage, mit welchen gestalterischen Mitteln die Werber ihr Ziel zu erreichen versuchen.

FRONTAL Versicherung
------Briefkopf mit LOGO------
Erstversicherung

Klaus Mustermann
Musterstr. 325
50013 Köln

15. April 20..

Ihr Schritt in die Unabhängigkeit

Sparen Sie bis zu 75 % mit Ihrer Kfz-Erstversicherung

Lieber Klaus,

in wenigen Tagen werden Sie 18. **Volljährig!!!** Sicher ein Tag, auf den Sie schon lange gewartet haben. Ein Tag, der Ihnen neue Möglichkeiten eröffnet, Ihr Leben zu **genießen**. Ein Tag, der Sie noch ein wenig **unabhängiger** werden lässt.

Und wir von der FRONTAL Versicherung helfen Ihnen dabei: mit dem **Einstiegsangebot für Geburtstagskinder**. Bei uns **sparen** Sie bei Ihrer Kfz-Erstversicherung ab dem ersten Tag bares Geld. Denn wir versichern Ihr Erstfahrzeug für sensationelle 100 %. So können Sie sich schon von Anfang an fühlen wie ein alter Hase.

Deshalb: **Verschenken Sie kein Geld!!!** Rufen Sie noch heute die **0800 345 300** an und sprechen Sie mit unserem Beratungsteam. Denn die Zeit läuft. Das Angebot gilt nur für diejenigen, die spätestens im ersten Monat nach ihrem Geburtstag bei der FRONTAL abschließen. Alle anderen starten mit dem regulären Tarif von 175 %. Ist das nicht eine tolle Geburtstagsüberraschung?!

Wir wünschen Ihnen einen guten Start in die Freiheit und in Ihre Kfz-Versicherung.
Herzlichst Ihre

FRONTAL Versicherung

PS: Wenn Sie an Ihrem Geburtstag bei uns anrufen, wartet eine **zusätzliche Geburtstagsüberraschung** auf Sie. Vertrauen Sie auf die beste unter den Versicherungen, vertrauen Sie auf FRONTAL.

Inhalt, Aufbau und Gestaltungsprinzipien

1 ***Beschreiben Sie Inhalt und Gestaltung des Werbebriefes auf S. 44.***

a) Notieren Sie sich alles, was Ihnen beim ersten Überfliegen des Werbebriefes auffällt.

b) Formulieren Sie in einem Satz das Anliegen des Briefes.

c) Lesen Sie den Brief ein weiteres Mal und ergänzen Sie Ihre Beobachtungen. Achten Sie besonders auf sprachliche Besonderheiten.

d) Listen Sie auf, welche Elemente des Briefes Sie ansprechen und welche nicht.

Viele Werber beachten bei der Konzeption einer Werbemaßnahme Gestaltungsprinzipien.

Basiswissen – Gestaltungsprinzipien in der Werbung

Die von Werbern angewendeten Gestaltungsprinzipien basieren auf Erkenntnissen der Psychologie und der Kommunikationswissenschaften sowie auf Erfahrungen aus ca. 150 Jahren Werbung. Grundlegende Prinzipien sind z. B.:

AIDA-Formel:

A = ATTENTION – die Aufmerksamkeit des Lesers/Betrachters gewinnen

I = INTEREST – das Interesse des Lesers am Produkt wecken

D = DESIRE – den Wunsch nach dem Besitz des Produkts erzeugen

A = ACTION – aktiv werden, das Produkt kaufen

IF-THEN-SO-Technik:

IF – „Wenn etwas so oder so ist“: Ein Problem wird aufgezeigt.

THEN – „dann sollte das oder das passieren“: Eine Lösung des Problems wird vorgestellt.

SO – „Deshalb sollten Sie sich so oder so verhalten“: Eine Entscheidung wird nahegelegt.

Wichtig ist die genaue Kenntnis der **Zielgruppe**, d. h. Alter, Interessen, Verhaltensweisen, Kaufkraft der Personengruppe, die mit der Werbung angesprochen werden soll.

2 ***Erläutern Sie am Beispiel des Werbebriefes wichtige Gestaltungsprinzipien.***

a) Mit welchen Mitteln wird die Aufmerksamkeit des Lesers geweckt?

b) Wie wird das Interesse des Lesers am Produkt gesteigert?

c) Warum könnte das Produkt für den Kunden wünschenswert sein?

d) An welchen Stellen des Briefes wird der Leser zum Handeln aufgefordert?

3 ***Setzen Sie sich mit der im Werbebrief angesprochenen Zielgruppe auseinander.***

a) Nennen Sie Bedürfnisse von 18-jährigen Jugendlichen, die angesprochen werden.

b) Welche weiteren Bedürfnisse haben Jugendliche? Ergänzen Sie die Auflistung.

c) Formulieren Sie mit der IF-THEN-SO-Technik bezogen auf die Zielgruppe „18-jährige Jugendliche“ einen zusammenhängenden Satz. Beginnen Sie mit: „Wenn der Jugendliche …“

4 ***Formulieren Sie einen Werbebrief, in dem Sie ein Produkt Ihrer Wahl anbieten.***

Sprachliche Besonderheiten in Werbebriefen

Die Umsetzung der Gestaltungsprinzipien in Werbebriefen erfordert den Einsatz besonders wirksamer sprachlicher Mittel. Im Folgenden werden einige wichtige Mittel vorgestellt.

Kundenwünsche, Werbetrends und Werbesprache

Der erste Satz (der Einstieg) eines Werbebriefes ist besonders wichtig. Häufig wird als Einstieg eine (rhetorische) Frage gestellt, z. B.: Wollten Sie sich nicht schon lange diesen Reisewunsch erfüllen?

Mit dem so genannten „Sie-Stil" soll die Leserin/der Leser direkt angesprochen werden. Deshalb stehen Fügungen mit „ich", „wir" oder „unser" nicht im Zentrum eines Satzes, z. B.: Bestellen Sie die neuen Arbeitsmaterialien sofort, damit Sie von den Verbesserungen profitieren können; statt: Wir empfehlen Ihnen, die verbesserten Arbeitsmaterialien sofort zu bestellen.

Als Schlüsselbegriffe werden in Werbetexten besonders Wörter verwendet, die für die meisten Menschen eine positive Bedeutung haben, z. B. das Wort „Glück" oder „Genuss". Wenn es gelingt, dass Kunden ein Produkt „automatisch" mit einem Schlüsselbegriff in Verbindung bringen, dann „strahlt" das Positive dieses Begriffs auf das beworbene Produkt ab, z. B. „Reiseglück", „Fahrgenuss".

Doch gerade bei der Wahl geeigneter Schlüsselbegriffe gilt es, auf Änderungen von Verbraucherwünschen und gesellschaftlichen Trends zu achten: Nachdem etwa 10 Jahre lang das „Sparen" (Slogan: „Geiz ist geil") die dominierende Werbeaussage war, wird die Werbesprache seit 2007 dem Bedürfnis einer wachsenden Kundschaft nach hochwertigen Angeboten und dem zunehmenden „grünen Bewusstsein" (Studie des Hamburger Trendbüros 2007) der Verbraucher angepasst. Deshalb müssen die Werbetexter nach Schlüsselbegriffen suchen, die die Verbraucher mit ökonomischen oder ökologischen Vorteilen verbinden.

Eine besondere Bedeutung kommt in Werbebriefen gut gewählten Adjektiven zu, denn sie unterstreichen die Eigenschaft der beworbenen Ware oder Dienstleistung. Besonders aussagekräftig sind zusammengesetzte Adjektive, z. B. „vitaminreich", weil hier Zusammengehöriges verstärkt wird, aber auch scheinbare Widersprüche hervorgehoben werden können. Gelegentlich erfinden Werber Adjektive, um den Kunden von der Qualität einer Ware zu überzeugen. So entstand vor Jahren das Adjektiv „knackfrisch", um die Besonderheit bestimmter Chips möglichst anschaulich zu beschreiben.

1 ***Notieren Sie die wichtigsten Aussagen des Textes in Stichworten.***

2 ***Erläutern Sie, weshalb der Einstieg in einen Werbebrief besonders wirkungsvoll sein muss. Formulieren Sie den Einstieg des Werbebriefes (S. 44) in Form einer Frage um.***

3 ***Erstellen Sie eine Liste mit werbewirksamen Schlüsselbegriffen.***

a) Notieren Sie werbewirksame Schlüsselbegriffe, die Ihnen spontan einfallen.

b) Finden Sie in aktuellen Werbekampagnen Beispiele, bei denen Schlüsselbegriffe mit einem bestimmten Produkt in Verbindung gebracht werden. Erläutern Sie die Verbindung.

c) Listen Sie in zwei Spalten Schlüsselbegriffe auf, die zu hochwertigen Produkten bzw. zu „grünem Bewusstsein" passen.

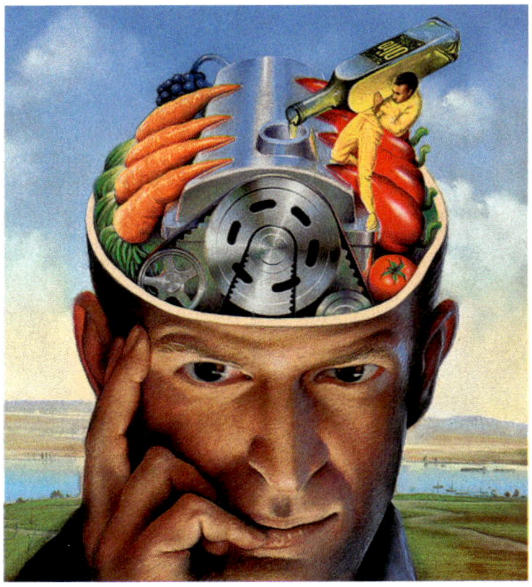

Sprachliche Besonderheiten in Werbebriefen

Sprache und Stil

4 ***Verändern Sie die folgenden Sätze für einen Werbebrief so, dass sie im Sie-Stil geschrieben sind. Orientieren Sie sich an dem Beispiel im Text auf S. 46.***

- Wir bitten um rechtzeitige Nachricht.
- Wir haben für Sie ein Café in unser Geschäft integriert.
- Wir werden Ihre Wünsche in vollem Umfang erfüllen.
- Wir haben ein neues Produkt, das Sie überzeugen wird.
- Wir helfen Ihnen, mit unserem Produkt bares Geld zu sparen.

5 ***Nennen und erläutern Sie werbewirksame Adjektive.***

a) Sammeln Sie Adjektive, mit denen sich die Eigenschaften eines hochwertigen oder eines umweltfreundlichen Produkts beschreiben lassen. Notieren Sie dazu das jeweilige Produkt.
Beispiel: *umweltverträgliche Energie*

b) Nennen oder erfinden Sie weitere Beispiele für zusammengesetzte und lautmalerische Adjektive (siehe Text, S. 46) und notieren Sie ein Produkt dazu. Erläutern Sie die Wirkung.

6 ***Fassen Sie anhand Ihrer Arbeitsergebnisse (S. 45–47) zusammen, welche Aspekte bei der Analyse eines Werbebriefes unbedingt berücksichtigt werden sollen.***

Die folgende Analyse wurde zu dem Werbebrief auf S. 44 verfasst.

Muster

Der Werbebrief der Frontal Versicherung vom 15. April 20.. ist an Klaus Mustermann adressiert. Anlass ist der bevorstehende 18. Geburtstag des Adressaten. Die Versicherung möchte Herrn Mustermann als Neukunden gewinnen, indem sie ihm einen Rabatt auf die üblichen Versicherungstarife anbietet.

Der Werbebrief besteht aus einer Headline, gefolgt von dem eigentlichen Brieftext sowie einem PS. Der Aufbau des Briefes folgt den Prinzipien der AIDA-Formel. Die fett gedruckte Headline „Ihr Schritt in die Unabhängigkeit" und die Aufforderung „Sparen Sie …" sollen den Leser neugierig machen auf den eigentlichen Inhalt des Briefes. So wird verhindert, dass der Brief sofort weggeworfen wird.

Der eigentliche Brief beginnt mit einer sehr persönlichen Anrede („Lieber Klaus"), die Vertrauen schaffen soll. Der folgende Text ist in drei Abschnitte gegliedert. Zunächst wird der bevorstehende Geburtstag als Aufhänger benutzt, um den Leser auf die damit verbundenen Möglichkeiten einzustimmen. Ein neuer Lebensabschnitt beginnt mit ungeahnten Möglichkeiten. Das fett gedruckte Adjektiv „unabhängiger" verbinden viele Jugendliche automatisch mit einem Fahrzeug. In der Mitte des Briefes ist dann von dem Angebot der Versicherung die Rede. Das Unternehmen positioniert sich als Partner des Jugendlichen, der ihm helfen will. Das fett gedruckte Verb „sparen" spricht ein weiteres Bedürfnis eines Jugendlichen an. Da er in der Regel noch nicht viel Geld verdient, möchte er wenig Geld ausgeben.

Im letzten Absatz folgt der Appell an den Jugendlichen, kein Geld zu verschenken und sich sofort bei der Versicherung zu melden. Der Brief endet mit der sehr persönlichen Grußformel „Herzlichst", die wiederum eine Vertrautheit mit dem Adressaten nahelegt. Sollte der Jugendliche noch immer zögern, lockt ihn das PS mit einer zusätzlichen Geburtstagsüberraschung.

Sprachliche Besonderheiten in Werbebriefen

Die Sprache des Briefes ist sehr einfach gehalten, die Sätze sind kurz, teilweise fehlt das Verb. Auffallend ist, dass der Leser meist direkt angesprochen wird (Sie-Stil). Die Anapher am Briefanfang wirkt darüber hinaus besonders eindringlich. Fett gedruckte Schlüsselwörter wie „genießen", „unabhängiger" oder „sparen" sprechen Wünsche und Bedürfnisse an, die die meisten Jugendlichen dieser Altersgruppe haben. Diese Wirkung wird verstärkt durch die optische Aufmachung des Briefes.
Der Werbebrief ist in meinen Augen geeignet, Jugendliche anzusprechen. Er greift die Bedürfnisse eines Jugendlichen auf, ohne durch übermäßige Verwendung der Jugendsprache unseriös zu wirken.

7 ***Untersuchen Sie das Muster und leiten Sie Schlussfolgerungen für das Schreiben der Analyse eines Werbebriefes ab.***

a) Erläutern Sie anhand des Musters, aus welchen Elementen die Analyse besteht.
b) Vergleichen Sie den Inhalt des Musters mit Ihren Aufzeichnungen. Kennzeichnen Sie Übereinstimmungen und Unterschiede.
c) Beschreiben Sie den Aufbau der Textanalyse, notieren Sie zu jedem Absatz ein Stichwort.
d) Untersuchen Sie, welche sprachlichen Besonderheiten des Werbebriefes in dem Muster herausgearbeitet wurden.
e) Stellen Sie fest, welche Passage im Werbebrief als Anapher bezeichnet wird.
f) Finden Sie eine weitere Anapher im Brief.
g) Vergleichen Sie das Fazit der Textanalyse mit Ihrem eigenen Eindruck und formulieren Sie in zwei bis drei Sätzen Ihre eigene Bewertung des Werbebriefes.

Tipp
Eine tabellarische Übersicht über die wichtigsten rhetorischen Figuren finden Sie im Kapitel 4 auf den Seiten 96–97.

Basiswissen **Elemente der Analyse eines Werbebriefes**

Elemente	Analyseaspekte
Einleitung	Anlass, Adressaten und Ziel des Briefes
Hauptteil	• Aufbau des Briefes (z. B. Headline, Anrede, Brieftext, PS) • Sprachliche Mittel (z. B. Einstieg als Frage, Sie-Stil, werbewirksame Schlüsselbegriffe und Adjektive, Sprachbilder, rhetorische Figuren) • Anwendung von Gestaltungsprinzipien: Zusammenwirken von Text und anderen gestalterischen Mitteln
Schluss	Fazit und kritische Bewertung des Briefes

Eine (Werbe-)Anzeige analysieren

Gegenüber dem Werbebrief lebt die Anzeige besonders von der Aussagekraft der Bilder und Motive. Plakate sollen auf den ersten Blick oder im Vorbeigehen erfasst werden, Anzeigen in Printmedien beim Durchblättern auffallen. Dabei kommt es besonders auf das Zusammenspiel von Bild und Text an.

Werbeanzeigen können unterschiedliche Ziele verfolgen: Sie können ein neues Unternehmen oder ein neues Produkt bekannt machen, Kunden überzeugen, dass ein Produkt oder eine Dienstleistung begehrenswert ist. Auch wenn Unternehmen gute Mitarbeiter suchen, schalten sie Anzeigen. Sie werben damit gleichzeitig für ihr Unternehmen.

Eine Schülerin hat sich für die Analyse der folgenden Anzeige Notizen gemacht:

Schwarz-weiße Anzeige = cool
Rot = Signalfarbe, einzige Farbe

Direkte Ansprache: Sie sind, Sie möchten ...

IF-THEN-SO-Technik: wenn > dann > deshalb

„Sie sind ...“, „Sie möchten ...“, „Sie haben ...“ Anapher

(Ausbildung 2007/2008, IHK Bonn/Rhein-Sieg)

Motorrad, an der Wand ein Schild „Vorstand“

Vordergrund: roter Balken mit Slogan, Logo und Headline, darunter Textfeld auf weißem Grund

1 ***Untersuchen Sie Inhalt, Absicht, Sprache und Gestaltung der Werbeanzeige.***

a) Ergänzen Sie auf einem Blatt Papier die Beobachtungen der Schülerin.

b) Erläutern Sie in Anlehnung an die im Vorspann (oben) genannten Möglichkeiten, welches Ziel die Werbeanzeige verfolgt.

c) Formulieren Sie die Werbeaussage analog zur IF-THEN-SO-Technik.

d) Beschreiben Sie, wodurch der Slogan „Der Einstieg zum Aufstieg“ seine Wirkung erzielt.

e) Notieren Sie sprachliche Auffälligkeiten zu dem Text im Textfeld der Anzeige.

Tipp

Formulieren Sie den Slogan in einen vollständigen Satz um und ersetzen Sie die Nomen durch Verben. Vergleichen Sie die unterschiedlichen Wirkungen.

Eine (Werbe-)Anzeige analysieren

Basiswissen | **Fachbegriffe zur Analyse von Anzeigen**

Headline	Schlagzeile, dient als Anreiz zum Weiterlesen
Slogan	Kürzeste Form der Werbung, soll im Gedächtnis hängen bleiben
Logo	Markenzeichen mit hohem Wiedererkennungswert
Eyecatcher	Blickfang, auffallendes Element einer Anzeige
Bildmotiv	Leitgedanke, Idee einer bildlichen Darstellung
Layout	Zusammenspiel von Text- und Bildgestaltung
Zielgruppe	Personenkreis mit vergleichbaren Merkmalen, auf den die Werbung abzielt
Werbebotschaft	Zentrale Aussage einer Werbeanzeige
Werbeträger	Medium (Zeitung, Fernsehen, Mailing), über das die Werbebotschaft verbreitet wird

2 *Beschreiben Sie die Werbeanzeige mithilfe der Fachbegriffe aus dem Basiswissen.*

a) Welche Hauptaussagen werden getroffen?

b) Welcher Zweck kann mit dieser Art der Darstellung verfolgt werden?

3 *Planen Sie das Schreiben Ihrer Analyse. Gliedern Sie Ihre Arbeitsergebnisse aus den Aufgaben 1 und 2. Orientieren Sie sich am Basiswissen (unten).*

Basiswissen | **Elemente der Analyse einer (Werbe-)Anzeige**

Elemente	Analyseaspekte
Einleitung	Welches Produkt welcher Firma wird beworben? Werbeträger, Zeitpunkt?
Hauptteil	(Die Reihenfolge der Analyse von Text/Bild ist nicht festgelegt.)
I Layout	Anteile von Bild und Text, Vordergrund/Hintergrund
II Bild	Gesamtschau des Bildes
a) Beschreibung	a) Welche Gegenstände, Personen, Situationen sind zu sehen? Welche Farben dominieren?
b) Wirkung	b) Mit welchen Mitteln wird die Wirkung erzielt?
III Text	
a) Wiedergabe (Inhalt)	a) Welche Bedürfnisse des Kunden, welche Vorzüge des Produkts werden herausgestellt? Welche Aufgaben erfüllen Slogan und Headline?
b) Sprachliche Gestaltung Satzbau, sprachliche Mittel	b) Ist die Sprache auf eine bestimmte Zielgruppe bezogen? Werden sprachliche Bilder verwendet? Welche rhetorischen Mittel fallen auf?
c) Wirkung	c) Mit welchen sprachlichen Mitteln wird welche Wirkung erzielt?
IV Zusammenspiel von Text und Bild	Wie beeinflusst das Zusammenspiel von Text und Bild die Werbebotschaft?
Schluss	Fazit und kritische Bewertung der (Werbe-) Anzeige

Die Analyse einer (Werbe-)Anzeige schreiben

1 ***Schreiben Sie eine vollständige Analyse zu der Werbeanzeige der Kölner Sparkasse (S. 49).***

a) Formulieren Sie anhand Ihrer Gliederung einen zusammenhängenden Text. Sie können die Formulierungshilfen unter „Sprache und Stil“ dazu nutzen.

b) Benennen Sie in einer Randspalte die einzelnen Gliederungselemente Ihrer Textanalyse.

Sprache und Stil

Folgende Formulierungen können Ihnen beim Schreiben Ihrer Analyse helfen:

Die Anzeige ist dem Informationsheft … entnommen. Das Unternehmen … sucht darin …
Das Layout der Anzeige besteht aus … Der Textteil im Vordergrund ist zweigeteilt: … sind in weißer Schrift auf rotem Grund gehalten, der Rest (etwa 1/3) …
Die Anapher … wirkt … Auffällig ist zudem, dass … Der schwarz-weiß gehaltene Hintergrund steht im starken Kontrast … Als Motiv wurden … gewählt. Sie wirken … Die wenigen Bildelemente der Anzeige ordnen sich optisch dem Textteil unter, unterstützen aber den Eindruck, dass …
Ich halte die Anzeige für … , weil …

Für die Kampagne „Du bist Deutschland“ haben sich Medienunternehmen und große Firmen zusammengeschlossen. Nach der ersten Aktion zur Fußball-Weltmeisterschaft 2006, die für bessere Stimmung im Land sorgen sollte, folgte Ende 2007 eine Fortsetzung der Kampagne mit einer veränderten Zielsetzung.

Text

Du
hast Pickel im Gesicht.
Und keinen Bock auf gar nichts. Deine Fehlstunden nähern sich mittlerweile dem dreistelligen Bereich. Deine Haare werden immer länger und deine Hose hängt immer tiefer. Aber irgendwie finden die Mädchen in deiner Klasse dich voll süß. Das genießt du richtig.
So wie Papa in deinem Alter.

2 ***Schreiben Sie eine vollständige Analyse zu dem Plakat der Werbekampagne.***

a) Beschreiben Sie, wie die Anzeige beim ersten Betrachten auf Sie wirkt.

b) Nennen Sie die Zielgruppe sowie das Ziel, das die Anzeige verfolgt.

c) Nicht jede Anzeige will ein Produkt verkaufen. Erklären Sie den Unterschied zwischen Imagewerbung und Produktwerbung. Recherchieren Sie im Internet (➩ Weiterführendes).

d) Formulieren Sie die Werbebotschaft in einem Satz. Beginnen Sie: „Liebe Eltern, auch wenn …“

e) Erstellen Sie eine Liste mit den sprachlichen Auffälligkeiten dieser Anzeige.

f) Erläutern Sie die Funktion des Satzes „So wie Papa in deinem Alter“ aus dem Kontext der Anzeige.

g) Erstellen Sie eine Gliederung und schreiben Sie eine vollständige Analyse der Werbeanzeige.

Manipulation durch Werbung

Werbung knüpft an die Bedürfnisse der Menschen an und bedient sich dabei auch der Täuschung.

1 ***Setzen Sie sich mit aktuellen Beispielen von Werbeanzeigen auseinander.***

a) Nennen Sie Beispiele, in denen mit einem der unten aufgeführten „Tricks" gearbeitet wird.

b) Beschreiben Sie, auf welche Bedürfnisse oder Wünsche eines Verbrauchers die von Ihnen genannte Anzeige eingeht und wie das beworbene Produkt diese Bedürfnisse befriedigen will.

Basiswissen — Manipulation durch Werbung

Mittel der Manipulation in Werbemaßnahmen können z. B. sein:

„Versteckte Kosten": Das Gerät/Angebot ist verlockend günstig, die notwendigen Zusatzartikel aber nicht. Und man braucht sie, solange man das Gerät/Angebot nutzt.

„Bewusste Untertreibung": Der Verbraucher soll z. B. glauben, bäuerlicher Käse werde noch in der Sennerei auf der Alm hergestellt („grünes Bewusstsein").

„Gutes tun": Eine Firma engagiert sich und wirbt mit der guten Tat. So denken wir, auch das Produkt sei gut.

„Geltungstrieb": Jeder Mensch möchte beachtet werden. Werbung lässt uns glauben, dass wir durch den Kauf bestimmter Produkte Aufmerksamkeit auf uns ziehen.

„Vergleichsloser Komparativ": In der Regel vergleicht man eine Sache mit einer anderen. In der Werbung wird die eine Seite des Vergleichs oft weggelassen. (Beispiel: Besser Superkauf)

2 ***Erarbeiten Sie auf der Basis einer Internetrecherche (➪ Kapitel 2) einen Kurzvortrag zu dem Thema: „Der Einfluss der Werbung auf die Bedürfnisbefriedigung als Motor menschlichen Handelns".***

Fazit

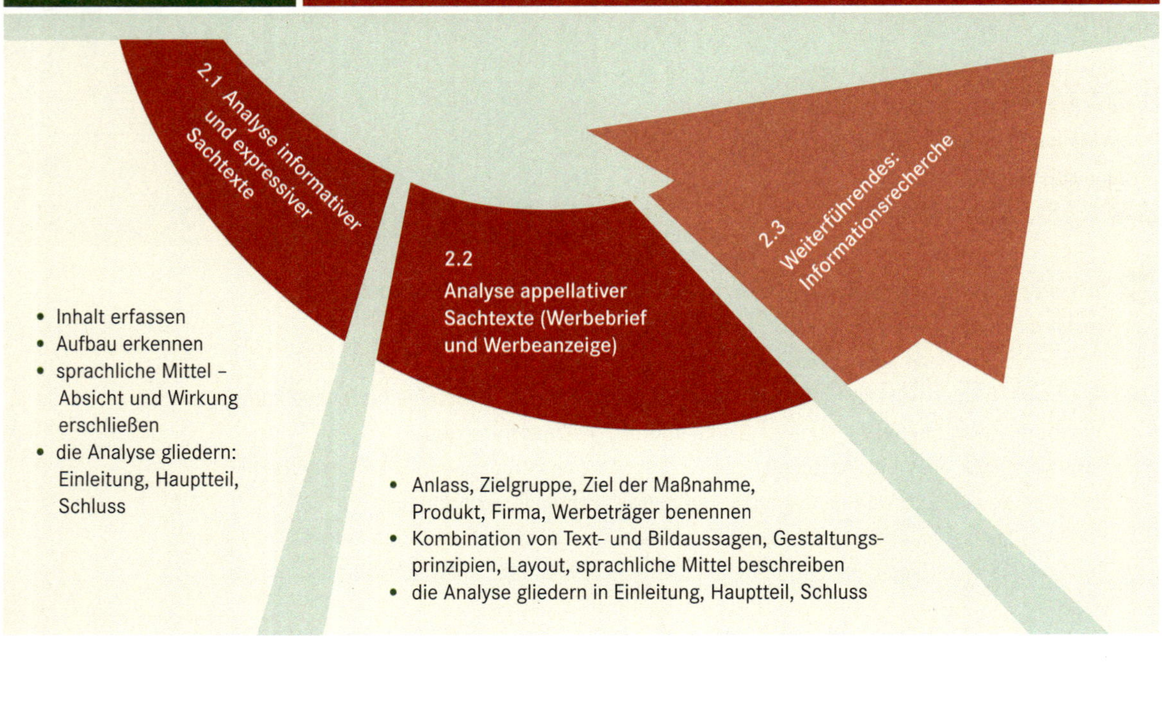

- Inhalt erfassen
- Aufbau erkennen
- sprachliche Mittel – Absicht und Wirkung erschließen
- die Analyse gliedern: Einleitung, Hauptteil, Schluss

- Anlass, Zielgruppe, Ziel der Maßnahme, Produkt, Firma, Werbeträger benennen
- Kombination von Text- und Bildaussagen, Gestaltungsprinzipien, Layout, sprachliche Mittel beschreiben
- die Analyse gliedern in Einleitung, Hauptteil, Schluss

Informationsrecherche

Informationen im Internet suchen

Es gibt verschiedene Möglichkeiten, sich über ein Thema beispielsweise zur Erstellung eines Referats oder zur Vorbereitung auf eine Klausur zu informieren. Neben dem Gespräch mit Experten und der Zeitungslektüre bieten Fachbücher und Bibliotheken einen großen Fundus. Doch zweifelsohne ist das Internet das Medium, das als erstes und wahrscheinlich auch am häufigsten zur Informationsrecherche genutzt wird. Aber Quantität bedeutet hier nicht immer Qualität. Gutes von Schlechtem zu unterscheiden und in der Fülle der Ergebnisse das für die persönliche Fragestellung Passende zu finden, das ist gar nicht so leicht.

Beispiel:
Sie sollen einen Kurzvortrag mit folgender Aufgabenstellung (S. 52) vorbereiten: *„Der Einfluss der Werbung auf die Bedürfnisbefriedigung als Motor menschlichen Handelns“*. Sie geben beim Marktführer unter den Suchmaschinen, Google, den Begriff „Werbung“ ein und erhalten ungefähr dieses Ergebnis:

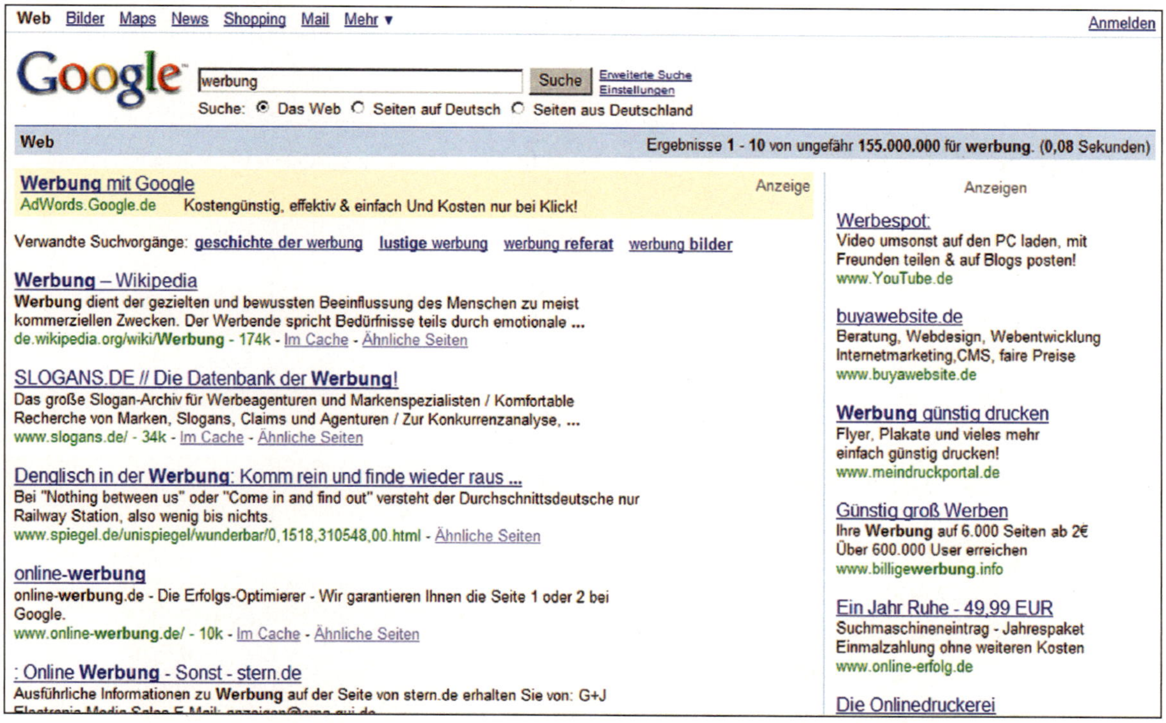

1 *Erläutern Sie das Suchergebnis.*

a) Welche konkreten Hinweise auf Informationen zu Ihrem Thema (oben) finden Sie?

b) Welche Möglichkeiten kennen Sie, die Trefferanzahl zu verringern und gleichzeitig die Qualität der Ergebnisse zu erhöhen?

c) Welche Bedeutung hat die Spalte „Anzeige“ bzw. „Anzeigen“?

Informationen im Internet suchen

2 ***Bereiten Sie die Suche nach Informationen im Internet vor.***

a) Notieren Sie zunächst Stichwörter, die Ihnen zu Ihrem Thema spontan einfallen (➪Brainstorming).

b) Finden Sie mithilfe der Thesaurus-Funktion möglichst viele Synonyme und verwandte Wörter zu den Begriffen „Werbung“ und „Bedürfnis“.

c) Streichen Sie die Ihrer Meinung nach nicht zum Thema passenden Begriffe.

d) Ordnen Sie Ihre Begriffsauswahl nach Ober- und Unterbegriffen entsprechend Ihrer Aufgabenstellung. Sie können Ihr Ergebnis auch in Form einer Mindmap visualisieren.

3 ***Starten Sie erneut eine Internetrecherche. Orientieren Sie sich an der Arbeitstechnik.***

Arbeitstechnik | Informationen mithilfe des Internets beschaffen

Gehen Sie systematisch vor: Grenzen Sie die Frage- bzw. Themenstellung möglichst eng ein, nutzen Sie zum Brainstorming geeignete Methoden (z. B. Mindmap) und notieren Sie alle möglichen Stichwörter für eine Suche.

Nutzen Sie Online-Lexika, um Stichwörter für eine verfeinerte Suche zu erhalten und damit eine erfolgreichere Recherche mit einer Suchmaschine durchführen zu können. Die Thesaurus-Funktion z. B. von MS-Word hilft Ihnen ebenso, konkrete Begriffe bzw. Bezeichnungsalternativen zu erhalten.

Formulieren Sie konkrete Stichwortkombinationen (z. B. Werbung+Bedürfnisbefriedigung).

Nutzen Sie verfeinerte Suchmöglichkeiten der Suchmaschinen („erweiterte Suche“), um die Vielfalt der Ergebnisse einzuschränken, z. B.:

- ein Plus (+) verknüpft die Begriffe miteinander, sodass nur die Seiten angezeigt werden, die beide Begriffe enthalten;
- ein Minus (-) schließt Begriffe aus; damit können z. B. Doppeldeutigkeiten vermieden werden (z. B. Werbeverhalten -Biologie -Tiere);
- Anführungszeichen verbinden mehrere Wörter zu einer Wortgruppe (z. B. „Der Einfluss der Werbung“); es werden nur die Seiten angezeigt, die genau diese Wortfolge enthalten;
- Definitionen können gezielt mit dem Befehl define: [Stichwort ohne Leerzeichen] gesucht werden (z. B. define:Manipulation);
- eine höhere Trefferwahrscheinlichkeit aussagekräftiger Seiten bringt auch die Suche in der URL mit dem Befehl inurl: [Stichwort ohne Leerzeichen] (z. B. inurl:werbung);
- Sie können außerdem nur auf deutschsprachigen Seiten suchen.

Suchen Sie mit verschiedenen Suchmaschinen. Stützen Sie Ihre Aussagen immer auf mehrere Quellen, d. h. vergleichen Sie die Informationen.

Suchen Sie auch auf den Seiten offizieller Verbände oder Unternehmen, z. B. www.zaw.de (Zentralverband der deutschen Werbewirtschaft). Diese haben oft gute Link-Sammlungen.

Sehen Sie sich nicht nur die ersten zehn Treffer an. Auch nicht so hochrangige Treffer können Ihnen weiterhelfen. Bewerten Sie die Qualität der Suchergebnisse kritisch (siehe Basiswissen).

Geben Sie Ihre Quellen korrekt an. (➪Kapitel 4, S. 99 f.; Kapitel 20)

Informationen im Internet suchen

Sie haben zu Ihrer Aufgabenstellung (siehe S. 53) die Begriffskombination Werbung+Bedürfnisbefriedigung eingegeben und folgende Einträge erhalten:

beduerfn
Werbung und Enttäuschung. Die Wirtschaft stellt den Menschen Güter zur **Bedürfnisbefriedigung** zur Verfügung. In der heutigen Wirtschaft sind erheblich mehr ...
www.kommundsieh.de/beduerfn.htm - 25k - Im Cache - Ähnliche Seiten

[PDF] Snacks mit Power
Dateiformat: PDF/Adobe Acrobat - HTML-Version
Sie realisieren, dass **Werbung** auch auf ihr eigenes Konsumverhalten Auswirkungen hat. Die Kinder lernen, dass **Werbung Bedürfnisbefriedigung** verspricht um ...
www.gothaer.de/media/gothaer_o/pdf/ernaehrungskampagne/1_Konzept_Snacks_mit_Power.pdf - Ähnliche Seiten

[PDF] Ohne Moos nix los
Dateiformat: PDF/Adobe Acrobat - HTML-Version
Konsum-Verhalten: Einfluss von **Werbung**, **Bedürfnisbefriedigung** („Ich will Genuss sofort"). Was brauchen wir wirklich (z.B. Sekundär-Primärbedürfnisse)? ...
www.sowi-online.de/methoden/dokumente/bohrplan.pdf - Ähnliche Seiten

Diplomarbeiten24 - Modelle des Glücks: Eine vergleichende Analyse ...
3.1 **Werbung** und Wirtschaft ... 36 3.2 Werbekommunikation im Lichte der Gesellschaft ... 37 3.3 Erzeugen von Aufmerksamkeit ... 39. 4 **Bedürfnisbefriedigung** ...
www.diplomarbeiten24.de/vorschau/40881.html - Ähnliche Seiten

Hausarbeiten.de: Sozialphilosophie der **Werbung** - Seminararbeit
Wenn **Werbung** die Entwicklung und den Lebensstandard fördern würde und nur zur Information und **Bedürfnisbefriedigung** diente, wären Einrichtungen zum ...
www.hausarbeiten.de/faecher/hausarbeit/sox/8599.html - Ähnliche Seiten

22beduerfnis
Yin-Yang-Prinzip: **Bedürfnisbefriedigung** setzt Unbehagen voraus; ein Schlaraffenland ist also logisch unmöglich! Beispiel: **Werbung** einer Brauerei mit einem ...
www.kecos.de/script/22beduerfnis.htm - 11k - Im Cache - Ähnliche Seiten

4 ***Analysieren Sie die zu den Suchbegriffen Werbung+Bedürfnisbefriedigung gefundenen Einträge.***

a) Welche Informationen sind in den Einträgen enthalten? Was bedeutet [PDF]? Was wurde fett hervorgehoben, was in Blau bzw. Grün dargestellt?

b) Wer könnten die Verfasser der Dokumente sein? Woraus schließen Sie das?

5 ***Entscheiden Sie sich für den nächsten Schritt Ihrer Recherche.***

a) Welchen Eintrag würden Sie mit Blick auf die Aufgabenstellung zuerst öffnen, welcher ist dafür wahrscheinlich ungeeignet? Legen Sie eine Reihenfolge fest und begründen Sie diese.

b) Öffnen Sie die Dokumente und beurteilen Sie den Wert der Informationen für Ihre Aufgabenstellung.

Informationen im Internet suchen

Wie bei allen anderen Quellen auch (z. B. Nachrichten, Bücher, Zeitungen, mündliche Darstellungen) müssen die online erhaltenen Informationen kritisch geprüft werden. Eindeutige Aussagen über die Qualität der Ergebnisse lassen sich nur treffen, wenn Sie über genügend Fachwissen verfügen. Wollen Sie sich dieses aber erst aneignen, ist es recht schwer, die Qualität der gefundenen Informationen zu bewerten.
Die folgenden Kriterien können die Beurteilung erleichtern:

Arbeitstechnik | **Die Qualität einer Internetseite bewerten**

Zur Beurteilung einer Internetseite oder eines Dokuments sollten Sie sich folgende Fragen beantworten:

- Wie aktuell ist die Seite?
- Wer hat die Informationen veröffentlicht (private Anbieter oder öffentliche Herausgeber)? Sind die Herausgeber glaubwürdig? Haben die Herausgeber politische, kommerzielle u. a. Interessen? Hinweise dazu können die URL oder das Impressum, das gesetzlich nicht fehlen darf (Name, Postanschrift, E-Mail-Adresse), geben.
- Sind die Informationen seriös aufbereitet? Wie ist die Seite aufgemacht?
  Seriös: sachlich, informativ, ohne schmückendes Beiwerk (z. B. ohne viele Animationen), Gütesiegel sind vorhanden
  Unseriös: reißerisch, erscheinen Pop-ups, (viel) Werbung
- Werden die Informationen auf anderen Seiten oder in (Schul-)Büchern bestätigt?
- Achtung! Bei Hausaufgaben- oder Referate-Seiten: Zum einen können hier Dialer lauern, zum anderen kann jeder seine Werke einstellen und ungeprüft behaupten, eine gute Note dafür bekommen zu haben.

6 ***Recherchieren Sie im Internet, was unter „Dialer" zu verstehen ist.***

a) Wenden Sie verschiedene Suchmöglichkeiten an (siehe Arbeitstechnik S. 54). Werten Sie aus, wie Sie am schnellsten zu brauchbaren Informationen gekommen sind.

b) Vergleichen Sie verschiedene Quellen miteinander, bewerten Sie die Informationen.

7 ***Während Ihrer Recherche zum Thema Werbung können Sie auch den Begriff „win-win" gefunden haben. Definieren Sie den Begriff und bewerten Sie dabei verschiedene Suchergebnisse.***

a) Stellen Sie zunächst Vermutungen an, was dieser Begriff bedeuten könnte.

b) Geben Sie den Begriff in eine Suchmaschine ein. Erläutern Sie, welche Probleme bei den Suchergebnissen auftreten.

c) Geben Sie den Begriff über die Suchmaschine Google ein und nutzen Sie den entsprechenden Suchbefehl. Wie heißt der Befehl?

d) Vergleichen und bewerten Sie die verschiedenen Suchergebnisse.

8 ***Recherchieren Sie im Netz: Was ist die „Robinsonliste"?***

a) Beschreiben Sie, wie Sie bei der Suche vorgegangen sind.

b) Erläutern Sie Ihre Suchergebnisse: Welche Informationen haben Sie aus welchen Bereichen erhalten? Welche Funktion erfüllt die „Robinsonliste"?

Informationen im Internet suchen

Bei der Suche nach Definitionen oder Erläuterungen zu Begriffen enthalten die Trefferlisten unter den ersten Einträgen fast immer Hinweise auf Online-Lexika.

Online-Lexika nutzen

Online-Lexika werden immer beliebter und eines der bekanntesten Lexika ist Wikipedia. Entsprechend seiner Wortbedeutung („wiki" stammt aus dem Hawaiianischen und bedeutet „schnell") lässt sich hier jedes Thema schnell und scheinbar umfassend erschließen.

Das Besondere an diesem Lexikon und an allen anderen „Wikis" ist, dass sie von ihren Benutzern verändert werden können. Jeder kann jeden Artikel bearbeiten, unabhängig davon, ob er ein Experte für ein bestimmtes Thema ist oder sich nur für einen solchen hält. Dieses System birgt demzufolge einerseits den Nachteil, dass die abrufbaren Informationen nicht immer richtig sind und sich die eingestellten Artikel ständig verändern. Andererseits ist es hochaktuell und viele Nutzer können sich gegenseitig kontrollieren.

Entsprechend kontrovers wird diese Art moderner Informationsspeicherung auch diskutiert.

Gleichwohl kann eine solche Art der Informationsquelle als Einstieg in die Internet-recherche verwendet werden. Denn sowohl die Artikel selbst als auch die in der Regel vorhandenen Inhaltsübersichten können zur Stichwortsuche genutzt werden. Zum anderen können die Link-Sammlungen ein Ausgangspunkt für die weitere Suche sein.

Zur Bewertung der vorgefundenen Einträge ist ein Klick auf den Button „Diskussion" oder „Versionen/Autoren" sehr hilfreich. Auf diesen Seiten kann man feststellen, welche Inhalte oft verändert wurden bzw. immer noch in der Diskussion sind, als gut oder als problematisch bewertet werden.

9 ***Geben Sie unter www.wikipedia.de den Suchbegriff „Werbung" ein und bewerten Sie die Fundstelle für Ihre Aufgabenlösung.***

a) Inwieweit ist der Artikel für die weitere Recherche zum Thema „Der Einfluss der Werbung auf die Bedürfnisbefriedigung als Motor menschlichen Handelns" zu nutzen?

b) Welche Nachteile hat dieser Artikel?

c) Welche Aspekte des Themas „Werbung" sind in der Diskussion (Button: Diskussion)? Geben Sie einige wichtige Aussagen wieder.

Recherchieren in Online-Ausgaben von Printmedien

Bei aktuellen Themen besteht die Möglichkeit, mithilfe von Nachrichten-Suchmaschinen aktuelle (Zeitungs-)Artikel im Web zu finden, die kostenlos zugänglich sind. Zwei dieser Suchmaschinen sind „Paperball" (www.paperball.de) und „Paperazzi" (www.paperazzi.de).

Es lohnt sich aber auch, direkt auf der Homepage von Zeitungen nach Artikeln zu suchen. Denn viele Printmedien haben auch Online-Ausgaben. Eine Auflistung der Online-Zeitungen im Web stellt der Bundesverband deutscher Zeitungsverleger e.V. zur Verfügung (www.bdzv.de/zeitungswebsites.html).

10 ***Informieren Sie sich in Online-Zeitungen über aktuelle Artikel zum Thema „Werbung".***

Informationen in Bibliotheken beschaffen

Manchmal führt die Internetrecherche zu Buchempfehlungen, die bei der Informationsbeschaffung nützlicher sein können als so mancher Internet-Artikel. Aber nicht jedes Buch muss man kaufen. Viele lassen sich in öffentlichen Bibliotheken ausleihen. Dabei ist das Bild von der verstaubten Stadtbücherei längst nicht mehr aktuell. Die Kataloge der Bibliotheken sind auch über das Internet einzusehen. Der öffentliche Online-Katalog heißt OPAC (vom Englischen Open Public Access Catalogue). Man kann also auch von zu Hause aus recherchieren. Bei der Suche in diesem Katalog gelten die gleichen Grundregeln wie für die Suche mithilfe einer Suchmaschine: Je konkreter die Stichworte, desto erfolgreicher ist das Ergebnis. Auch hier sollten Sie die „erweiterte Suchfunktion“ nutzen.

Auszug aus der Trefferliste bei der Eingabe des Suchbegriffs „Werbung“: Es werden 129 Treffer angezeigt. Dabei dürften nicht alle Ergebnisse relevant sein.

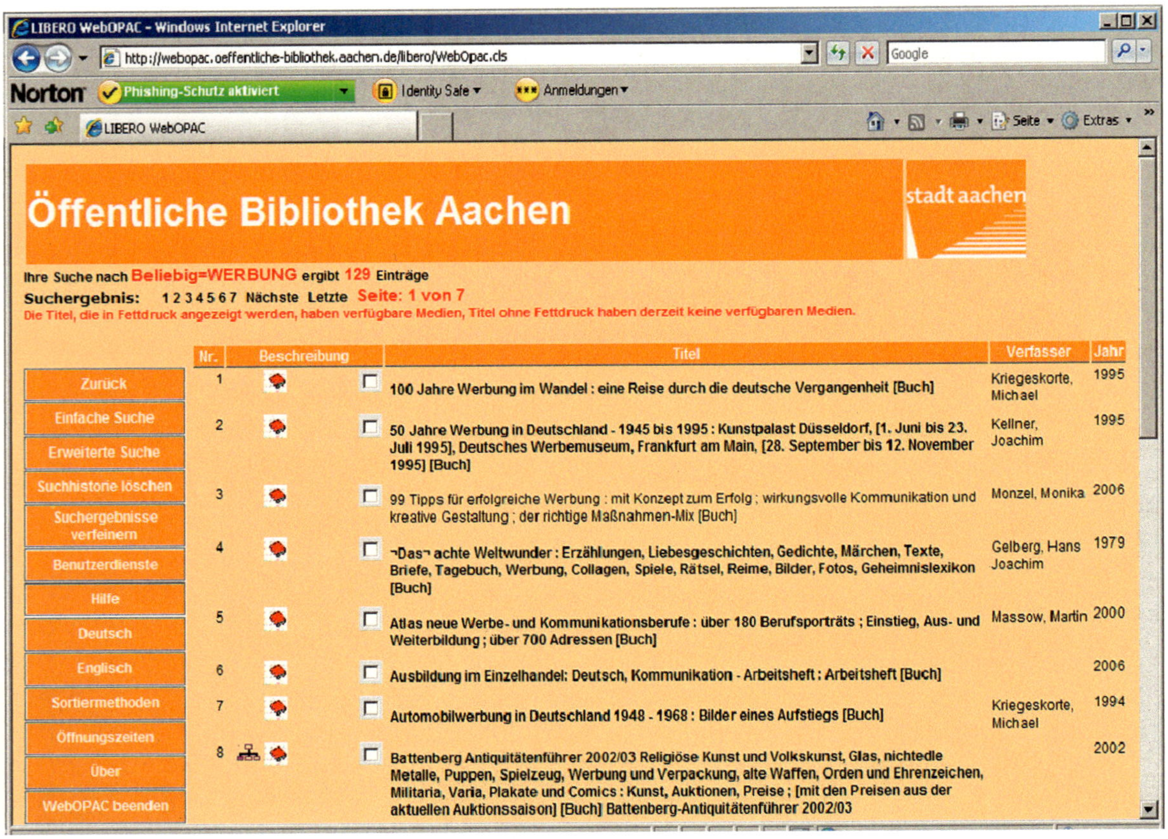
LIBERO WebOPAC - Windows Internet Explorer

http://webopac.oeffentliche-bibliothek.aachen.de/libero/WebOpac.cls

Öffentliche Bibliothek Aachen

stadt aachen

Ihre Suche nach Beliebig=WERBUNG ergibt 129 Einträge

Suchergebnis: 1 2 3 4 5 6 7 Nächste Letzte Seite: 1 von 7

Die Titel, die in Fettdruck angezeigt werden, haben verfügbare Medien, Titel ohne Fettdruck haben derzeit keine verfügbaren Medien.

Zurück | Einfache Suche | Erweiterte Suche | Suchhistorie löschen | Suchergebnisse verfeinern | Benutzerdienste | Hilfe | Deutsch | Englisch | Sortiermethoden | Öffnungszeiten | Über | WebOPAC beenden

Nr.	Beschreibung	Titel	Verfasser	Jahr
1		**100 Jahre Werbung im Wandel : eine Reise durch die deutsche Vergangenheit [Buch]**	Kriegeskorte, Michael	1995
2		**50 Jahre Werbung in Deutschland - 1945 bis 1995 : Kunstpalast Düsseldorf, [1. Juni bis 23. Juli 1995], Deutsches Werbemuseum, Frankfurt am Main, [28. September bis 12. November 1995] [Buch]**	Kellner, Joachim	1995
3		99 Tipps für erfolgreiche Werbung : mit Konzept zum Erfolg ; wirkungsvolle Kommunikation und kreative Gestaltung ; der richtige Maßnahmen-Mix [Buch]	Monzel, Monika	2006
4		**¬Das¬ achte Weltwunder : Erzählungen, Liebesgeschichten, Gedichte, Märchen, Texte, Briefe, Tagebuch, Werbung, Collagen, Spiele, Rätsel, Reime, Bilder, Fotos, Geheimnislexikon [Buch]**	Gelberg, Hans Joachim	1979
5		**Atlas neue Werbe- und Kommunikationsberufe : über 180 Berufsporträts ; Einstieg, Aus- und Weiterbildung ; über 700 Adressen [Buch]**	Massow, Martin	2000
6		**Ausbildung im Einzelhandel: Deutsch, Kommunikation - Arbeitsheft : Arbeitsheft [Buch]**		2006
7		**Automobilwerbung in Deutschland 1948 - 1968 : Bilder eines Aufstiegs [Buch]**	Kriegeskorte, Michael	1994
8		**Battenberg Antiquitätenführer 2002/03 Religiöse Kunst und Volkskunst, Glas, nichtedle Metalle, Puppen, Spielzeug, Werbung und Verpackung, alte Waffen, Orden und Ehrenzeichen, Militaria, Varia, Plakate und Comics : Kunst, Auktionen, Preise ; [mit den Preisen aus der aktuellen Auktionssaison] [Buch] Battenberg-Antiquitätenführer 2002/03**		2002

1 ***Sammeln Sie Informationen über die nächstgelegene öffentliche Bibliothek im Internet.***

a) Wo befindet sich in Ihrer Umgebung eine öffentliche Bibliothek?

b) Wann hat Ihre Bibliothek geöffnet? Welche Kosten entstehen bei der Buchausleihe?

2 ***Recherchieren Sie mithilfe des Online-Katalogs Ihrer Bibliothek nach geeigneten Materialien zum Thema „Werbung im Internet“.***

Kapitel 3

Schaubildanalysen schreiben

3.1 Schaubilder und Diagramme analysieren

3.2 Eine Schaubildanalyse schreiben

3.3 Weiterführendes: Informationen visualisieren – Diagramme gestalten

Viele Informationen werden uns über Bilder vermittelt. Oft erscheinen sie als effektive Möglichkeit, komplexe Sachverhalte zu verdeutlichen und verständlich zu machen.

Visualisierungen veranschaulichen Sachverhalte in einem „Bild". Das setzt eine Interpretation von Informationen und Zusammenhängen voraus. Manche Informationen werden vernachlässigt, andere wiederum besonders hervorgehoben. Hier gilt es, die Sinne zu schärfen und auch nachzufragen, welche Gründe hinter einer Darstellung stecken mögen. Eine Vielzahl von grafischen Modellen – auch als Software nutzbar – steht zur Verfügung; sie zu analysieren und zu interpretieren, ihre Möglichkeiten, aber auch ihre Grenzen sowie ihre gezielte Anwendung zu erkennen – das steht im Fokus dieses Kapitels.

Was ich aus anderen Kapiteln weiß

- ✔ Einen Text analysieren heißt, Inhalt, Aufbau, Gestaltungsmittel sowie Absicht und Wirkung beschreiben (➪ Kapitel 2).
- ✔ Informationen kann man gliedern und strukturieren (➪ Kapitel 7).
- ✔ Eine Textanalyse besteht aus Einleitung, Hauptteil, Schluss (➪ Kapitel 2).

Schaubilder und Diagramme analysieren

Das Zusammenspiel von Text und Schaubild

Schaubilder oder Diagramme werden häufig im Zusammenhang mit Sachtexten veröffentlicht. Ihre Inhalte beziehen sich aufeinander oder ergänzen sich.

Musik, bis die Ohren fiepen

Diskothekenkrach erreicht Spitzenwerte von 130 Dezibel – so laut ist sonst nur ein Presslufthammer.

Ab einer Lautstärke von 80 bis 90 Dezibel ist es eigentlich schon zu laut. „Der Lärm ist dann sehr gefährlich fürs Gehör." Dem Landesvorsitzenden der Kinder- und Jugendärzte Hessen, Josef Geisz, ist nicht wohl bei dem Gedanken an die laute Musik, mit der sich Jugendliche vor allem in Diskotheken umgeben. „Die Diskos schaden oft, daran besteht kein Zweifel. Da könnten noch riesige Folgekosten auf uns zukommen."

Sein Kollege, der Hals-Nasen-Ohren-Arzt Jörg Silberzahn aus Aßlar, stellt bei seiner Arbeit fast täglich fest, dass das Hörvermögen viel öfter als früher schon bei jungen Menschen abnimmt. „120 Dezibel, das hält man eine halbe Stunde aus, danach kann es zu irreparablen Lärmschäden kommen", mahnt er.

In Diskotheken erreicht der Lärmpegel Spitzenwerte von 130 Dezibel. Ähnlich laut sind nur Presslufthämmer und Düsenjets. [...] Spaß, Party, Feiern – wer denkt da schon an die Ohren? „In meinem Alter macht man sich noch keine Gedanken darüber, ob der Lärm den Ohren schadet", sagt ein 27-jähriger [...] Besucher. „Wenn die Musik mich interessiert, ist es mir auch egal, wie laut sie ist." Dass das nicht gesund sein kann, merkt der 27-Jährige schon: „Nach manchen Konzerten haben mir zwei Tage lang die Ohren weh getan."

Die Diskothekenbetreiber wissen, dass der Diskobesuch zum Gesundheitsrisiko werden kann. [...] Die Techniker [sind] gehalten, die Lautstärke regelmäßig zu messen und einzugreifen, wenn es zu laut wird. An der Theke werden Ohrstöpsel verkauft. [...]

Der Bundesverband der Diskotheken und Tanzbetriebe (BDT) empfiehlt, 95 Dezibel nicht zu überschreiten und die Lautstärke für Diskjockey und Publikum sichtbar zu messen. Seit zwei Jahren gibt es in Hessen den DJ-Führerschein. „In der Schulung sollen die DJs sensibilisiert werden, vor allem für die Hörschäden, die durch laute Musik verursacht werden können", sagt Clauss Thiemeyer vom BDT Hessen.

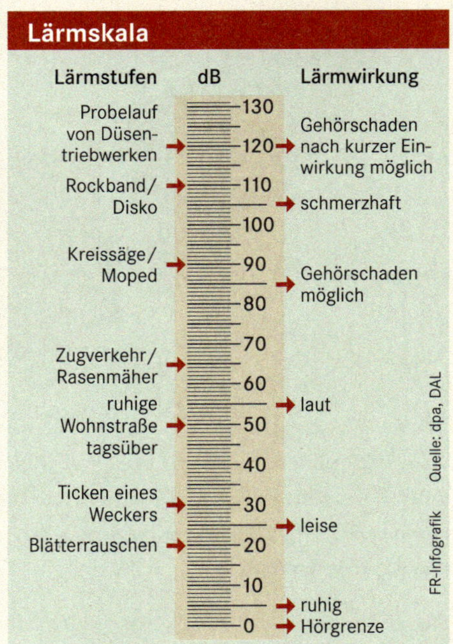

(Frankfurter Rundschau, 05.10.2007)

1 ***Bearbeiten Sie zunächst den Text.***

a) Welches Problem wird in dem Zeitungsartikel thematisiert?

b) Welcher Versuch einer Problemlösung wird vorgestellt?

2 ***Dem Zeitungsartikel ist ein Schaubild beigefügt. Analysieren Sie dieses.***

a) Was sagt es aus?

b) Wie wirkt diese Darstellung auf Sie?

c) Welche Funktion hat das Schaubild im Hinblick auf den Text?

Diagramme – Möglichkeiten und Grenzen erkennen

Je nach Aussage- und Wirkungsabsicht lassen sich Inhalte vielfältig grafisch darstellen.

Würden Sie an einer Tortengrafik teilnehmen?

Von Hans Zippert

99,8 % aller Deutschen wurden schon einmal statistisch erfasst, 97,9 % davon sogar mehrmals. Das sind erschreckende Zahlen, die Amnesty International gerne verschweigt, aber in Deutschland sind Millionen das Opfer statistischer Erhebungen. Wer schon einmal in einem Koordinatenkreuz aufgewacht ist oder unter einem Säulendiagramm lag, weiß, was das heißt. Täglich sind im ganzen Land Hunderte von Statistikern (= 0,04 % der Bevölkerung) unterwegs und fragen ahnungslose Passanten, ob sie unverbindlich an einer Tortengrafik teilnehmen oder mal in einer Tabelle mitarbeiten möchten.

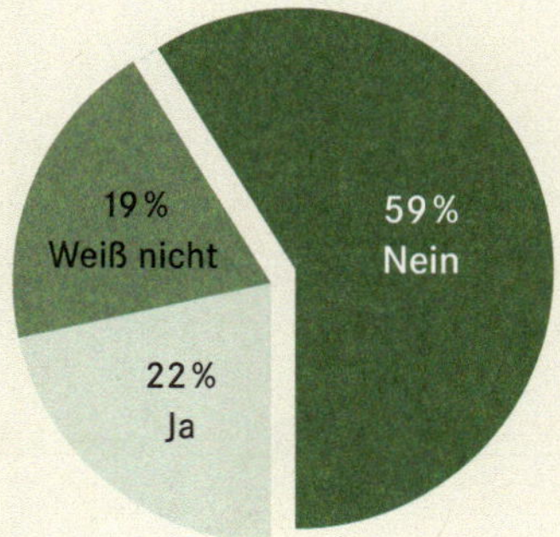

(Bäckerei Dingwerth, 04.04.2002)

1 ***Analysieren Sie den Text und das Diagramm.***

a) Worauf macht Hans Zippert mit seinem Text und dem Diagramm aufmerksam?

b) Welche Funktion erfüllen der Titel und die Quellenangabe?

c) Mit welchen sprachlichen Mitteln verstärkt der Autor seine Aussageabsicht?

Kreisdiagramm

2 ***Untersuchen Sie die in dem Schaubild enthaltenen Kreisdiagramme.***

a) Welche Aussagen werden über das Surfverhalten aller Internetnutzer getroffen?

b) Wie unterscheidet sich das Surfverhalten der verschiedenen Altersgruppen?

c) Bewerten Sie das Schaubild hinsichtlich seiner Aussagekraft und Gestaltung. Warum wurde diese Art der Darstellung gewählt?

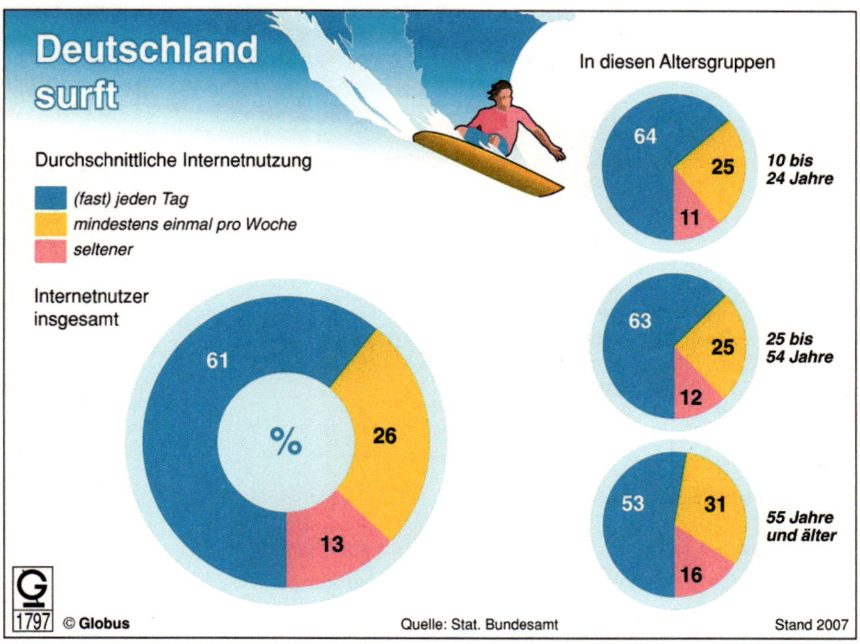

Diagramme – Möglichkeiten und Grenzen erkennen

Säulendiagramm

Handy-Besitzer 2007 und 1998

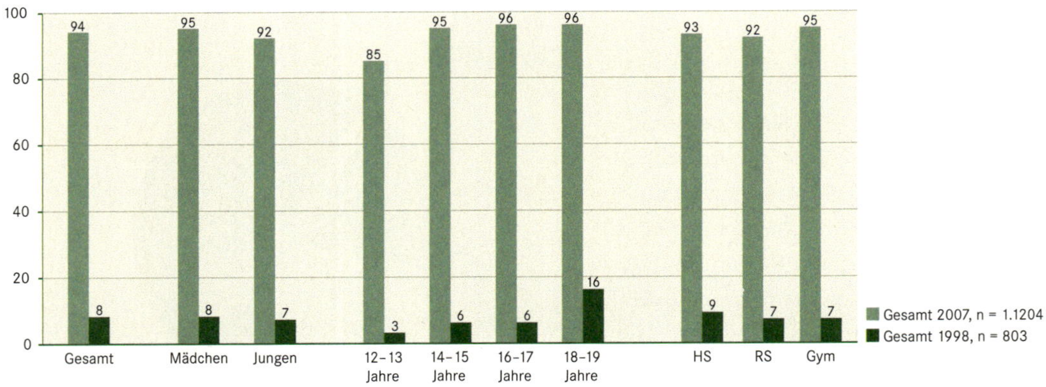

(JIM-Studie 2007, JIM-Studie 1998, Angaben in Prozent;* JIM = Jugend, Information, (Multi-)Media; www.mpfs.de)*

3 ***Untersuchen Sie das Säulendiagramm.***

a) Notieren Sie Fragen, die durch die Teile des Diagrammes beantwortet werden.

b) Stellen Sie sich die Visualisierung in Kreisdiagrammen vor. Wägen Sie ab, welche Darstellungsart passender ist. Begründen Sie Ihre Meinung.

Balkendiagramm

Medienbeschäftigung in der Freizeit 2007

– täglich/mehrmals pro Woche –

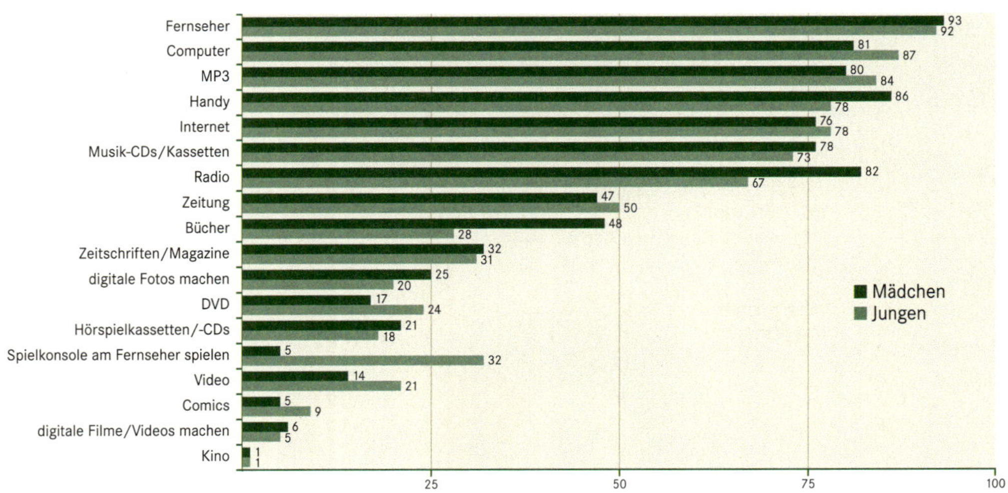

Basis: alle Befragten, n = 1204 *(JIM-Studie 2007, Angaben in Prozent; www.mpfs.de)*

4 ***Setzen Sie sich mit dem Balkendiagramm auseinander.***

a) Geben Sie die wesentlichen Aussagen des Diagramms wieder.

b) Überlegen Sie, warum sich die Autoren für die vorliegende Diagrammart entschieden haben.

c) Diskutieren Sie, welche Fragen zum Thema bei dieser Darstellung offenbleiben.

Diagramme – Möglichkeiten und Grenzen erkennen

Sprache und Stil

Bei der Erläuterung eines Diagramms formulieren Sie die Zusammenhänge zwischen den statistischen Werten. Die folgenden Wörter können dabei hilfreich sein.

allein · neben · deutlich · zumeist · vor allem

Muster

_____ zwischen Januar und September 2007 suchten über 60 000 Menschen Rat bei den Verbraucherzentralen, weil sie sich „abgezockt" fühlten. Serviceleistungen lagen _____ an der Spitze der Internetdienste, über die die Betroffenen zur Kasse gebeten wurden. _____ den Forderungen dafür wurden _____ solche für Tests, Ahnenforschung und Lebensalterprognosen geltend gemacht. Die Betroffenen hatten sich vertraglich _____ zu einer einmaligen Gebühr oder einem Abonnement verpflichtet.

(Frankfurter Rundschau, 21.11.2007)

Stolperfallen

Umfrage: ***Was sind die häufigsten Internetdienste, über die die Betroffenen abgezockt werden?***
(ungewollte Abo-Verträge)

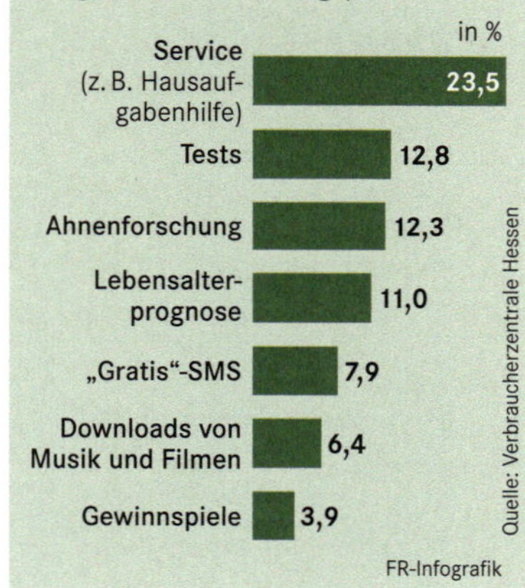

5 ***Geben Sie die Aussagen des Diagramms schriftlich wieder.***

a) Ergänzen Sie dazu den Lückentext mit oben stehenden Wörtern.

b) Finden Sie Synonyme für „abzocken".

c) Ergänzen Sie den Text um Aussagen zu „„Gratis'-SMS", „Downloads von Musik und Filmen" und „Gewinnspiele" aus dem Diagramm.

Kurven-/Liniendiagramm

Die Nutzung des Radios an Werktagen im Tagesverlauf 2008 Deutschland gesamt (Angaben in Prozent)

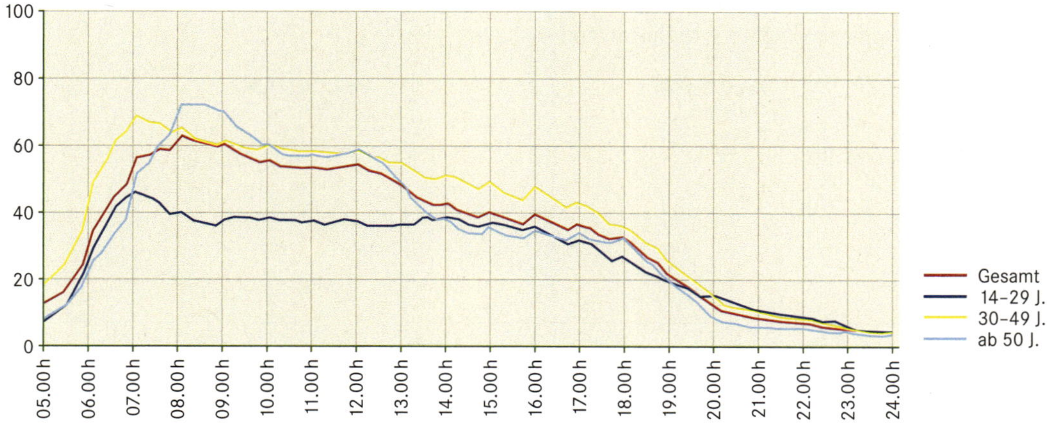

(Media Analyse 2008 Radio I, eigene Berechnungen, www.mediendaten.de)

6 ***Untersuchen Sie das vorliegende Diagramm hinsichtlich der wesentlichen Aussagen.***

7 ***Nennen Sie weitere Sachverhalte, für deren Darstellung sich ein Liniendiagramm gut eignet.***

Diagramme – Möglichkeiten und Grenzen erkennen

Organigramm

Das Organigramm ist eine grafische Darstellungsform, mit der sich z. B. die Struktur eines Unternehmens gut darstellen lässt.

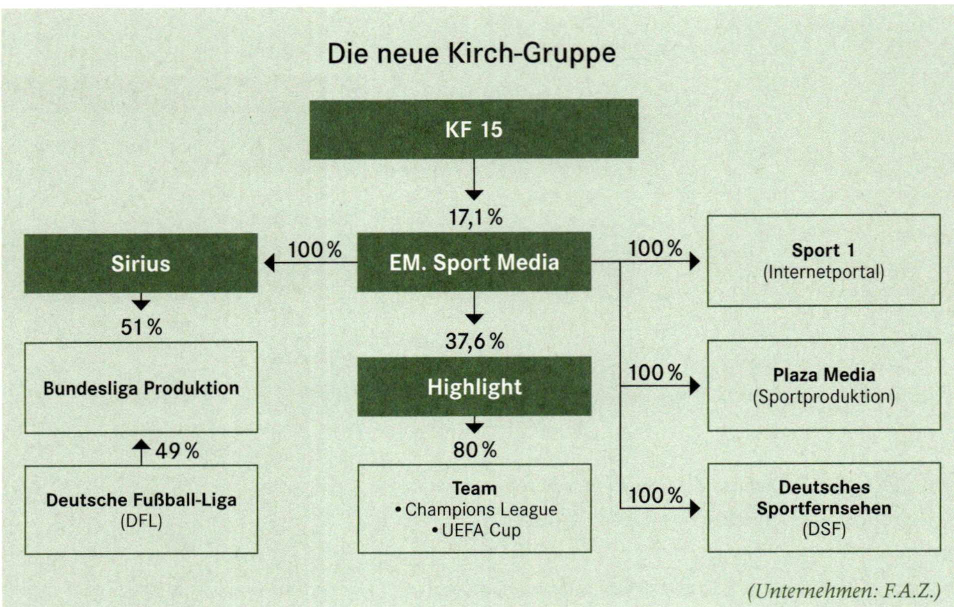

(Unternehmen: F.A.Z.)

Tipp
Zur Vorbereitung eines Bewerbungsgespräches kann es sehr hilfreich sein, sich das Organigramm der jeweiligen Firma anzuschauen.

8 ***Untersuchen Sie das Organigramm des Medienkonzerns.***

a) Welche Hauptaussagen werden getroffen?

b) Welcher Zweck wird mit dieser Art der Darstellung verfolgt?

9 ***Gestalten Sie ein Organigramm, das die Struktur Ihrer Schule darstellt.***

Drei Firmen der Medienbranche vergleichen ihre Umsatzentwicklung:

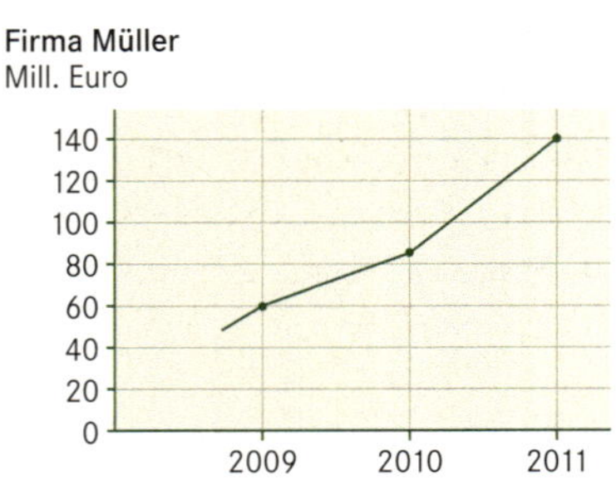

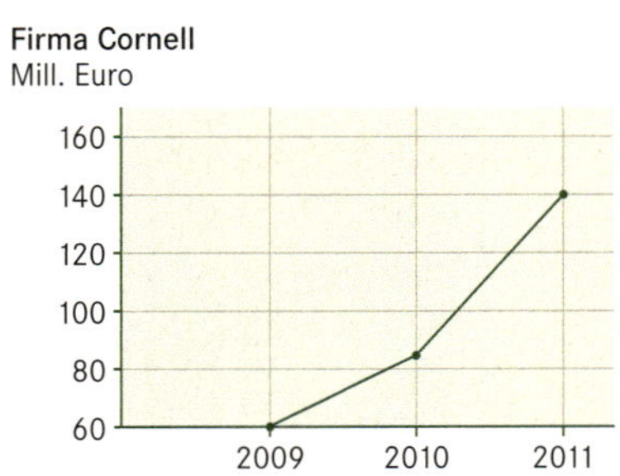

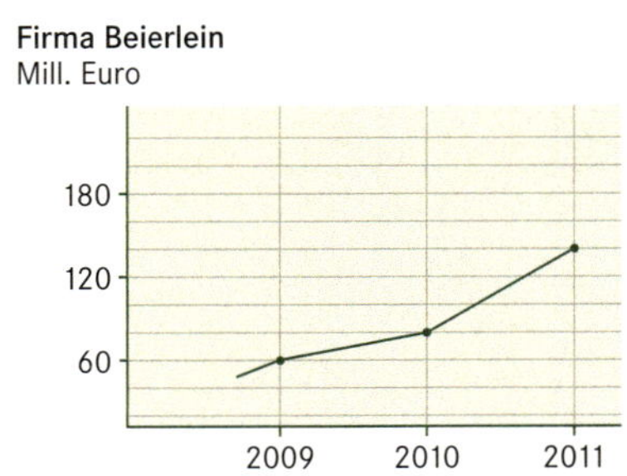

10 ***Untersuchen Sie die grafischen Darstellungen zur Umsatzentwicklung (S. 64 unten).***

a) Vergleichen Sie: Welche Firma hat den höchsten Umsatz erzielt?

b) Welchen Eindruck können die verschiedenen grafischen Darstellungen erwecken?

c) Notieren Sie Ursachen für die unterschiedliche Wirkung.

Diagramme – Möglichkeiten und Grenzen erkennen

Die folgenden grafischen Darstellungen basieren auf denselben Informationen.

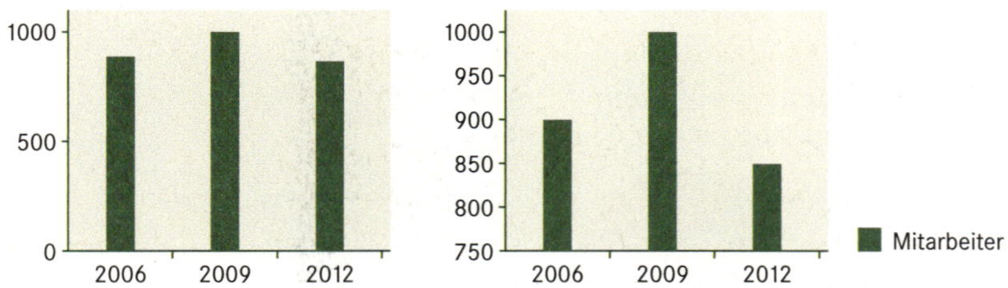

11 *Vergleichen Sie die beiden Säulendiagramme. Notieren Sie, wie der jeweils gewählte Maßstab – die Skalierung der Achsen – die Aussage beeinflusst.*

Basiswissen – Informationen in Form von Schaubildern und Diagrammen

Schaubilder sind grafisch gestaltete Informationen zu einem Sachverhalt. Sie können Bilder, Symbole, Diagramme und Textelemente enthalten, wobei die Wahl der Darstellung von der Aussageabsicht abhängig ist. Diagramme sind eine spezielle Form von Schaubildern:

- **Kreisdiagramm:** Es vermittelt Anteilsverhältnisse einer Gesamtheit; es wird unübersichtlich, wenn zu viele Aspekte visualisiert werden.
- **Säulen-/Balkendiagramm:** Es vermittelt einen Eindruck von Größenverhältnissen, die im Vergleich dargestellt werden. Im Balkendiagramm werden Daten durch waagerecht liegende, im Säulendiagramm durch senkrecht stehende Balken dargestellt.
- **Kurven-/Liniendiagramm:** Es zeigt Entwicklungsverläufe in einem zeitlichen Rahmen.
- **Organigramm:** Es stellt Strukturen dar; organisatorische Einheiten sowie deren Aufgabenverteilung und Kommunikationsbeziehungen werden ersichtlich.

Schaubilder/Diagramme sind immer auch kritisch zu betrachten. So können Zahlen und Größenunterschiede durch die Wahl der Maßeinheiten unterschiedlich wirken. Auch der gewählte Maßstab – die Skalierung der Achsen – ist zu beachten sowie die Aussagekraft der Daten: Handelt es sich um genaue oder geschätzte Zahlen?

Zwischenfazit

- Hauptaussagen wiedergeben
- die Zweckmäßigkeit der Darstellungsform einschätzen: Kreisdiagramm, Säulen-/Balkendiagramm, Kurven-/Liniendiagramm, Organigramm
- das Zusammenspiel von Text und Schaubild/Diagramm beschreiben
- Manipulationsabsichten erkennen

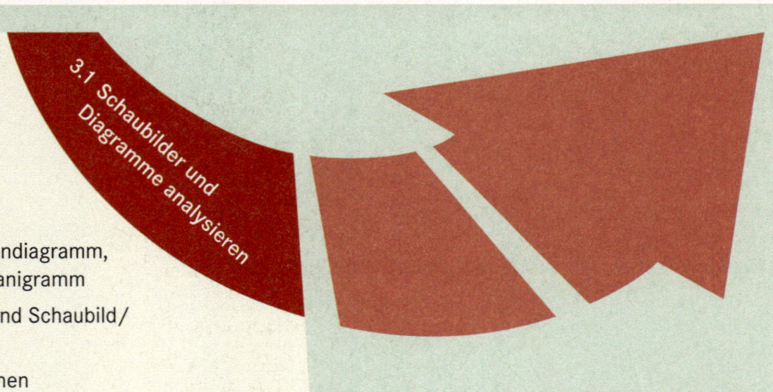

Eine Schaubildanalyse schreiben

Ein Schaubild analysieren

Schaubilder enthalten oft mehrere, unterschiedlich dargestellte Aussagen und verschiedene grafische Elemente zu einem Thema.

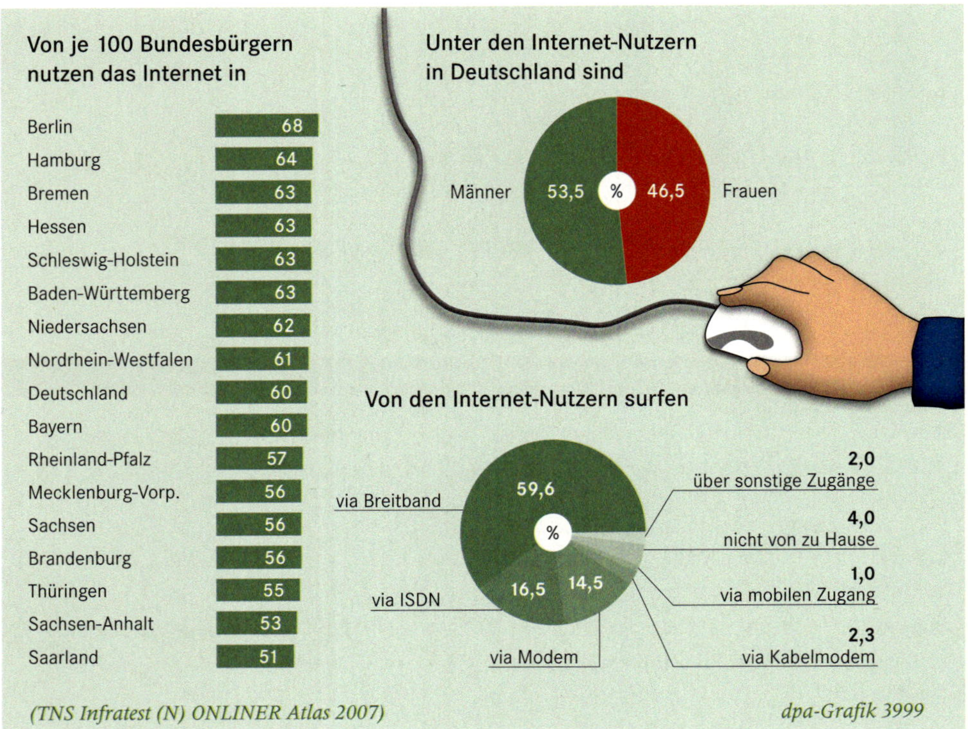

1 ***Untersuchen Sie das vorliegende Schaubild.***

a) Notieren Sie Stichworte bzw. Daten zu folgenden Punkten:

- Quelle des Schaubildes
- Herausgeber
- Erscheinungsdatum
- Titel, Untertitel
- Thema
- Art des Zahlenmaterials (absolute Zahlen/Prozentzahlen/Schätzungen)
- gewählte Diagrammform/-en
- Symbole
- Bilder (schwarz-weiß, farbig)
- Farbwahl
- Vordergrund
- Hintergrund

b) Welche Hauptaussagen werden gemacht?

2 ***Beschreiben Sie die Wirkung der grafischen Gestaltung.***

Eine Schaubildanalyse untersuchen

In dem folgenden Text werden Aussagen zu dem Schaubild auf S. 66 formuliert.

Muster

Das vorliegende Schaubild zur Internetnutzung der Bundesbürger ist dem (N) ONLINER-Atlas 2007 entnommen, der von dem Institut TNS Infratest herausgegeben wird und als dpa-Grafik 3999 veröffentlicht wurde.
Es veranschaulicht mittels verschiedener Diagramme, wie viele Bundesbürger das Internet nutzen. Dies wird zum einen für die gesamte Bundesrepublik dargestellt, zum anderen auf die einzelnen Bundesländer aufgeteilt. Des Weiteren wird zwischen weiblichen und männlichen Internetnutzern sowie Zugangsmöglichkeiten zum Internet unterschieden.
Die linke Hälfte des Schaubildes macht Angaben darüber, wie viele Bundesbürger in welchen Bundesländern das Internet nutzen. Die Zahlen werden auf grünem Hintergrund in weißer Farbe deutlich hervorgehoben. Mittels eines Balkendiagramms wird deutlich, dass die meisten „User" in Berlin leben (68 %) und die Saarländer das Schlusslicht bilden (51 %). Um den Gesamtwert für Deutschland gruppieren sich Bayern mit dem gleichen Wert, Nordrhein-Westfalen mit einem Prozentpunkt mehr, Niedersachsen (62 %), Baden-Württemberg, Schleswig-Holstein, Hessen und Bremen (mit jeweils 63 %) sowie Rheinland-Pfalz mit 57 %. Es fällt auf, dass die neuen Bundesländer unter dem Durchschnitt liegen und bis auf die exponierten Länder Berlin, Saarland und Sachsen-Anhalt die Werte nur um 4 bzw. 5 % vom Gesamtdurchschnitt abweichen.
Durch eine abgebildete Hand, die einen Mausklick zeigt, wird die Verbindung zu dem anderen inhaltlichen Aspekt des Schaubildes hergestellt: die Aufteilung der Internetnutzer in Deutschland nach Geschlecht. Die grüne Farbe des Balkendiagramms findet sich hier in einem Teil des Kreisdiagramms wieder und zeigt den Männeranteil (53,5 %) aller Nutzer. Der Anteil der männlichen Internetnutzer liegt um 7 % höher als der der Frauen.
Im rechten unteren Teil des Schaubildes wird thematisiert, über welchen Zugang das Internet erreicht wird. Ein Kreisdiagramm, das sich farblich nicht von den anderen Farben des Schaubildes abhebt, verdeutlicht, dass fast 60 % der Nutzer mittels Breitband surfen. Es folgen die Zugänge mittels (via) ISDN sowie mittels Modem. Die anderen Zugangsmöglichkeiten nehmen insgesamt 9 % ein, sind aber einzeln betrachtet geringfügig und bewegen sich zwischen 1 % (mobiler Zugang) und 4 % (nicht von zu Hause).
Insgesamt gesehen lässt das Schaubild die Schlussfolgerung zu, dass mehr als die Hälfte der Bundesbürger das Internet nutzen, wobei Berlin sowie die alten Bundesländer (Ausnahme Saarland) eine Vorrangstellung einnehmen. Männer nutzen das Internet mehr als Frauen, und fast 60 % aller Nutzer surfen mittels Breitband.
Die optische und inhaltliche Darstellung ist gut gelungen. Vor allem die Wahl der Kreisdiagramme, die auch eine CD-ROM symbolisieren, ist besonders passend.
Es wäre interessant zu wissen, inwieweit die vorliegenden Daten sich im Vergleich zu den Vorjahresdaten verändert haben. Weitere Fragen wären, ob sich die Nutzung des Internets weiter ausgebreitet oder einen Wert erreicht hat, der sich wenig von dem dargestellten unterscheidet. Auch eine Aufschlüsselung nach dem Alter der Nutzer wäre interessant.

1 ***Vergleichen Sie Ihre Stichworte mit den Aussagen des Musters und beurteilen Sie die Schaubildanalyse.***

a) Sind die wichtigsten Aussagen des Schaubildes richtig wiedergegeben?
b) Wie ist die Schaubildanalyse aufgebaut?
c) Wie schätzen Sie den Schlussteil ein?

Analyseergebnisse formulieren

Sprache und Stil

Beim Verfassen einer Schaubildanalyse kommt es – wie bei Sachtextanalysen auch – darauf an, aussagekräftig und verständlich zu formulieren und die Gliederung des Textes durch eine entsprechende sprachliche Gestaltung sichtbar zu machen.

1 ***Erläutern Sie, welche der folgenden Sätze sich eignen für:***

a) die Angabe der Quelle oder des Herausgebers,

b) die Formulierung des Themas oder

c) die Schlussfolgerung.

> das Schaubild gibt Auskunft über ...; als weiteres Beispiel wird angeführt ...; letztlich geht aus dem Schaubild hervor, dass ...; das Schaubild ist ... entnommen; die Symbole verdeutlichen ...; zusammenfassend lässt sich sagen, ...; die Zahlen legte ... vor

d) Notieren Sie Formulierungen, die in der Musteranalyse (➪ S. 67) für die unter 1 a–c genannten Aspekte verwendet wurden, und ergänzen Sie weitere.

2 ***Erweitern Sie Ihre Ausdrucksmöglichkeiten, um Wiederholungen zu vermeiden.***

a) Notieren Sie möglichst viele Verbindungen mit Verben, in denen die folgenden häufig auftretenden Nomen vorkommen. Halten Sie Ihre Ergebnisse tabellarisch fest.

> In vielen Schaubildern werden Probleme benannt, Fragen aufgeworfen, Sachverhalte in Beziehung gesetzt, Zusammenhänge aufgezeigt, Schlussfolgerungen gezogen ...

b) Suchen Sie Synonyme für die Nomen. Arbeiten Sie auch mit dem Wörterbuch.

Nomen	Verb-Nomen-Verbindung	Synonyme
Problem	sich eines Problems bewusst sein/werden, sich mit einem Problem auseinandersetzen	Schwierigkeit, Streitfrage
Frage	...	...
...	...	...

3 ***Formulieren Sie die folgenden Vergleiche grammatikalisch richtig. Schreiben Sie die Sätze ab und setzen Sie „als“ oder „wie“ richtig ein.***

- In Berlin nutzen von je 100 Bürgern 68 das Internet. Das sind 17 mehr ___ im Saarland.
- In Bayern surfen 60 % der Bundesbürger im Netz. Das sind genauso viele ___ in Deutschland (gesamt).
- Frauen nutzen das Internet weniger ___ Männer.
- Der Anteil derer, die einen mobilen Zugang zum Netz benutzen, ist fast so hoch ___ der via Kabelmodem, aber beide Anteile sind sehr viel geringer ___ der Anteil der ISDN-Nutzer.

4 ***Entscheiden Sie sich bewusst für die Verwendung des Aktivs oder Passivs in Ihrer Analyse.***
Beispiel: *Das Schaubild **zeigt** ... In dem Schaubild **wird dargestellt** ...* (➪ Kapitel 9, S. 148).

Ein Schaubild beurteilen

Sie erhalten die Aufgabe, zu dem folgenden Schaubild eine Analyse zu schreiben. Die folgenden Schritte helfen Ihnen beim Verfassen der Analyse.

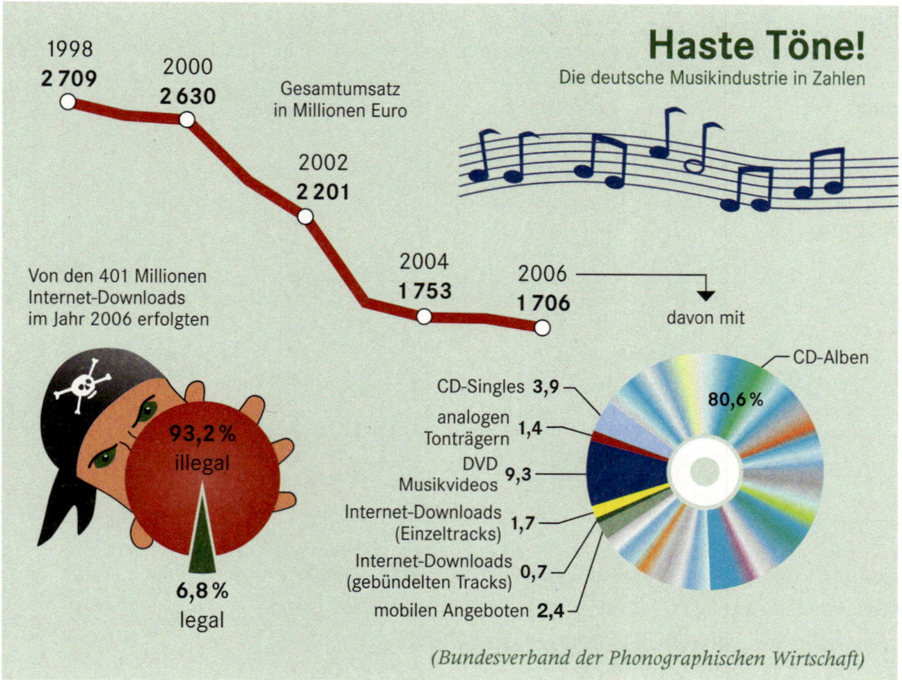

1 ***Betrachten Sie das Schaubild und notieren Sie Stichpunkte bzw. Daten zu allen wichtigen Elementen*** ***(siehe S. 66).***

2 ***Analysieren Sie die inhaltlichen Aspekte des Schaubildes.***

a) Was wird dargestellt? Werden Entwicklungen, Vergleiche, Strukturen oder Anteilsverhältnisse einer Gesamtheit aufgezeigt?

b) Welche Aussagen können zu den einzelnen Teilen formuliert werden?

c) Welcher inhaltliche Zusammenhang besteht zwischen den Teilaussagen?

d) Welche Schlussfolgerungen lassen sich ziehen?

e) Überlegen Sie, ob Informationen fehlen, die die Aussagekraft des Schaubildes erhöhen könnten.

3 ***Untersuchen Sie den Titel.***

a) Welche Wirkung geht von ihm aus?

b) Überlegen Sie, welche anderen Titel mit welcher Wirkung denkbar wären.

4 ***Welche Intention (Aussageabsicht) ist mit dem Schaubild verbunden?***

a) Handelt es sich um vorwiegend informelle oder appellative Intentionen?

b) Woraus lässt sich auf diese Intentionen schließen?

Ein Schaubild beurteilen – eine Analyse schreiben

5 ***Beurteilen Sie die Gesamtwirkung des Schaubildes.***

a) Notieren Sie Ihre positiven sowie negativen Eindrücke und begründen Sie Ihre Sichtweise. Übertragen Sie dazu die folgende Tabelle in Ihr Heft und ergänzen Sie diese entsprechend.

b) Welche Wirkung geht vom Zusammenspiel der inhaltlichen Aussagen und der grafischen Gestaltung aus?

Schaubild	Eindrücke	Begründung
Gestaltung	+ -	... ...
ausgewählte Diagrammart/-en	+ -	
Aussagegehalt	+ -	
Zusammenspiel von Text, Grafik und Bild	+ -	

Sprache und Stil

Bei der sprachlichen Formulierung Ihrer Schaubildanalyse kommt es darauf an, jeweils genau zu benennen, welches Element, welche Aussage oder welchen formalen Aspekt Sie gerade beurteilen. Folgende Sätze sind beim Formulieren einer Beurteilung hilfreich:

- Es lässt sich sagen, dass das Schaubild sowohl in gestalterischer Hinsicht als auch in Bezug auf seine inhaltliche Aussage gut (schlecht, ...) gelungen ist.
- Die Diagrammart ist gut (schlecht, ...) gewählt, weil ...
- Die Aussagen des Diagramms werden durch ein Bild (Foto, ...) grafisch gut (schlecht, unzureichend, zufrieden stellend, ...) unterstützt.
- Der Aussagegehalt des Schaubilds ist gut (ausreichend, unbefriedigend, ...), weil ...
- Im Hinblick auf die Aussage zu ... wäre ... wünschenswert gewesen ...

6 ***Fassen Sie die Ergebnisse Ihrer Beurteilung (Aufgabe 5) in Sätzen zusammen.***

a) Achten Sie darauf, dass Sie jeweils genau formulieren, zu welchem Aspekt Sie sich gerade äußern.

b) Formulieren Sie Ihre Gesamteinschätzung zur Wirkung des Schaubildes in einem Satz.

Arbeitstechnik **Ein Schaubild analysieren und beurteilen**

Bei der Beurteilung eines Schaubildes sollten Sie vor allem auf folgende Aspekte eingehen:

- Gestaltung (Vordergrund, Hintergrund, Bilder, Symbole, Farben, Übersichtlichkeit)
- Zweckmäßigkeit der ausgewählten Diagrammart/-en in Bezug auf die Aussageabsicht
- Aussagegehalt der einzelnen Teile sowie des Zusammenspiels der Teile
- Zusammenspiel von Text, Grafik und Bild

Eine Analyse schreiben

Zu dem Schaubild auf S. 69 wurden folgende Informationen veröffentlicht:

Musikpiraterie im Internet

Im Jahr 2006 wurden in Deutschland mit Tonträgern knapp über 1,7 Milliarden Euro umgesetzt. Damit hat sich der Umsatz nach den eklatanten Einbrüchen um die Jahrtausendwende weiter stabilisiert. Immerhin erlöste die Musikindustrie im Jahr 1998 noch eine Milliarde Euro mehr als im Vorjahr. Der Umsatz verteilte sich 2006 auf 186 Millionen Tonträger, ein Minus von 2,7 Millionen Stück gegenüber 2005. Die Kunden griffen vor allem zu Langspiel-CDs, von denen 149,5 Millionen Stück abgesetzt wurden. Den größten Zuwachs verzeichneten DVDs mit plus 10,1 Prozent auf 14,2 Millionen Exemplare. Abseits der Ladentheken legte der Anteil der Privatkopien weiter zu: Mit 484 Millionen selbst gebrannten Musik-CDs kamen auf eine verkaufte CD mehr als drei Kopien – Downloads auf MP3-Spielern, Festplatten und USB-Sticks noch nicht mitgerechnet. Und trotz der Erfolge gegen Musikpiraterie im Internet entfielen auf einen legalen Musik-Download immer noch 14 illegale Downloads.

7 ***Vergleichen Sie das Schaubild mit dem Text, notieren Sie Stichpunkte.***

a) Enthält der Text mehr oder weniger Informationen als das Schaubild?

b) Was leisten Text bzw. Schaubild in Bezug auf die Aussageabsicht?

8 ***Gliedern Sie nun Ihre Notizen zu dem Schaubild „Haste Töne!" und schreiben Sie eine vollständige Analyse.***

Arbeitstechnik — Eine Schaubildanalyse schreiben

Die Analyse eines Schaubildes besteht aus drei Teilen:

Die **Einleitung** sollte folgende Informationen enthalten, sofern sie gegeben sind: die Verfasserin/den Verfasser, den Erscheinungsort, den Titel des Schaubildes, das Erscheinungsdatum, die Benennung des Themas und die Art der grafischen Gestaltung.

Der **Hauptteil** enthält eine genaue Beschreibung des Schaubildes:

- Es ist sinnvoll, zunächst mit der optischen Darstellung zu beginnen: scharz-weiß/farbig – Farbwahl/ausgewählte Bilder und Symbole, Wahl der Diagrammart.
- Bei der anschließenden inhaltlichen Analyse werden die Hauptaussagen des Themas wiedergegeben. Achten Sie besonders auf das Zahlenmaterial: absolute Zahlen, Prozentzahlen, Schätzungen.
- Danach sollten Sie das Zusammenspiel von inhaltlichen Aussagen und grafischer Gestaltung beurteilen – welche Intention (Aussageabsicht) wird mit dem Schaubild verfolgt (informell, appellativ), wie wirkt das Schaubild auf Sie?

Der **Schluss** rundet die Analyse ab. Weiterführende Überlegungen können Fragestellungen nach Themenschwerpunkten sein, die eventuell im Schaubild nicht erwähnt wurden oder zu kurz kamen.

Eine Analyse schreiben

9 *Schreiben Sie eine Schaubildanalyse zu dem folgenden Schaubild. Orientieren Sie sich an der Arbeitstechnik auf S. 71 bzw. am Fazit (siehe unten).*

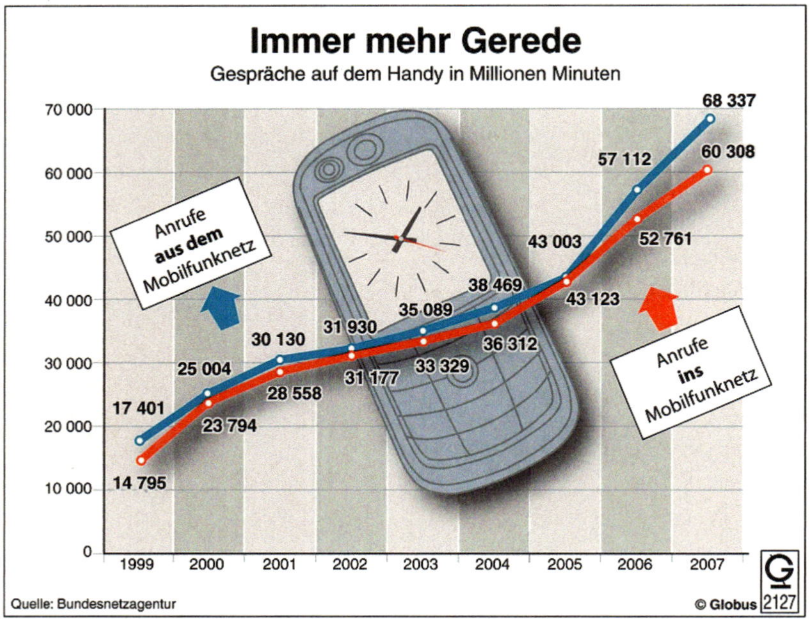

Fazit

3.1 Schaubilder und Diagramme analysieren

3.2 Eine Schaubild-analyse schreiben

3.3 Weiterführendes: Informationen visualisieren – Diagramme gestalten

- Hauptaussagen
- die Zweckmäßigkeit der Darstellungsform: z. B.: Diagrammarten, Organigramm
- das Zusammenspiel von Text und Schaubild
- mögliche Manipulationen erkennen

- das Schaubild analysieren und beurteilen
  - Aussagegehalt
  - grafische Gestaltung
  - Aussageabsicht
  - Zusammenspiel von Text, Diagramm, Bild
- die Analyse gliedern und schreiben
  - Einleitung: Verfasser, Quelle, Titel, Thema, Gestaltung
  - Hauptteil: genaue Beschreibung aller Teile, Beurteilung der Aussagen, Intention und Wirkung
  - Schluss: weiterführende Überlegungen, offene Fragen

Informationen visualisieren – Diagramme gestalten

Sie wollen Sachverhalte zu verschiedenen Themen visualisieren und suchen dafür die jeweils zweckmäßigste Form. Folgende Themen sind Ihnen vorgegeben:

- **Sitzverteilung nach einer Wahl**
- **Kursentwicklung des Euro**
- **Geburtenentwicklung in einem Land Ihrer Wahl**
- **Funktionsträger eines Vereins**
- **Altersstruktur Ihrer Mitschülerinnen und Mitschüler**
- **Vergleich der Notendurchschnitte von Klassenarbeiten im Fach Deutsch der letzten beiden Jahre**

1 ***Wählen Sie zu jedem Thema eine geeignete Visualisierung.***

a) Notieren Sie jeweils eine geeignete Art eines Diagramms. Begründen Sie Ihre Wahl.

b) Gestalten Sie für eines der Themen ein Diagramm.

2 ***Visualisieren Sie Texte.***

a) Überlegen Sie, welche der folgenden drei Texte sich sinnvoll visualisieren lassen, und gestalten Sie mithilfe der im Text enthaltenen Informationen geeignete Diagramme.

b) Formulieren Sie eine treffende Überschrift.

Tipp

Nutzen Sie den Diagramm-assistenten in Excel.

Text 1:

In der JIM-Studie werden in verschiedenen Zeitabständen anhand verschiedener Themen die Interessensbereiche der Jugendlichen untersucht. In der Studie aus dem Jahr 2007 wird bei der Medienbindung sehr deutlich, welche Bedeutung die Medien in der subjektiven Wahrnehmung der Jugendlichen einnehmen. Die 12- bis 19-Jährigen wurden gefragt, auf welches Medium sie am wenigsten verzichten können, und mussten sich zwischen Radio, Fernseher, Bücher, Zeitschriften und Zeitungen, Computer, Internet und MP3-Player entscheiden – Optionen, die zwar naturgemäß nicht uneingeschränkt vergleichbar sind, aber doch verschiedene Handlungsspielräume abbilden.

Nur 15 Prozent der 12- bis 19-Jährigen entschieden sich für den Fernseher, er landete hier nur auf Platz 4.

Als wichtigstes Medium wurde von jedem vierten Jugendlichen der Computer und von jedem fünften das Internet genannt. 18 Prozent entschieden sich für den MP3-Player.

Jeder zehnte Jugendliche nannte Bücher als unverzichtbar und sechs Prozent wollten das Radio nicht missen. Zeitungen und Zeitschriften spielten kaum eine Rolle (jeweils 3 Prozent).

(nach: JIM-Studie 2007, S. 16)

Text 2:

Auf ihre Frage an Jugendliche, ob diese heute mehr oder weniger Radio hörten als im Jahr zuvor, erhielten die Interviewer folgende Ergebnisse:
33 Prozent nutzen das Radio zum jetzigen Zeitpunkt mehr. Bei knapp der Hälfte der Jugendlichen hat sich nichts geändert, ein Fünftel hört weniger Radio als vor einem Jahr. Begründet wird Letzteres vor allem mit interessanten Alternativen zum Radio wie dem MP3-Player (48 %) oder dem Internet (40 %). Zeitmangel (6 %), inhaltliche Gründe (4 %) sowie Veränderung der Interessen spielen eine untergeordnete Rolle (2 %).

(nach: JIM-Studie 2007, S. 29)

Text 3:

Glückspilz

Stellen Sie sich vor, Sie würden sich halb nackt in Ihr Wohnzimmer stellen und alle Fenster aufreißen. Am besten nachts – drinnen ist das Licht an. Sie deklinieren dann lauthals sämtliche Ihrer Bankkonten und Kreditkartennummern – samt Geheimzahlen. Als Nächstes rufen Sie laut aus, welche Sorte Bücher Sie am liebsten lesen, welche Musik Sie gerne hören, wo Sie gerne essen gehen, wie Ihre Freunde heißen. Vergessen Sie nicht, die Einkäufe der letzten zwei Jahre samt der Kassenbelege aufzulisten. Zu guter Letzt kleben Sie noch ein paar private Fotos an die Scheiben – damit Sie jeder gut sehen kann. Das würden Sie nie tun? Dann nutzen Sie offensichtlich nie das Internet. Und wären für Kriminelle und Strafverfolger gleichermaßen völlig uninteressant. Sie Glückspilz!

(Rhein-Neckar-Zeitung, 07.02.2007)

Oftmals liegen Ihnen interessante Daten in Tabellenform vor.

Geräteausstattung 2008 (Auszug) – Angaben in Prozent

Haushalte (in Mio.)	Baden-Württemberg 4,25	Rheinland-Pfalz 1,71	Saarland 0,46	BRD gesamt 35,41
1 Fernsehgerät vorhanden	67,1	61,3	65,0	64,3
2 Fernsehgeräte vorhanden	21,8	26,3	23,8	24,0
3 Fernsehgeräte vorhanden	4,1	6,2	5,6	5,1
4 und mehr Fernsehgeräte vorhanden	1,3	2,3	2,3	1,9
kein Fernsehgerät vorhanden	5,7	3,9	3,3	4,7

Entwicklung der Onlinenutzung in Deutschland 1997 bis 2007
gelegentliche Nutzung, Angaben in Prozent

	1997	1998	1999	2000	2001	2002	2003	2004	2005	2006	2007
in %	6,5	10,4	17,7	28,6	38,8	44,1	53,5	55,5	57,9	59,5	62,7
in Mio	4,1	6,6	11,2	18,3	24,8	28,3	34,4	35,7	37,5	38,6	40,8
Zuwachs (%)	-	61	68	64	36	14	22	4	5	3	6

Basis: Bevölkerung ab 14 Jahren in Deutschland; Quelle: ARD-Onlinestudie 1997, ARD/ZDF-Onlinestudie 1998–2007

3 *Betrachten Sie die Daten in den beiden Tabellen.*
a) Wie wirkt die tabellarische Darstellung der Informationen auf Sie?
b) Fassen Sie die Aussagen der jeweiligen Darstellung in einigen Sätzen zusammen.

4 *Arbeiten Sie in Gruppen. Wählen Sie einen Themenschwerpunkt (S. 73 oben).*
a) Erörtern Sie verschiedene Möglichkeiten, die jeweiligen Informationen wiederzugeben.
b) Visualisieren Sie die Informationen.
c) Begründen Sie die Wahl des jeweiligen Diagramms.

Kapitel 4

Literarische Texte interpretieren

- 4.1 Den Aufbau beschreiben
- 4.2 Figuren charakterisieren
- 4.3 Die Bedeutung erschließen – Transfer
- 4.4 Erzähltechnik und Sprache analysieren
- 4.5 Einen Text beurteilen – die Interpretation schreiben
- 4.6 Weiterführendes: Erzähltechnik, Sprache, Zitiertechnik

Die Interpretation literarischer Texte gehört zu den zentralen Schwerpunkten des Deutschunterrichts; ob Klein- oder Großformen der Epik, Lyrik oder des Dramas – die Auseinandersetzung mit Literatur fordert Leserinnen und Leser heraus, über den Inhalt hinaus nach der Intention einer Autorin oder eines Autors zu forschen und das eigene Textverständnis zu formulieren.

Im Vergleich zu Texten, die Sie schon aus früheren Schuljahren kennen, ist die Literatur nun sowohl inhaltlich, sprachlich wie auch thematisch anspruchsvoller, die Charaktere werden vielschichtiger.

In diesem Kapitel lernen Sie, wie man schrittweise eine Textinterpretation erarbeitet und verfasst. Im Mittelpunkt der Textbetrachtungen stehen der Aufbau eines Textes, die Figuren, die sprachliche Gestaltung sowie Erzähltechniken. Darüber hinaus lernen Sie, die Interpretation eines Textes durch Übertragung seiner Bedeutung auf Ihre Lebensverhältnisse (Transfer) zu vervollständigen und den Text zu beurteilen.

Was ich bereits weiß oder im Wiederholungsteil selbstständig erarbeiten kann:

- ✔ Zur Analyse und Interpretation eines literarischen Textes gehört die Inhaltsangabe. Dabei gilt es, die Unterschiede zwischen Inhaltsangabe und Inhaltsparaphrase zu beachten.
- ✔ Literarische Texte können den Gattungen Epik, Lyrik oder Dramatik zugeordnet werden.
- ✔ Literarische Texte zu interpretieren heißt zum Beispiel, Figuren zu charakterisieren, sprachliche Mittel und ihre Funktion zu bestimmen.
- ✔ Aussagen zu einem literarischen Text belegt man mit Zitaten. Dabei werden verschiedene Zitiertechniken angewendet.

Den Aufbau beschreiben

Die Interpretation eines literarischen Textes erfordert zunächst eine umfassende Auseinandersetzung mit seinem Inhalt und seiner Struktur. Die im Vorgang des Erzählens entstandene fiktive Geschichte kann in mehrere Teile gegliedert sein. Sie kann chronologisch, mit Zeitsprüngen oder vom Ende her erzählt werden. Sie hat vielleicht Höhepunkte und Wendepunkte. Die Beschreibung des Aufbaus kann für die Textinterpretation also von Bedeutung sein.

Doris Dörrie: Es gibt da eine kleine Ente ...

Die beiden Polizisten glotzten ihn an wie zwei Wolgakarpfen. „Ich würde mich gern im ‚Palmengarten' von jemandem verabschieden“, brachte Arkardij nur stotternd heraus, als sei es ihm peinlich, „es gibt da eine kleine Ente. Ich habe sie gerettet. An meinem ersten Tag in Frankfurt. Sie war noch ein Küken und hatte einen gebrochenen Flügel. Unter meinem Mantel habe ich sie rausgeschmuggelt, mit Brot gefüttert und gepflegt, bis sie wieder gesund war. Und dann habe ich sie zurückgebracht. Sie heißt Durak ...“

Seine Augen fingen an zu glänzen. Dafür brauchte er nur die beiden Wörter „nie wieder“ zu denken. Sie reichten aus, um ihm das Wasser in die Augen zu treiben. Nie wieder Marianne. Nie wieder Handkäs mit Musik. Nie wieder der warme Kaufhof an der Hauptwache im Winter. „0 Gott“, stöhnte der Polizist, der fuhr. „Die verfluchte russische Seele“, sagte der andere, „und außerdem hat der ›Palmengarten‹ längst geschlossen.“ Arkardij spürte, wie das Wasser aus seinem linken Auge hervorquoll und in einer dicken Träne langsam die Wange hinunterrann. Er wandte sein Gesicht zum Fenster in den Neonschein der Straßenbeleuchtung wie Greta Garbo ins Scheinwerferlicht. Der Fahrer drehte sich nach ihm um. „Wo fährst du denn hin?“, blökte der andere Polizist. „Mein Gott, es ist schließlich Weihnachten“, erwiderte der Fahrer.

Es war stockdunkel im „Palmengarten“. Der Polizist, der gefahren war, hielt Arkardij wie ein Kind fest an der Hand, während der andere laut vor sich hin schimpfte und damit drohte, eine Dienstaufsichtsbeschwerde einzulegen.

Auf dem runden Teich in der Mitte des Parks dümpelten ein paar Enten vor sich hin. „Durak, Durak“, rief Arkardij und gab piepende Laute von sich. Die Enten sahen ihn gleichgültig an. „Und? Welche ist es?“, fragte der Polizist, der Arkardijs Hand fest umklammert hielt, streng. Arkardij zeigte auf die nächstbeste. „Komm her, du blödes Vieh“, murmelte er auf Russisch, „komm her und rette mich. Verdammt. Jetzt komm schon!“ Die Ente legte den Kopf schief. „Du sollst deinen Entenarsch hierher bewegen!“, flehte Arkardij. Die Ente rührte sich nicht. „Du lädst ewige Schuld auf dich“, rief Arkardij wütend. „Du wirst als Weihnachtsente der Gojim enden!“ Das hatte gesessen. Die Ente setzte sich in Bewegung, schwamm geradewegs auf Arkardij zu und wühlte ihren Schnabel in seine Hand. „Sie hat Hunger, die Arme“, sagte er auf Deutsch, „hat einer von Ihnen vielleicht ein bisschen Brot dabei?“ „Nur 'ne Apfeltasche“, sagte der Polizist, ließ Arkardijs Hand los und wühlte in seiner Jacke. Arkardij federte ein-, zweimal auf den Zehenspitzen, bevor er losrannte. Quer über die Wiese, am Steingarten vorbei, dort hatte er Marianne an die Brust gefasst, sie dann hinter die Kastanie am Wegrand gezogen, dort weiter hinter die Hecke, wo sie sich ohne weitere Aufforderung auf den Rasen gelegt hatte. Die Hecke, die Hecke, da war sie. Ja, er war richtig, dort musste es sein, die kalte Luft stach in seine Lungen wie Stecknadeln, er hörte die beiden Polizisten hinter sich hecheln, mit den Händen riss er den Stacheldraht beiseite, zwängte sich durch das Loch, und erst als er den sicheren Asphalt der Straße unter den Füßen hatte, lachte er im Laufen laut auf. Durak, lachte er, das heißt auf Deutsch „Dummkopf“.

1 ***Untersuchen Sie den Aufbau der Kurzgeschichte. Ordnen Sie die folgenden Funktionen den entsprechenden Textteilen zu:***

Entfaltung des Konflikts • Zuspitzung des Konflikts • Verzögerung der Handlung (retardierende Teile) als Spannungsmoment • Auflösung/Schluss

Beipiel:

Textbeschreibung: *Unvermittelter Einstieg in ein laufendes Geschehen (Z. 1–6)*

Funktion: *Hinführung zur zentralen Frage: Wird Arkardij die Polizisten überzeugen können?*

Basiswissen – Aufbau eines literarischen Textes

Mit dem Aufbau eines literarischen Textes beschreiben Sie seine **Gliederung**, d. h. die **Abfolge der äußeren und inneren Handlung**. So kann es Hinführungen zur zentralen Thematik, Rückblenden, Höhepunkte, überraschende Wendepunkte oder auch retardierende (verzögernde) Bauteile innerhalb eines literarischen Textes geben. Die formale Beschreibung des Aufbaus ist vor allem dann sinnvoll, wenn die Struktur eines komplexen Handlungsverlaufs sichtbar gemacht wird oder wenn Sie ein besonderes Bauprinzip erkennen können, das für die Bestimmung der Gattung und die Interpretation des Textes wichtig sein kann.

Als das Einfamilienhaus fertig war, war ich mit der Familie fertig. Früher ging ich einfach ins Kino. Ich hatte Freunde. Aber das sind keine Lösungen. Auch eine Freundin ist keine Lösung. Mutter weinte manchmal. Vater schrie manchmal. Auch Mutter schrie manchmal. Aber Vater weinte nie. Als ich sah, wie Vater den Hut vom Kopf nahm, um seinen Feinden die Stirn zu zeigen, wurde ich erwachsen.

Freitags Fisch. Samstags Fußball. Sonntags Familie. Vater rauchte, als gehe es um sein Leben. Mutter legte eine Patience. Ich habe drei Brüder. Morgen ist Montag. Ich erzähle einen schlechten Witz. Vater kann nicht lachen, weil Fritz erst 16 ist. Mutter wird nicht rot. […]

(Wolf Wondratschek „Früher begann der Tag mit einer Schusswunde")

2 ***Analysieren Sie, welche Aufbauprinzipien (➪ Basiswissen) in dem kurzen Textauszug angewandt werden.***

Zwischenfazit

- Ort und Zeit (Rückblenden, Vorausblicke)
- Entfaltung des Konfliktes, Wendepunkte, retardierende Momente
- Schluss

Figuren charakterisieren

Die Charakterisierung von Figuren kann Aufschlüsse über die Intentionen des Autors geben.

Martin Suter: Männer unter Stress: Perrig

Ehrlich gesagt: Perrig braucht den Stress. Ohne Stress fehlt ihm das Gefühl zu arbeiten. Oder die Leistung zu erbringen, die er sich abverlangt: Höchstleistung. Wenn Perrig nicht immer, wenn er sich mit einer Sache befasst, in Gedanken schon bei der nächsten ist, fehlt ihm der Druck, der ihn zur richtigen Entscheidung treibt. [...] Einer, der immer vorneweg entscheiden muss, hält sich nicht mit Prioritäten auf.
Aber dass Perrig den Stress braucht, bedeutet nicht, dass er nicht unter ihm leidet. Im Gegenteil: Perrig leidet ganz schrecklich unter seinem Stress. Und mit ihm die ganze Abteilung. Wenn er als Letzter ins Büro kommt, noch Rasierschaum an den Ohrläppchen und einen Bissen Grahambrot im Mund, lässt er es die ganze Abteilung spüren, dass sie schon hier ist. Leute, die pünktlich bei der Arbeit sind, sind nicht ausgelastet. Es gibt eine höhere Form der Pflichterfüllung als die pünktliche: die aufopfernde. Die, die nicht unterscheidet zwischen Tag und Nacht, Geschäft und privat, Bürozeiten und Überstunden. Wenn Perrig ins Büro kommt, verlegt er lediglich den Schauplatz seiner totalen beruflichen Hingabe. Pünktlichkeit ist das Gegenteil von Engagement. Sie degradiert die Tätigkeit zu einer, der man nach einem bestimmten Stundenplan nachgehen kann.
Nicht dass Perrig von seiner Abteilung nicht absolute Pünktlichkeit verlangen würde. Von Leuten, die durch die Pünktlichkeit, mit der sie ihrer Aufgabe nachgehen, beweisen, dass sie nicht mit Leidenschaft bei der Sache sind, ist Pünktlichkeit das mindeste, was man verlangen darf. Es ist die demonstrative Art, wie sie alle schon da sind, wenn er eintrifft, abgekämpft schon morgens um neun und ohne Hoffnung, den Rückstand auf den Tag jemals aufzuholen, die er ihnen vorwirft.
Sobald Perrig im Büro ist, macht er sich daran, Dinge, die die höchste Stufe der Überfälligkeit noch nicht erreicht haben, zu verschieben. Eine Arbeit, zu der er etwa drei Tassen starken Kaffee braucht. Danach gönnt er sich eine Kaffeepause, [...], zündet sich eine an und beginnt, eine Pendenzenliste[1] aufzustellen. Bis Mittag lässt er sich von der Aussichtslosigkeit lähmen, auch nur eine der anstehenden Aufgaben auch nur annähernd befriedigend lösen zu können. Dann geht er zum Lunch, wo er praktisch keinen Bissen runterkriegt und ein wenig überzieht mit Glogger, der auch ein Liedchen singen kann vom Stress.
Am Nachmittag kommt er zu nichts, weil alles auf ihn einstürzt. Alle wollen etwas von ihm, nichts geht ohne ihn. Was kann man anderes erwarten von Leuten, die nur darauf warten, bis es fünf Uhr ist und sie den Griffel fallen lassen können? Perrig läuft langsam zu seiner Hochform auf. Erledigt gleichzeitig drei Dinge nicht und trifft nebenbei noch ein paar wichtige Entscheidungen, die Vertagung einiger wichtiger Entscheidungen betreffend. Doch genau als er sich die Pendenzenliste vorknöpfen will, wird er von seiner Sekretärin an die Abteilungsleitersitzung erinnert, die vor zehn Minuten begonnen hat. Über eine Stunde verbringt er wie auf Nadeln mit Leuten, die offenbar nichts zu tun haben, als zu quasseln, [...]
Als er endlich wieder im Büro sitzt, ist schon die halbe Abteilung gegangen. Das hat den Vorteil, dass er in Ruhe seine Pendenzen aufarbeiten kann, aber den Nachteil, dass das dazu nötige Feedback nicht abrufbar ist, weil die zuständigen Apparatschiks[2] natürlich schon längst zu Hause auf dem Balkon in die Holzkohle pusten.
Es bleibt ihm nichts übrig, als das Ganze um eine schlaflose Nacht zu verschieben.

1 Pendenz: nicht abgeschlossene, in der Schwebe befindliche Sache, unerledigtes Geschäft

2 Apparatschiks: abwertende Bezeichnung für Angestellte, die bürokratisch arbeiten

1 ***Bereiten Sie eine Figurencharakteristik vor.***

a) Notieren Sie, welche Tätigkeiten Perrig an einem Arbeitstag ausführt.

b) Untersuchen Sie, wie er über seine Angestellten denkt. Notieren Sie Stichworte und Zeilenangaben.

c) Sammeln Sie Aussagen darüber, wie er sich selbst sieht.

d) Notieren Sie Eigenschaften und Verhaltensweisen von Perrig.

2 ***Schreiben Sie die Figurencharakteristik. Gehen Sie dabei sowohl auf Besonderheiten als auch auf Typisches im Verhalten der Figur Perrig ein.***

3 ***Schreiben Sie einen Beschwerdebrief eines Kollegen an Perrigs unmittelbaren Vorgesetzten.***

Basiswissen **Literarische Figuren**

Literarische Figuren sind die Handlungsträger in einem Text. Sie weisen Eigenheiten bzw. Besonderheiten in ihren Verhaltensweisen sowie in ihren biografischen Entwicklungen auf, darüber hinaus aber auch Typisches, das verallgemeinerbar ist und sich auf reale Personen übertragen lässt. Erkenntnisse zum Wesen einer Figur gewinnen Sie aus der Untersuchung der Art und Weise, wie die Figur mit anderen kommuniziert (Figurenrede) und wie sie handelt (Handlungsschritte). Auch die Einblicke in das Innere der Figur (erlebte Rede, innere Monologe ➪ S. 95) sind von zentraler Bedeutung.

Sprache und Stil: Stilmittel der Ironie

Von entscheidender Bedeutung für eine gute Textinterpretation ist die Analyse der sprachlichen Gestaltung. Mit ihrer Hilfe lässt sich z. B. ermitteln, wie eine Figur spricht (Sprachvarietäten), aber auch, welche Haltung der Erzähler (➪ S. 94 f.) zum Geschehen oder zu einer Figur einnimmt. So wird z. B. kritische Distanz oft mit Mitteln der Ironie (➪ S. 97) ausgedrückt. Häufig lassen sich ironische Äußerungen aber nur aus dem situativen Kontext erschließen.
Beispiel: ***Du bist ja wieder sehr zuvorkommend. (Kontext: Schüler schließt die Tür zum Klassenzimmer, obwohl der Lehrer noch draußen steht.)***

4 ***Untersuchen Sie die Satire „Männer unter Stress: Perrig" hinsichtlich des Einsatzes von Ironie.***

Zwischenfazit

- Verhalten, Sprache untersuchen
- Besonderes, Typisches herausarbeiten

Die Bedeutung erschließen – Transfer

Literatur thematisiert häufig das Zusammenleben von Menschen in alltäglichen wie auch in extremen Situationen bzw. Verhältnissen. Eine Interpretation soll herausfinden, inwieweit das Typische der dargestellten Verhältnisse für die Wirklichkeit der Leser relevant ist.

Sybille Berg: RUTH langweilt sich (Auszug)

Es ist wirklich unangenehm langweilig.

Als ich jünger war, dachte ich, wenn ich viel daran denke, wie es ist, alt zu sein, dann kann mich nichts mehr überraschen. Ich dachte mir, es wäre wahrscheinlich ganz gut, alt zu sein. Ich habe mir vorgestellt, ich wäre so eine coole Alte, mit viel Schmuck und lila gefärbtem Haar. Und ich würde in einem Haus wohnen, in Nizza vielleicht, und das schwankte immer, die Idee, wo das Haus sein würde. Auf jeden Fall wäre das Haus immer voll mit wirklich verrückten Menschen, die echt verrückte Sachen machen würden. Auf Tischen tanzen und so was. Und ich könnte über alles lachen, weil ich weise wäre und es besser wüsste. [...] Ich dachte mir, es müsse wirklich ganz nett sein, alt zu werden. Und jetzt bin ich alt und weiß gar nicht, wie es so schnell dazu kommen konnte. Ich bin nicht reich, ich dachte immer, das käme schon noch, aber es kam halt nicht. Es kam auch kein reicher Mann. Oder sagen wir mal, überhaupt ein Mann, der blieb. Immer dachte ich, es käme da noch ein besserer, weil ich ja auch immer besser würde. Aber das stimmte auch nicht. Es kamen eher immer weniger und schlechtere. Und auf einmal war ich alt. Ohne mich irgendwie weise oder eben alt zu fühlen. Ich fühle mich nur gelangweilt. Ich wohne also nicht in einem Haus in Nizza, sondern in einem verfluchten Altersheim. Die anderen hier, die sind wirklich alt. Ich nicht. Wenn eines noch an Wunder glaubt, ist es nicht alt. [...] Wenn dem Menschen nichts mehr einfällt, glaubt er auf einmal, dass es einen Gott gibt. Hey, bitte, lieber Gott, mach, das noch etwas kommt. [...]

Ein Schüler schreibt zur Aktualität des Textes von S. Berg folgende Gedanken auf:

Muster

Die Schriftstellerin spricht über ihre Figur Ruth ein zentrales Thema an; denn es geht darum, auch dann noch einen Sinn im Leben zu finden, wenn man alt ist und nicht mehr weiß, wie man die Zeit nützlich und interessant verbringen soll. Noch schwieriger wird das Problem, wenn man wegen Pflegebedürftigkeit in einem Heim untergebracht ist und kaum Möglichkeiten hat, die Zeit kreativ zu gestalten. So steht Ruth exemplarisch für viele Menschen der älteren Generation, die nicht wissen, wie sie gegen die Langeweile am Ende ihres Lebens ankämpfen sollen.

1 ***Bewerten Sie das Muster. Können Sie inhaltlich zustimmen?***

Verdammt, diese verdammte Sensationslust. Madengleich wimmeln sie an der Tür des Gerichtssaales. Kameraaugen glotzen mich an. Blut schießt in mein Gesicht. Ich trage keine Handschellen, kein Zeichen auf Stirn oder Brust, aber die Wartenden erkennen mich sofort, schießen mit einem vampiresken Zischen auf mich zu, reißen mir die Kleider in Fetzen, verbeißen sich in mein Fleisch.

(Dörte Herrmann „Urteilslos")

Das Zebra stützte sein Kinn auf die Knie und konzentrierte sich auf seine schwarzen Streifen. Nach langem Nachdenken kam es zu dem Schluss, dass es leider kein weißes Tier mit schwarzen Streifen, sondern ein schwarzes Tier mit weißen Streifen war. Dann ist es viel besser, ein gestreiftes Tier zu sein als nur ein schwarzes, sagte es sich. In diesem Augenblick hatte es seinen Seelenfrieden gefunden und trug nun seine weißen Streifen mit großer Lässigkeit.

(Luigi Malerba „Seelenfrieden")

2 ***Interpretieren Sie die Textauszüge von Dörte Herrmann und Luigi Malerba. Übertragen Sie deren Bedeutung auf Ihre Lebenswirklichkeit. Notieren Sie Ihre Ergebnisse.***

a) Prüfen Sie, ob sich das dargestellte Problem Ihrer Erfahrung nach verallgemeinern lässt.

b) Untersuchen Sie das Problem hinsichtlich seiner Aktualität und gesellschaftlichen Relevanz.

Basiswissen — Interpretation als Transferleistung der Leserin/des Lesers

Wenn Sie einen Text interpretieren, übertragen Sie im Transfer die Bedeutung des Textes auf unsere Wirklichkeit. Da jede/-r Interpretierende eine individuelle Sichtweise auf den Text gewinnt, gibt es auch nicht die einzig richtige Interpretation. Vor allem das Ausdeuten von Sprachbildern zeigt, welche unterschiedlichen Vorstellungen Menschen mit ihnen verbinden. Wichtig ist, dass Sie Ihre Transferleistung durch Textbelege absichern.

Sprache und Stil: Die rhetorischen Figuren Metapher und Vergleich

Metaphern und Vergleiche (**➪ S. 97****) dienen der Veranschaulichung von Gefühlen oder auch abstrakten Begriffen, da sie dem Leser helfen, sich „ein Bild" zu machen.**
Beispiele: Vergleich: ***„weiß wie die Wand";*** **Metapher:** ***„im Sumpf der Korruption"***

3 ***Schreiben Sie je zwei Vergleiche zu folgenden Adjektiven auf:***
verliebt, humorlos, langweilig, aufgeregt, nervös, ängstlich

4 ***Finden Sie je zwei Metaphern zu folgenden Nomen:***
Verliebtheit, Humorlosigkeit, Langeweile, Aufregung, Nervosität, Angst

Zwischenfazit

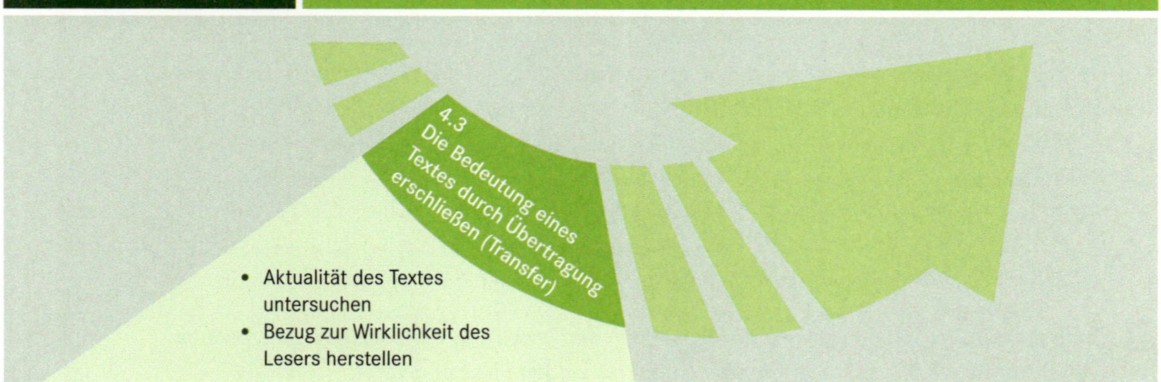

Erzähltechnik und Sprache analysieren

Der Erzähler

Nicht selten wird der Autor eines literarischen Textes mit dem Erzähler im Text verwechselt. Der Erzähler ist aber Fiktion und erfüllt innerhalb des Erzählvorganges die wichtige Funktion, den Erzählstoff zu präsentieren. Das kann auf unterschiedliche Weise geschehen.

Text 1:

[...] Er schüttelte sich, schluckte. Er trat sich auf den Fuß. Dann nahm er einen Anlauf und saß in der Elektrischen. Mitten unter den Leuten. Los. Das war zuerst, als wenn man beim Zahnarzt sitzt, der eine Wurzel mit der Zange gepackt hat und zieht, der Schmerz wächst, der Kopf will platzen. Er drehte den Kopf zurück nach der roten Mauer, aber die Elektrische sauste mit ihm auf den Schienen weg, dann stand nur noch sein Kopf in der Richtung des Gefängnisses. Der Wagen machte eine Biegung, Bäume, Häuser traten dazwischen. Lebhafte Straßen tauchten auf, die Seestraße, Leute stiegen ein und aus. In ihm schrie es entsetzt: Achtung, Achtung, es geht los. Seine Nasenspitze vereiste, über seine Backe schwirrte es. [...]

(Alfred Döblin „Berlin Alexanderplatz")

Text 2:

[...] Meine zwei Hände begannen einen Kampf. Das Buch, in dem ich gelesen hatte, klappten sie zu und schoben es beiseite, damit es nicht störe. Mir salutierten sie und ernannten mich zum Schiedsrichter. Und schon hatten sie die Finger ineinander verschränkt und schon jagten sie am Tischrand hin, bald nach rechts, bald nach links, je nach dem Überdruck der einen oder der andern. Ich ließ keinen Blick von ihnen. Sind es meine Hände, muss ich ein gerechter Richter sein, sonst halse ich mir selbst die Leiden eines falschen Schiedsspruchs auf. [...]

(Franz Kafka „Oxforder Oktavheft 2")

Text 3:

In einem Hafen an einer westlichen Küste Europas liegt ein ärmlich gekleideter Mann in seinem Fischerboot und döst. Ein schick angezogener Tourist legt eben einen neuen Farbfilm in seinen Fotoapparat, um das idyllische Bild zu fotografieren: blauer Himmel, grüne See mit friedlichen schneeweißen Wellenkämmen, schwarzes Boot, rote Fischermütze. Klick. Noch einmal: klick. Und da aller guten Dinge drei sind und sicher sicher ist, ein drittes Mal: klick. Das spröde, fast feindselige Geräusch weckt den dösenden Fischer, der sich schläfrig aufrichtet, schläfrig nach einer Zigarettenschachtel angelt; aber bevor er das Gesuchte gefunden, hat ihm der eifrige Tourist schon eine Schachtel vor die Nase gehalten, ihm die Zigarette nicht gerade in den Mund gesteckt, aber in die Hand gelegt, und ein viertes Klick, das des Feuerzeuges, schließt die eilfertige Höflichkeit ab. Durch jenes kaum messbare, nie nachweisbare Zuviel an flinker Höflichkeit ist eine gereizte Verlegenheit entstanden, die der Tourist – der Landessprache mächtig – durch ein Gespräch zu überbrücken versucht. [...]

(Heinrich Böll „Anekdote zur Senkung der Arbeitsmoral")

1 ***Untersuchen Sie, ob und wie sich der Erzähler in den jeweiligen Textauszügen zu erkennen gibt. Beschreiben Sie, wo möglich, sein Verhältnis zu dem, was er erzählt.***

Der Erzähler

Basiswissen **Erzähler und Erzählhaltung**

Der Erzähler wird vom Autor oder der Autorin eines literarischen Textes erfunden, um dem Leser/der Leserin die zu erzählende Geschichte zu präsentieren. So kann aus der Sicht eines Kindes erzählt werden oder eines Mannes, obwohl der Text von einem erwachsenen Autor oder von einer Autorin stammt.

Die Untersuchung der Rolle des Erzählers ist Teil der erzähltechnischen Analyse. Dabei wird zunächst die **Erzählhaltung** untersucht, also die Frage, ob der Erzähler als Figur innerhalb der erzählten Geschichte selbst auftritt (Ich-Erzähler) oder den Erzählstoff als Außenstehender präsentiert (auktorial oder personal).

Darüber hinaus wird untersucht, wie der Erzähler die Geschichte vermittelt. Das kann von zurückhaltend, objektiv bis bewertend, voll übereinstimmend oder ironisch distanziert variieren.

Die allwissende bzw. auktoriale Erzählhaltung

Dieser Erzähler steht über dem Handlungsverlauf, weil er ihn rückblickend erzählt und über alle Ereignisse informiert zu sein scheint. Es ist möglich, dass er sich dem Leser zu erkennen gibt und die Motive für den Erzählvorgang darlegt. Er vermag das Innenleben seiner Figuren transparent zu machen. Er lenkt den Leser, beeinflusst ihn z. B. mit Kommentaren zum Geschehen und zu Figuren oder Vorausdeutungen von Ereignissen.

Die personale Erzählhaltung

Der Erzähler bildet mit einer oder abwechselnd mit verschiedenen Figuren jeweils eine Einheit; er betrachtet das Geschehen aus deren Sicht und nicht aus einer allwissenden Perspektive. Da diese Erzählhaltung die Unmittelbarkeit des Erlebens und Fühlens von Figuren besonders intensiv zum Ausdruck bringen kann, wird dieses Erzählverhalten dort bevorzugt, wo die Identifikation von Figur und Leser angestrebt wird.

Die Ich-Erzählhaltung

Der Erzähler tritt als Teil der erzählten Welt auf und ist die Figur, die das Erzählte zugleich unmittelbar erlebt und erzählt oder rückblickend präsentiert. Der zeitliche Abstand zwischen Erleben und Erzählen kann dabei sehr groß sein. Das eigene Fühlen und Denken wird in Form von Monologen oder inneren Monologen transparent gemacht, während das Innenleben der anderen Figuren weitgehend verschlossen bleibt.

2 ***Variieren Sie die Erzählhaltungen: Schreiben Sie den folgenden Textauszug um und präsentieren Sie ihn einmal in der personalen und einmal in der auktorialen Erzählhaltung. Ergänzen Sie den Text, wenn notwendig. Orientieren Sie sich auch an den Beispielen in der Übersicht auf S. 94–95.***

Sie haben mir jetzt eine Chance gegeben. Sie haben mir eine Karte geschrieben, ich soll zum Amt kommen, und ich bin zum Amt gegangen. Auf dem Amt waren sie sehr nett. Sie nahmen meine Karteikarte und sagten: „Hm." Ich sagte auch: „Hm."

(Heinrich Böll „Mein teures Bein")

3 ***Erarbeiten Sie, welche besonderen Vorteile und Schwierigkeiten mit der Wahl der jeweiligen Erzählperspektive verbunden sein könnten.***

Darbietungsformen des Erzählens

Für die Interpretation eines Textes ist nicht nur die Beantwortung der Frage nach dem Erzähler von Bedeutung, sondern auch, wie das Erzählte präsentiert wird. Der Erzähler kann – je nach Erzählhaltung – das Geschehen selbst präsentieren oder die Figuren sprechen lassen. Die folgenden Sätze stammen aus der Kurzgeschichte „Der letzte Auftritt" von Thomas Hürlimann:

A Außer diesem Schminkkoffer hatte sie nichts mehr, und sie hatte Hunger, und sie war müde, zum Sterben müde.

B Sie schleppte ihren Schminkkoffer vom Bahnhof durch die Stadt in den Biergarten.

C „Ich habe nicht gelogen", sagte sie leise, „ich habe noch einmal gespielt."

1 ***Untersuchen Sie die Sätze A–C hinsichtlich der Vorgehensweisen des Erzählers.***

a) Ermitteln Sie zunächst, wer erzählt (Erzähler, Figuren).

b) Welche Informationen lassen sich einer äußeren Handlung zuordnen, welche einer inneren?

Basiswissen – Darbietungsformen des Erzählens

Erzählbericht: Der Erzähler vermittelt den Handlungsverlauf, d. h. das miterlebte, beobachtete oder in Erfahrung gebrachte Geschehen. Dieser Bericht kann Beschreibungen z. B. von Figuren, Orten, Ereignissen enthalten. Je nach Erzählhaltung (➪ S. 83) präsentiert er das Geschehen als objektiver Betrachter oder er streut Kommentare und Beurteilungen ein (auktorial, Ich-Erzähler).

Erlebte Rede: Die Gedanken und Gefühle einer Figur werden in der 3. Person wiedergegeben.

Innerer Monolog: Hier gibt die Figur in der Ich-Form wieder, was sie denkt und fühlt.

Zu dem folgenden Auszug aus dem Band „Ostwestberlin" von Hans Joachim Schädlich wurden noch zwei Erzählvarianten verfasst.

Am frühen Abend des achtundzwanzigsten Februar betrat der junge Handelsreisende Saller die kleine Halle des Bahnhofs von Schwäbisch-Hall, einem Ort in der Nähe Stuttgarts. [...] Er betrachtete den Fahrplan, suchte die Abfahrtszeit des Zuges, mit welchem er in das nahe Stuttgart fahren wollte, sah auf die Uhr über der Tür und warf einen schnellen Blick auf den Mann.

Variante 1: *Saller war froh, endlich das Bahnhofsgebäude in Schwäbisch-Hall erreicht zu haben. Er hoffte, nicht allzu lange auf den Zug nach Stuttgart warten zu müssen, und vergewisserte sich, dass der Zug, den ihm die nette Sekretärin seines Chefs herausgesucht hat, tatsächlich auch fahren würde. Ein Blick auf den Fahrplan und Saller war erleichtert. Er freute sich auf den Feierabend.*

Variante 2: *Was bin ich froh, endlich hier am Bahnhof zu sein. Hoffentlich muss ich nicht lange auf den Zug warten. Ich hasse es, am Bahnhof zu stehen. Mal schauen, was der Fahrplan sagt. Wie spät ist es eigentlich?*

2 ***Entscheiden Sie, welche Darbietungsform des Erzählens jeweils verwendet wurde.***

Darbietungsformen des Erzählens

Der Erzähler hat auch die Möglichkeit, die Figuren unmittelbar handeln und miteinander sprechen zu lassen. Diese Teile einer Erzählung können (wie Dramen) auch gespielt werden.

Markus Orths: Kruft und Schill (Auszug)

Als Florian Kruft vom Manuskript aufblickte und aus dem Fenster sah, erschrak er, da nicht sein eigenes Spiegelbild erschien, sondern hinterm Glas der Kopf eines Mannes, der ihm fremd war. Der Mann musste ums Haus herum in den Garten gekommen sein. Er schaute zu Kruft herein und hob grüßend die Hand. Kruft öffnete das Fenster.

„Was wollen Sie hier?“, rief er.

„Entschuldigen Sie, mein Name ist Sebastian Schill.“

„Ja und?“

„Ich läute schon seit fünf Minuten!“, sagte Schill.

„Ich hab die Klingel abgestellt!“, sagte Kruft.

„Es geht um die Wohnung in der ersten Etage. Die leer stehende Wohnung. Sie wissen schon!“

„Was?“

„Der Vermieter hatte Ihnen doch den Schlüssel gegeben, damit ich mir die Wohnung mal anschauen kann.“

„Ach so!“, sagte Kruft. „Richtig. Hatte ich vergessen. Kommen Sie zur Tür!“

Kruft schloss das Fenster, holte den Schlüssel zur ersten Etage, ging zur Tür, öffnete sie und wartete, bis Schill vor ihm stand, mittelgroß, kräftig, schütteres blondes Haar, Brille, bleiche Haut. Schill entschuldigte sich und sagte, er hoffe, er störe nicht, wobei er auf den Stift wies, den Kruft immer noch in der Hand hielt. Kruft schüttelte müde den Kopf, steckte den Stift ein, trat zu Schill ins Treppenhaus und ging ihm voran die Stufen hoch. […]

3 ***Vergleichen Sie anhand des Textauszuges aus „Kruft und Schill“ die verschiedenen erzähltechnischen Mittel und beschreiben Sie deren Wirkung.***

a) Bestimmen Sie in dem Textauszug alle verwendeten Darbietungsformen des Erzählens. (Geben Sie die entsprechenden Textzeilen an.)

b) Schreiben Sie den Textauszug ausschließlich als Erzählbericht. Vergleichen Sie Ihr Ergebnis hinsichtlich der Wirkung mit dem Original.

Basiswissen **Szenisches Erzählen**

Zu den Darbietungsformen des Erzählens gehört auch das **szenische Erzählen**. Hier lässt der Erzähler die Figuren selbst zu Wort kommen, der Erzähler tritt weitgehend in den Hintergrund. In der Textinterpretation spielen szenische Passagen häufig eine zentrale Rolle, weil durch die Art und Weise der Kommunikation die Figuren ihr Inneres sowie ihr Verhältnis zueinander transparent werden lassen.

Die Sprachanalyse

Beim Interpretieren kommt es nicht nur darauf an zu deuten, was Figuren sagen und welche erzähltechnischen Mittel verwendet werden, sondern auch, wie etwas gesagt wird.

Gabriele Wohmann: Flitterwochen, dritter Tag

Reinhard am dritten Tag gegen fünf, auf der Bierkneipenterrasse: Du wirst deine Arbeit aufgeben. Du wirst einfach kündigen. Es war fast windstill, die Luft feucht. Ich kam aber nicht ganz dahinter, ob es mir richtig behagte. Ich starrte immer weiter den Mann mit der Warze an. Reinhard hob sein Glas, trank mir zu, mit irgendeinem Trinkspruch auf unsere Zukunft. Die Warze sah wie ein Polyp aus. Reinhard schlug vor, so wie jetzt an der See auch später regelmäßig spazieren zu gehen. Ja. Warum nicht? Schließlich: die Wohnung mit ihrer günstigen Lage. Unterm Hemd würde die Warze sich auch bemerkbar machen. Sie war mehr als einen Zentimeter lang. Seitlich vom Schlüsselbein stand sie senkrecht ab. Prost, Schatz, cheerio! Vielleicht, bei diesem Unmaß, hieß das nicht mehr Warze, was ich immer noch anstarrte. Liebling, he! Wir sind getraut! Du und ich, wir zwei – was man sich so zunuschelt kurz nach der Hochzeit. Reinhards Lieblingsgerichte, dann meine. Durch die Fangarme sah die Warze einer Narrenkappe ähnlich. Die Wohnung werden wir nach deinem Geschmack einrichten; der Garten – bloß Wildnis. Tee von Reinhards Teegroßhändler. Nett, so einig zu sein. Abwegiges Grau der See, und mein zweites Glas leer. Die Oberfläche der Warze war körnig, wie die Haut auf Hühnerbeinen. Reinhard hat noch zwei Stella Artois[1] bestellt, ich fühlte nun doch ziemlich genau, dass es mir zusagte, das Ganze, Bier, diese Witterung, dies bemerkenswerte Meer und unser Gerede über alles, zum Beispiel: Hauptsache, du bist dein blödes Büro los. Das schrundige Ding auf der Schulter, erstarrtes Feuerwerk, stand nicht zur Debatte. Reinhard schützte wieder mal ein Schiff vor und starrte durchs Fernglas runter auf den Strand. Gewitter stand unmittelbar bevor, unser Zusammenleben auch, auch Abendspaziergänge, Teebestellungen, Leibgerichte, die Warze war immer noch sichtbar nun unterm Hemd, das der Mann anzog. Antonio Gaudi[2] hätte sie geträumt haben können. Reinhard redete, und ich habe eine Zeitlang nicht zugehört, weil ich – ich hätte schon ganz gern gewusst, ob das nicht wehtat, wenn mehr als nur ein Hemd Druck auf die Warze ausübte. Organisation, Schatz, sagte Reinhard, und er ist nicht nur billiger bei diesem Großhändler, es ist einfach besserer Tee. Weitere Stella Artois, die Schwüle war mir recht, das Meer lieb und wert, egal Reinhards Seitensprünge durchs Fernglas. Die leicht bekleidete Krake, der vertrauliche Vielfuß, Verruca die Warze. Freust du dich, Schatz? Reinhard war mir jetzt näher. Auf alles, Schatz? Und was man so sagt. Er war nett.
Der Mann mit der neukatalanischen[3] Warze bezahlte. Dann verstaute er sein Fernglas in einem etwas abgeschabten Lederetui. Er stand auf. Da stand auch ich auf. Der Mann mit der Warze bahnte sich den besten Weg zwischen den Korbsesseln. Ich hinterher. Er brauchte nicht weiter auf mich zu warten, ich habe kaum gezögert, er wartete, wieder mir zugekehrt, die Warze, das Wappen, er wartete, Reinhard wartete, mein Mann mit der Warze.

1 Stella Artois, eine bekannte belgische Biersorte

2 Antonio Gaudi, spanischer Architekt (1852–1926), baute, von neugotischen Formen ausgehend, in bizarren Strukturen.

3 neukatalanisch, hier: auf den bizarren Baustil Gaudis bezogen

1 ***Fassen Sie kurz zusammen, worum es in dem Text von Gabriele Wohmann geht.***

2 ***Verfassen Sie eine Sprachanalyse. Gehen Sie so vor:***

a) Schreiben Sie alle Vergleiche und Metaphern heraus und interpretieren Sie diese.

b) Ziehen Sie aus dem Sprachgebrauch der Figuren Rückschlüsse auf deren Verhältnis zueinander.

c) Beschreiben Sie die Erzählhaltung sowie die Art und Weise der Vermittlung des Erzählstoffes.

Die Sprachanalyse

Das folgende Muster zeigt Ihnen, wie Sie Ergebnisse einer Sprachanalyse formulieren können.

Muster

Die Art und Weise, wie die Figuren miteinander sprechen, zeigt das veraltete Rollenverständnis, dem die beiden offensichtlich unterliegen. So spricht Reinhard mehrfach Befehle aus, wenn es um die Zukunft seiner Frau geht, ohne dass sie sich dagegen wehrt. Offensichtlich ist sie unschlüssig, ob sie sich dem fügen will. „Reinhard am dritten Tag gegen fünf, auf der Bierkneipenterrasse: Du wirst deine Arbeit aufgeben. Du wirst einfach kündigen. Es war fast windstill, die Luft feucht. Ich kam aber nicht ganz dahinter, ob es mir richtig behagte.“ (Z. 1–3)

Tipp

Arbeiten Sie immer wieder Zitate in Ihren Interpretationsaufsatz ein. Sie schließen dadurch aus, dass Sie sich zu weit vom Text entfernen und in eine Fehlinterpretation geraten. Hinweise zum Zitieren finden Sie auf S. 100.

Sprache und Stil: Die Stilmittel Ellipse und Hyperbel

Als **Ellipsen** bezeichnet man Satzfragmente, d. h., es fehlen Satzglieder, die für einen grammatikalisch vollständigen Satz notwendig wären. Häufig sollen sie zum Ausdruck bringen, dass ein Mensch keine Zeit oder keine Lust hat, sich ausführlicher zu äußern. Beispiel: *Kann sein.*

Als **Hyperbel** bezeichnet man eine starke Übertreibung. Sie ist ein wichtiges Stilmittel, wenn einer Aussage besonderes Gewicht verliehen werden soll.
Beispiele: *Das hat eine Ewigkeit gedauert. Ich kam nur eine Sekunde zu spät.*

3 *Beschreiben Sie die Wirkung der Ellipsen und Hyperbeln in Wohmanns Text.*

Zwischenfazit

Erzähltechnik untersuchen:

- Erzählhaltung: auktorial, personal, Ich-Erzähler
- Verhältnis des Erzählers zum Erzählstoff: z. B. sachlich-objektiv oder distanziert
- Darbietungsformen des Erzählens: z. B.: Erzählbericht, erlebte Rede, innerer Monolog, szenisches Erzählen

Sprache untersuchen:

Auffälligkeiten und ihre Wirkung, z. B.:

- Metapher
- Vergleich
- Ironie
- Hyperbel
- Ellipse

Einen Text beurteilen – die Interpretation schreiben

Die Textbeurteilung

Im Schlussteil einer Textinterpretation ist es Ihnen erlaubt, zu einem literarischen Text, also zu seinem Inhalt und seiner sprachlichen Gestaltung, wertend Stellung zu nehmen.

Das folgende Muster ist ein Beispiel für eine Schlussformulierung zu Gabriele Wohmanns Kurzgeschichte „Flitterwochen, dritter Tag".

Muster

G. Wohmann gelingt es in ihrer Kurzgeschichte, einen äußerst kritischen Blick auf die Institution Ehe zu werfen und sie als Zweckgemeinschaft jenseits von Liebe und Romantik darzustellen. Das spricht den Leser an, reizt aber auch zu Widerspruch, denn die von ihr geschaffenen Protagonisten sind so voller Defizite, dass man ihnen eigentlich jede Reife, eine dauerhafte Beziehung einzugehen, absprechen muss.
Ein Gegengewicht zu der ernsten Thematik erfährt die Kurzgeschichte durch die sprachliche Gestaltung. Die Autorin schafft es, ein wahres Feuerwerk an Metaphern und Vergleichen abzubrennen, um dem kleinen körperlichen Manko einer Warze eine Dimension zu verleihen, die ins Groteske tendiert. Dies kann im Leser ein Lächeln, aber auch das Gefühl des Ekels hervorrufen. Gelungen ist die Kurzgeschichte im einen wie im anderen Fall.

Beurteilung der literarischen Bewältigung des Themas

Beurteilung der Figuren

Beurteilung der Sprache

Mögliche Reaktionen der Leser

Schlussbeurteilung

1 ***Beurteilen Sie den Mustertext. An welchen Stellen wird deutlich, dass es sich um eine subjektive Einschätzung der Kurzgeschichte handelt?***

Basiswissen | **Beurteilung eines literarischen Textes**

Der Schlussteil eines Interpretationsaufsatzes ist gleichzeitig der subjektivste Teil Ihrer Textinterpretation. Hier können Sie zur Aktualität des Erzählstoffes (Transfer), zur Qualität seiner erzähltechnischen sowie sprachlichen Gestaltung Stellung nehmen. Auch die Beschreibung Ihrer persönlichen Leseerfahrung kann hier Eingang finden. Die Beurteilung der Qualität des Textes sowie Ihr subjektiver Bezug dazu gelingen umso überzeugender, je nachvollziehbarer Ihre Begründungen sind.

In der folgenden Schlussbeurteilung sind die Textteile durcheinandergeraten.

A *Sicher provoziert Wohmann ganz bewusst die Abwehrhaltung der Leser – und dies ist ihr auch hier gelungen. „Flitterwochen, dritter Tag" ist meines Erachtens nicht mehr als ein zynischer, verbitterter Blick auf die Ehe; das sagt weit mehr über die Autorin als über die Ehe an sich aus.*

B *Gerade an der Ich-Erzählerin lässt sich ein weiteres Defizit der Kurzgeschichte feststellen: Wer so umfassend unsensibel ist und emotional so verkümmert ist, wird sich kaum einer solchen Sprache bedienen, wie sie Wohmann in der erlebten Rede und im inneren Monolog präsentiert.*

C *Die Art und Weise, wie sie den gemeinsamen Tag der Ich-Erzählerin mit ihrem Ehemann schildert, frustriert und demoralisiert den Leser.*

D *Immer wieder drängt sich die Frage auf, weshalb die beiden Protagonisten überhaupt geheiratet haben.*

E *Das ist auch die zentrale Schwäche in der Anlage der Figuren: Sie sind so holzschnittartig entworfen, dass ihnen jede Glaubwürdigkeit fehlt.*

Die Textbeurteilung

F *Man kann und muss Gabriele Wohmann vorwerfen, dass ihre Einstellung zu Liebe, Romantik und Zweierbeziehung doch sehr eingeschränkt und desillusioniert wirkt. Dies wird einmal mehr an der Kurzgeschichte „Flitterwochen" deutlich.*

2 ***Ordnen Sie die Textteile entsprechend der Gliederung des obigen Musters (Kasten daneben).***

3 ***Vergleichen Sie die Schlussformulierungen (das Muster sowie die in Aufgabe 2 geordneten Textteile) und beurteilen Sie beide. Begründen Sie, warum Ihnen die erste oder die zweite Schlussformulierung mehr zusagt.***

Tipp: Formulieren Sie Ihre Beurteilung durchaus kritisch, aber angemessen, d. h., begegnen Sie der kreativen Leistung einer Autorin oder eines Autors mit Respekt. Unterscheiden Sie zwischen einer Qualitätsbeurteilung, die an Kriterien gebunden ist und durchaus allgemeingültige Aussagekraft besitzen kann, und einer Meinungsäußerung, in der Sie Ihren subjektiven Geschmack zum Ausdruck bringen.

4 ***Schreiben Sie die zweite Schlussformulierung so, dass Sie die Kritik an Wohmanns Text in abgeschwächter (angemessener) Form präsentieren.***

Beispiel: Schlussformulierung siehe Aufgabe 2: *Man kann und muss Gabriele Wohmann vorwerfen, dass ihre Einstellung zu Liebe, Romantik und Zweierbeziehung doch sehr eingeschränkt und desillusioniert wirkt.*

Abgeschwächte Form: *Als Leser muss man sich fragen, ob Wohmanns Einstellung zu Liebe, Romantik und Zweierbeziehung nicht zu eingeschränkt und desillusioniert ist.*

5 ***Schreiben Sie eine Schlussformulierung zu Suters Satire „Männer unter Stress: Perrig" (S. 78).***

Zu dem folgenden Text erhalten Sie auf den Seiten 91–92 eine Musterlösung, an der Sie die einzelnen Schritte einer Textinterpretation noch einmal nachvollziehen können.

Thomas Hürlimann: Der letzte Auftritt

Sie schleppte ihren Schminkkoffer vom Bahnhof durch die Stadt in den Biergarten. Sie wusste, das war das Ende. Die Existenz gescheitert, die Träume zerbrochen. Außer diesem Schminkkoffer hatte sie nichts mehr, und sie hatte Hunger, und sie war müde, zum Sterben müde. Hier, in St. Gallen, hatte sie vor Jahr und Tag ihr erstes Engagement gehabt. Hübsch war sie damals gewesen, voller Lust auf Liebe, Zukunft und Kunst. Und heute? Lächelnd betrat sie den Garten. An der Hauswand lehnte ein Kellner, und dort, am Tisch unter der alten Platane, saßen wie früher die Leute vom Theater, ihre Textbücher vor sich, die vom Feuer der Probenleidenschaft angesengt und gerollt waren.

Ka taumelte auf einen Stuhl. Eine Flasche kippte, holperte über den Gartentisch, jetzt ein Schrei, und dann war es still.

„Kathi" – „Mattmann!"

Er wars, der alte Mattmann, und sonderbar – er, der schon zu Kas Anfängerzeit alt gewesen war, hatte sich kaum verändert. Dasselbe Fach wie früher. Unsterblich, wie es hieß, vor zwanzig Jahren sein Firs, vor vierzig sein Meister Anton[1]. Wie viele Greise, wie viele Väter mochte er gespielt haben? Links von ihm eine kesse Blonde und rechts – nein, aber nein! Jetzt war es Ka, die schrie: „Gudrun!", schrie sie, und Gudrun: „Kathi! Liebling! Du!"

Die Interpretation schreiben

Umarmung, Küsse, Tränen. Da passierte es. Ohne Absicht, einfach so. Ka schwindelte. Und der kleine Schwindel tat ihr gut, trug sie weg und war, bevor sie es selber richtig begriff, eine ekelhafte, fette Lüge geworden. Sie sei nur auf der Durchreise, hatte sie gesagt, lächelnd und leise. Gestern habe sie in Wien verhandelt, mit Klaus, und heute Abend werde sie Achim treffen, in Zürich, in der Kronenhalle. „Klaus?", fragte die Blonde.

„Peymann", flötete Ka, „übrigens ein feiner Kerl. Was mögt ihr trinken?"

„Champagner!", rief Mattmann, der Kellner stieß sich von der Mauer ab, und Gudrun: „Du, ich bin glücklich", hauchte sie, „für dich bin ich glücklich."

Gott je, ein Stress, log Ka weiter, ein riesiger Stress, plötzlich sei sie im Geschäft, ein Stündchen jedoch wolle sie hier, wo sie angefangen habe, in Nostalgie machen, unter anderem auch deshalb, weil das ZDF ein Feature plane, die Gnade des späten Erfolges, so der Arbeitstitel, „da müsst ihr alle mitmachen, ihr Lieben, das wird eine ganz tolle Sache!"

Irgendwann zog die Blonde ab. Mattmann sah ihr nach, mit trübem Blick. Das Frischgemüse, meinte er, sei auch nicht mehr, was es früher einmal gewesen war. „Früher, Kathi. Zu unserer Zeit!"

Ka, plötzlich: „Ich bin am Ende. Ich kann nicht mehr."

Gudrun: „Du, das versteh ich. Da rackert man sich ab, jahrelang, und dann, über Nacht, wollen dich alle zugleich, der Klaus in Wien und der Achim in Zürich[2]."

„Und das ZDF", versetzte Mattmann.

„Heul dich ruhig aus", sagte Gudrun, „du, ich fang dich. Ich drück dich. Du hast es geschafft, und wenn es eine verdient hat, dann du, Kathi, ehrlich."

Mattmann war nun doch noch alt geworden, so alt wie Firs, den seine Herrschaft am Schluss des Stückes vergisst und einschließt im leeren, alten Haus. Die Lider sanken über seine nassen Augen, das Kinn fiel zittrig vom Gesicht. „Leberkrebs", flüsterte Gudrun, bleckte ihre Zähne und erzählte, dass der Zahnarzt, der ihren Oberkiefer repariert habe, ihr Geliebter sei, „ganz nett, ehrlich, aber aus seiner Ehe steigt der Trottel nicht aus."

Von der Kathedrale klang ein Abendläuten, der Himmel wurde blau, der Garten schattig. Gudrun sprang auf, Küsschen links, Küsschen rechts, dann hüpfte sie davon, ins Theater, in einer Stunde würde drüben die Vorstellung beginnen. Ka stellte den Schminkkoffer auf ihren Schoß. „Ich habe nicht gelogen", sagte sie leise, „ich habe noch einmal gespielt."

Der Kellner war im Innern verschwunden. Gelbes Licht quoll heraus, Fettgestank und Rauch. Ka erhob sich, schlich ab, und als sie im Tor noch einmal sich umdrehte, hockte im leeren, dunklen Garten nur noch der Alte, Mattmann, und schlief. Sie schickte ihm einen Kuss zu. Da fuhr Wind in die Platanen, und was da raschelte und rauschte – es hörte sich an wie Applaus.

(Thomas Hürlimann „Die Satellitenstadt. Geschichten", Zürich 1992, S. 142 ff.)

1 Firs: Figur in Tschechows Drama „Der Kirschgarten"; Meister Anton: Figur in Hebbels Drama „Maria Magdalena"

2 Gemeint sind Claus Peymann, Regisseur und Theaterintendant, und Achim Benning, ehemaliger Direktor des Schauspielhauses Zürich.

Die Interpretation schreiben

1 ***Bereiten Sie die Interpretation mithilfe einer kreativen Schreibaufgabe vor.***

a) Schreiben Sie einen Brief von Ka an Gudrun, in welchem Ka Gudrun die Wahrheit erzählt und begründet, weshalb sie im Biergarten gelogen hat.

b) Bauen Sie dabei möglichst viele Informationen der Textvorlage ein und beschreiben Sie auch, wie Sie als Ka die ehemaligen Kollegen Mattmann und Gudrun wahrgenommen haben und was Sie während des Wiedersehens gefühlt haben.

2 ***Interpretieren Sie den Text. Gehen Sie so vor:***

a) Arbeiten Sie heraus, aus welchen Beweggründen Ka ihre alten Bekannten anlügt.

b) Belegen Sie Ihre Ergebnisse mit Zitaten aus dem Text.

c) Untersuchen Sie Mattmanns und Gudruns Verhalten.

Muster

Inhaltliche Zusammenfassung mit Informationen zu Verfasser, Textsorte, Titel, Quelle und Thema der Kurzgeschichte

Die von Thomas Hürlimann verfasste Kurzgeschichte „Der letzte Auftritt" ist in seinem Buch „Die Satellitenstadt, Geschichten" 1992 in Zürich erschienen und thematisiert das existenzielle Problem des Scheiterns im Beruf.

Im Mittelpunkt der Kurzgeschichte steht Kathi, die nach ihrem gescheiterten Versuch, Karriere als Schauspielerin zu machen, an den Ort ihres ersten Engagements St. Gallen zurückkehrt. Müde und frustriert besucht sie die Künstlerkneipe am Ort und begegnet dort alten Bekannten. Ohne zu überlegen, spielt sie ihnen vor, sie sei zwischenzeitlich sehr erfolgreich und könne sich kaum vor Engagements bei berühmten europäischen Intendanten retten; auch das Fernsehen interessiere sich für sie. Der einzige Versuch, ihre tatsächliche Situation zu schildern, scheitert daran, dass ihre Bekannten sie missverstehen; sie sehen in ihr nur die erfolgreiche Schauspielerin, die zu Ruhm und Ehren gekommen ist. So kommt es zum Abschied, ohne dass Kathi von ihrer tatsächlichen Situation gesprochen hat. Vor sich selbst rechtfertigt sie diese Lüge damit, dass sie ja lediglich ein letztes Mal ein Schauspiel inszeniert habe.

Kurze Informationen zum Aufbau des Textes

Der Aufbau der Kurzgeschichte ist durch eine klare Dreiteilung strukturiert. Während im ersten Teil Kas psychische und physische Befindlichkeit im Mittelpunkt steht, markiert die Begegnung mit Mattmann und Gudrun im Garten des Gasthauses den Wendepunkt: Der letzte Auftritt Kathis mit den Bekannten und Freunden als Publikum beginnt. Im letzten Teil der Kurzgeschichte ist der „Vorhang der Inszenierung" gefallen und Ka rückt wieder als ungeschminkter Mensch in den Mittelpunkt der Erzählung.

Interpretation als Figurencharakteristik

Die Suche Kathis nach Selbstverwirklichung im Beruf und nach Anerkennung ist erfolglos, aber sie kann dies nicht eingestehen. Die alten Freundschaften, die einen Ausgleich schaffen könnten, erweisen sich als brüchige und oberflächliche Beziehungen, da es Mattmann wie auch Gudrun nur darum geht, ihr Bild von Kathi als erfolgreicher Schauspielerin zu bewahren. Die pathetisch vorgetragenen Hilfsangebote Gudruns „du, ich fang dich. Ich drück dich" (Z. 36) sind kaum mehr als hohle Phrasen; sie ist unfähig, hinter die ‚Maske' Kathis zu blicken.

Nicht nur Kathis Träume sind zerbrochen, auch die anderen Figuren scheitern. Gudrun hat mit einem verheirateten Zahnarzt ein Verhältnis, das ohne Perspektive ist. Mattmann leidet unter seiner Krankheit und Hinfälligkeit, was ihn jedoch nicht daran hindert, sich mit jungen Schauspielerinnen, die er „Frischgemüse" (Z. 29) nennt, zu umgeben. Diese hoffen ihrerseits,

Die Interpretation schreiben

von ihm gefördert zu werden. Wie Kathi sind auch Gudrun und Mattmann nicht in der Lage, über ihre Probleme zu sprechen.

An der Protagonistin werden oberflächliche und verlogene Kommunikationsmuster entlarvt, die aufrichtige zwischenmenschliche Begegnungen verhindern. In einer Gesellschaft, die Erfolg und Prestige zum absoluten Wert erhebt, erhält das Lavieren zwischen Sein und Schein im Verlauf der Kurzgeschichte eine zunehmend tragische Dimension: Die durch Lügen, Heuchelei und Selbstinszenierung geschaffenen Gräben lassen sich nicht mehr überbrücken.

Interpretation als Transfer

Untersucht man die erzähltechnische und sprachliche Gestaltung, so ist festzustellen, dass die in personaler Erzählhaltung präsentierte Momentaufnahme aus dem Leben Kathis in großen Teilen in Form der erlebten Rede mit szenischen Einschüben wiedergegeben wird. Dadurch wird die Begegnung im Biergarten sehr lebendig, Gedanken und Gefühle der Figuren werden transparent.

Analyse der Erzähltechnik und der sprachlichen Gestaltung

Hürlimanns Kritik wird vor allem im Sprachverhalten der Figuren deutlich. So fallen die übertrieben gefühlsbetonten Äußerungen und Gesten Gudruns auf, z. B.: „Küsschen links, Küsschen rechts" (Z. 44). Die leicht ironischen Bemerkungen des Erzählers und die idyllisch erscheinenden Versatzstücke „unter der alten Platane" (Z. 6), „der Himmel wurde blau, der Garten schattig" (Z. 43) wirken trivial und stehen im krassen Gegensatz zur Lebenswirklichkeit der Figuren („Leberkrebs", „der Trottel", Z. 40, 42).

Weitere sprachliche Besonderheiten, z. B. die Metapher „Feuer der Probenleidenschaft" (Z. 7–8), Vergleiche „so alt wie Firs", „wie Applaus" (Z. 38, 50 f.) oder emphatische Ausrufe „Kathi! Liebling! Du!" (Z. 16) verstärken die Intention des Verfassers und verweisen z. B. auf die oberflächliche Kommunikation der Figuren und die verzweifelten Versuche, ihre Fassaden aufrechtzuerhalten.

Hürlimann wählt zur Darstellung dieser Problematik exemplarisch das Schauspielermilieu, in dem der professionelle Umgang mit Inszenierungen Teil des beruflichen, aber auch des privaten Selbstverständnisses ist.

Kathis vernichtende Lebensbilanz zu Beginn der Kurzgeschichte („Die Existenz gescheitert", Z. 2) verdeutlicht die Gefahr, den Wert der eigenen Existenz ausschließlich am öffentlichen Erfolg zu messen. Deshalb inszeniert sie sich vor ihren Bekannten und spielt eine Rolle, um den Schein zu wahren.

Ähnliches gilt für Mattmann: Die Rollen, die der alternde Schauspieler sein ganzes Leben gespielt hat, sind Teil seiner Persönlichkeit geworden, zumindest in der Wahrnehmung Kathis und Gudruns. Am Beispiel seiner Person kann man auch eine Kritik am Medienbetrieb erkennen, der erfolgreiche Schauspieler vollkommen vereinnahmt, vermarktet und sie zu Helden stilisiert („Unsterblich, wie es hieß", Z. 13), am Ende aber alleine lässt.

Schlussformulierung als allgemeine Betrachtung zum Text und der behandelten Thematik

3 ***Beurteilen Sie den Musteraufsatz.***

a) Entspricht die Interpretation der Kurzgeschichte Ihrer Deutung des Textes? Notieren Sie Unterschiede.

b) Bewerten Sie den Aufbau des Aufsatzes. Wurden alle wichtigen Aspekte bearbeitet? Orientieren Sie sich an der folgenden Arbeitstechnik.

Die Interpretation schreiben

Arbeitstechnik | **Eine Textinterpretation schreiben**

Beim Schreiben einer Textinterpretation sollten Sie folgende Aspekte berücksichtigen:

Im **einleitenden Satz** nennen Sie die Verfasserin oder den Verfasser, die Textsorte, den Titel, die Quelle und die behandelte Thematik.

Danach fassen Sie den Inhalt des Textes kurz in eigenen Worten zusammen. Hier vermeiden Sie Zitate oder wörtliche Übernahmen aus der Textvorlage.

Im **Hauptteil** beschreiben Sie die Ergebnisse Ihrer Textanalyse und Interpretation. Wichtige Aspekte sind:
- eine kurze Beschreibung des Textaufbaus;
- das Charakterisieren der zentralen Figur des Textes;
- das Beschreiben der erzähltechnischen und sprachlichen Gestaltung. Hier bestimmen Sie vor allem die Erzählhaltung sowie Darbietungsformen des Erzählens. Sie benennen sprachliche Besonderheiten und deuten deren Wirkung. Für eine aussagekräftige Figurencharakteristik kann es auch sinnvoll sein, zuerst die Sprachanalyse durchzuführen, da Figuren sich oft durch ihre sprachlichen Äußerungen und die Wahl der Sprachvarietät (z. B. Umgangssprache, Dialekt) unterscheiden;
- das Deuten des Textes hinsichtlich seiner Bedeutung für Sie, für Ihre Lebenswirklichkeit, für unsere Zeit (Transfer) – diesen Teil können Sie auch an die Figurencharakteristik anschließen.

Die Ergebnisse Ihrer Textbetrachtung belegen Sie mit **Zitaten** oder Textverweisen (Zeilenangaben).

Im **Schlussteil** formulieren Sie ihre positive wie auch negative Kritik bzw. Ihre persönliche Leseerfahrung.

Fazit

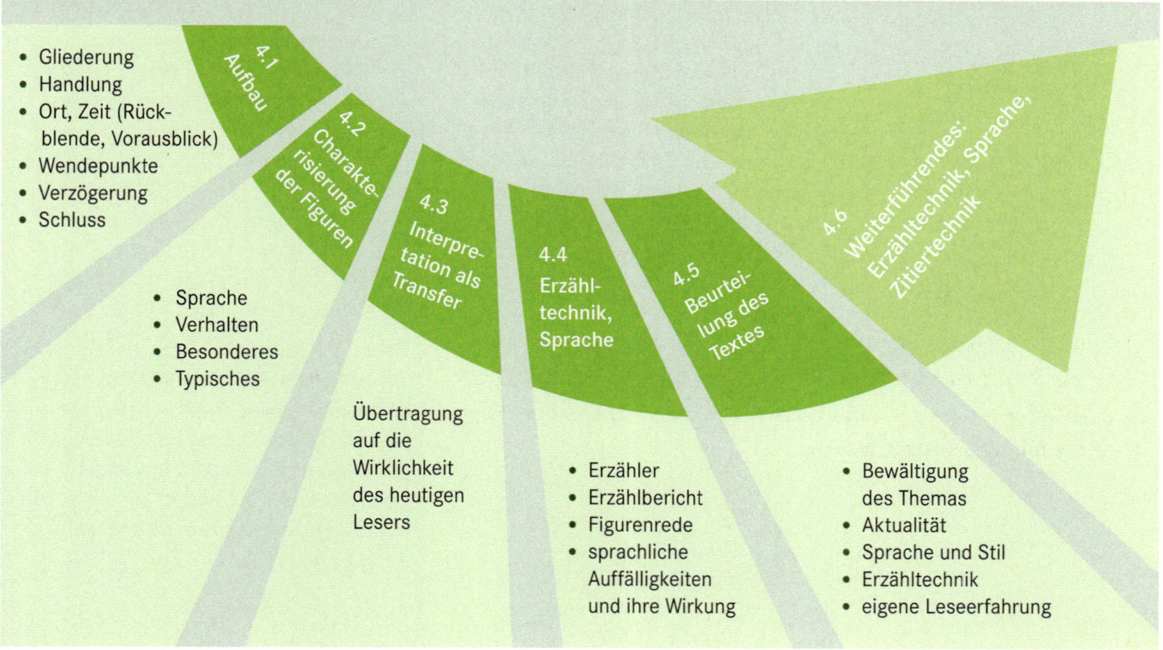

Erzähltechnik, Sprache, Zitiertechnik

Erzähltechnik

Auf den folgenden Seiten finden Sie noch einmal in gebündelter Form die Informationen, die Sie benötigen, wenn Sie innerhalb der Textinterpretation Erzähltechnik und Sprache in einem literarischen Text untersuchen und ihre Ergebnisse mithilfe von Zitaten belegen wollen.

Basiswissen **Wesentliche Merkmale des Erzählens**

Das wesentliche Merkmal eines epischen (erzählenden) Textes ist der Erzähler, der die Geschichte erzählt. Er ist streng von der Autorin oder dem Autor zu trennen. Mit der Entscheidung für einen bestimmten Erzähler/eine Erzählhaltung sind auch weitere Merkmale des Erzählens (Erzähltechnik) verbunden. Bei der Interpretation eines epischen Textes sollten Sie die folgenden Merkmale des Erzählens berücksichtigen:

Erzählhaltung	Erläuterung	Beispiele
auktorial	Dieser Erzähler steht über dem Handlungsverlauf, weil er ihn rückblickend erzählt und über alle Ereignisse informiert zu sein scheint. Es ist möglich, dass er sich dem Leser zu erkennen gibt und die Motive für den Erzählvorgang darlegt. Er vermag das Innenleben seiner Figuren transparent zu machen. Er lenkt den Leser z. B. mit Kommentaren zum Geschehen, mit Urteilen über Figuren und Vorausdeutungen von Ereignissen.	Patrick Süskind: Das Parfüm *[...] Da wir Madame Gaillard an dieser Stelle der Geschichte verlassen und ihr auch später nicht mehr begegnen werden, wollen wir in ein paar Sätzen das Ende ihrer Tage schildern [...] Gottseidank ahnte Madame Gaillard nichts von diesem ihr bevorstehenden Schicksal, als sie [...]* Thomas Mann: Mario und der Zauberer *[...] Die Hitze war unmäßig, soll ich das anführen? Sie war afrikanisch; die Schreckensherrschaft der Sonne [...] Mögen Sie das? [...]*
personal	Der Erzähler bildet mit einer oder abwechselnd mit verschiedenen Figuren jeweils eine Einheit, d. h., er betrachtet das Geschehen aus deren Sicht und nicht aus einer allwissenden Perspektive. Da diese Erzählhaltung die Unmittelbarkeit des Erlebens und Fühlens von Figuren besonders intensiv zum Ausdruck bringen kann, wird dieses Erzählverhalten dort bevorzugt, wo die Identifikation von Figur und Leser angestrebt wird.	Peter Grosz: Unerlaubter Weitschuss *[...] Sie sind da. Pille kann das sehen. Was draußen ist, sieht er sowieso besser als das, was hier drin geschieht. Auch wenn die Rollläden fast heruntergelassen sind. Alles nur wegen dieser öden Dias. Wen juckt's, was vor mehr als fünfzig Jahren in einem Hinterhaus in der Prinsengracht in Amsterdam abgegangen ist, wenn draußen ein Auto vorfährt. Lass ihn die Dias zeigen; lass ihn reden, den Grönaz [...]* Thomas Hürlimann: Der letzte Auftritt *Sie schleppte ihren Schminkkoffer vom Bahnhof durch die Stadt in den Biergarten. Sie wusste, das war das Ende. Die Existenz gescheitert, die Träume zerbrochen. Außer diesem Schminkkoffer hatte sie nichts mehr, und sie hatte Hunger, [...]*

Erzähltechnik

Erzählhaltung	Erläuterung	Beispiele
Ich-Erzählhaltung	Der Erzähler tritt als Teil der erzählten Welt auf und ist die Figur, die das Erzählte zugleich unmittelbar erlebt und erzählt oder rückblickend präsentiert. Der zeitliche Abstand zwischen Erleben und Erzählen kann dabei sehr groß sein. Das eigene Fühlen und Denken wird in Form von Monologen oder inneren Monologen transparent gemacht, während das Innenleben der anderen Figuren weitgehend verschlossen bleibt.	Thomas Hürlimann: „Der Liebhaber der Mutter“ *[...] Die Jahre vergingen. Ich trieb mich herum. Mein Studium scheiterte. Eines Abends kehrte ich in meine Heimatstadt zurück, müde und kaputt, ohne Geld. Ich setzte mich in eine Bar. Neben mir saß ein Herr, wir kamen ins Gespräch [...] Eine Sekunde stutzte ich. Dann war mir alles klar. Unsere Mutter hatte gewusst, dass sie ihre Verliebtheit vor der Familie nicht verbergen konnte [...]*
Formen der Darbietung	**Erläuterung**	**Beispiel**
Erzählbericht	Der Erzähler vermittelt den Handlungsverlauf, d. h. das miterlebte, beobachtete oder in Erfahrung gebrachte Geschehen. Dieser Bericht kann Beschreibungen z. B. von Figuren, Orten, Ereignissen enthalten. Je nach Erzählhaltung präsentiert er das Geschehen als objektiver Betrachter (personal) oder er streut Kommentare und Beurteilungen ein (auktorial, Ich-Erzähler).	(siehe Beispiele zu den Erzählhaltungen)
Figurenrede	Der Erzähler lässt die Figuren zu Wort kommen. Dazu hat er verschiedene Möglichkeiten:	
• **szenisches Erzählen**	Der Erzähler tritt weitgehend in den Hintergrund. In der Textinterpretation spielen szenische Passagen häufig eine zentrale Rolle, weil durch die Art und Weise der Kommunikation die Figuren ihr Inneres sowie ihr Verhältnis zueinander transparent werden lassen.	Markus Orths: „Kruft und Schill“ *[...] „Was wollen Sie hier?“, rief er. „Entschuldigen Sie, mein Name ist Sebastian Schill.“ „Ja und?“ „Ich läute schon seit fünf Minuten!“, sagte Schill. [...]*
• **erlebte Rede**	Wiedergabe von Gedanken und Gefühlen in der 3. Person	*Als Florian Kruft [...] aus dem Fenster sah, erschrak er, da nicht sein eigenes Spiegelbild erschien, [...]*
• **innerer Monolog**	Hier gibt die Figur in der Ich-Form wieder, was sie denkt und fühlt.	Gabriele Wohmann: „Flitterwochen, dritter Tag“ *[...] ich fühlte nun doch ziemlich genau, dass es mir zusagte, das Ganze, [...]*

Sprachliche Mittel

Basiswissen — Sprachliche Mittel und Ihre Wirkung

Wenn Sie einen Text in Bezug auf seine sprachliche Gestaltung untersuchen, dann achten Sie auf sprachliche Besonderheiten/Auffälligkeiten. Das können sein:

- die **Sprachvarietäten**, z. B. Umgangssprache, Standardsprache, Fachsprache, Jugendsprache, Dialekt;
- die **Wortwahl:** besondere Häufungen von Adjektiven (auch Superlativen), Nomen (Nominalstil), Verben (auch in Form von Imperativen oder Konjunktiven); seltene Wörter, Zusammensetzungen, Wortspiele, Aufzählungen, Wiederholungen, Redensarten; sprachliche Bilder, wie z. B.: Metaphern, Vergleiche, Personifikationen; laut- bzw. klangmalerische Wörter, Wortgruppen zur Veranschaulichung von Geräuschen, z. B.: knattern, quiecken; Kuckuck, Matsch;
- der **Satzbau:** kurze, lange oder unvollständige Sätze.

Als **rhetorische Figuren** bezeichnet man Stilmittel, bei denen bestimmte Satzformen, Wiederholungen, Aufzählungen, Gegensätze, Verkürzungen meist schon seit der Antike bekannt und festgelegt sind und die eine besondere Wirkung hervorrufen sollen. Solche Wirkungen können z. B. sein: mehr Anschaulichkeit, Eindringlichkeit, Betonung, Aufforderung, Einbeziehung des Adressaten, Spannung, Distanz.

Rhetorische Figuren werden besonders in der Lyrik, in öffentlichen Reden und in der Werbung eingesetzt.

Wenn Sie die für einen Text charakteristischen sprachlichen Auffälligkeiten herausgefunden haben, deuten Sie deren Wirkung in Verbindung mit den inhaltlichen Aussagen; oft werden auch literarische Figuren durch den Gebrauch einer bestimmten Sprachebene oder sprachlicher Besonderheiten charakterisiert.

Im Folgenden erhalten Sie eine Übersicht über die wichtigsten **rhetorischen Figuren:**

Rhetorische Figur	Definition	Beispiel
Alliteration	mehrere Wörter beginnen mit dem gleichen Buchstaben	*Man muss Marmelade mögen.*
Anapher	mehrere Sätze oder Satzteile beginnen mit dem gleichen Wort	*Milch ist ein Nahrungsmittel. Milch ist ein Genussmittel. Milch ist Leben.*
Antithese	Gegensatzpaare	*Er liebt das Schöne, doch verabscheut alles Hässliche.*
Chiasmus	Überkreuzstellung von syntaktisch (Satzbau) oder semantisch (Bedeutung) entsprechenden Satzteilen	*Ich bin groß, klein bist du.* *Max kehrt zurück, zurück kehrt auch Anna.*
Correctio	Korrektur eines Ausdrucks	*Ich mag ihn, nein – ich verehre ihn.*
Ellipse	Satzfragment (unvollständiger Satz: Auslassung eines Satzteils/Wortes)	*Der Rest – Schweigen.*
Epipher	Wiederholung eines Wortes oder einer Wortgruppe am Ende mehrerer Sätze oder Satzteile (Gegensatz: Anapher)	*Er will alles, kann alles, tut alles.*
Euphemismus	beschönigende Umschreibung	*entschlafen (statt sterben)*

Sprachliche Mittel

Rhetorische Figur	Definition	Beispiel
Hyperbel	(starke) Übertreibung	*Er isst wie ein Mähdrescher.*
Inversion	Umstellung von Satzgliedern oder gewöhnlichen Wortfolgen, um sie hervorzuheben	*Ekel ist das Gefühl, das mich ergreift. Röslein rot (statt rotes Röslein)*
Ironie	das Gesagte hat die entgegengesetzte Bedeutung des Gemeinten	*Wenn man Freunde wie dich hat, braucht man keine Feinde.*
Klimax	Steigerung	*Er schimpfte, er fluchte, er tobte.*
Litotes	ein negativer Begriff wird durch einen positiven mit Negation ersetzt	*Du bist nicht gerade die Schnellste (statt: du bist langsam).*
Metapher	verkürzter Vergleich, der ohne das Vergleichswort „wie“ gebraucht wird	*Sumpf der Aggressionen; es regnet Bindfäden*
Oxymoron	direkte Verbindung von zwei Wörtern, deren Bedeutung gegensätzlich ist	*dunkle Helligkeit, bittersüß*
Parallelismus	Wiederholung gleicher syntaktischer Fügungen	*Das Schiffchen fliegt, der Webstuhl kracht.*
Parenthese	Einschub eines Wortes, Satzes, einer Wortgruppe in einen Satz zur Unterbrechung des Gedankenablaufs	*Wir werden ganz sicher – aber erst muss ich nachdenken – das Rätsel lösen.*
Personifikation	einem Gegenstand werden menschliche Eigenschaften zugeordnet	*Ein Auto, das mitdenkt! Vater Staat*
Pleonasmus	überflüssige Wiederholung eines Bedeutungsmerkmals des Bezugswortes	*nasser Regen, weißer Schimmel*
Rhetorische Frage	Scheinfrage, auf die keine Antwort erwartet wird	*Glauben Sie etwa, ich hätte nichts zu tun?*
Synekdoche	statt eines Teils wird das Ganze oder statt des Ganzen ein Teil bezeichnet	*Der Arzt sah nach der Blinddarmentzündung auf Zimmer 12.*
Trias	Dreierfigur	*Sonne, Strand und gute Laune*
Vergleich	Verknüpfung zweier Bedeutungsbereiche durch Hervorhebung des Gemeinsamen	*Sie hat Geld wie Heu. Er ist stark wie ein Bär.*
Wiederholung	mehrfache Nennung eines Wortes	*Kaufen Sie dieses Buch, denn dieses Buch wird Ihnen Unterhaltung bieten, und dieses Buch ist zudem günstig wie nie zuvor.*

Sprachliche Mittel

1 ***Benennen Sie die in den folgenden sprachlichen Äußerungen jeweils verwendeten rhetorischen Figuren (Fachbegriffe siehe Tabelle auf S. 96–97) und beschreiben Sie deren Wirkung.***

A Wir haben uns wahnsinnig über das Geschenk gefreut.
B Bei dem erreichst du nichts, da rennst du gegen eine Wand.
C Oktober, Nebel, Depression.
D Sie klammert wie ein Krake.
E Ein Glück, dass du nur jeden zweiten Tag zu spät kommst.
F Wer ist schon perfekt?
G Manche meinen Mut, wenn sie von Leichtsinn reden.
H Du rennst bei mir offene Türen ein.
I Es ist nicht richtig, was du getan hast.
J Und wenn du tobst und schreist und schimpfst - ich gehe trotzdem.
K Deutsch, Englisch, Mathematik - was für ein langweiliger Tag wird das wieder.
L Ich habe schon eine Ewigkeit auf dich gewartet.
M Sie kam erst in der dunklen Nacht nach Hause.
N Der Vogel fliegt, der Fisch schwimmt, der Mensch läuft.

2 ***Schreiben Sie einen kleinen Werbetext zu einem Gegenstand, der Ihnen besonders am Herzen liegt (Fahrrad, Handy, Motorroller). Arbeiten Sie möglichst viele Stilfiguren in Ihren Text ein.***

Wolfgang Hilbig: Grünes grünes Grab (Auszug)

[…] Draußen vor dem Abteilfenster war es seit langem undurchdringlich dunkel, eine Nacht, fest wie Metall, durch die sich der Schnellzug schleppend bewegte; in manchen Augenblicken ruckartig, als müsse er Widerstände durchbrechen, und es schien, als zerteile sich die Finsternis jenseits des Fensters in Scheiben, die blechern lärmend umfielen: Hinter jedem dieser Segmente erwartete er die Öffnung des Tages, zumindest einen Dämmeranflug, und das Zurücksinken der Finsternis nach jener Richtung, die der Zug verließ. Der Zug fuhr nach Osten, und dennoch schob er sich in immer dichtere Schwärze hinein. C. fand es erstaunlich, wie lange das Licht auf sich warten ließ in diesen Morgenstunden des frühen Herbsttages; es war ein allzu deutliches Indiz dafür, dass der Sommer endgültig vergangen war.

[…] Wenn man den Blick aus diesem Himmel herabsenkte, war das Gras in dem mitlaufenden Nebengleis schwarz – […] Schwarz … schwarz … schwarz, zählte C. die hart monoton heraufklingenden Schienenstöße, die Stirn brennend vor Ermüdung und an die rhythmisch erschütterte Glasscheibe gelehnt. Und er schlief wieder ein, im Schlaf, den er mehr als einen Schlaf träumte, die Schienenschläge zählend, die sich bis hinter seine Stirn fortsetzten: Schwarzes Gras … schwarzes schwarzes Gras … schwarzes schwarzes schwarzes Gras … drinnen saß ein Has … drinnen saß ein toter Has und fraß das Gras … schwarzer Has … fraß das schwarze schwarze Gras … schwarzes Gras …

3 ***Beschreiben Sie auffallende sprachliche Besonderheiten des Textausschnittes. Benennen Sie rhetorische Figuren. Wie wirkt der Text auf Sie? Welche Stimmung vermittelt er?***

Zitiertechnik

Basiswissen | **Zitate als Textbelege**

Um Ihre Interpretationsergebnisse abzusichern, sind Zitate als Textbelege von besonderer Bedeutung. Sie zeigen damit, dass Sie mit dem Text arbeiten und inhaltliche wie sprachliche Besonderheiten erkennen und deuten können. Folgende Regeln sind zu beachten:

- Ein Zitat muss bezüglich Ihrer Interpretationsaussage aussagekräftig sein.
- Ein Zitat darf von Ihnen niemals inhaltlich verändert werden.
- Zitate werden durch Anführungszeichen („ “) gekennzeichnet.
- Zitate oder direkte Rede innerhalb von Zitaten werden mit einfachen (halben) Anführungszeichen (‚ ’) gekennzeichnet.
- Auslassungen werden durch eckige Klammern mit drei Punkten [...] dokumentiert.
- Nach Abschluss des Zitats steht in runder Klammer die Seiten- und Zeilenangabe (S. 2, Z. 1). Bei Texten, die nur auf einer Seite stehen, genügt die Zeilenangabe.
- Erstreckt sich das Zitat über zwei Zeilen, wird die zweite Zeile mit f. angegeben (Z. 2 f.).
- Bei längeren Zitaten über mehrere Zeilen hinweg steht nach der Zahl der ersten Zeile ff. (2 ff.).

Franz Kafka: Kleine Fabel

„Ach“, sagte die Maus, „die Welt wird enger mit jedem Tag. Zuerst war sie so breit, dass ich Angst hatte, ich lief weiter und war glücklich, dass ich endlich rechts und links in der Ferne Mauern sah, aber diese langen Mauern eilen so schnell aufeinander zu, dass ich schon im letzten Zimmer bin, und dort im Winkel steht die Falle, in die ich laufe.“ – „Du musst nur die Laufrichtung ändern“, sagte die Katze und fraß sie.

In einer Textinterpretation werden folgende Zitate eingebaut. Entscheiden Sie, ob richtig oder falsch zitiert worden ist. Begründen Sie Ihre Entscheidung, beschreiben Sie den Regelverstoß.

Der Rat der Katze „Du musst nur die Laufrichtung ändern“ (Z. 4 f.) veranschaulicht die Ausweglosigkeit des menschlichen Lebens. Der Angst, in einer richtungslosen Weite unterzugehen, z. B. im Hinblick auf den beruflichen Weg, auf Partnerbeziehungen, folgt die Angst, dann aus der vorgeschriebenen Bahn nicht mehr ausbrechen zu können. Dies veranschaulicht die Klage der Maus: […] aber die langen Mauern eilen so schnell aufeinander zu, dass ich schon im letzten Zimmer bin […]. (Z. 3) Die Katze rät ihr, die Richtung zu ändern: „'Du musst nur die Laufrichtung ändern', sagte die Katze und fraß sie.“ In Analogie zum Scheitern oder sogar zum Tod: „[…] steht dort im Winkel die Falle, in die ich laufe.“ (Z. 4)

1 ***Korrigieren Sie die Fehler, indem Sie***

a) die direkte Rede innerhalb eines Zitats mit einfachen (halben) Anführungszeichen kennzeichnen,
b) das Auslassungszeichen ergänzen,
c) das falsche Zitat korrigieren,
d) die Inhaltsaussage durch eine Interpretationsaussage ersetzen,
e) den Satzbau innerhalb des Zitats korrigieren.

Zitiertechnik

Weitere Regeln und Tipps

- **Anstelle eines Zitats reicht mitunter auch die Paraphrase mit Textverweis.**
  Beispiel: *Die Maus kann nur wählen zwischen zwei Todesarten (vgl. Z. 4 f.), was ja nicht unbedingt als echte Alternative zu bezeichnen ist.*

- **Achten Sie darauf, dass das Verhältnis zwischen Interpretationstext und Zitaten stimmt. Zu viele Zitate stören den Lesefluss.**

- **Wenn Sie Zitate in Ihren Fließtext einbauen, müssen Sie notwendige grammatikalische Veränderungen im Text, den Sie zitieren, kenntlich machen.**
  Beispiel: *„Du bist ein Idiot." - Seine Geringschätzung wird deutlich, wenn er ihn als „ein[en] Idiot[en]" bezeichnet.*

- **Achten Sie darauf, dass bei Satzkürzungen der Sinn des zitierten Satzes erhalten bleibt.**
  Beispiel: *„Ich bin es nicht, der dich verabscheut."*
  Falsch: *Dass die Beziehung gestört ist, wird auch daran deutlich, dass er sie „verabscheut".*
  Richtig: *Dass die Beziehung aus seiner Sicht noch Chancen hat, sieht man in seiner Beteuerung: „Ich bin es nicht, der dich verabscheut."*

Bertolt Brecht: Wer kennt wen?

Herr Keuner befragte zwei Frauen über ihren Mann. Die eine gab folgende Auskunft: „Ich habe zwanzig Jahre mit ihm gelebt. Wir schliefen in einem Zimmer und auf einem Bett. Wir aßen die Mahlzeiten zusammen. Er erzählte mir alle seine Geschäfte. Ich lernte seine Eltern kennen und verkehrte mit allen seinen Freunden. Ich wußte alle seine Krankheiten, die er selber wußte, und einige mehr. Von allen, die ihn kennen, kenne ich ihn am besten."
„Kennst du ihn also?" fragte Herr Keuner.
„Ich kenne ihn."
Herr Keuner fragte noch eine andere Frau nach ihrem Mann. Die gab folgende Auskunft: „Er kam oft längere Zeit nicht, und ich wußte nie, ob er wiederkommen würde. Seit einem Jahr ist er nicht mehr gekommen. Ich weiß nicht, ob er wiederkommen wird. Ich weiß nicht, ob er aus den guten Häusern kommt oder aus den Hafengassen. Es ist ein gutes Haus, in dem ich wohne. Ob er zu mir auch in ein schlechtes käme, wer weiß es? Er erzählt nichts, er spricht mit mir nur von meinen Angelegenheiten. Diese kennt er genau. Ich weiß, was er sagt, weiß ich es? Wenn er kommt, hat er manchmal Hunger, manchmal aber ist er satt. Aber er ißt nicht immer, wenn er Hunger hat, und wenn er satt ist, lehnt er eine Mahlzeit nicht ab. Einmal kam er mit einer Wunde. Ich verband sie ihm. Einmal wurde er hereingetragen. Einmal jagte er alle Leute aus meinem Haus. Wenn ich ihn ‚dunkler Herr' nenne, lacht er und sagt: Was weg ist, ist dunkel, was aber da ist, ist hell. Manchmal aber wird er finster über dieser Anrede. Ich weiß nicht, ob ich ihn liebe. Ich ..."
„Sprich nicht weiter", sagte Herr Keuner hastig. „Ich sehe, du kennst ihn. Mehr kennt kein Mensch einen andern als du ihn." R

2 *Interpretieren Sie Brechts Geschichte, die in seinem Band „Geschichten vom Herrn Keuner" erschienen ist. Belegen Sie Ihre Aussagen mit Zitaten. Achten Sie auf die Einhaltung der Zitierregeln.*

Kapitel 5

Grammatik, Zeichensetzung und Rechtschreibung

Fehlerquelle: Grammatik

Fehlerquelle: Zeichensetzung

Fehlerquelle: Rechtschreibung

In diesem Kapitel erfahren Sie, wie Sie sich besser und gezielter in Alltag, Beruf und Studium ausdrücken können.

Dabei helfen Ihnen grundlegende Kenntnisse der Zeiten, der direkten und indirekten Rede sowie der Satzglieder und Satzarten. Sie werden erkennen, dass nicht nur die angemessene Verwendung von Wörtern und deren korrekte Schreibung Ihnen beim Verfassen von Texten hilft, sondern auch ein bewusster Umgang mit grammatischen Strukturen. Eine Fülle von Übungsmaterial hilft Ihnen, die richtigen sprachlichen Mittel für Ihre Kommunikation zu finden und anzuwenden. Damit Sie Ihre Texte fehlerfrei und ansprechend gestalten können, finden Sie noch Übungen zu wichtigen Regeln in der Kommasetzung und Rechtschreibung.

Wie ich mich in Grammatik, Rechtschreibung und Zeichensetzung verbessern kann

- ✔ Fehler in Klausuren sorgfältig berichtigen und auswerten
- ✔ individuelle Fehler erkennen und die richtigen Schreibungen notieren
- ✔ bei Unsicherheiten in einem Wörterbuch nachschlagen
- ✔ die letzten Klausuren vergleichen und prüfen, ob mehr oder weniger Fehler gemacht wurden

Fehlerquelle: Grammatik

Tempusformen

Im Medienzeitalter sind wenige Jahre schon eine Ewigkeit. Der folgende Text wurde im Jahr 1997 verfasst, und das, was in ihm vorausgesagt wurde, ist heute Wirklichkeit.

Die Informationsgesellschaft von morgen

Hanni Cill / Hermann Meyn

[…] Die Digitalisierung und die Datenkompression erweitern und beschleunigen die Produktion, Speicherung und Verbreitung der audiovisuellen Medien. […] In der Wirtschaft wachsen bislang getrennte Bereiche zusammen: die Computer-Industrie und die Unterhaltungselektronik, Telefongesellschaften und Medienunternehmen. Mit einem Zusatzgerät (Modem) ausgerüstete Personalcomputer (PC) ermöglichen den weltweiten Zugriff auf Datenbanken; Haushalte mit einem Decoder […] können am digitalen Fernsehen teilnehmen und eine Vielzahl von Fernsehprogrammen abonnieren (Pay-TV).

[…]

Abgesehen von der Explosion des Informationsangebots ist das Neue an Multimedia, dass der Empfänger, der die Medien konsumiert, (selbst in bescheidenem Maß) zum Sender werden kann, indem er Waren (Tele-Shopping) oder Filme (Video-on-Demand) bestellt, in Game-Shows mitspielt oder bei der Live-Übertragung eines Fußballspiels bestimmt, aus welcher Kameraposition heraus er das Geschehen auf dem grünen Rasen verfolgen will. Er kann beispielsweise auch bei einem Film unter mehreren möglichen Handlungsabläufen auswählen und am Schluss eines Krimis bestimmen, ob der Mörder entkommt oder gefasst wird. Durch diese Interaktionsmöglichkeit wird Massenkommunikation zur Individualkommunikation.

(Bundeszentrale für politische Bildung (Hrsg.): Die Informationsgesellschaft von morgen. Heft 260)

1 *Geben Sie wieder, wie man 1997 über die „Informationsgesellschaft von morgen" dachte. Verwenden Sie dazu das Präteritum.*

2 *Anfang 1975 kam ein kleiner preisgünstiger Computerbausatz auf den Markt: der Altair 8800. Er gilt als der erste PC. Stellen Sie dar, wie die Entwicklung des PC den Alltag bis heute entscheidend verändert hat. Verwenden Sie dazu das Perfekt.*

3 *Stellen Sie dar, wie der Berufsalltag vor der Einführung des PC ausgesehen hatte. Beginnen Sie jeden Satz mit „Bevor der PC auf den Markt kam, …" und setzen Sie ihn mit dem Plusquamperfekt fort.*

4 *Erklären Sie die Verwendung der verschiedenen Tempusformen in den Aufgaben 1–3 mithilfe des Basiswissens auf S. 103.*

Tempusformen

Hier ist Raum für Utopien.

5 *Beschreiben Sie, welche Vorstellungen Sie von einem Leben am Ende dieses Jahrtausends haben? Berücksichtigen Sie dabei besonders gesellschaftliche und technische Entwicklungen. Verwenden Sie das Futur I.*

6 *Beschreiben Sie, was sich in den nächsten 50 Jahren im Hinblick auf Arbeit, Bildung und Wirtschaft entwickelt haben wird. Verwenden Sie dazu das Futur II.*

Basiswissen **Tempus**

Man unterscheidet zwischen sechs verschiedenen Tempusformen, die Zeitverhältnisse ausdrücken.

Das **Präsens** wird verwendet, um ein Geschehen in der Gegenwart zu beschreiben. Es drückt auch Gewohnheiten oder Verallgemeinerungen aus. In der geschriebenen Sprache findet man es häufig in Inhaltsangaben, Protokollen und Gesetzestexten. *Der Verfasser des Artikels klagt die Missstände im deutschen Bildungssystem an.*

Auch **Zukünftiges** kann durch das **Präsens** ausgedrückt werden, um ein kompliziertes Futur zu vermeiden. Dabei wird ein Zeitadverb der Zukunft (morgen, bald etc.) eingefügt. *Morgen besuche ich ein Seminar.*

Das **Präteritum** berichtet über Vergangenes, welches abgeschlossen ist. Das Präteritum wird überwiegend im schriftlichen Bereich eingesetzt. *Gestern traf der deutsche Außenminister mit seinem französischen Amtskollegen zusammen.*

Das **Perfekt** drückt ein Geschehen aus, das in der Vergangenheit begonnen hat und noch immer einen Bezug zur Gegenwart hat. In der gesprochenen Sprache wird es anstelle des Präteritums verwendet. *Ich habe den ganzen Tag lang schreckliche Kopfschmerzen gehabt.*

Das **Plusquamperfekt** ist die Vorvergangenheit, d. h. eine bereits beendete Vergangenheitshandlung. Es wird immer im Zusammenhang mit dem Präteritum verwendet. Mit ihm wird ein Zeitpunkt gekennzeichnet, der vor dem Geschehen im Präteritum liegt. *Er hatte schon einige Jahre im mittleren Management gearbeitet, bevor er 2006 seine Stelle als Geschäftsführer antrat.*

Durch das **Futur I** wird Zukünftiges, eine Vermutung oder eine feste Absicht ausgedrückt. So wird es beispielsweise für Prognosen oder Spekulationen verwendet. *Die Konjunktur wird wieder an Fahrt gewinnen.*

Das **Futur II** heißt auch vollendete Zukunft. Es wird verwendet, um Geschehnisse zu beschreiben, die bis zu einem bestimmten Zeitpunkt in der Zukunft abgeschlossen sein werden. *In fünf Jahrzehnten werden die Energieressourcen erschöpft sein.*

Direkte und indirekte Rede

Der folgende Textauszug ist dem Roman „Die Vermessung der Welt“ von Daniel Kehlmann entnommen. In ihm wird das Leben des Mathematikers Carl Friedrich Gauß und des Geografen Alexander von Humboldt beschrieben. Im Folgenden wird eine Episode während der Überfahrt Humboldts und seines Begleiters Bonpland vom spanischen Festland in die Tropen dargestellt.

Daniel Kehlmann: Die Vermessung der Welt (Auszug)

Bis zum Morgen stand er [Humboldt] neben dem Kapitän und beobachtete ihn beim Navigieren. Dann holte er seinen eigenen Sextanten hervor. Gegen Mittag begann er den Kopf zu schütteln. Nachmittags um vier legte er sein Gerät beiseite und fragte den Kapitän, wieso er so unexakt arbeite.
Er mache das seit dreißig Jahren, sagte der Kapitän.
Bei allem Respekt, sagte Humboldt, das erstaune ihn.
Man tue das doch nicht für die Mathematik, sagte der Kapitän, man wolle übers Meer. Man fahre so ungefähr den Breitengrad entlang, und irgendwann sei man da.
Aber wie könne man leben, fragte Humboldt, reizbar geworden im Kampf gegen die Übelkeit, wenn einem Genauigkeit nichts bedeute?
Bestens könne man das, sagte der Kapitän. Dies sei übrigens ein freies Schiff. Falls jemandem etwas nicht passe, dürfe er jederzeit von Bord.

Hier wurde der Dialog zwischen Humboldt und dem Kapitän in die direkte Rede übertragen.

Nachmittags um vier legte er sein Gerät beiseite und fragte den Kapitän: „Wieso arbeiten Sie so unexakt?“
„Ich mache das seit dreißig Jahren“, sagte der Kapitän.
„Bei allem Respekt“, sagte Humboldt, „das erstaunt mich.“
„Man tut das doch nicht für die Mathematik“, sagte der Kapitän, „man will übers Meer. Man fährt so ungefähr den Breitengrad entlang, und irgendwann ist man da.“
„Aber wie kann man leben“, fragte Humboldt, reizbar geworden im Kampf gegen die Übelkeit, „wenn einem Genauigkeit nichts bedeutet?“
„Bestens kann man das“, sagte der Kapitän. „Dies ist übrigens ein freies Schiff. Falls jemandem etwas nicht passt, darf er jederzeit von Bord.“

1 *Untersuchen Sie die Verwendung und Bildung der indirekten Rede.*

a) Vergleichen Sie die beiden Dialoge in Bezug auf die Wirkung beim Leser.

b) Begründen Sie, warum der Autor für die Figurenrede die indirekte Rede gewählt hat.

Direkte und indirekte Rede

Dieser Textauszug ist dem Roman „Wäldchestag“ von Andreas Maier entnommen. Der Autor lässt seinen Erzähler berichten, was er bei den Gesprächen im Dorf aufschnappt. Sebastian Adomeit ist ein Eigenbrötler, über dessen Vermögen wilde Gerüchte kursieren. Am Freitag vor Pfingsten wird er tot aufgefunden. Die Verwandtschaft und die Sensationslustigen müssen sich noch zwei Tage bis zur Testamentseröffnung gedulden. Im Folgenden wird ein Gespräch zwischen Sebastian Adomeit und seiner Schwiegertochter kurz vor seinem Tod wiedergegeben.

Andreas Maier: Wäldchestag (Auszug)

Er solle sich nicht so haben, Fenchelsuppe sei gesund, Fenchelsuppe sei sogar gerade für ihn sehr förderlich. Es fördere seine Gesundheit, gerade ihm als Altem tue sie gut. Sie habe sich eigens eine Broschüre bei der Krankenkasse geholt, so, da sehe er, so kümmere sie sich um ihn. Die Krankenkasse mache jetzt sehr viel, was das Informieren angehe, sie betreibe Aufklärung [...]. Das sei ihm völlig gleichgültig, habe Adomeit gesagt, das sei alles Blödsinn. Das kenne man, so sei es doch schon sein ganzes Leben über gewesen. Gestern Lindenblütentee, heute Fenchelsuppe, morgen womöglich Urintherapie. Das helfe alles und nichts. Er sei gesund. Er sei lediglich alt. Sie solle erst einmal so alt werden wie er. Er könne, habe die Schwiegertochter gesagt, aber wirklich auf kein einziges Argument hören. Die von der Kasse [...] seien Spezialisten. Es seien Wissenschaftler, er solle wenigstens einmal diese Broschüre lesen.

2 ***Übertragen Sie das Gespräch zwischen Schwiegertochter und Schwiegervater von der indirekten in die direkte Rede.***

Basiswissen | **Indirekte Rede**

Durch die indirekte Rede gibt ein Sprecher die Aussagen eines Dritten wieder. Dabei wird in erster Linie der Konjunktiv I verwendet. Der Konjunktiv I wird mit dem Stamm des Verbs (Infinitiv ohne *-en*), dem Vokal **e** und der passenden Personalendung gebildet:

Für das Verb *sein* gilt eine Sonderform:

Indikativ Präsens	**Konjunktiv I**	**Indikativ Präsens**	**Konjunktiv I**
ich geh-e	*ich geh-**e***	*ich bin*	*ich sei*
du geh-st	*du geh-**e**st*	*du bist*	*du seiest*
er/sie geh-t	*er/sie geh-**e***	*er/sie ist*	*er/sie sei*
wir geh-en	*wir geh-**e**n*	*wir sind*	*wir seien*
ihr geh-t	*ihr geh-**e**t*	*ihr seid*	*ihr seiet*
sie geh-en	*sie geh-**e**n*	*sie sind*	*sie seien*

Beim Wechsel von der direkten zur indirekten Rede verändert sich oft das Personalpronomen bzw. das Possessivpronomen, z. B.: *ich* → *er/sie; mein* → *sein/ihr.*

Direkte und indirekte Rede

Im folgenden Bericht werden Meinungen zum Thema „Suchtgefahr“ sowohl in der direkten als auch in der indirekten Rede wiedergegeben.

Suchtgefahr: Zu tief ins Web geschaut

Risiken durch das Internet werden unterschätzt

Rauchen und Saufen machen dumm und abhängig. Das weiß inzwischen jedes Kind. Die Suchtgefahr im Internet wird allerdings von den meisten Jugendlichen unterschätzt. Dabei sind die Risiken nicht minder zerstörerisch. Ralf Schneider, Vorsitzender des Fachverbandes Sucht, berichtete am Montag in Heidelberg von mindestens 100.000 Usern, die wöchentlich über 30 Stunden aus Spielsucht vor dem Bildschirm verbringen. Besonders beängstigend sei die hohe Zahl der jüngeren Männer und Jugendlichen, die beispielsweise beim Online-Spiel „World of Warcraft“ eine interkontinentale Plattform gefunden hätten.

Kein Gefühl für Raum und Zeit

„Sie verlieren meist jegliches Gefühl für Raum und Zeit“, erklärte Schneider. Der Experte nannte mehrere Gründe für die neue Generation der Spielsüchtigen: Von ihrer Umgebung frustriert, bauten sie sich eine virtuelle Identität auf, die nicht auf die reale Welt zu übertragen sei. [...]

Viele Online-Abhängige surften nachts stundenlang herum und kämen deshalb übermüdet oder überhaupt nicht mehr zur Arbeit oder zur Schule. Im Extremfall könne die virtuelle Welt zu einem Ersatz für soziale Kontakte werden und zum Verlust jeglicher freundschaftlicher Bindung führen, sagte Schneider.

(www.heute.de, 16.06.2007)

3 ***Erklären Sie, warum der Bericht von Ralf Schneider teils in direkter und teils in indirekter Rede wiedergegeben ist.***

4 ***Schreiben Sie die in der indirekten Rede verwendeten Formen des Konjunktivs I heraus. Was fällt Ihnen auf?***

5 ***Geben Sie die Passagen mit der indirekten Rede in der direkten Rede wieder.***

Basiswissen **Ersatzformen**

Sind die Formen des Indikativs und des Konjunktivs I identisch, steht der Satz im Konjunktiv II. Dabei wird der Konjunktiv II vom Indikativ Präteritum des Verbs abgeleitet (oft mit Umlaut, d. h. Wechsel von *a, o, u, au* zu *ä, ö, ü, äu*).

Sie sagen: „Wir fahren jetzt zur Arbeit.“

~~Sie sagen, sie fahren jetzt zur Arbeit.~~

Sie sagen, sie führen jetzt zur Arbeit.

Wenn der Konjunktiv II zu ungebräuchlich erscheint, kann der betreffende Satz auch mit einer Form von *würde* formuliert werden: *Sie sagen, sie würden jetzt zur Arbeit fahren.*

Basisbaustein

Direkte und indirekte Rede

Im folgenden Interview berichten ein Schüler und ein Schulleiter über ihre Vorstellungen von einer guten Schule.

Die ideale Schule

Niklas Neumann hat am Gymnasium Hochrad in Hamburg Abitur gemacht und absolviert jetzt seinen Zivildienst.

[...]

Jeder Schüler wächst in ein Netzwerk aus Mitschülern und Lehrern hinein, das eine über Jahre bestehende Arbeitsgemeinschaft darstellt. Daraus erwachsen Qualitäten, die im späteren Berufsleben gefragt sind und daher von der Schule honoriert werden müssen, um den Schülern deren Wichtigkeit zu offenbaren. Schule als vertraute Umgebung mit sozialen und pädagogischen Werten kann das bestmögliche Vertrauen des Schülers und einen festen Platz in seinem Leben einnehmen.

[...]

Eine Selbstbestimmung der einzelnen Schulen im Hinblick auf die Kursvielfalt, auf Sport und sonstige Angebote führt zu einer gesunden Mischung aus Identifikation des Schülers mit seiner Schule und lokaler Konkurrenz.

Hans-Norbert Hoppe ist Schulleiter am Christianeum in Hamburg.

Gute Schulen sind in Bewegung und stellen die Entwicklung junger Menschen zu eigenständigen, verantwortlichen Personen in den Mittelpunkt. [...]

Eine gute Schule erzieht den ganzen Menschen, entwickelt seine Anlagen und Begabungen. Sie bejaht Lernen und Leistung als Grundpfeiler der Bildung und qualifiziert die Schüler für spätere Herausforderungen in Ausbildung und Beruf.

(Süddeutsche Zeitung, 14.12.2006)

6 ***Geben Sie die Aussagen von Schüler und Schulleiter in der indirekten Rede wieder.***

Auch Fragen und Aufforderungen können in der indirekten Rede wiedergegeben werden.

Situation

Der Kunde fragte, ob ich Geld als Zahlungsmittel akzeptiere. Ich bejahte und erkundigte mich, ob er die Ware lieber mit einem Wechsel begleichen wolle. Daraufhin meinte der Kunde, das sei ein guter Vorschlag. Er sagte mir, ich solle (ich möge) ihm den Vertragsentwurf per Fax zusenden.

7 ***Untersuchen Sie die Bildung von Aufforderungen und Fragen in der indirekten Rede.***

a) Übertragen Sie die Wiedergabe des Gesprächs zwischen dem Kunden und dem Verkäufer in die direkte Rede.

b) Was lässt sich über die Bildung von Aufforderungen und Fragen in der indirekten Rede sagen?

c) Formulieren Sie ein Verkaufsgespräch mit Aufforderungen und Fragen in der direkten Rede.

d) Tauschen Sie Ihre Dialoge innerhalb der Gruppen aus und übertragen Sie die Dialoge in die indirekte Rede.

Direkte und indirekte Rede

Der schweizerische Schriftsteller Urs Widmer stellt in seinem Theaterstück „Top Dogs", in dem Auswirkungen der Globalisierung auf die Firmenpolitik dargestellt werden, die fiktive „New Challenge Company" vor. Sie betreut entlassene Führungskräfte aus der Wirtschaft, die im Jargon „Top Dogs" genannt werden.

Urs Widmer: Top Dogs (Auszug)

2. Heute sind wieder Churchills gefragt

Bihler, Tschudi

BIHLER *Chefpose* Herr Tschudi. Danke, dass Sie gleich rüberkommen konnten. Ich kenne ja Ihren Terminkalender. […] Wir redimensionieren* das Management. Sie waren ja selber am Konzept beteiligt und haben ihm zugestimmt. Ich habe jetzt von jedem meiner Mitarbeiter auf der mittleren und höheren Managementebene eine Leistungsanalyse erstellen lassen. […] Die [Firma Kinley and Finley] sind zum Schluss gekommen, dass Sie sich zu sehr auf Ihren Lorbeeren ausruhen, Tschudi. Natürlich haben Sie Leistung erbracht. […] Aber Lorbeeren gehören auf den Kopf, in die Suppe vielleicht, aber nicht unter den Hintern. Ich muss mich auf den Ersten Dritten von Ihnen trennen.

TSCHUDI Aber wieso, ich habe doch immer …

BIHLER Es ist vorbei mit den fetten Jahren. Da haben wir gerade im Management großzügig eingekauft. […] Jetzt sitzen wir mit einem Überhang an Managern da. Die Schweiz ist keine Insel der Seligen mehr. Jetzt bläst auch bei uns ein kalter Wind. Wir müssen ein GLOBAL PLAYER sein, oder die Konkurrenz dreht uns die Luft ab. Wir sind nicht mehr 1980. Wo soll ich einen wie Sie einsetzen, Tschudi, in diesem neuen Klima, das ja schon weit härtere Burschen schier umbringt. […]

* redimensionieren: verringern

8 ***Geben Sie die Äußerungen Bihlers in der indirekten Rede wieder.***

9 ***Verfassen Sie einen satirischen Dialog und übertragen Sie ihn in die indirekte Rede.***

a) Lesen Sie den Text von Andreas Maier (S. 105) noch einmal. Denken Sie an eine ähnliche Situation aus Ihrem Alltag. Skizzieren Sie einen möglichen Gesprächsverlauf in der direkten Rede. Sie können auch übertreiben, um die satirische Wirkung zu vertiefen.

b) Formulieren Sie Ihre Skizzen aus, sodass sich ein Gesprächsverlauf in der direkten Rede ergibt.

c) Tauschen Sie nun Ihre Texte mit einer anderen Gruppe aus. Jede Gruppe überträgt den vorliegenden Text in die indirekte Rede.

d) Tragen Sie die Ergebnisse vor.

Satzglieder

Die folgende Meldung wirft einige Fragen auf.

A
Frankfurt. – Der Verkehr brach zusammen. Menschen nutzten. Die Autobahnen waren. Die Staus erreichten. Einige Betroffene äußerten. Die meisten verhielten sich.

1 ***Welche Informationen fehlen in diesem Text? Notieren Sie Ihre Fragen.***

B
Frankfurt. – Der Verkehr brach zusammen. Menschen nutzten das lange Wochenende. Die Autobahnen waren. Die Staus erreichten eine Länge. Einige Betroffene äußerten ihren Unmut. Die meisten verhielten sich.

2 ***Welche der obigen Fragen sind beantwortet worden? Welche bleiben offen?***

C
Frankfurt. – Der Verkehr brach zeitweise zusammen. Menschen nutzten das lange Wochenende. Die Autobahnen waren überlastet. Die Staus erreichten eine Länge von 280 Kilometern. Einige Betroffene äußerten ihren Unmut. Die meisten verhielten sich diszipliniert.

3 ***Vergleichen Sie Text B mit Text C.***

a) Welche Ihrer Fragen sind beantwortet worden?
b) Notieren Sie die Satzglieder, die diese Fragen beantworten.
c) Welche weiteren Fragen bleiben offen? Ergänzen Sie den Text mit Angaben, die weitere Hintergründe liefern könnten.
d) Vergleichen Sie Ihre Angaben mit der Meldung unten.

Frankfurt. – Am Donnerstag brach auf den Straßen des ganzen Landes der Verkehr zeitweise völlig zusammen. Viele Menschen nutzten das lange Wochenende für einen Kurzurlaub. Die Folge war, dass vor allem die Autobahnen in Richtung Süden hoffnungslos überlastet waren. Die Staus erreichten eine Länge von 280 Kilometern und mehr. Einige Betroffene äußerten ihren Unmut wegen der vielen Baustellen, die eine Ursache für die Staus waren. Die meisten verhielten sich jedoch sehr diszipliniert, sodass es nur vereinzelt zu Auffahrunfällen kam.

Satzglieder

Basiswissen | **Satzglieder**

Die Grundbausteine eines Satzes sind die Satzglieder. Man kann sie durch **Frageproben** oder **Umstellproben** erkennen.
Das **Subjekt** ist der Handlungsträger des Geschehens, das durch das **Prädikat** beschrieben wird.
Dieses Geschehen hat Auswirkungen auf das **Objekt**.
Die **adverbiale Bestimmung** gibt nähere Auskunft über den Ort, die Zeit, die Art und Weise oder den Grund des Geschehens.

1. Subjekt im Nominativ (**Wer oder Was?**)	***Ich*** *schreibe.*
2. Prädikat	*Ich* ***schreibe****.*
3. Objekte*	
Dativ (**Wem?**)	*Ich schreibe* ***dem Personalchef****.* ***Dem Personalchef*** *schreibe ich.*
Akkusativ (**Wen?**)	*Ich schreibe* ***den Lebenslauf****.* ***Den Lebenslauf*** *schreibe ich.*
Präpositionales Objekt (**an, für etc. wen?**)	*Ich schreibe* ***an die Firma.*** ***An die Firma*** *schreibe ich.*

*Das Genitiv-Objekt wird nur noch selten verwendet. *Sie gedenken der Toten.*

4. Adverbiale Bestimmungen	
- des Ortes (**Wo?**)	*Ich schreibe den Lebenslauf* ***zu Hause****.* ***Zu Hause*** *schreibe ich den Lebenslauf.*
- der Zeit (**Wann?**)	*Ich schreibe den Lebenslauf* ***heute****.* ***Heute*** *schreibe ich den Lebenslauf.*
- der Art und Weise (**Wie?**)	*Ich schreibe den Lebenslauf* ***sehr gern****.* ***Sehr gern*** *schreibe ich den Lebenslauf.*
- des Grundes (**Warum?**)	*Ich schreibe den Lebenslauf* ***wegen einer Bewerbung****.* ***Wegen einer Bewerbung*** *schreibe ich den Lebenslauf.*

Bis auf das Prädikat kann die Bedeutung eines jeden Satzgliedes durch ein **Attribut** erweitert werden.

Da das Attribut nur Teil eines Satzgliedes ist, kann es auch nur mit dem **Bezugswort** im Satz verschoben werden.

Ich schicke ihm eine ***ausführliche Bewerbung*** *mit Schriftprobe.*
Eine ***ausführliche Bewerbung*** *mit Schriftprobe schicke ich ihm.*

Ich verwende ein ***Bewerbungsfoto, das ein sehr guter Fotograf gemacht hat.***
Ein ***Bewerbungsfoto, das ein sehr guter Fotograf gemacht hat****, verwende ich.*

Satzglieder

Das Umstellen von Satzgliedern verleiht einem Text mehr Abwechslung.

Zwei Schüler	beobachteten	einen Mann	gestern Nacht.
Er	trug	einen Rucksack.	
Er	hielt		vor einem Juwelier.
Er	schaute		in alle Richtungen.
Er	öffnete	die Ladentür.	
Die Schüler	informierten	die Polizei.	
Der Dieb	stahl	mehrere Colliers.	
Die Polizei	stellte	ihn	vor Ort.

4 ***Bestimmen Sie die Satzglieder der obigen Sätze.***

5 ***Aus welchem Grund wirkt die Meldung stilistisch mangelhaft?***

6 ***Schreiben Sie eine Zeitungsmeldung. Variieren Sie die Satzgliedfolge, um die stilistische Qualität des Textes zu verbessern.***

Satzglieder können auch in Form von Nebensätzen verwendet werden.

Spielregeln für Konferenzen

1. Im Gespräch mit anderen sollten Sie Killerphrasen vermeiden.
1. Während Sie mit anderen sprechen, sollten Sie Killerphrasen vermeiden.

2. Pünktlichkeit sollte selbstverständlich sein.
2. …

3. Sachlichkeit trägt zu einer entspannten Arbeitsatmosphäre bei.
3. …

4. Mit einer guten Vorbereitung gelingt die Konferenz.
4. …

5. Beim Feedback sollten Sie fair bleiben.
5. …

7 ***Formen Sie die Sätze nach dem obigen Muster um. Welche stilistischen Unterschiede stellen Sie fest?***

Satzglieder

Eine gute Kenntnis der Funktion von Satzgliedern kann Ihnen bei der Überarbeitung Ihrer Texte helfen.

Achtung, Fehler!

Muster

Aus der FAZ vom 13.12.2005 berichtet der Verfasser in dem Artikel „Schutz für geistiges Eigentum" von einem Gesetzentwurf. Stärken soll er die Rechte von Erfindern, Markeninhabern und Urhebern. Gegen Produktpiraterie vorgehen mit verstärkten Maßnahmen will die Bundesregierung. Vorgelegt wurde von Brigitte Zypries ein entsprechender Gesetzentwurf. Von rund 25 Milliarden Euro durch Produktpiraterie erleidet die deutsche Volkswirtschaft einen Schaden pro Jahr. Im Wert konnte der Zoll dieses Jahr Waren beschlagnahmen von 145 Millionen Euro.
Bislang wurden gegen Warenfälscher noch nicht allzu harte Strafen ausgesprochen.
Von Brigitte Zypries der Gesetzentwurf schließt daher eine Lücke in unserem Gesetz.
Stammen die meisten Produkte aus China. Nur die mutmaßlichen Hersteller hatten bislang gefälschter Waren Angaben machen müssen. Das Recht, nicht nur die gefälschte Ware zu vernichten, sondern auch die Maschinen, mit denen diese Produkte hergestellt wurden, sollen auch die Geschädigten künftig haben.
Das Fälschen ist wenig aufwändig von Waren. Es ist von Kriminellen eine beliebte Methode.
Die Werbung liefert der ursprüngliche Hersteller für die Gegenstände in Fernsehen, Radio oder sonstigen Medien.
Ein sehr unfaires und kriminelles Verfahren ist das Fälschen von Waren meiner Meinung nach.
Den Wunsch vieler Menschen nach Markenware nutzen die Fälscher. Zur Kasse gebeten und dann strafrechtlich verfolgt werden müssen auch die Einkäufer dieser Waren. Mit einem Raub in einer Markenkleiderfabrik zu vergleichen ist Produktpiraterie. Von Brigitte Zypries den Gesetzentwurf finde ich vollkommen richtig deshalb.

8 ***Korrigieren Sie die Stellungnahme eines Schülers.***

a) Ändern Sie - wo nötig - die Satzgliedfolge, sodass die Sätze verständlich sind.

b) Verwenden Sie Attribute immer nur mit ihrem Bezugswort. Korrigieren Sie die betreffenden Textpassagen.

Satzglieder

Je nach Sprechabsicht werden sprachliche Mittel eingesetzt, um eine bestimmte Wirkung zu erzielen.

Text A

Die Entsorgung von Müll erfolgt in Tonnen und Container. Voraussetzung für die Müllvermeidung ist die Trennung der Abfälle. Verpackungen mit dem „Grünen Punkt" gehören in den gelben Sack; Glas, Papier und Pappe in den Wertstoffcontainer; Alttextilien in die Altkleiderbehälter. Eine exakte Müllvermeidung und -trennung führt zur Verringerung der Restmüllmenge.

Text B

Biomüll von anderem Müll zu trennen, das ist für viele Bürger noch kein Thema. Sie finden es schwierig zu bestimmen, was wirklich als Biomüll zählt. In der Biotonne landet nicht nur das, was beim Essen übrig geblieben ist. Alle organischen Materialien wie Blumenabfälle, Laub, Eierschalen, Knochen und Molkereiprodukte gelten als Biomüll. Manche Menschen befürchten, dass Biomüll stinke und Ungeziefer anziehe. Doch dieses Problem kann ganz einfach gelöst werden: Die Biotonne sollte im Sommer nicht an einem sonnigen Platz stehen. Außerdem muss sie regelmäßig geleert und gereinigt werden. Dass sich Geruch bildet, kann man auch verhindern, indem man Essensreste in Zeitungspapier einwickelt.

9 ***Vergleichen Sie die beiden Texte.***

a) Mit welchen sprachlichen Mitteln wird welche Wirkung erzielt?

b) Nennen Sie Textsorten, die für die beiden Stile jeweils typisch sind.

Wenn die Wahl der sprachlichen Mittel nicht mit der Sprechsituation übereinstimmt, kann das einen unfreiwilligen komischen Effekt zur Folge haben. Man spricht von einem Stilbruch.

Gestern Nacht war ich zum Zwecke der Müllentsorgung noch einmal vor die Tür getreten. Dort wurde ich Zeuge des unrechtmäßigen Öffnens eines parkenden Autos. Ein Unbekannter verschaffte sich mit einem nicht erkennbaren Werkzeug Zugang zur Limousine meines Nachbarn. Aus Gründen der Verhüllung hatte der Mann sein Gesicht mit einem Motorradhelm versehen. Diese Maskierung und sein wiederholtes Blicken in verschiedene Richtungen hatten sofort meinen Verdacht geweckt. Zum Zwecke des Unerkanntbleibens ging ich wieder in den Hausflur zurück. Das Hinausspähen aus der verglasten Tür gab mir jedoch die Möglichkeit, weiterhin Zeuge des Vorgehens des Mannes zu bleiben. Meiner Beobachtung konnte so nicht entgehen, dass das Autoradio von ihm entwendet wurde. Mein Anruf bei der Polizei erfolgte prompt.

10 ***Formulieren Sie den Text so um, wie ihn Ihr Nachbar erzählt haben könnte.***

Satzgefüge: Adverbialsätze

Durch die Verwendung verschiedener Nebensätze kann die Bedeutung einer Aussage unterschiedlich akzentuiert werden.

Als liberale Nachrichtenmedien die Kandidatin angriffen, wurde ihnen von den konservativen Gegenmedien tendenziöse Berichterstattung vorgeworfen.

Weil liberale Nachrichtenmedien die Kandidatin angriffen, wurde ihnen von den konservativen Gegenmedien tendenziöse Berichterstattung vorgeworfen.

Wenn liberale Nachrichtenmedien die Kandidatin angreifen, wird ihnen von den konservativen Gegenmedien tendenziöse Berichterstattung vorgeworfen.

Obwohl liberale Nachrichtenmedien die Kandidatin nicht angriffen, wurde ihnen von den konservativen Gegenmedien tendenziöse Berichterstattung vorgeworfen.

Liberale Nachrichtenmedien griffen die Kandidatin an, **sodass ihnen von den konservativen Gegenmedien tendenziöse Berichterstattung vorgeworfen wurde.**

Liberale Nachrichtenmedien griffen die Kandidatin an, **indem sie Details aus deren Privatleben offenlegten.**

1 *Untersuchen Sie die Funktion von Adverbialsätzen.*

a) Erläutern Sie die unterschiedlichen Satzaussagen, die mithilfe der jeweiligen Nebensätze gemacht werden.

b) Wie fragen Sie nach den jeweiligen Nebensätzen?

2 *Ergänzen Sie die folgende Satzaussage durch Nebensätze wie im Beispiel oben. Bei manchen Konjunktionen müssen Sie die Satzaussage abwandeln.*

In vielen Familien müssen beide Elternteile arbeiten.
Die Ganztagsschulen werden bundesweit ausgebaut.

Verwendet man die falschen Konjunktionen, schleichen sich logische Fehler ein, wie folgende Meldungen im Newsticker zeigen.

Obwohl die Wirtschaftsdaten schlecht sind, schauen die Wirtschaftsweisen pessimistisch in die Zukunft. +++ Die Opec kündigt an, ihre Fördermenge zu drosseln, weil der Ölpreis steigt. +++ Die EU-Kommission hat ihre Konjunkturerwartungen nach unten geschraubt, obwohl die Turbulenzen auf den internationalen Finanzmärkten anhalten. +++ Die Finanzkrise hält die Börse weiter im Griff, weil das Ende der Krise in Sicht ist. +++ Titel des Chemie-Spezialisten profitieren vom Boom in der Solarindustrie, indem Analysten mit Kursgewinnen rechnen. +++ Rohöl hat sich in diesem Jahr massiv verteuert, wo der Ölpreis gleich in den ersten Handelstagen des Jahres die Marke von 100 Dollar nach oben durchbrach.

3 *Lesen Sie die Meldungen gründlich und ersetzen Sie die falschen Konjunktionen durch die passenden.*

Satzgefüge: Adverbialsätze

Bei einem Vorstellungsgespräch sollten Sie Ihre Antworten sorgfältig formulieren.

Situation

Personaler: *Warum haben Sie das Fach Maschinenbau belegt?*
Bewerber: *Mich interessieren technische Abläufe schon seit Kindertagen.*

Personaler: *Warum ist die Note in Mathematik so schlecht?*
Bewerber: *Der Lehrer konnte nicht erklären.*

Personaler: *Warum bewerben Sie sich bei uns?*
Bewerber: *Ihre Firma befindet sich ganz in der Nähe meiner Wohnung.*

Personaler: *Warum haben Sie sich für den Beruf des Maschinenbauingenieurs entschieden?*
Bewerber: *Man verdient ganz gut.*

Personaler: *Haben Sie sich neben der Schule in Vereinen engagiert?*
Bewerber: *Das ist mir viel zu viel Verantwortung.*

4 ***Formulieren Sie ausführliche Begründungen, indem Sie kausale Adverbialsätze verwenden.***

a) Formulieren Sie mithilfe des Basiswissens (S. 117) die Antworten in Satzgefüge mit einem kausalen Adverbialsatz um.

b) Finden Sie bessere Antworten auf die Fragen des Personalers. Verwenden Sie dabei wieder kausale Adverbialsätze.

„Ich lese Goethe, mein Vorbild ist Gandhi" – ganz so klischeehaft sollten Ihre Antworten nicht klingen, wenn Ihnen in einem Vorstellungsgespräch die folgenden beliebten Fragen gestellt werden.

1. Nennen Sie uns Ihre drei größten Stärken.
2. Wo sehen Sie sich in zehn Jahren?
3. Welches Buch liegt auf Ihrem Nachttisch?
4. Wie sind Sie mit Ihrem letzten Chef ausgekommen?
5. Wie lange haben Sie vor, bei uns zu bleiben?
6. Bisher haben Sie sich nicht gut geschlagen. Oder was meinen Sie?
7. Nennen Sie uns Ihr persönliches Vorbild.
8. Was denken Sie: Sollte ein Chef geliebt oder gefürchtet werden?
9. Wenn Sie noch einmal von vorne anfangen könnten, was würden Sie anders machen?
10. Haben Sie sich noch woanders beworben?

5 ***Formulieren Sie mithilfe des Basiswissens (S. 117) passende Antworten. Verwenden Sie dabei Satzgefüge mit kausalen, konsekutiven oder finalen Nebensätzen.***

Satzgefüge: Adverbialsätze

Worst-Case-Szenarien sind wichtige Instrumentarien in Planungsprozessen, um mögliche Risiken zu erkennen und ihnen so entgegenzuwirken. Die WHO (Weltgesundheitsorganisation) hat 2005 einen Pandemieplan herausgegeben, der zwischen einzelnen Phasen einer Epidemie unterscheidet.

INTERPANDEMISCHE PERIODE

Phase 1

[...] Ein Subtyp, der zu einem früheren Zeitpunkt Infektionen beim Menschen verursacht hatte, zirkuliert möglicherweise bei Tieren. [...]

Ziel in der Pandemiestrategie: Die Vorbereitungen auf eine Influenza-Pandemie sollten global, regional, national und auf subnationaler Ebene vorangetrieben werden.

Phase 2

[...] Zirkulierende Influenzaviren bei Tieren stellen ein erhebliches Risiko für Erkrankungen beim Menschen dar.

Ziel in der Pandemiestrategie: Das Risiko einer Übertragung auf Menschen sollte minimiert werden; mögliche Übertragungen sollten schnell aufgedeckt und gemeldet werden.

PANDEMISCHE WARNPERIODE

Phase 3

Menschliche Infektion(en) mit einem neuen Subtyp [treten auf], aber [es gibt] keine Ausbreitung von Mensch zu Mensch oder nur in extrem seltenen Fällen bei engem Kontakt.

Ziel in der Pandemiestrategie: Eine schnelle Charakterisierung neuer Virus-Subtypen wie auch der frühe Nachweis, die Meldung und koordinierte Reaktion auf weitere Fälle sollten sichergestellt sein.

Phase 4

[...] Die räumliche Ausbreitung ist noch sehr begrenzt, sodass von einer unvollständigen Anpassung des Virus an den Menschen ausgegangen werden kann.

Ziel in der Pandemiestrategie: Das neue Virus sollte innerhalb eines umschriebenen Herdes eingedämmt werden oder seine Ausbreitung sollte verzögert werden, um Zeit für vorbereitende Maßnahmen einschließlich der Entwicklung von Impfstoffen zu gewinnen.

Phase 5

[...] es muss davon ausgegangen werden, dass das Virus besser an den Menschen angepasst ist, (möglicherweise) jedoch nicht optimal übertragbar ist.

Ziel in der Pandemiestrategie: Die Bemühungen, die Verbreitung des Virus einzudämmen oder zu verlangsamen, sollten maximiert werden, um eine Pandemie möglichst zu verhindern bzw. um Zeit für vorbereitende Maßnahmen zu gewinnen

(www.auswaertiges-amt.de)

6 ***Formulieren Sie einen zusammenhängenden Text. Verwenden Sie Konditionalsätze, die beschreiben, welche Aktionen in den einzelnen Phasen vorgeschlagen werden. Schreiben Sie z. B. so:***

Wenn ein Subtyp, der zu einem früheren Zeitpunkt Infektionen beim Menschen verursacht hatte, möglicherweise bei Tieren zirkuliert, sollten Vorbereitungen auf eine Influenza-Pandemie global, regional und auf subnationaler Ebene vorangetrieben werden.

Satzgefüge: Adverbialsätze

Wirbelstürme am Mittelmeer? Bei einer Erwärmung des Mittelmeers halten Forscher ein solches Szenario für möglich.

In den Tropen beziehen die Stürme ihre Energie aus erhitztem Meerwasser. Die feuchtwarme Luft steigt auf. Wolken bilden sich. Die Erddrehung zwingt die aufsteigenden Wolken in eine Kreisbewegung. Das Zentrum dieses Wirbels saugt immer mehr Luft an. Die Luftmassen wirbeln mit mehr als 200 Kilometern pro Stunde. Das Mittelmeer ist noch zu kühl. Dort konnten lange keine Hurrikane entstehen. Das Klima erwärmt sich zusehends. In Südeuropa und Nordafrika könnten Hurrikane aufziehen. Tausende Küstenstädte und Ferienregionen wären bedroht.

7 *Verbessern Sie den Stil und die Verständlichkeit des Textes, indem Sie verschiedene Aussagen durch die Verwendung von Adverbialsätzen miteinander verknüpfen.*

Basiswissen — Satzgefüge

Satzgefüge bestehen aus mindestens einem **Hauptsatz** und einem **Nebensatz**. Ein Nebensatz weist folgende Merkmale auf: Die Personalform des Verbs steht am Ende, Konjunktionen bzw. Relativpronomen leiten ihn ein und er ist immer vom Hauptsatz abhängig.

Beim Verfassen von Texten ist es wichtig, sich sprachlich differenziert auszudrücken. Mit Satzgefügen kann man bestimmte Sinnzusammenhänge genau ausdrücken. Die jeweiligen Nebensätze präzisieren die im Hauptsatz gemachte Aussage. Sie stehen also in einem bestimmten Verhältnis zum Hauptsatz.

Die Verhältnisbeziehungen im Überblick

Adverbialsatz

Temporal	Zeit	*als, bevor, ehe, bis, nachdem, seitdem, sobald, solange, sooft, während, wenn, ...*
Konzessiv	Einräumung	*obgleich, obwohl, obschon, obzwar, trotzdem, wiewohl, wenn – auch, so – auch, ...*
Final	Zweck/Ziel	*dass, damit, auf dass*
Kausal	Grund/Ursache	*weil, da, zumal*
Modal	Art und Weise	*indem, als, als ob, als wenn, wenn, außer dass, dadurch dass, ohne dass, ...*
Konsekutiv	Folge	*dass, als dass, sodass (häufig mit so, solch, zu, allzu im übergeordneten Satz)*
Konditional	Bedingung	*wenn, falls, im Falle dass, vorausgesetzt dass, ...*
Lokal	Ort	*wo, wohin, woher, ...*

Satzgefüge: Adverbialsätze

In einem Bewerbungsgespräch können Sie nicht nur mit richtigen, sondern auch mit stilistisch guten Antworten punkten.

Warum bewerben Sie sich ausgerechnet bei uns?
Firma bekannt und international tätig – umfassende Ausbildung (kausal)

Wieso glauben Sie, die richtige Person für diese Stelle zu sein?
sehr gutes Abschlusszeugnis – persönliches Ziel: gute Ausbildung (kausal, final)

Was hat Ihre Berufswahl beeinflusst?
Praktikum in diesem Bereich – Neigung und Eignung für diesen Beruf (konsekutiv)

Welcher Arbeitsbereich gefällt Ihnen besonders?
alle Bereiche interessant – besonderes Interesse an Entwicklung (konzessiv)

Welche Hobbys und Sportarten betreiben Sie?
früher: Drachenfliegen – heute: Surfen, Skilanglauf (temporal)

Engagieren Sie sich in Vereinen?
Jugendtrainer im Fußballverein – Weitergabe der eigenen Kenntnisse an Nachwuchs (final)

Sind Sie ortsgebunden?
bei fester Anstellung Umzug denkbar (konditional)

Können Sie sich vorstellen, im Ausland für uns tätig zu sein?
eher nicht – eigene Familie mit zwei Kindern (kausal)

8 ***Formulieren Sie die möglichen Antworten unter Verwendung der in Klammern angegebenen Nebensatzarten aus.***

Auch für ein erfolgreiches Verhandlungsergebnis kann der souveräne Umgang mit Adverbialsätzen hilfreich sein.

Situation

Sie verhandeln mit Ihrem Vermieter über die Rückzahlung Ihrer Kaution und von Ihnen zu leistende Reparaturarbeiten. Vor einer gerichtlichen Auseinandersetzung haben Sie keine Angst, da Ihre Rechtsschutzversicherung alle Kosten übernimmt. Dennoch möchten Sie lieber eine gütliche Einigung, um ein langes Gerichtsverfahren zu vermeiden. Sie sind bereit, kleine Kompromisse zu machen. Ihrem Vermieter gegenüber verdeutlichen Sie aber zunächst, dass Sie nicht verhandlungsbereit sind. Nun liegt es bei ihm, Ihnen akzeptable Vorschläge zu unterbreiten.

9 ***Formulieren Sie den Gesprächsverlauf und verwenden Sie dabei möglichst viele Satzgefüge mit Adverbialsätzen. Tauschen Sie Ihre Ergebnisse aus und vergleichen Sie die Wirksamkeit dieser sprachlichen Mittel.***

Fehlerquelle: Zeichensetzung

Kommasetzung vor „das" oder „dass"

Auch erwachsene Schreiber zeigen in der Kommsetzung noch häufig Unsicherheiten. Deshalb lohnt es sich, gerade hierauf beim Schreiben besonders zu achten. Für die richtige Kommasetzung müssen Sie nicht nur die Kommaregeln kennen, sondern Sie brauchen auch grammatisches Wissen, um diese Regeln anwenden zu können.

Achtung, Fehler!

(1) ___ Kolumbus Amerika entdeckt hat ___ weiß heute jedes Kind.
(2) Nur Kolumbus selbst hat zu Lebzeiten nie erfahren ___ er auf seinen Reisen nach Westen einen neuen Kontinent gefunden hat.
(3) Er glaubte bis zu seinem Tode ___ dieses Land auf ___ er in Richtung Westen stieß Indien sein müsse.
(4) Ruhm und Reichtum blieben ihm versagt so___ er völlig verarmt starb.
(5) Woher kommt aber der Name Amerika? Die Ehre der Benennung wurde Amerigo Vespucci zuteil.
(6) Er gelangte nämlich auf seinen Entdeckungsreisen nach Südamerika. Eigentlich war es ___ heutige Venezuela ___ seine Reisebegleiter nach ihm benannten: Amerika.
(7) Heute ist bekannt ___ etwa 31 Jahre später ein holländischer Geograf in seiner neuen Weltkarte die gesamte westliche Hemisphäre als „Amerika" bezeichnete.

1 *Übertragen Sie den Text in Ihr Heft. Schreiben Sie „das" oder „dass" in die Lücken und setzen Sie die fehlenden Kommas ein.*

Basiswissen — *das* oder *dass*

Mit der Ersatzprobe können Sie feststellen, ob Sie *das* oder *dass* verwenden müssen.

Das **Relativpronomen** *das* kann durch *welches* ersetzt werden.

Ich lese das Buch, ***das*** *du mir geschenkt hast.*
Ich lese das Buch, ***welches*** *du mir geschenkt hast.*

Das Gremium, ***das*** *bis in die späten Abendstunden getagt hat, verkündet heute seine Entscheidung.*
Das Gremium, ***welches*** *bis in die späten Abendstunden getagt hat, verkündet heute seine Entscheidung.*

Der Nebensatz ist ein Relativsatz, das Relativpronomen *das* bezieht sich auf das Buch.

Die **Konjunktion** *dass* kann **nicht** durch *welches* ersetzt werden.

Ich glaube, ***dass*** *dir das Buch gefallen wird.*
~~*Ich glaube, welches dir das Buch gefallen wird.*~~

Ich glaube, ***dass*** *das Gremium eine vernünftige Entscheidung treffen wird.*
~~*Ich glaube, welches das Gremium eine vernünftige Entscheidung treffen wird.*~~

Basisbaustein

Kommasetzung

Der folgende Text informiert über das Volk der Maya.

Achtung, Fehler!

(1) Es war ein Riesenreich das sie bevölkerten denn es reichte von Mexiko über Honduras bis nach Guatemala.

(2) Die Rede ist von den Mayas den Herrschern des Regenwaldes.

(3) Es gab kein Volk im antiken Amerika das so hoch entwickelt war wie dieses.

(4) Davon zeugen imposante Pyramiden eine voll ausgebildete Schrift Observatorien und eine gut entwickelte Landwirtschaft.

(5) Die Maya-Kultur erlebte etwa um 600 n. Chr. ihren Höhepunkt als sich Metropolen mit Zehntausenden Einwohnern entwickelten.

(6) Die Bauern ernährten mit Mais der sehr reichlich geerntet wurde die Oberen und einen wohlhabenden Mittelstand.

(7) Die Könige die als gottgleiche Wesen verehrt wurden regierten die Städte.

(8) Aber irgendwann scheint das Volk das Vertrauen in diese Herrscher verloren zu haben denn die Mayas verließen mehr und mehr die Städte um auf dem Land zu überleben.

(9) Eine Vielzahl unbekannter Faktoren Wissenschaftler vermuten verheerende Dürren Überbevölkerung oder Kleinkriege muss zu dem Verfall geführt haben der nach 950 n. Chr. nicht mehr aufgehalten werden konnte.

(10) Es entstanden viele Kleinstaaten aber kein Staat war stark genug um Ordnung zu schaffen wie einst die Mayas.

(11) Die Herrscher verschanzten sich hinter immer größerem Luxus und das hungernde Volk zog sich in die Berge zurück sodass die Städte mehr und mehr zerfielen.

(12) Sie wurden vom Tropenwald überwuchert gerieten für Jahrhunderte in Vergessenheit und wurden erst im Laufe des 19. Jahrhunderts wieder entdeckt.

1 ***Schreiben Sie den Text in Ihr Heft, setzen Sie alle fehlenden Kommas und begründen Sie Ihre Entscheidungen mit den Regeln des Basiswissens.***

Basiswissen **Kommasetzung**

Die häufigsten Kommafehler können Sie schon vermeiden, wenn Sie nur folgende Regeln kennen und beachten:

Kommas

- stehen bei entgegensetzenden oder einschränkenden Konjunktionen, z. B. *aber, sondern, doch, jedoch, obwohl.*
- trennen Haupt- und Nebensatz. Eingeschobene Nebensätze werden von Kommas eingeschlossen.
- müssen bei Infinitivsätzen (bestehend aus einem Infinitiv mit „zu" und mindestens einem weiteren Wort) meistens gesetzt werden.

Kein Komma

- steht, wenn gleichrangige Teilsätze, Wortgruppen oder Wörter verbunden werden, z. B. mit *und, oder, sowie, beziehungsweise.* Dies gilt auch für Ausdrücke wie *entweder ... oder, sowohl ... als auch, weder ... noch.*
- steht bei Vergleichen mit *wie* oder *als*, wenn nur Wörter oder Wortgruppen in den Vergleich einbezogen sind, also durch *wie* oder *als* kein Nebensatz eingeleitet wird.

Fehlerquelle: Rechtschreibung

Fremdwörter

In der virtuellen Welt kann man sich eine „Wunsch"-Identität aufbauen. Über die Chancen und Gefahren informiert der folgende Text.

Der englische Begriff „Virtual Reality" (VR) ist ein Sammelbegriff für neuartige Techniken, die eine möglichst realitätsnahe Wahrnehmung von und mit dreidimensionalen, computergestützten Simulationen in Echtzeit gestatten. Der Benutzer kann in einer vom Computer produzierten virtuellen Umgebung navigieren und – anders als in einer Animation – mit den in dieser Umgebung vorhandenen Objekten interagieren. Er kann beispielsweise ein virtuelles Gebäude betreten, die Zimmer besichtigen und einen Blick aus dem Fenster werfen. Waren die Anwendungen bisher noch auf den Entertainmentbereich und die Architektur beschränkt, entwickelt sich virtuelle Realität mit dem Aufkommen neuer Projektions- und Interaktionsmethoden immer mehr zu einem ernst zu nehmenden und wichtigen Werkzeug in der Forschung sowie in industriellen und medizinischen Anwendungen.

VR ermöglicht, eine computererzeugte Welt zu erkunden und sie gleichzeitig interaktiv zu verändern. Die Immersion in die virtuelle Welt, den Cyberspace, die Navigation in ihr und die Interaktion mit dem System sind die wesentlichen Kennzeichen der VR. Freilich ist Cyberspace eine simulierte Wirklichkeit und damit Schein. Der Cybernaut von heute ist gerüstet mit brillenartigen miniaturisierten Bildschirmen vor den Augen, Datenhandschuh und einem sensorbestückten Ganzkörperanzug. In der Zukunft werden computergesteuerte Minibildschirme wie Kontaktlinsen getragen werden können, ein Schritt weiter im Verwischungsprozess der Grenzflächen zwischen Mensch und Computer, in der Verschmelzung von Individuum und Apparat. So ausgestattet ist der Cybernaut in der Lage, audiovisuell in künstliche dreidimensionale Welten einzutauchen. Der Rechner registriert jede Drehung des Kopfes, selbst Augenbewegungen, jeden Befehl, den der Cybernaut mit seinem Datenhandschuh oder -anzug erteilt, um aus diesen Impulsen in Echtzeit eine dreidimensionale Wirklichkeit aufzubauen. Das Anlegen des Datenanzugs ist ebenso bedeutsam für die Menschheitsgeschichte wie seinerzeit das Anlegen der ersten Kleidung in der Altsteinzeit. Die Simulation von Gleichgewichts-, Tast-, Geruchs- und Geschmackssinn gestaltet sich zwar technisch noch schwierig im Vergleich zur Vortäuschung optischer und akustischer Wahrnehmungen, aber es ist nur eine Frage der Zeit, bis die Gesamtheit sinnlicher Empfindungen als Softwarepaket käuflich sein wird. Simulation als Grundlage der VR erweist sich immer dort als nützlich, wo die Erprobung eines Systems in der Wirklichkeit technisch unmöglich, zu aufwendig oder zu gefährlich ist.

1 ***Untersuchen Sie die Schreibung von Fremdwörtern.***

a) Schreiben Sie alle Fremdwörter heraus.

b) Klären Sie die Bedeutung der Ihnen unbekannten Wörter mithilfe eines Wörterbuchs.

Fremdwörter

Auch hier bleibt es virtuell.

Die _____ Realität ist mehr als eine neue _____, die neue Arbeits- und Handlungsabläufe ermöglicht. Sie ist eine von Rechnern _____ Welt, in die der Benutzer eindringen, sich in ihr bewegen, imaginäre Gegenstände berühren und mit anderen in dieser künstlichen Wirklichkeit befindlichen Menschen _____ kann. Der Benutzer bewegt sich also in einer Computersimulation und nimmt sie in Echtzeit _____ und _____ wahr.

Als Erstes, das zeichnet sich bereits heute ab, werden solche virtuellen Systeme ihren Durchbruch im Unterhaltungssektor haben. Sie werden den Markt der _____ enorm verändern.

Virtuelle Systeme werden _____ erlauben, wo bisher nur _____ möglich waren. Filme werden entstehen, in denen der Konsument selbstständig Rollen übernimmt und über eine breite Auswahl an Handlungsmöglichkeiten verfügt. VR-Systeme werden sich in der Forschung, der _____ und der Rüstung durchsetzen. Über den letzten Punkt ist jedoch sehr wenig zu erfahren.

2 ***Schreiben Sie den Text ab und setzen Sie die folgenden Fremdwörter an der passenden Stelle und in der richtigen Form ein:***
Interaktion, Reaktion, Technologie, Telekommunikation, kommunizieren, simulieren, akustisch, virtuell, visuell

In diesem Text sind Fehler versteckt.

Achtung, Fehler!

Wie auch in der realen Welt ist die wirtuelle Welt nicht ganz ohne Gefahren. Die Möglichkeit, Menschen aus aller Welt kennen zu lernen, ist faszinierend. Allerdings mit diesen Menschen in ein Internettcafé oder ein Bisstro zu gehen, sich zusammen die neuesten CD anzuhören, zu kommunizieren oder einen kleinen Ausflug ins All zu machen, ist weit mehr als „nur" faszinierend. Da in naher Zukunft die Rechnerleistung im priwaten Haushalt weiter steigen wird und moderne Grafikkarten eine verblüffend reale Umgebung auf dem Monnitor schaffen können, wird der Unterschied zwischen simmulierter und raler Welt immer fließender. Verschiedenste Studien sehen eine Gefahr im Cyberspac darin, dass z. B. die eigene Identität verloren geht. In der virtuellen Welt kann man sich hinter einer Maske verstecken und sich eine „Wunsch"-Identität aufbauen.

Nicht selten sind auch Fälle, die sich in finantiellen Problemen äußern – z. B. Telfonrechnungen von mehreren hundert oder tausend Euro. Auch die Möglichkeit, Online einzukaufen, ist „gefährlich". Abgesehen vom Datenmisbrauch mit Kreditkartennummern, ist es nicht immer leicht, die Übersicht zu bewahren, wie viel Geld man denn schon ausgegeben hat. Auch kann man in der VR von anderen Personen belästigt werden.

Wie schnell kann sich das zuerst angenehme Gespräch ins Gegenteil wandeln. Oft kann man nur die virtuelle Welt verlassen und sich mit einer anderen Identität wider einklinken.

3 ***Schreiben Sie den Text in Ihr Heft und korrigieren Sie dabei die Rechtschreibfehler.***

Fremdwörter

Basiswissen — Schreibung von Fremdwörtern

Viele Wörter im alltäglichen Sprachgebrauch sind fremden Sprachen entnommen. Man erkennt sie an der Aussprache und an der Schreibung (z. B. Endung *-ion* bzw. *-ieren*), die größtenteils nach den Regeln der Ursprungssprache übernommen werden.

ph, rh, th

Diese Buchstabenfolgen treten häufig bei Fremdwörtern aus dem Griechischen (Altgriechischen) auf: *Phonetik, Rhythmus, Thema*.

Eingedeutschte Schreibweisen

Die Schreibweise des Fremdwortes wird dem Deutschen angepasst: *Photographie – Fotografie*. Sie sollten sich für eine Schreibweise entscheiden und diese innerhalb Ihres Textes beibehalten.

Fremdwörter aus Fachsprachen

Für solche Fremdwörter gibt es keine deutschen Schreibweisen. Sie werden aus dem Original übernommen und behalten dementsprechend auch ihre Originalschreibweise.

Sollten Sie sich bezüglich der Schreibweise einzelner Fremdwörter nicht sicher sein, so überprüfen Sie diese im Duden oder in einem anderen Nachschlagewerk.

4 *Legen Sie eine Tabelle an und sammeln Sie Beispiele für Fremdwörter aus Ihrem Alltag, die folgende Endungen aufweisen.*

-ion (Nomen/Substantiv)	-ieren (Verb)
Simulation ...	simulieren ...

5 *Legen Sie eine Tabelle an und sammeln Sie Beispiele für Fremdwörter aus Ihrem Alltag, die folgende Buchstabenfolgen aufweisen.*

Wörter mit *ph*	Wörter mit *rh*	Wörter mit *th*

6 *Sammeln Sie Beispiele für Fremdwörter aus Fachsprachen, für die es keine deutschen Schreibweisen gibt.*

a) Schlagen Sie dazu in den Kapiteln „Redeanalyse" und „Literarische Texte interpretieren" nach.

b) Sammeln Sie weitere Beispiele aus Ihnen bekannten Fachsprachen.

Fremdwörter

Viele Fremdwörter werden in ihrer Schreibweise dem Deutschen angepasst. Man spricht von eingedeutschten Schreibweisen.

Achtung Fehler!

Avocado – Avokado	Gelee – Schelee
Biographie – Biografie	Geograph – Geograf
Bouquet – Bukett	Himalaya – Himalaja
Bulldozer – Bulldoser	Justitiar – Justiziar
Chicoree – Schikoree	Katastrophe – Katastrofe
Collier – Kollier	Metapher – Metafer
Cord – Kord	Paragraph – Paragraf
Choreograph – Choreograf	Paralyse – Paralüse
Charisma – Karisma	Photokopie – Fotokopie
decodieren – dekodieren	potentiell – potenziell
Delphin – Delfin	Sketch – Sketsch
Frotté – Frottee	stenographieren – stenografieren

7 ***Untersuchen Sie die eingedeutschten Schreibweisen der oben aufgeführten Fremdwörter.***

a) Prüfen Sie mithilfe eines Wörterbuchs, ob die angegebenen eingedeutschten Schreibweisen erlaubt sind.

b) Schreiben Sie die Wortpaare, bei denen beide Schreibweisen möglich sind, in Ihr Heft.

c) Markieren Sie die Buchstaben, die sich geändert haben.

d) Sammeln Sie weitere Beispiele für Fremdwörter, die sowohl in ihrer ursprünglichen als auch ihrer eingedeutschten Schreibweise verwendet werden können.

Fazit

Fehlerquelle: Grammatik
- Tempusformen
- direkte/indirekte Rede
- Satzglieder
- Satzgefüge

Fehlerquelle: Zeichensetzung
- das/dass
- Kommasetzung

Fehlerquelle: Rechtschreibung
- Fremdwörter

Wiederholung

6 Kommunikation ist mehr als Sprechen

7 Informationen gliedern und strukturieren

8 Literarische Texte interpretieren

9 Grammatik und Rechtschreibung

10 Bewerbungstraining

In dem folgenden Wiederholungsteil können Sie noch einmal selbstständig Ihre Kenntnisse in den Bereichen Sprache und Kommunikation, Umgang mit Sachtexten und literarischen Texten, Rechtschreibung und Grammatik auffrischen. Zusätzlich bietet Ihnen der Wiederholungsteil ein Bewerbungstraining, das u. a. die Online-Bewerbung und das Präsentieren in einem Unternehmen trainiert. Der Wiederholungsteil bildet die Grundlage für die weiteren Bausteine.

Was ich bereits gelernt habe

- ✔ Sprache setzt sich aus verbalen und nonverbalen Signalen zusammen.
- ✔ Kritik sollte konstruktiv und nicht destruktiv geäußert werden.
- ✔ Sachtexte kann man zusammenfassen, exzerpieren und visualisieren, damit Inhalte jederzeit abrufbar sind.
- ✔ Literarische Texte werden in die drei Grundformen Dramatik, Epik und Lyrik unterteilt.
- ✔ Die Charakterisierung einer Figur oder mehrerer Figuren eines literarischen Textes ist ein wesentlicher Schritt zur Interpretation eines Textes.

Kommunikation ist mehr als Sprechen

In unserem alltäglichen Kommunikationsverhalten spielen auch körpersprachliche Signale eine große Rolle.

Der perfekte Chef

von Annegret Becker

Auf den ersten Blick eine Verkaufskanone, dieser Versicherungsvertreter aus dem Süddeutschen. Niemand sonst liefert so viele Abschlüsse ab. Pech nur: Auch seine Stornoquote ist konkurrenzlos hoch. Den wunden Punkt entdeckt später Kommunikationstrainer Gerhard Jantzen aus Wachenheim: „Nach jeder Unterschrift rieb sich der Versicherungsmann erfreut die Hände."

Ein typisches Beispiel dafür, wie unbewusste Körpersignale viel versprechende Geschäftskontakte zunichte machen.

(Impulse, August 2002)

1 *In dem Text heißt es: „Nach jeder Unterschrift rieb sich der Versicherungskaufmann erfreut die Hände." (Z. 7–8).*

a) Beschreiben Sie die Wirkung dieses nonverbalen Verhaltens mit Ihren Worten.

b) Beurteilen Sie, warum gerade dieses Verhalten zu der hohen Stornoquote geführt haben mag.

2 *Stellen Sie dar, aus welchen Gründen die nonverbale Kommunikation gerade dann von zentraler Bedeutung ist, wenn es um Liebe, Angst, Bedrohung, Empathie geht.*

Basiswissen – Nonverbale Kommunikation

Aktuelle Studien belegen, dass ein Sprecher lediglich fünf Prozent seiner Botschaft über den Wortinhalt vermittelt. Dreißig Prozent der Botschaft übermittelt er durch die Art und Weise, wie etwas gesagt wird (z. B. freundlich, zaghaft, aggressiv). Den größten Anteil an der Kommunikation übernimmt der Körper durch Mimik und Gestik. Die Wirkung der Körpersprache ist somit größer als die des gesprochenen Wortes.

Zu den nonverbalen Signalen der Kommunikation gehören:

- die Mimik (Gesichtsausdruck)
- die Gestik (Gebärden z. B. mit Armen und Händen)
- die Körperhaltung (eine bestimmte Art zu sitzen oder zu stehen, zu gehen usw.)
- die äußere Erscheinung (Kleidung, Frisur)
- die Art des Sprechens (Tonfall)
- der Geruch (z. B. süßes Parfüm)

3 *Deuten Sie folgende nonverbale Verhaltensweisen hinsichtlich einer möglichen Aussage.*

- Herumspielen mit der Brille
- sich am Kopf kratzen
- an der Krawatte zupfen
- Arme auf dem Rücken verschränken
- die Stirn runzeln
- am Ohrläppchen ziehen

Mit einer einzigen Äußerung können unterschiedliche kommunikative Ziele verfolgt werden.

Situation

ER und SIE befinden sich auf einer Fahrt mit dem Auto in den Urlaub. Nach einer längeren Zeit des Schweigens fragt SIE: „Hast du Hunger?“ ER erwidert: „Nein!“ IHRE Stimmung verschlechtert sich. Schließlich sagt SIE mit einem aggressiven Unterton: „Also, ich esse jetzt etwas. Dir ist es offensichtlich egal, wie es mir geht.“

4 *Beurteilen Sie die Kommunikationssituation zwischen Mann und Frau, indem Sie mithilfe des Basiswissens auf die unterschiedlichen Funktionen der Äußerung eingehen.*

a) Welches kommunikative Ziel verfolgt die Frau? Welche Funktion wählt sie für ihre Äußerung? Begründen Sie Ihre Auffassung.

b) Auf welcher kommunikativen Ebene nimmt der Mann die Äußerung wahr? Nennen Sie Ursachen.

c) Überlegen Sie, was dem Mann als dem Empfänger der Nachricht helfen könnte, die Sprechabsicht der Frau „richtig“ zu verstehen. Nennen Sie Beispiele.

Basiswissen – Die drei Funktionen einer sprachlichen Mitteilung

In der Kommunikation entstehen oft Missverständnisse, weil der Empfänger eine Mitteilung anders interpretiert, als der Sender es beabsichtigte. Das liegt vor allem daran, dass Menschen dazu neigen, nicht **direkt** das auszusprechen, was sie wollen, sondern ihre Absicht **indirekt** mitzuteilen. Eine Äußerung kann folgende kommunikative Funktionen haben: die **Darstellung** eines Sachverhaltes (informativ), den **Ausdruck** eines Gefühlzustands (expressiv) und/oder den **Appell** bzw. die Aufforderung zur Handlung (appellativ).

Der **Empfänger** muss herausfinden, welches der oben genannten kommunikativen Ziele der Sender verfolgt. Nur wenn er die Ebene korrekt interpretiert, kann er „richtig“ reagieren und Konflikte vermeiden.

Virginia Satir: Die Meisten von uns sprechen in Kurzschrift

Wir selbst verstehen diese Kurzschrift und wundern uns, warum „du Dummkopf mich nicht verstehst“. Sie wird oft von Körperbotschaften begleitet, die genau das Gegenteil ausdrücken. Stelle dir jemanden vor, der mit dem Mund zwar „ja“ sagt, aber dabei den Kopf schüttelt. Was wir dem anderen jedoch in Wirklichkeit vermitteln wollen, ist unsere volle Aufmerksamkeit, die zum „ich verstehe dich, und ich fühle mich von dir verstanden“ führt. Anfangs erscheint dies vielen Menschen schwieriger, vor allem weil es etwas Neues darstellt.

5 *Untersuchen Sie Ihr Kommunikationsverhalten mithilfe des Textes*

a) Nennen Sie Beispiele aus Ihrem Alltag, in denen widersprüchliche Botschaften eine Kommunikation erschwert haben.

b) Warum ist es so schwierig, dem Kommunikationspartner ungeteilte Aufmerksamkeit zu schenken?

c) Wie müsste man sich verhalten, um zum Gelingen von Kommunikation beizutragen?

Verstehen, was gemeint ist

In alltäglichen Kommunikationssituationen kommt es oft zu Missverständnissen. Diese sind darauf zurückzuführen, dass das Gesagte nicht das Gemeinte ist.

DIE ABENTEUER DES WIKINGERS HÄGAR

1 *Analysieren Sie den Dialog zwischen Hägar und seiner Frau Helga hinsichtlich seines bzw. ihres Kommunikationsverhaltens.*

a) Berücksichtigen Sie dabei besonders die folgenden Gesichtspunkte.
- Was möchte Helga mit ihrer Frage erreichen?
- Wie versteht Hägar die Frage seiner Frau?
- Welche Antwort(en) erwartet sie?
- Welche Gründe mag Helga haben, ihre kommunikative Absicht nicht direkt zu formulieren?

b) Finden Sie Formulierungen, die die kommunikative Absicht Helgas deutlicher zum Ausdruck bringen. Gehen Sie in diesem Zusammenhang davon aus, dass Helga Ihrem Partner etwas mitteilen will über:
- ihren Unmut sein Verhalten betreffend,
- seine Verantwortung für sie als seine Ehefrau,
- ihre Erwartung, dass er sein Verhalten ändert.

Basiswissen — Regeln für das Sprechen und Zuhören

Die folgenden Regeln können Ihnen helfen, besser zu kommunizieren.

Regeln für das Sprechen

- Sprechen Sie von sich. Sagen Sie, was Sie bewegt.
- Sagen Sie „Ich“. Du-Sätze beinhalten oft Vorwürfe, die Gegenangriffe auslösen.
- Beziehen Sie sich auf konkrete Situationen. Vermeiden Sie Verallgemeinerungen wie „immer“ und „nie“.
- Sprechen Sie konkret das Verhalten an, das Sie stört.
- Bleiben Sie beim Thema. Wärmen Sie keine alten Probleme auf.

Regeln für das Zuhören

- Zeigen Sie, dass Sie zuhören. Wenden Sie sich dem Gesprächspartner zu und halten Sie Blickkontakt.
- Geben Sie ihm oder ihr ein Feedback. Wiederholen Sie also mit eigenen Worten, was Sie verstanden haben. So vermeiden Sie Missverständnisse.
- Geben Sie positive Rückmeldungen durch Mimik und Gestik oder durch kurze Äußerungen.
- Kommentieren Sie bei Bedarf, was das Gesagte in Ihnen auslöst.

Das Gesagte muss nicht das Gemeinte sein

Sowohl im Beruf als auch im Alltag kritisieren Menschen andere Menschen und werden kritisiert. Kritik soll in der Regel zu Verhaltensänderungen führen. Ob dieses Ziel erreicht wird, hängt davon ab, wie die Kritik vorgetragen wird und ob der Kritisierte sie annehmen kann.

Situation

Dialog während des Praktikums

Du verbreitest ein totales Chaos. Wenn du die Ablage gemacht hast, findet anschließend kein Mensch etwas wieder. So geht das nun wirklich nicht. Aber das ist typisch für dich. So einen Praktikanten habe ich noch nie betreut. Was kannst du überhaupt? Du arbeitest immer oberflächlich, weil du auch nie richtig zuhörst. Die Kollegen denken übrigens auch so. Richtig ärgerlich ist das. Soll ich denn alles alleine erledigen? Dann brauch' ich auch keinen Praktikanten. Aber ich gebe ja mein Bestes. Geben wir die Hoffnung nicht auf. Vielleicht bekomme ich dich ja doch noch halbwegs hin.

1 *Bereiten Sie in Arbeitsgruppen eine szenische Darstellung der Gesprächssituation vor. Überlegen Sie gemeinsam, welche Körpersignale den Kritisierenden und den Kritisierten prägen sollen.*

2 *Wählen Sie zwei Mitschüler, die das Rollenspiel vortragen sollen. Der Rest der Klasse analysiert das Rollenspiel nach folgenden Gesichtspunkten: Was wird gesagt? Welche nonverablen Verhaltensmuster sind zu erkennen?*

3 *Geben Sie den Spielern Ratschläge, wie sie ihr Kommunikationsverhalten ändern können, damit es zu einer positiven Verhaltensänderung kommen kann.*

Basiswissen — Destruktive und konstruktive Kritik

Beschimpfungen sind **destruktiv**. Sie kennzeichnen ein Sozialverhalten, das auf Aggression beruht und in der Regel als Drohgebärde interpretiert wird. Häufig empfindet der Kritisierte die Beschimpfung als Ehrverlust. Es erscheint also nicht verwunderlich, dass Beschimpfungen ein Abwehrverhalten provozieren. Eine Konfliktsituation ist vorprogrammiert.

Natürlich muss ein Fehlverhalten kritisiert werden. Die Kritik muss aber konstruktiv sein. **Konstruktive** Kritik weist zwar auf das Fehlverhalten hin, bietet jedoch gleichzeitig auch Hilfestellungen zur Problemlösung an.

Kritik äußern, Kritik annehmen

Beschimpfungen erzeugen naturgemäß Abwehrverhalten, weil sie als Angriff gewertet werden und die beschimpfte Person sich schützen will.

1 *Vervollständigen Sie das folgende Muster, indem Sie für die Kriterien in der linken Spalte Beispiele aus dem Dialog und/oder aus Ihrem Alltag finden.*

Der Praktikant wird Opfer eines **destruktiven Angriffsgespräches.** Hier findet man:

„DU-Botschaften“	„Du verbreitest immer nur Chaos!“
allgemeine Vorwürfe	...
Ironie	...
persönliche Angriffe/Verletzungen	...
Kritik aus „zweiter Hand“	...
Kritik gegen die „ganze Person“	...
Machtdemonstration	...

In einem **konstruktiven Kritikgespräch** verwendet man hingegen:

„ICH-Botschaften“	„Ich finde, die Arbeitseinstellung muss ...“
konkrete Hinweise auf das fehlerhafte Verhalten	...
Äußerung subjektiver Kritik	...
das wirkliche Problem des fehlerhaften Verhaltens	...
partnerschaftliche Kritik	...

Fazit

Kommunikation
- verbale Kommunikation
- nonverbale Kommunikation

Funktionen einer sprachlichen Mitteilung
- Darstellung eines Sachverhaltes
- Ausdruck eines Gefühlszustandes
- Appell zur Handlung

Kritik äußern
- destruktive Kritik
- konstruktive Kritik

Informationen gliedern und strukturieren

Die Inhaltsangabe eines Sachtextes schreiben

Wenn Sie sich den Inhalt eines Sachtextes einprägen oder den Text analysieren sollen, können Sie die wichtigsten Informationen zum Beispiel in Form einer Inhaltsangabe wiedergeben.

Einmal gespeichert, immer gespeichert

Lea geht in die elfte Klasse. Sie ist im Leistungskurs Kunst, möchte Innenarchitektin werden und macht sich keine Sorgen. „Ich benutze das SchülerVZ, um meinen Freunden zu schreiben", sagt sie. „Was soll daran gefährlich sein?" Mit dieser Meinung ist Lea nicht allein. SchülerVZ ist ein Internetportal für Teenies und heißt mit richtigem Namen „Schülerverzeichnis". Dort sind über eine Million Mitglieder verzeichnet. Eine kleine Umfrage von *Q-rage* hat ergeben: Schüler wollen sich im SchülerVZ kennen lernen und Fun haben – sich aber nicht den Kopf über Datenschutz oder Rechtsextremismus zerbrechen. Zu kompliziert, finden die meisten.

SchülerVZ ist, genau wie seine große Schwester StudiVZ, eine riesige Sammlung privater und empfindlicher Daten. Schüler stellen hier ihre Urlaubsbildchen ein, machen Angaben über Geburtstag, Hobbys, Wohnort. Mancher gibt sogar seine Telefonnummer preis. Das ergibt eine Sammlung von zusammen über 3 Millionen Nutzerprofilen. Experten warnen: Die Gefahr des Datenmissbrauchs ist enorm.

„Wer nicht will, dass Daten auf SchülerVZ für jeden sichtbar sind, kann das für seine Seite ja einfach blockieren", meint Tobias, fünfzehn Jahre alt. Er hat ein detailliertes Profil in dem Freundeportal. Für wen seine Daten verfügbar sind, bereitet ihm keine Sorgen. Sollte es aber. Man kann zum Beispiel bei Wikipedia gemütlich eine Anleitung lesen, wie jedermann an Daten bei SchülerVZ herankommt – auch wenn sie angeblich geschützt sind.

Das letzte Mal lautete die Zahl eine Million. So viele Nutzerprofile haben Unbekannte von der StudiVZ-Datenbank geklaut und anschließend ausgewertet. „Wir werden weiter aktiv dafür Sorge tragen, einen kommunikativen und sicheren Service zu bieten", erklärte der Gründer von StudiVZ, Ehssan Dariani, nach dem Datenklau. Der Bundesbeauftragte für Datenschutz, Peter Schaar, kann da nur lächeln. „Niemand kann ausschließen, dass so etwas auch in Zukunft wieder vorkommt", sagte Schaar im Gespräch mit *Q-rage*.

Schüler fragen sich oft: Was kann man denn mit den paar persönlichen Angaben anfangen? Eine putzige Sichtweise. Das Netz ist an sich schon keine sichere Landschaft, warnt der Netzexperte Burkhard Schröder. Unter Onlinern gilt die Faustregel: Einmal gespeichert, immer gespeichert. „Was im Netz gestanden hat, kann später wiedergefunden werden", sagt Datenschützer Schaar. […]

Manche Schüler stellen unbedarft Saufbildchen von sich ins Internet. Die müssen sich dann nicht wundern, wenn ihnen ein Personalchef in zehn Jahren das Foto unter die Nase hält – beim Bewerbungsgespräch. „Heute können doch alle googeln, auch Arbeitgeber", meint Constanze Kurz vom Chaos Computer Club. Die immer wiederkehrende Ausflucht vieler naiver User „Ich habe nichts zu verstecken" löst bei ihr nur Kopfschütteln aus: „Mir tun die Leute leid, die nichts zu verbergen haben", sagt Kurz zu *Q-rage*. […]

Das Geheimnis von SchülerVZ ist schlicht Kommunikation, und zwar ironischerweise anonymes Kommunizieren. Wer im Netz jemand gruschelt (Mischung aus grüßen und kuscheln), nimmt mit anderen Kontakt auf – ohne ihnen gleich von Angesicht zu Angesicht gegenüberzustehen.

Das Motiv der Betreiber ist einfach: Umsatz und Kontakte. Datenfreak Burkhardt Schröder (www.burks.de) ist sich sicher. „Die haben kommerzielle

Interessen. Die wollen an die Nutzerdaten ran, denn die sind sehr viel wert." Der Holtzbrinck-Verlag hat das Studenten- und Schülerportal im März 2007 für einen Batzen Geld gekauft. Zwischen 50 und 100 Millionen Euro hat die Verlagsgruppe für StudiVZ bezahlt, Insider gehen sogar von 120 Millionen Euro aus. Denkbar wäre also, dass mit den Profilen gehandelt wird. Denn Firmen betreiben heute einen riesigen Aufwand, um das Image ihrer Produkte und das Einkaufsverhalten der Kunden zu studieren. Für diese Firmen wäre eine StudiVZ-Datenbank von höchstem Wert. […]

(Q-rage, 3. Ausgabe, Schuljahr 2007/2008)

1 *Bearbeiten Sie den Text nach der 5-Schritt-Lesetechnik (➪ Kapitel 20).*

Muster

Der Artikel „Einmal gespeichert, immer gespeichert" erschien in der dritten Ausgabe der Jugendzeitschrift Q-rage im Schuljahr 2007/2008. Der/Die Verfasser/-in wird nicht genannt. Der Text richtet sich an Schülerinnen und Schüler und macht auf Gefahren aufmerksam, die eine Veröffentlichung persönlicher Daten im Schüler- oder Studentenverzeichnis mit sich bringen kann.
Anhand von Beispielen stellt der Autor einleitend dar, dass sich die Nutzerinnen und Nutzer dieser Internetportale der Gefahren des Datenmissbrauches nicht bewusst sind. Selbst eine Sperre der Daten für andere Nutzer als die Freunde sei kein Schutz. Bei Wikipedia könne man zum Beispiel eine Anleitung finden, wie man diese Sperre überwinden kann. Der Verfasser führt weiter aus, der Gründer von StudiVZ, Ehssan Dariani, habe nach zuletzt ca. einer Million gestohlener Daten versprochen, dass alles dafür getan werde, einen sicheren Service zu bieten. Dem gegenüber stellt der Verfasser Aussagen von Experten, die einen sicheren Schutz der Daten bezweifeln. Anschließend macht er darauf aufmerksam, dass die Nutzerprofile für künftige Arbeitgeber interessant seien und vor allem auch für Werbezwecke verwendet werden könnten. Abschließend erwähnt der Autor, StudiVZ sei im März 2007 vom Holtzbrinck-Verlag für eine sehr hohe Summe gekauft worden. Einen Handel mit den Nutzerprofilen schließt er nicht aus.
Andere kennen lernen und Spaß haben ist die eine Seite des Internetportals SchülerVZ, kommerzielle Interessen die andere.

2 *Untersuchen Sie die Musteranalyse und beantworten Sie folgende Fragen:*

a) Worüber informieren Einleitung und Hauptteil? Welche Bedeutung kommt dem Schlusssatz zu?
b) Welche Tempusformen (➪ Kapitel 5, 9) werden benutzt?
c) In welchem Modus (➪ Kapitel 5, 9) stehen die Aussagen der Autorin oder des Autors?

Arbeitstechnik – Eine Inhaltsangabe zu einem Sachtext schreiben

1. Lesen Sie den Text nach der 5-Schritt-Lesetechnik (➪ Kapitel 20).
2. Ordnen Sie Ihre Notizen in **Einleitung, Hauptteil, Schluss**. Die Einleitung enthält Angaben zu Autorin/Autor, Titel, Quelle, Erscheinungsdatum und Thema. Im Hauptteil geben Sie die wichtigsten Aussagen des Autors sachlich wieder. In einem Schlusssatz können Sie z. B. die Meinung des Autors (wenn enthalten) zusammenfassen.
3. Schreiben Sie die Inhaltsangabe im Präsens.
4. Nutzen Sie zur Wiedergabe von Aussagen des Autors die indirekte Rede.

Den Inhalt eines Sachtextes exzerpieren

Sie sollen ein Referat zu dem Thema „Das Fernsehen – von den Anfängen bis heute" halten und begeben sich zunächst auf die Suche nach Material. Wenn Sie geeignete Texte gefunden haben, exzerpieren Sie diese. Das gibt Ihnen die Möglichkeit, zielgerichtet auf Informationen zurückzugreifen, ohne den Text noch einmal lesen zu müssen.

Die Welt im Wohnzimmer

Die Geschichte des Massenmediums Fernsehen

von Harald Berlinghof

[...] Der Fernseher, ob mit 15 Zentimeter Bildschirmdiagonale ausgestattet, den man notfalls auch an die Autobatterie anklemmen kann, oder mit Plasma-Bildschirm von 1,40 Meter Kantenlänge, hat die letzten Winkel dieser Erde erreicht: Irgendwo im brasilianischen Urwald kann genauso ferngesehen werden wie im Stockwerk 101 des höchsten Wolkenkratzers der Welt in Taipeh.

Welche ungeheure Entwicklung das Medium genommen hat, zeigt folgender Vergleich: Als in Deutschland nach dem Zweiten Weltkrieg ein erstes Fernsehprogramm gesendet wurde, gab es ganze 60 Fernsehteilnehmer in der Bundesrepublik. Das war 1951. Der offizielle Start der „Arbeitsgemeinschaft der öffentlich-rechtlichen Rundfunkanstalten der Bundesrepublik Deutschland", kurz ARD genannt, erfolgte am 1. Weihnachtsfeiertag 1952.

Damals waren es bereits 300 stolze Fernsehbesitzer in Deutschland, die diesem historischen Ereignis beiwohnen durften – gemeinsam mit zahlreichen neugierigen Nachbarn, die sich teilweise selbst dazu eingeladen hatten. Fernsehen war zu jener Zeit noch etwas, das man gemeinsam tat. Doch täglich wurden in jener Zeit 5000 Fernsehgeräte trotz des damals für Otto Normalverdiener beinahe unerschwinglichen Preises von 1000 D-Mark verkauft. 1959 wurde die Zahl von 1 Million Empfängern in Deutschland überschritten [...]. Heute findet sich in 98 Prozent der deutschen Haushalte ein Fernsehgerät, inklusive Zweit- und Drittgeräten dürfte sich der Bestand auf rund 55 Millionen Geräte belaufen, für Neuanschaffungen in diesem Bereich geben die Bundesbürger Jahr für Jahr rund drei Milliarden Euro aus. [...]

(Rhein-Neckar-Zeitung, 25.04.2006)

1 *Notieren Sie ausgehend von den gelb markierten Textstellen, unter welchem Aspekt der Zeitungsartikel „Die Welt im Wohnzimmer" bearbeitet wurde.*

2 *Analysieren Sie den ersten Abschnitt (Z. 1–8).*

a) Überlegen Sie, warum lediglich zwei Textstellen markiert wurden.

b) Fassen Sie die grün markierte Textstelle in der Zeile 5 in einem Wort zusammen.

3 *Exzerpieren Sie aus dem Text Informationen zu den markierten Jahreszahlen. Orientieren Sie sich an der folgenden Arbeitstechnik.*

Arbeitstechnik **Exzerpieren**

Exzerpieren bedeutet, einen Text auszugsweise wiederzugeben. Sie können zwei Methoden anwenden:

- Lassen Sie unwichtige Textstellen weg. Formulieren Sie Stichworte und kurze Sätze.
- Verdichten Sie ausführlich dargelegte Informationen, um den Text übersichtlicher zu gestalten (z. B. einfache Sätze anstatt Schachtelsätze verwenden).

Den Inhalt eines Sachtextes visualisieren

Eine Mindmap anlegen

Neben dem Exzerpieren eignen sich für das Zusammenfassen von Informationen aus Sachtexten auch Visualisierungstechniken wie die Mindmap („Gedankenlandkarte“). Dabei ordnen Sie den Schlüssel- bzw. Oberbegriffen Detailinformationen in Form von Unterbegriffen zu.

Eine Schülerin hat zur Vorbereitung für ihr Referat zum Thema „Das Fernsehen – von den Anfängen bis heute“ eine Mindmap angelegt.

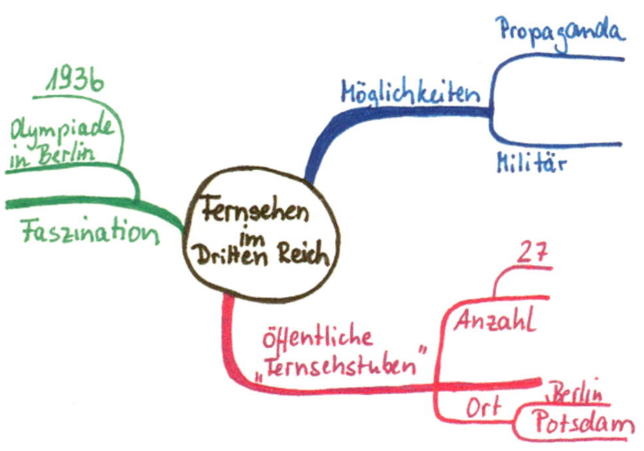

[…] In der Zeit des Dritten Reichs schließlich wurde die Technik vorangetrieben. Mit untrüglichem Instinkt hatten die Nationalsozialisten erkannt, welche propagandistischen und militärischen Möglichkeiten in dem neuen Medium steckten. Der Möglichkeit der Beeinflussung der Massen durch das Fernsehen kam eine zentrale Bedeutung zu. Öffentliche „Fernsehstuben“ wurden in Berlin und Potsdam eingerichtet, insgesamt 27 an der Zahl.

Die Sommerolympiade 1936 in Berlin förderte die Faszination des Mediums, das zeitnah bewegte Bilder übertragen konnte. […]

(Rhein-Neckar-Zeitung, 25.04.2006)

1 *Vergleichen Sie die Textpassage (Fortsetzung des Zeitungsartikels von S. 133) mit der Mindmap.*

a) Werden alle wichtigen Schlüsselbegriffe aus dem Text in der Mindmap genannt?

b) Werden den Schlüsselbegriffen die passenden Unterbegriffe zugeordnet?

2 *Legen Sie eine Mindmap zu dem Textauszug auf Seite 133 zum Thema „Die Geschichte des Fernsehens“ an.*

3 *Vergleichen Sie Ihre Mindmap von Aufgabe 2 mit Ihrem Exzerpt (Aufg. 3, S. 133). Überlegen Sie, welche Vor- und Nachteile das Zusammenfassen eines Sachtextes mithilfe einer Mindmap haben kann.*

Arbeitstechnik | **Eine Mindmap anlegen**

1. Schreiben Sie das zentrale Thema in die Mitte Ihres Blattes und kreisen Sie es ein.
2. Ordnen Sie um das Thema herum Hauptäste an, auf denen Sie die Hauptaspekte (Schlüsselbegriffe) stichwortartig festhalten. Richten Sie für jeden neuen Aspekt einen neuen Ast ein.
3. Zur weiteren Differenzierung können Sie weitere Nebenäste anlegen, auf denen weitere Teilaspekte (Unterbegriffe) eines Gedankens notiert werden können.
4. Sie können Begriffe durch Symbole oder Bilder ergänzen.

Ein Strukturbild gestalten

Sie können den Inhalt eines Sachtextes auch in Form eines Strukturbildes darstellen. Ein Strukturbild lässt Ihnen bei der Visualisierung der in einem Text thematisierten Sachverhalte, Ereignisse oder Handlungen mehr Freiraum als eine Mindmap und eignet sich gut zur Präsentation während eines Referates. Aber auch beim Gestalten des Strukturbildes müssen Sie sich zuvor intensiv mit dem Inhalt des Textes auseinandersetzen.

[...] Auch beim Neustart des Massenmediums nach dem Krieg war es ein Ereignis der besonderen Art, an welchem die Menschen mithilfe des Fernsehers scheinbar unmittelbar teilhaben konnten: Es war die Krönung von Elisabeth II. von England am 2. Juni 1953, ein Ereignis in seiner medialen Bedeutung nur vergleichbar mit den Direktübertragungen von der ersten Mondlandung 1969. Es folgte die Fußball-Weltmeisterschaft 1954 mit dem sensationellen Gewinn der WM durch die deutsche Nationalmannschaft im Endspiel in Bern. Noch in den 50er Jahren erfolgten technische Weiterentwicklungen, deren Bedeutung für das Fernsehverhalten zunächst überhaupt nicht absehbar war. 1954 kamen die ersten Kabel-Fernbedienungen auf den Markt, es folgten 1959 die ersten drahtlosen Ultraschall-Fernbedienungen. Doch was konnte man damit zu jener Zeit schon anfangen? Bestenfalls Lautstärke und Helligkeit regeln, ohne sich aus dem bequemen Sessel erheben zu müssen. Senderwahl? Das Zweite Deutsche Fernsehen ZDF ging erst 1963 an den Start, die regionalen Dritten Programme der ARD wurden erst ab 1964 eingerichtet.

Die technische Entwicklung ging inzwischen unaufhaltsam weiter. Erste Farbfernseh-Testbilder wurden ab 1964 in Deutschland ausgestrahlt. Am 25. August 1967 fiel dann der Startschuss für das Farbfernsehen. Der nächste Schritt in Richtung Fernseh-Zeitalter wurde getan mit dem Einsatz von Satelliten zur Übertragung. Die klassischen Verteilsatelliten ermöglichten von einer stationären Umlaufbahn im Erdorbit Direktübertragungen über weite Strecken hinweg, etwa aus den USA nach Europa.

Das, was wir jedoch heute landläufig unter Satellitenfernsehen verstehen, sind die Ausstrahlungen von Direkt-Satelliten, die jeder mit der handelsüblichen 60-Zentimeter-Parabolantenne („Schüssel") empfangen kann. 1983 begann man in der Bundesrepublik mit der Verlegung von Breitband-Kabeln, mit deren Hilfe rund 30 Fernsehprogramme parallel über Leitung ins Haus gelangen können. Erst jetzt war damit Platz geschaffen für zusätzliche Programme, das Privatfernsehen erschien auf der Bildfläche. Erstmals ging am 1. Januar 1985 der Sender PKS (heute Sat. 1) in einem bundesweiten Pilotprojekt in Ludwigshafen an den Start. In der Folge der zahlreichen Programmsender gelangte auch die Fernbedienung endlich zu ihrer Bedeutung. Das Fernseh-Zapping als beliebte Freizeitbeschäftigung war die Folge.

Bis dahin waren alle Programme für jedermann frei empfänglich gewesen. Die öffentlich-rechtlichen Fernsehanstalten finanzierten sich über Gebühren, die Privat-Sender ausschließlich über Werbeeinnahmen. 1991 erschien das Bezahlfernsehen auf der Bildfläche. Nur wer zahlt, kann auch zuschauen. Gegenwärtig stehen wir vor einer weiteren Revolution in der Fernseh-Technologie. Das Digital-Fernsehen soll die Zahl der Programme, die über terrestrische Antenne, Satelliten-Schüssel oder per Kabel empfangen werden können, noch einmal deutlich erhöhen, außerdem sollen bis 2010 über das digitalisierte Signal zahlreiche Service-Funktionen möglich werden. Mit „Video-on-Demand" könnte jeder von zu Hause sein eigenes Spielfilmprogramm abrufen.

(Rhein-Neckar-Zeitung, 25.04.2006)

1 *Analysieren Sie zunächst diesen Auszug aus einem Zeitungsartikel (Fortsetzung des Zeitungsartikels von den S. 133–134). Notieren Sie Schlüsselbegriffe sowie wichtige Aussagen und überlegen Sie, wie Sie diese zueinander in Beziehung setzen können. Denken Sie an Ober- und Unterbegriffe.*

Ein Strukturbild gestalten

Ein Schüler hat anhand des Textes von Seite 135 ein Strukturbild für sein Referat „Das Fernsehen – von den Anfängen bis heute“ gestaltet.

Muster

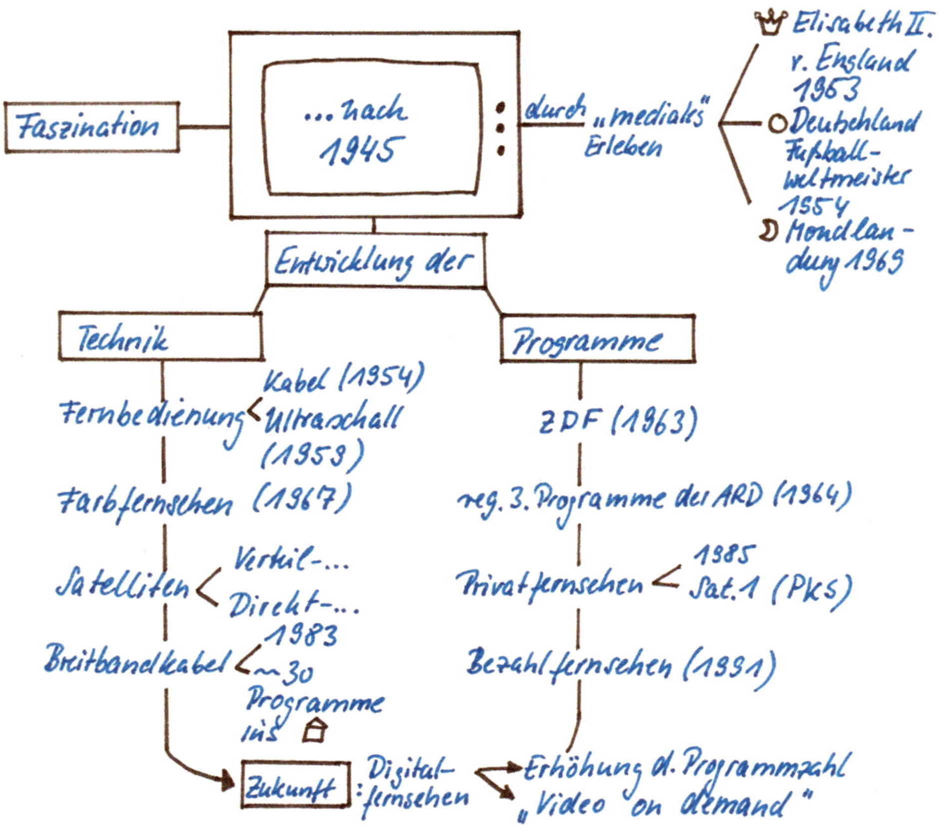

2 *Vergleichen Sie das Strukturbild mit Ihren Notizen aus Aufgabe 1 (S. 135).*

a) Welche Aspekte werden in dem Strukturbild besonders hervorgehoben?

b) Welchen Zweck haben die eingefügten Bildelemente?

Fazit

Die Inhaltsangabe eines Sachtextes schreiben

- den Inhalt eines Textes zusammenfassen: das Wesentliche in Einleitung, Hauptteil und Schluss gliedern und sachlich und kurz im Präsens aufschreiben

Den Inhalt eines Sachtextes exzerpieren

- gezielt Informationen zu einem Thema verkürzt zusammenfassen

Den Inhalt eines Sachtextes visualisieren

- Informationen in einer Mindmap oder in einem Strukturbild zusammenfassen

Literarische Texte interpretieren

Die Inhaltsangabe

Jede Interpretation eines literarischen Textes beginnt mit einer Inhaltsangabe. Diese hilft Ihnen, den Verlauf der Handlung und das Thema zu erfassen.

Wolfgang Hildesheimer: Eine größere Anschaffung

Eines Abends saß ich im Dorfwirtshaus vor (genauer gesagt, hinter) einem Glas Bier, als ein Mann gewöhnlichen Aussehens sich neben mich setzte und mich mit gedämpft-vertraulicher Stimme fragte, ob ich eine Lokomotive kaufen wolle. Nun ist es zwar ziemlich leicht, mir etwas zu verkaufen, denn ich kann schlecht nein sagen, aber bei einer größeren Anschaffung dieser Art schien mir doch Vorsicht am Platze. Obgleich ich wenig von Lokomotiven verstehe, erkundigte ich mich nach Typ, Baujahr und Kolbenweite, um bei dem Mann den Anschein zu erwecken, als habe er es hier mit einem Experten zu tun, der nicht gewillt sei, die Katze im Sack zu kaufen. Ob ich ihm wirklich diesen Eindruck vermittelte, weiß ich nicht; jedenfalls gab er bereitwillig Auskunft und zeigte mir Ansichten, die das Objekt von vorn, von hinten und von den Seiten darstellten. Sie sah gut aus, diese Lokomotive, und ich bestellte sie, nachdem wir uns vorher über den Preis geeinigt hatten. Denn sie war bereits gebraucht, und obgleich Lokomotiven sich bekanntlich nur sehr langsam abnützen, war ich nicht gewillt, den Katalogpreis zu zahlen. Schon in derselben Nacht wurde die Lokomotive gebracht. Vielleicht hätte ich dieser allzu kurzfristigen Lieferung entnehmen sollen, dass dem Handel etwas Anrüchiges innewohnte, aber arglos, wie ich war, kam ich nicht auf die Idee. Ins Haus konnte ich die Lokomotive nicht nehmen, zudem wäre es wahrscheinlich unter der Last zusammengebrochen, und so musste sie in die Garage gebracht werden, ohnehin der angemessene Platz für Fahrzeuge. Natürlich ging sie der Länge nach nur etwa halb hinein, dafür war die Höhe ausreichend; denn ich hatte in dieser Garage früher einmal meinen Fesselballon untergebracht, aber der war geplatzt.

Bald nach dieser Anschaffung besuchte mich mein Vetter. Er ist ein Mensch, der, jeder Gefühlsäußerung abhold, nur die nackten Tatsachen gelten lässt. Nichts erstaunt ihn, er weiß alles, bevor man es ihm erzählt, weiß es besser und kann alles erklären. Kurz, ein unausstehlicher Mensch. Wir begrüßten einander, und um die darauffolgende peinliche Pause zu überbrücken, begann ich: „Diese herrlichen Herbstdüfte …“ – „Welkendes Kartoffelkraut“, entgegnete er, und an sich hatte er recht. Fürs Erste steckte ich es auf und schenkte mir von dem Kognak ein, den er mitgebracht hatte. Er schmeckte nach Seife, und ich gab dieser Empfindung Ausdruck. Er sagte, der Kognak habe, wie ich auf dem Etikett ersehen könne, auf den Weltausstellungen in Lüttich und Barcelona große Preise, in St. Louis gar die goldene Medaille erhalten, sei daher gut. Nachdem wir schweigend mehrere Kognaks getrunken hatten, beschloss er, bei mir zu übernachten, und ging den Wagen einstellen. Einige Minuten darauf kam er zurück und sagte mit leiser, leicht zitternder Stimme, dass in meiner Garage eine große Schnellzuglokomotive stünde. „Ich weiß“, sagte ich ruhig und nippte von meinem Kognak, „ich habe sie mir vor kurzem angeschafft.“ Auf seine zaghafte Frage, ob ich öfters damit fahre, sagte ich, nein, nicht oft, nur neulich, nachts, da hätte ich eine benachbarte Bäuerin, die ein freudiges Ereignis erwartete, in die Stadt ins Krankenhaus gefahren. Sie hätte noch in derselben Nacht Zwillingen das Leben geschenkt, aber das habe wohl mit der nächtlichen Lokomotivfahrt nichts zu tun. Übrigens war das alles erlogen, aber bei solchen Gelegenheiten kann

ich der Versuchung nicht widerstehen, die Wirklichkeit ein wenig zu schmücken. Ob er es geglaubt hat, weiß ich nicht, er nahm es schweigend zur Kenntnis, und es war offensichtlich, dass er sich bei mir nicht mehr wohlfühlte. Er wurde ganz einsilbig, trank noch ein Glas Kognak und verabschiedete sich. Ich habe ihn nicht mehr gesehen.
Als kurz darauf die Meldung durch die Tageszeitungen ging, dass den französischen Staatsbahnen eine Lokomotive abhandengekommen sei (sie sei eines Nachts vom Erdboden – genauer gesagt vom Rangierbahnhof – verschwunden), wurde mir natürlich klar, dass ich das Opfer einer unlauteren Transaktion geworden war. Deshalb begegnete ich auch dem Verkäufer, als ich ihn kurz darauf im Dorfgasthaus sah, mit zurückhaltender Kühle. Bei dieser Gelegenheit wollte er mir einen Kran verkaufen, aber ich wollte mich in ein Geschäft mit ihm nicht mehr einlassen, und außerdem, was soll ich mit einem Kran?

1 *Fassen Sie den Inhalt des Textes zusammen.*

Muster

Die von W. Hildesheimer verfasste Parabel „Eine größere Anschaffung" ist in seinem Buch „Lieblose Legenden" in Frankfurt/Main im Jahr 1962 erschienen und thematisiert absurdes Konsumverhalten. Im Mittelpunkt steht der Ich-Erzähler, der sich in einem Gasthaus dazu überreden lässt, eine Lokomotive zu kaufen. Als Beweggrund gibt er an, sie gefalle ihm. Kurze Zeit später kommt ein Vetter zu Besuch, der dem Ich-Erzähler deshalb unsympathisch ist, weil er nach seiner Auffassung zu Rechthaberei und übertriebenem Rationalismus tendiert. Als der Vetter sich entschließt, trotz einiger Unstimmigkeiten über die Qualität des mitgebrachten Kognaks bei dem Ich-Erzähler zu übernachten, entdeckt er die Lokomotive in der Garage, was ihn dazu veranlasst, unverzüglich Abschied zu nehmen. Kurz darauf erfährt der Ich-Erzähler, dass es sich bei der Lokomotive um Diebesgut handelt. Als er den Verkäufer wieder in dem Gasthaus trifft, reagiert er zurückhaltend und lehnt den Kauf eines ihm angebotenen Krans mit der Begründung ab, er wolle nicht mehr mit ihm handeln und brauche auch keinen Kran.

2 *Vergleichen Sie das Muster mit den Anforderungen an eine Inhaltsangabe (siehe Basiswissen).*

Basiswissen – Eine Inhaltsangabe zu einem literarischen Text

Eine Inhaltsangabe informiert sachlich über das Wesentliche. Sie besteht aus drei Teilen:

Die Einleitung enthält Angaben zum/zur Verfasser/-in, zum Titel, zur Textsorte und zum Thema des Textes.

Im Hauptteil werden die wesentlichen Informationen zum Verlauf einer Handlung / eines Geschehens schrittweise wiedergegeben: Ort und Zeit der Handlung, Figuren, Handlungsschritte und deren Ergebnisse.

Der Schluss enthält Deutungen und Beurteilungen, die auf das Thema des Textes Bezug nehmen. Ist die Inhaltsangabe Teil einer Textinterpretation, so ist der Schluss schon Bestandteil der Interpretation.

Sprachliche Form: Der Inhalt wird im Präsens wiedergegeben (Sachverhalte in der Vorzeitigkeit im Perfekt); die wörtliche Rede (Zitat aus dem Text) steht im Konjunktiv.

Achtung! *Eine Inhaltsangabe ist keine Nacherzählung; verzichten Sie daher auf Einzelheiten. Auf die Stilmittel der Textvorlage müssen Sie nicht eingehen. Auch Kommentare und Wertungen sind fehl am Platz.*

Die Figurencharakteristik

In einer Figurencharakteristik zeigen Sie eine literarische Figur so, wie sie in einem Text angelegt ist. Da der Gestaltung einer literarischen Figur immer auch eine Absicht (Intention) des Autors zugrunde liegt, hilft Ihnen die Figurencharakteristik, einen Text zu interpretieren.

1 *In der Parabel „Eine größere Anschaffung" ist der Ich-Erzähler zugleich der Protagonist. Untersuchen Sie den Text im Hinblick auf diese Figur.*

a) Notieren Sie Textstellen, die Rückschlüsse auf den Charakter des Ich-Erzählers zulassen.

b) Was erfahren Sie über das Äußere und die Lebensumstände des Ich-Erzählers?

Arbeitstechnik – Eine Figurencharakteristik schreiben

Die Charakteristik einer literarischen Figur ist wichtig für die Interpretation eines Textes, denn Figuren sind die Handlungsträger. Konzentrieren Sie sich auf Textstellen, in denen sich der Erzähler direkt oder indirekt über die Figur äußert bzw. in denen die Figur selbst spricht (Figurenrede) und handelt.

Den ersten Eindruck erhalten Sie oft durch die Beschreibung des Äußeren (Gestalt, Gang, Frisur, Kleidung usw.), das verbale und nonverbale Verhalten sowie die Lebensumstände einer Figur. Innere Monologe und erlebte Rede (➪ S. 95) können Hinweise auf Handlungsabsichten und Gefühle liefern. Durch das kommunikative Verhalten werden außerdem Beziehungen zu anderen Figuren deutlich. Oft ist auch die Benennung (der Name) einer Figur schon ein wichtiger Hinweis für ihre Charakterisierung. Der Name kann z. B. typisierend oder individualisierend sein.

Häufig werden bei einer Figurencharakteristik bzw. bei einer Textinterpretation Textstellen lediglich mit eigenen Worten umschrieben, d. h., sie werden paraphrasiert. Beim Schreiben einer Interpretation kommt es jedoch darauf an, über eine Paraphrase hinauszugehen und die Textstellen zu deuten.

2 *Entscheiden Sie bei den folgenden Sätzen zu dem Text „Eine größere Anschaffung", ob es sich um paraphrasierende oder interpretierende Aussagen handelt.*

- Der Ich-Erzähler mag den Vetter nicht, weil dieser vorgibt, immer alles besser zu wissen.
- Der Vetter steht für einen Typus Mensch, der seiner sinnlichen Wahrnehmung, in diesem Fall dem Geschmack, nicht mehr traut.
- Es geht um die Frage, ob man die Welt rational oder emotional wahrnimmt.
- Man kann dem Ich-Erzähler sehr leicht etwas verkaufen; das sieht man daran, dass er schon einen Fesselballon gekauft hat.
- Der Vetter verabschiedet sich schnell, weil er sich angesichts der Lokomotive in der Garage unbehaglich fühlt.
- Der geplatzte Fesselballon könnte außerdem ein Hinweis darauf sein, dass sich der Ich-Erzähler auch durch Rückschläge nicht irritieren lässt.
- Die Ironie, die den ganzen Text durchzieht, ist offensichtlich und ermuntert den Leser, die Lokomotive und auch den Fesselballon als Symbole zu verstehen.
- Der Ich-Erzähler verhält sich dem Verkäufer gegenüber zurückhaltend, denn er hat von der in Frankreich entwendeten Lokomotive gehört.
- Der Ich-Erzähler kauft die Lokomotive nur aus dem Grund, weil sie ihm gefällt; sein Kaufverhalten wird also nur durch die Lust am Konsum gesteuert.

3 *Verfassen Sie eine Figurencharakteristik zu dem Ich-Erzähler des Textes „Eine größere Anschaffung" (⇨ S. 137). Orientieren Sie sich an der obigen Arbeitstechnik und an Ihren Notizen aus Aufgabe 1. Verwenden Sie Zitate, um Ihre Aussagen zu belegen. Beachten Sie außerdem, dass Sie interpretieren und nicht nur paraphrasieren.*

Eine Schülerin hat die folgende Figurencharakteristik über den Ich-Erzähler des Textes „Eine größere Anschaffung" verfasst.

Muster

Über das Äußere und die Lebensumstände des Ich-Erzählers erfährt der Leser nur wenig: Er geht gerne ins Dorfwirtshaus (vgl. Z. 1 und Z. 46), wohnt vielleicht in einem Dorf und hat ein Haus mit Garage (vgl. Z. 15–17). Sein Äußeres bleibt im Dunkeln.

Äußeres und Lebensumstände (mit Textbelegen)

Mit dem Ich-Erzähler entwirft Hildesheimer eine Figur, die einen sympathischen Eindruck vermittelt, weil sie auf ihr Bauchgefühl hört und nicht durch und durch kopfgesteuert durch das Leben geht. Bereits die einleitende Selbsteinschätzung „Nun ist es zwar ziemlich leicht, mir etwas zu verkaufen, denn ich kann schlecht nein sagen, aber bei einer größeren Anschaffung dieser Art schien mir doch Vorsicht am Platze" (Z. 3–5) zeugt von der positiven Eigenschaft des Protagonisten, eigene Fehler zu erkennen und auch zu akzeptieren. Ein weiterer interessanter Wesenszug ist, dass es dem Ich-Erzähler beim Konsum um Genuss und Freude geht und nicht um Nützlichkeit oder Prestige. Die einfache Feststellung, dass ihm die Lokomotive gefällt (vgl. Z. 10), belegt die Vermutung, dass die Kaufentscheidung einzig und allein von der Lust am Konsum gesteuert wird.

Persönlichkeitsmerkmal 1: selbstkritisch (mit Zitat)

Persönlichkeitsmerkmal 2: lustorientierter Konsument (mit Textbeleg)

Der Ich-Erzähler tritt zunächst als scheinbar naive Figur in Erscheinung, die sich eine gestohlene Lokomotive aufschwatzen lässt. Verdeutlicht wird die scheinbare Naivität mittels seiner Sprache, die gekennzeichnet ist durch Untertreibungen (Lokomotive als „größere Anschaffung", vgl. z. B. Titel des Textes) und Euphemismen (vgl. Z. 46: Hehlerei wird als anrüchiger Handel bezeichnet). Jedoch wird deutlich, dass der Ich-Erzähler nicht so naiv ist, wie er vorgibt zu sein, als er seinen unliebsamen Vetter mit der Lokomotive schockiert und letztlich vertreibt – die Parabel erhält dadurch ironischen Charakter.

Kurzbetrachtung der Sprache (mit Textverweisen) und ihrer Funktion

Auch in den Aussagen des Ich-Erzählers über den Vetter „Er ist ein Mensch, der, jeder Gefühlsäußerung abhold, nur die nackten Tatsachen gelten lässt. Nichts erstaunt ihn, er weiß alles, bevor man es ihm erzählt, weiß es besser und kann alles erklären. Kurz, ein unausstehlicher Mensch" (Z. 21–24) gibt Hildesheimer einen wichtigen Hinweis, wie der Ich-Erzähler charakterisiert und beurteilt werden soll – nämlich als das genaue Gegenteil zu dem rationalen Vetter.

Intention des Verfassers (mit Zitat)

Hildesheimer macht in seinem kurzen Text eine Figur zum Helden, die sich selbst nicht so ernst nimmt und sich von ihren Gefühlen leiten lässt. Anhand des Ich-Erzählers wird deutlich, dass es mehr gibt im Leben als Rationalität und Utilitarismus als Maßstab allen Handelns.

eigene Beurteilung des Ich-Erzählers

4 *Beurteilen Sie die Figurencharakteristik (Muster) und vergleichen Sie sie mit Ihrer Figurencharakteristik. Worin stimmen die Texte überein, worin nicht?*

5 *Überarbeiten Sie ggf. Ihre Figurencharakteristik.*

Literarische Gattungen – ein Überblick

Literarische Texte sind erdachte, fiktionale Texte. Es ist wichtig, dass Sie die unterschiedlichen Textsorten unterscheiden können, damit Sie Texte z. B. bei einer Interpretation besser beurteilen und sich fachsprachlich korrekt ausdrücken können. Die folgende Darstellung soll Ihnen helfen, sich über die wichtigsten Arten literarischen Schreibens zu informieren. Grundsätzlich unterscheidet man zwischen den literarischen Gattungen Epik, Dramatik, Lyrik.

Epik

Alle erzählenden Texte in der Literatur fasst man unter dem Begriff Epik zusammen (vom Griechischen „epikos", d. h. erzählerisch). Der Erzähler teilt einem Leser äußere und innere Geschehnisse einer Handlung mit. Epik wird in ungebundener Sprache (Prosa) geschrieben.

Märchen: Das Märchen ist eine ursprünglich mündlich überlieferte Erzählform, die in allen Völkern verbreitet ist. Merkmale sind: Ort und Zeit der Handlung sind nicht genau bestimmt, die Figuren werden auf Gegensätze beschränkt dargestellt (*gut/böse, arm/reich, klug/dumm*). Häufig müssen Aufgaben bestanden werden; Gegenstände haben Zauberkraft, Menschen und Tiere werden verwandelt.
*Beipiel: Rafik Schami (*1946): Der einäugige Esel oder Wie einer auf dem Richter reiten wollte*

Novelle: Es wird in kurzer Form eine besondere („unerhörte") Begebenheit erzählt, die ab einem bestimmten Zeitpunkt eine Wende nimmt (Wendepunkt). Häufig werden erzählerische Vorausdeutungen und/oder die Leitmotivtechnik (z. B. Dingsymbole) angewendet.
Beispiel: *Ernst Theodor Amadeus Hoffmann: Der Sandmann (1816)*

Kurzgeschichte: Der Begriff entstand in Anlehnung an die amerikanische „Short Story". Es handelt sich um eine kurze erzählende Form mit einem unvermittelten Anfang und einem offen gehaltenen Schluss (Ein- und Ausblendetechnik). Häufig steht eine entscheidende Situation im Leben eines Menschen im Mittelpunkt des Geschehens. Dem Leser werden existenzielle Probleme des Lebens offenbart, ohne dass Lösungsvorschläge entfaltet werden. Die Sprache ist oft klar und konkret, nahe an der Alltagssprache.
Beispiel: *Gabriele Wohmann: Ein netter Kerl (1978)*

Fabel: Tiere, Pflanzen oder Gegenstände stehen im Mittelpunkt der Fabel. Sie stellen menschliche Eigenschaften und Verhaltensweisen dar. Durch die Kritik an Verhaltensweisen und gesellschaftlichen Zuständen sollen Fabeln meist eine Lehre vermitteln und den Leser zu Reflexion und Einsicht bewegen. Die Lehre kann am Schluss der Fabel als nachgestellter Lehrsatz formuliert sein (Epimythion). Fabeln werden in Prosa, aber auch in Versen (Gedicht) geschrieben.
Beispiel: *Äsop (um 550 v. Chr.): Der Fuchs und der Storch*

Parabel: Die Parabel ist eine kurze, gleichnishafte Erzählung, die den Leser durch sprachliche Verschlüsselungen zwingt, den Text von der Inhaltsebene (das Gesagte) auf die Ebene der Deutung (das Gemeinte) zu übertragen. Erst dadurch gewinnt der Text seinen Sinn. Ursprünglich gehörte die Parabel zu den Textsorten, die eine Lehre vermitteln wollen. Die Schriftsteller des 20. Jahrhunderts haben ihre Skepsis gegenüber der Belehrung des Lesers darin zum Ausdruck gebracht, dass sie in Form einer Parabel erzählen, den Leser aber dann mit paradoxen Inhalten konfrontieren, um ihn zu verwirren.
Beispiel: *Franz Kafka: Vor dem Gesetz (1914)*

Roman: Die Gattungsunterschiede innerhalb der Gattung Roman sind sehr groß. Eine Definition muss sich daher auf Folgendes beschränken: Der Roman gestaltet erzählerisch einen Ausschnitt aus dem Leben und dem gesellschaftlichen Umfeld einer oder mehrerer Protagonisten. Das Geschehen wird in Haupt- und Nebenhandlungen, an mehreren Orten, zu verschiedenen Zeiten, aus unterschiedlichen Perspektiven dargestellt.
Beispiel: *Günter Grass: Die Blechtrommel (1959)*

Drama

Das Wort Dramatik stammt vom griechischen Wort „drama“ ab und bedeutet Handlung. Die Handlung vollzieht sich in Dialogen und Monologen und wird auf einem Konflikt aufgebaut, der mit Spannung einem Höhepunkt zugeführt und anschließend im Guten oder in einer Katastrophe aufgelöst wird. Die Tragödie und die Komödie sind die Grundformen des Dramas. Der Begriff Schauspiel wird oft als Oberbegriff für Drama, Tragödie und Komödie verwendet.

Tragödie/Trauerspiel: Im Mittelpunkt steht eine Figur, die aufgrund schicksalhafter Zusammenhänge, gesellschaftlicher Missstände oder individueller Verfehlung scheitert.
Beispiel: *Friedrich Schiller: Kabale und Liebe (1784)*

Komödie/Lustspiel: Die im Mittelpunkt stehende Figur veranschaulicht häufig menschliche Schwächen und Laster. Das Stilmittel der Übertreibung verhindert die Identifikation des Zuschauers mit dem Protagonisten und ermöglicht eine heiter-distanzierte – auch kritische – Betrachtung.
Beispiel: *Gotthold Ephraim Lessing: Minna von Barnhelm oder Das Soldatenglück (1763)*

Lyrik

Das Wort Lyrik stammt von dem griechischen Wort „lyra“ ab und bedeutet Leier (Musikinstrument, mit dem dichterische Vorträge begleitet wurden). Traditionelle Lyrik ist in gebundener Sprache (Poesie) geschrieben und durch Reim, Vers und Strophe gekennzeichnet. Modernere Formen halten sich oft nicht an formale Zwänge.

Gedicht: Im Mittelpunkt von Gedichten stehen oft die subjektiven Erfahrungen eines lyrischen Ichs. Häufig werden Grenzerfahrungen thematisiert, z. B. Liebe, Exil, Krankheit und Tod. Der Leser begegnet in Gedichten einer großen Vielfalt sprachlicher und formaler Gestaltungsmittel.
Beispiel: *Georg Trakl: Verfall (1913)*

Ballade: Balladen weisen eine klare Handlungsstruktur auf, die in Reimform und rhythmisiert präsentiert wird.
Beispiel: *Gottfried August Bürger: Lenore (1773)*

Mischformen

In der Dichtung wurden die strengen Regeln der Gattungen durchbrochen, Mischformen entstanden. So gibt es z. B. dramatische Gedichte und das epische Theater. Auch lyrische Elemente (Lieder, Gedichte) finden Eingang in die Gattungen Epik und Drama.

Fazit

Die Inhaltsangabe
- Beschränkung auf Wesentliches
- sachlicher Stil
- Einleitung, Hauptteil, Schluss
- im Präsens verfasst
- wörtliche Rede im Konjunktiv

Die Figurencharakteristik
- äußeres Erscheinungsbild
- verbales und nonverbales Verhalten
- Lebensumstände
- Handlungsabsichten und Gefühle
- Eigenschaften
- Beziehungen zu anderen Figuren

Literarische Gattungen unterscheiden
- Epik: Märchen, Kurzgeschichte, Fabel, Parabel, Roman
- Drama: Tragödie/Trauerspiel, Komödie/Lustspiel
- Lyrik: Gedicht, Ballade
- Mischformen

Grammatik und Rechtschreibung

Grammatik: Wortarten

Das Wissen über die Zuordnung eines Wortes zu einer Wortart ist in vielerlei Hinsicht eine Erleichterung für Sie. So können Sie z. B. mit der Bestimmung der Wortart die Schreibung eines Wortes ableiten (z. B. Groß- oder Kleinschreibung). Außerdem können Sie Ihr Wissen über Wortarten anwenden, um Ihren Stil zu verbessern (z. B. den Nominalstil vermeiden) und um sich abwechslungsreicher auszudrücken (z. B. Wörter durch Synonyme ersetzen). Auch beim Erlernen einer Fremdsprache sind diese Kenntnisse hilfreich, wenn Sie beispielsweise spanische Pronomen kennen lernen oder englische Adverbien bilden sollen.

Basiswissen **Überblick über die Wortarten**

Die meisten Wörter im Deutschen sind flektierbar (veränderbar). Man unterscheidet dabei die konjugierbaren (Verben) und die deklinierbaren Wörter (Nomen/Substantive, Adjektive, Numerale, Artikel, Pronomen). Zu den nicht flektierbaren Wörtern gehören die Adverbien, Präpositionen, Konjunktionen und Interjektionen.

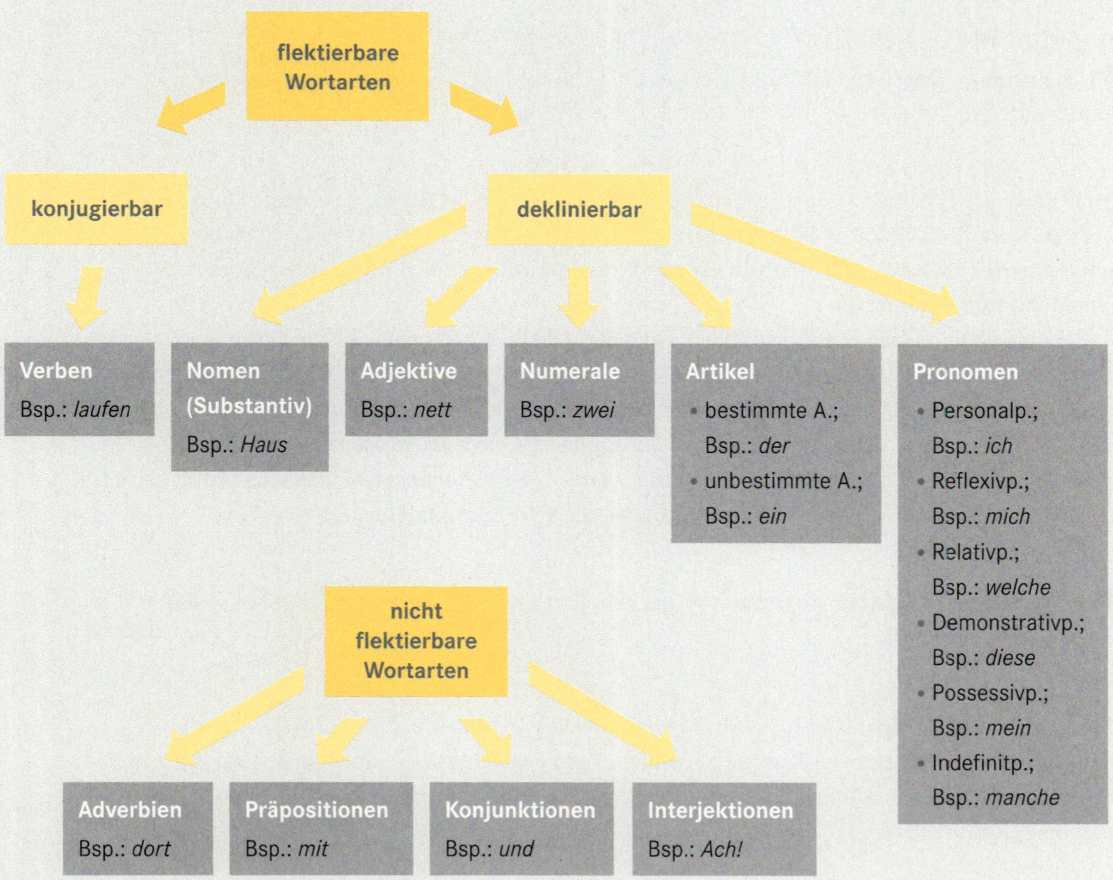

1 *Übernehmen Sie die Grafik in Ihr Heft und ergänzen Sie weitere Beispiele zu den Wortarten.*

Nomen

Nomen bezeichnen Personen, Lebewesen, Gegenstände und abstrakte Begriffe. Etwa 60 Prozent aller deutschen Wörter sind Nomen; sie bilden damit die am häufigsten auftretende Wortart.

Basiswissen — Das Nomen (Substantiv)

Das Nomen (Pl. Nomen oder Nomina) wird immer großgeschrieben. Es wird bestimmt durch **Genus** (grammatisches Geschlecht), **Numerus** (grammatische Zahl) und **Kasus** (grammatischer Fall).

Das **Genus** (Pl. Genera) eines Nomens erkennt man an dem Artikel:

- **Femininum** – z. B. *die/eine Nase*; **Maskulinum** – z. B. *der/ein Baum*; **Neutrum** – z. B. *das/ein Haus*

Nomen (Substantive) haben in der Regel einen **Numerus** (Pl. Numeri):

- **Singular** – z. B. *die Nase, der Baum, das Haus*; **Plural** – z. B. *die Nasen, die Bäume, die Häuser*

In der deutschen Sprache gibt es vier **Kasus** (Sg. Kasus), die man durch Fragen ermitteln kann:

- **Nominativ** – Wer? oder Was? z. B.: *Wer hat ein Handy gefunden? – **Der Junge** hat es gefunden.*
- **Genitiv** – Wessen? z. B.: *Wessen Handy hat er gefunden? – Er hat das Handy **des Lehrers** gefunden.*
- **Dativ** – Wem? z. B.: *Wem gehört das Handy? – Es gehört **dem Lehrer**.*
- **Akkusativ** – Wen? oder Was? z. B.: *Wen hat der Lehrer belohnt? – Er hat **den Jungen** belohnt.*

Viele junge Leute wünschen sich eine eigene Wohnung. Doch es ist gar nicht so leicht, ein geeignetes Domizil zu finden. Bei der einen Wohnung ist der Mietpreis zu hoch, bei einer anderen gibt es nur einen Kohleofen und die nächste Wohnung befindet sich im sechsten Stock in einem Haus ohne Fahrstuhl.

Hat man dann endlich etwas gefunden, gehen die Strapazen erst richtig los. Es müssen ein Umzugsauto und Helfer organisiert werden. Die Anmeldung der Strom- und ggf. Gas-, Telefon- und Internetversorgung muss rechtzeitig erledigt werden. Die neue Adresse muss der Krankenkasse, der Bank, den Versicherungen, dem Handyanbieter, dem Einwohnermeldeamt, dem Arbeitgeber und bzw. oder der Schule mitgeteilt werden. Die Nerven liegen schließlich blank. Doch alle Kosten und Mühen sind dann spätestens bei einer Einweihungsparty vergessen.

1 *Schreiben Sie die Nomen (Substantive) aus dem Text heraus. Bestimmen Sie deren Genus, Numerus und Kasus.*

Das Schreiben eines Briefes ist für viele Jugendliche ein Problem. Die Kommunikation unter den Jugendlichen findet meistens unter Verwendung ihrer Mobiltelefone statt. Für ältere Leute ist die Handhabung eines Mobiltelefons oft mit Schwierigkeiten behaftet. Schon die Inbetriebnahme ist für sie ein Hindernis.

2 *Der kurze Text ist im Nominalstil verfasst. Wie wirken diese Sätze auf Sie? Schreiben Sie die Sätze um, indem Sie einige Nomen (Substantive) durch andere Wörter ersetzen.*
Beispiel: *Einen Brief zu schreiben ist für viele Jugendliche problematisch.*

Adjektive

Mit Adjektiven drückt man aus, wie jemand oder etwas ist, wie etwas vor sich geht oder geschieht. Mit den passenden Adjektiven kann man in einem Text Anschaulichkeit vermitteln.

Basiswissen **Das Adjektiv**

Die meisten Adjektive lassen sich – wie Nomen – nach **Kasus**, **Numerus** und **Genus** verändern.
- z. B. *die neue Hose, die neuen Pullover, des neuen Hemdes*

Adjektive können – bis auf einige Ausnahmen wie *tot* – gesteigert werden. Das nennt man **Komparation**.
- **Positiv (Grundstufe):** *Toni ist jung.* **Komparativ:** *Anne ist jünger als Toni.* **Superlativ:** *Ben ist am jüngsten.*

Ausnahmen: Bei einigen Adjektiven wird für die Bildung des Komparativs und des Superlativs ein anderer Wortstamm als für die Grundstufe gebraucht, z. B. *viel – mehr – am meisten; gut – besser – am besten.*

Einige Schüler haben sich im Rahmen eines Schreibwettbewerbs Geschichten ausgedacht.

(A) Für mein Date mit Daniel hatte ich mir meine neue Hose angezogen und mir einen neuen Haarschnitt verpassen lassen. Ich sah gut aus und drehte mich vor der Scheibe des neuen Comicbuchladens, vor dem wir uns treffen wollten. Daniel war cool und sah gut aus. Er hatte ein neues Auto und einen guten Job. Doch leider wusste er nur zu gut, dass er gut aussah …

1 *Welche Adjektive würden Sie in dem Textauszug ersetzen? Schreiben Sie den Auszug um.*

(B) Alle sahen hinab in das dunkle Erdloch, in dem der Sarg langsam verschwand. Über die Wangen der Trauernden liefen dicke Tränen, ein lautes Schluchzen war zu hören. Tim trug noch immer die Schlinge um seinen Arm, ein großes Pflaster prangte auf seiner Stirn. „Warum nur hat sich Alex auf dieses waghalsige Wettrennen eingelassen?“, dachte er verzweifelt …

2 *Lesen Sie den Text mit und ohne die Adjektive. Beschreiben Sie die unterschiedliche Wirkung.*

(C) Er sah aufgeregt und beunruhigt aus. Eigentlich war er bei Überwachungseinsätzen ruhig und ausgeglichen, doch heute war er durcheinander und verwirrt. Er rieb sich seine müden, erschöpften Augen und schaute in die dunkle Nacht hinaus. Heute musste er diese gewissen- und rücksichtslosen Diebe erwischen! Plötzlich hörte er ein seltsames, fremdes Geräusch …

3 *Untersuchen Sie den Textauszug und benennen Sie die Adjektive. Was fällt Ihnen hier auf?*

„[Adjektive] sind schlecht, wenn sie dicht beieinanderstehen. Sie sind stark, stehen sie weit auseinander. Die Angewohnheit, Adjektive zu setzen oder wortreich, diffus und blumig zu schreiben, wird man so schwer los wie jedes andere Laster.“ *(Mark Twain in einem Brief)*

4 *Was meint Twain mit seiner Aussage über Adjektive? Erklären Sie sie anhand des Auszugs (C).*

Adverbien, Präpositionen, Konjunktionen

Mit Adverbien können Sie nähere Angaben zu einem Geschehen machen.

Basiswissen Das Adverb

Adverbien (Umstandswörter) charakterisieren oft Verben, aber auch Nomen oder Adjektive näher. Nach ihrer Bedeutung kann man sie unterscheiden in **lokale** (z. B. *hier, dort, fort*), **temporale** (z. B. *jetzt, heute, oft, bald, nie*), **modale** (z. B. *gern, sehr, umsonst*) und **kausale** (z. B. *deshalb, darum, folglich*) Adverbien.

1 *Bestimmen Sie alle Adverbien in den folgenden Sätzen.*
(1) Der junge Mann dort sieht sehr angespannt aus. (2) In der Schule hat er sehr viel Stress. (3) Zugleich muss er zu Hause arbeiten. (4) Er hat deswegen in dieser Woche wenig geschlafen. (5) Er hat auch kaum gegessen. (6) Ich hoffe für ihn, dass die Situation bald besser wird.

Mit Präpositionen und Konjunktionen drücken Sie Verhältnisse aus bzw. verbinden Wörter, Wortgruppen und Sätze.

Basiswissen Die Präposition

Präpositionen (Verhältniswörter) drücken **lokale** (z. B. *vor dem Haus*), **temporale** (z. B. *nach einer Stunde*), **kausale** (z. B. *wegen Hitze*) oder **modale** (z. B. *mit Energie*) Verhältnisse aus.

Sie fordern einen bestimmten Kasus des nachfolgenden Wortes bzw. der nachfolgenden Wortgruppe, z. B. *trotz des Regens* (Genitiv), *mit Freunden* (Dativ), *durch Fleiß* (Akkusativ). Einige Präpositionen fordern verschiedene Kasus, z. B. *Er fliegt über der Stadt.* (Dativ) *Er geht über die Brücke.* (Akkusativ)

2 *Welche Verhältnisse werden durch die Präpositionen in den folgenden Sätzen ausgedrückt?*
(1) Die Kantine befindet sich außerhalb des Gebäudes. (2) Ich habe seit einem Tag nichts von ihm gehört. (3) Er fühlt sich ohne seinen Computer hilflos. (4) Wegen des plötzlichen Regens gab es viele Unfälle. (5) Wir werden uns vor dem Kino treffen. (6) Infolge seiner Erkrankung konnte er nicht an dem Treffen teilnehmen.

Basiswissen Die Konjunktion

Konjunktionen (Bindewörter) kann man unterscheiden in:

- nebenordnende Konjunktionen: Sie verbinden Wörter, Wortgruppen, Teilsätze oder Sätze, die grammatisch gleichrangig nebeneinanderstehen, z. B. *und, oder*;
- unterordnende Konjunktionen: Sie leiten Nebensätze ein, z. B. *weil, dass*.

Konjunktionen können einen **konditionalen** (z. B. *falls*), **temporalen** (z. B. *als*), **kausalen** (z. B. *weil*) oder **modalen** (z. B. *indem*) Zusammenhang bezeichnen. Sie können mehrteilig sein, z. B. *sowohl … als auch, je …, desto*.

3 *Schreiben Sie die Sätze ab und ersetzen Sie die falschen Konjunktionen durch geeignete.*
(1) Entweder gehen wir heute ins Kino und wir bleiben zu Hause. (2) Indem ich ihn sehe, kriege ich weiche Knie. (3) Sie machten ein Feuer im Kamin, sodass ihnen kalt war. (4) In der Grundschule lernt man lesen oder schreiben. (5) Nachdem ich einen kleinen Bruder habe, bin ich viel verantwortungsbewusster. (6) Weil du den Ausbildungsplatz bekommst, musst du dich bewerben.

Verben – Funktion der Tempusformen

Wenn Sie Sachtexte verfassen, sollten Sie auf die Verwendung der Zeitformen achten. Bei literarischen Texten können Sie verschiedene Zeitformen als erzählerisches Mittel einsetzen.

Basiswissen **Wesentliche Merkmale des Erzählens**

Zeitform	Funktion	Beispiele
Präsens	Mit dem **Präsens** drückt man aus, dass etwas gerade geschieht oder dass etwas generell gilt. Der Verfasser eines Textes nutzt das Präsens, um die Spannung zu steigern oder um auf Allgemeingültiges zu verweisen. Zum Beispiel werden Inhaltsangaben im Präsens verfasst.	*In jenen Tagen, in denen diese Geschichte ihren Lauf* ***nimmt****, ...* * (* Beispiele aus: Antonio Skármeta: Mit brennender Geduld. München, Zürich: Piper 2005)
Präteritum	Mit dem **Präteritum** drückt man etwas Vergangenes aus, das abgeschlossen ist. Es ist die am häufigsten gebrauchte Zeitform: Der Verfasser eines Textes berichtet und schildert im Präteritum.	*In den feuchten Redaktionsräumen* ***welkten*** *Nacht für Nacht meine Illusionen, Schriftsteller werden zu können.* *
Perfekt	Das **Perfekt** wird verwendet, um etwas Vergangenes ausdrücken, das bis in die Gegenwart hineinreicht. Es findet vor allem im mündlichen Sprachgebrauch Verwendung, selten im schriftlichen.	*[Der Postbeamte sagte:] „Der Briefträger [...]* ***ist*** *buckelig wie ein Dromedar in Rente* ***gegangen****."* *
Plusquamperfekt	Mit dem **Plusquamperfekt** verweist der Verfasser eines Textes von der Zeitform Präteritum aus auf einen zurückliegenden Vorgang.	*... nachdem er den Wunsch des Briefträgers* ***erfüllt hatte****, verabschiedete er sich ...* *
Futur I	Voraussagen, Vermutungen oder Absichten formuliert der Verfasser eines Textes mithilfe des **Futur I**.	*Aber in fünfzig Jahren* ***wird*** *sie alt* ***sein****.* *
Futur II	In der Zukunft abgeschlossene Handlungen werden mit dem **Futur II** ausgedrückt.	*Am Freitag* ***werde*** *ich den Roman von Skármeta* ***gelesen haben****.*

1 *Erklären Sie, welche Funktionen die verwendeten Zeitformen in den Textauszügen übernehmen.*

Es gibt oft Dinge und Beziehungen in dem menschlichen Leben, die uns nicht sogleich klar sind und deren Grund wir nicht in Schnelligkeit hervorzuziehen vermögen.
(Adalbert Stifter „Brigitta")

Den 20. Jänner ging Lenz durchs Gebirg. Die Gipfel und hohen Bergflächen im Schnee, die Täler hinunter graues Gestein, grüne Flächen, Felsen und Tannen. Es war nasskalt, das Wasser rieselte die Felsen hinunter und sprang über den Weg. *(Georg Büchner „Lenz")*

Es war um zwölf Jahre später. – Ich hatte nach der Rechenmeisterschule, wie es damals manche Handwerkersöhne zu tun pflegten, auch noch die Quarta unserer Gelehrtenschule durchgemacht und war dann bei meinem Vater in die Lehre getreten.
(Theodor Storm „Pole Poppenspäler")

Verben – Passivformen verwenden

Das Passiv übernimmt wichtige Funktionen in der deutschen Sprache: Es wird z. B. verwendet, wenn man einen Handelnden ungenannt lassen (wie beispielsweise in einem wissenschaftlichen Text oder in einer Gebrauchsanleitung) oder wenn man abwechslungsreicher formulieren möchte. Da man den Handlungsträger aussparen kann, hilft das Passiv außerdem, sprachökonomischer zu formulieren.

Basiswissen – Aktiv und Passiv

Das Aktiv wird verwendet, wenn der Urheber einer Handlung im Vordergrund steht und erwähnt werden soll.
Beispiel: *Der Schüler schließt die Tür.*

Das Passiv drückt aus, was mit einem Lebewesen oder einer Sache geschieht. Dabei steht der Ablauf der Handlung oder des Geschehens im Vordergrund. Der Urheber der Handlung ist weniger wichtig und bleibt somit unerwähnt. Das Passiv wird verwendet, um Vorgänge oder Arbeitsabläufe zu beschreiben.

Man unterscheidet zwischen dem Vorgangs- und dem Zustandspassiv:

- Das **Vorgangspassiv** kennzeichnet den Ablauf einer Handlung und wird mit einer Form von *werden* in der entsprechenden Personalform + Partizip II gebildet, z. B.: *Die Tür wird (von dem Schüler) geschlossen.*
- Das **Zustandspassiv** kennzeichnet das Ergebnis eines Vorgangs und wird mit einer Form von *sein* in der entsprechenden Personalform + Partizip II gebildet, z. B.: *Die Tür ist geschlossen.*

1 *Übernehmen Sie die Tabelle in Ihr Heft und füllen Sie sie aus.*

Zeitform	Aktiv	Vorgangspassiv	Zustandspassiv
Futur II			
Futur I			
Präsens	*Max schmückt den Raum.*	*Der Raum wird geschmückt.*	*Der Raum ...*
Perfekt			
Präteritum			
Plusquamperfekt			

American Pancake

Schlagen Sie das Eiweiß von vier Eiern mit 50 Gramm Zucker steif. Mischen Sie in einer zweiten Schüssel das Eigelb von vier Eiern und 150 Gramm saure Sahne. Geben Sie 100 Gramm Mehl und eine Prise Salz hinzu und rühren Sie den Teig glatt. Heben Sie den Eischnee langsam unter. Zerlassen Sie etwas Butter in der Pfanne. Backen Sie aus jeweils zwei bis drei Esslöffeln Teig einen Pfannkuchen. Wenden Sie den Pfannkuchen, sobald der Teig fest ist.

2 *Schreiben Sie das Rezept um, indem Sie die Aktivsätze in Passivsätze umformen.*

3 *Schreiben Sie selbst ein Rezept für ein einfaches Gericht auf. Verwenden Sie Passivsätze.*

Grammatik: Satzglieder

Subjekt, Prädikat, Objekt und Adverbial

Beim Schreiben oder Überarbeiten von Texten ist es wichtig, die Satzglieder zu kennen, denn nur so können Sie sie in einem Satz umstellen oder auch austauschen, um abwechslungsreich und stilsicher zu formulieren.

Basiswissen **Subjekt, Prädikat, Objekt, Adverbial**

In der Regel unterscheidet man vier Arten von Satzgliedern: Subjekt, Prädikat, Objekt und Adverbial.

Ein Subjekt (Satzgegenstand) gibt es in fast jedem Satz. Es bezeichnet oft den Verursacher, aber auch den Empfänger einer Handlung. Das Subjekt steht im Nominativ und stimmt in Person und Numerus mit dem Prädikat überein. Beispiele: *Die Polizei verhaftete den Dieb. Die Polizisten verhafteten den Dieb.*

Ein Prädikat (Satzaussage) enthält immer eine finite Verbform und bezieht sich auf Handlungen, Vorgänge und Zustände. Ein Prädikat kann einteilig oder mehrteilig sein. Bei einem reflexiven Verb wird das Reflexivpronomen als Teil des Prädikats verstanden.
Beispiele: *Die Polizei* ***verhaftet*** *den Dieb. Die Polizei* ***hat*** *den Bürgern* ***geholfen****. Sie* ***gaben sich*** *Mühe.*

Das Prädikat fordert **ein Objekt**. Man unterscheidet im Deutschen Genitiv-, Dativ-, Akkusativ- und Präpositionalobjekte.
Mithilfe der Frageprobe kann man ermitteln, welche Art des Objekts vorliegt.

Genitivobjekt	*Wessen?* (wird selten gebraucht)	***Wessen*** *wurde er angeklagt?* *Er wurde* ***des Diebstahls*** *angeklagt.*
Dativobjekt	*Wem?*	***Wem*** *hilft die Polizei?* *Die Polizei hilft* ***den Bürgern****.*
Akkusativobjekt	*Wen?* oder *Was?*	***Wen*** *verhaftet die Polizei?* *Sie verhaftet* ***den Dieb****.*
Präpositionalobjekt	*Über was?; Auf was?; Wofür?* usw.	***Wofür*** *bedankten sich die Bürger?* *Sie bedankten sich* ***für die Hilfe****.*

Ein Adverbial (adverbiale Bestimmung oder Umstandsbestimmung) liefert zusätzliche Informationen über Ort, Zeit, Grund und die Art und Weise eines Geschehens.
Bei der Bestimmung von Adverbialen hilft die Frageprobe.

Lokaladverbiale	*Wo?*	***Wo*** *verhaftete die Polizei den Dieb?* *Die Polizei verhaftete ihn* ***in seiner Wohnung****.*
Temporaladverbiale	*Wann?*	***Wann*** *verhaftete die Polizei den Dieb?* *Die Polizei verhaftete ihn* ***am Abend****.*
Kausaladverbiale	*Warum?*	***Warum*** *hat die Polizei ihn nicht früher verhaftet?* *Die Polizei hat ihn* ***mangels Beweisen*** *nicht früher verhaftet.*
Modaladverbiale	*Wie?*	***Wie*** *hat der Dieb auf die Verhaftung reagiert?* *Der Dieb hat* ***bestürzt*** *auf seine Verhaftung reagiert.*

Subjekt, Prädikat, Objekt und Adverbial

1 *Bestimmen Sie die Satzglieder der folgenden Sätze.*
(1) Luisa kaufte sich im Sportladen ein Trikot für das **Fußballspiel**. (2) Ihr Freund spielte seit **Jahren** in einer Fußballmannschaft. (3) Sie hatte **Geld** von ihrer Oma bekommen. (4) Sie hatte ihrer **Oma** beim Einkauf geholfen. (5) Das Fußballspiel fand am **Samstag** bei der gegnerischen Mannschaft statt. (6) Es regnete an diesem **Tag**. (7) Das Spiel fand trotz des **Regens** statt. (8) Luisa feuerte die Mannschaft in ihrem **Trikot** an. (9) Nach dem Spiel umarmte Luisa ihren **Freund**.

2 *Satzglieder können an den Satzanfang gestellt werden, um sie hervorzuheben. Stellen Sie die Sätze von Aufg. 1 so um, dass die hervorgehobenen Wörter betont werden.*
Beispiel: *Für das Fußballspiel kaufte sich Luisa im Sportladen ein Trikot.*

Beim Schreiben von Texten können Sie Attribute verwenden, um Satzglieder näher zu bestimmen und zu erweitern. Auf diese Weise können Sie Ihre Texte inhaltlich präzisieren.

Basiswissen **Das Attribut als Satzgliedteil**

Attribute (Beifügungen) sind Teile von Satzgliedern, keine eigenständigen Satzglieder. Sie stehen vor oder hinter ihren Bezugswörtern, auch wenn man den Satz umstellt. Attribute können Sie mit der Frage „Was für eine/einer/ein ...?“ ermitteln. Sie kommen u. a. vor als:

Adjektivattribut	*Der **clevere** Azubi arbeitet fleißig.* (Adjektiv) *Der **leitende** Angestellte ist nett.* (adjektivisch gebrauchtes Partizip)
Genitivattribut	*Der Chef **des Autohauses** stellt Azubis ein.* (Substantiv im Genitiv)
Präpositionales Attribut	*Die Freude **über den Ausbildungsvertrag** war riesig.*
Infinitivattribut	*Seine Freiräume **zu entscheiden** sind begrenzt.*
Apposition	*Kai, **der andere Azubi**, arbeitet in meiner Abteilung.*
Adverbien	*Der Azubi **hier** arbeitet gut im Team.*
Pronomen	*Wir sind alle zufrieden in **unserer** Firma.*
Numerale	*Der Chef ist **drei** Wochen verreist.*

3 *Bestimmen Sie in den folgenden Sätzen die Satzglieder. Benennen Sie die Attribute.*
(1) Herr Mayer, ein neuer Lehrer, unternahm am vergangenen Freitag mit der Klasse 12 einen Ausflug nach München. (2) Die Klasse wollte die neue Ausstellung des Technikmuseums besuchen. (3) Die zwanzig Schüler betrachteten die außergewöhnlichen Kunstwerke in den Vitrinen. (4) Die Begeisterung über die Ausstellung wurde jedoch getrübt. (5) Ein Schüler der Klasse hatte seine Geldbörse verloren. (6) Die Chance, sie wiederzufinden, war gering. (7) Außerdem beschuldigte der Schaffner die müde Klasse auf dem Nachhauseweg des Schwarzfahrens.

4 *Ergänzen Sie die Sätze aus Aufgabe 1 durch passende Attribute.*
Beispiel: *(1) Luisa kaufte sich im **teuren** Sportladen ein **neues** Trikot für das Fußballspiel **ihres Freundes**.*

Rechtschreibung

Die s-Schreibung

Damit Ihre Texte von den Lesern verstanden und ernst genommen werden, ist es wichtig, korrekt zu schreiben. Das gilt für Texte, die Sie im Rahmen des Schulalltags schreiben, z. B. Aufsätze oder Praktikumsberichte, aber auch für Bewerbungen und andere Geschäftsbriefe.

Einige Bereiche der Rechtschreibung sind besonders fehlerträchtig. Auf den folgenden Seiten können Sie diese noch einmal trainieren.

Basiswissen **Die s-Schreibung**

Bei der s-Schreibung unterscheidet man zwischen stimmhaftem und stimmlosem s-Laut:

- Wörter mit stimmhaftem s-Laut werden mit einem einfachen *s* geschrieben, z. B. *Nase, Meise, Riese*.
- Die Schreibung von Wörtern mit stimmlosem s-Laut ist wie folgt geregelt:
  - Steht vor dem stimmlosen s-Laut ein kurzer Vokal, wird *ss* geschrieben, z. B. *Messe, Fluss, Kasse*.
  - Steht vor dem stimmlosen s-Laut ein langer Vokal oder ein Diphthong (Doppellaut wie z. B. *ei* oder *au*), wird häufig *ß* geschrieben, z. B. *Gruß, Großvater, Gießkanne; schweißen, draußen*.

Achtung, einige Wörter werden mit einem einfachen *s* geschrieben, obwohl ein langer Vokal oder Diphthong vor dem s-Laut steht. Bei ihnen hört man den stimmhaften s-Laut nur im Plural, z. B. *Glas – Gläser, Haus – Häuser*.

1 *Ergänzen Sie weitere Wörter nach folgenden Mustern:*
-eis-: r**eis**en, Kr**eis**, ...
-üss-: m**üss**en, N**üss**e, ...
-aß-: M**aß**, fr**aß**, ...

Bei einigen Verbformen ändert sich beim Wechsel der Zeitformen der Stammvokal und entsprechend auch der s-Laut. Das müssen Sie beachten, wenn Sie Verben konjugieren.

Infinitiv	3. Person Singular Präsens	3. Person Singular Präteritum	3. Person Plural Perfekt
beschlie*ß*en	er beschlie*ß*t	sie beschlo*ss*	sie haben beschlo*ss*en

2 *Übernehmen Sie die Tabelle in Ihr Heft, notieren Sie die richtigen Verbformen der folgenden Verben in die entsprechenden Spalten und erklären Sie mithilfe des Basiswissens, weshalb sich der s-Laut verändert.*
zerreißen • gießen • schmeißen • genießen • vergessen

3 *Schreiben Sie den Lückentext ab und ergänzen Sie die richtigen s-Laute (s, ss oder ß).*

Praktikum in einer Gie_erei

Der erste Tag meines Praktikums in der Gie_erei „Müller-Gu_" begann um sieben Uhr. Am Vormittag half ich bei der Überwachung der Verflü_igung von Gu_ei_en. Dabei hatte ich Gelegenheit zu sehen, wie Lufteinschlü_e entfernt werden. Die hei_e, flü_ige Ma_e wurde dann automatisch zur Gie_station befördert. Am Nachmittag kontrollierte ich die Gu_teile, ob keine Ri_e, Ga_bla_en oder Hohlräume entstanden waren. Das ist wichtig, denn alles mu_ genau pa_en. Anschlie_end bearbeitete ich die gego_enen Teile.

Getrennt- und Zusammenschreibung

Informieren Sie sich über die wichtigsten Regeln der Getrennt- und Zusammenschreibung.

Basiswissen **Getrennt- und Zusammenschreibung**

Getrennt schreibt man in der Regel:	
Wortgruppen mit dem Verb ***sein***	*froh sein, zusammen sein*
die meisten Wortgruppen aus **Verb + Verb** und **Partizip + Verb**	*arbeiten gehen, getrennt schreiben*
die meisten Wortgruppen aus **Nomen + Verb**	*Auto fahren, Praktikum absolvieren*
Wortgruppen aus **Adjektiv + Verb**, wenn die Verbindungen wörtlich verstanden werden	*falsch machen, geheim halten, gesund werden*
Wortgruppen aus **Adverb + Verb**, wenn der Hauptakzent auf dem Verb liegt	*dabei stehen, zusammen gehen, miteinander reden*
Zusammen schreibt man unter anderem:	
Zusammensetzungen aus **Nomen + Adjektiv/Partizip**, wenn die Verbindung für eine Wortgruppe steht	*lebensfremd* (dem Leben fremd), *angsterfüllt* (von Angst erfüllt)
Zusammensetzungen aus **Adjektiv + Adjektiv**, wenn der erste Teil die Bedeutung des Wortes verstärkt oder abschwächt	*hellblau, lauwarm*
Verbindungen aus **Adjektiv + Verb**, die man nur im übertragenen Sinn verstehen kann	*falschspielen* (betrügen), *klarmachen* (etwas verdeutlichen)
Verbindungen aus **Adverb + Verb**, wenn der Hauptakzent auf dem Adverb liegt	*hierbleiben, sich querstellen, rückwärtsgehen, vorwärtslaufen*
Verbindungen aus **Präposition + Verb**, wenn der Hauptakzent auf der Präposition liegt	*zwischenlagern, durcharbeiten, entlanglaufen*
trennbar zusammengesetzte Verben, deren erster Bestandteil kaum noch als Nomen erkennbar ist	*leidtun, teilnehmen, standhalten, kopfstehen, nottun*
Verbindungen aus ***fest***, ***voll*** und ***tot*** + ***Verb***	*festhalten, vollgießen, totsagen*

1 *Schreiben Sie die folgenden Sätze in der richtigen Schreibung in Ihr Heft.*

(1) Mein Vater erzählt mir oft von seiner super/schweren Kindheit. (2) Der Unterricht habe damals viel zeitiger statt/gefunden als heute. (3) Außerdem seien die Kinder noch angst/erfüllt zur Schule gegangen. (4) Er meint, die Schüler mussten von früh bis spät durch/arbeiten. (5) Und wenn jemand etwas falsch/machte, sei er schwer/bestraft worden. (6) Er meint, er habe keine Freizeit gehabt, denn nach der Schule musste er Klavier/spielen und aufräumen/helfen. (7) Mein Vater hat natürlich bei seinen Erzählungen tot/geschwiegen, dass er sich damals gegen alles und jeden quer/gestellt hat. (8) Meine Oma hat mir erzählt, er habe ständig mit seinen Freunden zusammen/gehockt und Streiche ausgeheckt.
(9) Sie meinte, mein Vater könne froh/sein, dass er so brave Kinder hat.

Großschreibung nominalisierter Wörter

25 Prozent der Rechschreibfehler sind auf unzureichende Kenntnisse in der Groß- und Kleinschreibung zurückzuführen. Dabei ist die Grundregel sehr einfach: Nomen schreibt man groß, alle anderen Wortarten klein. Doch wenn Verben, Adjektive etc. im Satz als Nomen gebraucht werden, spricht man von Nominalisierungen und die nominalisierten Wörter werden großgeschrieben.

Basiswissen **Nominalisierungen**

Nominalisierte Wörter lassen sich oft an einem der folgenden Merkmale erkennen:

a) an einem vorausgehenden **Artikel**:
z. B. ***der** Alte, **das** Öffnen, **eine** Drei (würfeln), **das** Auf und Ab*

b) an einer vorausgehenden **Präposition**, die mit einem **Artikel** verschmolzen ist:
z. B. ***beim** Einkaufen, **ins** Grüne, **vom** Lachen*

c) an einem vorangestelltem **Pronomen**, **Zahlwort**, **Adjektiv** oder **Partizip:**
z. B. ***sein** Lachen, **drei** Heranwachsende, **fröhliches** Miteinander, **gemäßigtes** Klatschen*

Manchmal fehlen diese Signalwörter. Schreiben Sie groß, wenn Sie Signalwörter ergänzen können, z. B. *(Das) Aufwachen macht keinen Spaß.*

Hausordnung

Lärm: [...] Das Spielen von Instrumenten ist während der Mittagsruhe (13.00 bis 15.00 Uhr) und zwischen 19.00 Uhr und 8.00 Uhr grundsätzlich untersagt. [...]

Kinder: [...] Das Reinigen des Spielplatzes und Sandkastens nebst Umgebung gehört zu den Aufgaben der Eltern, deren Kinder dort spielen. [...]

Sicherheit: [...] Das Grillen mit Holzkohle ist auf den Balkonen grundsätzlich nicht gestattet. Zum Grillen steht eine geeignete Fläche unweit des Gebäudes zur Verfügung. Das Lagern von feuergefährlichen, leicht entzündbaren sowie Geruch verursachenden Stoffen im Keller oder auf dem Dachspeicher ist untersagt. [...]

Reinigung: [...] Beim Gießen von Blumen ist darauf zu achten, dass das Wasser nicht an der Hauswand herunterläuft und auf die Fenster und Balkone anderer Mieter tropft.

Lüften: Die Wohnung ist auch in der kalten Jahreszeit ausreichend zu lüften. Dies erfolgt durch möglichst kurzfristiges, aber ausreichendes Öffnen der Fenster. [...]

Fahrzeuge: Das Abstellen von motorisierten Fahrzeugen auf dem Hof, den Gehwegen und den Grünflächen ist nicht gestattet. [...] Beim Befahren der Garageneinfahrten und Parkplätze ist grundsätzlich Schrittgeschwindigkeit einzuhalten. Das Abstellen von Fahrrädern ist grundsätzlich nur auf den dafür vorgesehenen Flächen und im Fahrradkeller gestattet.

1 *Finden Sie in dem Text Nominalisierungen und schreiben Sie diese mit Begleiter heraus.*

2 *Bilden Sie Nominalisierungen aus folgenden Pronomen, Zahlwörtern, Adjektiven, Präpositionen und Partizipien. Formulieren Sie Sätze unter Verwendung der Nominalisierungen.*
ich • zwei • sieben • blau • kreativ • für (und) wider • arbeitend • ausgestoßen

Groß- und Kleinschreibung von Tageszeiten und Wochentagen

„Am Montag komme ich später“ und „Ich komme montags immer später“ – für die korrekte Schreibung von Tageszeiten und Wochentagen muss man sich die folgenden Regeln einprägen.

Basiswissen **Groß- und Kleinschreibung von Tageszeiten und Wochentagen**

Tageszeiten und Wochentage werden großgeschrieben, wenn sie Nomen sind. Man erkennt sie an den Begleitern:

vorangehender Artikel	*der Montag, ein Freitag, eines Abends*
vorangehende Präposition (oft mit Artikel)	*bei Tage, am Freitag*
vorangestelltes Pronomen, Zahlwort, Adjektiv, Partizip	*jeden Montag, vier Freitage, letzten Samstag*

Tageszeiten und Wochentage werden als Adverbien kleingeschrieben, z. B. *montags, mittags, heute*.

Zusammengesetzte Tageszeiten und Wochentage schreibt man groß, wenn sie Nomen sind, und klein, wenn sie Adverbien sind, z. B. *am Montagabend, mittwochmorgens*.

Bei kombinierten Tageszeitangaben schreibt man die Nomen groß und die Adverbien klein, z. B. *gestern Abend*.

Hallo Timm,
sorry, dass ich erst h/Heute schreibe, aber ich hatte g/Gestern a/Abend keine Lust mehr. Mein g/Gestriger s/Samstag war anstrengend! Am m/Morgen bin ich zeitig aufgestanden; ich gehe jetzt nämlich s/Samstagsmorgens mit meiner kleinen Schwester schwimmen. Gegen m/Mittag habe ich mich mit Luisa getroffen. Sie hat sich letzten f/Freitag einen Roller gekauft. Wir sind den ganzen n/Nachmittag durch die Stadt gefahren. Hast du kommenden d/Dienstagabend Zeit, ins Kino zu gehen? Bis bald, Jessica

1 *Schreiben Sie den Text in der richtigen Groß- und Kleinschreibung in Ihr Heft.*

Fazit

Grammatik: Wortarten
- Nomen
- Adjektive
- Adverbien
- Präpositionen
- Konjunktionen
- Verben
- Numerale
- Artikel
- Pronomen
- Interjektionen

Grammatik: Satzglieder
- Subjekt
- Prädikat
- Objekt
- Adverbial
- Satzgliedteil: Attribut

Rechtschreibung
- s-Schreibung
- Getrennt- und Zusammenschreibung
- Großschreibung nominalisierter Wörter
- Groß- und Kleinschreibung von Tageszeiten und Wochentagen

Ein Persönlichkeitsprofil erstellen

Wenn Sie für sich erfolgreich werben und Ihre Bewerbungschancen erhöhen wollen, sollten Sie über positive Standardeigenschaften wie „freundlich" oder „teamfähig" hinaus Ihre Persönlichkeit differenzierter darstellen. Die folgenden Aufgaben helfen Ihnen, sich kritisch und sachlich zu charakterisieren.

1 *Schätzen Sie sich zunächst selbst ein.*

a) Stellen Sie eine Liste mit positiven und negativen Persönlichkeitsmerkmalen zusammen (Eigenschaften, Fähigkeiten, Verhaltensweisen). Denken Sie dabei an Personen, die Sie kennen, und an sich selbst.

b) Fertigen Sie am Computer eine Checkliste mit den von Ihnen ermittelten Persönlichkeitsmerkmalen nach folgendem Muster an:

Persönlichkeitsmerkmale	stark ausgeprägt	normal ausgeprägt	gar nicht ausgeprägt
ausdauernd			

c) Drucken Sie die Liste mehrmals aus. Füllen Sie die Checkliste zuerst für sich selbst aus.

2 *Bitten Sie Freunde, Eltern, Geschwister und Lehrer, Sie mithilfe der Checkliste einzuschätzen.*

3 *Vergleichen Sie die Ergebnisse der Aufgaben 1c und 2.*

a) Überwiegen die gleichen Bewertungen oder fallen Selbsteinschätzung und Fremdeinschätzung auseinander?

b) Begründen Sie die Abweichungen von Selbst- und Fremdeinschätzung.

4 *Erstellen Sie Ihr persönliches Profil.*

a) Stellen Sie Ihre positivsten und Ihre negativsten Eigenschaften gegenüber (vgl. Aufg. 1–2). Verwenden Sie folgendes Muster.

meine positivsten Eigenschaften	meine negativsten Eigenschaften
ausdauernd ► Beleg: ...	

b) Persönlichkeitsmerkmale müssen Sie in einem Bewerbungsschreiben oder in einem Vorstellungsgespräch belegen können. Stellen Sie Belege für Ihre hervorstechenden positiven Eigenschaften zusammen und tragen Sie sie in die linke Spalte Ihrer Tabelle ein.

Beispiel: *ausdauernd* ► *Beleg: Ich jogge regelmäßig.*

Tipp

Sie können Ihr Persönlichkeitsprofil auch für individuelle, aussagekräftige Bewerbungen nutzen.

Anforderungsprofile für Ausbildungsberufe ermitteln

Viele haben eine Vorstellung von dem Beruf, den sie einmal ausüben möchten. Aber nicht immer stimmen die Anforderungen des „Traumberufes" mit den eigenen Fähigkeiten überein. Damit Sie den passenden Ausbildungsberuf finden, sollten Sie Informationen recherchieren. Zwei zentrale Fragen sind bei dieser Suche zu beantworten:

- Welche Ausbildungsberufe eignen sich für Absolventen mit Fachhochschulreife?
- Welche anderen Anforderungen – wie z. B. Eigenschaften, Verhalten, Kenntnisse, Fähigkeiten – werden in diesen Ausbildungsberufen an die Auszubildenden gestellt?

1 *Sammeln Sie Informationen über Ihren Traumberuf und vergleichen Sie die Anforderungen mit Ihrem eigenen Profil (vgl. S. 155).*

Sie haben z. B. folgende Möglichkeiten, sich über Ausbildungsberufe zu informieren:

- Berufsinformationszentrum (BIZ)
- Internetauftritte: *www.arbeitsagentur.de, www.ausbildung-plus.de, http://infobub.arbeitsagentur.de/berufe/index.jsp, www.bibb.de* (Bundesinstitut für Berufsbildung), *www.bmwi.de/BMWi/Navigation/Ausbildung-und-Beruf/ausbildungsberufe.html*
- Broschüren (Bundesagentur für Arbeit, Industrie-, Handels- oder Handwerkskammer)
- Lehrstellenatlas
- Ausbildungsmesse
- Auszubildende in der Schule
- Freunde und Bekannte, die einen für Sie interessanten Beruf ausüben

2 *Informieren Sie sich über andere Ausbildungsberufe. Suchen Sie sich mindestens drei weitere Ausbildungsberufe aus, die zu Ihrem Persönlichkeitsprofil passen.*

3 *Versuchen Sie, zu Ihnen passende Alternativen zu den gängigen Ausbildungsberufen zu finden, z. B. unter den so genannten „neuen Ausbildungsberufen".*

4 *Systematisieren Sie die gesammelten Informationen über Ausbildungsberufe mithilfe einer Tabelle. Sie können das folgende Muster verwenden:*

Ausbildungsberuf	Anforderungsprofil des Ausbildungsberufes	Übereinstimmungen mit meinem Persönlichkeitsprofil

5 *Recherchieren Sie, welche Firmen in Ihrer Umgebung in den für Sie interessanten Berufen Ausbildungsplätze anbieten. Folgende Quellen können Sie nutzen:*

- Internet u. a. unter den folgenden Adressen:
  - www.arbeitsagentur.de
  - www.ihk-lehrstellenboerse.de
  - www.meinestadt.de/deutschland/lehrstellen
  - www.ich-will-was-werden.de
  - www.handwerkskammer.de
  - www.aubiplus.de
- Wochenendausgabe der lokalen Tageszeitung
- Aushänge in der Schule

Sich bewerben

Das Bewerbungsschreiben formgerecht nach DIN 5008 erstellen

Das Bewerbungsschreiben ist in der Regel der erste Eindruck, den ein möglicher Arbeitgeber von Ihnen erhält. Entsprechend sorgfältig sollten Sie das Schreiben verfassen. Die Inhalte sollten möglichst individuell formuliert sein; die Form ist an Regeln gebunden:

Muster

•
•
•
•
Vorname und Name des Absenders Ort, Datum
Straße und Hausnummer
PLZ Ort
Telefonnummer (Beispiele: *01234 56789, +49 1234 56789*)
•
•
•
•
•
•
•
Firma
evtl. Ansprechpartner/-in
Straße und Hausnummer
PLZ Ort
•
•
•
•
Betreff (Hier wird kurz der Inhalt des Schreibens genannt.)
•
•
Anrede (*Sehr geehrte Damen und Herren* oder *Sehr geehrte/-r Frau/Herr*),
•
im ersten Satz bezieht man sich auf Empfehlungen, vorherige telefonische Anfragen, auf einen Besuch bei der Berufsberatung der Agentur für Arbeit, eine Zeitungsanzeige, ein Internetportal o. Ä. und erklärt sein Anliegen sowie sein besonderes Interesse an der ausgeschriebenen Stelle.
•
Anschließend macht man einige Angaben zur Person (Schulbesuch, Abschluss).
•
Danach sollte man auf die geforderten fachlichen Fähigkeiten (Anforderungen des Berufs) eingehen und die besondere persönliche Eignung für diesen Beruf anführen. Eine insgesamt positive Darstellung ist wichtig.
•
Im Briefschluss wählt man Formulierungen, die sich bereits auf eine Einladung zum Vorstellungsgespräch beziehen.
•
Grußformel (*Mit freundlichen Grüßen*)
•
• Unterschrift mit vollem Namen
•
Anlagen
Lebenslauf mit Foto
Zeugniskopien

> Tipp
> Ort und Datum werden nur durch Komma verbunden.

> Tipp
> Die Telefonnummer wird nicht gegliedert. Nach der Vorwahl steht ein Leerzeichen.

> Tipp
> Die bisher übliche Leerzeile vor PLZ und Ort entfällt.

> Tipp
> Der Betreff wird durch Fettdruck hervorgehoben. Das Wort „Betreff" wird nicht geschrieben.

> Tipp
> Wird im Anschriftenfeld ein/-e Ansprechpartner/-in genannt, muss diese/-r bei der Anrede persönlich angesprochen werden.

> Tipp
> Auf Konjunktive sollte im ganzen Brief verzichtet werden – auch im letzten Satz.

> Tipp
> Das Wort „Anlagen" darf durch Fettdruck, aber nicht durch Unterstreichung hervorgehoben werden.
> Es steht kein Doppelpunkt hinter „Anlagen".

Eine Online-Bewerbung verfassen

Einige Unternehmen gehen dazu über, Online-Bewerbungen anzubieten oder zu fordern. Dieses Verfahren erspart den Unternehmen viel Arbeit und scheint vor allem für jugendliche Computernutzer attraktiver zu sein. Aber auch bei dieser neuen Form der Bewerbung lauern Fehler und es sind Regeln zu beachten.

Arbeitstechnik **Online-Bewerbungen verfassen**

Bewerben Sie sich nur online, wenn das Unternehmen dies ausdrücklich anbietet. Dann nutzen Sie diese Möglichkeit aber unbedingt.

- Wenn Formulare vorgesehen sind, sollten Sie diese auch nutzen:
  - Füllen Sie so viele Felder wie möglich aus.
  - Bleiben Sie bei der Wahrheit, auch wenn z. B. die Eingabe der Zeugnisnoten dazu verleitet, bessere Noten einzutragen, als Sie eigentlich haben. Spätestens mit dem Einreichen des Zeugnisses fällt ein Betrug auf und Sie scheiden sofort aus dem Bewerbungsverfahren aus.
- Wenn keine Formulare vorgesehen sind, gehen Sie so vor:
  - Strukturieren Sie Ihr Anschreiben wie ein Bewerbungsschreiben, das per Post versandt wird (vgl. S. 157).
  - Nennen Sie neben Ihrer E-Mail-Adresse auch Ihre Postanschrift mit Telefonnummer. Sie gehören in den Briefkopf des Anschreibens und in den Lebenslauf bzw. in das Anschriftenfeld bei Formularen.
  - Achten Sie auf Aktualität. Das Datum des Anschreibens und des Lebenslaufs müssen mit dem Sendedatum der E-Mail übereinstimmen.
  - Achten Sie auch darauf, dass die Bewerbung vollständig ist.
- Überprüfen Sie Ihre E-Mail-Adresse auf Seriosität. Adressen wie z. B. *dragonheart@...* oder *sternchen92@...* sind unpassend. Richten Sie sich im Zweifel eine neue Adresse ein, die am besten aus Ihrem Vor- und Nachnamen besteht, z. B. *Sandra.Meier@...*
- Formulieren Sie Ihre Online-Bewerbung genauso sorgfältig wie jede andere Bewerbung. Auch wenn es sich um eine E-Mail oder eine Kurzmitteilung handelt, bei der man sonst zwangloser formuliert, sollten Sie keine umgangssprachlichen Wendungen, keine Emoticons, keine Abkürzungen, keinen SMS- oder Chat-Stil verwenden. Bilden Sie stattdessen vollständige Sätze und halten Sie sich an die Regeln normaler Bewerbungen.
- Beschriften Sie alle Anhänge eindeutig, z. B. *Lebenslauf Sandra Meier.doc*, *Zeugnisse Ralf Willms.pdf*. Verwenden Sie außerdem möglichst gängige Dateiformate – es besteht sonst die Gefahr, dass Ihr Empfänger die Dateien nicht öffnen kann.
- Halten Sie die Dateigrößen möglichst klein.
- Überprüfen Sie alle Angaben auf Richtigkeit und kontrollieren Sie überall Rechtschreibung und Zeichensetzung.

Situation

Sonja Müller, Schülerin einer Höheren Berufsfachschule, möchte IT-Systemelektronikerin werden. Die Firma *IT-Service GmbH* in Aachen und die Firma *Compusolutions GmbH* in Düsseldorf bilden in diesem Bereich aus. Die Schülerin schickt ihre Bewerbung per E-Mail am 5. Mai ab.

Eine Online-Bewerbung verfassen

1 *Vorsicht, Fehler: Bewerten und korrigieren Sie die Online-Bewerbung.*

a) Untersuchen Sie die folgende Online-Bewerbung. Benennen Sie, was die Verfasserin dieser Online-Bewerbung richtig gemacht hat. Stellen Sie Fehler heraus.

b) Verbessern Sie die Online-Bewerbung von Sonja Müller.

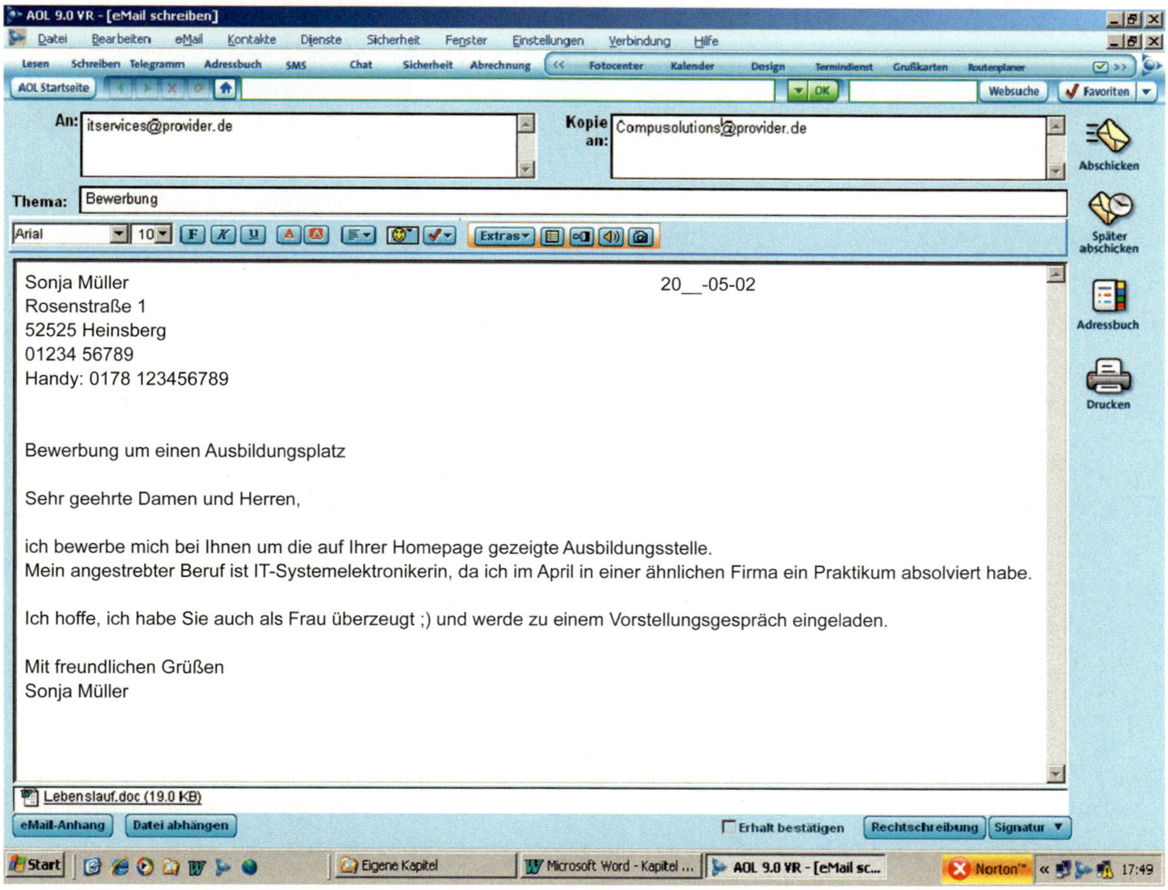

An: itservices@provider.de

Kopie an: Compusolutions@provider.de

Thema: Bewerbung

Sonja Müller
Rosenstraße 1
52525 Heinsberg
01234 56789
Handy: 0178 123456789

20__-05-02

Bewerbung um einen Ausbildungsplatz

Sehr geehrte Damen und Herren,

ich bewerbe mich bei Ihnen um die auf Ihrer Homepage gezeigte Ausbildungsstelle.
Mein angestrebter Beruf ist IT-Systemelektronikerin, da ich im April in einer ähnlichen Firma ein Praktikum absolviert habe.

Ich hoffe, ich habe Sie auch als Frau überzeugt ;) und werde zu einem Vorstellungsgespräch eingeladen.

Mit freundlichen Grüßen
Sonja Müller

Lebenslauf.doc (19.0 KB)

Arbeitstechnik – Die Bewerbungsunterlagen zusammenstellen

- Ermitteln Sie die Adresse eines geeigneten Ausbildungsbetriebes.
- Erstellen Sie den Inhalt des Bewerbungsschreibens. Achten Sie besonders auf individuelle Formulierungen.
- Verfassen Sie das Anschreiben unter Beachtung der Formvorschriften.
- Schreiben Sie den Lebenslauf und achten Sie auf das aktuelle Datum.
- Lassen Sie das Anschreiben und den Lebenslauf Korrektur lesen.
- Fügen Sie alle notwendigen Unterlagen zeitlich geordnet und als Kopien hinzu.
- Füllen Sie bei Online-Bewerbungen mit Formularvorlage alle Felder wahrheitsgemäß und vollständig aus. Wenn kein Formular vorgesehen ist, strukturieren Sie Ihr Anschreiben wie ein Bewerbungsschreiben, das per Post versandt wird. Achten Sie auf eine angemessene Wortwahl und auf Fehlerfreiheit.

Sich in einem Unternehmen präsentieren

Ein Vorstellungsgespräch simulieren

In einem Vorstellungsgespräch treten Sie zum ersten Mal in direkten Kontakt mit einem möglichen Ausbilder. Jetzt müssen Sie sich selbst präsentieren. Je besser Sie sich darauf vorbereiten, desto größer sind Ihre Chancen, den Ausbildungsplatz zu erhalten. Denn es geht nur noch um die Frage: „Warum sollten wir gerade Sie nehmen?"

Arbeitstechnik | **Sich auf das Vorstellungsgespräch vorbereiten**

Die **inhaltliche Vorbereitung** ist der erste Schritt zur Selbstsicherheit:

- Informieren Sie sich über das Unternehmen, die Branche und den Ausbildungsberuf. Sehen Sie sich den Internetauftritt des Unternehmens an und machen Sie sich mit Produkten, Dienstleistungen, Filialen etc. vertraut.
- Lernen Sie Ihre eigenen Daten auswendig (Lebenslauf, Hobbys, Name Ihrer Schule).
- Bereiten Sie sich auf mögliche Fragen vor, auch auf unangenehme, z. B. nach schlechten Noten.
- Überlegen Sie, welche Fragen Sie stellen könnten. Erstellen Sie eine Liste, die Sie zum Vorstellungsgespräch mitnehmen können. So vermeiden Sie, wichtige Fragen zu vergessen.
- Erstellen Sie Ihr Persönlichkeitsprofil (vgl. S. 155). Benennen Sie Stärken und Schwächen und begründen Sie Ihre Eignung möglichst konkret.
- Vermeiden Sie allgemeine Aussagen.

Das **richtige Auftreten** ist der zweite Schritt zur Selbstsicherheit:

- Das Vorstellungsgespräch beginnt bereits, wenn Sie das Firmengelände betreten. Gehen Sie davon aus, dass Sie dort schon beobachtet werden.
- Seien Sie pünktlich und kleiden Sie sich dem Anlass entsprechend.
- Stellen Sie sich mit Vor- und Nachnamen vor.
- Sprechen Sie in ganzen Sätzen. „Einwort-Sätze" wirken desinteressiert und unvorbereitet.
- Sprechen Sie Hochdeutsch, nicht Dialekt oder Umgangssprache.
- Bleiben Sie freundlich.
- Achten Sie auf eine angemessene Körper- und Sitzhaltung.
- Versuchen Sie, glaubwürdig, bescheiden, kompetent und zielstrebig zu wirken.

1 *Simulieren Sie ein Vorstellungsgespräch.*

a) Wählen Sie für die Simulation Folgendes aus:
- eine Person Ihres Vertrauens, die in einem Rollenspiel den Personalchef darstellt,
- einen Ausbildungsberuf,
- einen Ausbildungsbetrieb.

b) Spielen Sie mit verteilten Rollen die verschiedenen Phasen eines Vorstellungsgespräches: Begrüßung, Selbstdarstellung des Bewerbers (inkl. Eignung für den Beruf und das Unternehmen), Schulbildung, Interessen und Hobbys, Fragen des Bewerbers.
Bereiten Sie sich auf mögliche Fragen vor. Versuchen Sie, konkrete Antworten zu finden.

c) Nehmen Sie das Vorstellungsgespräch mit einer Videokamera auf und analysieren Sie es anschließend aus der Sicht eines Personalchefs. Überlegen Sie, ob Sie sich selbst einstellen würden.

d) Erstellen Sie eine Liste mit Verhaltensweisen, an denen Sie noch arbeiten müssen.

Sich für ein Assessment-Center vorbereiten

Die letzte Hürde zum ersehnten Ausbildungsplatz stellt in vielen Unternehmen das so genannte Assessment-Center dar. Der Begriff kommt aus dem Englischen von „to assess" – und bedeutet so viel wie beurteilen, einschätzen.

Basiswissen | Assessment-Center

Bei einem Assessment-Center werden die Bewerber auf ihre Eignung für den Ausbildungsberuf beurteilt. Als Grundlage dazu dienen verschiedene praktische Tests, denen sich die Bewerber stellen müssen. Gängige Methoden in diesem Auswahlverfahren sind:

- Gruppendiskussionen
- Rollenspiele
- Konstruktionsaufgaben
- organisatorische Aufgaben
- Kurzpräsentationen

Das Auswahlverfahren in einem Assessment-Center kann von mehreren Stunden bis zu mehreren Tagen dauern. Stellen Sie sich darauf ein, dass Sie nicht nur während der Tests, sondern auch während des ganzen Tages beobachtet werden.

In **Gruppendiskussionen** werden soziale, politische oder wirtschaftliche Fragen thematisiert. Mögliche Themen könnten neben tagesaktuellen z. B. sein:
Gibt es einen Werteverfall in der heutigen Gesellschaft? Lässt das Internet die Menschen seelisch verkümmern? Sollten die Öffnungszeiten in unseren Filialen verändert werden? Wie stehen Sie zum arbeitsfreien Sonntag?

Bei diesen Diskussionen werden Sie u. a. hinsichtlich folgender Punkte bewertet:
Haben Sie eine eigene Meinung, die Sie überzeugend vertreten? Haben Sie Hintergrund- und Allgemeinwissen? Sind Sie dominant oder eher zurückhaltend? Halten Sie die Gesprächsregeln ein?

Bereiten Sie sich auf Gruppendiskussionen vor: Sehen Sie Nachrichtensendungen, lesen Sie die Tageszeitung und wiederholen Sie die Gesprächsregeln.

Kundengespräche oder Mitarbeitergespräche könnten Themen für **Rollenspiele** sein.

Konstruktions- bzw. **Organisationsaufgaben** könnten z. B. das Herstellen einer Mitarbeiterzeitung oder das Erstellen der Homepage für das Unternehmen sein. Sie sollten aber auch mit Aufgaben rechnen, die thematisch nichts mit dem angestrebten Ausbildungsberuf zu tun haben, z. B. die Organisation eines Fußball- oder Sommerfests.

Als **Kurzpräsentation** könnten Sie die Ergebnisse Ihrer Konstruktions- bzw. Organisationsaufgabe vortragen. Aber auch Ihr eigener Lebenslauf könnte das Thema sein. Die Regeln für gelungene Präsentationen sollten Sie anwenden können. Rechnen Sie aber auch hier mit artfremden Aufgaben. Es könnte z. B. sein, dass Sie sich um die Ausbildungsstelle zur IT-Systemelektronikerin oder zum Bankkaufmann beworben haben und nun die Aufgabe erhalten, einen Staubsauger zu verkaufen.

1 *Informieren Sie sich bei Freunden und Bekannten, die schon einmal ein Assessment-Center durchlaufen haben. Stellen Sie z. B. folgende Fragen:*
- Welche Diskussionsthemen wurden vorgegeben?
- Welche Rollenspiele mussten für welche Ausbildungsberufe durchgeführt werden?
- Was musste konstruiert bzw. organisiert werden?
- Zu welchen Themen sollten Kurzpräsentationen erstellt werden?

Sich auf Einstellungstests vorbereiten

Viele größere Unternehmen führen Einstellungstests durch, um die Fähigkeiten und Kenntnisse Ihrer Bewerber zu prüfen und um aus der großen Anzahl von Bewerbern auswählen zu können.

Unvorbereitet sollten Sie auf keinen Fall in diese Tests gehen, dafür sind sie viel zu wichtig. Zum Beispiel sind viele Teile des Tests so angelegt, dass Sie die Aufgaben nicht in der vorgegebenen Zeit lösen können. Hierbei soll getestet werden, wie Sie unter Zeitdruck und Stress arbeiten. Deshalb üben Sie möglichst viel und investieren Sie in eins der zahlreichen Trainingsbücher für Einstellungstests. Denn nur wer mit dem Aufbau, der Durchführung und den Inhalten der Tests vertraut ist, hat gute Chancen, diese zu bestehen. Und auch wenn Sie nach dem ersten Einstellungstest eine Absage erhalten, sehen Sie es positiv: Sie haben für den nächsten Test viel gelernt und Routine erworben, die Ihnen beim nächsten Mal helfen wird.

1 *Überlegen Sie, wie Sie sich optimal auf einen Einstellungstest vorbereiten können. Beziehen Sie auch – wenn möglich – eigene Erfahrungen in Ihre Überlegungen mit ein.*
Beispiel: - *die wichtigsten Rechtschreib- und Grammatikregeln wiederholen*
...

2 *Recherchieren Sie, welche Trainingsbücher für Einstellungstests im Handel erhältlich sind. Stellen Sie eine Liste mit Trainingsbüchern zusammen, die für Sie geeignet sind.*

Fazit

Ein Persönlichkeitsprofil erstellen

- Persönlichkeitsmerkmale ermitteln (Selbst- und Fremdeinschätzung)
- positive Merkmale mit Beispielen belegen

Anforderungsprofile für Ausbildungsberufe ermitteln

- Informationen über Ausbildungsberufe zusammentragen
- Anforderungen ermitteln
- Anforderungsprofil mit eigenem Persönlichkeitsprofil vergleichen, Gemeinsamkeiten zusammenfassen

Sich bewerben

- Bewerbungsschreiben individuell formulieren, Formvorschriften beachten
- Lebenslauf schreiben
- notwendige Unterlagen als Kopien hinzufügen
- Online-Bewerbungen:
  - als Formular: alle Felder wahrheitsgemäß und vollständig ausfüllen
  - ohne Formular: wie bei schriftlicher Bewerbung verfahren

Sich in einem Unternehmen präsentieren

- Vorstellungsgespräche
- Assessment-Center
- Einstellungstests

Kapitel 11

Kommunikation in Theorie und Praxis

11.1 Wahrnehmung als Bestandteil von Kommunikation verstehen

11.2 Kommunikation auf verschiedenen Ebenen wahrnehmen

11.3 Symmetrische und komplementäre Kommunikation

11.4 Prüfungsvorbereitung: Angewandte Kommunikationstheorien

Kommunikation kann als der Austausch von Informationen auf der Basis von Zeichen definiert werden. Bei dieser Definition handelt es sich allerdings um eine sehr vereinfachte Erklärung. Deshalb lernen Sie in diesem Kapitel verschiedene Kommunikationsmodelle kennen. Mithilfe dieser theoretischen Ansätze werden Sie in der Lage sein, alltägliche Kommunikationssituationen besser einschätzen und beurteilen zu können, um Konflikte zu vermeiden bzw. sinnvoll zu lösen und situationsgerecht zu kommunizieren.

Was ich bereits über Kommunikation weiß

- ✔ Kommunikation ist mehr als Sprechen (➲ Kapitel 1).
- ✔ In unterschiedlichen Kommunikationssituationen werden unterschiedliche Sprachvarietäten verwendet (➲ Kapitel 1).
- ✔ Um erfolgreich zu kommunizieren, muss die Sprachvarietät der jeweiligen Kommunikationssituation angepasst werden (➲ Kapitel 1).

Wahrnehmung als Bestandteil von Kommunikation verstehen

Menschen kommunizieren verbal, das heißt, sie tauschen sich durch die Verwendung von Sprache aus. Gleichzeitig verwenden sie auch nonverbale Signale, um sich mitzuteilen. Der folgende Textauszug ist dem Roman „Homo Faber" von Max Frisch entnommen. Der Ich-Erzähler Walter Faber, ein Ingenieur, lebt in New York und arbeitet dort für die UNESCO. Er befindet sich an Bord eines Flugzeuges, das ihn nach Mexiko bringen soll.

Max Frisch: Homo Faber (Auszug)

Wir starteten in La Guardia, New York, mit dreistündiger Verspätung infolge von Schneestürmen. Unsere Maschine war, wie üblich auf dieser Strecke, eine Super Constellation. Ich richtete mich sofort zum Schlafen, es war Nacht. […] was mich nervös machte, sodass ich nicht sogleich schlief, war nicht die Zeitung, die unsere Stewardess verteilte, First Pictures of World's Greatest Air Crash in Nevada, eine Neuigkeit, die ich schon am Mittag gelesen hatte, sondern einzig und allein diese Vibration in der stehenden Maschine mit laufenden Motoren – dazu der junge Deutsche neben mir, der mir sogleich auffiel, ich weiß nicht, wieso, er fiel auf, wenn er den Mantel auszog, wenn er sich setzte und sich die Bügelfalten zog, wenn er überhaupt nichts tat, sondern auf den Start wartete wie wir alle und einfach im Sessel saß, ein Blonder mit rosiger Haut, der sich sofort vorstellte, noch bevor man den Gürtel geschnallt hatte. Seinen Namen hatte ich überhört, die Motoren dröhnten, einer nach dem anderen auf Vollgasprobe. […] Er bot mir Zigaretten an, mein Nachbar, aber ich bediente mich von meinen eigenen, obschon ich nicht rauchen wollte, und dankte, nahm nochmals die Zeitung, meinerseits keinerlei Bedürfnis nach Bekanntschaft.

1 ***Untersuchen Sie die Interaktion zwischen Walter Faber und dem jungen Deutschen.***

a) Interpretieren Sie die verbalen und nonverbalen Signale des jungen Deutschen und des Ich-Erzählers im Hinblick auf das Zustandekommen eines möglichen Gesprächs.

b) Formulieren Sie je eine Denkblase für den jungen Deutschen und den Erzähler mit den Gedanken, die jeder während der Begegnung haben könnte.

c) Vergleichen Sie die Inhalte der Denkblasen.

2 ***Definieren Sie den Begriff „Kommunikation".***

a) Sammeln Sie in einem Brainstorming Assoziationen, die Ihnen aufgrund Ihres Vorwissens und des Textes zum Thema „Kommunikation" einfallen.

b) Legen Sie eine Mindmap (➪ Kapitel 20) an, um Ihre Arbeitsergebnisse aus a) zu strukturieren.

c) Formulieren Sie mithilfe Ihrer Aufzeichnungen eine Definition von Kommunikation.

d) Sammeln Sie Ihre Arbeitsergebnisse an der Tafel und vergleichen Sie die Definitionen.

e) Verfassen Sie auf der Grundlage Ihrer Vergleiche eine gemeinsame Definition.

Axiome der Kommunikation

Um Probleme des alltäglichen Lebens im zwischenmenschlichen Bereich besser erkennen, beurteilen und lösen zu können, formulierten die Kommunikationswissenschaftler Watzlawick, Beavin und Jackson im Jahre 1967 Grundsätze (Axiome) der Kommunikation. Im Folgenden werden zwei dieser Axiome vorgestellt.

Paul Watzlawick, Janet Beavin, Don Jackson: Menschliche Kommunikation

2. Kapitel: Pragmatische* Axiome – ein Definitionsversuch

2.2 Die Unmöglichkeit, nicht zu kommunizieren

[...]

Man kann sich nicht *nicht* verhalten. Wenn man also akzeptiert, dass alles Verhalten in einer zwischenpersönlichen Situation Mitteilungscharakter hat, d.h. Kommunikation ist, so folgt daraus, dass man, wie immer man es auch versuchen mag, nicht *nicht* kommunizieren kann. Handeln oder Nichthandeln, Worte oder Schweigen haben alle Mitteilungscharakter: Sie beeinflussen andere, und diese anderen können ihrerseits nicht *nicht* auf diese Kommunikation reagieren und kommunizieren selbst. [...]

2.24 Aus dem oben Gesagten ergibt sich ein metakommunikatives** Axiom: *Man kann nicht nicht kommunizieren.*

[...]

2.5 Digitale und analoge Kommunikation

[...]

Es gibt zwei grundsätzlich verschiedene Weisen, in denen Objekte dargestellt und damit zum Gegenstand von Kommunikation werden können. Sie lassen sich entweder durch eine Analogie*** (z.B. eine Zeichnung) ausdrücken oder durch einen Namen. [...] Der Unterschied zwischen digitaler und analoger Kommunikation wird vielleicht etwas klarer, wenn man sich vor Augen hält, dass bloßes Hören einer unbekannten Sprache, z.B. im Radio, niemals zum Verstehen dieser Sprache führen kann, während sich oft recht weitgehende Informationen relativ leicht aus der Beobachtung von Zeichensprachen und allgemeinen Ausdrucksgebärden ableiten lassen, selbst wenn die sie verwendende Person einer fremden Kultur angehört. Analoge Kommunikation hat ihre Wurzeln offensichtlich in viel archaischeren Entwicklungsperioden und besitzt daher eine weitaus allgemeinere Gültigkeit als die viel jüngere und abstraktere digitale Kommunikation. [...]

2.55 Zusammenfassend ergibt sich als viertes metakommunikatives Axiom: *Menschliche Kommunikation bedient sich digitaler und analoger Modalitäten.* [...]

*pragmatisch: anwendungs- bzw. handlungsbezogen
**Metakommunikation: Kommunikation über die Kommunikation selbst
***Analogie: Entsprechung, Ähnlichkeit

1 ***Untersuchen Sie die dargestellten Axiome hinsichtlich ihrer Bedeutung für Ihr Kommunikationsverhalten.***

a) Erklären Sie den Satz „Man kann sich nicht *nicht* verhalten“.

b) Erläutern Sie, welche Konsequenzen die Feststellung „*Man kann nicht* nicht *kommunizieren*“ für Ihr Kommunikationsverhalten hat.

c) Nennen Sie Situationen aus Ihrem Alltag, in denen die analogen Anteile in der Kommunikation überwiegen.

d) Welche Probleme können sich aus der Tatsache ergeben, dass der Mensch sowohl auf analoger als auch auf digitaler Ebene kommuniziert?

e) Beschreiben Sie solche Kommunikationsprobleme anhand konkreter Beispiele aus Ihrem Alltag.

Analoge Kommunikation

Menschen vertrauen den Augen mehr als den Ohren. Deshalb sind analoge Signale oft viel bedeutsamer als das gesprochene Wort.

Wie ein bildender Künstler

Bundestrainer Löw arbeitet unaufgeregt, weiß trotzdem, was er will: keine teutonischen Eisenfüße, sondern intelligente Spieler.

Wo Joachim Löw ist, herrscht Stillstand – auf dem Trainingsplatz. Dort verharrt der Bundestrainer inmitten des lauten Übungsbetriebes manchmal wie ein Standbild. Leicht vornübergebeugt im Halbfeld postiert, beobachtet Löw regungslos das Perpetuum mobile um ihn herum. […] Und wenn der sportliche Leiter des Unternehmens „Bergtour 2008" einmal aus seiner Pose ausbricht, dann niemals in der Art eines Aktionisten. Was der Bundestrainer anzuordnen hat, tut er unaufgeregt und mit Bedacht. Welch ein Unterschied zu einigen seiner Vorgänger, etwa dem im Profifußball sozialisierten Kumpeltyp Rudi Völler oder dem feldwebelartig die Arme verschränkenden und im Kommisston seine Befehle herunterratternden Berti Vogts oder dem lauernd inspizierenden Fußball-Souverän Franz Beckenbauer. Joachim Löw versucht dem deutschen Spiel eine Art von genuiner* Eleganz zu geben. Die lebt er in seinem Habitus** und seiner Kleidung mühelos vor: Löw, eine Autorität ohne autoritären Gestus. […]

(Frankfurter Allgemeine Sonntagszeitung, 01.06.2008)

* genuin = echt
** Habitus = Erscheinung, Haltung

1 ***Analysieren Sie das analoge Kommunikationsverhalten Joachim Löws.***

a) Stellen Sie dar, welche analogen Kommunikationssignale der Bundestrainer verwendet und wie sich diese von denen seiner Vorgänger unterscheiden.

b) Stellen Sie dar, welche kommunikativen Botschaften der Bundestrainer den Spielern durch sein analoges Kommunikationsverhalten übermitteln möchte.

c) Erklären Sie, warum der Bundestrainer den Eindruck einer „Autorität ohne autoritären Gestus" (Z. 23–24) vermittelt.

2 ***Stellen Sie Vermutungen darüber an, wie das Verhalten der anderen Trainer auf die Spieler gewirkt haben mag.***

3 ***Untersuchen Sie analoges Kommunikationsverhalten in Ihrem Alltag.***

a) Sammeln Sie Beispiele für analoge Kommunikationssignale, die Sie den in der Tabelle aufgeführten Verhaltensweisen zuordnen.

Verhaltensweise	analoge Kommunikationssignale
autoritär	den Zeigefinger heben, ...
freundschaftlich	...

b) Ordnen Sie den genannten Verhaltensweisen typische Kommunikationssituationen zu.

c) *„Ich liebe dich", sagte sie und verschränkte die Arme.* Stellen Sie Vermutungen darüber an, wie sich der Angesprochene verhalten wird.

d) Stellen Sie in einem Rollenspiel ähnliche Kommunikationssituationen dar, in denen sich analoge und digitale Mitteilungen widersprechen.

Analoge Kommunikation

Besonders im Bewerbungsgespräch lohnt es sich, auch auf analoge Signale zu achten.

Am besten natürlich bleiben

Personaler achten nicht nur auf Fachkompetenzen, sondern auch auf Haltung, Gestik und Mimik. Die Körpersprache kann sogar über den Erfolg des Bewerbers entscheiden.

Von FOCUS-Online-Autorin Julia Kleine

[...]

„Rund 60 Prozent der Wirkung eines Bewerbers gehen auf das Konto der Körpersprache", sagt [Karriereberater Christian] Püttjer. Seine Antworten können noch so brillant sein, werden sie von Stress- und Unsicherheitsgesten begleitet, schadet das seiner Glaubwürdigkeit, die Chance auf den Job schwindet.

Die Aussagen und die Signale des Körpers sollten zusammenpassen. Erzählt ein Kandidat, wie toll er seine Mitarbeiter coacht, während sein Auge zwinkert, die Beine wackeln und er sich nasekratzend vom Interviewer abwendet, dann stimmt etwas nicht. „Asymmetrische Körpersignale sind ein Hinweis darauf, dass ein Bewerber gerade lügt oder sich bei einem Thema unsicher fühlt", erklärt Jürgen Rohrmeier [...]. In solchen Fällen schieben Personalprofis kritische Fragen nach, um den Ungereimtheiten auf die Spur zu kommen.

Eine Geste kommt selten allein

Bei der Bewertung der Körpersprache kommt es Personalern jedoch nicht auf die einzelne Geste an. Ein Bewerber schießt sich nicht automatisch ins Aus, nur weil er sich im Verlauf des Gesprächs einmal an der Nase kratzt, wenn diese gerade juckt. [...]

Soft Skills im Schnell-Check

Die Körpersprache liefert neben Hinweisen zur Glaubwürdigkeit des Kandidaten auch Einblicke in seine Persönlichkeitsstruktur. Jeder Bewerber behauptet von sich, stressresistent und konfliktfähig zu sein. Doch häufig bröckelt die Fassade schon durch eine einzige Stressfrage, die der Personaler mit verschränkten Armen und abschätzigem Blick stellt.

Wie reagiert der Bewerber auf unzulässige Fragen? Bringt ihn kritisches Nachfragen aus der Ruhe? Während der Bewerber noch nach Worten ringt, sprechen Mimik und Gestik bereits Bände: Die Hand ballt sich zur Faust, das Gesicht verfärbt sich und trotz Klimaanlage rollen dem Bewerber die Schweißperlen über die Stirn. Personaler müssen nur noch hinschauen und haben den perfekten Schnell-Check in Sachen Aggressionspotenzial, Schüchternheit, Belastbarkeit, Stressresistenz und Kritikfähigkeit.

Denken statt posen

Bevor Interessenten für einen Job sich den Kopf über einzelne Gesten zerbrechen, sollten sie über ihre innere Einstellung nachdenken. Ohne eine entschlossene Grundhaltung ist eine Bewerbung ein sinnloses Unterfangen. Ein Bewerber sollte sich daher unbedingt mental auf seine beabsichtigte Wirkung im Vorstellungsgespräch vorbereiten. Durch eine positive Haltung und Vorfreude auf den Termin – schließlich wurde er aus einer Menge Mitbewerber ausgewählt – wird die Körpersprache automatisch klarer. [...]

(Focus, 17.06.2009)

1 ***Analysieren Sie den Text unter folgenden Gesichtspunkten:***

a) Sammeln Sie Beispiele für Stress- und Unsicherheitsgesten aus Ihrem Alltag.

b) Geben Sie mit eigenen Worten wieder, was man unter „asymmetrischen Körpersignalen" versteht.

2 ***Spielen Sie eine der folgenden Gesprächssituationen in einem Rollenspiel nach: Prüfungsgespräch (Prüfer-Prüfling), Gehaltserhöhung (Vorgesetzter-Mitarbeiter), Reklamation (Kunde-Verkäufer).***
Achten Sie dabei besonders auf die Stimmigkeit der Körpersignale und entwickeln Sie gegebenenfalls Strategien, um den Gesamteindruck zu verbessern.

Wahrnehmungen einordnen

Jedes menschliche Individuum verfügt über subjektive Wahrnehmungsfilter. Diese erschweren die Einordnung einer wahrgenommenen Situation.

Wahrnehmung: Das unsichere Fundament unseres Handelns

[…] Jede noch so banale Alltagssituation überschwemmt uns mit einer unglaublichen Flut an optischen, akustischen und sonstigen Reizen, die wir unmöglich vollständig aufnehmen, verarbeiten und speichern können. In einer unglaublichen Leistung konstruiert unser Gehirn daraus im Prozess der Wahrnehmung einfache, praktisch verwertbare Erkenntnisse. […] Schon hier ist deutlich zu erkennen, dass unsere **Wahrnehmung** keine passive Abbildung der Realität ist, sondern ein aktives, gefiltertes Exzerpt aus der angebotenen Datenflut. Gut möglich, dass ein anderer Mensch die gleichen Reize völlig anders gefiltert hätte […]. Mit anderen Worten, wir nehmen die Realität nicht passiv auf, sondern erzeugen aus dem Rohmaterial, das die Realität uns anbietet, aktiv unsere eigene Welt.

Die **Bewertung** des Wahrgenommenen ist stark von unserer Persönlichkeit und unserer momentanen Verfassung geprägt. Klar, dass ein Mensch auf den Bekannten auf der anderen Straßenseite völlig unterschiedlich reagiert, je nachdem, ob er ein bisschen Zeit hat oder unter massivem Zeitdruck steht. Ebenso wichtig aber ist, ob er ihn selbstsicher wahrnimmt („Wie schön!"), defensiv („Und wenn er/sie mich gar nicht mehr erkennt?") oder skeptisch („Vielleicht verliere ich nur meine Zeit"). Aus unterschiedlichen Bewertungen resultieren zwangsläufig unterschiedliche **Gefühle**: mal Freude, mal Angst vor Ablehnung, mal Vorbehalte. Das ist eine extrem wichtige Feststellung, die große praktische Tragweite hat: Unsere **Emotionen** *sind keine direkte Reaktion* auf unsere Wahrnehmungen, sondern die Folge der Gedanken (= Bewertungen), die wir uns hierzu machen. Das heißt in der Konsequenz: Wenn wir die gleiche Situation anders bewerten würden, entwickeln wir zwangsläufig auch andere Gefühle. Oder, noch anders: Wenn wir eine Situation falsch bewerten, entwickeln wir zwangsläufig auch „falsche" Gefühle, das heißt, Gefühle, die uns in die falsche Richtung lenken.

Denn unterschiedliche Gefühle lösen ganz unterschiedliche „innere Reaktionen" und **Handlungsimpulse** aus.

[…]

Das **Handeln** wiederum, gleich wie mutig oder halbherzig es war, schafft eine **neue Realität**. Durch die eigene Aktion hat sich die Situation verändert – vielleicht nur geringfügig, vielleicht grundlegend. Diese neue Realität wird zum Ausgangspunkt sowohl für die Wahrnehmung, die Bewertungen und Gefühle unseres Gegenübers als auch für den eigenen. […]

(www.umsetzungsberatung.de)

3 ***Erarbeiten Sie die folgenden Fragestellungen mithilfe des Textes:***

a) Wie wird der Begriff der Wahrnehmung definiert?

b) Warum nennt der Autor die Wahrnehmung „das unsichere Fundament unseres Handelns"?

c) In welchem Wechselverhältnis stehen Wahrnehmung und eigenes Handeln?

4 ***In der Regel nehmen Menschen digitales und analoges Verhalten gleichzeitig wahr. Beurteilen Sie, welche besondere Bedeutung dem analogen Verhalten bei der Wahrnehmung zukommt. Berücksichtigen Sie dabei die Aussagen des Textes.***

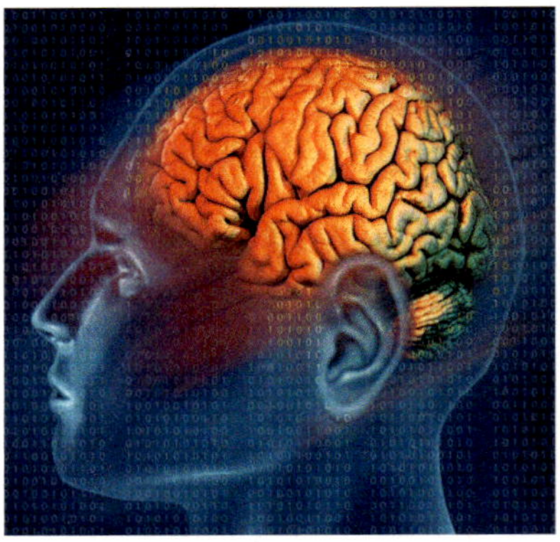

Wahrnehmungen einordnen

Basiswissen – Eisbergtheorie

Kommunikationssituationen werden immer von Wahrnehmungen bestimmt. Die Wahrnehmungen unterliegen Interpretationen des Gesehenen und Gehörten, die wiederum die Reaktion beeinflussen. Die Interpretation des Wahrgenommenen ist auch von zahlreichen Faktoren abhängig, die nicht unmittelbar mit der aktuellen Situation in Verbindung stehen.

Die Eisbergtheorie besagt, dass die Bewertung einer Kommunikationssituation nur zu einem sehr geringen Teil von den Faktoren abhängig ist, die oberflächlich bemerkbar sind und die aktuelle kommunikative Handlung beeinflussen.

Nicht wahrnehmbare Faktoren sind beispielsweise:

- Stimmungen und Befindlichkeiten
- die persönlichen Erfahrungen der Gesprächsteilnehmer, welche in diese Situation hineingetragen werden
- das Weltwissen, über das die Beteiligten verfügen
- der Vorgeschichte dieser Kommunikationssituation
- das Selbstkonzept der Kommunikationspartner

Eisbergmodell nach Sigmund Freud

– Nur die Spitze des Eisberges ist sichtbar! –

5 *Stellen Sie Vermutungen darüber an, welche Faktoren bekannt sein müssen, damit die Reaktion der Sekretärin verständlich wird.*

Wahrnehmungen in Kommunikationssituationen bewerten

Eine „falsche" Interpretation von Wahrnehmungen führt häufig zu Missverständnissen, deren Konsequenz Konflikte sind.

Kunde	Situation	Angestellter
Tonfall der Stimme: *laut, leicht bebend* Sprachebene: *situativ angemessen* Blick: *den Berater fixierend*	Ein Versicherungsangestellter legt den Hörer auf. Er ist zufrieden, hat er doch gerade ein Kundenberatungsgespräch endgültig erfolgreich abgeschlossen. In diesem Augenblick betritt ein Kunde das Büro mit den Worten: „Ich habe immer noch dieses Problem!" Es handelt sich um den Kunden, mit dem der Angestellte auch schon vormittags telefoniert und der ihm seine Probleme geschildert hat. Der Angestellte erinnert sich, dass er eine Problemlösung in Aussicht gestellt und einen Rückruf versprochen hatte. Zuvor wollte er aber noch die Akte sichten.	Wahrnehmung: *Was sehe, höre, rieche ich?* ↓ *Was schließe ich daraus?* Bewertung der Situation

1 ***Untersuchen Sie die Kommunikationssituation mithilfe folgender Fragestellungen:***

a) Welche verbalen und nonverbalen Signale nimmt der Angestellte wahr?
b) Welche nicht wahrnehmbaren Faktoren („Eisberg") beeinflussen die Situation?
c) Wie werden diese Faktoren die Reaktion des Angestellten beeinflusst haben?
d) Wodurch könnte ein Konflikt zwischen beiden Gesprächspartnern entstehen?
e) Wie könnte der Angestellte diesen Konflikt vermeiden?

2 ***Beschreiben Sie Situationen aus Ihrem Alltag, in denen Konflikte entstanden, weil nicht wahrnehmbare Faktoren die Kommunikation beeinflussten.***

Wahrnehmungen in Kommunikationssituationen bewerten

Muster

Aufgabe: Analysieren Sie die Kommunikationssituation zwischen Kunden und Kundenberater.

Die Wahrnehmung der Kommunikationssituation und die daraus resultierende Reaktion des Versicherungsangestellten sind einerseits von visuellen und akustischen Kommunikationssignalen geprägt und andererseits von Einflussfaktoren, die mit der aktuellen Kommunikationssituation nichts zu tun haben. Die Äußerung des Kunden lässt keine unmittelbaren Rückschlüsse auf seine Sprechabsicht zu. Es handelt sich, oberflächlich betrachtet, um die Beschreibung eines Sachverhaltes: „Ich habe immer noch dieses Problem." Das analoge Verhalten des Kunden lässt jedoch vermuten, dass sich hinter dieser scheinbar neutralen Formulierung eine verschlüsselte Botschaft verbirgt: Er spricht laut, seine Stimme bebt. Er fixiert den Angestellten, deutet mit dem Finger auf ihn; seine Körperhaltung ist nach vorne gebeugt. Das sind eindeutige Signale, die auf ein aggressives Verhalten schließen lassen. Diese Signale sind für den Kundenberater unmissverständlich.
Zudem kennt der Kundenberater den Hintergrund der Situation. Er gab dem Kunden eine Zusage, die er nicht gehalten hat. Seine Erfahrung sagt ihm, dass Menschen in solchen Situationen gekränkt und verärgert reagieren. Sein Wertesystem und sein Berufsethos fordern von ihm, dass er ein gegebenes Versprechen einzuhalten hat. Die Folge ist ein schlechtes Gewissen, das auf seine Stimmung drückt. Die schlechte Stimmung wird durch die Tatsache verstärkt, dass der Kundenberater bis zum Erscheinen des Kunden aufgrund seines erfolgreichen Kundengesprächs sehr gut gelaunt war.
Die Rollenverteilung zwischen ihm und dem Kunden ist ihm ebenfalls bewusst: Er ist verantwortlich. Der Kunde hat ein Problem, das er als fachkompetenter Berater lösen muss. Das ist eine aus dem Rollenverhältnis „Kunde – Berater" resultierende Erwartungshaltung.
Der Kundenberater könnte nun den möglichen Konflikt vermeiden, indem er sein eigenes Versäumnis thematisiert und sich dafür entschuldigt. Im Anschluss daran sollte er signalisieren, dass er sich umgehend den Wünschen des Kunden widmen wird. Er sollte dem Kunden also konkrete Lösungsvorschläge unterbreiten. In diesem Zusammenhang wäre es besonders hilfreich, wenn er dem Kunden einen verbindlichen Termin vorschlägt, bis wann das Problem behoben sein wird.

3 ***Vergleichen Sie die Musterlösung mit Ihren eigenen Ergebnissen.***

a) Stellen Sie übereinstimmende Positionen dar.

b) Stellen Sie abweichende Positionen dar.

Zwischenfazit

- analoge und digitale Kommunikation
- Wahrnehmungen bewerten

Kommunikation auf verschiedenen Ebenen wahrnehmen

Das Kommunikationsmodell Schulz von Thuns

„Manches kann schiefgehen, wenn wir miteinander reden“, sagt der Kommunikationspsychologe Friedemann Schulz von Thun. Diesen Sachverhalt führt er auf die Tatsache zurück, dass mit jeder Mitteilung mehrere Botschaften zur gleichen Zeit übermittelt werden.

Friedemann Schulz von Thun: Die vier Seiten einer Nachricht

Schauen wir uns eine „Nachricht“ genauer an. Für mich selbst war es eine faszinierende „Entdeckung“, die ich in ihrer Tragweite erst nach und nach erkannt habe, dass ein und dieselbe Nachricht stets viele Botschaften gleichzeitig enthält. Dies ist eine Grundtatsache des Lebens, um die wir als Sender und Empfänger nicht herumkommen. Dass jede Nachricht ein ganzes Paket mit vielen Botschaften ist, macht den Vorgang der zwischenmenschlichen Kommunikation so kompliziert und störanfällig, aber auch so aufregend und spannend.

Um die Vielfalt der Botschaften, die in einer Nachricht stecken, ordnen zu können, möchte ich vier seelisch bedeutsame Seiten an ihr unterscheiden. Ein Alltagsbeispiel: Der Mann (= Sender) sagt zu seiner am Steuer sitzenden Frau (= Empfänger): „Du, da vorne ist Grün!“ – Was steckt alles drin in dieser Nachricht, was hat der Sender (bewusst oder unbewusst) hineingesteckt, und was kann der Empfänger ihr entnehmen?

1. Sachinhalt
(oder: Worüber ich informiere)

Zunächst enthält die Nachricht eine Sachinformation. Im Beispiel erfahren wir etwas über den Zustand der Ampel – sie steht auf Grün. Immer wenn es „um die Sache“ geht, steht diese Seite der Nachricht im Vordergrund – oder sollte es zumindest. [...]

2. Selbstoffenbarung
(oder: Was ich von mir selbst kundgebe)

In jeder Nachricht stecken nicht nur Informationen über die mitgeteilten Sachinhalte, sondern auch Informationen über die Person des Senders. Dem Beispiel können wir entnehmen, dass der Sender offenbar deutschsprachig und vermutlich farbtüchtig ist, überhaupt, dass er wach und innerlich dabei ist. Ferner: dass er es vielleicht eilig hat usw. Allgemein gesagt: In jeder Nachricht steckt ein Stück Selbstoffenbarung des Senders. Ich wähle den Begriff der Selbstoffenbarung, um damit sowohl die gewollte Selbstdarstellung als auch die unfreiwillige Selbstenthüllung einzuschließen. [...]

3. Beziehung
(oder: Was ich von dir halte und wie wir zueinander stehen)

Aus der Nachricht geht ferner hervor, wie der Sender zum Empfänger steht, was er von ihm hält. [...] Allgemein gesprochen: Eine Nachricht senden heißt auch immer, zu dem Angesprochenen eine bestimmte Art von Beziehung auszudrücken. Streng genommen ist dies natürlich ein spezieller Teil der Selbstoffenbarung. [...]

Genau genommen sind auf der Beziehungsseite der Nachricht zwei Arten von Botschaften versammelt. Zum einen solche, aus denen hervorgeht, was der Sender vom Empfänger hält, wie er ihn sieht. In dem Beispiel gibt der Mann zu erkennen, dass er seine Frau für hilfebedürftig hält. – Zum anderen enthält die Beziehungsseite aber auch eine Botschaft darüber, wie der Sender die Beziehung zwischen sich und dem Empfänger sieht („so stehen wir zueinander“) [...]

4. Appell
(oder: Wozu ich dich veranlassen möchte)

Kaum etwas wird „nur so“ gesagt – fast alle Nachrichten haben die Funktion, auf den Empfänger Einfluss zu nehmen. In unserem Beispiel lautet der Appell vielleicht: „Gib ein bisschen Gas, dann schaffen wir es noch bei Grün!“

Die Nachricht dient also (auch) dazu, den Empfänger zu veranlassen, bestimmte Dinge zu tun oder zu unterlassen, zu denken oder zu fühlen. Dieser Versuch, Einfluss zu nehmen, kann mehr oder minder offen oder versteckt sein – im letzteren Falle sprechen wir von Manipulation.

Das Kommunikationsmodell Schulz von Thuns

1 ***Erschließen Sie den Text mithilfe folgender Fragestellungen.***

a) Nennen Sie Beispiele für Kommunikationssituationen, in denen eindeutig der Sachinhalt zum Ausdruck kommt.

b) Erklären Sie, aus welchen Gründen es zu einer solchen unfreiwilligen Selbstenthüllung kommen kann. Beziehen Sie dabei auch das Vorwissen aus anderen Bereichen dieses Kapitels in Ihre Überlegungen ein.

2 ***Einem Angestellten wird folgender Sachinhalt mitgeteilt: „Wir sind mit Ihren Leistungen nicht zufrieden." Formulieren Sie drei unterschiedliche Sätze, die ein Vorgesetzter dabei wählen könnte. Legen Sie den Schwerpunkt der Aussage jeweils auf die Selbstoffenbarungs-, Beziehungs- oder Appellebene.***

Basiswissen — Die vier Seiten einer Nachricht

Jede Nachricht enthält vier Botschaften. Eine Botschaft dominiert und stellt das eigentliche Ziel der Sprechabsicht dar. Für den Empfänger der Mitteilung ist es allerdings oft schwierig, diese Seite zu erkennen, sodass es häufig zu Fehlinterpretationen kommen kann.

Kommunikationsquadrat

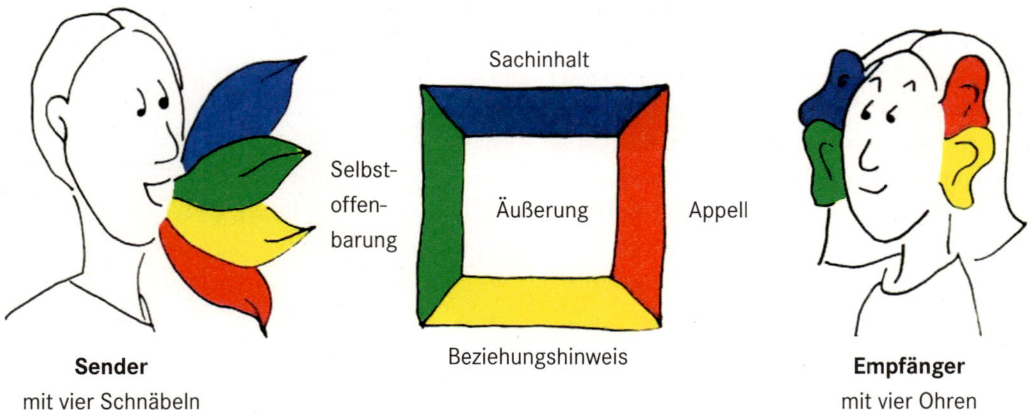

Die **Sachebene**
→ Welche sachlichen Inhalte werden übermittelt?

Die **Selbstoffenbarungsebene**
→ Was teile ich über mich selbst mit?

Die **Beziehungsebene**
→ Wie stehe ich zu meinem Kommunikationspartner?

Die **Appellebene**
→ Wozu möchte ich meinen Gesprächspartner veranlassen?

Verständnisprobleme in der Kommunikation

Oft entstehen in Gesprächen Verständnisprobleme, weil der Empfänger einer Mitteilung die Absicht des Senders nicht einzuordnen vermag. Der folgende Textauszug aus dem Roman „Der Vorleser“ von Bernhard Schlink thematisiert die Beziehung des Gymnasiasten Michael mit der 36-jährigen Hanna, die als Straßenbahnschaffnerin arbeitet. Michael gesteht Hanna, er werde in der Schule nicht versetzt.

Bernhard Schlink: Der Vorleser (Auszug)

„Wo bleibst du sitzen?“ Sie richtete sich auf. Es war das erste richtige Gespräch, das wir miteinander hatten.
„In der Untersekunda. Ich hab zu viel versäumt in den letzten Monaten, als ich krank war. Wenn ich die Klasse noch schaffen wollte, müsste ich wie blöd arbeiten. Ich müsste auch jetzt in der Schule sein.“ Ich erzählte ihr von meinem Schwänzen.
„Raus.“ Sie schlug das Deckbett zurück. „Raus aus meinem Bett. Und komm nicht wieder, wenn du nicht deine Arbeit machst. Blöd ist deine Arbeit? Blöd? Was meinst du, was Fahrscheine verkaufen und lochen ist.“ Sie stand auf, stand nackt in der Küche und spielte Schaffnerin. Sie schlug mit der Linken die kleine Mappe mit den Fahrscheinblöcken auf, streifte mit dem Daumen derselben Hand, auf dem ein Gummifingerhut steckte, zwei Fahrscheine ab, schlenkerte mit der Rechten, sodass sie den Griff der am Handgelenk baumelnden Zange zu fassen bekam, und knipste zweimal. „Zweimal Rohrbach.“ Sie ließ die Zange los, streckte die Hand aus, nahm einen Geldschein, klappte vor ihrem Bauch die Geldtasche auf, steckte den Geldschein hinein, klappte die Geldtasche wieder zu und drückte aus den außen angebrachten Behältern für Münzen das Wechselgeld heraus. „Wer hat noch keinen Fahrschein?“ Sie sah mich an. „Blöd? Du weißt nicht, was blöd ist.“
Ich saß auf dem Bettrand. Ich war wie betäubt. „Es tut mir leid. Ich werde meine Arbeit machen. Ich weiß nicht, ob ich es schaffe, in sechs Wochen ist das Schuljahr vorbei. Ich werde es versuchen. Aber ich schaff's nicht, wenn ich dich nicht mehr sehen darf. Ich ...“ Zuerst wollte ich sagen: Ich liebe dich. Aber dann mochte ich nicht. Vielleicht hatte sie recht, gewiss hatte sie recht. Aber sie hatte kein Recht, von mir zu fordern, dass ich mehr für die Schule tue, und davon abhängig zu machen, ob wir uns sehen. „Ich kann dich nicht nicht sehen.“
Die Uhr im Flur schlug halb zwei. „Du musst gehen.“ Sie zögerte. „Ab morgen hab ich Hauptschicht. Halb sechs – dann komme ich nach Hause und kannst du auch kommen. Wenn du davor arbeitest.“
Wir standen uns nackt gegenüber, aber sie hätte mir in ihrer Uniform nicht abweisender vorkommen können. Ich begriff die Situation nicht. War es ihr um mich zu tun? Oder um sich? Wenn meine Arbeit blöd ist, dann ist ihre erst recht blöd – hatte sie das gekränkt? Oder wollte sie keinen Versager zum Geliebten? Aber war ich ihr Geliebter? Ich zog mich an, trödelte und hoffte, sie würde etwas sagen. Aber sie sagte nichts.

1 ***Erschließen Sie den Text mithilfe folgender Fragestellungen:***

a) Was will Hanna Michael mitteilen?

b) Interpretieren Sie die Aussage „Wir standen uns nackt gegenüber, aber sie hätte mir in Ihrer Uniform nicht abweisender vorkommen können“. Wie erzielt Hanna diese Wirkung?

c) Aus welchen Gründen hat Michael Probleme, die Situation zu verstehen.

Konflikte erkennen und lösen

Um Auseinandersetzungen in der Kommunikation zu vermeiden, ist es wichtig, die Absicht des Kommunikationspartners zu durchschauen.

In der folgenden Schülerarbeit lassen sich einige Fehler finden.

Muster

Aufgabe: Analysieren Sie die Szene auf der Basis des Kommunikationsmodells Schulz von Thuns:

Die Frau beginnt das Gespräch mit vermeintlich eindeutigen Aussagen.
Der Mann interpretiert diese Äußerungen auf der Sachebene: „Mein Kollege stört mich.“ Deshalb gibt er seiner Frau den Rat, ihren Kollegen auf sein Fehlverhalten aufmerksam zu machen. Er glaubt, korrekt gehandelt zu haben, und hält die Diskussion für abgeschlossen. Verwundert muss er feststellen, dass seine Reaktion keineswegs den kommunikativen Absichten seiner Partnerin entspricht.
Offensichtlich erwartet diese keine Ratschläge. Ihre Mitteilung möchte sie nicht als Information verstanden wissen. Die Mitteilung hat einen appellativen Charakter, weil die Frau an das Mitgefühl ihres Mannes appellieren möchte. Sie beabsichtigt, Verständnis von ihm zu bekommen. Dabei könnte sie eine Antwort erwarten wie: „Das ist ja wirklich belastend. Ich kann verstehen, dass dich diese Situation bedrückt.“
Folglich spricht die Frau gemäß der Definition Schulz von Thuns die Beziehungsebene zwischen beiden an („Du bist mein Partner. Von dir erwarte ich moralische Unterstützung und seelischen Beistand“) und formuliert ihre Aussagen auf der Ebene der Selbstoffenbarung, die dieses Gespräch dominiert. Diese Sprechabsicht wird aber nicht direkt vorgetragen, sondern indirekt formuliert. Die Aufgabe des Partners besteht folglich darin, die Intention der Sprecherin zu entschlüsseln. …

1 ***Erläutern Sie, inwiefern Sie mit den im Mustertext vorgenommenen Zuordnungen der Aussagen zu den einzelnen Ebenen übereinstimmen.***

2 ***Formulieren Sie einen passenden Schluss für den Mustertext, in dem Sie das Verhalten des Mannes und der Frau abschließend bewerten.***

Konflikte erkennen und lösen

Wenn Menschen aneinander vorbeireden, ist es wichtig, die Absicht des Gesprächspartners zu durchschauen, um Konflikte zu vermeiden.

Urs Widmer: Top Dogs (Auszug)

6. Blöde Kuh

[…]

PSYCHOLOGE Halt, das habe ich vergessen. Sie drehen die Rollen um. Tun wir immer. Wir haben damit sehr produktive Erfahrungen gemacht. *Zu ihm* Sie sind also Ihre Frau. *Zu ihr* Und Sie spielen Ihren Mann.

[…]

ER Ich spreche mit dir, Michael!

SIE Hast du etwas gesagt, Maus? *Zum Psychologen* Er hört nie zu, und er sagt immer Maus, wenns brenzlig wird. Ich kanns nicht ausstehen, dieses „Maus". *Zu ihrem Mann als sie selbst* Maus. *Wieder als ihr Mann* So ein Haushalt ist doch nicht die Welt. Wenn ich in der Firma eine Entscheidung treffe, dann geht das um ein Volumen von hundert oder auch achthunderttausend Franken. Die Kaffeetasse da, Maus, wenn du die fallen lässt: fünfachtzig. In Wirklichkeit ist die längst abgeschrieben. Kein Buchwert mehr. Plus das bisschen Waschmittel. Peanuts. Was soll da dabei sein, an so einem Haushalt.

ER Du könntest vielleicht mal den Müll in den Container tragen, Hasi. *Zum Psychologen* Sie sagt Hasi zu mir. Hasi!

SIE Spinnst du eigentlich, Julika? Bei mir geht Tag für Tag ein Kostenvolumen von einer Million über den Schreibtisch, und du kommst mir mit Kaffeetassen.

ER Ja, ich weiß, ich höre dir eben nie so recht zu, wenn du mir etwas erklärst, Michael. Ich tu immer so, als hätt ich von Tuten und Blasen keine Ahnung. Ich bin halt ein kleines Dummchen, ein Schäfchen, eine Kuh, eine dumme saublöde Kuh.

SIE *immer noch als ihr Mann* Ich bin der Mann, ich bringe das Geld. […]

1 ***Analysieren Sie das Rollenverhalten des Paares. Berücksichtigen Sie dabei auch jene Aussagen, die an den Psychologen gerichtet sind.***

2 ***Verfassen Sie Tipps, die der Psychologe dem Paar geben könnte, um den Konflikt zu lösen.***

Zwischenfazit

Symmetrische und komplementäre Kommunikation

Kommunikation im Berufsalltag

Das Gelingen zwischenmenschlicher Kommunikation hängt davon ab, ob sich beide Kommunikationspartner als ebenbürtige Gesprächspartner verstehen oder nicht.

Das geht gar nicht!

von Julia Bönisch

Kollegen ein ehrliches Urteil über ihre Arbeit ins Gesicht zu sagen, ist eine heikle Angelegenheit. Die einen reden forsch drauflos und verlängern so die Liste ihrer Feinde. Die anderen sagen lieber gar nichts. Und das ist auch besser.

Im Büro sind zwei Typen von Kollegen am auffälligsten. Die einen sagen ständig ihre Meinung, die anderen nie. […]

Richtig heikel wird es erst, wenn der Kollege anderen die Meinung über ihre Arbeit sagt. Diplomatisch klingt das so: „Da waren ganz gute Ansätze drin." Eigentlich ist das deutlich genug. Doch der Satz ist so verpackt, dass dem Gegenüber erst zehn Minuten später klar wird, wie ungeheuerlich er ist.

Weniger Feinfühlige bevorzugen es ganz direkt: „So einen kompletten Schwachsinn habe ich noch nie gelesen."

[…]

Spannend wird es, wenn diese Typen aufeinandertreffen. Denkbar sind die folgenden Kombinationen:

a) Große Klappe trifft auf große Klappe
Übt der eine Kollege Kritik an der Arbeit des anderen und beide gehören zu der Sorte Mensch, für die Zurückhaltung ein Fremdwort ist, verspricht das für die übrigen Mitarbeiter eine unterhaltsame halbe Stunde zu werden. […]

b) Schweiger trifft auf Schweiger
Diese Kombination kommt im wahren Leben nur höchst selten vor. Beide sind schließlich so zurückhaltend (um nicht zu sagen ängstlich), dass sie den anderen entweder nie um seine Meinung bitten oder nie ein ehrliches Urteil abgeben. […]

c) Große Klappe trifft auf Schweiger
Nachdem der eine dem anderen deutlich zu verstehen gibt, dass er von der Qualität seiner Arbeit rein gar nichts hält, quittiert der andere dies mit einem schiefen Lächeln und – mit Schweigen natürlich.

In dieser Situation kann man dieses Verhalten, das sonst als feige gilt, jedoch als Größe interpretieren.

(Süddeutsche Zeitung, 07.01.2008)

1 ***Erarbeiten Sie den Text mithilfe folgender Fragestellungen:***

a) Warum ist es eine heikle Angelegenheit, wenn Kollegen die Qualität der Arbeit anderer Kollegen beurteilen?

b) Warum münden derartige Äußerungen sehr oft in Streitigkeiten (Beispiel: „Große Klappe trifft auf große Klappe")?

2 ***Stellen Sie sich vor, ein Vorgesetzter kritisiert diese Kollegen. Begründen Sie, warum die Reaktion der Kritisierten nun wahrscheinlich eine andere sein wird.***

3 ***Sammeln Sie Beispiele für Wendungen, mit denen Kritik höflich umschrieben werden kann.***

Kommunikation im Berufsalltag

Die Kommunikation zwischen zwei Gesprächspartnern kann man bezüglich der Anteile in der Gesprächsführung beschreiben.

Basiswissen | Symmetrische und komplementäre Kommunikation

Eine symmetrische Kommunikation liegt vor, wenn beide Gesprächspartner das Gespräch in gleichem Maße lenken und sich als ebenbürtige Gesprächspartner wahrnehmen.

Symmetrische Kommunikation (z. B. Arbeitskollegen):

- gleichrangige Position der Partner
- Streben nach Gleichheit, Partner sind ebenbürtig
- das Verhältnis ist ausgewogen

Komplementär ist eine Kommunikation dann, wenn zwei verschiedene Positionen vorliegen. Ein Partner besetzt dann die primäre Position, während der andere die sekundäre einnimmt. Das beinhaltet keine Wertung und ist keineswegs mit den Attributen „stark“ oder „schwach“ zu versehen. Es handelt sich um Beziehungsstrukturen, die in der beschriebenen Form auch akzeptiert werden.

Komplementäre Kommunikation (z. B. Mutter/Kind, Arzt/Patient, Lehrer/Schüler):

- Primär- und Sekundärposition
- Akzeptanz der Verschiedenheit
- Hierarchie (ungleiche Partner in Bezug auf Status, Wissen, Position etc.)

Konflikte in symmetrisch strukturierten Kommunikationssituationen entstehen, wenn ein Partner die gleichrangige Position verlässt und in einem Bereich einen Vorsprung vor dem anderen erlangen und demonstrieren will. Da die Kommunikationssituation symmetrisch angelegt ist, wird der andere wiederum danach streben, diesen Vorsprung aufzuholen. Man spricht in diesem Zusammenhang von einer **symmetrischen Eskalation.**

Auch in komplementär angelegten Kommunikationssituationen kann es zu Konflikten kommen. Ein Kommunikationsteilnehmer stellt die übergeordnete Position seines Gegenübers in Frage. Der andere wird wiederum danach streben, seine primäre Position zu behaupten.

4 *Nennen Sie Beispiele für Kommunikationssituationen, die symmetrisch angelegt sind.*

5 *Nennen Sie Beispiele für Kommunikationssituationen, die komplementär angelegt sind.*

6 *Formulieren Sie je einen symmetrisch und einen komplementär ausgerichteten Dialog auf der Basis des folgenden Sachverhalts:*
Person A wünscht, dass Person B eine Übersetzung bis zum nächsten Tag anfertigt. Person B hat einen vollen Terminkalender und müsste Überstunden machen.

7 *Vergleichen Sie Ihre Ergebnisse. Wie unterscheiden sich die beiden Versionen hinsichtlich der verwendeten sprachlichen Mittel?*

Konflikte in der symmetrischen und komplementären Kommunikation

In symmetrisch angelegten Kommunikationssituationen kann es zu Konflikten kommen, wenn die Gesprächsteilnehmer ihre gleichrangige Position in Frage stellen.

Situation

Kollege A und Kollege B bekleiden die gleiche Position in einem großen Unternehmen. Sie arbeiten an einem gemeinsamen Projekt und sind gleichaltrig. Der neue Abteilungsleiter erkundigt sich nach dem Verlauf und den Fortschritten der Projektarbeit. Um seinen neuen Chef zu beeindrucken, möchte Kollege A die gleichrangige Position verlassen und einen Vorsprung vor Kollege B erlangen und demonstrieren. Dieser versucht, das Ungleichgewicht auszugleichen.

1 *Formulieren Sie das Gespräch zwischen dem Abteilungsleiter und den beiden Kollegen.*

2 *Vergleichen Sie Ihre Ergebnisse hinsichtlich der Gesprächsstrategien, die die Kollegen verwenden, um eine übergeordnete Position einzunehmen.*

Komplementäre Kommunikationen verlaufen dann konfliktfrei, wenn die am Kommunikationsprozess beteiligten Personen ihre Rollen akzeptieren. Werden diese nicht eingehalten, kommt es zu Spannungen. Der folgende Dialog ist dem Drama „Die Schattenlinie“ von Tankred Dorst entnommen. In dem Gespräch zwischen Vater (Malthus) und Sohn (Jens) möchte der Vater ein Problem mit seinem Sohn klären.

Tankred Dorst: Die Schattenlinie

MALTHUS Aber wenn Optimismus närrisch ist, dann bin ich lieber ein Narr. Ich ziehe meine Jacke verkehrt herum an, wenn du es willst. Ich hasse nur eins: das ist Resignation! Du kannst mich ruhig auslachen. Ich sage dir: Es ist nie zu spät, was Gutes anzufangen. Und was antwortest du mir darauf?

JENS *mit ganz unbewegter Miene:* Dass du ´n Blödmann bist.

MALTHUS *bricht in Gelächter aus:* Na bitte! Das hätte ich mir denken können! Wenn das deine Meinung ist, muss ich sie akzeptieren. Wenn ich immer Toleranz predige, muss ich ja selber auch tolerant sein. Bin ich auch.

JENS Bist du gar nicht.

MALTHUS Du weißt doch, dass mir nicht gefällt, wie du aussiehst mit der Glatze und so weiter, und die Stiefel. Und doch stehst du so in meinem Zimmer, und ich rede ganz zivil mit dir, oder nicht?

JENS Mir egal.

3 *Untersuchen Sie anhand der analogen Kommunikationssignale, wer von beiden Kommunikationspartnern die primäre und wer die sekundäre Position für sich beansprucht.*

4 *Untersuchen Sie anhand der digitalen Kommunikationssignale, wer von beiden Kommunikationspartnern die primäre und wer die sekundäre Position für sich beansprucht.*

5 *Erläutern Sie, welche Ziele Vater und Sohn mit ihren Gesprächsstrategien verfolgen.*

Konflikte in der symmetrischen und komplementären Kommunikation

Die folgende Szene ist dem Roman „Der Vater eines Mörders" von Alfred Andersch entnommen. In ihr wird der Dialog zwischen einem Lehrer (Kandlbinder) und einem Schüler (Konrad von Greiff) anlässlich einer Inspektion des Unterrichts durch den Schuldirektor dargestellt. Der Erzähler ist Greiffs Mitschüler Franz Kein. Es handelt sich um eine Unterrichtsstunde in einem Münchener Gymnasium in den Zwanzigerjahren des vorigen Jahrhunderts.

Alfred Andersch: Der Vater eines Mörders (Auszug)

Eins zu null für Konrad, dachte Franz. Das hat der Kandlbinder davon, dass er ihn aufgerufen hat, bloß weil Konrad im Griechischen fast noch besser ist als Werner Schröter; Kandlbinder ist ein Depp, er hat sich wohl eingebildet, der Konrad hält sich zurück, während der Rex* die Klasse inspiziert, aber da hat er sich geschnitten, gerade wie vor sechs Wochen, als Kandlbinder ihn zum ersten Mal aufgerufen hat. „‚Greiff'", hat er gesagt, nichtsahnend, und der Konrad ist aufgestanden, aber nicht so spöttisch wie heute, sondern hochfahrend, und er hat kalt und unverschämt zu Kandlbinder gesagt: „Von Greiff, wenn ich bitten darf!", der Kandlbinder ist außer sich gewesen, er ist käseweiß geworden im Gesicht, dann hat er gesagt: „Aber das ist doch unerhört."

* Rex = Direktor eines Gymnasiums

6 *Beurteilen Sie auf der Grundlage des Basiswissens, ob es sich in der dargestellten Kommunikationssituation um eine symmetrische oder komplementäre Interaktion handelt.*

7 *Erläutern Sie, wie der Konflikt zwischen den Gesprächspartnern zustande kommt.*

8 *Setzen Sie den Dialog zwischen Kandlbinder und von Greiff fort.*

Fazit

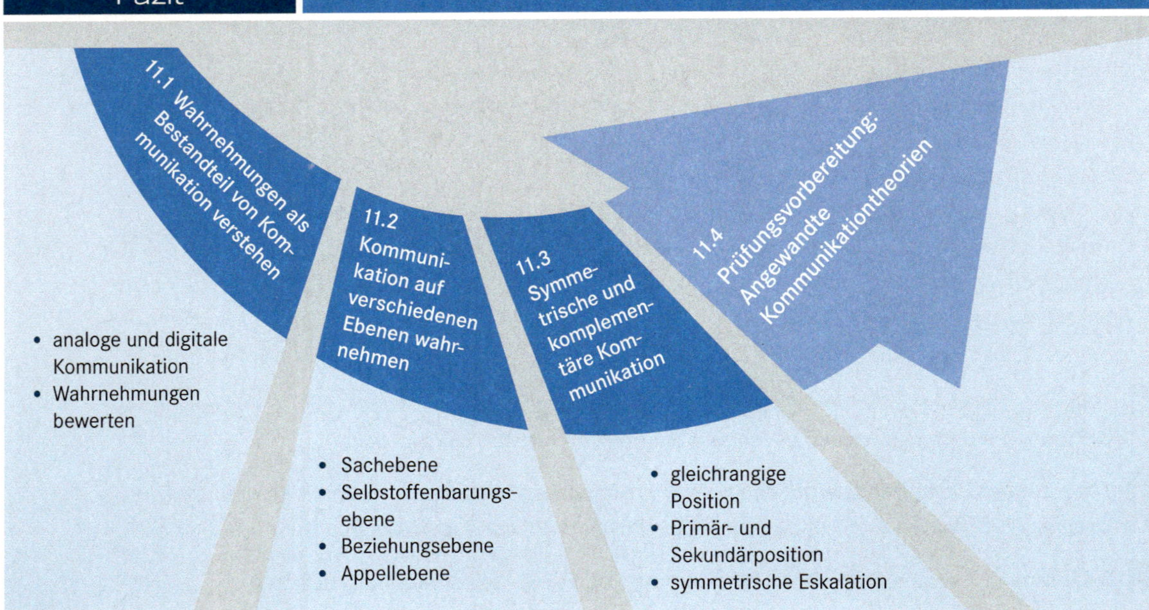

Prüfungsvorbereitung

Der folgende Text mit den Aufgaben könnte Ihnen so in einer Prüfung vorliegen.

Heinrich Böll: Wie in schlechten Romanen (Auszug)

Für den Abend hatten wir die Zumpens eingeladen, nette Leute, deren Bekanntschaft ich meinem Schwiegervater verdanke; seit unserer Hochzeit bemüht er sich, mich mit Leuten bekannt zu machen, die mir geschäftlich nützen können, und Zumpen kann mir nützen: Er ist Chef einer Kommission, die Aufträge bei größeren Siedlungen vergibt, und ich habe in ein Ausschachtungsunternehmen eingeheiratet.

Ich war nervös an diesem Abend, aber meine Frau, Bertha, beruhigte mich. „Die Tatsache", sagte sie, „dass er überhaupt kommt, bedeutet schon etwas. Versuche nur, das Gespräch vorsichtig auf den Auftrag zu bringen. Du weißt, dass morgen der Zuschlag erteilt wird."

Ich stand hinter der Haustürgardine und wartete auf Zumpen. Ich rauchte, zertrat die Zigarettenstummel und schob die Fußmatte darüber. Wenig später stellte ich mich hinter das Badezimmerfenster und dachte darüber nach, warum Zumpen die Einladung wohl angenommen hatte; es konnte ihm nicht viel daran liegen, mit uns zu Abend zu essen, und die Tatsache, dass der Zuschlag für die große Ausschreibung, an der ich mich beteiligt hatte, morgen erteilt werden sollte, hätte ihm die Sache so peinlich machen müssen, wie sie mir war.

Ich dachte auch an den Auftrag: Es war ein großer Auftrag, und ich würde 20 000 Mark daran verdienen, und ich wollte das Geld gerne haben.

Bertha hatte meinen Anzug ausgewählt: dunkler Rock, eine etwas hellere Hose und die Krawattenfarbe neutral. Solche Dinge hat sie zu Hause gelernt und im Pensionat bei den Nonnen. Auch, was man den Gästen anbietet: wann man Kognak reicht, wann den Wermut, wie man den Nachtisch assortiert: Es ist wohltuend, eine Frau zu haben, die solche Sachen genau weiß. Aber auch Bertha war nervös: Als sie mir die Hände auf die Schultern legte, berührte sie meinen Hals, und ich spürte, dass die Daumen feucht und kalt waren. […]

1 *Nennen und erläutern Sie die Axiome I und IV nach Watzlawick.*

2 *Interpretieren Sie das Kommunikationsverhalten der Personen in dem angeführten Textauszug aus Heinrich Bölls Kurzgeschichte „Wie in schlechten Romanen", indem Sie*

a) Beispiele für analoges Kommunikationsverhalten aus dem Text nennen und

b) auf dieser Grundlage die Disposition der Protagonisten beschreiben.

3 *Beurteilen Sie auf der Basis dieser Ergebnisse die Beziehung zwischen Bertha und dem Erzähler.*

4 *Lesen Sie die Fortsetzung der Geschichte. Sammeln Sie weitere Beispiele für analoges Verhalten aus dem Text und schreiben Sie diese in die Tabelle. Bewerten Sie das jeweilige Verhalten in seiner Bedeutung für die Entwicklung der Figuren.*

Verhalten Erzähler	Bewertung	Verhalten Bertha	Bewertung
...	...	...	...

5 *Beurteilen Sie auf der Grundlage Ihrer Arbeitsergebnisse den Entwicklungsprozess der Beziehung zwischen dem Erzähler und Bertha.*

Prüfungsvorbereitung

Die folgende Checkliste kann Ihnen helfen, sich auf die Prüfung vorzubereiten.

Checkliste

- ☑ Wissen Sie, was es bedeutet, dass man nicht *nicht* kommunizieren kann?
- ☑ Können Sie zwischen analogen und digitalen Kommunikationssignalen unterscheiden?
- ☑ Können Sie die Unterschiede zwischen komplementären und symmetrischen Kommunikationssituationen inhaltlich darstellen?
- ☑ Können Sie die Folgen einer symmetrischen Eskalation einordnen?
- ☑ Wissen Sie, dass jede Kommunikationssituation von einer Inhalts- und einer Beziehungsebene geprägt ist?
- ☑ Können Sie die daraus abgeleiteten theoretischen Erkenntnisse des Kommunikationsmodells Schulz von Thuns inhaltlich erläutern?
- ☑ Sind Sie in der Lage, die Ihnen bekannten Kommunikationstheorien auf konkrete Kommunikationssituationen anzuwenden und begründet zu beurteilen?
- ☑ Können Sie fundiert erläutern, welche Rückschlüsse sich aus den analogen Signalen für das Kommunikationsverhalten der Kommunikationspartner in der jeweiligen Situation ergeben?
- ☑ Wissen Sie, dass Probleme nicht sachlich gelöst werden können, wenn einer der Kommunikationspartner die Äußerungen auf der Beziehungsebene wahrnimmt.

Kapitel 12

Freie Erörterung

Im Alltag und im Beruf befinden Sie sich oft in Situationen, in denen Sie andere von einem Sachverhalt überzeugen wollen oder müssen. Dies gelingt Ihnen umso besser, je überzeugender die Argumente sind. Die Aufsatzform der Erörterung ist Ihnen in Ihrem schulischen Werdegang immer wieder begegnet und wird Sie auch weiterhin begleiten. Die Themen ändern sich und werden anspruchsvoller. Sie können aber auf dem aufbauen, was Sie bisher gelernt haben.

Es wird zwischen zwei grundlegenden Arten der Erörterung unterschieden: der linearen und der dialektischen. Sie beschäftigen sich dabei entweder mit einem Sachverhalt oder müssen eine kontrovers gestellte Frage bearbeiten. In einem weiteren Teilkapitel wird der Schritt von der Erörterung zur Stellungnahme verdeutlicht. Anschließend wird ein literarisches Thema erörtert.

Ziel dieses Kapitels ist es, die Aufbauprinzipien einer Erörterung richtig anzuwenden und die Argumentation sowohl in inhaltlicher als auch sprachlicher Hinsicht überzeugend zu gestalten.

Was ich aus anderen Kapiteln weiß

✔ Ich kann Informationen aus Texten erfassen und strukturieren (➪ Kapitel 7).

Erörterungsart bestimmen und Stoffsammlung anlegen

Zum Thema „Glück“ gibt es viele Meinungen.

In einer Heidelberger Schule wird das Fach Glück unterrichtet. Es ist die erste Schule in Deutschland, die dieses Unterrichtsfach anbietet, das sogar für das Abitur zählen kann. Würden Sie die Einführung eines solchen Fachs befürworten oder ablehnen?

Die Zahl derjenigen wächst, die ihr Glück im Spiel suchen. Wie lässt sich eine solche Tendenz eindämmen?

Welche Gefahren bergen Glücksspiele?

„Jeder ist seines Glückes Schmied“, sagt ein altes Sprichwort. Stimmen Sie mit dieser Aussage überein?

„Mutigen lächelt das Glück.“ (Vergil)
Erörtern Sie an Beispielen aus verschiedenen Bereichen, ob Vergil mit dieser Äußerung recht hat.

Stellen Sie dar, dass Glück nicht ohne sein Gegenteil zu denken ist.

In der amerikanischen Unabhängigkeitserklärung von 1776 ist das Recht des Einzelnen festgehalten, nach Glück zu streben. Halten Sie einen solchen Eintrag in der Verfassung eines Landes für sinnvoll?

Ist Glück Glückssache oder entscheidet die Einstellung über das Glück?

1 ***Bearbeiten Sie die Aufgabenstellungen mithilfe folgender Fragestellungen.***

a) Entscheiden Sie mithilfe der Arbeitstechnik, welche der Aufgabenstellungen eine lineare und welche eine dialektische Erörterung erfordern.

b) Begründen Sie Ihre Entscheidungen.

2 ***Entwickeln Sie eigene Aufgabenstellungen für eine Erörterung zum Thema „Glück“.***

a) Erläutern Sie, inwiefern Sie mit den Bildern „Glück“ verbinden.

b) Formulieren Sie aufgrund Ihrer Ergebnisse aus a) eigene Aufgabenstellungen für
- eine lineare
- und eine dialektische Erörterung.

Arbeitstechnik: Lineare und dialektische Erörterung

Bei einer freien Erörterung müssen Sie sich zunächst darüber klar werden, ob Sie das Thema linear oder dialektisch erörtern sollen. Hierzu müssen Sie die Aufgabenstellung untersuchen. Werden Sie aufgefordert, Ursachen, Folgen oder Lösungsmöglichkeiten zu einem bestimmten Thema zu erläutern, entscheiden Sie sich für **die lineare (steigernde) Erörterung**. Sollen Sie sich hingegen zu einem strittigen Problem äußern, für das es Pro- und Kontra-Argumente gibt und für das eine Entscheidungsfindung ansteht, so wählen Sie die **dialektische (gegenüberstellende) Erörterung**.

Im Folgenden werden Ihnen Informationsmaterialien für eine eigene Stoffsammlung zum Thema „Glück" angeboten. So können Sie exemplarisch nachvollziehen, wie Sie Ihre eigene Stoffsammlung anlegen und damit die Erörterung vorbereiten können. Zunächst einmal sammeln Sie Ihre Assoziationen zum Thema und ordnen diese mithilfe einer Mindmap (➪ Kapitel 20)

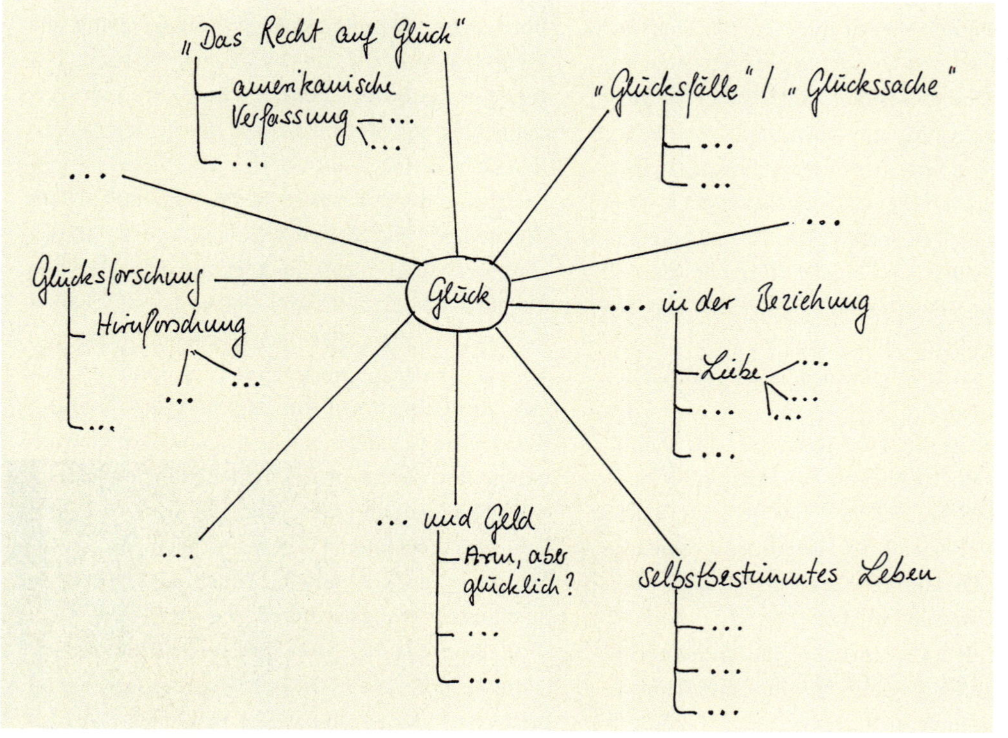

Hilfreich sind auch Texte, die das Thema von verschiedenen Seiten beleuchten. Der erste Text behandelt das Thema „Glück" unter wirtschaftlichen und neurobiologischen Aspekten. Im zweiten Text wird das Thema unter philosophischen Fragestellungen diskutiert. Der griechische Geschichtsschreiber Herodot (490/480 v. Chr.–425 v. Chr.) schildert einen Dialog zwischen dem athenischen Gesetzgeber Solon und dem legendär reichen Lyderkönig Krösus (griech. *Kroisos*).

Don't worry, be happy

Steigender Wohlstand macht glücklich. Leider nur eine Weile. Denn die Menschen gewöhnen sich an alles. Das hat erstaunliche Konsequenzen für die Wirtschaftspolitik.

von Rainer Hank und Tilmann Meuscheler

[…]
Was viele schon immer vermutet haben, aber kaum zu denken gewagt haben, wird jetzt von der Forschung bestätigt: Das menschliche Streben nach Glück ist wesentlich banaler, als es sich die Philosophen über Jahrhunderte ausgemalt haben. Weder das Paradies noch der Rückzug als Fischer auf die einsame Insel sind Ziel allen menschlichen Sehnens. Ein bisschen Entspannung, ein wenig Meditation, gutes Essen und ein Fitness-Studio tun es auch schon.

Psychologen, Hirnforscher und Soziologen haben das Glück entdeckt. Jetzt springen auch die Wirtschaftswissenschaftler auf den fahrenden Glückszug auf. „Die Ökonomen haben jahrhundertelang nur auf die Steigerung des Bruttosozialprodukts abgehoben", sagt der britische Ökonom Richard Layard. Dabei macht steigender Wohlstand nur bis zu einem bestimmten Niveau glücklich. Der Mensch gewöhnt sich schnell an die Bequemlichkeiten. Staubsauger, Waschmaschinen und Videogeräte beeinflussen unser Glück nur noch dann, wenn sie kaputt sind. Wer ein bestimmtes Einkommensniveau erreicht hat, fängt zudem an, sich mit anderen Menschen zu vergleichen. Das ist meist keine besonders gute Idee, so die Glücksforscher. Zumal sich die meisten Menschen nicht mit Filmstars oder Bettlern vergleichen, sondern mit Menschen ihrer Umgebung. Geld macht glücklich, wenn man mehr hat als der Nachbar.

Zufriedenheit ist ein Zwillingsbruder des Neids. „Der Erste, der mit dem BMW aufkreuzt, fühlt sich noch großartig", sagt Layard, „wenn aber jeder einen hat, fühlen sich alle so, als würden sie wieder einen kleinen VW fahren." Damit erklären sich die Forscher auch, warum die Menschen in den Industrieländern in den vergangenen 50 Jahren nicht glücklicher wurden, obgleich sich ihr durchschnittliches Einkommen vervielfacht hat.

Ob sich daraus ein wirtschaftspolitisches Konzept stricken lässt? Ja, sagt Glücksforscher Layard, der seinen akademischen Ruf vor allem als Arbeitsmarktökonom erworben hat. Eindeutig fällt das Programm indessen nicht aus. Denn einerseits folgt aus den Erkenntnissen ein Lob von Wettbewerb und Ungleichheit. Andererseits macht auch Umverteilung glücklich: Wenn das Geld von den Reichen zu den Armen fließt, gewinnen die Armen mehr an Glück hinzu, als die Reichen verlieren, was das durchschnittliche Glücksempfinden steigert.

Doch das kann gefährlich werden. Je größer die Umverteilung, je progressiver die Steuern für die Reichen, umso geringer werden die Leistungsanreize für Reiche wie Arme. Und der zu verteilende Kuchen wird insgesamt kleiner, was die Menschen auch nicht gerade glücklich macht. Besonders unglücklich fühlen sich die Menschen offenbar, wenn sie etwas verlieren. „Stellen Sie sich vor, Sie werfen eine Münze und verlieren entweder 100 Euro oder gewinnen eine höhere Summe." Der Ökonom und Psychologe Daniel Kahnemann wollte wissen, wie hoch diese Summe ausfallen müsste, damit die Menschen sich auf das Glücksspiel einlassen. Das Ergebnis: im Durchschnitt 200 Euro. Erst eine Verdoppelung der Gewinnchancen würde den Gedanken eines Verlustes aufwiegen.

Dabei ist das philosophische Fundament, auf dem die neuen Glücksforscher bauen, relativ simpel. Dahinter steckt nichts anderes als die Lehre des Utilitarismus. „Schaffe alles Glück, das du schaffen kannst; beseitige alles Elend, das du beseitigen kannst", forderte Jeremy Bentham schon 1789. Aus der Kosten-Nutzen-Lehre machen die heutigen Glückwissenschaftler ein empirisches Forschungsprogramm. Sie lassen die Menschen ihr subjektives Wohlbefinden auf einer Skala von 1 bis 10 eintragen. Solches Material liefert vor allem das so genannte sozioökonomische Panel des Deutschen Instituts für Wirtschaftsforschung (DIW).

In ihrem Glauben, dass diese subjektive Einschätzung zutrifft, lassen sich die Sozialwissenschaftler heute von der Hirnforschung bestätigen. Wo sich Glück im Gehirn abspielt, wissen Neurobiologen, weil sie vor über hundert Jahren Patienten mit Hirnverletzungen beobachteten: War die linke Gehirnhälfte verletzt, dann waren die Patienten häufiger depressiv als bei Verletzungen der anderen Seite. War die rechte Gehirnhälfte verletzt, waren die Patienten gelegentlich sogar freudig erregt.

Heute messen die Forscher die Hirnaktivität mit Hilfe der Positronen-Emissionstomographie. Dabei zeigt sich tatsächlich, dass ein zufriedener Mensch an bestimmten Hirnregionen besonders aktiv ist. Glück spielt sich im rechten Hirnlappen ab, negative Gefühle finden sich in der linken Hälfte.

Am Ende belegen die Forschungen der Neuroökonomie abermals, wie richtig Oscar Wilde lag. „Früher dachte ich, Geld sei das Wichtigste im Leben. Heute, da ich alt bin, weiß ich: Das stimmt."

(Frankfurter Allgemeine Sonntagszeitung, 06.03.2005)

Herodot: Historien (Auszug)

[…] Darum, Kroisos, ist das Menschenleben ein Spiel des Zufalls. Mir erscheinst du gewiss sehr reich und ein König über viele Menschen. Aber das, wonach du mich fragst, kann ich dir nicht eher beantworten, als bis ich erfahren, dass du dein Leben auch glücklich beendet hast. Denn der Reiche ist nicht glücklicher als einer, der gerade nur für einen Tag genug zum Leben hat, wenn er seinen ganzen Reichtum nicht bis an sein glückliches Lebensende genießen darf. Viele sehr reiche Menschen sind unglücklich; viele, die nur mäßig viel zum Leben besitzen, sind glücklich. Der unglückliche Reiche hat nur in zwei Stücken etwas dem Glücklichen voraus, dieser aber vieles vor dem Reichen und Unglücklichen. Der Reiche kann seine Gelüste leichter befriedigen und schwere Schicksalsschläge einfacher tragen. Der andere aber hat Folgendes mehr als jener: Zwar wird er, eben weil er nicht reich ist, mit seinen Wünschen und Schicksalsschlägen nicht in gleicher Weise fertig wie jener. Aber sein guter Stern hält sie von ihm fern. Er ist unversehrt, gesund, ohne Leid, glücklich mit seinen Kindern und wohlgestaltet. Wenn er dann auch noch einen schönen Tod hat, dann ist er eben der, nach dem du suchst, ein Mensch, der wahrhaft glücklich zu nennen ist. Vor dem Tode aber muss man sich im Urteil zurückhalten und darf niemanden glücklich nennen, sondern nur vom Schicksal begünstigt. Dass aber alles das, was zur Glückseligkeit gehört, bei einem Menschen zusammentrifft, ist unmöglich. Auch ein Land besitzt nicht alles, was es braucht; vielmehr hat es das eine und entbehrt das andere. Das beste Land ist das, das am meisten besitzt. So erfüllt auch der Mensch als Einzelwesen sich nicht selbst. Das eine hat er, etwas anderes entbehrt er. Der Mensch aber, der das meiste seines Bedarfes besitzt und in diesem Besitze lebt und glücklich sein Leben beendet, der, König, verdient nach meiner Meinung den Namen eines Glücklichen. Überall muss man auf das Ende und den Ausgang sehen. Vielen schon winkte die Gottheit mit Glück und stürzte sie dann ins tiefste Elend." So sprach er und schmeichelte Kroisos nicht. Dieser ließ ihn […] von sich gehen. Kroisos hielt ihn sogar für einen großen Toren, weil er das Glück der Gegenwart nicht gelten ließ und immer nur auf das Ende hinwies.

3 ***Legen Sie eine Stoffsammlung zum Thema „Glück" an.***

a) Exzerpieren Sie die Positionen, die im ersten Text genannt werden (➪ Kapitel 20).

b) Exzerpieren Sie die Positionen, die Solon und Krösus vertreten.

c) Ordnen Sie diese verschiedenen Positionen und Ihre Arbeitsergebnisse von S. 185 mithilfe eines Clusters.

Zwischenfazit

- Aufgabenstellungen für die lineare und die dialektische Erörterung
- Assoziationen sammeln
- Informationsmaterial auswerten

Lineare Erörterung

Argumentieren

Die Überzeugungskraft einer Erörterung hängt von der Wahl der Argumente und deren schlüssiger Verknüpfung ab.

Alles, was Sie über ein zufriedenes Leben wissen müssen

1. Macht Geld glücklich?

Ja, Geld macht glücklich, vor allem dann, wenn die Nachbarn weniger Geld zur Verfügung haben. Nicht die absolute, sondern die relative Höhe des Einkommens entscheidet über das Wohlbefinden. Gefragt, ob jemand lieber 50 000 Euro in einem Land mit einem Durchschnittseinkommen von 25 000 Euro wählt oder aber 100 000 Euro in einem Land mit einem Durchschnittseinkommen von 250 000 Euro, entscheidet sich die Mehrheit für das niedrige, aber relativ überlegene Einkommen. Die menschliche Gattung, keine Frage, kommt in der Glücksforschung nicht sehr sympathisch weg. Neid zerfrisst das Glück: ein Grund, warum das Pro-Kopf-Einkommen in den vergangenen 100 Jahren zwar drastisch wuchs, das Glücksempfinden keineswegs. Die Deutschen wissen, wovon die Rede ist: Nach der Wiedervereinigung stieg zwar der Wohlstand im Osten. Weil die Ostdeutschen sich aber mit den reicheren Westdeutschen verglichen, fühlten sie sich unglücklich.

[…]

3. Macht Heiraten glücklich?

Es kommt darauf an, sagt Radio Eriwan. Einen besonders zufriedenen Eindruck machen Paare in den Jahren unmittelbar vor und nach der Hochzeit. Für Ökonomen ist die Ehe eine Form der Arbeitsteilung, von der beide Partner profitieren. Allzu unterschiedlich sollten die Bildungsvoraussetzungen allerdings nicht sein. Je länger die Partnerschaft währt, umso mehr gewöhnen sich die Menschen aneinander. Die Zufriedenheit ist nach zehn Jahren Ehe geringer als zehn Jahre vor der Hochzeit. Aber Vorsicht: Die Zweit- und Drittehe macht auch nicht glücklicher.

[…]

(Frankfurter Allgemeine Sonntagszeitung, 06.03.2005)

1 *Bilden Sie auf der Grundlage des Textes Argumentationen zur Behauptung, dass weder Geld noch die Ehe glücklich machen.*

Basiswissen | **Bestandteile einer Argumentation**

These: Dies ist eine Behauptung oder Meinung. Sie darf nicht als Frage formuliert werden.
Beispiel: *Sport macht glücklich, …*

Argument: begründet die These
Beispiel: … *weil der Neurotransmitter Serotonin erzeugt wird.*

Entfaltung des Arguments: Um die Wirkung der Argumente zu verstärken, werden Belege aufgeführt.
Beispiel: *Viele Studien belegen, dass Menschen mit Depressionen durch ihr Sporttraining und das damit verbundene Mehraufkommen von Serotonin eine bessere Lebensqualität erreichen.*

Es kann eine **Folgerung** angefügt werden:
Beispiel: *Noch viel mehr Menschen müssten sich sportlich betätigen, um einen Ausgleich für einen nicht immer leichten Alltag zu finden. Schon in der Schule sollten hier die Grundlagen gelegt werden. Das Fach Sport müsste mit mehr Stunden unterrichtet werden.*

Argumentieren

Damit Argumente überzeugender wirken, werden Belege angeführt, um deren Gültigkeit zu untermauern.

Muster

Dies belegt eine empirische Studie des amerikanischen Ökonomen Easterlin aus dem Jahr 1974. Obwohl sich das Einkommen der US-Bürger seit Ende des Zweiten Weltkrieges verdreifacht hatte, waren sie nicht glücklicher.

Das hat jeder schon erlebt, für den Arbeit mehr als ein lästiges Mittel zur Bestreitung des Lebensunterhaltes ist.

Denn durch den Verzicht auf aggressives Verhalten entsteht Zufriedenheit sowohl für den Einzelnen als auch die Gruppe.

Viele Menschen sind ängstlich und depressiv, da ihnen der Grund zum Glücklichsein abhandengekommen ist. Viktor E. Frankl – Mediziner und Psychiater – hält dies für die wesentliche Ursache.

Kaufen und Besitzen von Dingen macht das Glück vieler Menschen in unserer Zeit aus. So ist es nicht verwunderlich, dass man auch seine Mitmenschen unter diesen Aspekten betrachtet, sodass sich zwischenmenschliche Beziehungen mehr denn je nach den Prinzipien des Marktes gestalten.

2 ***Ordnen Sie die obigen Aussagen den verschiedenen Arten von Belegen im Basiswissen zu.***

3 ***„Sport macht glücklich, weil der Neurotransmitter Serotonin erzeugt wird." Suchen Sie zu diesem Argument verschiedene Arten von Belegen, wie sie im Basiswissen aufgeführt sind.***

Basiswissen – Entfaltung des Arguments – verschiedene Arten von Belegen

Angabe von Fakten (Zahlen, Statistiken, Fakten, wissenschaftliche Untersuchungen etc.): *Die Ergebnisse der Versuchsreihen zeigten, dass allein schon die Erwartung einer Heilung einen deutlichen Placeboeffekt hervorruft.*

Verweise auf allgemein anerkannte Werte (Verfassung, Menschenrechte etc.): *Im Grundgesetz ist das Recht auf freie Meinungsäußerung fest verankert.*

Rückgriff auf Erfahrungen (nachvollziehbare Beispiele aus der eigenen Erfahrungswelt): *Es ist bekannt, dass Geld allein nicht glücklich macht.*

Berufung auf Autoritäten (Zitate von Experten etc.): *So sagt der britische Ökonom Richard Layard, dass steigender Wohlstand nur bis zu einem bestimmten Niveau glücklich mache.*

Bildung von Analogien (Rückschlüsse aus erwiesenen Tatsachen, die auf andere Bereiche übertragen werden): *Wer schon einmal Alkohol getrunken hat, weiß, dass dies zu Einbußen in der Wahrnehmung, der Aufmerksamkeit und dem Reaktionsvermögen führt. Dies gilt natürlich auch für den Konsum von Cannabis.*

Gliedern

In einer Erörterung werden die Argumente nach bestimmten Kriterien geordnet. Es gibt unterschiedliche Ordnungsprinzipen, z. B. vom Konkreten zum Abstrakten, vom Individuellen zum Gesellschaftlichen oder vom weniger Wichtigen zum Wichtigsten.

Muster

Was braucht der Mensch, um glücklich zu sein? Erörtern Sie diese Frage.

Der Verkauf von Glücksratgebern hat Hochkonjunktur, viele Zeitschriften haben das Thema ebenfalls entdeckt und überbieten sich mit Strategien für ein glückliches Leben. „So planen Sie Ihr Glück", „Endlich glücklich werden" oder „Ein glückliches Leben führen" lauten gängige Schlagzeilen, mit denen die Verkaufszahlen gesteigert werden. Das Thema stößt auf großes Interesse; denn wer will nicht glücklich sein? Die Frage ist nur, was der Mensch dazu braucht.

Spontan fällt einem dazu gleich eine Vielzahl von Punkten ein: Es soll einem gut gehen, man will sich wohlfühlen, Spaß haben, Angenehmes erleben, erfolgreich und vor allem reich sein. Einmal sechs Richtige im Lotto haben und dann auf der Sonnenseite des Lebens stehen können, keine finanziellen Sorgen mehr haben, dem nervigen Chef die stressige Arbeit hinwerfen und sich mehr leisten können als andere – davon haben schon viele geträumt. Aber der amerikanische Ökonom Easterlin hat 1974 durch eine empirische Untersuchung herausgefunden, dass das absolute Einkommen nicht ausschlaggebend für die Lebenszufriedenheit ist. Mehr Reichtum führt nicht zu mehr Glück, wenn grundlegende Bedürfnisse gestillt sind. Dies wird auch daran deutlich, dass trotz steigenden Pro-Kopf-Einkommens das Glücksempfinden nicht gestiegen ist.

Das Zuhause, eine glückliche Beziehung, Kinder, Freunde, ein intaktes soziales Netz sind weitere Aspekte, die häufig als Garanten für ein glückliches Leben genannt werden. Aber Kinder machen erst wirklich glücklich, wenn sie aus dem Haus gehen. Eltern leiden häufig unter chronischem Schlafmangel, wenn ihre Kinder noch klein sind, oder unter Stress, wenn diese pubertieren. Viele Untersuchungen belegen, dass sich Eltern bisweilen danach sehnen, dass die Kinder aus dem Haus sind.

Auch die Ehe macht nicht wirklich glücklich. Viele Ehepaare sind 10 Jahre nach der Eheschließung unglücklicher als 10 Jahre zuvor, belegen statistische Erhebungen. Diese Zahlen sprechen gegen Kinder oder die Ehe als Glücksgaranten.

Andererseits ist es kaum vorstellbar, dass jemand ohne gute Freunde oder Familie ein zufriedenes Leben führt. Geteiltes Leid ist halbes Leid und geteilte Freude ist doppelte Freude, sagt bereits ein altes Sprichwort. Jeder hat sicherlich schon einmal diese Erfahrung gemacht. Die Kraft und Energie, die man aus seinem sozialen Netzwerk gewinnt, trägt wesentlich zum Sinn einer erfüllten Lebensführung bei.

Ein weiterer wesentlicher Aspekt für ein glückliches Dasein ist die Gesundheit. Denn für denjenigen, der von einer Krankheit gezeichnet ist oder sich um einen kranken Familienangehörigen sorgt, relativiert sich vieles. Meist nehmen wir Gesundheit als gegeben hin und bemerken erst im Falle einer Krankheit, wie wesentlich sie ist. Folglich sollten wir uns täglich bewusst machen, dass wir dankbar sein können, wenn wir gesund bleiben.

Auch ein Leben in Sicherheit und Freiheit halten wir oft für selbstverständlich und bemerken kaum, wie wichtig es ist, um zufrieden und glücklich sein zu können. Sicherheit der politischen Verhältnisse sowie die Garantie von Grundrechten sind Voraussetzungen für ein glückliches Leben, da sie uns die Möglichkeit geben, unser Leben eigenverantwortlich zu gestalten und nach den jeweiligen persönlichen Neigungen und Stärken für lohnende, sinnvolle Ziele einzutreten.

Was der Einzelne für sein Glück benötigt, ändert sich im Laufe des Lebens, für den älteren Menschen steht eher der Gesundheitsaspekt im Vordergrund, ein junger Mensch setzt andere Akzente. Zu anderen Zeiten und in anderen Kulturen gab oder gibt es andere Vorstellungen vom Glück. Jeder sollte aber nach seinem Glück streben dürfen. Dies gehört zu einer Gesellschaft dazu, die den Einzelnen wertschätzt.

Gliedern

1 ***Analysieren Sie die Struktur des vorliegenden Musters.***

a) Skizzieren Sie in Stichworten die Gliederung des Musters. Nutzen Sie dazu das Basiswissen.

b) Notieren Sie die Überleitungen und entsprechende Signalwörter.

Basiswissen – Lineare Erörterung

Die Erörterung ist wie jeder Aufsatz in drei Teile gegliedert. Die **Einleitung** führt zum Thema hin und sollte das Interesse der Leserinnen und Leser wecken. Dieses kann durch ein aktuelles Beispiel, ein persönliches Erlebnis oder auch mit einem Sprichwort geschehen. Auch mit Umfrageergebnissen oder statistischen Angaben können Sie sinnvoll einleiten. Im **Hauptteil** werden die Argumente präsentiert und im **Schlussteil** wird das Thema abgerundet. Es werden keine neuen Aspekte mehr ins Spiel gebracht. Es ist möglich, sich wieder auf die Einleitung zu beziehen, eine Vermutung über die zukünftige Entwicklung zu äußern oder einen Appell zu formulieren. Beachten Sie, dass Einleitung und Schluss in einem ausgewogenen Verhältnis zum Hauptteil stehen.

2 ***Formulieren Sie für das Muster auf S. 190 eine andere Einleitung und einen anderen Schluss.***

Zwischenfazit

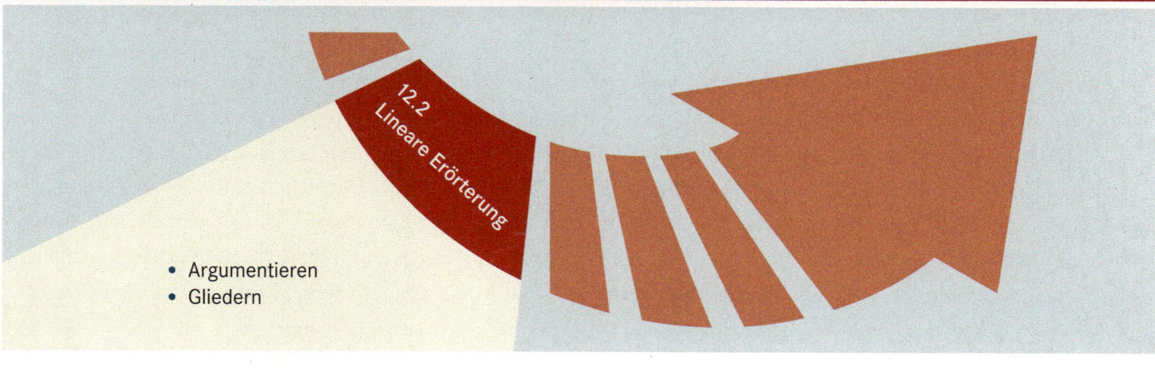

Dialektische Erörterung

Argumentieren

Eine Heidelberger Schule bietet Glück im Wahlbereich an. Aber können Schulen wirklich zum Glücklichsein erziehen? Zu dieser Fragestellung gibt es unterschiedliche Meinungen.

„Schulen können nicht zum Glücklichsein erziehen. Das ist eine reine Privatangelegenheit."

„Natürlich ist es gut, Glück durch Meditation und philosophische Diskurse zu vermitteln, aber wenn, dann doch nicht nur einmal in der Woche mit 30 Schülerinnen und Schülern."

„Glück kann man nicht vermitteln. Man ist glücklich oder nicht."

„So ein Angebot ist reine Zeitverschwendung. Die wirklich wichtigen Lerninhalte werden vernachlässigt."

„Wenn ich noch Schüler wäre, würde ich mich auch über das Unterrichtsfach Glück freuen. Das ist doch ein schöner Ausgleich zu anderen Fächern."

1 *Können Schulen zum Glücklichsein erziehen? Setzen Sie sich mit dieser Fragestellung auseinander.*

2 *Ergänzen Sie die oben aufgeführten Positionen um weitere Meinungen.*

3 *Welche Position vertreten Sie in der oben angeführten Frage? Notieren Sie Ihre These.*

Die Erfahrungen der Heidelberger Schule mit dem Unterrichtsangebot „Glück" werden im Folgenden geschildert.

Die fröhlichen Schüler von Heidelberg

von Jochen Schönmann

[...]

„Das sind übrigens Fakten", sagt Fritz-Schubert und zieht eine Studie aus seinen Unterlagen: Österreichische 9- bis 13-Jährige gaben an, sich besonders wohl in den Ferien zu fühlen, an Weihnachten, überhaupt bei den Eltern. Am wenigsten glücklich sind sie beim Zahnarzt. Und eben in der Schule.

Da muss etwas passieren, dachte der Schulleiter – und tat sich zusammen mit einer Handvoll Kollegen, mit Professor Wolfgang Knörzer vom Institut für Alltags- und Bewegungskultur an der Pädagogischen Hochschule Heidelberg und mit Bernhard Peters, Ex-Hockey-Bundestrainer und derzeit Sportdirektor des Fußball-Zweitligisten Hoffenheim.

[...] Alle betonen, der Unterricht solle „wieder Bildung im ursprünglichen Sinn" vermitteln. „Und dazu gehört unbedingt die Fähigkeit, Glück empfinden zu können", sagt Schulleiter Fritz-Schubert. Das baden-württembergische Kultusministerium unterstützt den Vorstoß – auch wenn man dort lieber von „Lebenskompetenz" als von „Glück" sprechen möchte.

[...]

Die Schüler, und das ist die gute Nachricht, brennen darauf, neue Erfahrungen zu machen. Glück, scheint es, ist eine ziemlich ernste Sache.

Genauso versteht es auch Ernst Fritz-Schubert. Ihm geht es nicht um ein weiteres Placebo-Angebot mit pädagogischem Zuckerguss, sondern um viel mehr – vielleicht sogar um eine Neuentdeckung des Bildungsbegriffs. „Wir haben dafür gesorgt, dass aus Bildung Schulbildung wird", kritisiert der Direktor. Im Klartext: Junge Menschen werden beruflich qualifiziert. Punkt. Reflexionsvermögen, seelische

Argumentieren

und körperliche Gesundheit, Kultivierung und eben Lebenskompetenz – Fehlanzeige. All diese Dinge haben in der Schule keinen Platz, weil keine Zeit ist.

Die Idee, dass Schule wieder mehr sein muss als eine Qualifizierungsanstalt, ist nicht neu. Hartmut von Hentig, einer der einflussreichsten deutschen Pädagogen der Nachkriegszeit, schreibt im Vorwort zum aktuellen Bildungsplan in Baden-Württemberg: „Jeden Bildungsplan wird man künftig daran messen, ob er geeignet ist, die Zuversicht junger Menschen, ihr Selbstbewusstsein und ihre Verständigungsbereitschaft zu erhöhen."

[...] Die zentralen Bausteine: Seele und Körper, Motivation und Leistungsorientierung, Gemeinschaft. Um all diese Bestandteile zu vermitteln, ist die Tafel allerdings etwas zu klein, zu eindimensional.

[...]

„Glück" setzt auf Eigenerfahrung: Ein Schauspieler spielt mit den Schülern Theater, ein Motivationstrainer hilft ihnen, positives Denken zu lernen, die guten Gefühle zu verstärken. Und ein Familientherapeut entwickelt mit ihnen eine Vorstellung vom „Ich" in der Gemeinschaft.

[...]

„Methoden gibt es viele", sagt Fritz Schubert, „wichtig ist, dass es Freude bereitet und die Persönlichkeit in allen Bereichen formt." Vorbilder gibt es kaum: Eine Schule in der bayerischen Kleinstadt Neumarkt experimentiert mit dem neuen Fach „Erwachsenwerden"; die Wellington-Privatschule nahe London hat bereits „Happiness" als Fach eingeführt; „Happiness-Kurse" gibt es auch an Universitäten, etwa in Harvard. Sie sind aber meist auf die Schiene positiver Psychologie angelegt. Die Ansätze kommen sehr häufig aus der Anti-Depressionsforschung, etwa vom Depressionsexperten Martin Seligmann.

Die Heidelberger finden das zu einseitig: „Psychologie, ja – aber wir möchten hier auch ein Bewusstsein dafür schaffen, wie sich eine gesunde Ernährung auf die Stimmung auswirkt oder wie Sport hilft, sich im eigenen Körper wohlzufühlen", sagt Fritz-Schubert. Auch das Einkaufen und Zubereiten von Lebensmitteln gehört deshalb zum Stundenplan.

Alles im Leben kann zum Glück beitragen, lautet die Botschaft. Am Ende bleibt nur eine Sache, an der es für Schüler hapern könnte: „Glück" ist ein Unterrichtsfach. Und das bedeutet: Es gibt Noten. Macht nichts, finden die Schüler. Einer sagt: „Ich habe das Fach doch gewählt, weil es mich interessiert. Glauben Sie, ich will eine Fünf in ‚Glück'?"

(Spiegel online, 12.09.2007)

4 ***Erschließen Sie bei Ihrer Auseinandersetzung mit dem Thema den Text „Die fröhlichen Schüler von Heidelberg".***

a) Exzerpieren Sie relevante Aussagen.

b) Formulieren Sie Argumente zur Unterstützung Ihrer These. Entfalten Sie diese Argumente durch geeignete Belege.

c) Versetzen Sie sich in die Gegenposition. Formulieren Sie entsprechende Argumente und stützen Sie diese durch geeignete Belege.

Gliedern

Basiswissen – Gliederungsschemata des Hauptteils

Variante 1: Blockprinzip

Pro-These
1. Pro-Argument
2. Pro-Argument
...
Kontra-These
1. Kontra-Argument
2. Kontra-Argument
...

Variante 2: Reißverschlussprinzip

1. Pro-Argument
    1. Kontra-Argument
2. Pro-Argument
    2. Kontra-Argument
3. Pro-Argument
    3. Kontra-Argument
...

Sie sollten mit der These beginnen, die am wenigsten Ihrer eigenen Position entspricht. Dann ordnen Sie Ihre Argumente beispielsweise nach deren Überzeugungskraft, sodass das überzeugendste Argument, das für Ihre Position spricht, am Ende steht. Ebenso verfahren Sie mit den Argumenten der Gegenposition. Im Schlussteil formulieren Sie Ihren eigenen Standpunkt.

1 ***Entscheiden Sie sich für eine Variante. Begründen Sie Ihre Wahl.***

Sprache und Stil

Besonders wichtig ist die Verknüpfung der verschiedenen Einzelargumente, die zur formalen Geschlossenheit der Erörterung beiträgt.

Gegenargumente können folgendermaßen eingeleitet werden:
sicherlich ist es ein berechtigter Einwand, wenn ..., dennoch; dem kann man entgegenhalten, dass ...

Argumente können mithilfe folgender Wendungen abgewogen werden:
einerseits ... andererseits; zum einen ... zum anderen; ...

2 ***Ergänzen Sie die aufgeführten Wendungen um weitere Beispiele.***

3 ***Schreiben Sie eine Erörterung zum Thema: „Können Schulen zum Glücklichsein erziehen?“***

Zwischenfazit

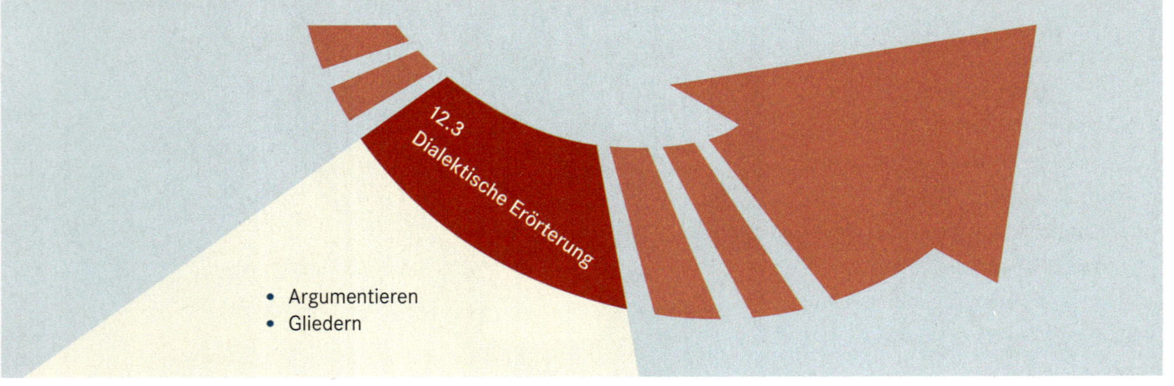

Von der Erörterung zur Stellungnahme

Beim Verfassen einer Stellungnahme zu einem Thema haben Sie mehr Freiheiten als bei einer Erörterung. Sie können sich inhaltlich und sprachlich besser positionieren und Ihren Text appellativer gestalten.

Sprache und Stil

Um Ihre Position zu stärken, sollten Sie sich rhetorische Strategien überlegen und ganz bewusst einsetzen (vgl. Kapitel 13, S. 205). Hier sind einige Strategien aufgeführt:

- Abwertung der Gegenposition
- Scheinbestätigung der gegnerischen Position, verbunden mit einem schlagkräftigen Gegenargument
- bescheidene Selbstdarstellung
- sich als Fürsprecher einer bestimmten Gruppe darstellen
- Appell an das Mitgefühl

Muster

a *Angesichts einer zunehmenden Zahl von unzufriedenen Jugendlichen ist es verständlich, dass Schulen andere Wege gehen und z. B. auch das Wahlangebot Glück propagieren. Dennoch muss ich sagen, dass man auch die Position der Gegner dieses Angebotes nicht außer Acht lassen soll, die in diesem Fach vor allem die Möglichkeit sehen, den Notendurchschnitt zu verbessern.*

b *Auch wenn ich noch nicht viel Erfahrung habe, glaube ich dennoch die These aufstellen zu können, dass ein solches Angebot Spaß macht.*

c *Natürlich ist es gut, Glück durch Meditation und philosophische Diskurse zu vermitteln, aber wenn, dann doch nicht nur einmal in der Woche mit 30 Schülerinnen und Schülern.*

d *Sicher haben die Befürworter dieses neuen Angebotes Statistiken parat, die zeigen, dass viele Schüler Probleme mit ihrem Leben haben. Aber auch außerhalb der Schule bestehen genügend Freizeitangebote für diese Jugendlichen.*

e *Da die Einführung dieses Faches das Schulsystem vollkommen zu seinem Nachteil verändern würde, sollten wir unsere Zeit mit sinnvolleren Beschäftigungen verbringen.*

f *Wenn Sie noch Schüler wären, würden Sie sich doch auch über diese Möglichkeit freuen. Sie würden es begrüßen, dass ein Ausgleich zu anderen Fächern geboten wird.*

1 ***Ordnen Sie die Formulierungen den entsprechenden Strategien zu.***

Basiswissen **Stellungnahme**

Mit einer Stellungnahme wollen Sie die Leser von Ihrer Position überzeugen.

Im Gegensatz zur Erörterung ist es nicht zwingend notwendig, eine Gegenposition mit einzubeziehen. Ihre Arbeit gewinnt allerdings, wenn Sie den gegnerischen Standpunkt aufgreifen und entschärfen.

Auch im sprachlichen Bereich haben Sie mehr Freiräume als bei einer Erörterung. Durch die Anwendung rhetorischer Strategien verstärken Sie die Überzeugungskraft Ihrer Stellungnahme.

Zum Thema „Können Schulen zum Glück erziehen?“ hat ein Schüler diese Stellungnahme verfasst.

Muster

An einer Schule in Heidelberg wird ein bundesweit einmaliges Projekt durchgeführt. Dort wird Glück im Wahlbereich angeboten. Dieses Angebot soll zu einer positiven Gestaltung des Lebens beitragen und entsprechende Grundlagen dazu vermitteln.

Ist das möglich? Können Schulen zum Glücklichsein erziehen?

Zunächst einmal muss man sich bewusst machen, was unter Glücklichsein zu verstehen ist. Zu jeder Zeit haben sich Menschen damit beschäftigt und danach gesucht. Für Krösus zum Beispiel ist das Glück der Gegenwart ein hohes Gut. Für Solon hingegen zeigt sich das Glück erst am Ende des Lebens. Die Fernsehserien vermitteln uns heute andere Glücksvorstellungen. Reichtum, Macht, Schönheit oder Sex zählen offenbar dazu.

In der Heidelberger Schule soll sowohl die körperliche als auch die seelische Gesundheit gestärkt werden. Beide Faktoren werden hier als grundlegend für eine umfassende „Glückserziehung“ angesehen. Der Unterricht wird erlebnisreich gestaltet: Neben Theaterspielen und Fantasiereisen werden auch Klettern oder Einkaufen und Zubereiten gesunder, nährstoffreicher Lebensmittel als Unterrichtsinhalte angeboten. Sicherlich kann man in Frage stellen, ob solche Aktivitäten zum Glücklichsein erziehen. Auch kann man einwenden, dass ein Fach, das mit wenigen Stunden im Stundenplan verankert ist, bei den heutigen Klassengrößen nur wenig bewirken kann. Aber das trifft ebenso auf andere Fächer zu.

Auch wenn ich noch nicht so viel Erfahrung habe, bin ich der Meinung, dass die Schulbildung nicht nur der Vermittlung von fachlichen und methodischen Kompetenzen dienen soll. Es bedarf mehr, um im Leben bestehen zu können. Gerade in unserer schnelllebigen Zeit gilt dies mehr denn je …

2 ***Analysieren Sie diese Stellungnahme unter folgenden Fragestellungen:***

a) Welche Thesen vertritt der Verfasser und wie argumentiert er?

b) Welche formalen und inhaltlichen Auffälligkeiten verdeutlichen, dass hier eine Stellungnahme und keine Erörterung vorliegt?

3 ***Setzen Sie den Hauptteil der Stellungnahme fort und formulieren Sie einen passenden Schluss.***

Zwischenfazit

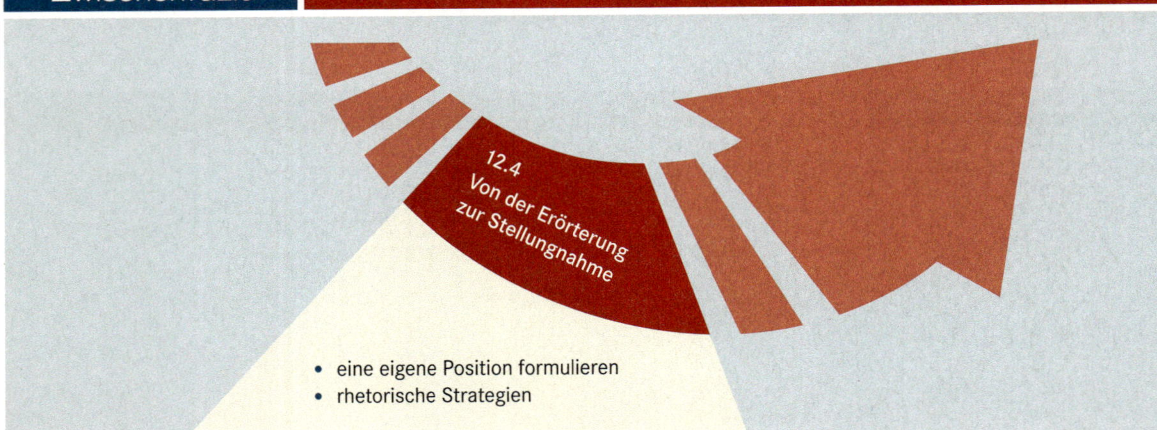

Ein literarisches Thema erörtern

Die literarische Erörterung ist eine besondere Art der Erörterung. Ein bestimmter Aspekt, der in einem literarischen Werk thematisiert wird, soll dargestellt und beurteilt werden.

Christoph Hein: Drachenblut (Der fremde Freund) (Auszug)

Es geht mir gut. Heute rief Mutter an, und ich versprach, bald vorbeizukommen. Mir geht es glänzend, sagte ich ihr.

Ich bin ausgeglichen. Ich bin einigermaßen beliebt. Ich habe wieder einen Freund. Ich kann mich zusammennehmen, es fällt mir nicht schwer. Ich habe Pläne. Ich arbeite gern in der Klinik. Ich schlafe gut, ich habe keine Albträume. Im Februar kaufe ich mir ein neues Auto. Ich sehe jünger aus, als ich bin. Ich habe einen Friseur, zu dem ich unangemeldet kommen kann, einen Fleischer, der mich bevorzugt bedient, eine Schneiderin, die einen Nerv für meinen Stil hat. Ich habe einen hervorragenden Frauenarzt, schließlich bin ich Kollegin. Und ich würde, gegebenenfalls, in eine ausgezeichnete Klinik, in die beste aller möglichen Heilanstalten eingeliefert werden, ich wäre schließlich auch dann noch Kollegin. Ich bin mit meiner Wohnung zufrieden. Meine Haut ist in Ordnung. Was mir Spaß macht, kann ich mir leisten. Ich bin gesund. Alles, was ich erreichen konnte, habe ich erreicht. Ich wüsste nichts, was mir fehlt. Ich habe es geschafft. Mir geht es gut.

1 ***Stellen Sie ausgehend von dem vorgegebenen Textauszug dar, wie die Hauptfigur in Christoph Heins Novelle ihr Lebensglück definiert.***

2 ***Erörtern Sie die Relevanz des Themas „Glück" für den Leser des 21. Jahrhunderts.***

Zur Information eine kurze Zusammenfassung der Novelle:

Die Novelle „Drachenblut" („Der fremde Freund") handelt von der geschiedenen, kinderlosen Ärztin Claudia, deren Leben in der DDR sich in eingefahrenen Bahnen zwischen einem Einzimmer-Apartment, der Arbeit, Treffen mit Freunden oder den Eltern und Ferien am selben Ort abspielt. Die Novelle setzt ein mit der Erinnerung an die Beerdigung des Nachbarn. Henry ist in Claudias Leben ebenso überraschend eingetreten, wie er es durch seinen Tod wieder verlassen hat. Die Beziehung zu ihm ist distanziert geblieben – er war ein fremder Freund. Die Zerstörung der Beziehung zu Katharina, der besten Freundin aus Kindheitstagen, hat Claudia und ihr Verhältnis zu anderen Menschen geprägt.

Basiswissen | Literarische Erörterung

Die Arbeitsschritte beim Verfassen einer literarischen Erörterung unterscheiden sich nicht von denen einer Erörterung. Ihre Argumente leiten Sie aus der entsprechenden Textstelle ab. Dabei geht es nicht darum, den Inhalt des Textes wiederzugeben, sondern ihn unter besagter Fragestellung zu erörtern.

Literarische Erörterungen beziehen sich auf:

- einen inhaltlichen Schwerpunkt eines Ihnen bekannten Textes,
- einen Vergleich zweier Texte unter einem bestimmten thematischen Aspekt oder
- eine Aussage über einen Text, der Ihnen bekannt ist.

Bisweilen findet man auch allgemeine Aufgabenstellungen zum Thema Literatur und Lesen.

Marcel Reich-Ranicki: Nichts als Literatur

Wenn es zutrifft, dass die schrecklichste Krankheit unserer Epoche die Angst ist und dass im nächsten Jahrhundert mehr Menschen an Geisteskrankheiten leiden werden als an Krebs oder am Herzinfarkt, dann ist Literatur nie nötiger gewesen als heute. Denn wer sonst, wenn nicht die Dichter, wäre imstande, uns unsere Angst bewusst und unsere Hoffnung fühlbar zu machen?

3 *Nehmen Sie Stellung zu dieser Aussage Marcel Reich-Ranickis. Beziehen Sie dabei auch Ihre eigenen Leseerfahrungen mit ein.*

Die Kritikerin Iris Radisch kommentiert den Roman „Ach, Glück" von Monika Maron.

Iris Radisch: Mein Leben im intellektuellen Vorruhestand

Die Enttäuschung derer, die alles haben und das Wichtigste vermissen, ist vielleicht sogar das stärkste aller möglichen spätindustriellen Lebensgefühle. Um es auszudrücken, bedarf es einer paradoxen Kunst: einer Sprache der Enttäuschung für die im Wohlstand Darbenden. Zum Glück ist Monika Maron ihr auf der Spur.

4 *Nehmen Sie Stellung zu der im Kommentar aufgeworfenen Behauptung, dass denjenigen, die alles haben, das Wichtigste fehlt.*

Fazit

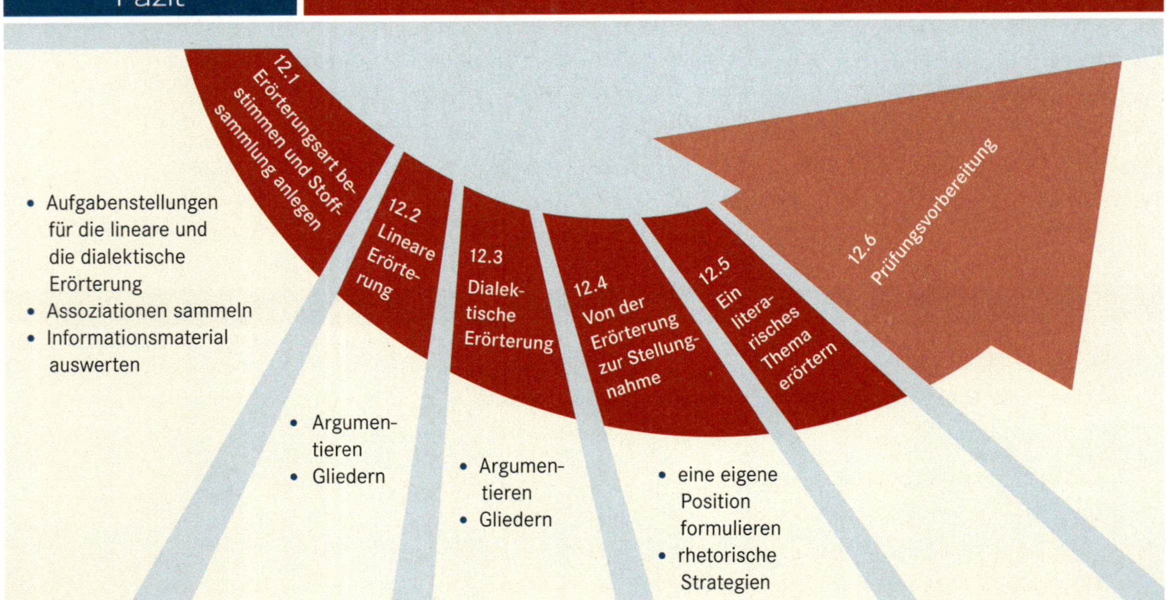

Prüfungsvorbereitung

Die nachfolgenden Themen zeigen Ihnen die Bandbreite von möglichen Aufgaben, die Ihnen in einer Prüfung vorliegen können. Zur Vorbereitung auf die Prüfung können Sie sich mit einem oder mehreren Themen auseinandersetzen.

Inhaltliche Schwerpunkte:

Schule

- Viele Schüler arbeiten neben der Schule, um Geld zu verdienen.
  Was spricht für und was spricht gegen diese Beschäftigung?
- An deutschen Schulen wächst die Brutalität. Wie erklären Sie sich die Zunahme der Gewalt unter Schülern?
  Was müsste getan werden, um ein weiteres Ansteigen dieser Gewaltbereitschaft zu verhindern?

Arbeit/Freizeit

- Viele Arbeitnehmer leiden unter Mobbing. Welche Folgen ergeben sich daraus?
  Was kann man gegen diese Art von Psychoterror tun?
- In unserer Gesellschaft verfügen die meisten Menschen über mehr Freizeit als frühere Generationen.
  Zeigen Sie auf, welche Chancen und Gefahren sich daraus ergeben.

Politik

- In der bundesdeutschen Bevölkerung, vor allem bei Jugendlichen, nimmt die „Politikverdrossenheit" immer mehr zu.
  Erläutern Sie mögliche Gründe für diese Haltung und die sich daraus ergebenden Gefahren.
  Stellen Sie dar, wie diese überwunden werden könnten.
- Relativ wenige Frauen engagieren sich politisch.
  Worauf lässt sich das zurückführen? Welche Folgen ergeben sich daraus? Wie könnte man das ändern?

Engagement

- Vereine und Parteien klagen, dass sich immer weniger junge Menschen bereit erklären, ehrenamtlich mitzuarbeiten und Verantwortung zu übernehmen.
  Erörtern Sie die Ursachen für diese Entwicklung.
  Zeigen Sie Möglichkeiten auf, wie junge Menschen für die ehrenamtliche Mitarbeit in diesen Bereichen gewonnen werden können.
- „An allem Unfug, der geschieht, sind nicht nur die schuld, die ihn machen, sondern auch die, die ihn nicht verhindern."
  Erörtern Sie anhand von Beispielen aus verschiedenen Bereichen, ob Erich Kästner mit dieser Behauptung recht hat.

Medien

- Unser Dasein in einer von Medien bestimmten Welt wird oft als „Leben aus zweiter Hand" bezeichnet.
  Erläutern Sie anhand von Beispielen, was damit gemeint sein kann.
  Erörtern Sie, ob diese Aussage zutrifft.
- Persönliche Briefe werden heute vielfach durch E-Mails oder SMS ersetzt.
  Erörtern Sie, was mit diesem Wandel verbunden ist.

Prüfungsvorbereitung

Ökologie

- Die Gentechnologie eröffnet neue Wege, die Natur zu verändern.
  Welche Chancen und Gefahren ergeben sich daraus?
- „Zurück zur Natur!"
  Erörtern Sie, inwieweit der Ruf des französischen Philosophen Jean-Jacques Rousseau aus dem 18. Jahrhundert auch auf unsere Zeit zutrifft.

1 *Sammeln Sie weitere Themen, die erörterungswürdig sind, und stellen Sie ein Dossier (vgl. Kapitel 20) zu einem Thema Ihrer Wahl zusammen.*

2 *Formulieren Sie eine Aufgabenstellung zu einem dieser Themen. Beachten Sie dabei, ob das Thema dialektisch oder linear erörtert werden soll.*

3 *Fertigen Sie eine dialektische bzw. eine lineare Erörterung zu diesem Thema an.*

4 *Überprüfen Sie diese anhand der vorliegenden Checkliste.*

Checkliste: Eine Erörterung schreiben

Wahl des Themas

- ☑ Haben Sie ein Thema gewählt, zu dem Sie wirklich etwas zu sagen haben?
- ☑ Haben Sie die Erörterungsart bestimmt?

Einleitung

- ☑ Haben Sie die Leserinnen und Leser zum Thema hingeführt (z. B. durch die Schilderung eines persönlichen Erlebnisses, eines aktuellen Ereignisses etc.)?
- ☑ Ist Ihre Einleitung kurz und prägnant?
- ☑ Haben Sie einen Überleitungssatz zum Hauptteil formuliert?

Hauptteil und Argumentation

- ☑ Haben Sie das Thema getroffen?
- ☑ Haben Sie genügend sinnvolle Argumente angeführt?
- ☑ Überzeugen Ihre Argumente durch Erläuterungen und Beispiele?
- ☑ Sind die einzelnen Gesichtspunkte nach einem erkennbaren, sinnvollen Prinzip angeordnet?
- ☑ Wird das wichtigste Argument als Letztes angeführt?
- ☑ Haben Sie Signalwörter zum Einleiten, Ausbauen und Verknüpfen Ihrer Argumente benutzt?

Schluss

- ☑ Haben Sie den Schluss deutlich eingeleitet?
- ☑ Enthält der Schluss ein Fazit Ihrer Argumentation?
- ☑ Haben Sie Ihre Stellungnahme abgerundet (z. B. indem Sie sich noch einmal auf die Einleitung beziehen, eine Vermutung über die zukünftige Entwicklung anstellen oder einen Appell formulieren)?

Aufbau

- ☑ Ist Ihr Aufsatz übersichtlich strukturiert? Haben Sie den Text in Abschnitte gegliedert?
- ☑ Sind Einleitung, Hauptteil und Schluss klar voneinander zu unterscheiden?

Kapitel 13

Reden analysieren

13.1 Eine Rede analysieren

13.2 Eine Redeanalyse schreiben

13.3 Prüfungsvorbereitung

Es gibt so genannte „Jahrhundertreden“, die lange über ihr Rededatum hinaus vielen Menschen bekannt geblieben sind, z. B. John F. Kennedys „Berlin-Rede“ mit dem legendären Ausspruch „Ich bin ein Berliner“ oder Martin Luther Kings Rede „I have a dream“ – beide Reden sind über 45 Jahre alt.

Aber nur wenige der täglich gehaltenen Reden werden von der Allgemeinheit bewusst wahrgenommen. Dennoch haben diese Reden ein Ziel und sollen eine Zielgruppe erreichen: Sie wollen das Publikum für eine bestimmte Position gewinnen und mitunter eine konkrete Verhaltensweise auslösen. Aber wie genau wird das erreicht?

Dieses Kapitel soll Ihnen helfen, Reden zu analysieren. Sie werden erkennen, welche Mittel Redner nutzen können, um ihre Ziele zu erreichen. Außerdem lernen Sie die Elemente einer Redeanalyse kennen, Sie erfahren, was die Qualität einer Redeanalyse ausmacht und wie man eine Redeanalyse schreibt.

Was ich aus anderen Kapiteln weiß

- ✔ Sachtexte können eine informative, expressive und appellative Textfunktion haben (➪Kapitel 2, 6).
- ✔ In appellativen Texten werden rhetorische Figuren eingesetzt, um eine entsprechende Wirkung zu erzielen (➪Kapitel 2).
- ✔ Die Aussagen des Redners müssen mithilfe einleitender Formulierungen oder mithilfe der indirekten Rede als dessen Meinung kenntlich gemacht werden (➪Kapitel 5).

Eine Rede analysieren

Sich mit einer Rede auseinandersetzen

Am 8. Mai 1985 hielt der damalige Bundespräsident Richard von Weizsäcker während der Gedenkveranstaltung des Deutschen Bundestages eine viel beachtete Rede.

Richard von Weizsäcker: Rede zum 40. Jahrestag des Endes des Zweiten Weltkrieges*

IX. […] Bei uns ist eine neue Generation in die politische Verantwortung hereingewachsen. Die Jungen sind nicht verantwortlich für das, was damals geschah. Aber sie sind verantwortlich für das, was in der Geschichte daraus wird.

Wir Älteren schulden der Jugend nicht die Erfüllung von Träumen, sondern Aufrichtigkeit. Wir müssen den Jüngeren helfen zu verstehen, warum es lebenswichtig ist, die Erinnerung wachzuhalten. Wir wollen ihnen helfen, sich auf die geschichtliche Wahrheit nüchtern und ohne Einseitigkeit einzulassen, ohne Flucht in utopische Heilslehren, aber auch ohne moralische Überheblichkeit.

Wir lernen aus unserer eigenen Geschichte, wozu der Mensch fähig ist. Deshalb dürfen wir uns nicht einbilden, wir seien nun als Menschen anders und besser geworden.

Es gibt keine endgültig errungene moralische Vollkommenheit – für niemanden und kein Land! Wir haben als Menschen gelernt, wir bleiben als Menschen gefährdet. Aber wir haben die Kraft, Gefährdungen immer von neuem zu überwinden.

Hitler hat stets damit gearbeitet, Vorurteile, Feindschaften und Haß zu schüren.

Die Bitte an die jungen Menschen lautet:

Lassen Sie sich nicht hineintreiben in Feindschaft und Haß
gegen andere Menschen,
gegen Russen oder Amerikaner,
gegen Juden oder Türken,
gegen Alternative oder Konservative,
gegen Schwarz oder Weiß.
Lernen Sie, miteinander zu leben, nicht gegeneinander.
Lassen Sie auch uns als demokratisch gewählte Politiker dies immer wieder beherzigen und ein Beispiel geben.
Ehren wir die Freiheit.
Arbeiten wir für den Frieden.
Halten wir uns an das Recht.
Dienen wir unseren inneren Maßstäben der Gerechtigkeit.
Schauen wir am heutigen 8. Mai, so gut wir es können, der Wahrheit ins Auge.

* Hierbei handelt es sich um das Ende der Rede. R

1 ***Fassen Sie kurz zusammen, worum es in dem Redeauszug geht.***

2 ***Begründen Sie, warum sich Richard von Weizsäcker an die Jugend wendet.***

3 ***Bestimmen Sie die kommunikativen Funktionen des Redeauszugs (➪ Kapitel 6, S. 127).***

a) Nennen Sie Beispiele für die Textfunktionen „informativ“, „expressiv“ und „appellativ“ anhand des Redeauszugs.

b) Welche Textfunktion dominiert? Begründen Sie Ihre Feststellung. Erläutern Sie, welche Wirkung damit erzielt werden soll.

4 ***Die Rede ist mittlerweile über 20 Jahre alt. Erörtern Sie, inwiefern die Aufforderungen von Richard von Weizsäcker noch heute gültig sind.***

Sprachliche Mittel untersuchen

Basiswissen Die Rede

Die Rede ist eine besondere Form der Kommunikation. Der Sender (Redner) dominiert den verbalen Teil der Kommunikation, der Empfänger (Adressat der Rede) kann lediglich - sofern er anwesend ist - nonverbal oder mit Zwischenrufen reagieren. Die Rede hat demnach einen monologischen Charakter, Sender und Empfänger sind nicht gleichberechtigt.

Die Rede ist ein expositorischer (zweckgerichteter) Text und verfolgt häufig eine Beeinflussung der Einstellung oder des Verhaltens, ist also appellativ ausgerichtet. Sie hat aber auch informative und expressive Funktionen.

Der Redner muss die Adressaten seiner Rede mit Argumenten überzeugen. Das gelingt durch die Anwendung von rhetorischen Strategien und den Einsatz rhetorischer Figuren.

Ob der Redner sein Ziel erreicht und seine Adressaten überzeugt, hängt folglich besonders von der sprachlichen Gestaltung einer Rede ab.

1 *Untersuchen Sie die sprachlichen Mittel, die Richard von Weizsäcker in seiner Rede verwendet.*

a) Notieren Sie sich sprachliche Auffälligkeiten, von denen eine besondere Wirkung ausgeht. Beschreiben Sie diese.

b) Weizsäcker verwendet die rhetorischen Figuren Anapher, Klimax, Parallelismus und Parenthese. Weisen Sie diese im Text nach. Welche Wirkung wird erzielt? (Orientieren Sie sich an der Übersicht auf S. 96–97.)

2 *Notieren Sie zentrale Begriffe der Rede und bilden Sie Wortfelder. Erläutern Sie die Wirkung, die mit diesen Begriffen erzielt werden soll.*

3 *Untersuchen Sie den Satzbau des Redeauszugs und bestimmen Sie die beabsichtigte Wirkung.*

4 *Untersuchen Sie, ob von Weizsäcker Standard-, Umgangs- oder Fachsprache verwendet, und belegen Sie Ihr Ergebnis am Text. Beschreiben Sie die Wirkung, die damit erzielt wird.*

Arbeitstechnik Sprachliche Mittel und ihre Wirkung untersuchen

Achten Sie bei der Analyse der sprachlichen Mittel besonders auf folgende sprachliche Möglichkeiten:

- **Sprachvarietäten:** Wird Standardsprache, Umgangssprache, Fachsprache, Dialekt etc. verwendet?
- **Satzbau:** Sind die Sätze überwiegend lang oder kurz? Gibt es unvollständige Sätze?
- **Wortwahl:** Gibt es Wortfelder aus Bereichen wie Handwerk, Krieg, Politik, Wirtschaft, Moral etc.? Treten auffällig viele Nomen (Nominalstil), Verben (auch in Form von Konjunktiven und Imperativen), Adjektive (Superlative) auf? Gibt es Fremdwörter, Wortneuschöpfungen, ...?
- Werden **rhetorische Figuren**, wie z. B. Metapher, Vergleich, Anapher u. a. (→ S. 96–97), verwendet?

Bei der Analyse einer politischen Rede ist es wichtig, die Funktion bzw. die beabsichtigte Wirkung der eingesetzten sprachlichen Mittel in Zusammenhang mit den inhaltlichen Aussagen zu erarbeiten.

Rhetorische Strategien untersuchen

Mit dem gezielten Einsatz der sprachlichen Mittel kann ein Redner verschiedene Strategien der Beeinflussung seiner Adressaten verfolgen. Den ersten Absatz des Redeauszugs (siehe S. 202) haben drei Schüler wie folgt analysiert.

(A) Richard von Weizsäcker erschafft zu Beginn des Redeauszugs eine Wir-Gruppe, indem er mehrfach von „uns" (Z. 1) und „wir" (Z. 5, 7) redet. Mithilfe dieser Wir-Gruppe fasst Richard von Weizsäcker seine eigene Generation, die ältere Generation, zu einer Gemeinschaft zusammen und bezieht sich selbst mit ein. Seine Generation soll sich mit ihm als Teil dieser Gruppe identifizieren. Weizsäcker bildet die Wir-Gruppe folglich mit dem Ziel, die ältere Generation auf seine Seite zu ziehen und sie zum Nachdenken und Handeln zu bewegen.

(B) Zu Beginn des Redeauszugs spricht Richard von Weizsäcker die ältere Generation, d. h. seine eigene Generation an, indem er eine Wir-Gruppe durch den Einsatz der Pronomen „uns" (Z. 1) und „wir" (Z. 5, 7) bildet. Damit möchte er erreichen, dass sich die Angesprochenen auch wirklich angesprochen fühlen und sich als eine zusammengehörige Gruppe, als Einheit sehen. Außerdem macht Richard von Weizsäcker deutlich, dass er sich selbst mit in die Verantwortung nimmt, und wertet damit gleichermaßen seine eigene Position auf.

(C) Mithilfe der Wir-Gruppe, die Richard von Weizsäcker zu Beginn des Redeauszugs durch den mehrfachen Einsatz der Pronomen „uns" (Z. 1) und „wir" (Z. 5, 7) bildet, möchte er seiner eigenen Generation verdeutlichen, dass alle zusammen als Gruppe handeln und der jüngeren Generation helfen sollen, die Vergangenheit zu verstehen. Von Weizsäcker bildet die Wir-Gruppe, um zu verdeutlichen, dass nur alle zusammen etwas bewegen können.

1 ***Untersuchen Sie die drei Auszüge aus Redeanalysen.***

a) Welches Mittel der Beeinflussung wird in allen drei Analysen beschrieben? Benennen Sie es.

b) Wie wird diese Strategie der Beeinflussung jeweils gedeutet?

2 ***Begründen Sie, welcher Analyse Sie am ehesten zustimmen würden.***

3 ***Benennen Sie eine weitere Stelle, an der von Weizsäcker eine Wir-Gruppe bildet. Was möchte von Weizsäcker damit bewirken? Informieren Sie sich über die Möglichkeiten der Beeinflussung im Basiswissen auf S. 205.***

4 ***Analysieren Sie die folgenden Sätze, indem Sie die Wirkung der rhetorischen Mittel bestimmen und die verwendete rhetorische Strategie benennen (siehe Basiswissen auf S. 205).***

a) Wenn jetzt nicht sofort etwas unternommen wird, wird alles hoffnungslos verloren sein!

b) Die Politik der Partei XYZ ist pures Gift für den Staat!

c) Der unerwünschte Nebenschaden des Krieges ist bedauernswert.

Rhetorische Strategien untersuchen

Basiswissen | **Rhetorische Strategien**

Der Redner nutzt bestimmte Strategien, um die Adressaten von seiner Position zu überzeugen und sie ggf. zu einem bestimmten Handeln zu veranlassen. Solche Strategien der Beeinflussung nennt man rhetorische Strategien. Wichtige Strategien sind:

Aufwertung der eigenen Position, z. B.:

- eine Wir-Gruppe bilden, um ein Zusammengehörigkeitsgefühl zu erzeugen (z. B. *Wir schaffen das gemeinsam.*)
- der Wir-Gruppe positive Werte zuschreiben, um sie aufzuwerten (z. B. *Wir halten unser Versprechen.*)
- eigennützige Interessen als Interessen aller darstellen, um Zustimmung zu erlangen (z. B. *Wir alle wollen ...*)
- Angebote machen und Verantwortung übernehmen, um guten Willen zu zeigen (z. B. *Ich schlage vor, ...*)
- rationale Begründungen/Faktenargumente anführen, um zu überzeugen (z. B. *Die Arbeitslosenquote sinkt ...*)
- Autoritätsargumente einsetzen, um einen „neutralen" Befürworter zu nennen (z. B. *Schon ... hat gesagt, ...*)
- Ziele offenlegen, um zu motivieren (z. B. *Das Ziel ist doch, dass alle ...*)
- aufwertende Begriffe oder bildhafte Ausdrücke aus positiv besetzten Bereichen verwenden, um positive Assoziationen zu erzeugen (z. B. *Frieden, Mut, Menschlichkeit, ...*)
- nur günstige Aspekte der Thematik darstellen, um Positives hervorzuheben (z. B. *Die Vorteile sind ...*)

Abwertung anderer/gegnerischer Positionen, z. B.:

- dem Gegner die Schuld zuweisen, um selbst besser dazustehen (z. B. *Ihnen haben wir es zu verdanken, ...*)
- abwertende Begriffe oder bildhafte Ausdrücke aus negativ besetzten Bereichen verwenden, um negative Assoziationen zu erzeugen (z. B. *Kampf, Terror, Unmenschlichkeit, Gewalt, Skandal, Irrweg, Verbrechen ...*)
- Streit in der gegnerischen Gruppe und fehlende Ziele unterstellen, um den Gegner als handlungs- und entscheidungsunfähig darzustellen (z. B. *Sie sind sich doch selbst nicht einig ...*)
- gegnerische Aussagen verzerren/verkürzen, um sie in ein schlechtes Licht rücken zu können

Dramatisierung, z. B.:

- Angst verbreiten, um sich Aufmerksamkeit zu sichern (z. B. *Niemand wird mehr verhindern können, dass ...*)
- Übertreibungen einsetzen, um sich Aufmerksamkeit zu sichern (z. B. *Das wird unser Untergang sein ...*)

Beschwichtigung und Ablenkung vom Thema, z. B.:

- vom Thema ablenken, um heiklen Fragen zu entgehen (z. B. *Konzentrieren wir uns auf einen anderen Punkt ...*)
- kritische Themen nicht ansprechen/als unabwendbar kaschieren, um heiklen Fragen zu entgehen (z. B. *An diesem Problem können wir nun mal nichts ändern ...*)
- abwägende, einschränkende Formulierungen nutzen, um zu relativieren (z. B. *zwar – aber, sowohl – als auch*)
- kritische Sachverhalte beschönigen, um sie zu verharmlosen (z. B. *Diese Maßnahme ist kostenintensiv, ...*)

Je nach rhetorischer Strategie wählt der Redner seine rhetorischen Figuren. So werden z. B. Euphemismen eingesetzt, um kritische Sachverhalte zu beschönigen, Hyperbeln, um zu dramatisieren, oder abwertende Metaphern, um Gegner zu kennzeichnen.

Den Einfluss der Zielgruppe auf die Sprache untersuchen

Je nach Zielgruppe kann eine Rede unterschiedlich sprachlich gestaltet werden. In den folgenden Redeauszügen benennt Bundespräsident Köhler den Zusammenhang von Arbeit, Bildung und Integration. Dennoch unterscheiden sich seine Reden in sprachlicher Form.

Horst Köhler: Für einen fruchtbaren Dialog von Wirtschaft und Politik*

[…]

II. Patentrezepte gibt es nicht. Die hat niemand. Aber ich denke, eine Debatte darüber, wie eine Agenda 2020 für Arbeit, Bildung und Integration aussehen sollte, würde unserem Land Richtung und Fokus geben. Und ich denke, diese Debatte sollten wir führen.

Eine solche Agenda 2020 ist eine Aufgabe für die ganze Gesellschaft. Niemand kann sie einfach verordnen, sie muss von möglichst vielen zusammengetragen und von möglichst allen unterstützt werden.

Es geht um ein Gemeinschaftsprojekt.

Arbeit, Bildung, Integration. Die drei bedingen sich gegenseitig: Arbeit schafft Wohlstand und gesellschaftliche Teilhabe. Bildung ist die beste Versicherung gegen Arbeitslosigkeit und für geistige Unabhängigkeit. Integration ist die zentrale Voraussetzung dafür, das Gemeinschaftsprojekt einer Agenda für Deutschland umzusetzen. […]

* Rede am 23.06.2008 anlässlich der Jahrestagung des Bundesverbandes der Deutschen Industrie

Horst Köhler: Arbeit, Bildung, Integration**

I. Das Schuljahr geht zu Ende. Es kommen noch ein paar Klassenarbeiten (viel Glück dabei!); aber dann sind Sommerferien. Die Zeit der Abi-Feten hat begonnen, und auf manchem Auto heißt es stolz und fröhlich: „ABI 2008".

Meine Damen und Herren, von heute an, wann immer Sie das Wort „ABI" hören oder lesen, denken Sie bitte nicht allein an Schulabschlüsse, denken Sie auch an drei Ziele für Deutschland: Arbeit, Bildung, Integration.

Arbeit, Bildung, Integration – warum sind gerade die Ziele so wichtig? Weil sie schöpferisch sind und Freiheit sichern. Arbeit schafft Einkommen und sichert materielle Freiheit. Bildung schafft Selbstbewusstsein und sichert innere Freiheit. Integration schafft Zusammenhalt und sichert politische Freiheit. Wenn eins der drei fehlt, leiden auch die andern. Umgekehrt: Je mehr wir für Arbeit, für Bildung, für Integration erreichen, desto näher kommen wir allen dreien und desto mehr kann unser Land die ganze Kraft entfalten, die in ihm steckt. Das lohnt die Anstrengung. […]

[…]

V. Arbeit, Bildung, Integration – lassen Sie uns gemeinsam bestimmen, was dafür zu tun ist. Wenn wir darüber Klarheit erzielen und dann alle zum Gelingen beitragen, dann können wir wohlgemut sein.

Ich glaube, wir bekommen das alles hin.

Ach, und eins noch – bitte denken Sie von nun an immer daran: „ABI" ist mehr als nur ein Schulabschluss.

** Berliner Rede vom 17.06.2008, es handelt sich um den Beginn und das Ende der Rede.

1 ***Bearbeiten Sie die Redeauszüge mithilfe folgender Fragestellungen.***

a) Untersuchen Sie, worin sich die beiden Redeauszüge in Bezug auf die sprachlichen Mittel unterscheiden.

b) An welchen sprachlichen Mitteln wird die Zielgruppe sichtbar, an die sich Köhler richtet? Benennen Sie diese sprachlichen Mittel.

c) Verfassen Sie eine Analyse zu beiden Redeauszügen. Gehen Sie dabei besonders auf die Frage ein, wie es Köhler gelingt, unterschiedliche Zielgruppen anzusprechen.

Den Einfluss der Zielgruppe auf die Sprache untersuchen

2 *Bestimmen Sie auf der Grundlage Ihrer bisherigen Analyseergebnisse die Zielgruppe der Rede Richard von Weizsäckers (siehe S. 202) und begründen Sie Ihre Annahme.*

Basiswissen | Zusammenhang zwischen Zielgruppe und Sprache einer Rede

Der Erfolg einer Rede hängt im Wesentlichen auch davon ab, ob es dem Redner gelingt, die Zielgruppe (Adressaten) anzusprechen. Eine Rede kann sprachlich und strategisch brillant sein. Wenn sich die Zielgruppe von den gewählten sprachlichen Mitteln nicht angesprochen fühlt oder sie nicht versteht, ist die Rede erfolglos.

Folgende Aspekte in der Rede können Aufschluss geben über die Zielgruppe:

- **Anrede**, z. B.
  Sehr geehrte Mitarbeiterinnen und Mitarbeiter = Zielgruppe ist die Belegschaft z. B. einer Firma.
- **Thema/Anlass**, z. B.
  Wahlen eines Schülersprechers = Zielgruppe sind die Schüler und Lehrer einer Schule.
  Jahresumsatz der Firma XY = Zielgruppe ist die Belegschaft der Firma XY.
- **Ort**, z. B.
  Cafeteria einer Firma = Zielgruppe ist die Belegschaft einer Firma.
  Aula einer Schule = Zielgruppe sind die Schüler und Lehrer einer Schule.
- **Sprache**:

Sprachvarietäten, z. B.	Verwendung eines Dialekts = Zielgruppe sind Bewohner eines best. Gebietes.
	Verwendung von Umgangssprache = Zielgruppe sind z. B. Jugendliche.
Satzbau, z. B.	Einsatz von verschachtelten Sätzen = Zielgruppe sind z. B. Experten/Fachleute.
	Einsatz von einfachen Sätzen = Zielgruppe sind evtl. Kinder.
Wortwahl, z. B.	Gebrauch vieler Begriffe aus dem Bereich Politik = Zielgruppe sind Politiker/Wähler.

Wichtig ist auch, ob die Rede im Fernsehen auf den populären Sendern gezeigt oder in den Nachrichten thematisiert wurde. Denn in diesen Fällen sind nicht nur die unmittelbaren Zuhörer die Zielgruppe der Rede, sondern auch diejenigen, die später Informationen über die Rede erhalten.

Die Bestimmung der Zielgruppe und des zielgruppenspezifischen Einsatzes von Sprache und Stil der Rede gehören folglich auch in eine qualitativ gute Redeanalyse.

3 *Erläutern Sie den Unterschied zwischen Zuhörern und Zielgruppe einer Rede.*

4 *Setzen Sie sich damit auseinander, welche Bedeutung die Bestimmung der Zielgruppe für die Analyse einer Rede hat.*

Basiswissen | Die Redeanalyse

Bei der Analyse einer politischen Rede beschäftigen Sie sich mit folgenden Fragen: **Was** steht in (einem Auszug) der Rede (Inhalt), **an wen** richtet sich der Redner mit seiner Rede (Zielgruppe), **wie** hat der Redner wichtige Teile der Rede sprachlich gestaltet (Form) und **welche Wirkung** will er mit der inhaltlichen und formalen Gestaltung (vermutlich) erzielen?

Eine Redeanalyse beurteilen

Ein Schüler hat zu dem Redeauszug Weizsäckers (siehe S. 202) die folgende Redeanalyse verfasst.

Muster

Aufgabe: Fassen Sie die Hauptgedanken des Redeauszugs von Richard von Weizsäcker vom 8. Mai 1985 zusammen. Analysieren Sie die sprachliche Gestaltung und deren Funktion.

Am 8. Mai 1985 hält der damalige Bundespräsident Richard von Weizsäcker anlässlich des 40. Jahrestages der Beendigung des Zweiten Weltkrieges und der nationalsozialistischen Gewaltherrschaft im Bundestag eine Rede. Sein Publikum ist breit gefächert, da seine Rede auch durch die Medien in die Öffentlichkeit gelangt. Mit dem Schlussteil seiner Rede, der im Folgenden analysiert wird, wendet sich von Weizsäcker besonders an die Jugend. Er thematisiert in dem Redeauszug, wie wichtig die Erinnerung an die Vergangenheit ist (gemeint ist hier die nationalsozialistische Zeit), damit sich Krieg und Völkermord nicht wiederholen.

Richard von Weizsäcker geht zunächst von der unterschiedlichen Verantwortung der Älteren und der Jüngeren im Umgang mit der Vergangenheit aus. Dann bezieht sich von Weizsäcker kurz auf die manipulativen Methoden Hitlers und appelliert an die Jugend, für ein friedliches und tolerantes Zusammenleben aller Menschen einzustehen. Dem folgt ein Appell an Politiker, als Vorbilder für Freiheit, Frieden und Recht zu kämpfen. Im Schlusssatz fordert von Weizsäcker, sich der Wahrheit zu stellen.

Zu Beginn des Redeauszugs bildet von Weizsäcker eine Wir-Gruppe, indem er vermehrt von „uns" (Z. 1) und „wir" (Z. 5 ff.) spricht. Gemeint ist die ältere Generation, deren Pflicht es sei, der jungen Generation die Vergangenheit nahezubringen. Konkret führt er aus, dass die ältere Generation der Jugend „Aufrichtigkeit" (Z. 7) und neutrale Wissensvermittlung schulde. Durch die Bildung der Wir-Gruppe erreicht er, dass sich die Älteren als Einheit sehen und sich angesprochen fühlen. Dass er sich selbst als Zugehöriger der älteren Generation mit in die Verantwortung nimmt, wertet seine Position auf. Die Aussagen wirken besonders eindringlich, da der Redner eine Anapher verwendet (drei Sätze beginnen mit „Wir", Z. 5–9).

Zunächst grenzt er die Verantwortung der älteren von der Verantwortung der jungen Generation ab. Mit einem Parallelismus betont von Weizsäcker die Rolle der Jugend im Umgang mit der Vergangenheit: „Die Jungen sind nicht verantwortlich für das, was damals geschah. Aber sie sind verantwortlich für das, was in der Geschichte daraus wird" (Z. 2–5).

Von Weizsäcker führt weiter aus, dass die Fehler der Vergangenheit die Menschen nicht vor Fehlern in der Zukunft bewahren, ihre Kraft aber helfe ihnen, zu bestehen. Seine Ausführungen drückt von Weizsäcker wiederum in Form eines Parallelismus aus und betont damit die immer währende Gefahr vor Fehlern: „Wir haben als Menschen gelernt, wir bleiben als Menschen gefährdet" (Z. 20–21). Die Wir-Gruppe, die der Redner bildet, umfasst an dieser Stelle alle Menschen, nicht nur die ältere Generation. Jeder, der diese Rede hört oder liest, soll sich angesprochen fühlen.

Dem Anlass entsprechend zählt von Weizsäcker dann Hitlers Methode, Menschen zu manipulieren, in Form einer Klimax auf: „Vorurteile, Feindschaften und Haß zu schüren" (Z. 23–24). Er verdeutlicht damit die sich steigernde Dynamik dieser Methode. Die Begriffe rufen außerdem negative Assoziationen hervor.

In seinem anschließenden Appell bittet der Redner die jungen Menschen, Feindschaft und Hass zu vermeiden. Es folgt eine exemplarische Aufzählung von Menschengruppen, die sich in religiöser, politischer oder ethnischer Hinsicht unterscheiden. Dadurch fasst von Weizsäcker innerhalb eines Satzes die Vielfalt der Menschheit zusammen. Die Aufzählungen innerhalb dieses Satzes beginnen mit „gegen" (Z. 28–32) und bilden so eine wirkungsvolle Anapher. So gelingt es von Weizsäcker, seinen Appell eindringlicher und einprägsamer wirken zu lassen.

Eine Redeanalyse beurteilen

Am Ende seiner Rede nimmt von Weizsäcker sich und andere Politiker mit in die Verantwortung, denn er fordert beispielhaftes Vorgehen der „demokratisch gewählte[n] Politiker“ (Z. 35–36). Er bildet erneut eine Wir-Gruppe, um ein Zusammengehörigkeitsgefühl zu erzeugen. Es folgt ein Parallelismus, der aus vier Sätzen besteht, in denen Weizsäcker alle Menschen auffordert, die „Freiheit“ (Z. 38) zu ehren, für den „Frieden“ (Z. 39) zu arbeiten und sich an das „Recht“ (Z. 40) zu halten und „der Gerechtigkeit“ zu dienen (Z. 41–42). Die zentralen demokratischen Begriffe stehen am Ende des jeweiligen Satzes und werden durch die Inversion besonders eindrücklich hervorgehoben. Die Sätze stehen im Imperativ und sind kurz und knapp, der Appell wird dadurch verstärkt und gleichzeitig einprägsamer. Auch durch den parallelen Aufbau gewinnen die Sätze an Eindringlichkeit und Deutlichkeit.

Der letzte Satz ist ein Appell an die Zuhörer: „Schauen wir am heutigen 8. Mai, so gut wir es können, der Wahrheit ins Auge." (Z. 43–44) Die Parenthese „so gut wir es können" bewirkt, dass seine Aufforderung realisierbar erscheint, denn von Weizsäcker verlangt nur, dass jeder sein Bestes gibt.

Der Redeauszug hat expressiven Charakter, vor allem im ersten Teil, in dem von Weizsäcker mehrere Behauptungen aufstellt. Jedoch überwiegt die appellative Textfunktion, denn die Appelle an die Jugend (vgl. Z. 26–34) und die weiteren Zuhörer (vgl. Z. 38–42) stehen im Mittelpunkt des Auszugs.

Von Weizsäcker verwendet bei seiner Rede die Standardsprache und gebraucht keine Fachausdrücke oder unbekannte und schwierige Wörter. Es gibt viele Nomen, vor allem aus den Bereichen „Mensch“, „Demokratie“ und „Geschichte“. Die Verben beschreiben hauptsächlich positive Tätigkeiten wie lernen (Z. 14, 20, 33), helfen (Z. 7–8, 9–10), ehren (Z. 38). Diese auffällige Häufung anschaulicher Nomen und Verben macht die Rede interessant und einprägsam. Außerdem sind die Sätze in dem Redeauszug überwiegend kurz und dadurch eindeutig.

Von Weizsäcker hat seine Rede dem Anlass und der Zielgruppe entsprechend inhaltlich und sprachlich sehr ansprechend gestaltet. Die Argumente sind einleuchtend und stichhaltig, die Sprache ist leicht verständlich. Damit gelingt es von Weizsäcker, sein Publikum generationenübergreifend anzusprechen und sich ihm verständlich zu machen.

1 ***Bearbeiten Sie den Musteraufsatz mithilfe folgender Fragestellungen.***

a) Analysieren Sie, ob alle Aspekte einer Redeanalyse enthalten sind (siehe Arbeitstechnik auf S. 214).

b) Beschreiben Sie, wie Inhalt, Form und Wirkung in der Analyse miteinander verknüpft werden.

c) Untersuchen Sie, wie der Aufsatz gegliedert wurde.

d) Gibt es Unterschiede zwischen Ihren bisherigen Teilergebnissen und denen im Muster? Erläutern Sie die Unterschiede, die sich daraus für die Beurteilung der Rede ergeben könnten.

Zwischenfazit

- sprachliche Mittel: Sprachvarietäten, Satzbau, Wortwahl, rhetorische Figuren
- rhetorische Strategien: Aufwertung, Abwertung, Dramatisierung, Beschwichtigung
- Zielgruppenorientierung herausfinden: Anrede, Thema/Anlass, Ort und Sprache; Verbreitung der Rede durch Medien

Eine Redeanalyse schreiben

Eine Rede analysieren, Ergebnisse gliedern, die Rede beurteilen

Am 23.06.2008 fand in Berlin die Jahrestagung des Bundesverbandes der deutschen Industrie (BDI) unter dem Motto „Solidarität braucht Leistung" statt, an der auch Bundespräsident Horst Köhler teilnahm. Der damalige Präsident des BDI, Jürgen Thumann, hielt die folgende Rede im Anschluss an die Eingangsrede des Bundespräsidenten vor Angehörigen der Regierung und vor zahlreichen Vertretern von Industrieunternehmen.

Jürgen Thumann: Solidarität braucht Leistung

Sehr geehrter Herr Bundespräsident,
lieber Herr Köhler,
herzlichen Dank für Ihre eindrucksvollen Ausführungen.

Meine Damen und Herren, unser Motto heute lautet:
Solidarität braucht Leistung.

Die Reihenfolge ist wichtig: Erst muss erwirtschaftet und geleistet werden. Dann kann Solidarität erfolgen. Wir Unternehmer bekennen uns zu beidem.

Unser Motto hat seinen Ursprung in der sozialen Marktwirtschaft. Es war die soziale Marktwirtschaft, mit der wir den Wiederaufbau Deutschlands geschafft haben, das Wirtschaftswunder, die Wiedervereinigung unseres Vaterlandes.

Sie gab der Freiheit in unserem Land die wirtschaftliche Grundlage. Und in diesem Monat feiern wir ihr 60-jähriges Jubiläum.

[...] Freiheit des Marktes in Verbindung mit sozialer Verantwortung. Die soziale Marktwirtschaft ist eben unser wirtschaftliches „Topmodel"!

Und trotzdem schwindet die Zustimmung für dieses Model* in unserer Gesellschaft. Was verursacht diese Skepsis? Schauen wir uns die Gründe einmal an. Viele Bürgerinnen und Bürger in der Mittelschicht haben den Glauben daran verloren, dass persönlicher Einsatz sich lohnt.

Es ist schon frustrierend, demotivierend, wenn Arbeitnehmer sehen: „Meinem Unternehmen geht es besser, aber ich habe immer weniger im Portemonnaie!"

Der Staat beansprucht immer mehr für sich. Das deutsche Steuer- und Abgabensystem belastet die Mittelschicht besonders stark. Wer zwischen 30.000 und 70.000 € verdient, wird kalt von der Progression erwischt.

Von 100 Euro Lohn kommen im Durchschnitt 47 Euro und 80 Cent beim Arbeitnehmer an. Noch nicht einmal die Hälfte!

Hier ist die Forderung ganz klar: Mehr netto! Wenn der Zusammenhang zwischen Leistung und Lohn verloren geht, verlieren die Menschen den Willen zur Leistung!

Leistung muss sich „lohnen"! Das gilt auch für die Menschen, die ein Unternehmen weiterführen wollen. [...]

Ein anderer Grund der Verunsicherung ist die Globalisierung. Immer mehr Menschen sehen die Globalisierung als diffuse Bedrohung. Die Zeiten sind für viele unübersichtlich geworden.

Die Berichterstattung über Bankenkrise, Rohstoffknappheit und Dollarpreis trägt zur Beunruhigung bei. Populisten spielen das geschickt aus. Sie kommen von allen Seiten, aber irgendwie vor allem über links!

Ja, es gibt bei vielen Menschen die Angst vor dem Verlust des Arbeitsplatzes. Hier ist dringend Aufklärung nötig: Deutschland ist der Gewinner der Globalisierung. Zum fünften Mal in Folge sind wir Exportweltmeister! Es ist die weltweite Ausrichtung und die globale Präsenz unserer Wirtschaft, die Arbeitsplätze in Deutschland schafft.

1995 waren 5,7 Millionen Menschen für den Export tätig. Bis heute ist die Zahl angestiegen auf knapp 9 Millionen. 9 Millionen Arbeitsplätze, die in vielen Familien für Wohlstand sorgen. Alles Globalisierungsgewinner! Wie gesagt, Aufklärung tut not.

Die wirtschaftlichen Zusammenhänge sollten kommuniziert werden. Von Politik und Wirtschaft. Offene Märkte, Investitionsfreiheit, Wettbewerb, Leistung, Gewinne, Arbeitsplätze! Damit wir die Globalisierung nicht mehr als Gespenst begreifen,

Eine Rede analysieren, Ergebnisse gliedern, die Rede beurteilen

sondern als Chance!

Und dann last, but leider not least, trägt zum schwindenden Vertrauen in die soziale Marktwirtschaft auch Fehlverhalten in der Wirtschaft bei. Steuerhinterziehung. Korruption. Das Abhören von Mitarbeitern. Natürlich ist dieses Verhalten zu verurteilen. Aufs Schärfste.

Für mich steht fest: Wer Leistungsträger ist, ist auch Vorbild. Wo es Rechtsverstöße gibt, muss aufgeklärt werden. Vorbehaltlos und mit klaren Konsequenzen.

Aber gleich alle Unternehmer oder Manager unter Generalverdacht zu stellen, das geht eindeutig zu weit. Für manche Leute gehört es mittlerweile schon fast zum guten Ton, auf Unternehmer zu schimpfen. [...]

Meine Damen und Herren, wenn Gefühle der Gerechtigkeit verletzt werden, wenn der Nettolohn nicht mehr stimmt, wenn Vertrauen verloren geht, dann läuft wirklich etwas schief. Und dann müssen wir aufklären und handeln.

Aber wir dürfen nicht den Fehler begehen, die soziale Marktwirtschaft selbst in Frage zu stellen. Mit ihren Grundregeln des Wettbewerbs, der Freiheit, der Leistung und der Solidarität hat sie ihren Erfolg doch unter Beweis gestellt! Und wir können stolz darauf sein! [...]

Zuerst etwas leisten ... dann die Solidarität! Diese Reihenfolge verlieren viele in unserer Gesellschaft aus den Augen. Und verneinen damit das Wesen der sozialen Marktwirtschaft.

Meine Damen und Herren, Deutschland braucht eine langfristig angelegte Wachstumspolitik. Denn auch morgen und übermorgen sollen unsere Kinder wettbewerbsfähige Arbeitsplätze und ein lebens- und liebenswertes Deutschland vorfinden. Deshalb legt der BDI heute ein Manifest vor. Ein Manifest für Wachstum und Beschäftigung. Ein Modell für Deutschland im Jahr 2020.

Sehr geehrter Herr Bundespräsident, Sie haben in Ihrer „Berliner Rede" eine Agenda 2020 gefordert. Sie haben dazu aufgerufen, eine Debatte zu führen, wie diese Agenda aussehen könnte. Dazu tragen wir

gerne bei.

In unserem Manifest haben wir Strategien aus Sicht der Industrie entwickelt. [...]

Ein BDI-Manifest mit Lösungen. Tragfähigen Lösungen. Und genau diesen Lösungswillen wünsche ich mir von der Politik.

Ich appelliere an die Politik und die Volksparteien: Stärken wir die soziale Marktwirtschaft endlich gemeinsam! Bringen wir sie mit aller Kraft voran! Wachstumspolitik braucht richtige Prioritäten. Der Staat muss seine Aufgaben klar definieren. Denn er muss sparen ... und investieren! [...]

Investieren in unsere Zukunft. In Bildung, Infrastruktur und Klimaschutz. [...]

Und: Bildung braucht unser Land. Gute Bildung. Exzellente Bildung! 10 % unserer Jugend verlässt die Schule ohne Abschluss. Über 100.000 Ingenieure fehlen unserem Arbeitsmarkt, und insgesamt 300–400.000 qualifizierte Fachkräfte!

Dabei brauchen wir Talente! Nur kreative Köpfe sichern unsere forschungs- und wissensintensiven Branchen an der Spitze! Der Rohstoff in unserem Land ist ausschließlich unsere Kreativität. Unser Wohlstand hängt in hohem Maße davon ab, wie einfallsreich wir sind. Also von unseren Ideen und Innovationen.

Sehr geehrter Herr Bundespräsident, Ihre Standort-Initiative „Deutschland, Land der Ideen" hat dies sehr deutlich gemacht. Wirtschaft und Bundesregierung haben das gerne aufgegriffen. Die Initiative präsentiert unser Land mit einer klaren Botschaft.

Eine Rede analysieren, Ergebnisse gliedern, die Rede beurteilen

Unser Ideenreichtum findet weltweit Anerkennung.

„Land der Ideen", das beflügelt. Seine Botschaft trägt dazu bei, dass Deutschland sich selbst immer mehr als innovatives und zukunftsfähiges Land begreift. Wir fühlen uns sehr wohl unter Ihrer Schirmherrschaft!

Die neuesten Umfragen zeigen, viele Menschen in Deutschland wollen lebenslanges Lernen! Sie sind bereit, selbst Verantwortung zu tragen. [...]

Meine Damen und Herren, wir bekennen uns zur sozialen Marktwirtschaft. Sie fordert Wettbewerb. Sie fördert Leistung. Sie ermöglicht Solidarität.

Wir müssen dieses Wirtschaftsmodel* stärken! Die Grundlagen unseres Wachstums müssen tagtäglich gesichert werden. Durch uns. Durch die Wirtschaft. Und durch die Politik. Wir müssen einen langfristigen Kurs bestimmen. Über die nächste Bundestagswahl hinaus.

Die Luftbrücke, die hier vor 60 Jahren begann, hat uns gezeigt: Die Zukunft gehört nicht der Blockade. Die Zukunft gehört der Freiheit.

Wir brauchen auch heute eine positive Vision. Auf der Basis der sozialen Marktwirtschaft. Der BDI stellt seinen Beitrag vor. Mit unserem Manifest. Mit unserer Tagung.

Wohlstand, Arbeitsplätze und Wachstum.

Solidarität braucht Leistung. Für ein erfolgreiches Deutschland!

* Wortspiel: gemeint ist „Modell"

1 ***Analysieren Sie die Rede von Jürgen Thumann (in Stichpunkten).***

a) Bestimmen Sie die Redesituation (Redner, Ort und Zeit, Anlass, Zielgruppe) und das Thema der Rede.

b) Ermitteln Sie nach unten stehendem Muster:
- den Argumentationsgang,
- die eingesetzten Strategien der Beeinflussung,
- die sprachlichen Mittel vor dem Hintergrund der Zielgruppe und konzentrieren Sie sich besonders auf die rhetorische Figuren.

c) Bestimmen Sie die Intention Thumanns. Beachten Sie dabei auch die anwesenden Gäste.

Ein Schüler hat sich zu dem Beginn der Rede von Jürgen Thumann folgende Randnotizen gemacht, die Sie für Ihre Analyse verwenden können.

	Sehr geehrter Herr Bundespräsident, lieber Herr Köhler, herzlichen Dank für Ihre eindrucksvollen Ausführungen.	*direkter, vertrauter werdender Bezug auf den Vorredner*
These	Meine Damen und Herren, unser Motto heute lautet: Solidarität braucht Leistung.	*Motto der Veranstaltung*
Wir-Gruppe	Die Reihenfolge ist wichtig: Erst muss erwirtschaftet und geleistet werden. Dann kann Solidarität erfolgen. Wir Unternehmer bekennen uns zu beidem.	
Fakten-argumente	Unser Motto hat seinen Ursprung in der sozialen Marktwirtschaft. Es war die soziale Marktwirtschaft, mit der wir den Wiederaufbau Deutschlands geschafft haben, das Wirtschaftswunder, die Wiedervereinigung unseres Vaterlandes.	*eindeutiges Bekenntnis zur soz. Marktwirtschaft*
	Sie gab der Freiheit in unserem Land die wirtschaftliche Grundlage. Und in diesem Monat feiern wir ihr 60-jähriges Jubiläum.	

Eine Rede analysieren, Ergebnisse gliedern, die Rede beurteilen

	[...] Freiheit des Marktes in Verbindung mit sozialer Verantwortung. Die soziale Marktwirtschaft ist eben unser wirtschaftliches „Top-model"!	***Motive*** *für die beginnende Ablehnung der soz. Marktwirtschaft*
Faktenargument als Zugeständnis	Und trotzdem schwindet die Zustimmung für dieses Model in unserer Gesellschaft. Was verursacht diese Skepsis? Schauen wir uns die Gründe einmal an. Viele Bürgerinnen und Bürger in der Mittelschicht haben den Glauben daran verloren, dass persönlicher Einsatz sich lohnt.	***1. Grund:*** *vorherrschende Meinung, dass Arbeit sich nicht mehr lohne*
Schein-Zitat	Es ist schon frustrierend, demotivierend, wenn Arbeitnehmer sehen: *„Meinem Unternehmen geht es besser, aber ich habe immer weniger im Portemonnaie!"*	
Belege *umgangssprachliche Metapher*	Der Staat beansprucht immer mehr für sich. Das deutsche Steuer- und Abgabensystem belastet die Mittelschicht besonders stark. Wer zwischen 30.000 und 70.000 € verdient, wird kalt von der Progression erwischt.	
	Von 100 Euro Lohn kommen im Durchschnitt 47 Euro und 80 Cent beim Arbeitnehmer an. Noch nicht einmal die Hälfte!	*Eindringlichkeit der Forderung (Ausrufezeichen), auf das Wesentliche verkürzt (Ellipse)*
Appelle *Ellipse*	Hier ist die Forderung ganz klar: Mehr netto! Wenn der Zusammenhang zwischen Leistung und Lohn verloren geht, verlieren die Menschen den Willen zur Leistung!	
Wortspiel	Leistung muss sich „lohnen"! Das gilt auch für die Menschen, die ein Unternehmen weiterführen wollen. [...]	
	Ein anderer Grund der Verunsicherung ist die Globalisierung.	***2. Grund:*** *Globalisierung*

2 ***Setzen Sie die Analyse der Rede von Jürgen Thumann nach dem Muster fort.***

3 ***Ordnen Sie Ihre Notizen für den Hauptteil Ihrer Redeanalyse.***

4 ***Schreiben Sie eine Bewertung zu der Rede von Jürgen Thumann (S. 210 ff.). Orientieren Sie sich dabei an folgendem Basiswissen. Versuchen Sie, sowohl ein Sachurteil als auch ein Werturteil abzugeben. Beachten Sie dabei die Zielgruppe.***

Basiswissen **Sachurteile – Werturteile**

Abschließend wird die Qualität der Rede beurteilt. Berücksichtigen Sie bei der Bewertung der Gestaltung die Zielgruppe. Ihre Bewertung kann sich auf zwei Ebenen bewegen.

Zum einen können Sie **Sachurteile** abgeben. Hierbei fällen Sie auf Basis objektiver Kriterien ein sachliches Urteil über den Text. Sie bewerten, ob das Thema zum Anlass passt, der Redner gute Argumente vorbringt, der Redner seine Meinung überzeugend vertreten kann, die Rede verständlich gestaltet ist, rhetorische Figuren und Strategien der Beeinflussung passen und für die Zielgruppe angemessen gewählt sind.

Zum anderen können Sie **Werturteile** abgeben. Hierbei fließen in Ihre Bewertung Ihre persönlichen Überzeugungen ein.

Eine vollständige Redeanalyse verfassen

1 ***Schreiben Sie eine vollständige Redeanalyse zu der Rede von Jürgen Thumann (S. 210 ff.). Orientieren Sie sich an der folgenden Arbeitstechnik „Eine Redeanalyse schreiben“.***

a) Formulieren Sie eine Einleitung.

b) Formulieren Sie im Hauptteil die Ergebnisse Ihrer Analysen.

c) Überarbeiten Sie Ihren Schlussteil (siehe Aufg. 4, S. 213) und bewerten Sie die Qualität der Rede.

Arbeitstechnik — Eine Redeanalyse schreiben

Folgende Elemente sollten Sie bei der Analyse einer Rede berücksichtigen:

Einleitung:
- die Rede hinsichtlich Redesituation (Redner, Ort und Zeit, Anlass, Zielgruppe) und Thema einordnen
- die Hauptgedanken (kurze Inhaltsangabe) und grob die Argumentationsstruktur des Textes darlegen

Hauptteil:
- sprachliche Mittel und Strategien der Beeinflussung benennen und in ihrer Funktion bestimmen
- die vom Redner verfolgte Aussageabsicht erkennen und seine Ziele erläutern
- die Textfunktionen bestimmen und nachweisen
- Inhalt, Form und Wirkung abschnittsweise erläutern

Schluss:
- eine begründete Beurteilung und Wertung der Rede vornehmen hinsichtlich der Position des Redners und der Gestaltung sowie Wirkung der Rede unter Berücksichtigung der Zielgruppe

Fazit

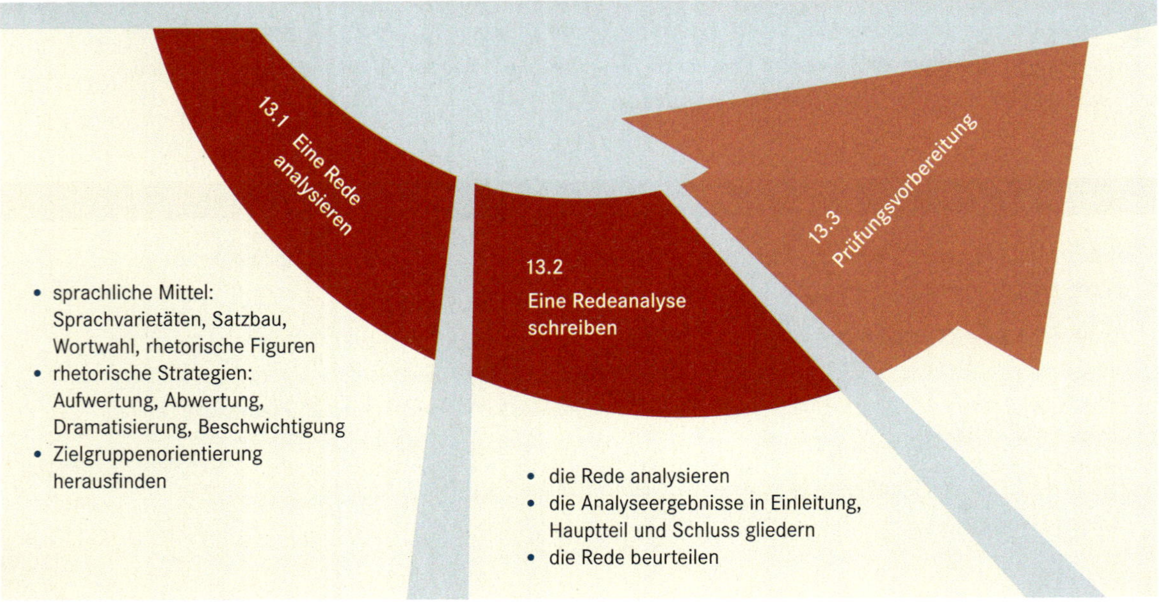

Prüfungsvorbereitung

Der folgende Text mit den Aufgaben könnte Ihnen so in einer Prüfung vorliegen.

Am 14.09.2001 hielt der damalige Bundespräsident Johannes Rau vor dem Brandenburger Tor in Berlin eine Ansprache bei der Kundgebung „Keine Macht dem Terror – Solidarität mit den Vereinigten Staaten von Amerika", die aufgrund der Terroranschläge am 11.09.2001 stattfand.

I. Nirgendwo wissen die Menschen besser als hier in Berlin, was Amerika für Freiheit und Demokratie in Deutschland getan hat. Wir könnten heute Abend nicht hier am Brandenburger Tor stehen ohne den Beistand Amerikas in langen Jahren und in schwerer Zeit.

Darum sagen wir heute hier von Berlin aus allen Amerikanern:

Amerika steht nicht allein. Die ganze Welt steht in diesen Tagen an der Seite der großen amerikanischen Nation. Das deutsche Volk steht an der Seite des amerikanischen. […]

Besonders grüße ich alle Amerikaner, die bei uns in Berlin und überall in Deutschland leben oder zu Besuch sind. Sie sind in diesen Tagen mit ihren Gedanken zu Hause.

Auch wir Deutsche sind mit unseren Gedanken und mit unseren Gefühlen in Amerika.

Wir alle haben noch immer die schrecklichen Bilder vor Augen. […]

Wir denken an Mütter und Väter, die ihre Kinder verloren haben.

Wir denken an Kinder, die ihre Eltern nie wiedersehen werden. […]

Wir denken an das unermessliche Leid, das Hass und Terror über viele tausend Familien im ganzen Land gebracht haben.

Wir denken an die vielen Menschen, die jetzt noch unter Einsatz ihres Lebens zu helfen versuchen.

II. Die Ziele der Mörder lagen in New York und in Washington. Getroffen aber sind alle Menschen, weltweit. Unter den Opfern sind Menschen aus Asien, aus Australien und aus Europa, darunter auch viele Deutsche, Menschen aus Afrika und Amerika. Der Angriff zielte auf die ganze menschliche Gemeinschaft.

Wir stehen hier vereint in Solidarität. Wir stehen zusammen gegen Hass und Gewalt.

John F. Kennedy ist gerade in Berlin unvergessen. In seiner ersten Rede als amerikanischer Präsident hat er die Solidarität Amerikas mit uns Europäern so beschrieben:

„Allen, die seit langem unsere Verbündeten sind und mit denen uns kulturelle und geistige Wurzeln verbinden, sichern wir die Loyalität eines treuen Freundes zu. Alles können wir erreichen, wenn wir fest zusammenstehen. Nichts erreichen wir, wenn wir […] zerrissen sind. Auf uns allein gestellt schreckt uns die Übermacht der Herausforderung."

Heute sage ich als deutscher Bundespräsident und heute sagen wir alle: Auf diese Loyalität eines treuen Freundes kann auch Amerika bauen.

III. In diesen Tagen haben viele Menschen Angst. Das verstehe ich.

Diese Angst darf uns nicht lähmen. Die Wut […] darf uns nicht kopflos machen.

Die Mörder und ihre Anstifter sind schwer zu finden und noch schwerer zu bekämpfen. Aber ganz gleich, wer sie sind: Sie sind Mörder, nichts sonst – und deshalb müssen sie bestraft werden. Sie stehen nicht für ein Volk, sie stehen nicht für eine Religion, sie stehen nicht für eine Kultur. Fanatismus zerstört jede Kultur. Fundamentalismus ist kein Zeugnis des Glaubens, sondern der ärgste Feind des Glaubens, den es gibt.

Wir werden und wir dürfen uns von niemandem dazu verleiten lassen, ganze Religionen oder ganze Völker oder ganze Kulturen als schuldig zu verdammen. […]

Wir werden auf die Herausforderung nicht mit Ohnmacht und nicht mit Schwäche reagieren, sondern mit Stärke und Entschlossenheit. Und mit Besonnenheit. Hass darf uns nicht zum Hass verführen. Hass blendet. Nichts ist ja so schwer zu bauen und nichts ist ja so leicht zu zerstören wie der Friede.

IV. Wir müssen den Terrorismus bekämpfen und wir werden ihn besiegen.

Prüfungsvorbereitung

Dazu brauchen wir einen langen Atem. Wer den Terrorismus wirklich besiegen will, der muss durch politisches Handeln dafür sorgen, dass den Propheten der Gewalt der Boden entzogen wird.

Armut und Ausbeutung, Elend und Rechtlosigkeit lassen Menschen verzweifeln. Die Missachtung religiöser Gefühle und kultureller Traditionen nimmt Menschen Hoffnung und Würde.

Das verführt manche zu Gewalt und Terror. Das sät den Hass schon in die Herzen von Kindern.

Alle Menschen haben das Recht auf Anerkennung und auf Würde.

Wer [...] Anerkennung erfährt und wer sein Leben liebt, der wird es nicht wegwerfen wollen.

Wer in Würde und Zuversicht lebt, aus dem wird kaum ein Selbstmordattentäter werden.

Entschlossenes Handeln ist das Gebot der Stunde. Weil wir das wissen und zeigen, weil wir daran keinen Zweifel lassen, darum sagen wir auch: Der beste Schutz gegen Terror, Gewalt und Krieg ist eine gerechte internationale Ordnung. Die Frucht der Gerechtigkeit wird der Friede sein.

Das ist mühsam. Das dauert lange, das kostet nicht nur Zeit. Aber eine friedlichere, eine sichere Welt muss uns das wert sein. [...]

V. Wir haben apokalyptische Bilder gesehen. Sie müssen uns aufrütteln, damit der Friede neuen Raum gewinnt. Die Freiheit braucht die starke Macht des Friedens und zum Frieden gehört die Freiheit.

Wir haben allen Anlass zu Wachsamkeit, aber keinen Grund zur Panik. Vor allem anderen brauchen wir gut überlegtes Handeln.

Unser gemeinsames Ziel ist Friede und Sicherheit, Gerechtigkeit und Freiheit für alle Menschen, wo immer sie leben.

John F. Kennedy sagte zu seiner Zeit: „Wir wollen nicht der Macht zum Sieg, sondern dem Recht zu seinem Recht verhelfen.“

Wenn die Nationen der Welt vereint zusammenstehen, dann wird der Terror keine Macht über uns gewinnen.

1 ***Fassen Sie die Hauptgedanken der Rede zusammen. Analysieren Sie die sprachliche Gestaltung und deren Funktion. Beurteilen Sie, ob die Aussagen der Rede noch heute Gültigkeit besitzen.***

Checkliste: Eine Redeanalyse schreiben

Einleitung

- ☑ Haben Sie die Rede hinsichtlich Redesituation und Thema eingeordnet?
- ☑ Haben Sie eine Inhaltsangabe, die Hauptgedanken und Argumentationsstruktur wiedergibt, verfasst?

Hauptteil

- ☑ Haben Sie sprachliche Mittel und rhetorische Figuren analysiert und ihre Funktion bestimmt?
- ☑ Haben Sie rhetorische Strategien benannt und in ihrer Funktion bestimmt?
- ☑ Haben Sie appellative, informierende und expressive Elemente nachgewiesen?
- ☑ Haben Sie die Aussageabsicht erkannt und die Ziele des Redners erläutert?
- ☑ Haben Sie Inhalt, Form und Wirkung abschnittsweise erläutert?

Schluss

- ☑ Haben Sie die Rede in Form eines Sachurteils oder eines Werturteils bewertet?

Kapitel 14

Die literarischen Gattungen und ihre Wirkungsmittel

14.1 Die Darstellungsformen epischer Texte

14.2 Die Besonderheiten lyrischer Texte

14.3 Vom „klassischen Drama“ zum „absurden Theater“

In diesem Kapitel werden Sie in die formalen Besonderheiten der drei Gattungen „Epik“, „Lyrik“ und „Drama“ eingeführt. Bei der Auseinandersetzung mit diesen literarischen Texten sollen Sie aufgrund der Analyse wesentlicher formaler und inhaltlicher Kriterien zu einem eigenen Textverständnis gelangen.

Die Vieldeutigkeit und Unbestimmtheit literarischer Texte wirkt vielleicht zunächst irritierend auf Sie, doch Sie können auch Ihre eigenen Erfahrungen und Meinungen an den Text herantragen.

Ihre Vorstellungen über sich und Ihre Rolle im Leben, Ihre Einstellung zur Gesellschaft und deren Entwicklungsmöglichkeiten können so reflektiert und erweitert werden. Durch die Deutung des Textes werden Sie aktiv in einen Verstehensprozess einbezogen.

Was ich aus anderen Kapiteln weiß:

- ✔ Literarische Texte weisen formale Besonderheiten auf; sie sind interpretationsbedürftig, weil sie formal und inhaltlich als Einheit bewusst gestaltet sind.
- ✔ Literarische Texte lassen sich in epische, lyrische und dramatische Texte einteilen.

Die Darstellungsformen epischer Texte

Aufgabe und Funktion fiktionaler Texte

Die folgende Rezension zum neu erschienenen Buch von Jochen Hörisch gibt Aufschluss über die Wirkung von fiktionaler Literatur.

„Ich sehe was, was du nicht siehst"

Jochen Hörisch befreit das dissidente „Wissen der Literatur".*

von Oliver Pfohlmann

Seit kurzem betätige ich mich als Schaumschläger. Das ist ganz wörtlich gemeint. Anfangs fiel der mit dem Milchschäumer erzeugte Schaum gleich wieder in sich zusammen. Bis ich in Peter Truschners Roman „Die Träumer" über eine Passage stolperte, in dem eine Figur die Kunst des Schaumschlagens erklärt: Die Milch muss eiskalt sein, ehe man sie erwärmt, weil sie dann mehr Luft aufnimmt. Jetzt klappt's.

Vielleicht wunderte ich mich deshalb zunächst über den Titel von Jochen Hörischs neuem Buch. Warum bitte schön soll Literatur kein Wissen enthalten? Aber so selbstverständlich ist das natürlich nicht. Der Tipp, den Truschner seiner Figur in den Mund legt, hätte ja auch purer Unsinn sein können. Schon Platon warnte davor, sich, sei es in medizinischen, sei es in kriegsstrategischen Fragen, an Homer statt an Fachleute zu wenden.

[...]

Für Jochen Hörisch macht Gernhardts Lyrik eines sinnfällig: Der Literatur ist die Wahrheit schlicht schnurz, ihr ist ein „guter" Reim wichtiger. [...] Der wissenschaftliche Code lautet „richtig/falsch", der literarisch-ästhetische „stimmig / nicht stimmig". Dieser sorgt dafür, dass gelungene, stimmige Texte nicht einfach als inaktzeptabel oder unsinnig empfunden werden. Vielmehr offerieren sie dem Leser einen genuinen** Reiz, der daraus entspringt, dass die Worte „ein Rendezvous mit sich selbst haben".

[...]

Freigestellt von der Verpflichtung, wahre Sätze anzustreben, konnten sich Kunst und Literatur darauf spezialisieren, die anerkannten Diskurse*** mit *alternativen* Realitätsversionen zu konfrontieren. [...] Da die Dichtung keiner thematischen Begrenzung unterliegt, redet sie ungehemmt von praktisch allem. Und präsentiert dabei Sachprobleme in neuem, ungewohntem Licht. Sie spielt voller Lust an der Provokation das Spiel: Ich sehe was, was du nicht siehst.

[...]

Ebenso ist Literatur spezialisiert auf Metaphern. Während die vermeintlich „harten" Naturwissenschaften mit ihrer Bildersprache nicht nur Forschungsgelder einstreichen, sondern handfeste Politik betreiben [...], bekennt sich allein die Literatur offensiv zur Metaphorik. Gerade weil sie weiß, „dass der entscheidende Brückenschlag zwischen Sein und Sinn nicht verlässlich gelingen kann", ist die Dichtung für Hörisch „aufgeklärter" als alle anderen Diskurse: „Dichter lügen, und sie wissen, dass sie lügen", deshalb machen sie von ihrer Lizenz zum Lügen „aufrichtigen und insofern lügenlosen Gebrauch". – Und manchmal, möchte man mit Blick auf Peter Truschner hinzufügen, schlagen sie sogar aus der Wahrheit noch eine Metapher.

* dissident: von einer offiziellen Meinung abweichend
** genuin: echt
*** Diskurs: Gedankenaustausch; wissenschaftliche Diskussion

(www.literaturkritik.de)

1 ***Untersuchen Sie die im Text dargelegte Aufgabe und Wirkung von fiktionalen Texten.***

a) Was kann Literatur nicht leisten?

b) Welche Möglichkeiten bietet die Literatur ihren Lesern?

c) Warum sind Metaphern ein wichtiger Bestandteil fiktionaler Texte?

2 ***Beschreiben Sie, welche erzählerischen Möglichkeiten ein Verfasser historischer Romane im Vergleich zu einem Historiker hat.***

Aufgabe und Funktion fiktionaler Texte

Im Gegensatz zu nicht fiktionalen Texten, die auch pragmatische Texte genannt werden und Handlungsanweisungen oder Informationen für den Alltag bieten, stellen fiktionale Texte eine erdachte Welt dar.

Text 1:

Ilsebill salzte nach. Bevor gezeugt wurde, gab es Hammelschulter zu Bohnen und Birnen, weil Anfang Oktober. Beim Essen noch, mit vollem Mund, sagte sie: „Wollen wir nun gleich ins Bett oder willst du mir vorher erzählen, wie unsere Geschichte wann wo begann?"
Ich hatte die Hammelschulter mit halben Knoblauchzehen gespickt und gebettet. Auch wenn Ilsebill mit vollem Mund sagte, das könne prompt anschlagen oder klappen, weil sie, wie der Arzt ihr geraten habe, die Pillen ins Klo geschmissen hätte, hörte ich dennoch, dass das Bett zuerst recht haben sollte und die neolithische* Köchin danach.

* Neolithikum: Jungsteinzeit

(Günter Grass: Der Butt)

Text 2:

Die Lammkeule waschen und trocken tupfen. Dann mit einem scharfen Messer unten und oben am Knochen entlang eine Tasche schneiden (ca. 6 cm tief). Danach gut verteilt je ca. 2 cm tiefe Löcher in das Fleisch schneiden und mit dem Finger „aufbohren".

Nun Olivenöl, Salbei, Knoblauch und Rosmarin gut vermengen und zerstoßen, mit Salz und Pfeffer würzen. Diese Mischung in die Löcher füllen. Danach die Schinkenscheiben grob würfeln und auch in die Löcher füllen. Die Keule auf den Rost in den Backofen legen und ca. 1,5 Stunden braten. Fettpfanne darunterstellen, um den abtropfenden Saft aufzufangen.

(www.kochmeister.com)

3 ***Vergleichen Sie die Wirkungsweise fiktionaler und pragmatischer Texte.***

a) Halten Sie die Assoziationen, die Sie beim Lesen der beiden Texte haben, auf Metaplankarten fest. Benutzen Sie für die beiden Texte unterschiedlich farbige Karten.

b) Clustern Sie anschließend die Karten an einer Stellwand, damit Sie Überlappungen und Unterschiede herausstellen können.

c) Erarbeiten Sie in der Klasse mögliche Gründe für die unterschiedliche Wirkung dieser Texte.

Basiswissen | **Autor – Text – Leser**

Über den **Erzähler** kann der **Autor** epischer Texte Ihnen als **Leser** seine Mitteilungen näherbringen. Es handelt sich um einen bewusst ausgestalteten und mit bestimmten Wirkungsabsichten versehenen Erzählvorgang.

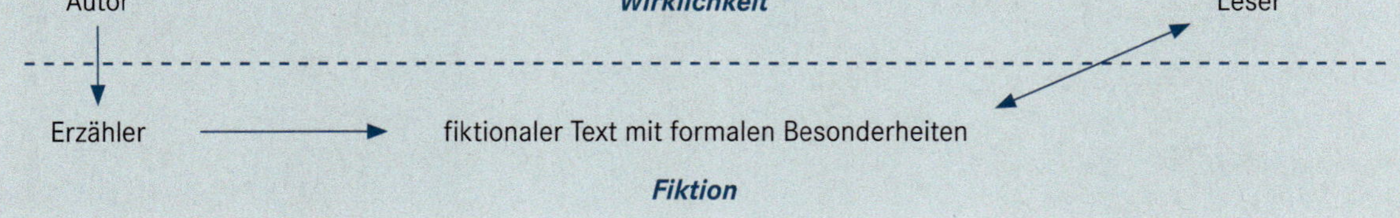

Merkmale des Erzählens

In epischen Texten setzt der Autor einen Erzähler ein, der dem Leser das Geschehen vermittelt. Dieser kann in der Er-/Sie-Form oder in der Ich-Form in Erscheinung treten.

Alfred Andersch: Der Vater eines Mörders (Auszug)

Warum erfand ich mir für fünf Geschichten, – die hier vorliegende ist die sechste –, in denen ich Zustände und Ereignisse meines Lebens beschreibe und erzähle, einen Menschen namens Franz Kien als Figur, die erlebt, was in ihnen beschrieben und erzählt wird? [...]

Gerade das Erzählen in der dritten Person erlaubt es dem Schriftsteller, so ehrlich zu sein wie nur möglich. Es verhilft ihm dazu, Hemmungen zu überwinden, von denen er sich kaum befreien kann, wenn er sagt: Ich. Daß irgendein Er (beispielsweise Franz Kien in *Alte Peripherie*) das seinen Freunden gegebene Wort gebrochen hat – das läßt sich eben doch um eine Spur leichter hinschreiben als das plumpe Eingeständnis: Ich habe meine Kameraden im Stich gelassen. So jedenfalls ist der Schriftsteller verführt zu denken. Daß er diskret sein möchte, gehört schließlich zu den besseren seiner Eigenschaften, die meisten seiner Leser teilen diesen Wunsch; von Autoren, die mit der Türe ins Haus fallen, haben sie genug, aber Autobiographie läßt nicht zu, daß ihr Verfasser sich verfremde, sie ist kein Versteckspiel, außerdem hülfe es mir nichts, niemand wird Franz Kien für Franz Kien halten. Eine Marotte, wird man sagen, verärgert oder verständnisvoll – sie rechtfertigt nicht, daß ihr Besitzer nicht von sich selber spricht.

Noch rätselhafter wird die Wahl dieser Erzählmethode für mich, wenn ich mich daran erinnere, daß ich für andere autobiographische Stücke ohne weiteres die Form des Berichts in der ersten Person Einzahl benützt habe. *Die Kirschen der Freiheit* und *Der Seesack* sind Memoiren. Andererseits habe ich einen Roman, *Efraim*, in der Ich-Form geschrieben, und im Gegensatz zu Franz Kien ist Efraim durchaus nicht mit mir identisch, sondern ein ganz anderer, als ich es bin – darauf muß ich bestehen. Übrigens schließt jenes Buch mit der Erwägung, vielleicht sei unter allen Masken das Ich die beste. So widersprüchlich geht es zu in der Werkstatt des Schreibens. [R]

1 *Erarbeiten Sie den Text mithilfe folgender Fragestellungen:*

a) Worin liegt laut Andersch der Unterschied zwischen der Verwendung der Ich-Form und der Er-Form beim autobiografischen Erzählen?

b) Was bedeutet die Aussage, dass „unter allen Masken das Ich die beste" (Z. 22) sei?

c) Welche Möglichkeiten und Grenzen ergeben sich für einen Autor durch die Festlegung der Erzählform?

Basiswissen **Erzählform**

Er-/Sie-Form: Der Erzähler ist der Übermittler des Geschehens und tritt vornehmlich durch Kommentare zum Erzählten hervor. Als handelnde Figur tritt er gar nicht oder kaum in Erscheinung, sodass der Leser nichts oder wenig über sein Leben oder seinen Charakter erfährt.

Ich-Form: Der Erzähler tritt sowohl als erzählende als auch als handelnde Figur hervor. Er erzählt entweder unmittelbar aus dem dargestellten Geschehen heraus oder er berichtet rückblickend mit einigem zeitlichen Abstand über bestimmte Ereignisse.

Merkmale des Erzählens

Um das Geschehen zu übermitteln, werden unterschiedliche Erzähltechniken verwendet.

Robert Schneider: Schlafes Bruder (Auszug)

DAS ist die Geschichte des Musikers Johannes Elias Alder, der zweiundzwanzigjährig sein Leben zu Tode brachte, nachdem er beschlossen hatte, nicht mehr zu schlafen.

Denn er war in unsägliche und darum unglückliche Liebe zu seiner Cousine Elsbeth entbrannt und seit jener Zeit nicht länger willens, auch nur einen Augenblick lang zu ruhen, bis dass er das Geheimnis der Unmöglichkeit seines Liebens zugrunde geforscht hätte. Tapfer hielt er bis zu seinem unglaublichen Ende bei sich, dass die Zeit des Schlafs Verschwendung und folglich Sünde sei, ihm dereinst im Fegefeuer aufgerechnet werde, denn im Schlaf sei man tot, jedenfalls lebe man nicht wirklich. Nicht von ungefähr vergliche ein altes Wort Schlaf und Tod mit Brüdern. Wie, dachte er, könne ein Mann reinen Herzens behaupten, er liebe sein Weib ein Leben lang, tue dies aber nur des Tags und dann vielleicht nur über die Dauer eines Gedankens? Das könnte nicht von Wahrheit zeugen, denn wer schlafe, liebe nicht.

So dachte Johannes Elias Alder, und sein spektakulärer Tod war der letzte Tribut dieser Liebe.

Die Welt dieses Menschen und den Lauf seines elenden Lebens wollen wir beschreiben.

Sven Regener: Herr Lehmann (Auszug)

„Weg da, Scheißkerl!", sagte Herr Lehmann, aber jetzt, wo sich das hässliche Tier so vertrauensvoll und haltsuchend an ihn schmiegte, tat es ihm ein bisschen leid. Er trat ein wenig zurück, und der Hund kippte langsam nach, bis sein schwerer Leib auf Herrn Lehmanns Füßen lag. Herr Lehmann kam aus dem Gleichgewicht, ruderte mit den Armen und fiel über den Körper des Hundes hinweg auf den Boden, wobei er nur mühsam verhindern konnte, dass die Flasche zerbrach.

„Was machen Sie denn da?"

Herr Lehmann schaute hoch und sah über sich zwei Polizisten. Er hatte sie gar nicht kommen hören.

Thomas Mann: Bekenntnisse des Hochstaplers Felix Krull (Auszug)

Indem ich die Feder ergreife, um in völliger Muße und Zurückgezogenheit – gesund übrigens, wenn auch müde, sehr müde (sodass ich wohl nur in kleinen Etappen und unter häufigen Ausruhen werde vorwärtsschreiten können), indem ich mich also anschicke, meine Geständnisse in der sauberen und gefälligen Handschrift, die mir eigen ist, dem geduldigen Papier anzuvertrauen, beschleicht mich das flüchtige Bedenken, ob ich diesem geistigen Unternehmen nach Vorbildung und Schule denn auch gewachsen bin.

2 ***Vergleichen Sie die drei Textauszüge mithilfe des Basiswissens unter folgenden Gesichtspunkten:***

a) Nennen Sie die jeweilige Erzählhaltung.

b) Beschreiben Sie deren Wirkung auf den Leser.

Merkmale des Erzählens

Basiswissen | **Erzähltechniken**

Der **auktoriale Erzähler** steht außerhalb des Geschehens. Er weiß immer mehr als die Figuren und kennt ihre Gedanken. Aus diesem Grunde heißt er auch „allwissender Erzähler". Mit der **personalen Erzählhaltung** wird das Geschehen aus dem Blickwinkel einer Figur mitgeteilt. Das Mitgeteilte ist auf deren Erfahrungs- und Bewusstseinshorizont beschränkt. Dieser eingeschränkte Blickwinkel wird auch bei der **Ich-Erzählhaltung** beibehalten. Der Erzähler ist die Figur, die das Geschehen unmittelbar erlebt und in der Ich-Form übermittelt.

Erzählhaltung
- → auktoriale Erzählhaltung
- → personale Erzählhaltung
- → Ich-Erzählhaltung

In der **Übermittlung der Gedanken, Gefühle und Gespräche** der Figuren gibt es Abstufungen im Grad der Einmischung des Erzählers. Der Erzähler kann die Empfindungen seiner Figuren selber durch den **Gedanken- oder Gefühlsbericht** übermitteln. Bei der **erlebten Rede** werden die Gedanken und Gefühle einer Figur in der Er-/Sie-Form wiedergegeben. In der Form des **inneren Monologs** zieht sich der Erzähler gleichsam zurück und lässt Gedanken der Figur für sich sprechen. Erfolgt die Wiedergabe der inneren gedanklichen Vorgänge besonders unvermittelt, indem sich Gefühle, Erinnerungen und Eindrücke überlagern und zur Auflösung der grammatischen Korrektheit der Sätze oder zu einem Bruch in der chronologischen Abfolge führen, so spricht man vom **Bewusstseinsstrom**.

Der Erzähler erzählt
- → Erzählbericht (➪ S. 84)
- → Gedanken- oder Gefühlsbericht

Die Figuren kommen zu Wort
- → Figurenrede
  - → direkte Wiedergabe (szenisches Erzählen, ➪ S. 85)
  - → indirekte Wiedergabe (indirekte Rede)
- → Bewusstseinswiedergabe
  - → Bewusstseinsstrom
  - → innerer Monolog (➪ S. 84)
  - → erlebte Rede (➪ S. 84)

In epischen Texten können Gedanken und Gefühle der Figuren auf unterschiedliche Weise übermittelt werden.

Friedrich Dürrenmatt: Der Richter und sein Henker (Auszug)

Es war ihm nämlich beim Vorbeischreiten gewesen, nachdem er flüchtig durch die trüben Scheiben des Wagens geblickt hatte, als sei der Fahrer auf das Steuer niedergesunken. Er glaubte, daß der Mann betrunken sei, denn als ordentlicher Mensch kam er auf das Nächstliegende. Er wollte daher dem Fremden nicht amtlich, sondern menschlich begegnen. R

Merkmale des Erzählens

Thomas Mann: Der Zauberberg (Auszug)

Wohligkeit erfüllte ihn bei dem Gedanken, dass mehrere Stunden zum Schweifen im Freien und Großartigen vor ihm lagen. Seine Lage war vergleichsweise behaglich. „So kann ich notfalls die ganze Nacht stehen“, dachte er, „wenn ich von Zeit zu Zeit das Bein wechsle, mich sozusagen auf die andere Seite lege und mir zwischendurch natürlich etwas Bewegung mache, was unerlässlich ist. Wenn auch außen verklammt, habe ich doch innerlich Wärme gesammelt bei der Bewegung, die ich gemacht, und so war die Exkursion doch nicht ganz nutzlos, wenn ich auch umgekommen bin und von der Hütte geschweift ... ‚Umgekommen‘, was ist denn das für ein Ausdruck?“

James Joyce: Ulysses (Auszug)

[...] und Ronda* mit den alten Fenstern der posadas** hinterm Gitter zweier Augen Glanz für ihren Liebhaber dass er das Eisen küsst und die Weinhandlungen die immer halb offen hatten nachts und die Kastagnetten und an dem Abend wo wir das Fährschiff in Algeciras* verpasst hatten die Wächter wie er so heiter und alles in Ordnung herumging mit seiner Laterne und oh der reißend tiefe Strom und das Meer das Meer glührot manchmal wie Feuer und die herrlichen Sonnenuntergänge und die Feigenbäume in den Alamedagärten ja und die ganzen komischen Straßen und Gässchen und rosa und blauen und gelben Häuser und die Rosengärten und der Jasmin und die Geranien und Kakteen und Gibraltar als kleines Mädchen wo ich eine Blume des Berges war ja wie ich mir die Rose ins Haar gesteckt hab wie die andalusischen Mädchen immer machten oder soll ich eine rote tragen ja und wie er mich geküsst hat unter der maurischen Mauer und ich hab gedacht na schön er so gut wie jeder andere und hab ihn mit den Augen gebeten er soll doch noch mal fragen [...].

*Ronda: Stadt in Andalusien
**posada: Wirtshaus; ***Algeciras: Hafenstadt in Andalusien

3 ***Untersuchen Sie die drei Textauszüge mithilfe des Basiswissens von S. 222 unter folgenden Gesichtspunkten:***

a) Nennen Sie die hier verwendeten Mittel der Bewusstseinswiedergabe.

b) Analysieren Sie die sprachlichen Mittel, die dabei verwendet werden, im Hinblick auf die Wirkung beim Leser.

	Bewusstseinswiedergabe/ sprachliche Mittel	Wirkung
Friedrich Dürrenmatt: Der Richter und sein Henker		
Thomas Mann: Zauberberg		
James Joyce: Ulysses		

Zeitgestaltung

Der Erzähler hat die Möglichkeit, auch den zeitlichen Ablauf des Geschehens zu gestalten.

Thomas Mann: Buddenbrooks (Auszug)

Krieg und Kriegsgeschrei, Einquartierung und Geschäftigkeit! Preußische Offiziere bewegen sich in der parkettierten Zimmerflucht der Beletage von Senator Buddenbrooks neuem Hause, küssen der Hausdame die Hände und werden von Christian, der von Oeynhausen zurückgekehrt ist, in den Klub eingeführt, während im Mengstraßenhause Mamsell Severin, Riekchen Severin, der Konsulin neue Jungfer, zusammen mit den Mädchen eine Menge Matratzen in das „Portal", das alte Gartenhaus, schleppt, das voll von Soldaten ist. Gewimmel, Verstörung und Spannung überall! Die Mannschaften ziehen zum Tore hinaus, neue rücken ein, überfluten die Stadt, essen, schlafen, erfüllen die Ohren der Bürger mit Trommelwirbeln, Trompetensignalen und Kommandorufen und marschieren wieder ab. Königliche Prinzen werden begrüßt; Durchmarsch folgt auf Durchmarsch. Dann Stille und Erwartung.
Im Spätherbst und Winter kehren die Truppen siegreich zurück, werden wiederum einquartiert und ziehen unter den Hochrufen der aufatmenden Bürger nach Hause. – Friede. Der kurze, ereignisschwangere Friede von 65.

1 ***Untersuchen Sie mithilfe des Basiswissens den Textauszug hinsichtlich der Zeitgestaltung.***

a) Welche Erzählhaltung wird verwendet?

b) Wie wird das Geschehen übermittelt, sodass eine Zeitraffung entsteht?

c) Welche Erzähltechniken (vgl. Basiswissen S. 222) könnten eingesetzt werden, damit eine Zeitdeckung erzielt wird?

d) Welche Erzähltechniken könnten eingesetzt werden, damit eine Zeitdehnung entsteht?

2 ***Untersuchen Sie mithilfe des Basiswissens die Zeitgestaltung in dem Textauszug „Schlafes Bruder" von Robert Schneider (S. 221).***

Basiswissen | Zeitgestaltung

Die **Zeitgestaltung** spielt in zweifacher Hinsicht eine Rolle: Das Dargestellte erstreckt sich auf den Zeitraum, der durch den Anfang und das Ende der Geschichte markiert ist **(erzählte Zeit)**, und die Zeitdauer, in der die Geschichte gelesen bzw. erzählt wird **(Erzählzeit)**. Es kann zu **Vorausdeutungen** in die Zukunft kommen, zu einer **Rückblende**, zur **Zeitraffung** (ein lange währender Vorgang wird zusammengefasst) oder zur **Zeitdehnung** (verzögernde Momente werden eingesetzt). Eine **Zeitdeckung** liegt vor, wenn erzählte Zeit und Erzählzeit identisch sind.

Zeitgestaltung

→ erzählte Zeit

→ Erzählzeit

Behandlung der Zeit im epischen Text

→ Vorausdeutung

→ Rückblende

→ Zeitraffung

→ Zeitdehnung

→ Zeitdeckung

Werkübergreifende Interpretationsmethoden

Die werkimmanente Interpretationsmethode versucht, den Text aus sich heraus zu deuten. Werkübergreifende Interpretationsmethoden greifen auf Hintergrundwissen wie beispielsweise biografische Details oder historische Bezüge zurück.

Franz Kafka: Gibs auf!

Es war sehr früh am Morgen, die Straßen rein und leer, ich ging zum Bahnhof. Als ich eine Turmuhr mit meiner Uhr verglich, sah ich, dass es schon viel später war, als ich geglaubt hatte, ich musste mich sehr beeilen, der Schrecken über diese Entdeckung ließ mich im Weg unsicher werden, ich kannte mich in dieser Stadt noch nicht sehr gut aus, glücklicherweise war ein Schutzmann in der Nähe, ich lief zu ihm und fragte ihn atemlos nach dem Weg. Er lächelte und sagte: „Von mir willst du den Weg erfahren?" „Ja", sagte ich, „da ich ihn selbst nicht finden kann." „Gibs auf, gibs auf", sagte er und wandte sich mit einem großen Schwunge ab, so wie Leute, die mit ihrem Lachen allein sein wollen.

Muster 1

Auf den ersten Blick beschreibt dieser kurze Text eine banale Situation: Ein Mensch befindet sich früh am Morgen in einer noch menschenleeren Stadt auf dem Weg zum Bahnhof. Der knappe, nur auf das Wesentliche konzentrierte Erzählstil und die Überschrift lassen aber ahnen, dass hier mehr als nur eine Alltagsepisode erzählt wird. Die Wirklichkeit ist gleichnishaft verschlüsselt, beschrieben wird der Prozess einer fortschreitenden Verunsicherung. Zunächst entdeckt der Erzähler beim Vergleich mit der Turmuhr, dass es zu spät ist. Er erschrickt so über diese Tatsache, dass er die räumliche Orientierung verliert. …

Muster 2

Dieser Text ist eine Studie vielschichtiger Ängste: die Angst vor dem Nichterreichen eines Ziels, die Furcht vor Autoritäten, die Ohnmacht und Einsamkeit des Einzelnen in einer unüberschaubaren, abweisenden Welt. Diese Ängste muss Kafka auch in seinem Leben gespürt haben. Er litt unter der strengen Erziehung seines Vaters, die ihn lähmte und resignieren ließ. 1919 formulierte Kafka einen langen Brief an seinen Vater, in dem es heißt: „Wenn ich etwas zu tun anfing, was Dir nicht gefiel, und Du drohtest mir mit dem Misserfolg, so war die Ehrfurcht vor Deiner Meinung so groß, dass damit der Misserfolg unaufhaltsam war." Das in diesem Brief zum Ausdruck gebrachte Gefühl der eigenen Unzulänglichkeit wird im Text wieder aufgenommen. Die zeitliche und räumliche Desorientierung machen es dem Erzähler unmöglich, seinen Zielort zu erreichen. Dieses Gefühl der Vergeblichkeit spiegelt sich auch in dem Verhältnis Schutzmann-Ich-Erzähler wider. …

Werkübergreifende Interpretationsmethoden

Muster 3

Als deutscher Jude im tschechischen Prag lebte Kafka in einem dreifachen Ghetto: zunächst dem jüdischen, das wiederum von dem Ghetto der aufsässigen Slawen umgeben war. Um dieses Ghetto war schließlich wie ein dritter Wall die Verwaltung der altösterreichischen Beamtenschaft gezogen, die im Namen Habsburgs Prag regierte. Kafka muss geahnt haben, dass ein Bemühen, sich zu integrieren, vergeblich war. Dieses Bewusstsein spiegelt sich auch in der Parabel „Gibs auf" wider. …

1 ***Vergleichen Sie die drei Auszüge aus Interpretationen mithilfe des Basiswissens hinsichtlich der Interpretationsmethoden.***

2 ***Schreiben Sie die Musterinterpretationen zu Ende.***

Basiswissen — Werkübergreifende Interpretationsmethoden

Es gibt eine Vielzahl literaturwissenschaftlicher Methoden, ein literarisches Werk in übergreifenden Zusammenhängen zu deuten. Hier einige Beispiele: Die **historisch-soziologische Interpretationsmethode** untersucht in erster Linie die Lebensumstände und die Zeit, in der ein Autor gelebt und gewirkt hat. Die **psychologisch-biografische Interpretationsmethode** berücksichtigt besonders die Lebenserfahrungen und die persönlichen Probleme des Autors. Die **rezeptionsästhetische Interpretationsmethode** untersucht die Verbindung zwischen dem literarischen Text und dem Leser, der von unterschiedlicher sozialer Herkunft sein oder einer anderen Epoche angehören kann.

3 ***Verfassen Sie eine rezeptionsästhetische Interpretation zu Kafkas Parabel mithilfe der folgenden aus Schülerarbeiten stammenden Kommentare:***

- „Mitten im alltäglichen Leben spielen sich vollkommen wahnsinnige Dinge mit einer solchen Selbstverständlichkeit ab, dass keiner darüber wahnsinnig wird."
- „Die bisher sicher geglaubte Wirklichkeit wird von Franz Kafka in seiner Parabel durchbrochen. Das sagt uns auch heute noch eine ganze Menge über zwischenmenschliche Beziehungen."
- „Ich fühle mich als junger Mensch manchmal fremd und unverstanden in meinem eigenen Land. Keiner kann mir eine Orientierung geben."

Fazit

14.1 Textinterpretation eines Dramentextes

- Aufgabe und Funktion fiktionaler Texte
- Erzähltechniken:
  - Erzählform
  - Erzählhaltung
  - Figurenrede, Bewusstseinswiedergabe
  - Erzählbericht, Gedankenbericht
  - Zeitgestaltung
- werkübergreifende Interpretationsmethoden

Die Besonderheiten lyrischer Texte

Der „Sturm und Drang" war eine Epoche, die von überschwänglichen Gefühlen, tiefer Verbundenheit zur Natur und dem Streben nach Verwirklichung des eigenen Ich geprägt war.

Johann Wolfgang Goethe: Maifest

Wie herrlich leuchtet
Mir die Natur!
Wie glänzt die Sonne!
Wie lacht die Flur!

Es dringen Blüten
Aus jedem Zweig
Und tausend Stimmen
Aus dem Gesträuch

Und Freud und Wonne
Aus jeder Brust.
O Erd', o Sonne,
O Glück, o Lust,

O Lieb', o Liebe,
So golden schön
Wie Morgenwolken
Auf jenen Höhn,

Du segnest herrlich
Das frische Feld,
Im Blütendampfe
Die volle Welt!

O Mädchen, Mädchen,
Wie lieb' ich dich!
Wie blinkt dein Auge,
Wie liebst du mich!

So liebt die Lerche
Gesang und Luft,
Und Morgenblumen
Den Himmelsduft,

Wie ich dich liebe
Mit warmen Blut,
Die du mir Jugend
Und Freud' und Mut!

Zu neuen Liedern
Und Tänzen gibst.
Sei ewig glücklich,
Wie du mich liebst.

Johann Wolfgang Goethe: Die Leiden des jungen Werthers (Auszug)

Am 10. Mai

Eine wunderbare Heiterkeit hat meine ganze Seele eingenommen, gleich den süßen Frühlingsmorgen, die ich mit ganzem Herzen genieße. Ich bin allein und freue mich meines Lebens in dieser Gegend, die für solche Seelen geschaffen ist wie die meine. Ich bin so glücklich, mein Bester, so ganz in dem Gefühle von ruhigem Dasein versunken, dass meine Kunst darunter leidet. […] Wenn das liebe Tal um mich dampft und die hohe Sonne an der Oberfläche der undurchdringlichen Finsternis meines Waldes ruht und nur einzelne Strahlen sich in das innere Heiligtum stehlen, ich dann im hohen Grase am fallenden Bache liege und näher an der Erde tausend mannigfaltige Gräschen mir merkwürdig werden; wenn ich das Wimmeln der kleinen Welt zwischen Halmen, die unzähligen, unergründlichen Gestalten der Würmchen, der Mückchen näher an meinem Herzen fühle und fühle die Gegenwart des Allmächtigen, der uns nach seinem Bilde schuf, das Wehen des Allliebenden, der uns in ewiger Wonne schwebend trägt und erhält; mein Freund, wenn's dann um meine Augen dämmert und die Welt um mich her und der Himmel ganz in meiner Seele ruhn wie die Gestalt einer Geliebten, dann sehne ich mich oft und denke: Ach, könntest du das wieder ausdrücken, könntest du dem Papiere das einhauchen, was so voll, so warm in dir lebt, dass es würde der Spiegel deiner Seele, wie deine Seele ist der Spiegel des unendlichen Gottes!

1 *Vergleichen Sie die beiden Texte hinsichtlich des übermittelten Lebensgefühls (**➪ Kapitel 21**).*

2 *Vergleichen Sie die formalen Möglichkeiten des lyrischen Textes mit denen des epischen Textes, diesem Lebensgefühl Ausdruck zu verleihen.*

Basiswissen Lyrik

Analog zum Erzähler in epischen Texten wird in der Lyrik das **lyrische Ich** eingesetzt. Sehr häufig übermittelt das lyrische Ich innere Vorgänge und Zustände. Dabei wird mit bildlichen Ausdrücken in formell gebundener Sprache gearbeitet: Der Dichter verwendet dabei häufig eine nicht alltägliche Anordnung von Wörtern und Sätzen. Die lyrische Form ist meist kurz, eine Gliederung erfolgt in Versen und Strophen.

Bis ins 20. Jahrhundert galt das Vorhandensein eines **Reimschemas** und eines **Metrums** als verbindlich für lyrische Texte. Seit dem 20. Jahrhundert wurde diese Vorgabe immer mehr gelockert. So wird in der modernen Lyrik auch mit freien Versen und freien Rhythmen gearbeitet.

Als **Reimschema** ist häufig zu finden:

Wechselreim bzw. Kreuzreim: *abab*
Als sie einander acht Jahre kannten
(Und man darf sagen, sie kannten sich gut),
Kam ihre Liebe plötzlich abhanden,
Wie anderen Leuten ein Stock oder Hut.
(Erich Kästner)

Paarreim: *aabb*
Mitternacht schlägt eine Uhr im Tal,
Mond am Himmel wandert kalt und kahl.
Unterwegs im Schnee und Mondenschein
Geh mit meinem Schatten ich allein.
(Hermann Hesse)

Verschränkter bzw. umarmender Reim: *abba*
Dem Bürger fliegt vom spitzen Kopf der Hut,
In allen Lüften hallt es wie Geschrei,
Dachdecker stürzen ab und gehen entzwei
Und an den Küsten – liest man – steigt die Flut.
(Jakob van Hoddis)

Das **Metrum** – der Takt – regelt die Abfolge von betonten und unbetonten Silben. Ein **Versfuß** besteht aus einer betonten Silbe (Hebung x́) und einer oder mehreren unbetonten Silben (Senkung x).

Jambus (unbetont, betont: xx́)
Der Mond ist aufgegangen ... (xx́xx́xx́)

Anapäst (unbetont, unbetont, betont: xxx́)
Und es wallet und siedet und brauset ... (xxx́xxx́xxx́xxx́)

Trochäus (betont, unbetont: x́x)
Wie viel Wege ging ich frühlingsgrün ... (x́xx́xx́xx́)

Daktylus (betont, unbetont, unbetont: ẋxx)
Springende Reiter und flatternde Blüten ... (x́xxx́xxx́xxx́x)

Beim männlichen Reim spricht man von einer **männlichen Kadenz (= Versschluss)**, d. h., der Vers endet betont, beim weiblichen Reim von einer **weiblichen Kadenz**, d. h., der Vers endet unbetont:

weibliche Kadenz (x́x)
Wie ich dich líebe

männliche Kadenz (xx́)
Mit warmen Blút

Der expressionistische Autor Jakob van Hoddis entwirft in seinem Gedicht „Weltende“ ein Untergangsszenario.

Jakob van Hoddis: Weltende (1911)

Dem Bürger fliegt vom spitzen Kopf der Hut,
In allen Lüften hallt es wie Geschrei.
Dachdecker stürzen ab und gehen entzwei
Und an den Küsten – liest man – steigt die Flut.

Der Sturm ist da, die wilden Meere hupfen
An Land, um dicke Dämme zu zerdrücken.
Die meisten Menschen haben einen Schnupfen.
Die Eisenbahnen fallen von den Brücken.

3 *Sammeln Sie Ihre ersten Leseeindrücke mithilfe eines Assoziagramms (**→ Kapitel 20**).*

Arbeitstechnik – Gedichtinterpretation mit Karteikarten

Fragen, die ich an ein Gedicht stelle:

Titel/Thema
- Was bedeutet der Titel?
- Welchen Bezug hat der Titel zur Thematik?

Äußeres Geschehen und innere Vorgänge
- Was wird beschrieben: ein Ereignis, Eindrücke oder Empfindungen?

Sprachliche Bilder
- Was bedeuten die Bilder?
- Welchen Bereichen/Wortfeldern entstammen sie?

Klangeffekte
- Herrschen helle oder dunkle Vokale vor?
- Gibt es weiblich oder männlich klingende Kadenzen?

Lyrisches Ich
- Wer spricht?
- Was erfahren wir über das lyrische Ich?
- An wen wendet es sich?

Strophe und Verse
- Wie ist die äußere Form gestaltet?
- Wie viele Strophen und Verse gibt es?
- Welches Reimschema liegt vor?
- Gibt es ein Enjambement (= Zeilensprung)?

Metrum
- Welches Versmaß liegt vor?

Stilmittel
- Werden Stilmittel wie Alliteration oder Anapher eingesetzt?

Satzbau
- Welcher Satzbautyp herrscht vor?
- Sind die Sätze vollständig?
- Wie sind sie aufgebaut?

Inhalt und Form
- Inwiefern wird die Aussage durch die Form unterstützt?

Zur praktischen Umsetzung ein Tipp:
Schreiben Sie die Fragen zur Gedichtinterpretation auf Karteikarten und setzen Sie diese als Prüfungsvorbereitung immer wieder ein.
Notieren Sie bei jedem Gedicht, das Sie untersuchen, auf der Rückseite der Karteikarten Ihre Beobachtungen. Diese lassen sich am Ende leicht zu einem strukturierten Gesamttext zusammenfügen.

Im folgenden Muster hat ein Schüler einen ersten Interpretationsversuch des Gedichtes „Weltende“ vorgenommen. Dazu hat er, wie in der Arbeitstechnik empfohlen, die zentralen Fragen auf Karteikarten notiert.

Muster

Titel/Thema

...

Strophe und Verse

Reimschema: abba
cdcd

...

Äußeres Geschehen und innere Vorgänge

Lyrisches Ich baut Distanz auf („liest man“).

...

Metrum

- Jambus (fünfhebig)

...

Sprachliche Bilder

Wortfelder:
a) Mensch (Bürger, Hut, Kopf, Dachdecker, Schnupfen)
b) Natur (Meer, Küste, Flut, Lüfte)

...

Stilmittel

Ironie
Enjambement (Z. 5–6)

...

Klangeffekte

männlich klingende Kadenzen (1. Strophe)
weiblich klingende Kadenzen (2. Strophe)

...

Satzbau

...

Lyrisches Ich/Rezipient

...

Inhalt und Form

- 1. Strophe: umarmender Reim
- 2. Strophe: Kreuzreim
- Unterschiede in Form und Inhalt werden ebenso in den Kadenzen verdeutlicht.
- Jambus: steigendes Metrum, zeigt die steigende Gefahr (Flut, Wind)

...

4 ***Übertragen Sie die Angaben auf zehn Karteikarten und vervollständigen Sie diese.***

Muster

Der Titel des Gedichtes „Weltende“, das Jakob van Hoddis 1911 verfasste, weckt beim Leser Erwartungen von Chaos und Untergang. Diese Erwartungen werden zunächst auch erfüllt: „Geschrei“, abstürzende Dachdecker, steigende Flut, von Brücken stürzende Eisenbahnen erinnern an das Szenario eines Katastrophenfilms. Dann folgt aber unvermittelt eine lapidare Feststellung: „Die meisten Menschen haben einen Schnupfen.“ Angesichts des bevorstehenden Weltendes erscheint diese Mitteilung von geringer Bedeutung. Daher drängt sich die Frage auf, ob man dem Weltende so gelassen entgegensieht. Das zweistrophige Gedicht mit je vier Versen weist einen umarmenden Reim (abba) und einen Kreuzreim (cdcd) auf. Das Reimschema ist also in Analogie zu den unterschiedlichen Einstellungen gegenüber dem Weltende zweigeteilt; diesem entspricht die männliche Kadenz in der ersten Strophe und die weibliche in der zweiten Strohpe. Das Metrum ist ein fünfhebiger Jambus, ein steigender Versfuß. Hier findet das Bild vom Steigen der Flut und dem Zunehmen der Windböen auch auf formaler Ebene eine Entsprechung. Betrachtet man die sprachlichen Bilder und Stilmittel des Textes nun genauer, so fällt auf …

5 ***Führen Sie die begonnene Interpretation des Gedichtes unter Verwendung Ihrer eigenen Notizen (vgl. Karteikarten) fort.***

Basiswissen – Interpretationshypothese

Da in lyrischen Texten Sprache sehr verdichtet übermittelt wird, ist die Vorstellungskraft des Lesers in besonderem Maße gefordert. Er tritt mit dem Text in einen Kommunikationsprozess ein. Auf dieser Basis erstellt der Leser zunächst eine Interpretationshypothese, einen ersten Deutungsansatz. Diese Interpretationshypothese wird dann durch die Analyse des Zusammenspiels von Inhalt und Form näher beleuchtet.

Reiner Kunze: Die Liebe

Die liebe
ist eine wilde rose in uns
Sie schlägt ihre wurzeln
in den augen,
wenn sie dem blick des geliebten begegnen
Sie schlägt ihre wurzeln
in den wangen,
wenn sie den hauch des geliebten spüren
Sie schlägt ihre wurzeln
in der haut des armes,
wenn ihn die hand des geliebten berührt

Sie schlägt ihre wurzeln,
wächst wuchert
und eines abends
oder eines morgens
fühlen wir nur:
sie verlangt
raum in uns

Die liebe
ist eine wilde rose in uns,
unerforschbar vom verstand
und ihm nicht untertan
Aber der verstand
ist ein messer in uns

Der verstand
ist ein messer in uns,
zu schneiden der rose
durch hundert zweige
einen himmel

Erich Fried: Was es ist

Es ist Unsinn
sagt die Vernunft
Es ist was es ist
sagt die Liebe

Es ist Unglück
sagt die Berechnung
Es ist nichts als Schmerz
sagt die Angst
Es ist aussichtslos
sagt die Einsicht
Es ist was es ist
sagt die Liebe

Es ist lächerlich
sagt der Stolz
Es ist leichtsinnig
sagt die Vorsicht
Es ist unmöglich
sagt die Erfahrung
Es ist was es ist
sagt die Liebe

6 ***Stellen Sie Interpretationshypothesen zu den Gedichten von Reiner Kunze und Erich Fried auf, indem Sie für jeden Text ein Assoziagramm (➪ Kapitel 20) anfertigen.***

Muster 1

Die Liebe

Freiheit bewahren

Rose: - wild
- wuchern
- Ranken/Vereinnahmung

Verstand hat keine Handhabe.

Muster 2

Was es ist

Kritikpunkte: - Vernunft/Einsicht
- Angst/Vorsicht
- Stolz

Liebe lässt sich nicht infrage stellen.

gute und schlechte Seiten

7 ***Überprüfen Sie Ihre Interpretationshypothesen mithilfe der Karteikartenabfrage (➪ Arbeitstechnik S. 229).***

8 ***Interpretieren Sie die beiden Gedichte nach dem Muster von Seite 231.***

Fazit

14.2 Die Besonderheiten lyrischer Texte

- Reimschema, Metrum, weibliche/männliche Kadenzen
- Zusammenspiel formaler und inhaltlicher Komponenten

Vom „klassischen Drama“ zum „absurden Theater“

Bei allen Interpretationsprozessen steht die Kommunikation zwischen dem Autor und dem Leser oder Zuschauer im Vordergrund. Dieser nimmt beim Lesen oder Zuschauen eine besondere Rolle ein, die der Autor ihm zugedacht hat.

Bertolt Brecht: Kann die heutige Welt durch Theater wiedergegeben werden? (Auszug)

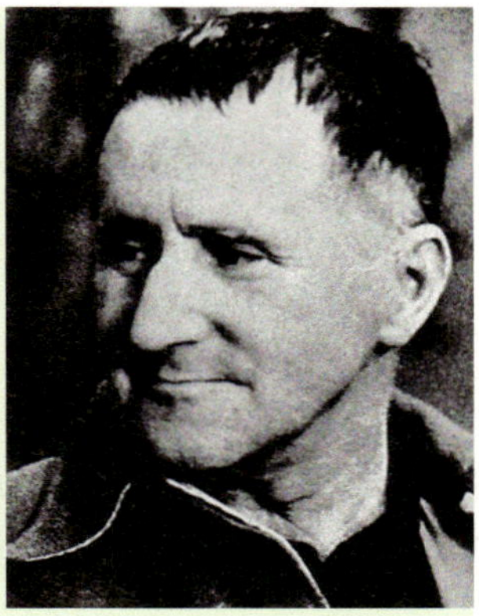

[...] ich kann nicht sagen, daß die Dramaturgien, die ich aus bestimmten Gründen nichtaristotelische nenne, und die dazu gehörende epische Spielweise *die* Lösung darstellen. Jedoch ist eines klargeworden: Die heutige Welt ist den heutigen Menschen nur beschreibbar, wenn sie als eine veränderbare Welt beschrieben wird.
Für heutige Menschen sind Fragen wertvoll der Antworten wegen. Heutige Menschen interessieren sich für Zustände und Vorkommnisse, denen gegenüber sie etwas tun können.
Es wird Sie nicht verwundern, von mir zu hören, daß die Frage der Beschreibbarkeit der Welt eine gesellschaftliche Frage ist. Ich habe dies viele Jahre lang aufrechterhalten und lebe jetzt in einem Staat, wo eine ungeheure Anstrengung gemacht wird, die Gesellschaft zu verändern. Sie mögen die Mittel und Wege verurteilen – ich hoffe übrigens, Sie kennen sie wirklich, nicht aus den Zeitungen –, Sie mögen dieses besondere Ideal einer neuen Welt nicht akzeptieren – ich hoffe, Sie kennen auch dieses –, aber Sie werden kaum bezweifeln, daß an der Änderung der Welt, des Zusammenlebens der Menschen in dem Staat, in dem ich lebe, gearbeitet wird. Und Sie werden mir vielleicht darin zustimmen, daß die heutige Welt eine Änderung braucht. R

1 ***Geben Sie in eigenen Worten die Überlegungen Bertolt Brechts zur Aufgabe des Theaters und insbesondere zur Rolle des Zuschauers wieder.***

2 ***Erläutern Sie, welche Funktion Theater für Sie hat.***

Basiswissen | **Die Rolle des Zuschauers**

Die Rolle des Zuschauers hat sich im Verlauf der Jahrhunderte grundlegend gewandelt. Im 18. und 19. Jahrhundert konnte sich der Zuschauer noch ins schützende Halbdunkel des Parketts zurückziehen, um dort, von den Akteuren auf der Bühne unerkannt, seiner Lust am Zuschauen nachzugehen. Seit Beginn des 20. Jahrhunderts hat das „Zuschauen“ eine neue Bedeutung erhalten: Es wird zu einer aktiven Handlung. Oft genug bleibt heute während der Vorstellung das Saallicht an, sodass die Zuschauer sich nicht nur beim Wahrnehmen beobachten können, sondern oft auch als Zeugen, Ansprechpartner, „SpectActors“ oder gar Teilnehmer in das Bühnengeschehen einbezogen werden.

3 ***Erklären Sie den Begriff „SpectActors“ im Hinblick auf die veränderte Rolle der Zuschauer im modernen Theater.***

Das klassische Drama

Der folgende Textauszug ist dem Drama „Die Jungfrau von Orleans“ von Friedrich Schiller entnommen. Englische Truppen sind in Frankreich eingefallen und drohen, die Armee des französischen Königs zu besiegen. Johanna, ein junges Mädchen, fühlt sich von Gott dazu auserkoren, diese Niederlage zu verhindern. Sie zieht mit der französischen Armee gegen die Engländer zu Felde und besiegt die feindlichen Truppen. Doch ihr eigener Vater beschuldigt sie, mit dem Teufel im Bunde zu sein. Von den Engländern verfolgt und von den eigenen Landsleuten als Hexe verstoßen, geht sie in die Verbannung. Begleitet wird sie von Raimond, einem von ihrem Vater ausgesuchten Heiratskandidaten.

5. Aufzug, 4. Auftritt (Auszug)

[...]
RAIMOND *(fasst sie bei der Hand)*: Wollt Ihr nicht in Euch gehen?
Euch nicht mit Gott versöhnen – in den Schoß
Der heiligen Kirche reuend wiederkehren?
JOHANNA Auch du hältst mich der schweren Sünde schuldig?
RAIMOND Muss ich nicht? Euer schweigendes Geständnis –
JOHANNA Du, der mir in das Elend nachgefolgt,
Das einzge Wesen, das mir treu geblieben,
Sich an mich kettet, da mich alle Welt
Ausstieß, du hältst mich auch für die Verworfne,
Die ihrem Gott entsagt –
(Raimond schweigt) O das ist hart!
RAIMOND *(erstaunt)*: Ihr wäret wirklich keine Zauberin?
JOHANNA Ich eine Zauberin!
RAIMOND Und diese Wunder,
Ihr hättet sie vollbracht mit Gottes Kraft
Und seiner Heiligen?
JOHANNA Mit welcher sonst?
RAIMOND Und Ihr verstummtet auf die grässliche
Beschuldigung? – Ihr redet jetzt, und vor dem König,
Wo es zu reden galt, verstummtet Ihr!
JOHANNA Ich unterwarf mich schweigend dem Geschick,
Das Gott, mein Meister, über mich verhängte.
RAIMOND Ihr konntet eurem Vater nichts erwidern!
JOHANNA Weil es vom Vater kam, so kams von Gott,
Und väterlich wird auch die Prüfung sein.
RAIMOND Der Himmel selbst bezeugte Eure Schuld!
JOHANNA Der Himmel sprach, drum schwieg ich.
RAIMOND Wie? Ihr konntet
Mit einem Wort Euch reinigen, und ließt
Die Welt in diesem unglückselgen Irrtum?
JOHANNA Es war kein Irrtum, eine Schickung wars.
RAIMOND [...]
O gerne nehm ich Euer Wort für Wahrheit,

Das klassische Drama

Denn schwer ward mirs, an Eure Schuld zu glauben.
Doch konnt ich träumen, dass ein menschlich Herz
Das Ungeheure schweigend würde tragen!
JOHANNA Verdient ichs, die Gesendete zu sein,
Wenn ich nicht blind des Meisters Willen ehrte!
Und ich bin nicht so elend, als du glaubst.
Ich leide Mangel, doch das ist kein Unglück
Für meinen Stand, ich bin verbannt und flüchtig,
Doch in der Öde lernt ich mich erkennen.
[...]
Jetzt bin ich
Geheilt, und dieser Sturm in der Natur,
Der ihr das Ende drohte, war mein Freund,
Er hat die Welt gereinigt und auch mich.
In mir ist Friede – Komme, was da will,
Ich bin mir keiner Schwachheit mehr bewusst!
RAIMOND O kommt, kommt, lasst uns eilen, Eure Unschuld
Laut, laut vor aller Welt zu offenbaren!
JOHANNA Der die Verwirrung sandte, wird sie lösen!
Nur wenn sie reif ist, fällt des Schicksals Frucht!
Ein Tag wird kommen, der mich reiniget.
Und die mich jetzt verworfen und verdammt,
Sie werden ihres Wahnes inne werden,
Und Tränen werden meinem Schicksal fließen.
RAIMOND Ich sollte schweigend dulden, bis der Zufall –
JOHANNA *(ihn sanft bei der Hand fassend)*:
Du siehst nur das Natürliche der Dinge,
Denn deinen Blick umhüllt das irdische Band.
Ich habe das Unsterbliche mit Augen
Gesehen – ohne Götter fällt kein Haar
Vom Haupt des Menschen –
Siehst du dort die Sonne
Am Himmel niedergehen – so gewiss
Sie morgen wiederkehrt in ihrer Klarheit,
So unausbleiblich kommt der Tag der Wahrheit!

1 ***Analysieren Sie den Dramenauszug mithilfe des Textes „Die deutsche Tragödie von Lessing bis Hebbel" (S. 236) unter folgenden Gesichtspunkten:***

a) Worin besteht der Konflikt Johannas?

b) Welche Idee vertritt sie als Heldin des Dramas?

c) Worin besteht die Tragik der Heldin?

2 ***Erläutern Sie die Bedeutung der Begriffe „Schuld", „Schicksal" und „reinigen" in diesem Zusammenhang.***

Das klassische Drama

Benno von Wiese: Die deutsche Tragödie von Lessing bis Hebbel

Durch Leid, Gehorsam und Buße gelangt Johanna zur letzten Vereinigung mit Gott, die nur von der erhabenen Seele erreicht werden kann. Der Ausgang des Dramas ist Läuterung und Verklärung. Der schwere Bruch in ihr selbst wird von den kämpfenden und fordernden Seelenkräften überwunden und damit erst der Sieg der Idee in der Anarchie der Geschichte zu einem endgültigen gemacht. Mit der „Jungfrau von Orleans“ ist die Tragödie des von Gott gesandten Menschen in der Welt gedichtet und der tiefe Zwiespalt, der ihm von außen und innen erwachsen muss, wenn er seinen Auftrag zu Ende führen will. Gottes Werk muss von dem „schwachen“ Menschen vollbracht werden, aber der Mensch, der es aus innerem Müssen ergreift, überschreitet damit die Grenze, die ihm als Menschen gesetzt ist. Er gerät in Schuld und kann den Sinn seiner Sendung nur noch als tragisches Opfer erfüllen. Wer aber einmal den jenseitigen Auftrag erfüllt hat und mit dem Schwerte seines Gottes kämpft, kann auf seiner Bahn nicht mehr umkehren, selbst wenn ihm die Hölle begegnen oder der Himmel ihn zurückhalten würde. […] Durch Schuld und Erniedrigung hindurch gelangt Johanna zur „Reinigung“, die sie wieder Gefäß und Kronzeuge des Göttlichen werden lässt.

Basiswissen — Das klassische Drama

Das Drama stellt ein Geschehen dar, in dessen Verlauf durch **Dialog** und **Monolog** der agierenden Personen ein Konflikt entfaltet wird. Zur Gattung „Drama“ zählen u. a. die **Tragödie** und die **Komödie**. Da im Drama die Entwicklung eines Konfliktes dargestellt wird, bei dem die Spannung bis zu einem Höhepunkt steigt und danach abfällt, entscheidet die Art des Konfliktes, ob es sich um ein **tragisches, komisches** oder auch **absurdes Stück** handelt. Die **klassische** bzw. **aristotelische Dramenform**, zu der auch die Tragödie „Die Jungfrau von Orleans“ von Friedrich Schiller zählt, weist folgende Merkmale in Anlehnung an die Poetik des griechischen Philosophen Aristoteles auf:

- Die **Einheit** von **Ort, Zeit** und **Handlung** stellt eine maßgebliche Voraussetzung dar.
- Das Bühnengeschehen ist auf **eine einzige lineare Haupthandlung** ohne Nebenhandlungen konzentriert.
- Die **Szenen** sind in fünf, manchmal in drei **Akte** angeordnet.

Der erste Akt stellt die **Exposition** dar, in welcher über Ort, Zeit, Personen und Atmosphäre informiert wird. Durch ein **erregendes Moment** wird die Handlung entfaltet und mit der **steigenden Handlung** verschärft sich der Konflikt, bis der dramatische Höhepunkt, zugleich Wendepunkt, erreicht ist **(Peripetie)**. Durch eine Verzögerung, das sogenannte **retardierende Moment**, kann die Spannung noch gehalten werden, beispielsweise wird plötzlich doch eine Lösung in Aussicht gestellt. Aber dann setzt die Phase der **fallenden Handlung** ein, die in der **Katastrophe** (in der Tragödie im Untergang des Helden, der unverdient erscheint und somit moralisch aufgewertet wird) oder in der Konfliktlösung (in der Komödie bietet ein erheiterndes Ende eine oft nur scheinbare Lösung) endet.

Beim aristotelischen Drama wird das Mitempfinden des Zuschauers mit dem Helden angestrebt. Ziel ist dabei die **Katharsis**, die seelische Reinigung des Zuschauers durch das Nachempfinden von furcht- und mitleiderregenden Handlungen auf der Bühne.

3 *Überprüfen Sie den Textauszug aus Schillers Tragödie „Die Jungfrau von Orleans“ im Hinblick auf die im Basiswissen dargestellte Rolle des Zuschauers.*

Das epische Theater

Im klassischen Drama tritt der Held oder die Heldin als Träger einer Idee auf. Ziel ist die Katharsis, die Reinigung des Zuschauers von Furcht und Mitleid durch das Mitempfinden. Brecht hingegen möchte dem Zuschauer gesellschaftliche Missstände vor Augen führen und das Bewusstsein stärken, an der Schwelle zu einer neuen, besseren Zeit zu stehen.

Bertolt Brecht: Leben des Galilei (Auszug)

1. Bild

Galileo Galilei, Lehrer der Mathematik zu Padua, will das neue kopernikanische Weltsystem beweisen.

In dem Jahr sechzehnhundertundneun
Schien das Licht des Wissens hell
Zu Padua aus einem kleinen Haus.
Galileo Galilei rechnete aus:
Die Sonn steht still, die Erde kommt von der Stell.

Das ärmliche Studierzimmer des Galilei in Padua

Es ist morgens. Ein Knabe, Andrea, der Sohn der Haushälterin, bringt ein Glas Milch und einen Wecken.

GALILEI *sich den Oberkörper waschend, prustend und fröhlich*: Stell die Milch auf den Tisch, aber klapp kein Buch zu.

ANDREA Mutter sagt, wir müssen den Milchmann bezahlen. Sonst macht er bald einen Kreis um unser Haus, Herr Galilei.

GALILEI Es heißt: Er beschreibt einen Kreis, Andrea.

ANDREA Wie Sie wollen. Wenn wir nicht bezahlen, dann beschreibt er einen Kreis um uns, Herr Galilei.

GALILEI Während der Gerichtsvollzieher, Herr Cambione, schnurgerade auf uns zukommt, indem er was für eine Strecke zwischen zwei Punkten wählt?

ANDREA Die kürzeste.

GALILEI Gut. Ich habe was für dich. Sieh hinter den Sterntafeln nach.

Andrea fischt hinter den Sterntafeln ein großes hölzernes Modell des Ptolemäischen Systems hervor.

ANDREA Was ist das?

GALILEI Das ist ein Astrolab: das Ding zeigt, wie sich die Gestirne um die Erde bewegen, nach Ansicht der Alten.

ANDREA Wie?

GALILEI Untersuchen wir es. Zuerst das erste: Beschreibung.

ANDREA In der Mitte ist ein kleiner Stein.

GALILEI Das ist die Erde.

ANDREA Drum herum sind, immer übereinander, Schalen.

GALILEI Wie viele?

ANDREA Acht.

GALILEI Das sind die kristallnen Sphären.

ANDREA Auf den Schalen sind Kugeln angebracht …

GALILEI Die Gestirne.

ANDREA Da sind Bänder, auf die sind Wörter gemalt.

Das epische Theater

GALILEI Was für Wörter?

ANDREA Sternnamen.

GALILEI Als wie?

ANDREA Die unterste Kugel ist der Mond, steht drauf. Und darüber ist die Sonne.

GALILEI Und jetzt lass die Sonne laufen.

ANDREA *bewegt die Schalen:* Das ist schön. Aber wir sind so eingekapselt.

GALILEI *sich abtrocknend:* Ja, das fühlte ich auch, als ich das Ding zum ersten Mal sah. Einige fühlen das. *Er wirft Andrea das Handtuch zu, dass er ihm den Rücken abreibe.* Mauern und Schalen und Unbeweglichkeit! Durch zweitausend Jahre glaubte die Menschheit, daß die Sonne und alle Gestirne des Himmels sich um sich drehten. Der Papst, die Kardinäle, die Fürsten, die Gelehrten, Kapitäne, Kaufleute, Fischweiber und Schulkinder glaubten, unbeweglich in dieser kristallenen Kugel zu sitzen. Aber jetzt fahren wir heraus, Andrea, in großer Fahrt. Denn die alte Zeit ist herum, und es ist eine neue Zeit. Seit hundert Jahren ist es, als erwartete die Menschheit etwas.

Die Städte sind eng, und so sind die Köpfe. Aberglauben und Pest. Aber jetzt heißt es: da es so ist, bleibt es nicht so. Denn alles bewegt sich, mein Freund. Ich denke gerne, daß es mit den Schiffen anfing. Seit Menschengedenken waren sie nur an den Küsten entlang gekrochen, aber plötzlich verließen sie die Küsten und liefen aus über alle Meere.

Auf unserm alten Kontinent ist ein Gerücht entstanden: es gibt neue Kontinente. Und seit unsere Schiffe zu ihnen fahren, spricht es sich auf den lachenden Kontinenten herum: das große gefürchtete Meer ist ein kleines Wasser. Und es ist eine große Lust aufgekommen, die Ursachen aller Dinge zu erforschen: warum der Stein fällt, den man losläßt, und wie er steigt, wenn man ihn hochwirft. Jeden Tag wird etwas gefunden. Selbst die Hundertjährigen lassen sich noch von den Jungen ins Ohr schreien, was Neues entdeckt wurde.

Da ist schon viel gefunden, aber da ist mehr, was noch gefunden werden kann. Und so gibt es wieder zu tun für neue Geschlechter. R

1 ***Analysieren Sie die Eröffnungsszene des Dramas „Leben des Galilei" von Bertolt Brecht.***

a) Wie wird Galilei dargestellt?

b) Welche Erwartungen stellen Sie an die weiterführende Handlung?

2 ***Bestimmen Sie die Wirkung der in der Eröffnungsszene eingesetzten Darstellungselemente (Szenentitel, vorangestellter Prolog und hinleitende Regieanweisungen).***

Basiswissen **Episches Theater**

Unter **epischem Theater** versteht man die von Bertolt Brecht vorgestellte Alternative zum klassischen (aristotelischen) Drama. Epische Elemente werden in den dramatischen Ablauf eingeflochten. Das Geschehen läuft nicht automatisch auf den Höhepunkt mit anschließender Katastrophe oder Lösung zu, sondern wird immer wieder durch **Mittel der Verfremdung**, sogenannte **V-Effekte** (z. B. illusionsstörende Mittel wie Zusammenfassungen, Vorausblicke, Kommentare oder Aus-der-Rolle-Treten der Schauspieler und Hinwendung zum Publikum), unterbrochen. Ziel ist es, den Zuschauer zur kritischen Distanz zu bewegen. Er soll sich nicht mit der Handlung identifizieren und sich kritiklos mitreißen lassen, sondern einen analytischen Blick auf das Bühnengeschehen werfen.

Dürrenmatt'sche Tragikomödie

In dem Drama „Die Physiker“ von Friedrich Dürrenmatt stehen drei in einem Irrenhaus lebende Physiker im Mittelpunkt. Einer von ihnen, Johann Wilhelm Möbius, hat die Weltformel entdeckt, die zur Vernichtung der ganzen Welt führen könnte. Möbius gibt vor, geisteskrank zu sein, um sich selbst unglaubwürdig zu machen und damit den Missbrauch seiner Formel zu verhindern. Die anderen Physiker, Newton und Einstein, sind Spione, die Möbius' Entdeckung für ihre Zwecke missbrauchen wollen. Jeder der drei Physiker ermordet eine Krankenschwester, um sein jeweiliges Geheimnis zu bewahren.

Friedrich Dürrenmatt: Die Physiker (Auszug)

Erster Akt

[...]

NEWTON Nicht wahr, Sie ärgern sich, mich nicht verhaften zu dürfen?

INSPEKTOR Aber Albert.

NEWTON Möchten Sie mich verhaften, weil ich die Krankenschwester erdrosselt oder weil ich die Atombombe ermöglicht habe?

INSPEKTOR Aber Albert.

NEWTON Wenn Sie da neben der Türe den Schalter drehen, was geschieht, Richard?

INSPEKTOR Das Licht geht an.

NEWTON Sie stellen einen elektrischen Kontakt her. Verstehen Sie etwas von Elektrizität, Richard?

INSPEKTOR Ich bin kein Physiker.

NEWTON Ich verstehe auch wenig davon. Ich stelle nur aufgrund von Naturbeobachtungen eine Theorie darüber auf. Diese Theorie schreibe ich in der Sprache der Mathematik nieder und erhalte mehrere Formeln. Dann kommen die Techniker. Sie kümmern sich nur noch um die Formeln. Sie gehen mit der Elektrizität um wie der Zuhälter mit der Dirne. Sie nützen sie aus. Sie stellen Maschinen her, und brauchbar ist eine Maschine erst dann, wenn sie von der Erkenntnis unabhängig geworden ist, die zu ihrer Erfindung führte. So vermag heute jeder Esel eine Glühbirne zum Leuchten zu bringen – oder eine Atombombe zur Explosion. *Er klopft dem Inspektor auf die Schulter.* Und nun wollen Sie mich dafür verhaften, Richard. Das ist nicht fair.

INSPEKTOR Ich will Sie doch gar nicht verhaften, Albert.

NEWTON Nur weil Sie mich für verrückt halten. Aber warum weigern Sie sich nicht, Licht anzudrehen, wenn Sie von Elektrizität nichts verstehen? Sie sind hier der Kriminelle, Richard. Doch nun muss ich meinen Kognak versorgen, sonst tobt die Oberschwester Marta Boll. *Newton versteckt die Kognakflasche wieder hinter dem Kaminschirm, lässt jedoch das Glas stehen.* Leben Sie wohl.

INSPEKTOR Leben Sie wohl, Albert.

NEWTON Sie sollten sich selber verhaften, Richard! R

1 *Erläutern Sie, welches Problem Dürrenmatt hinsichtlich der Frage nach der Verantwortung des Wissenschaftlers gegenüber der Gesellschaft darstellt.*

2 *Interpretieren Sie die Äußerung Newtons „Möchten Sie mich verhaften, weil ich die Krankenschwester erdrosselt oder weil ich die Atombombe ermöglicht habe?“ (Z. 4–5).*

Dürrenmatt'sche Tragikomödie – absurdes Theater

Basiswissen **Dürrenmatt'sche Tragikomödie**

Dürrenmatts Figuren haben keine Chance mehr, Helden zu sein, weder im positiven (z. B. als handelnde Weltveränderer) noch im negativen Sinne (z. B. als Mitplaner einer Katastrophe).

Die Situation ist **grotesk** und somit befremdlich. Nach dem Höhepunkt erfolgt im Spannungsverlauf des Stückes keine Lösung des Problems.

Dürrenmatt zieht den Zuschauer in den Bann, indem er ihm eine Komödie vorgaukelt. Ganz unvermittelt sieht sich der Betrachter jedoch plötzlich mit einer ernst zu nehmenden Situation konfrontiert. Dürrenmatt spricht von einer „Mausefalle“, in die er den Zuschauer locken möchte.

In Samuel Becketts Drama „Warten auf Godot“ verbringen die Landstreicher Estragon und Wladimir an einem nicht näher bestimmten Ort ihre Zeit damit, auf eine Person namens „Godot“ zu warten. Dabei kennen sie diese Person nicht, wissen nichts Genaues über sie und können nicht einmal mit Bestimmtheit sagen, ob dieser „Godot“ überhaupt existiert.

Samuel Beckett: Warten auf Godot (Auszug)

Erster Akt

Landstraße. Ein Baum. Abend.
Estragon sitzt auf der Erde und versucht, seinen Schuh auszuziehen. Er braucht beide Hände dazu und stöhnt dabei. Erschöpft gibt er den Versuch auf, erholt sich schnaubend und versucht es von neuem. Das Spiel wiederholt sich. Wladimir tritt auf.
[…]

ESTRAGON Ich frage mich, ob wir nicht besser allein geblieben wären, jeder für sich. *Pause.* Wir waren nicht für denselben Weg gemacht.
WLADIMIR *ohne böse zu werden:* Das ist nicht sicher.
ESTRAGON Nein, nichts ist sicher.
WLADIMIR Wir können noch auseinandergehen, wenn du meinst, dass es besser wäre.
ESTRAGON Jetzt lohnt es sich nicht mehr.
Schweigen.
WLADIMIR Nein, jetzt lohnt es sich nicht mehr.
ESTRAGON Also, wir gehen?
WLADIMIR Gehen wir!
Sie gehen nicht von der Stelle.

1 ***Untersuchen Sie den Dramenauszug unter folgenden Gesichtspunkten:***
a) Beschreiben Sie, wie die Figuren miteinander kommunizieren.
b) Wie wirkt das Bühnengeschehen auf Sie?

Vergleich: klassisches und modernes Drama

Basiswissen | **Vergleich: klassisches und modernes Drama**

	aristotelisches/ klassisches Drama	episches Theater	Dürrenmatt'sche Tragikomödie	absurdes Theater
Aufgabe/ Rolle des Zuschauers	Identifikation mit dem Bühnengeschehen; passive Konsumhaltung	Veränderung durch Einsicht; aktive Rolle	Einsicht in das Groteske der Welt; Ein Einzelner kann nichts erreichen, alle zusammen müssen das angehen, was alle betrifft.	keine Aussicht auf Verbesserung der Situation
Mittel zur Umsetzung	psychischer Akt der Einfühlung mit dem Helden (der Held ist Träger einer Idee) – Katharsis geschlossene Form des Dramas (kausale Verknüpfung der Szenen); Spannungsbogen mit Katastrophe oder Lösung; fünf bzw. drei Akte	V-Effekte schaffen Distanz zum Geschehen und ermöglichen freies, kritisches Denken: • offene Form des Dramas; kleinere Handlungseinheiten (Bilder) • Montage von nicht dramatischen Elementen (Erzähler, Inhaltsangaben, Songs etc.) • Darsteller treten aus ihren Rollen heraus und wenden sich an das Publikum (Desillusionierung) • Verwendung von Umgangssprache und Dialekt • Widersprüche im Aufbau der Handlung und im Verhalten der Figuren (dialektisches Prinzip)	V-Effekte; Prinzip der „Mausefalle“ (Überlisten des Zuschauers); offene Form des Dramas endet nach zwei Akten (gibt Raum zum eigenen Handeln für die Zuschauer)	Darstellung einer Endzeitstimmung; gestörte Kommunikation; kein Spannungsverlauf; offene Form; Zerrissenheit der Handlungsabfolge

Vergleich: klassisches und modernes Drama

In den Überlegungen zu seinem Drama „Die Wiedertäufer" entwirft Dürrenmatt am Beispiel des Polarforschers Robert Falcon Scott verschiedene Modelle dramaturgischer Bearbeitungen desselben Stoffes und stellt in diesem Zusammenhang die Unterschiede zwischen der eigenen Umsetzung und den Bearbeitungen von Shakespeare, Brecht und Beckett heraus.

Friedrich Dürrenmatt: Modell Scott

Shakespeare hätte das Schicksal des unglücklichen Robert Falcon Scott doch wohl in der Weise dramatisiert, daß der tragische Untergang des großen Forschers durchaus dessen Charakter entsprungen wäre; Ehrgeiz hätte Scott blind gegen die Gefahren der unwirtlichen Regionen gemacht, in die er sich wagte, Eifersucht und Verrat unter den anderen Expeditionsteilnehmern hätten das Übrige hinzugetan, die Katastrophe in Eis und Nacht herbeizuführen; bei Brecht wäre die Expedition aus wirtschaftlichen Gründen und Klassendenken gescheitert, die englische Erzieherin hätte Scott gehindert, sich Polarhunden anzuvertrauen, er hätte zwangsläufig standesgemäße Ponys gewählt, der höhere Preis wiederum dieser Tiere hätte ihn genötigt, an der Ausrüstung zu sparen; bei Beckett wäre der Vorgang auf das Ende reduziert, Endspiel, letzte Konfrontation, schon in einen Eisblock verwandelt säße Scott anderen Eisblöcken gegenüber, vor sich hinredend, ohne Antwort von seinen Kameraden zu erhalten, ohne Gewißheit, von ihnen noch gehört zu werden: Doch wäre auch eine Dramatik denkbar, die Scott beim Einkaufen der für die Expedition benötigten Lebensmittel aus Versehen in einen Kühlraum einschlösse und in ihm erfrieren ließe. Scott, gefangen in den endlosen Gletschern der Antarktis, entfernt durch unüberwindliche Distanzen von jeder Hilfe, Scott, wie gestrandet auf einem anderen Planeten, stirbt tragisch, Scott, eingeschlossen in den Kühlraum durch ein läppisches Mißgeschick, mitten in einer Großstadt, nur wenige Meter von einer belebten Straße entfernt, zuerst beinahe höflich an die Kühlraumtüre klopfend, rufend, wartend, sich eine Zigarette anzündend, es kann ja nur wenige Minuten dauern, dann an die Türe polternd, darauf schreiend und hämmernd, immer wieder, während sich die Kälte eisiger um ihn legt, Scott, herumgehend, um sich Wärme zu verschaffen, hupfend, stampfend, turnend, radschlagend, endlich verzweifelt Tiefgefrorenes gegen die Türe schmetternd, Scott wieder innehaltend, im Kreise herumzirkulierend auf kleinstem Raum, schlotternd, zähneklappernd, zornig und ohnmächtig, dieser Scott nimmt ein noch schrecklicheres Ende und dennoch ist Robert Falcon Scott im Kühlraum erfrierend ein anderer als Robert Falcon Scott erfrierend in der Antarktis, wir spüren es, dialektisch gesehen ein anderer, aus einer tragischen Gestalt ist eine komische Gestalt geworden, komisch nicht wie einer, der stottert, oder wie einer, der vom Geiz oder von der Eifersucht überwältigt worden ist, eine Gestalt komisch allein durch ihr Geschick: Die schlimmstmögliche Wendung, die eine Geschichte nehmen kann, ist die Wendung in die Komödie. R

Vergleich: klassisches und modernes Drama

1 ***Stellen Sie die von Dürrenmatt dargestellten dramaturgischen Bearbeitungen der Expedition Scotts in eigenen Worten dar.***

2 ***Erläutern Sie mithilfe des Basiswissen (S. 241) und des Musters unten, inwiefern die von Dürrenmatt vorgeschlagenen Bearbeitungen mit den verschiedenen Dramenkonzepten übereinstimmen.***

Muster

Shakespeare geht von der geschichtsgestaltenden Kraft des einzelnen Menschen aus. Es gibt einen Helden, der auf das Geschehen einwirken kann.

Diese Ansicht ist für Dürrenmatt überholt. Der Einzelne kann nicht mehr in den Ablauf politischer, wirtschaftlicher oder religiöser Auseinandersetzungen eingreifen, da die Welt zu komplex geworden ist. Nichts ist wirklich planbar, denn durch einen unvorhersehbaren Zufall kann jegliches Vorhaben zunichtegemacht werden und die „schlimmstmögliche Wendung“ nehmen, die es doch gerade zu vermeiden galt. Dürrenmatts Figuren tragen nicht das Potenzial in sich, Helden zu sein.

Brecht vertraut in die Fähigkeit des Menschen, historisch handeln zu können, obgleich er den Einzelnen als Produkt seiner gesellschaftlichen Situation betrachtet.

Im absurden Theater Becketts muten die Figuren wie Marionetten an, die handlungsunfähig sind. Sie sind darüber hinaus nicht einmal in der Lage, miteinander zu kommunizieren. Es herrscht eine pessimistische Endzeitstimmung vor.

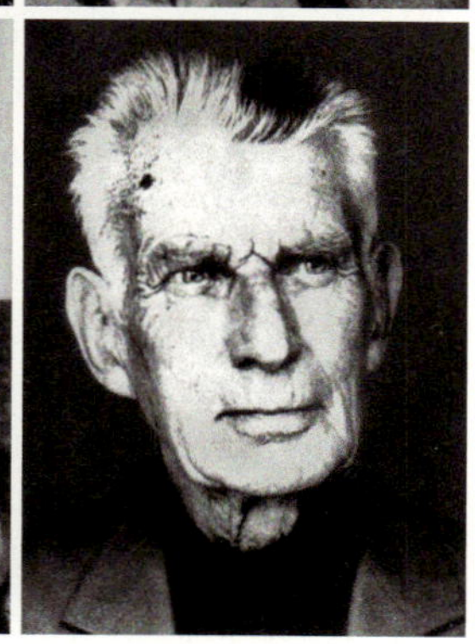

Fazit

14.3 Vom klassischen Drama zum absurden Theater

Klassisches Drama
- geschlossene Form
- Spannungsbogen mit Katastrophe/Konfliktlösung
- Katharsis

Episches Theater
- offene Form
- V-Effekte

Dürrenmatt'sche Tragikomödie
- Prinzip der „Mausefalle“

Absurdes Theater
- offene Form
- zerrissene Handlungsabfolge

Prüfungsvorbereitung

Die folgenden Texte und Aufgaben könnten Ihnen so in einer Prüfung vorliegen.

Franz Kafka: Der Nachbar

Mein Geschäft ruht ganz auf meinen Schultern. Zwei Fräulein mit Schreibmaschinen und Geschäftsbüchern im Vorzimmer, mein Zimmer mit Schreibtisch, Kasse, Beratungstisch, Klubsessel und Telefon, das ist mein ganzer Arbeitsapparat. So einfach zu überblicken, so leicht zu führen. Ich war ganz jung, und die Geschäfte rollen vor mir her. Ich klage nicht, ich klage nicht.

Seit Neujahr hat ein junger Mann die kleine leer stehende Nebenwohnung, die ich ungeschickterweise so lange zu mieten gezögert habe, frischweg gemietet. Auch ein Zimmer mit Vorzimmer, außerdem aber noch eine Küche. Zimmer und Vorzimmer hätte ich wohl brauchen können – meine zwei Fräulein fühlten sich schon manchmal überlastet –, aber wozu hätte mir eine Küche gedient? Diese kleinlichen Bedenken waren daran schuld, dass ich mir die Wohnung habe wegnehmen lassen. Nun sitzt dort dieser junge Mann. Harras heißt er. Was er dort eigentlich macht, weiß ich nicht. Auf der Tür steht: „Harras Bureau".

Ich habe Erkundigungen eingezogen, man hat mir mitgeteilt, es sei ein Geschäft ähnlich dem meinigen. Vor Kreditgewährung könne man nicht geradezu warnen, denn es handle sich doch um einen jungen aufstrebenden Mann, dessen Sache vielleicht Zukunft habe, doch könne man zum Kredit nicht geradezu raten, denn gegenwärtig sei allem Anschein nach kein Vermögen vorhanden. Die übliche Auskunft, die man gibt, wenn man nichts weiß. Manchmal treffe ich Harras auf der Treppe, er muss es immer außerordentlich eilig haben, er huscht förmlich an mir vorüber. Genau gesehen habe ihn noch gar nicht, den Büroschlüssel hat er schon vorbereitet in der Hand. Im Augenblick hat er die Tür geöffnet.

Wie der Schwanz einer Ratte ist er hineingeglitten, und ich stehe wieder vor der Tafel „Harras Bureau", die ich schon viel öfter gelesen habe, als sie es verdient.

Die elend dünnen Wände, die den ehrlich tätigen Mann verraten, den Unehrlichen aber decken. Mein Telefon ist an der Zimmerwand angebracht, die mich von meinem Nachbarn trennt. Doch hebe ich das bloß als besonders ironische Tatsache hervor. Selbst wenn es an der entgegengesetzten Wand hinge, würde man in der Nebenwohnung alles hören. Ich habe mir abgewöhnt, den Namen der Kunden beim Telefon zu nennen. Aber es gehört natürlich nicht viel Schlauheit dazu, aus charakteristischen, aber unvermeidlichen Wendungen des Gesprächs die Namen zu erraten. Manchmal umtanze ich, die Hörmuschel am Ohr, von Unruhe gestachelt, auf den Fußspitzen den Apparat und kann es doch nicht verhüten, dass Geheimnisse preisgegeben werden. Natürlich werden dadurch meine geschäftlichen Entscheidungen unsicher, meine Stimme zittrig. Was macht Harras, während ich telefoniere? Wollte ich sehr übertreiben – aber das muss man oft, um sich Klarheit zu verschaffen –, so könnte ich sagen: Harras braucht kein Telefon, er benutzt meins, er hat ein Kanapee an die Wand gerückt und horcht, ich dagegen muss, wenn geläutet wird, zum Telefon laufen, die Wünsche der Kunden ausführen – vor allem aber während des Ganzen unwillkürlich durch die Zimmerwand Harras Bericht erstatten.

Prüfungsvorbereitung

Vielleicht wartet er gar nicht das Ende des Gesprächs ab, sondern erhebt sich nach der Gesprächsstelle, die ihn über den Fall genügend aufgeklärt hat, huscht nach seiner Gewohnheit durch die Stadt, und ehe ich die Hörmuschel aufgehängt habe, ist er vielleicht schon daran, mir entgegenzuarbeiten.

1 ***Interpretieren Sie die Parabel „Der Nachbar" von Franz Kafka.***

a) Charakterisieren Sie den Ich-Erzähler.

b) Wie verändert sich das Verhalten des Ich-Erzählers durch den Einzug des Nachbarn? Berücksichtigen Sie bei Ihrer Untersuchung besonders die verwendeten Adjektive und Verben.

c) Welche Erwartungen weckt der Titel beim Leser und was erfährt dieser tatsächlich?

Friedrich Schiller: Die Schaubühne als moralische Anstalt betrachtet

Die Schaubühne ist die Stiftung, wo sich Vergnügen mit Unterricht, Ruhe mit Anstrengung, Kurzweil mit Bildung gattet, wo keine Kraft der Seele zum Nachteil des andern gespannt, kein Vergnügen auf Unkosten des Ganzen genossen wird. Wenn Gram an dem Herzen nagt, wenn trübe Laune unsre einsame Stunden vergiftet, wenn uns Welt und Geschäfte anekeln, wenn tausend Lasten unsre Seelen drücken und unsre Reizbarkeit unter Arbeiten des Berufs zu ersticken droht, so empfängt uns die Bühne – in dieser künstlichen Welt räumen wir die wirkliche hinweg, wir werden uns selbst wiedergegeben, unsre Empfindung erwacht, heilsame Leidenschaften erschüttern unsre schlummernde Natur und treiben das Blut in frischere Wallungen. Der Unglückliche weint hier mit fremdem Kummer seinen eigenen aus – der Glückliche wird nüchtern und der Sichere besorgt. Der empfindsame Weichling härtet sich zum Manne, der rohe Unmensch fängt hier zum ersten Mal zu empfinden an. Und dann endlich – welch ein Triumph für dich, Natur – so oft zu Boden getretene, so oft wiederauferstehende Natur –, wenn Menschen aus allen Kreisen und Zonen und Ständen, abgeworfen jede Fessel der Künstelei und der Mode, herausgerissen aus jedem Drange des Schicksals, durch *eine* allwebende Sympathie verbrüdert, in *ein* Geschlecht wieder aufgelöst, ihrer selbst und der Welt vergessen und ihrem himmlischen Ursprung sich nähern. Jeder Einzelne genießt die Entzückungen aller, die verstärkt und verschönert aus hundert Augen auf ihn zurückfallen, und seine Brust gibt jetzt nur *einer* Empfindung Raum – es ist diese: ein *Mensch* zu sein.

Prüfungsvorbereitung

Bertolt Brecht: Was ist mit dem epischen Theater gewonnen?

Damit ist gewonnen, daß der Zuschauer die Menschen auf der Bühne nicht mehr als ganz unveränderbare, unbeeinflußbare, ihrem Schicksal hilflos ausgelieferte dargestellt sieht. Er sieht: dieser Mensch ist so und so, weil die Verhältnisse so und so sind. Und die Verhältnisse sind so und so, weil der Mensch so und so ist. Er ist aber nicht nur so vorstellbar, wie er ist, sondern auch anders, so wie er sein könnte, und auch die Verhältnisse sind anders vorstellbar, als sie sind. Damit ist gewonnen, daß der Zuschauer im Theater eine neue Haltung bekommt. Er bekommt den Abbildern der Menschenwelt auf der Bühne gegenüber jetzt dieselbe Haltung, die er als Mensch dieses Jahrhunderts der Natur gegenüber hat. Er wird auch im Theater empfangen als der große Änderer, der in die Naturprozesse und die gesellschaftlichen Prozesse einzugreifen vermag, der die Welt nicht mehr nur hinnimmt, sondern sie meistert. Das Theater versucht nicht mehr, ihn besoffen zu machen, ihn mit Illusionen auszustatten, ihn die Welt vergessen zu machen, ihn mit seinem Schicksal auszusöhnen. Das Theater legt ihm nunmehr die Welt vor zum Zugriff. R

Friedrich Dürrenmatt: Uns kommt nur noch die Komödie bei

Die Tragödie setzt Schuld, Not, Maß, Übersicht, Verantwortung voraus. In der Wurstelei unseres Jahrhunderts, in diesem Kehraus der weißen Rasse, gibt es keine Schuldigen und auch keine Verantwortlichen mehr. Alle können nichts dafür und haben es nicht gewollt. Es geht wirklich ohne jeden. Alles wird mitgerissen und bleibt in irgendeinem Rechen hängen. Wir sind zu kollektiv schuldig, zu kollektiv gebettet in die Sünden unserer Väter und Vorväter. Wir sind nur noch Kindeskinder. Das ist unser Pech, nicht unsere Schuld: Schuld gibt es nur noch als persönliche Leistung, als religiöse Tat. Uns kommt nur noch die Komödie bei. Unsere Welt hat ebenso zur Groteske geführt wie zur Atombombe, [...]. Doch ist das Tragische immer noch möglich, auch wenn die reine Tragödie nicht mehr möglich ist. Wir können das Tragische aus der Komödie heraus erzielen, hervorbringen als einen schrecklichen Moment, als einen sich öffnenden Abgrund, so sind ja schon viele Tragödien Shakespeares Komödien, aus denen heraus das Tragische aufsteigt. Nun liegt der Schluß nahe, die Komödie sei der Ausdruck der Verzweiflung, doch ist dieser Schluß

Prüfungsvorbereitung

nicht zwingend. Gewiß, wer das Sinnlose, das Hoffnungslose dieser Welt sieht, kann verzweifeln, doch ist diese Verzweiflung nicht eine Folge dieser Welt, sondern eine Antwort, die er auf diese Welt gibt, und eine andere Antwort wäre sein Nichtverzweifeln, sein Entschluß etwa, die Welt zu bestehen, in der wir oft leben wie Gulliver unter den Riesen. Auch der nimmt Distanz, auch der tritt einen Schritt zurück, der seinen Gegner einschätzen will, der sich bereit macht, mit ihm zu kämpfen oder ihm zu entgehen. Es ist immer noch möglich, den mutigen Menschen zu zeigen. Dies ist denn auch eines meiner Hauptanliegen. Der Blinde, Romulus, Übelohe, Akki* sind mutige Menschen. Die verlorene Weltordnung wird in ihrer Brust wieder hergestellt, das Allgemeine entgeht meinem Zugriff. Ich lehne es ab, das Allgemeine in einer Doktrin** zu finden, ich nehme es als Chaos hin. Die Welt (die Bühne somit, die diese Welt bedeutet) steht für mich als ein Ungeheures da, als ein Rätsel an Unheil, das hingenommen werden muß, vor dem es jedoch kein Kapitulieren geben darf. Die Welt ist größer denn der Mensch, zwangsläufig nimmt sie so bedrohliche Züge an, die von einem Punkt außerhalb nicht bedrohlich wären, doch habe ich kein Recht und keine Fähigkeit, mich außerhalb zu stellen. Trost in der Dichtung ist oft nur allzu billig, ehrlicher ist es wohl, den menschlichen Blickwinkel beizubehalten. Die Brecht'sche These, die er in seiner Straßenszene entwickelt, die Welt als Unfall hinzustellen und nun zu zeigen, wie es zu diesem Unfall gekommen sei, mag großartiges Theater geben, was ja Brecht bewiesen hat, doch muß das meiste bei der Beweisführung unterschlagen werden: Brecht denkt unerbittlich, weil er an vieles unerbittlich nicht denkt. Endlich: Durch den Einfall, durch die Komödie wird das anonyme Publikum als Publikum erst möglich, eine Wirklichkeit, mit der zu rechnen, aber die auch zu berechnen ist. Der Einfall verwandelt die Menge der Theaterbesucher besonders leicht in eine Masse, die nun angegriffen, verführt, überlistet werden kann, sich Dinge anzuhören, die sie sich sonst nicht so leicht anhören würde. Die Komödie ist eine Mausefalle, in die das Publikum immer wieder gerät und immer noch geraten wird.

* Der Blinde, Romulus, Übelohe, Akki: Figuren in Dürrenmatts Dramen
** Doktrin: Lehrmeinung

R

2 *Erläutern Sie die Gemeinsamkeiten und Unterschiede der drei Vorstellungen von Theater.*

Georg Trakl: Ein Frühlingsabend

Ein Strauch voll Larven; Abendföhn im März;
Ein toller Hund läuft durch ein ödes Feld
Durchs braune Dorf des Priesters Glocke schellt;
Ein kahler Baum krümmt sich in schwarzem Schmerz.

Im Schatten alter Dächer blutet Mais;
O Süße, die der Spatzen Hunger stillt.
Durch das vergilbte Rohr bricht scheu ein Wild.
O Einsamstehn vor Wassern still und weiß.

Unsäglich ragt des Nußbaums Traumgestalt.
Den Freund erfreut der Knaben bäurisch Spiel.
Verfallene Hütten, abgelebt' Gefühl;
Die Wolken wandern tief und schwarz geballt.

3 *Interpretieren Sie das Gedicht „Ein Frühlingsabend" von Georg Trakl unter besonderer Berücksichtigung seiner formalen und sprachlichen Besonderheiten.*

Prüfungsvorbereitung

Checkliste: Epik – Lyrik – Drama

Epik

- ☑ Können Sie fiktionale von pragmatischen Texten unterscheiden?
- ☑ Können Sie die Funktion des Erzählers erklären?
- ☑ Können Sie die unterschiedlichen Erzählformen nennen und ihre jeweilige Funktion erläutern?
- ☑ Wissen Sie, inwiefern sich die auktoriale von der personalen Erzählhaltung unterscheidet?
- ☑ Kennen Sie unterschiedliche Möglichkeiten zur Wiedergabe von Gesprächen in epischen Texten?
- ☑ Kennen Sie unterschiedliche Möglichkeiten zur Wiedergabe von Gedanken und Gefühlen in epischen Texten?
- ☑ Können Sie das Verhältnis von erzählter Zeit und Erzählzeit beschreiben?
- ☑ Wissen Sie, wie sich einzelne Interpretationsmethoden voneinander unterscheiden?

Lyrik

- ☑ Wissen Sie, welche Aufgabe das „lyrische Ich“ hat?
- ☑ Können Sie Reimschemata benennen?
- ☑ Können Sie erklären, was ein Jambus, ein Anapäst, ein Trochäus, ein Daktylus ist?
- ☑ Können Sie erklären, was eine männliche bzw. weibliche Kadenz ist?

Drama

- ☑ Kennen Sie die Merkmale der klassischen Tragödie?
- ☑ Kennen Sie die Merkmale des epischen Theaters?
- ☑ Können Sie erklären, warum Brecht die Form des epischen Theaters entwickelte?
- ☑ Können Sie erklären, warum Dürrenmatt die Form der Tragikomödie wählte?
- ☑ Kennen Sie die Merkmale des absurden Theaters?

Kapitel 15

Konflikte bewältigen – Motivation schaffen

Konflikte gehören zum Alltag. Dennoch müssen sie gelöst werden, weil sie private und berufliche Aktivitäten erheblich beeinträchtigen.

In diesem Kapitel lernen Sie, Konflikte zu beschreiben, zu analysieren und ein erfolgreiches Konfliktmanagement zu betreiben.

Leistungsfähigkeit und Arbeitszufriedenheit stehen in einer engen Wechselbeziehung. Motivierte Menschen sind ungleich leistungsfähiger, da sie ihren Beruf als befriedigend empfinden.

Im Folgenden werden Ihnen die Motivation hemmende und fördernde Einflussfaktoren und deren Konsequenzen für den Berufsalltag vorgestellt.

Was ich bereits aus anderen Kapiteln weiß

- ✔ Wenn die analoge mit der digitalen Kommunikation nicht übereinstimmt, kommt es zu Missverständnissen, aus denen Konflikte entstehen können (➪Kapitel 11).
- ✔ Zwischenmenschliche Probleme, die die Beziehungsebene berühren, müssen zunächst auf der Beziehungsebene thematisiert werden. Erst danach ist eine sachliche Problemlösung möglich (➪Kapitel 11).
- ✔ Kommunikation kann symmetrisch oder komplementär erfolgen. Aus der symmetrischen Eskalation entstehen Konfliktsituationen (➪Kapitel 11).

Konfliktsituationen beschreiben und analysieren

Konfliktgespräche analysieren

Der folgende Dialog ist dem Roman „Der Schüler Gerber" von Friedrich Torberg entnommen. In ihm wird die Geschichte des begabten Schülers Kurt Gerber erzählt, der im letzten Jahr vor der Abiturprüfung dem herrschsüchtigen und sadistischen Lehrer Kupfer ausgeliefert ist. Kurt Gerber hat Probleme in Mathematik, dem Fach, in dem er von Kupfer unterrichtet wird. Zudem belasten ihn eine erste, enttäuschte Liebe und der Gedanke an seinen todkranken Vater, dem er die Schande eines Scheiterns ersparen möchte.

Friedrich Torberg: Der Schüler Gerber (Auszug)

Aber eines Tages ballte es sich dumpf und schwer über dem Mittagstisch, und als die Mutter hinausging und der Vater unvermittelt begann: „Warum hast du mich angelogen?", da wusste Kurt, was geschehen war. Der Vater hatte in der Schule Nachfrage gehalten. Es war die reine Hilflosigkeit, wie Kurt die Brauen hochzog, verständnislos: „Was denn–?"

„Du bist bei Kupfer durchgefallen."

Kurt klammerte sich an das morsche Wrack seiner Lüge: „Im Semester kann man doch wohl nicht gut von Durchfallen sprechen – und dann – ich habe es dir ja gesagt–!"

„Ja. Du hast es mir gesagt. Und dass du einen Karzer* hattest und meine Unterschrift gefälscht hast, das auch?"

Kurt schwieg.

„Du lügst", sagte der Vater. „Du fälschst Unterschriften. Du betrügst mich und andere. Du hinterschlägst. Was soll ich mit dir machen?"

Das war sehr laut und bebend gesagt und war eine wirkliche Frage gewesen. Der Vater saß da und wartete auf eine Antwort. Seine Faust lag geballt auf dem Tisch, hämmerte in raschem Auf und Ab, seine Lippen waren schmal und sein Atem flog.

Keine Aufregung – noch so einen Anfall hält sein Herz nicht aus – bei der Matura** durchfallen – hat sich was – warum nimmt er es denn so wichtig? Warum zwingt er sich zur Aufregung? Er müsste ja nicht.

Beinahe fühlte Kurt Verachtung, ja, Hass gegen seinen Vater. Nur einen Augenblick lang. Aber das genügte.

Bleich, den Kopf in den Nacken geworfen, lehnte er an der Wand. Seine Finger suchten Halt und fanden ihn nicht.

Auch der Vater hatte sich erhoben. Sein Körper zitterte und seine Worte zitterten so mit, als ob der ganze Körper sie spräche:

„Du weißt nicht, was du tust – ich steh vor diesem Kupfer wie ein Sträfling – ich darf ihm nicht in die Augen sehen – also Unterschriften fälscht Ihr Herr Sohn, das wird ja immer besser – so etwas muss ich mir sagen lassen – du Lump – was soll denn aus dir werden, gerade dass auch ich noch lügen konnte – lügen musste: ich hab mich nicht sofort erinnert, ja, es stimmt schon, es war meine Unterschrift – du – dass du dich nicht schämst – in Grund und Boden schämst–"

Gestörte Kommunikation im Beruf analysieren

Der Vater war immer näher gekommen und Kurt wich langsam gegen die Tür zurück. Nein, er schämte sich nicht, er fühlte überhaupt nichts, er war stumpf, hörte die Worte und vermochte ihren Sinn nicht zu erfassen, sah des Vaters Hand langsam vor sich aufsteigen und wieder herabfallen, ohne dass er wusste, was es zu bedeuten hätte.

* Karzer: Schularrest; ** Matura: Abiturprüfung

1 ***Untersuchen Sie den Text nach folgenden Gesichtspunkten:***

a) Beurteilen Sie, ob es sich beim Dialog zwischen Vater und Sohn um eine komplementäre oder eine symmetrische Kommunikationssituation handelt. Belegen Sie Ihre Aussage mit Textbeispielen.

b) Erläutern Sie sich daraus ergebende Konsequenzen für den Gesprächsverlauf.

c) Beschreiben Sie, wie Kurt seinen Vater und die Situation im Verlauf des Gesprächs wahrnimmt.

d) Beschreiben Sie, wie der Vater seinen Sohn und die Situation wahrnimmt.

Besonders im beruflichen Alltag können Konflikte fatale Folgen haben.

Gestörte Kommunikation im Beruf

Im beruflichen Umfeld findet Kommunikation permanent statt. Der Chef erteilt Anweisungen, in Meetings werden Vorschläge diskutiert und mit Kunden finden Verhandlungen statt. Problematisch wird es jedoch, wenn das Gesagte nicht so verstanden wurde, dass es das gewünschte Ergebnis erzielt. Dann können sich dadurch beispielsweise Projekte vorzögern oder sogar scheitern. Die Kommunikation ist gestört. Weitere Beispiele für solche Störungen sind: Informationen werden zurückgehalten oder nicht vollständig weitergegeben, der Empfänger hört nicht richtig zu, weil er vielleicht Vorbehalte gegenüber dem Sender hat.

Viele Arten von Interpretationen können zur Fehlkommunikation führen. Letztendlich macht der Ton die Musik. Auf einen verbalen Angriff erfolgt Abwehr oder ein Gegenangriff mit einem heftigen Schlagabtausch. Sofern die Ursache des Problems in der Kommunikation nicht erkannt wird, kann daraus ein Konflikt entstehen. Eine Auseinandersetzung über eine Sache ist harmlos, solange sie auf der sachlichen Ebene stattfindet. Es kommt erst zum Konflikt, wenn zwei Partner sehr unterschiedliche Interessen mit Nachdruck verfolgen, sich auf der emotionalen Ebene bekriegen und eine Annäherung kaum möglich ist. Meist besteht eine soziale Abhängigkeit zwischen den Beteiligten, zum Beispiel Chef und Angestellter.

Worte können vernichtend wirken, wenn sie eine Person auf der Beziehungsebene treffen. Ein Beispiel: Anklagen wie „Sie hören ja nie zu" oder „Sie sind unsensibel". Ein erster Schritt hin zu einer erfolgreichen Kommunikation beginnt damit, sich die eigene Art und Weise bewusst zu machen und sich zu verdeutlichen, was Worte anrichten können.

(Frankfurter Rundschau, 28.04.2007)

2 ***Untersuchen Sie den Text mithilfe folgender Fragestellungen:***

a) Welche Konfliktursachen werden im Text erwähnt?

b) Erläutern Sie, welche Konsequenzen sich daraus für die Effektivität des Arbeitsprozesses ergeben.

3 ***Entwerfen Sie auf der Grundlage der Ihnen bekannten Kommunikationstheorien (➪ Kapitel 11) Vorschläge, wie die oben aufgeführten Konflikte vermieden werden können.***

Konflikt definieren

Konflikte sind Bestandteil des Privatlebens und des beruflichen Alltags. Konflikte sind unvermeidbar. Dennoch sollte man überlegen, wie sie konstruktiv gelöst werden können.

Was ist ein Konflikt?

Wir definieren Konflikt als eine Eigenschaft eines Systems, in dem es miteinander unvereinbare Zielvorstellungen gibt, sodass das Erreichen des einen Zieles das Erreichen des anderen ausschließen würde.

(Berkel, 1999)

In der Psychologie, aber auch in den Sozialwissenschaften allgemein, spricht man von einem Konflikt dann, wenn zwei Elemente gegensätzlich oder unvereinbar sind.

(Galtung, 1972)

Konflikte sind so alt wie die Menschheit und auf allen Ebenen des menschlichen Zusammenwirkens anzutreffen. Oft werden Konflikte als Kampfsituationen wahrgenommen. Dann entwickeln sie häufig eine Eigendynamik, die eine konstruktive Regelung ausschließt. In diesem Falle dominiert die Auffassung, eigene Vorteile könnten nur durch die Niederlage des Gegners realisiert werden.

Wenn die Konfliktparteien darauf beharren, die eigene Position in keiner Weise hinterfragen zu wollen, sind konstruktive Lösungen ausgeschlossen. Die Fähigkeit zur Selbstkritik ist dann eingeschränkt, selbst wenn sich durch das strikte Beharren bereits Misserfolge abzeichnen. Problematisch ist, dass dieses Verhalten von einer fortschreitenden Einschränkung der Wahrnehmungs- und Entscheidungsfähigkeit begleitet wird.

Konflikte beeinträchtigen unsere Wahrnehmungsfähigkeit so sehr, dass wir im Lauf der Ereignisse die Dinge in uns und um uns herum nicht mehr richtig sehen. Es ist so, als würde sich unser Auge immer mehr trüben; unsere Sicht auf uns und die gegnerischen Menschen im Konflikt, auf die Probleme und Geschehnisse wird geschmälert, verzerrt und völlig einseitig. Unser Denk- und Vorstellungsleben folgt Zwängen, derer wir uns nicht hinreichend bewusst sind.

(Glasl, 1999)

1 *Entwickeln Sie auf der Grundlage dieser Texte und Ihrer Erfahrungen eine Mindmap zum Thema „Konflikt“.*

2 *Erarbeiten Sie auf der Grundlage Ihrer Arbeitsergebnisse aus Aufgabe 1 eine gemeinsame Definition von Konflikt.*

3 *Erläutern Sie mithilfe des Textes und Ihrer eigenen Erfahrungen, warum vielen Konflikten eine Eigendynamik innewohnt.*

4 *Erläutern Sie den Zusammenhang zwischen der individuellen Wahrnehmung eines Konflikts und dem daraus resultierenden Kommunikationsverhalten. Beziehen Sie dabei den Auszug aus dem Roman „Der Schüler Gerber“ (S. 250–251) in Ihre Überlegungen ein.*

Konflikteskalation

Konflikte sind bedrohlich, wenn sie sich verhärten oder eskalieren. Der Ökonom Friedrich Glasl hat ein Stufenmodell entwickelt, das die Stadien dieses Prozesses veranschaulicht.

Die neun Stufen der Konflikteskalation

1. Ebene: Win-Win

1. Verhärtung: Die Standpunkte verhärten sich und prallen aufeinander. Das Bewusstsein bevorstehender Spannungen führt zu Verkrampfungen. Trotzdem besteht noch die Überzeugung, dass die Spannungen durch Gespräche lösbar sind. Noch keine starren Parteien oder Lager.

2. Debatte: Es findet eine Polarisation im Denken, Fühlen und Wollen statt. Es entsteht ein Schwarz-Weiß-Denken und eine Sichtweise von Überlegenheit und Unterlegenheit.

3. Aktionen: Die Überzeugung, dass „Reden nicht mehr hilft", gewinnt an Bedeutung und man verfolgt eine Strategie der vollendeten Tatsachen. Die Empathie mit dem „anderen" geht verloren, die Gefahr von Fehlinterpretationen wächst.

2. Ebene: Win-Lose

4. Images/Koalitionen: Die „Gerüchte-Küche" kocht, Stereotypen und Klischees werden aufgebaut. Die Parteien manövrieren sich gegenseitig in negative Rollen und bekämpfen sich. Es findet eine Werbung um Anhänger statt.

5. Gesichtsverlust: Es kommt zu öffentlichen und direkten (verbotenen) Angriffen, die auf den Gesichtsverlust des Gegners abzielen.

6. Drohstrategien: Drohungen und Gegendrohungen nehmen zu. Durch das Aufstellen von Ultimaten wird die Konflikteskalation beschleunigt.

3. Ebene: Lose-Lose

7. Begrenzte Vernichtungsschläge: Der Gegner wird nicht mehr als Mensch gesehen. Begrenzte Vernichtungsschläge werden als „passende" Antwort durchgeführt. Umkehrung der Werte: Ein relativ kleiner eigener Schaden wird bereits als Gewinn bewertet.

8. Zersplitterung: Die Zerstörung und Auflösung des feindlichen Systems wird als Ziel intensiv verfolgt.

9. Gemeinsam in den Abgrund: Es kommt zur totalen Konfrontation ohne einen Weg zurück. Die Vernichtung des Gegners zum Preis der Selbstvernichtung wird in Kauf genommen.

(Glasl, Konfliktmanagement)

1 ***Erläutern Sie, ab welcher Stufe der Konflikt eine Eigendynamik entwickelt.***

2 ***Stellen Sie einen konkreten Konflikt aus dem eigenen Erfahrungsbereich anhand des Stufenmodells dar. Dabei können Ihnen die folgenden Fragen helfen:***
Auf welcher Stufe befindet sich der Konflikt gerade? • Was sind die Anzeichen dafür? • Welche Stufen hat er durchlaufen?

Zwischenfazit

- Definitionen Konflikt
- die neun Stufen der Konflikteskalation nach Glasl

Konfliktmanagement

Konflikte lösen

Konflikte sind zwar nicht zu vermeiden, müssen aber gelöst werden, weil sie die Beziehungsstrukturen in allen Bereichen des menschlichen Zusammenlebens beeinträchtigen.

Konfliktmanagement

In deutschen Büros sind Konflikte an der Tagesordnung. Stimmung und Produktivität leiden.

Willkommen auf dem Schlachtfeld Büro – kaum ein Unternehmen, in dem sich nicht mindestens zwei Kollegen das Leben gegenseitig schwer machen. „Der Druck auf die Mitarbeiter steigt, und damit werden die Methoden aggressiver“, beobachtete Simone Pöhlmann, Juristin und Gründerin der Münchner Streitschule. Schon kleine Probleme führen zu heftigen Reaktionen und fressen wertvolle Energie auf. Untersuchungen haben ergeben, dass in Deutschland satte 15 Prozent der Arbeitszeit allein für das Austragen von Konflikten draufgehen. Dabei sind Streitigkeiten oft leicht lösbar, wissen Experten.

Wo viele Menschen aufeinandertreffen, bleiben Unstimmigkeiten nicht aus. Sie müssen sich jedoch nicht gleich zum nervenaufreibenden Konflikt auswachsen. Oft bedarf es nur ganz banaler Einsichten, um Streit zu vermeiden. Zum Beispiel der, dass man nicht allein auf der Welt ist. Ob Organisation von Meetings oder Erstellung des Urlaubsplanes – wer sagt denn, dass nur eine Ansicht, nämlich die eigene, richtig ist? […]

Nicht schweigen. Permanentes Musikgedudel im Großraumbüro, die schrille Telefonstimme am Schreibtisch gegenüber oder der Lüftungszwang des Kollegen sind per se noch kein Unglück. Entscheidend ist der richtige Umgang damit. Wenn etwas nervt, wählen viele Betroffene die bequeme Variante: Sie schweigen viel zu lange, anstatt Störfaktoren beim Namen zu nennen. So kommt es irgendwann zur Explosion. Zurück bleibt meist ein Scherbenhaufen, der eine weitere Zusammenarbeit schwierig oder gar unmöglich macht.

„Ein offener Austausch ist wesentlich für eine gute Zusammenarbeit im Team“, erklärt Achim Berendt, Berater für Konfliktmanagement in Stuttgart. Seiner Meinung nach lassen sich so viele potenzielle Auseinandersetzungen im Keim ersticken. Dasselbe gilt auch für Missverständnisse. Vielleicht hat sich der andere einfach nur nicht deutlich genug ausgedrückt – die Kunst der klaren Kommunikation beherrschen nur wenige. Doch ganz schnell wird böse Absicht vermutet. „Fragen Sie nach, falls Sie das Gefühl haben, dass ein Missverständnis vorliegt. Vor allem: Machen Sie sich rasch Luft, sonst schwelt der Ärger vor sich hin und drängt Sie zu unnötigen Vergeltungsschlägen“, erklärt Konfliktmanager Berendt.

Wer die Aussprache sucht, sollte allerdings nicht wild drauflospoltern. Im Büro-Alltag gilt wie in der Freizeit: Der Ton macht die Musik. Larrisa Degen, Psychologin und Coach, empfiehlt im Konfliktfall eine einfache Handlungsabfolge: „Stellen Sie das Problem und die Gefühle, die es in Ihnen auslöst, klar dar. Erläutern Sie die Wirkung, die der Konflikt etwa auf den Arbeitsablauf oder auf die Produktivität hat, und präsentieren Sie zum Schluss Wünsche und Lösungsmöglichkeiten.“

(Focus, 03.08.2005)

1 *Stellen Sie auf der Grundlage des Textes dar, welche Möglichkeiten zur Konfliktlösung bzw. Konfliktreduzierung bestehen.*

2 *Erörtern Sie Möglichkeiten und Grenzen der Konfliktlösung, indem Sie auch Ihre persönlichen Erfahrungen einbeziehen.*

3 *Beurteilen Sie die Bedeutung von Konfliktlösungen im Berufsalltag hinsichtlich der Arbeitsproduktivität der einzelnen Mitarbeiter.*

Konflikte vermeiden

Konflikte entstehen nicht aus dem Nichts, sie bahnen sich an. Es ist wichtig, solche Signale zu verstehen, um einen Konflikt zu vermeiden. Häufig genügt es schon, Aussagen, die einen Angriff auf die Beziehungsebene beabsichtigen, umzuformulieren.

Formulierungen des Alltags

Aussagen mit Angriff auf der Beziehungsebene	Mögliche Interpretation des Gesprächspartners
„Falsch!“	Ich werde als blöd dargestellt.
„Damit ich mich nicht wiederholen muss …“	Sind wir hier in der Schule?
„Das habe ich nicht gemeint.“	Darauf wäre ich ja nie gekommen.
[…]	[…]
„Da haben Sie mich falsch verstanden.“	Bin ich ein Trottel?
„Da muss ich Sie korrigieren.“	Ach ja? Was habe ich denn falsch gemacht?
„Das ist doch logisch.“	Heißt das, dass ich unlogisch argumentiere?
„Ungeachtet dieser Tatsache …“	So ein Umstandskrämer.
„Das ist mir egal.“	Mir auch.
„In der Theorie haben Sie recht …“	Das sagt der mir als Praktiker?
„Das entspricht nicht den Tatsachen.“	Ich lüge?
„Ganz einfach.“	Meine Güte, bin ich dumm.
„Schon, aber …“	Jetzt soll ich für doof verkauft werden.

(Heeper, Astrid; Schmidt, Michael: Formulierungen des Alltags, Aus: Verhandlungstechniken. Vorbereitung, Strategie und erfolgreicher Abschluss. Berlin: Cornelsen Scriptor 2004, S. 44.)

1 *Formulieren Sie die Aussagen so um, dass sie keinen Konflikt auslösen.*

Basiswissen Konfliktmanagement

Konflikte können durch **verstärkte Kommunikation** und **Kooperation** vermieden werden. Erste Anzeichen sich anbahnender Konflikte sind sorgfältig zu prüfen. Gerade in diesen Situationen muss die Gesprächsintensität zunehmen, um Präventivmaßnahmen zur Konfliktvermeidung ergreifen zu können. **Bestehende Konflikte** können ebenfalls nur durch Gespräche gelöst werden. Sind die Konfliktparteien nicht in der Lage, selbst zur Lösung ihrer Probleme beizutragen, ist Hilfe von außen erforderlich. Eine erfolgreiche Deeskalation ist allerdings nur möglich, wenn alle am Konflikt Beteiligten eine Bereitschaft zur friedlichen Streitlösung demonstrieren und auch wirklich wollen. Ziel der Verhandlungen über die **Konfliktlösung** kann das **Aushandeln eines Kompromisses** sein. Konflikte am Arbeitsplatz sollten im Ergebnis zu einem Ausgleich zwischen den Konfliktparteien führen, der eine weitere Zusammenarbeit ermöglicht. Ein Neubeginn ist möglich, wenn die am Konflikt Beteiligten für ihr jeweiliges Handeln Verantwortung übernehmen und sich ggf. für ihr Verhalten entschuldigen bzw. einen Schadensausgleich anbieten.

2 *Beurteilen Sie die Konfliktsituation in dem von Ihnen dargestellten Konfliktablauf (S. 253, Aufgabe 2) hinsichtlich der Möglichkeiten einer Konfliktreduzierung auf der Grundlage eines Konfliktmanagements.*

Über Konflikte sprechen

Bei Konflikten wird in der Regel der kommunikative Austausch stark eingeschränkt, die Wahrnehmung verändert sich, weil sie auf trennende Elemente fokussiert ist, das gegenseitige Misstrauen nimmt zu. Eine besondere Form von Arbeitsplatzkonflikten stellt das Mobbing da.

Beate von Eisenhart-Rothe: Miteinander zu reden ist noch der beste Schutz

Kaum ein Feindbild ist in Deutschland so ausgeprägt wie das des Chefs. Anstatt gemeinsam an einem Strang zu ziehen, gleicht das Verhältnis zwischen Vorgesetzten und Untergebenen häufig einem ewigen Kleinkrieg. Nicht immer endet dieser Konflikt zu Lasten der Mitarbeiter. Auch an den Chefs geht er nicht spurlos vorbei. Vielleicht fängt es mit einem schlechten Witz auf seine Kosten an. Oder der Chef wird in der Kantine gemieden. Dann läuft die Zusammenarbeit in der Arbeitsgruppe deutlich schlechter als erwartet. Eigeninitiative der Mitarbeiter gibt es fast gar nicht. Später kommen Gerüchte hinzu, üble Nachreden über sein Privatleben. […]

Ganz unschuldig sind die Herren und Damen aus den Führungsetagen nicht. „Wenn der Vorgesetzte gemobbt wird, hat dies auch immer damit zu tun, dass er Führungsaufgaben nicht richtig wahrgenommen hat“, sagt Beate von Eisenhart-Rothe von der Mobbingberatungsstelle Hannover. Wer nur verwaltet, aber keine klaren Ziele definiert, wer Aufgaben verteilt, aber die Umsetzung nicht überprüft, hat häufig unzufriedene Mitarbeiter. Zudem wird eigene Unsicherheit oft mit einer aufbrausenden, aggressiven Art verdeckt. Auch dies ist einer guten Beziehung wenig förderlich.

Bei vielen Führungskräften herrsche die Mentalität von „einsamen Wölfen“. Schwierigkeiten würden selten zur Sprache gebracht und wenn doch, mit dem Hinweis „sieh zu, dass du deinen Laden wieder in den Griff bekommst“ kommentiert. Erfolg werde vor allem in nackten Zahlen gemessen – in steigenden Umsätzen und Gewinnen. Vor allem Männer hätten Schwierigkeiten, sich selbst einzugestehen, dass die Zusammenarbeit mit den Mitarbeitern nicht mehr funktioniere, so Eisenhart-Rothe. Die Konflikte werden ignoriert, Ängste geschluckt. Man müsse nur weitermachen, lautet der Wahlspruch, dann werde sich alles andere schon von selbst lösen. Wer an dem Druck zerbricht, wird krank. Um das Schlimmste zu verhindern, sollte für den Konflikt im Unternehmen externe Unterstützung gesucht werden, empfiehlt Fleissner. „Ein Berater kann sich beide Seiten anhören und etwas Dampf aus dem Konflikt nehmen.“

Unter der Aufsicht eines Beraters kommt es zur Aussprache. Klare Ich-Botschaften sollten vermittelt werden. Was eine Grenzüberschreitung sei, bestimme immer der Einzelne. „Der eine lacht bei einem Witz, den andere über ihn machen, selbstironisch mit. Andere fühlen sich dadurch verletzt.“ Die klare Aussage: Ich möchte nicht, dass auf meine Kosten gelacht wird. Frauen, die sich zudem unangenehm durch männliche Mitarbeiter belästigt fühlen, müssen auch hier klarstellen, was geht und was nicht. Schon eine Umarmung kann zu viel sein.

Nach dem Gespräch sollten Regeln festgelegt werden, wie man in Zukunft mit dem Konflikt umgeht. Mit einigem Abstand kann ein weiteres Gespräch vereinbart werden, um zu sehen, was das klärende Gespräch gebracht hat. Der Vorgesetzte hat dabei eine gute Position. Er kann die Mitarbeiter zu den Gesprächen verpflichten.

(Die Welt, 28.05.08)

1 ***Bearbeiten Sie den Text mithilfe folgender Fragestellungen:***

a) Beschreiben Sie die Faktoren, welche die Konfliktentwicklung begünstigen?

b) Erläutern Sie, welche Strategien zur Konfliktvermeidung bzw. Konfliktlösung in der Textvorlage empfohlen werden.

Konflikte durch Mediation lösen

Eine besondere Form der Konfliktlösung im Berufsleben stellt die Mediation dar. Sie unterscheidet sich von einer gerichtlichen oder anwaltlichen Vermittlung zur Lösung von Konflikten. In einem Mediationsverfahren wird eine Problemlösung angestrebt, die bei allen Beteiligten auf ein Maximum an Akzeptanz stößt. In der Rechtspflege wird der Begriff „Mediation" für die Erarbeitung einer außergerichtlichen Problemlösung verwendet.

Wenn es im Getriebe knirscht

Der selbstständige IT-Spezialist Martin K. leitete im Ausland ein Projekt für eine Unternehmensberatung und kündigte nach einem Jahr ordnungsgemäß. Ein Mitarbeiter des Auftraggebers sollte seine Position übernehmen. K. sollte ihn noch einweisen und reiste dazu nach dem Ende seines Jobs noch mal ins Ausland. Der Mitarbeiter erschien jedoch nicht.

Der IT-Projektleiter stellte daraufhin seine letzte Rechnung über rund 12.000,– Euro. Doch der Auftraggeber reagierte nicht – weder Nachfragen noch Mahnungen halfen. Erst nach Einschalten eines Rechtsanwalts antwortete das Unternehmen nunmehr mit einer Geldforderung von 60.000,– Euro, da K. seine Leistungen angeblich nicht vertragsgemäß erbracht habe. Hierauf sah der IT-Spezialist nur noch eine Möglichkeit: eine Klage vor Gericht.

Als die gleiche Unternehmensberatung K. jedoch für ein neues, langfristiges Projekt für einen Kunden engagieren wollte, sahen sich beide Seiten gezwungen, doch noch eine andere Lösung zu finden. Sie baten Rechtsanwalt Bruno Grunewald darum, eine Mediation durchzuführen. Das Ergebnis: Alle Beteiligten mussten miteinander ins Gespräch kommen und erhielten einen vollkommen neuen Eindruck von der Gegenseite. Sie erkannten, warum der andere sich so verhalten hatte. Nach etwa drei Stunden kam man schon zu einem konkreten Ergebnis: Die Unternehmensberatung ließ die Gegenforderungen fallen und zahlte dem Freiberufler 80 Prozent seiner Honorarforderung. Die Kosten der Mediation in Höhe von rund 1.000,– Euro teilte man sich und sparte so geschätzte 15.000,– Euro Gerichtskosten.

So wie in diesem Fall läuft eine Mediation optimal.

Mediation ist ein Verfahren, um berufliche Konflikte außergerichtlich zu lösen. Rechtsanwalt Grunewald, der bei der Deutschen Anwaltsakademie eine Zusatzausbildung zum Mediator gemacht hat, erklärt, was das Verfahren auszeichnet: „Durch die vermittelnde Rolle einer dritten, neutralen Person im Gespräch kommt oft das auf den Tisch, worum es wirklich bei dem Streit geht." Meist seien Honorarforderungen oder die nicht ordnungsgemäß geleistete Arbeit nur stellvertretende Aspekte. „Oft haben in Wahrheit zwischenmenschliche Dinge, wie verletzter Stolz, den Konflikt ausgelöst", sagt Grunewald.

Mediation führt laut Studien aus den USA, wo das Verfahren länger erprobt ist als hier zu Lande, in 75 bis 80 Prozent der Fälle zum Erfolg.

(Frankfurter Rundschau, 17.02.2007)

1 ***Beschreiben Sie auf der Basis der Textgrundlage den Unterschied zwischen einer Mediation und einer gerichtlichen Auseinandersetzung.***

2 ***Erläutern Sie die Vorteile, die die Konfliktparteien aus dem Mediationsverfahren ziehen konnten.***

3 ***Aus der Kommunikationstheorie kennen Sie das „Eisbergmodell" (➪ Kapitel 11). Beurteilen Sie dessen Relevanz für die Mediation. Beziehen Sie sich dabei auf die Beschreibung der Mediation durch Rechtsanwalt Grunewald.***

Mediationstechniken

Das Ziel des Mediationsverfahrens besteht darin, eine vertrauensvolle und offene Kommunikation und Kooperation zwischen den Konfliktparteien zu schaffen und mit diesen eine gemeinsame, tragfähige und nachhaltige Konfliktlösung zu erarbeiten. Hierzu werden bestimmte Techniken eingesetzt.

Basiswissen – Mediationstechniken

Spiegeln
Diese Methode entstammt der Humanistischen Psychologie. Einer der Konfliktpartner gibt in eigenen Worten wieder, was er von seinem Konfliktpartner an Inhalten und Gefühlen aufgenommen hat. Diese „Spiegelung" erfordert ein hohes Maß an Empathie.

Doppeln
Das Doppeln kennzeichnet eine inhaltlich-verbale Vermittlungsstrategie, wobei der Mediator schwierige Inhalte von einem Konfliktpartner zum anderen transportiert. Die Aufgabe des Mediators besteht darin, die Aussagen so zu präsentieren, dass der Angesprochene sie nachvollziehen kann, der Gedoppelte sie aber auch als seine zu erkennen vermag.

Reframing
Diese Methode beinhaltet eine Umdeutung, wobei einer Situation oder einem Geschehen eine andere Bedeutung oder ein anderer Sinn zugewiesen wird. Primär geht es darum, konfliktträchtige Inhalte in einen anderen Blickwinkel zu transportieren. Bekannt ist diese Methode aus der Familientherapie, der folgendes Beispiel zuzuordnen ist: Das Eltern-Kind-Verhältnis kann seitens des Kindes so empfunden werden: „Meine Eltern mischen sich ständig in mein Leben ein." Durch Umdeutung kann die Mediation ein positives Empfinden schaffen und damit zur Konfliktlösung beitragen: „Ihre Eltern wollen Ihnen helfen."

Reflecting
Diese Methode verfolgt das Ziel, einen **gemeinsamen** Prozess der Ratsuchenden, des Beratenden und der Beobachtenden zu initiieren. Mit den Ratsuchenden arbeitet also ein komplettes therapeutisches Team, wobei ein Teil dieses Teams, nämlich der beobachtende, eine reflektierende Funktion einnimmt. Dieser Teil ist nicht am Gespräch mit den Ratsuchenden selbst beteiligt, verfolgt jedoch den Kommunikationsprozess und wird in die Konfliktlösung eingebunden. Durch dieses Verfahren wird ein Raum für die Entwicklung vielfältiger Perspektiven und Lösungsmöglichkeiten für die Konfliktparteien geschaffen.

Zwischenfazit

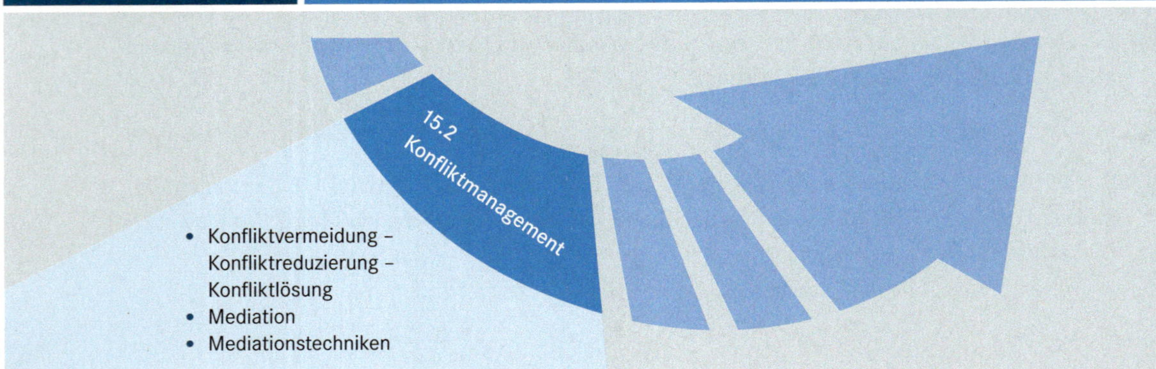

Grundlagen der Motivation im Beruf

Motivationsanreize bestimmen

Die Motivation ist eine zentrale Grundlage menschlichen Handelns. Sie bestimmt den Grad des Engagements, mit dem Menschen Ziele verfolgen und Aufgaben erledigen.

1 ***Untersuchen Sie die Karikatur unter folgenden Gesichtspunkten:***

a) Stellen Sie dar, welche Vorstellungen über Motivation die Karikatur transportiert.

b) Was bedeutet Motivation für Sie? Decken sich Ihre Vorstellungen mit denen, die die Karikatur vermittelt, oder weichen sie davon ab? Erläutern Sie.

Die Motivation der Mitarbeiter ist ein entscheidender Faktor für den betrieblichen Erfolg oder Misserfolg.

Dienst nach Vorschrift ist die Regel

Viele Deutsche verrichten ihre Arbeit mit gebremstem Elan. Gerade einmal 12 Prozent der Beschäftigten fühlen sich einer aktuellen Studie zufolge ihrem Arbeitgeber gegenüber verpflichtet und sind im Job motiviert und engagiert. Die mangelnde Motivation führt zu hohen Fehlzeiten und Milliardenschäden für die Wirtschaft.

[…]

Das geringe Maß an Verbundenheit von Beschäftigten mit ihrem Arbeitgeber hat durchaus Folgen: Es führt laut dem IFAK-Institut zu vielen Fehltagen. Arbeitnehmer mit hoher Bindung fehlten im Schnitt 4,3 Tage. Bei Angestellten mit geringer Bindung waren es dagegen 10 Tage. Die Kosten für die hohen Fehlzeiten gehen in die Milliarden.

Die Arbeitnehmer der ersten Gruppe seien außerdem deutlich engagierter, wenn es um Verbesserungen und Innovationen am Arbeitsplatz geht. Sie haben im Schnitt in den zurückliegenden 12 Monaten 17,5 Ideen und Vorschläge eingebracht. Bei den Kollegen ohne Identifikation mit dem Betrieb waren es nur 8,4.

Arbeitnehmer denken auch eher über einen Arbeitsplatzwechsel nach, wenn sie sich nur wenig mit dem Unternehmen identifizieren.

Schuld an der geringen Verbundenheit der Mitarbeiter sind dem Marktforschungsinstitut zufolge häufig Defizite in der Personalführung. So könnten Führungskräfte ihre Mitarbeiter besser ans Unternehmen binden, wenn sie die Bedürfnisse und Erwartungen der Beschäftigten berücksichtigen. Der Einfluss der Führungskräfte lasse sich auch daran messen, dass Chefs bei Beschäftigten mit hoher Unternehmensbindung besser wegkommen als Vorgesetzte von Mitarbeitern, die sich nicht mit dem Betrieb identifizieren.

(manager-magazin, 09.08.2008)

2 ***Nennen Sie die Folgen mangelnder Mitarbeitermotivation für ein Unternehmen.***

3 ***Beschreiben Sie die Bedürfnisse und Erwartungen, welche Mitarbeiter eines Unternehmens haben könnten.***

4 ***Nennen Sie Möglichkeiten, wie Beschäftigte besser an ein Unternehmen gebunden werden könnten.***

Intrinsische und extrinsische Motivation

Motivation ist die Voraussetzung für zielorientiertes Verhalten. Sie lässt sich nicht unmittelbar messen. Nur der Input und der Output des Verhaltens können beobachtet und damit gemessen werden. Man unterscheidet zwischen intrinsischer und extrinsischer Motivation.

Intrinsische Motivation

Intrinsische Motivation ist die Motivation, die ein Individuum aus einer Tätigkeit selbst erhält. Eine dauerhafte Arbeitsmotivation kann immer nur aus der Arbeit selbst entstehen. Vor dem Hintergrund dynamischer Märkte mit hohem Innovations- und Kostendruck stellen eigenständige, flexible und vorausschauende Mitarbeiter, die sich „um der Sache willen" mit ihrem ganzen Wissen und ihrer gesamten Problemlösungsfähigkeit für das Unternehmen engagieren, mehr denn je einen entscheidenden Wettbewerbsfaktor dar. Man könnte intrinsische Motivation auch folgendermaßen definieren: „Jemand tut etwas, weil er es selbst tun will." Wichtige Mitarbeitereigenschaften wie etwa Kreativität, Engagement, Eigenverantwortung und Zuverlässigkeit sind immer intrinsisch motiviert – sie beruhen auf Freude am Tun. Intrinsische Motivationsfaktoren lassen sich nur ändern, wenn man die Arbeitsaufgabe selber ändert.

Extrinsische Motivation

Das Gegenstück zur intrinsischen Motivation ist die extrinsische Motivation. Darunter versteht man die von „außen" zugeführte Motivation. Die extrinsische Motivation entsteht nicht aus der Aufgabe, sondern durch „externe" Anreizfunktionen von Vorgesetzten und Unternehmensleitung, z. B.: Arbeitsentlohnung, Schichtzulage, Provision, Sonderurlaub etc.

(www.intrinsische-mitarbeitermotivation.de)

1 ***Untersuchen Sie den Text unter folgenden Gesichtspunkten:***

a) Klären Sie mithilfe von Nachschlagewerken alle Ihnen unbekannten Begriffe.

b) Erstellen Sie auf der Basis des Textes eine Mindmap zum Begriff Motivation.

c) Suchen Sie in Ihrem aktuellen Betätigungsfeld (Schule) nach Beispielen für intrinsische und extrinsische Motivation.

d) Beurteilen Sie den Einfluss, den die jeweilige Variante der Motivation auf Ihr Arbeitsverhalten und Ihre Arbeitsergebnisse hat.

Extrinsische und intrinsische Motivation sind in der Regel gleichzeitig vorhanden. Fraglich bleibt, inwieweit die extrinsische Motivation, die insbesondere im Sport eine zentrale Rolle spielt, zusätzliche Leistungsanreize schaffen kann.

„Ich will, ich kann, ich werde" – Der Trainer Christoph Daum wäre gerne ein gelassener Mann

Christoph Daum, 1953 in Oelsnitz bei Zwickau geboren, war drei Jahre alt, da gingen seine Eltern nach Duisburg. Sie ließen ihn bei den Großeltern, bis sie sich in der neuen Heimat niedergelassen hatten. Er musste lernen, sich durchzusetzen. Und er hat sich durchgesetzt. Daum ist rastlos, immer muss etwas Neues passieren und ausprobiert werden. Daum ist Mitbesitzer eines Computerunternehmens, er malt und interessiert sich für Literatur. Daum teilt seine Ergriffenheit nur gelegentlich mit und zaubert dann aus zusammengeflossenen Erinnerungen an Werke der Weltliteratur Sätze hervor, die ihn besonders beeindruckt haben. Den eines

Intrinsische und extrinsische Motivation

alten, traurigen Mannes zum Beispiel: „Wie sehne ich mich nach ein bisschen Begeisterung!“ Dann begeistert sich Daum für diese Sehnsucht und reißt die Augen auf. Denn es ist seine eigene. Eine Sehnsucht danach, mit seiner Leidenschaft etwas zu erreichen. Die Sehnsucht, dafür geliebt, zumindest gemocht zu werden.

Die Spieler schätzen ihren Trainer für seine Arbeit. Aber sie lassen auch nicht unerwähnt, dass es eine große Distanz zu ihm gibt. Vielleicht, weil er seine Sehnsüchte immer so flammend nach außen trägt, überfordert er viele Menschen, denen es dann schwerfällt, seinen Taten zu folgen.

Daum hat früh begriffen, dass er ein guter Lehrer ist. Schon während seiner aktiven Zeit in der Amateurmannschaft des 1. FC Köln studierte er an der Sporthochschule. Er behauptete sich und machte Köln zweimal zum Vizemeister. Schon damals wurde auf den Tribünen des Münchener Olympiastadions die Schmähung „Vize-Meister-Daum“ geboren. Dass er einmal versucht hat, die Kölner Spieler zusätzlich zu motivieren, indem er Geldscheine an die Kabinenwand heftete, machte es den Widersachern aus München noch leichter, über ihn zu lachen.

Daum sieht sich selbst als Visionär der Branche, als einen, der immer wieder Neues ausprobiert, der die Möglichkeiten der psychologischen Betreuung und Motivation auslotet, damit die Spieler das, was sie mit den Füßen lernen, auch im Kopf beherrschen.

So wie einst über die Geldscheine an der Kabinenwand gelacht wurde, wurde Spott darüber getrieben, dass Daum einen so genannten Personal Team Trainer in seinen Stab aufnahm, der die Spieler psychologisch betreut. Und erst recht gab es Gelächter, als Daum seine Spieler barfuß über Scherben laufen ließ, um ihr Selbstvertrauen zu stärken. Daum hat ein Faible für solche Formen der Motivation.

(Berliner Zeitung, 20.05.2000)

2 ***Beschreiben Sie die Art von Motivation, die den Berufsalltag des Fußballtrainers Daum prägt. Wie wirkt sie auf seine Spieler?***

3 ***Begründen Sie, welche Motivationsvariante (intrinsisch/extrinsisch) Daum in welcher Situation für seine Spieler bevorzugt.***

4 ***Beurteilen Sie aufgrund Ihrer eigenen Erfahrungen Möglichkeiten und Grenzen von extrinsischer Motivation. Tauschen Sie Ihre Ergebnisse in der Klasse aus.***

Zwischenfazit

- Motivationsanreize bestimmen
- intrinsische Motivation
- extrinsische Motivation

Motivationstheorien kennen und anwenden

Die „Hierarchie der Bedürfnisse“ nach Maslow

Der US-amerikanische Psychologe Abraham Maslow hat eine Theorie entwickelt, die das Streben des Menschen nach Anerkennung und Selbstverwirklichung in den Mittelpunkt stellt.

Die Bedürfnispyramide von Maslow

[...] Die fünf Bedürfnisklassen nach Maslow können kurz in folgender Weise charakterisiert werden:

1. Die Grundbedürfnisse (V) umfassen das elementare Verlangen nach Essen, Trinken, Kleidung und Wohnung. Ihr Vorrang vor den übrigen Bedürfnisarten ergibt sich aus der Natur des Menschen.

2. Das Sicherheitsbedürfnis (IV) drückt sich aus in dem Verlangen nach Schutz vor unvorhersehbaren Ereignissen des Lebens (Unfall, Beraubung, Krankheit etc.), die die Befriedigung der Grundbedürfnisse gefährden können.

3. Die sozialen Bedürfnisse (III) umfassen das Streben nach Gemeinschaft, Zusammengehörigkeit und befriedigenden sozialen Beziehungen.

4. Wertschätzungsbedürfnisse (II) spiegeln den Wunsch nach Anerkennung und Achtung wider. Dieser Wunsch bezieht sich sowohl auf Anerkennung von anderen Personen als auch auf Selbstachtung und Selbstvertrauen. Es ist der Wunsch, nützlich und notwendig zu sein.

5. Als letzte und höchste Klasse werden die Selbstverwirklichungsbedürfnisse (I) genannt. Damit ist das Streben nach Unabhängigkeit und nach Entfaltung der eigenen Persönlichkeit gemeint.

Die pyramidale Anordnung bedeutet nicht nur, dass die „unteren“ Bedürfnisse im Entwicklungsprozess früher in Erscheinung treten, sondern auch, dass sie in einem engeren Sinne physiologisch bestimmt sind und deshalb auch weniger individuelle oder soziale Ausdrucksvarianz kennen. Der maslowsche Ansatz baut auf zwei Thesen auf, dem Defizitprinzip und dem Progressionsprinzip.

Das Defizitprinzip besagt, dass Menschen danach streben, unbefriedigte Bedürfnisse zu befriedigen. Ein befriedigtes Bedürfnis hat keine Motivationskraft.

Das Progressionsprinzip besagt, dass menschliches Verhalten grundsätzlich durch das hierarchisch niedrigste unbefriedigte Bedürfnis motiviert wird. Der Mensch versucht zunächst, seine Grundbedürfnisse zu befriedigen. Ist das geschehen, dann bedeuten diese keinen Handlungsanreiz mehr. Gesättigte Bedürfnisse bauen keine Spannungszustände auf, zu deren Beseitigung Kräfte mobilisiert werden. Im Motivationsprozess werden deshalb die nächsthöheren Motive, die Sicherheitsbedürfnisse, aktiviert. Dieser Prozess setzt sich fort bis zum Bedürfnis nach Selbstverwirklichung, wobei für dieses Bedürfnis [...] postuliert wird, dass es nie abschließend befriedigt werden kann. Letzteres stellt also einen Bedürfnistypus besonderer Art dar, Maslow nennt sie Wachstumsbedürfnisse im Unterschied zu den Defizitbedürfnissen. Dieser Lauf der Motiventwicklung wird gestoppt, wenn auf einer der bezeichneten Ebenen keine Befriedigung des Bedürfnisses erfolgt. Das nächsthöhere Bedürfnis wird dann nicht verhaltensbestimmend.

(www.intrinsische-mitarbeitermotivation.de)

1 ***Visualisieren Sie die „Hierarchie der Bedürfnisse“, indem Sie eine Pyramide mit fünf Stufen in Ihr Heft übertragen und die fünf Bedürfnisklassen in die jeweilige Stufe einfügen.***

2 ***Geben Sie mit eigenen Worten wieder, was unter dem „Defizitprinzip“ und dem „Progressionsprinzip“ zu verstehen ist.***

3 ***Beschreiben Sie, was für Sie „Selbstverwirklichung“ bedeutet.***

Die „Zwei-Faktoren-Theorie“ von Herzberg

Maslows Schüler Frederick Irving Herzberg entwarf ein Modell zur Arbeitszufriedenheit und Arbeitsmotivation.

Die Zwei-Faktoren-Theorie von Herzberg

Das neben Maslow in der Management-Literatur am häufigsten genannte Motivationsmodell wurde von Herzberg und Mitarbeitern entwickelt. Herzberg leitet in seiner Zwei-Faktoren-Theorie die Vorstellung ab, dass Zufriedenheit und Unzufriedenheit nicht länger als Extrempunkte eines Kontinuums gesehen werden dürfen, sondern als zwei unabhängige Dimensionen.

– Unzufriedenheit wird durch (extrinsische) Faktoren der Arbeitsumwelt (dissatisfier) hervorgerufen. Die wichtigsten „dissatisfier“ oder „Hygiene-Faktoren“ sind: Personalpolitik, Status, fachliche Kompetenz des Vorgesetzten, Beziehung zu Vorgesetzten, Kollegen und Mitarbeitern u.a. Eine ausreichende Berücksichtigung dieser Faktoren führt nur zum Fortfall der Unzufriedenheit, nicht aber zur Zufriedenheit.

– Zufriedenheit kann nur über (intrinsische) Faktoren erreicht werden, die sich auf den Arbeitsinhalt beziehen. Die wichtigsten „satisfier“ bzw. „Motivatoren“ sind: Leistungs- bzw. Erfolgserlebnis, Anerkennung für geleistete Arbeit, Arbeit selbst, Verantwortung, Aufstieg, Möglichkeit zur Persönlichkeitsentfaltung.

Herzberg hat aus diesen Erkenntnissen und seinen Untersuchungen den Schluss gezogen, dass nur solche Faktoren eine wirkliche Motivationskraft freisetzen können, die sich auf den Arbeitsinhalt und auf die Befriedigung persönlicher Wachstumsmotive beziehen. Ohne diese Faktoren (Motivatoren) kann es keine wirkliche Zufriedenheit und damit Motivation geben. Dies ist zugleich eine radikale Absage an allzu einfach konzipierte Motivationsprogramme wie Incentive-Reisen, Prämien, Aktionspläne usw., die das Motivieren als mechanische Anreiztechnik missverstehen.

(www.intrinsische-mitarbeitermotivation.de)

1 *Geben Sie mit eigenen Worten wieder, wie Herzberg Zufriedenheit und Unzufriedenheit im beruflichen Alltag definiert.*

2 *Erläutern Sie, welche Konsequenzen diese Aussage für die Motivierung von Mitarbeitern im beruflichen Alltag hat.*

3 *Ordnen Sie die Hygiene-Faktoren und Motivatoren (oben) den möglichen Situationen (unten) zu.*

geringe Hygiene und geringe Motivation • geringe Hygiene und hohe Motivation • hohe Hygiene und geringe Motivation • hohe Hygiene und hohe Motivation

Die Mitarbeiter haben kaum Beschwerden, sind aber auch kaum motiviert.

Die Mitarbeiter sind hoch motiviert und haben wenige Beschwerden.

Die Mitarbeiter sind unmotiviert und haben viele Beschwerden.

Die Mitarbeiter sind motiviert, haben aber gleichzeitig viele Beschwerden. Der Beruf wird als aufregend und herausfordernd empfunden, aber die Arbeitsbedingungen sind nicht optimal.

Motivationstheorien anwenden

Das Engagement der Berufstätigen in der Arbeitswelt steht in einer engen Abhängigkeit zur Motivation. So sind beispielsweise persönlich ausgesprochene Anerkennungen leistungsfördernd, weil sie die Mitarbeiter motivieren.

Jeder Erfolg reizt, es neu zu versuchen

von Prof. Walter Simon

Sie haben grundsätzlich zwei Möglichkeiten, Ihre Mitarbeiter zu bewegen: durch Zwang und Druck oder durch Anerkennung und Überzeugung. Beide Wege sind wirksam, jedoch mit unterschiedlicher Intensität. Ein durch Zwang bewirktes Verhalten bleibt nur während der Dauer der Zwangsanwendung wirksam. Ein mit Anerkennung verbundenes Verhalten wird in der Regel wiederholt, da die Anerkennung ein Lustempfinden bereitet. Motivation beruht auf Bedürfnissen. Unbefriedigte Bedürfnisse erzeugen innere Spannung. Daraus entstehen Motive, die in Handlungen oder Unterlassungen münden. Der amerikanische Psychologe Abraham Maslow entwickelte schon vor 40 Jahren eine Theorie der motivationsauslösenden Bedürfnisse, nach der hunderttausende Führungskräfte der ganzen Welt trainiert wurden. Nach Maslow sind die Bedürfnisse hierarchisch gegliedert: Erst wenn das rangniedere befriedigt ist, wirkt das nächsthöhere motivierend. Bertolt Brecht brachte das auf die einfache Formel: „Erst kommt das Fressen, dann die Moral."

Die sozialen Bedürfnisse sind als Motivator nutzbar, etwa durch Teamwork, gute Information und Kommunikation oder kooperatives Vorgesetztenverhalten.

Wenn das Gemeinschaftsbedürfnis befriedigt ist, stellen sich psychologische Bedürfnisse nach Anerkennung und Wertschätzung ein. Sie müssen als Motivatoren genutzt werden, indem Aufstiegsmöglichkeiten geschaffen oder Kompetenzen per Delegation erweitert werden.

Auch mit Mitarbeiterseminaren kann Anerkennung ausgesprochen werden. Am wirksamsten jedoch ist die persönlich ausgesprochene Anerkennung durch den Vorgesetzten. Dieses muss sich auf ein konkretes Verhalten beziehen und sollte unmittelbar danach erfolgen. Führt ein Verhalten zum Erfolg, dann wird es wiederholt. Darum ist der Erfolg der größte Motivator, denn nichts ist so erfolgreich wie der Erfolg. Das an der Spitze stehende Bedürfnis nach Selbstentfaltung bezieht sich auf das menschliche Streben, „alles zu werden, was zu werden man fähig ist". Die spezifische Form dieses Bedürfnisses ist von Person zu Person unterschiedlich. Der eine findet seine Selbstverwirklichung am PC, der Nächste in der Kunst. Viele Mitarbeiter befriedigen ihre Anerkennungs- und Selbstentfaltungsbedürfnisse mit Freizeit- oder Vereinsaktivitäten, weil ihnen der Betrieb oder die Art der Arbeit die Befriedigung der Bedürfnisse vorenthält.

Motivationstheorien anwenden

Einer der Schüler Maslows, Frederik Herzberg, bestätigte Maslows Theorie empirisch und gab diese Empfehlungen, Mitarbeiter zu motivieren: Informieren Sie ständig Ihre Mitarbeiter über die Ereignisse ihrer Arbeit. – Die Arbeit Ihrer Mitarbeiter sollte eine Lernkomponente besitzen, sodass sich diese ständig weiter qualifizieren – Die Ergebnisse und Erfolge der Arbeit müssen jedem Mitarbeiter persönlich zugerechnet werden. – Ermöglichen Sie die direkte Kommunikation zwischen Ihren Mitarbeitern, möglichst ohne Instanzwege.

(Die Welt, 08.01.2000)

1 ***Erarbeiten Sie den Text unter folgenden Gesichtspunkten:***

a) Beschreiben Sie die Anregungen zur Verbesserung der Mitarbeitermotivation, die im Text auf der Grundlage der Motivationstheorien von Maslow und Herzberg gegeben werden.

b) Erklären Sie die Tatsache, dass viele Beschäftigte ihre „Selbstentfaltungsbedürfnisse mit Freizeit- und Vereinsaktivitäten" (Z. 48–49) befriedigen.

c) „Nichts ist so erfolgreich wie der Erfolg." (Z. 40–41) Erläutern Sie diese Aussage mit Hinblick auf die Motivationstheorien von Maslow und Herzberg.

d) Können Sie diese These durch eigene Lebenserfahrungen bestätigen? Nennen Sie Beispiele.

Fazit

Prüfungsvorbereitung

Anlässlich der Gala zum Deutschen Fernsehpreis lehnte der Literaturkritiker Marcel Reich-Ranicki seine Ehrung ab.

Eklat beim Deutschen Fernsehpreis: Marcel Reich-Ranicki verweigert seine Ehrung.

Wir dokumentieren Auszüge aus seiner Rede und seinem Diskurs mit Thomas Gottschalk.

Marcel Reich-Ranicki: Meine Damen und Herren, ich habe in meinem Leben, in den 50 Jahren, die ich in Deutschland bin, viele Literaturpreise bekommen. Sehr viele, darunter auch die höchsten, wie den Goethepreis, den Thomas-Mann-Preis und einige andere. Und ich habe immer gedankt für diese Preise, wie es sich gehört, und bitte – verzeihen Sie mir, wenn ich offen rede – es hat mir keine Schwierigkeiten bereitet, für die Preise zu danken. Heute bin ich in einer ganz schlimmen Situation. Ich muss auf den Preis, den ich erhalten habe, irgendwie reagieren und der Intendant Schächter sagte mir, bitte, bitte, bitte nicht zu hart. Ja, in der Tat. Ich möchte niemanden kränken, niemanden beleidigen oder verletzen. Aber ich möchte auch ganz offen sagen, ich nehme diesen Preis nicht an.

Ich hätte das, werden Sie denken und sagen, früher erklären sollen – natürlich, aber ich habe nicht gewusst, was hier auf mich wartet, was ich hier erleben werde. Ich gehöre nicht in diese Reihe der – heute vielleicht sehr zu Recht – Preisgekrönten. Wäre der Preis mit Geld verbunden, hätte ich das Geld zurückgegeben. Aber er ist ja nicht mit Geld verbunden, ich kann nur diesen Gegenstand, der hier verschiedenen Leuten überreicht wurde, von mir werfen oder jemandem vor die Füße werfen. Ich kann das nicht annehmen.

Und ich finde das auch schlimm, dass ich das hier vier Stunden erleben musste. Es gibt ja Abende, die man ganz schön erlebt. Nein, nicht, ich werde Ihnen jetzt nicht sagen, mit der Lektüre von Goethe oder Bertolt Brecht. Nein, man kann im Arte-Programm manchmal sehr schöne wichtige Sachen sehen. Ich habe auch früher häufig Wichtiges im 3Sat-Programm gesehen, aber das hat sich jetzt geändert.

Meist kommen da schwache Sachen, aber nicht dieser Blödsinn, den wir hier zu sehen bekommen haben. Ich will nicht weiter darüber reden, es sind ja auch Kollegen von mir hier auf der Bühne gewesen, Stefan Aust, Markwort und Thomas Gottschalk …"

Gottschalk: Darf ich einen Rettungsversuch unternehmen?

Marcel Reich-Ranicki: Los …

Gottschalk: Einen Vorschlag zur Güte – Sie haben wie immer völlig recht. Aber ich finde, wir sollten uns rächen. Sie können nicht einfach nach Hause gehen. Passen Sie auf: Hier sitzen die Intendanten des ZDF, von ARD, RTL. Wir setzen uns gemeinsam eine Stunde im Fernsehen hin – wir stellen diesen Preis in die Ecke und reden über alles das, worüber man im Fernsehen nicht mehr redet: über Bildung, über Lesen, über Erziehung …

Prüfungsvorbereitung

Marcel Reich-Ranicki: … über Literatur …
Gottschalk: Über Literatur zum Beispiel. Darf ich das sozusagen als ein Güteangebot – die Herrschaften können sich gerne darum streiten – ARD, ZDF, RTL sind durchaus eingeladen. Damit Sie sozusagen nicht mit leeren Händen nach Hause gehen, würde ich den (zeigt auf den Preis) für Sie aufbewahren. Wollen wir einfach dieses im Programm – wollen wir im ZDF, wir können auch gerne zusammenschalten – ARD will auch – bitte einigt euch, wir schalten gerne zusammen. Wir machen das an einem Sonntagabend. Ich bereite mich auf diese Veranstaltung vor – ist das in Ordnung?
Marcel Reich-Ranicki: Jawohl. Ich akzeptiere das, wenngleich skeptisch, ob was daraus werden wird.
Gottschalk: Das ist in Ordnung.
Marcel Reich-Ranicki: … ob wir beide was erreichen werden? Wir wissen im Voraus, was der ein oder andere Intendant sagen wird. Der wird nämlich sagen: Ihr habt ja recht, aber das lässt sich nicht so einfach realisieren.
Gottschalk: Sie haben den Ehrenpreis des deutschen Fernsehens. Sie dürfen alles im Fernsehen – wenn Sie ihn nehmen.
Marcel Reich-Ranicki: Ja, also. Wir wollen das nicht zu lang hier machen. Ich muss Ihnen noch eine kurze Geschichte zum Abschluss erzählen. Aber wir haben uns ja geeinigt und Gottschalk hat einen guten Vorschlag gemacht. Wollen wir sehen, was daraus wird. Jetzt will ich die Geschichte ganz kurz erzählen, eine wahre […]

(Süddeutsche Zeitung, 12.10.2008)

1 ***Analysieren Sie die vorliegende Kommunikationssituation mithilfe der folgenden Fragestellungen:***

a) Beurteilen Sie die verbalen Äußerungen zur Begründung der Ablehnung des Preises durch Reich-Ranicki auf der Basis der Theorie Schulz von Thuns.

b) Beurteilen Sie, ob der Dialog im Bereich einer komplementären oder symmetrischen Kommunikationssituation angesiedelt ist.

c) Erörtern Sie die sich daraus ergebenden Konsequenzen für den Gesprächsverlauf.

2 ***Erläutern Sie, ob gemäß der Definitionen Berkels, Galtungs und Glasls eine Konfliktsituation vorliegt.***

3 ***Stellen Sie dar, in welcher Form Thomas Gottschalk in der geschilderten Situation ein erfolgreiches Konfliktmanagement betreibt. Verweisen Sie auf Beispiele aus dem Text.***

4 ***Schreiben Sie den Dialog so um, dass eine Eskalation nach dem Konflikteskalationsmodell Glasls wahrscheinlich wäre.***

Prüfungsvorbereitung

Checkliste

- ☑ Können Sie den Begriff Konflikt inhaltlich anhand unterschiedlicher Definitionen erläutern?
- ☑ Können Sie das Zusammenwirken von beeinträchtigter Wahrnehmungsfähigkeit und reduzierter Fähigkeit zur Selbstkritik in Konfliktsituationen und die sich daraus ergebenden Konsequenzen für die Kommunikationssituation darstellen?
- ☑ Können Sie das Konflikteskalationsmodell nach F. Glasl inhaltlich erläutern und auf Situationen anwenden?
- ☑ Können Sie die Möglichkeiten zur Konfliktlösung und zur Konfliktreduzierung darstellen und deren Grenzen erläutern?
- ☑ Können Sie den Begriff ‚Mobbing' definieren?
- ☑ Können Sie den Begriff ‚Mediation' erklären und inhaltlich zwischen einzelnen Mediationstechniken unterscheiden?
- ☑ Können Sie erklären, was unter dem Begriff ‚Motivation' zu verstehen ist? Wissen Sie, welche Auswirkungen sich aus mangelnder Mitarbeitermotivation für Arbeitsabläufe und Produktionsprozesse ergeben können?
- ☑ Können Sie die Begriffe intrinsische und extrinsische Motivation inhaltlich unterscheiden?
- ☑ Können Sie die Motivationstheorien nach Maslow und Herzberg inhaltlich darstellen und aus diesen Theorien resultierende Konsequenzen anhand von konkreten Situationen nachweisen?
- ☑ Können Sie erläutern, welchen Einfluss diese Formen der Motivation auf Ihre eigene Leistungsfähigkeit in Schule und Beruf haben?

Kapitel 16

Textgebundene Erörterung

In Ihrem Alltag begegnen Ihnen viele Sachtexte, denen Sie bestimmte Meinungen und Fakten entnehmen können. Eine solche Beschäftigung mit Texten ist jedoch zumeist beiläufig und unsystematisch.

In diesem Kapitel lernen Sie, sich systematisch und konstruktiv mit in Texten dargelegten Argumenten und Behauptungen auseinanderzusetzen. In einer textgebundenen Erörterung legen Sie Ihren eigenen Standpunkt zu Sachverhalten und Positionen eines Autors, der eine strittige Frage behandelt, dar. Je genauer und kenntnisreicher Sie die Textposition deuten, desto überzeugender wirkt Ihr persönliches Urteil. Sie stellen Ihre eigene Haltung vor, unterstützen die Thesen der Textvorlage oder grenzen sich von ihnen ab und überzeugen den Leser Ihres Erörterungsaufsatzes von Ihrer eigenen Sicht.

Was ich aus anderen Kapiteln weiß

- ✔ Man unterscheidet informierende und meinungsbildende Texte (➪ Kapitel 3).
- ✔ Argumente werden mit Belegen und Beispielen unterstützt (➪ Kapitel 12).
- ✔ Eine überzeugende Argumentation muss schlüssig aufgebaut sein (➪ Kapitel 12).
- ✔ Sprachliche und stilistische Merkmale geben Aufschluss über die Autorenposition (➪ Kapitel 4).

Einen Text analysieren und ein Thesenreferat erstellen

Textanalyse

In einer textgebundenen Erörterung reagieren Sie auf Argumente, Belege und Beispiele einer Textvorlage mit eigenen Argumenten. Dafür ist es nötig, den Text zu analysieren und den Argumentationsaufbau herauszuarbeiten. Der folgende Text lenkt den Blick auf besondere Gefahren der Internetnutzung.

Wenn das Internet zum Pranger wird

von Viktor Funk

Besonders Lehrer wehren sich – selten mit Erfolg.

Hinter einem der beliebtesten Videos auf der Videoplattform YouTube steckt eine traurige Geschichte. Im Jahr 2002 spielt ein 14-jähriger Kanadier privat eine Kampfszene aus einer Star-Wars-Episode nach: Er schwingt mit einem Stab, als kämpfe er mit einer Laserlanze. Er filmt sich und vergisst das Video in der Kamera. Seine Freunde finden es.

Dann beginnt für ihn eine unfreiwillige Medienkarriere: Schnell verbreitet sich der Film erst im Bekanntenkreis, landet bald auf YouTube und wird selbst von BBC aufgearbeitet. Bisher wurde das „Star Wars Kid"-Video rund fünf Millionen Mal angesehen. Der Jugendliche war nie glücklich über die eigene Prominenz. Er ist depressiv geworden, möchte einen neuen Namen.

Im Internet sorgen Anonymität und die Verbreitungsmöglichkeiten oft für viel persönlichen Schmerz. Das Zentrum für empirische pädagogische Forschung der Universität Koblenz fand in einer Befragung unter 2100 Schülern im Jahr 2007 heraus, dass rund 20 Prozent von ihnen „Opfer von Cyber-Mobbing geworden waren". In den Klassen acht bis 13 tritt dieses Phänomen am häufigsten auf.

Dass besonders junge Menschen Täter wie Opfer digitaler Angriffe sind, hat zwei Gründe: Sie sind interneterfahrener als viele Erwachsene und sie kennen die Rechtslage oft nicht. Denn: Wer andere im Internet verleumde und verletzende Bilder oder Videos verbreite, begehe eine Straftat, erläutert Jochen Koubek. Der Informatiker von der Humboldt-Universität Berlin klärt an Schulen über Cyber-Mobbing auf. In schlimmsten Fällen können sich Opfer nur mit einer Anzeige gegen den Täter oder den Betreiber eines Internetportals wehren. Der muss verletzende Inhalte löschen.

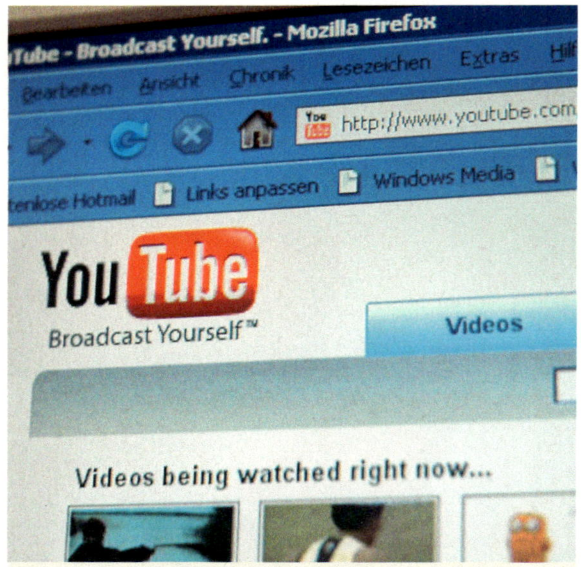

Doch in vielen Fällen nutzt auch das nicht, weiß Rechtsanwalt Tobias Strömer. Er behandelt seit mehreren Jahren Fälle, bei denen Menschen im Internet beleidigt werden. „Wenn der Betreiber einer Seite im Ausland sitzt, sind Sie oft machtlos", sagt Strömer.

Seit dem Streit um das Lehrerbewertungsportal Spickmich hat sich eine Diskussion entbrannt um Kritik und Meinung im Internet. Spickmich „hat das Machtverhältnis zwischen Lehrern und Schülern verändert", erklärt Koubek. Lehrer und Schüler müssten neu lernen, miteinander zu reden.

Wenn Jugendliche im beliebten Portal schülerVZ über ihre Lehrer lästern oder Studenten bei studiVZ über ihre Professoren, dann sei dies für sie ein privater Bereich, „wie eine Klowand, nur dass hier jeder mitlesen kann", sagt Koubek. Die Lästerer können gar nicht kontrollieren, wie sich ihre Worte verbreiten.

[…]

Textanalyse

Wer andere verletzen will, hat es heutzutage leichter: Er hat im Netz keine räumlichen Grenzen, seine Tat dauert quasi permanent an und die Opfer können sich schlecht wehren. Anwälte wie Strömer, der jährlich etwa 40 Fälle dieser Art erhält, müssen deshalb oft eher therapeutische Hilfe leisten: „Für den Betroffenen ist es schmerzvoll, wenn von ihm echte oder manipulierte Sex-Bilder im Netz auftauchen. Aber eigentlich ist die Wahrscheinlichkeit sehr klein, dass Bekannte die Fotos finden. Und wenn, dann hilft nur Selbstbewusstsein", so Strömer.

Die meisten Täter sind naiv und rachsüchtig – wie Stefan. Der Anfang-20-Jährige beleidigt auf YouTube seine Ex-Freundin, mit der er telefoniert. Sein Handy ist auf Lautsprecher geschaltet. Seine Freunde hören mit, lachen. Stefan nennt die Frau bei ihren Vornamen und fragt zynisch: „Ups, habe ich da deinen Namen gesagt?" Wer ihn, seine Freunde oder die Frau kennt, weiß, wer da vorgeführt wird.

In anderen Fällen ist unklar, ob es Mobbing oder legitime Anprangerung ist. Ein Baugeräte-Verleiher aus Rheinland-Pfalz nutzt das Netz, um Mietgelder einzutreiben: Wer für seine Maschinen nicht zahlt, der kommt auf die virtuelle Schuldnerliste seiner Homepage. Zwölf Namen und Adressen stehen da. Der Druck wirkt, sagt der Firmenchef, der anonym bleiben möchte. „Manchmal kommt gar jemand aus der Familie des Schuldners mit dem Geld, man lebt ja im selben Dorf." Ein Schuldner habe sich gegen die Liste gewehrt. „Aber das Gericht stellte das Verfahren ein, wegen mangelnden öffentlichen Interesses."

(Frankfurter Rundschau, 13.03.2008)

1 ***Schreiben Sie die zentralen Thesen und Belege des Autors heraus (vgl. Kapitel 20). Die ersten beiden Thesen sind rot markiert, die dazugehörigen Belege blau.***

2 ***Vergleichen Sie die folgenden Schülerversionen zur Eingrenzung der Themenfrage. Welche gibt die Hauptthese am treffendsten wieder?***

- In dem Zeitungstext von Viktor Funk, erschienen in der Frankfurter Rundschau am 13. März 2008, geht es um einen jungen Kanadier, der sein Selbstbewusstsein verlor, nachdem seine Star-Wars-Spielerei weltweit von mehreren Millionen YouTube-Konsumenten angeschaut wurde.
- Herr Funk von der Frankfurter Rundschau bedauert die vielen Lehrer, die sich ohne Erfolg gegen die anonymen Benotungen im Internetportal Spickmich wehren.
- Der Kommentar von Viktor Funk in der Frankfurter Rundschau kritisiert, dass es Cyber-Mobbing gibt und dass die Opfer hilflos sind.
- Am Beispiel des Handy-Täters Stefan stellt der Autor Internetmobber an den Pranger.

3 ***Geben Sie die Themenfrage des Autors in zwei eigenen Sätzen wieder.***

Basiswissen **Themenfrage**

Ziel der Textanalyse ist es, eine Grundlage für die eigene Erörterung und die sich anschließende Stellungnahme zu legen. Der Leser Ihrer Erörterung soll wissen, wo die Textgrundlage ein diskussionswürdiges Problem – die Themenfrage – aufzeigt. Wenn Sie die Themenfrage inhaltlich erfassen, darf sich deren Wiedergabe nicht mit Ihrer eigenen Meinung vermischen.

Die Argumentationsstruktur darstellen

Wenn Sie eine Erörterung schreiben, können Sie leicht den Überblick über die Textargumentation verlieren. Eine Übersicht hilft Ihnen, sich auf die wesentlichen Aussagen des Textes zu konzentrieren. Auf diese Weise präzisieren Sie Ihre Argumentation und es gelingt Ihnen eher, sich von der Sprache des Textes zu lösen. Im Folgenden sehen Sie zwei Schülerversionen einer solchen Übersicht des Textes „Wenn das Internet zum Pranger wird“.

Muster 1

Hinführung: traurige YouTube-Karriere
These 1: Faktenbeleg
These 2: Verweis auf Autorität und Paraphrase
These 3: Verweis auf Autorität
These 4: machtlose Cyber-Opfer
These 5: Vergleich
These 6: Hauptthese
These 7: Stefan und seine Tat
Abschluss: kein öffentliches Interesse am Thema „Gefahren der Internetnutzung“

Muster 2

Hinführung: Medienrummel macht YouTube-Star krank.
Ausgangsthese: Anonymität und Verbreitungsraum ermöglichen Verunglimpfen von Personen im Internet.
Betroffene: Jugendliche sind Täter und Opfer
Erfahrungen von Rechtsvertretern der Cyber-Opfer
Folgen der Bloßstellung Einzelner in gängigen Schüler- und Studentenplattformen
Ergebnis: Beleidigungen sind im Internet einfach und unumkehrbar.
Gefahr im YouTube-Alltag: Die geschmähte Person ist für alle User identifizierbar.
Fazit: Einmal verunglimpft ist immer verunglimpft.

1 ***Vergleichen Sie die beiden Schülerversionen und erläutern Sie die jeweiligen Vor- und Nachteile. Übertragen Sie die Tabelle in Ihr Heft und notieren Sie Ihre Ergebnisse.***

	Vorteile	Nachteile
Muster 1		
Muster 2		

2 ***Stellen Sie die Argumentationsstruktur des Textes „Wenn das Internet zum Pranger wird“ eigenständig wie in Muster 1 oder Muster 2 dar. Folgende Fragen können Ihnen dabei helfen:***
Welches Problem wird im Text dargestellt?
Welche Thesen werden aufgestellt? Wie werden sie begründet?
Welche Beispiele werden zur Stützung der Argumente gegeben?
Werden Gegenargumente genannt, die entkräftet werden?
Welche Vorschläge werden für die Lösung des Problems genannt?

Die Argumentationsstruktur darstellen

Sprache und Stil

Im Verlauf einer Argumentation äußert ein Autor Thesen, nennt hierfür Belege, zieht Folgerungen oder räumt ein, dass es Gegenargumente gibt. So kann der Argumentationsgang eines Textes auch anhand der verwendeten strukturierenden Verben anschaulich gemacht werden.

3 ***Ergänzen Sie die folgende Liste strukturierender Verben:***
behaupten, meinen, erklären, zitieren, vorschlagen, einräumen ...

4 ***Übertragen Sie die Tabelle in Ihr Heft und ordnen Sie die Verben aus Aufgabe 3 den Oberbegriffen zu.***

These	Beleg	Folgerung	Einräumung
behaupten meinen erklären ...	zitieren ...	vorschlagen ...	einräumen ...

5 ***Erläutern Sie, welche der folgenden Zusammenfassungen die erste These im Text „Wenn das Internet zum Pranger wird" (➪ Z. 17–19, S. 270) am treffendsten wiedergibt.***

- Im Internet wird gelitten, denn jeder fünfte Jugendliche gibt an, Opfer von Cyber-Mobbing geworden zu sein.
- Jeder fünfte Schüler klagt über Beleidigungen im Netz, die erst durch Anonymität und digitale Verbreitung möglich werden.
- Die Uni Koblenz erforscht den Schaden, der durch Cyber-Mobbing verursacht wird.
- Irritierenderweise sorgt sich der Autor um den persönlichen Schmerz der Jugendlichen im Internet, wenn sie in die Cyber-Falle geraten.

6 ***Formulieren Sie entsprechend dem folgenden Muster die Behauptung, das Argument und den Beleg zu den weiteren Thesen des Textes, indem Sie geeignete strukturierende Verben verwenden.***

These	Der Verfasser *meint*, das Internet verursache viel persönlichen Schmerz,
Argument	*weil* Anonymität und Verbreitungsmöglichkeit dies zuließen.
Beleg	Er *führt* eine aktuelle Uni-Studie *an*, die belegt, dass Internetbenutzer häufig beleidigt werden.

Thesenreferat verfassen

Das Ergebnis der Textanalyse und der Untersuchung der Argumentationsstruktur fassen Sie in einem Thesenreferat zusammen. Es ist Ihr erster schriftlicher Aufsatzteil der textgebundenen Erörterung. Ein Schüler hat folgendes Thesenreferat zum Text „Wenn das Internet zum Pranger wird“ erstellt.

Muster

Der am 13. März 2008 in der Frankfurter Rundschau erschienene Artikel „Wenn das Internet zum Pranger wird“ von Viktor Funk thematisiert die Gefahren der Internetnutzung. Im Internet könnten Personen problemlos und in aller Öffentlichkeit kritisiert, verleumdet und gedemütigt werden. Jeder Internetbenutzer sei sowohl ein mögliches Opfer als auch ein möglicher Täter.

Von einem konkreten Beispiel ausgehend, führt der Verfasser Viktor Funk seinen Lesern plastisch vor Augen, welche persönlichen Konsequenzen die Verbreitung privater Dokumente und Daten im Internet für den Einzelnen haben könne. So leide ein kanadischer Teenager nach Veröffentlichung seines privaten Videos auf der Videoplattform ‚YouTube‘ unter Depressionen. An dieses Beispiel schließt der Autor seine Behauptung an, dass durch Veröffentlichungen privater Daten im Internet aufgrund der Anonymität und schnellen Verbreitungsmöglichkeit viel persönlicher Schmerz entstehe. Diese These belegt er mit einer aktuellen Befragung unter Schülern, bei der sich ein Fünftel der Jugendlichen als Opfer von Beleidigungen im Netz bezeichnet. …

1 ***Vervollständigen Sie das Thesenreferat unter Berücksichtigung Ihrer Arbeitsergebnisse aus den Aufgaben 1–6.***

Basiswissen | Thesenreferat

Das Thesenreferat
- klärt die Einordnung des Textes.
- verdeutlicht die Perspektive, aus der sich der Verfasser dem Thema nähert.
- zeigt die Themenfrage, die untergeordneten Thesen sowie die Belege und Beispiele.
- fasst die Argumentationsschritte zusammen, mit denen der Verfasser seine Hauptaussage belegt.

Die Sprache im Thesenreferat ist neutral und die inhaltliche Darstellung objektiv. Für die Wiedergabe der Meinungen des Autors wird der Konjunktiv I der indirekten Rede verwendet.

Zwischenfazit

- Thesen und Argumente exzerpieren
- Argumentationsstruktur darstellen
- strukturierende Verben verwenden
- Thesenreferat verfassen

Die Argumentation des Autors prüfen und bewerten

Die Argumentation prüfen

Nachdem Sie die Textargumentation zusammengefasst haben, setzen Sie sich ausführlich und kritisch mit den zentralen Argumenten des Autors auseinander. Das folgende Interview thematisiert die Frage, wie Bürger mit der Preisgabe privater Daten und dem damit verbundenen Verlust an Privatsphäre umgehen.

Die Leute können mit Observation gut leben

Staat und Privatwirtschaft sammeln exzessiv Daten über die Bürger. Die wenigsten stört das. Selbst eine Überwachungskamera befriedigt den Wunsch nach Beachtung.

Warum kaum jemand gegen die Überwachung protestiert, untersucht der Soziologe Ronald Hitzler von der Technischen Universität Dortmund. Zuletzt hat er sich in seiner Veröffentlichung „Observation und Exhibition" mit dem Thema beschäftigt.

Professor Hitzler, haben Sie Angst, dass unser Gespräch mitgeschnitten wird?

Nein, an so etwas verschwende ich keine Gedanken. Wie kommen Sie darauf?

Viele Soziologen warnen ja vor einem Staat, der seine Bürger mit Verboten und Schnüffeleien gängelt, bis das bürgerliche Verständnis von Freiheit und Privatheit untergeht.

Ich halte nichts von solchen Dramatisierungen. Ich schlage vor, die Dinge nach Art der Sozialwissenschaft nüchtern zu betrachten.

Und was sehen Sie dann?

Obwohl wir wissen, dass Staat und Privatwirtschaft mit immer ausgefeilteren Methoden Daten sammeln und kombinieren, regt sich kein Widerstand. Die Kassandrarufe der Datenschützer verhallen ungehört. Das finde ich hochinteressant und erklärungsbedürftig.

Gegen die vergleichsweise harmlose „Volkszählung" bildete sich vor rund 20 Jahren ein breites gesellschaftliches Bündnis.

Damals wie heute haben Datenschützer argumentiert, dass wir auf dem besten Weg in einen totalitären Überwachungsstaat sind. Aber diese düsteren Prophezeiungen haben sich eben nicht erfüllt. Das haben die Leute sehr wohl gemerkt, und das ist ein Grund, warum sie gut mit einem Mehr an Observation leben können.

Mit einem „Terahertz-Strahler" kann man Menschen sogar unter die Kleidung sehen. Meinen Sie wirklich, dass wir schon bald begeistert am Flughafen einen technisch simulierten Striptease hinlegen?

Unwahrscheinlich ist das nicht. Neulich saß ich schon angeschnallt im Flieger, als alle noch einmal aussteigen mussten, weil ein Passagier sein Gepäck eingecheckt hatte, aber nicht an Bord war. Glauben Sie mir: In solchen Situationen ist man froh über detaillierte Kontrollen.

Allerdings schürt die Politik die Angst vor terroristischen Anschlägen, um Eingriffe in die Privatsphäre der Bürger zu rechtfertigen.

Vieles deutet darauf hin, dass wir, je stärker der islamistische Terror zum Synonym für Bedrohliches schlechthin wird, desto williger, ja sogar begieriger sind, mit allen verfügbaren Mitteln gegenzusteuern. Und diese Kosten-Nutzen-Kalkulation finden Sie auch im Alltag. Mit Kameras kann man auch Müllentsorgungssünder überführen, das gefällt vielen Bürgern.

Beliebt sind auch Kundenkarten, mit deren Hilfe unser Supermarkt genauestens protokolliert, wie viel Alkohol wir kaufen und welcher Kondommarke wir vertrauen.

Merkwürdig, oder? Ich glaube nicht, dass der finanzielle Anreiz die Kunden dazu bringt, ihre Hemmungen zu überwinden. Es geht ja nur um ein paar Cent. Ich vermute eher, dass sie gar keine Hemmungen haben.

Wie kommen Sie darauf?

Der Trend zum Voyeurismus von Privatwirtschaft und Staat – wir sprachen ja schon über die Überwachungsmaßnahmen, die uns buchstäblich nackt machen – korreliert mit einem Hang zum multimedialen Exhibitionismus. Der wird zwar vor allem von jungen Menschen ausgelebt, steht aber sehr wohl auch für eine gesellschaftliche Entwicklung.

Die Argumentation prüfen

Für die Aussicht auf die von Andy Warhol prophezeiten 15 Minuten als Star verrenken, verunstalten, entblößen und entblöden sich immer mehr, egal, ob das nun bei „Deutschland sucht den Superstar", einem YouTube-Video oder einem MySpace-Profil ist, wo man aller Welt von seinen sexuellen Fetischen erzählt.

Das hat doch nichts mit öffentlich überwachten Räumen oder ausgespähten Computerfestplatten zu tun.

Doch, denn für viele Menschen gilt mittlerweile Folgendes: Die total observierte Person ist nicht mehr das Opfer einer Bespitzelung, sondern genießt in gewisser Weise den Voyeurismus, egal von welcher Stelle dieser kommt.

Wir leben in einer Gesellschaft, in der man ständig auf sich aufmerksam machen muss, im Job, im Privatleben, wir verwandeln uns in Ego-Manager einer Ökonomie der Aufmerksamkeit. Und wenn man schon nicht bei einer Castingsendung gefilmt wird, dann ist es anscheinend tröstlich, wenigstens von einer Überwachungskamera aufgenommen zu werden.

Es ist also nicht schlimm, beobachtet zu werden. Sondern es ist schlimm, nicht beobachtet zu werden.

Genau. Wir müssen einsehen, dass Überwachung in der modernen Gesellschaft eben nicht wie früher nur mit unbehaglichen Gefühlen verbunden ist, sondern auch mit einem Interesse an Sicherheit und einem Wunsch nach Beachtung.

Interview: Jakob Schrenk

(Die Zeit – Wissen, Nr. 4, Juni/Juli 2008)

1 ***Bearbeiten Sie eine Kopie des Textes unter folgenden Fragestellungen:***

a) Kennzeichnen Sie alle Thesen des Soziologen Ronald Hitzler.

b) Notieren Sie am Seitenrand Ihrer Kopie, welche Positionen des Autors Sie teilen und welche nicht.

Arbeitstechnik **Argumentation prüfen**

Folgende Fragestellungen können Ihnen helfen, die Argumentation eines Textes zu überprüfen:

- Ist die Argumentation folgerichtig aufgebaut?
- Sind die Argumente überzeugend?
- Weist die Argumentation Lücken auf? Wo ist sie fehlerhaft?
- Werden auch gegensätzliche Positionen hinreichend berücksichtigt?
- Ist die Argumentation ausgewogen?
- Was ist die Absicht des Autors?

Die Argumentation bewerten

Bevor Sie mit der Erörterung beginnen, müssen Sie die im Text geäußerten Thesen prüfen und bewerten. Erste kritische Einwände können Sie, wie auf den vorangegangenen Seiten demonstriert, bereits als Randbemerkung bei der Bearbeitung eines Textes notieren. Darauf aufbauend sollten Sie mit der Ausformulierung Ihrer Bewertungen beginnen.

Muster

Folgende Textstelle aus dem Interview von S. 275–276 wurde von drei Schülern bewertet:
„Viele Soziologen warnen ja vor einem Staat, der seine Bürger mit Verboten und Schnüffeleien gängelt, bis das bürgerliche Verständnis von Freiheit und Privatheit untergeht.
‚Ich halte nichts von solchen Dramatisierungen. Ich schlage vor, die Dinge nach Art der Sozialwissenschaften nüchtern zu betrachten.'"
Bewertungen:

a) Ich halte den Anspruch Hitzlers auf einen Sonderstatus als Wissenschaftler für anmaßend, weil er damit unterstellt, nur er könne objektiv urteilen. Aber auch ganz normale Bürger sind ohne ein Studium der Sozialwissenschaften in der Lage, sich objektiv mit dem Thema auseinanderzusetzen.

b) Hitzlers Position als Wissenschaftler ist widersprüchlich: Einerseits distanziert er sich nachdrücklich von seinen Fachkollegen. Gleichzeitig aber beruft er sich bei seiner Argumentation auf die Denkweise der Sozialwissenschaft, die er mit der Fachkollegenschaft teilt. Dieser Widerspruch schwächt seine Aussage.

c) Hitzler diskreditiert hier seine Kollegen, indem er behauptet, deren Arbeitsweise sei Panikmache und dramaturgische Inszenierung. Meines Erachtens ist das eine unzulässige Wissenschaftsschelte, die deren langjährige Forschungsarbeit und Status als seriöse Wissenschaftler mindert.

1 ***Vergleichen Sie die alternativen Bewertungen unter folgenden Gesichtspunkten:***

a) Stellen Sie fest, welche Bewertung Ihrer Meinung nach überzeugend wirkt.
b) Formulieren Sie eine eigene Bewertung, die die These des Interviewten unterstützt.

2 ***Prüfen Sie Ihre Randbemerkungen aus Aufgabe 1 (S. 276) und bewerten Sie die Argumentation mithilfe der Arbeitstechnik und der Hinweise zu Sprache und Stil auf S. 278.***

a) Übertragen Sie die Textstellen, denen Sie widersprechen möchten, in Ihr Heft und bewerten Sie diese.
b) Übertragen Sie die Textstellen, denen Sie teilweise zustimmen, in Ihr Heft und bewerten Sie diese.
c) Übertragen Sie die Textstellen, denen Sie zustimmen, in Ihr Heft und ergänzen Sie diese um weitere Aspekte.

Arbeitstechnik — Argumente bewerten

Bei der Auseinandersetzung mit den Argumenten eines Autors sollten Sie die eigene Position begründen. Im Falle einer Zustimmung sollten Sie auch eigene Belege und Beispiele geben. Im Falle einer Ablehnung der vorliegenden Argumente sollten Sie Gegenargumente anführen. Es gibt unterschiedliche Arten, Argumente zu bewerten:

Sie stimmen einem Argument zu.
Sie stimmen einem Argument teilweise zu.
Sie stimmen einem Argument zu und ergänzen es um neue Aspekte.
Sie widersprechen einem Argument.

Die Argumentation bewerten

Sprache und Stil

Argumente werden durch Belege gestützt. Doch auch sie bieten möglicherweise Ansätze zur Kritik.

Art des Belegs	Ansatz zur Widerlegung
Hinweis auf statistische Erhebungen	Nachweis, dass die Statistik veraltet, falsch gedeutet, nicht relevant bzw. repräsentativ ist
Hinweis auf wissenschaftliche Forschungsergebnisse	Nachweis, dass Ergebnisse verkürzt wurden, dass Untersuchungen veraltet sind, dass der Forscher eine Einzelmeinung vertritt
Hinweis auf Pressemeldungen	Nachweis, dass Meldungen veraltet sind, sinnentstellend wiedergegeben wurden
Verweis auf allgemein bekannte Tatsachen	Übertragbarkeit/Relevanz der Tatsachen bezweifeln
Hinweis auf ‚gesunden Menschenverstand'	Nachweis mangelnder Logik
Hinweis auf Gewohnheit/Tradition	auf das Besondere der Situation verweisen
Hinweis auf eigene Erfahrungen	Verweis auf unzulässige Verallgemeinerung eines Einzelbeispiels
Verweis auf allgemein anerkannte Wertvorstellungen	der Gegenseite unredliche Motive unterstellen
Verweis auf Autoritäten	Fachkompetenz der Autoritäten infrage stellen
Analogieschlüsse	Nachweis unzulässiger Übertragung
ironische Überspitzung	Nachweis der Übertreibung

3 ***Stellen Sie fest, gegen welche Arten der Argumentation sich die Bewertungsalternativen a–c von Seite 273 richten.***

4 ***Prüfen und bewerten Sie Ihre eigene Argumentation (vgl. Aufgabe 2, S. 273) nach dem obigen Muster.***

Zwischenfazit

- die Textvorlage kommentieren
- der Argumentation widersprechen, teilweise zustimmen oder zustimmen

Eine eigene Sicht zum Textproblem entwickeln

Ziel Ihrer Argumentation ist es, den Leser von Ihrem Standpunkt zu überzeugen. Dazu stellen Sie die einzelnen Argumente in einen Argumentationszusammenhang und veranschaulichen Ihre Position. Ihre Argumente ordnen Sie dabei nach deren Wertigkeit und stützen sie durch Belege und Beispiele. Im Folgenden gibt ein Schüler seine Bewertung zu den im Text „Die Leute können mit Observation gut leben" vorgetragenen Argumenten des Soziologen Ronald Hitzler ab.

Muster

Zum Problem, dass sich die Bürger daran gewöhnt haben, mit der Observation zu leben, trägt der interviewte Soziologe lediglich Thesen und Schlussfolgerungen vor. Die Gründe, warum sich die Menschen mit den allgegenwärtigen Überwachungen arrangiert haben, erwähnt er nicht. Die Tatsache, dass es keinen Widerstand gegen die unzähligen Datensammlungen gibt, ist für ihn schon Beweis genug, dass sich die Menschen mit diesem Zustand zufrieden geben.

Hitzlers These, man könne mit der Überwachung gut leben, möchte ich nicht zustimmen. Zwar geben viele Benutzer persönliche Informationen in Kontaktptlattformen wie ‚MySpace' oder ‚Wer kennt wen' preis, aber es bleibt fraglich, ob sie wirklich mit der Zurschaustellung dieser Daten auch gut leben können. Die digitalen Spuren, die freiwillig bei der Datenrecherche oder beim Einkauf im Netz hinterlassen werden, sind eher Ausdruck von Bequemlichkeit und Unachtsamkeit als eine bewusste Entscheidung für eine Veröffentlichung persönlicher Daten.

Weiterhin ist fraglich, zu wessen Lasten die Datenüberwachung geht und ob sie prinzipiell für alle zum Vorteil ist. Die Nachteile der Observation hat der ‚gläserne Kunde' bzw. Bürger zu tragen. Suchmaschinenbetreiber und Verwaltungen profilieren seine Entscheidungen zu einem Kauf- oder Bewegungsmuster, sodass der Beobachtete sein Recht auf Privatsphäre verliert.

Zugegeben, immerhin jeder sechste Internetnutzer gibt Privates in sogenannten ‚Communities' preis. Es scheint, als ob die Nutzer ihre Datenfreizügigkeit uneingeschränkt genießen würden, aber immer mehr Betroffene erleben, dass ihre digitale Datenpreisgabe sich bei Bewerbungen negativ auswirken kann. Das Netz vergisst keine peinliche Kleinigkeit und der neue Arbeitgeber ist darüber informiert.

Eine weitere Folgeerscheinung der allgegenwärtigen Observation ist die Tendenz, Werbung und Produkte genau auf den bereits profilierten Kunden zuzuschneiden. Die Folge ist eine Begrenzung der Wahlmöglichkeiten des Kunden. Dieser Punkt wird vom Autor nicht erwähnt, denn im Grunde wirkt hier Überwachung einschränkend, aber dieser Verlust an Individualität ist den Käufern nicht bewusst. Deswegen kann ich dem Soziologen Hitzler nicht beipflichten, dass die allgegenwärtige Überwachung zur Lebensqualität der Menschen beitrage.

1 ***Geben Sie die Abschnitte an, in denen der Schüler das Textargument prüft, bewertet und seine eigene Position verdeutlicht.***

2 ***Beurteilen Sie die Überzeugungskraft der oben aufgeführten Argumente.***

Sprache und Stil

Folgende Formulierungen können Ihnen helfen, Ihre eigenen Argumente plausibel darzulegen.

Mich stört die Überwachung nicht, weil ...
..., deshalb ist Überwachung für mich nicht problematisch.
Aus meiner Erfahrung gebe ich zu, dass ...
Aus meiner Sicht ist das Leben mit Überwachung ...
Sicherlich ist es nicht vorteilhaft, peinliche Daten ...
Aber man sollte auch bedenken, dass ...
Schließlich ...
Zusammenfassend ...
Abschließend ...

3 *Sammeln Sie weitere Formulierungen und übertragen Sie diese in Ihr Heft.*

Arbeitstechnik – Ansätze für die Erörterung

Grundsätzliche Ansätze für die Erörterung sind:

A Textposition zurückweisen und eine Gegenargumentation entwickeln

- These aus der Textgrundlage durch Gegenargumente und Gegenbeispiele anzweifeln
- formal-logische Überprüfung, ob Belege oder Beispiele plausibel sind
- ein Argument in einen bestimmten sozialen, weltanschaulichen, persönlichen Kontext einordnen und ihm so allgemeine Gültigkeit absprechen

B Textposition zustimmen

Bei Zustimmung zur Textposition fällt die kritische Auseinandersetzung mit dem Text am schwersten. Die folgenden Vorgehensweisen können dabei hilfreich sein:

- These des Autors mit eigenen Erfahrungen und Erkenntnissen stützen
- mögliche Gegenpositionen entkräften
- formal-logische Überprüfung der Argumentationsstruktur und positive Bewertung ihrer Schlüssigkeit
- Geltung einer These grundsätzlich zustimmen, aber den Rahmen der Geltung einschränken

C Urteil durch Abwägen suchen

Um sich eine umfassende Meinung zu einem Problem bilden zu können, sollten alle gegensätzlichen Positionen ausgeleuchtet werden. Besonders wirksame Möglichkeiten der „einerseits-andererseits-Abwägung" sind:

- das Gewicht der eigenen Argumente prüfen
- Argumenten plausibel zustimmen oder sie ablehnen

4 *Untersuchen Sie, welche der oben genannten Ansätze im Muster von S. 279 verwendet wurden.*

Die Überprüfung der Textposition soll Ihre Argumentation verbessern.

Muster

Mit dem Hinweis, er betrachte die Dinge nüchtern, nimmt Hitzler für sich in Anspruch, objektiv zu urteilen. Gleichzeitig unterstellt er, alle anderen Soziologen dramatisierten beim Datenschutz. Sprachlich untermauert er seine Position durch die zweimalige Wiederholung des Personalpronomens „Ich", mit dem er sich von der Gesamtheit der Soziologen abgrenzt und seinen Sonderstatus in dieser Debatte betont.

5 ***Kehren Sie den Erörterungsansatz um und befürworten Sie die Textposition und damit die Argumentation Hitzlers.***

6 ***Wägen Sie beide Positionen ab und kommen Sie zu einem abschließenden Urteil. Verwenden Sie hierfür Formulierungen wie: einerseits ..., andererseits; zwar ..., aber; auf der einen Seite ..., auf der anderen Seite; zwar muss man ... zugestehen, dass ..., aber ...***

7 ***Schreiben Sie mithilfe der oben aufgeführten Formulierungen und der Arbeitstechnik (S. 276/277) eine eigene vollständige Argumentation zum Thema „Überwachung im Alltag".***

Arbeitstechnik — Textposition prüfen

Welches Resultat enthält der Text? Ist die Textposition a) einseitig, b) ausgewogen oder c) mündet sie in eine offene Frage?

Welche Aussagekraft vermittelt der Text? Werden Kernthesen oder Hauptaussagen a) mit überzeugenden Argumenten gestützt oder b) nicht überzeugend gestützt?

Wie erfasst der Text die Themenfrage? Ist die Argumentation lückenlos, berücksichtigt sie Gegenargumente, enthält sie wichtige Teilaspekte?

Wie soll der Leser auf die Darstellungsweise reagieren? Lässt der Autor den Leser über seine offenen Fragen und Einräumungen nachdenken? Reizt seine Polemik zum Widerspruch?

Zwischenfazit

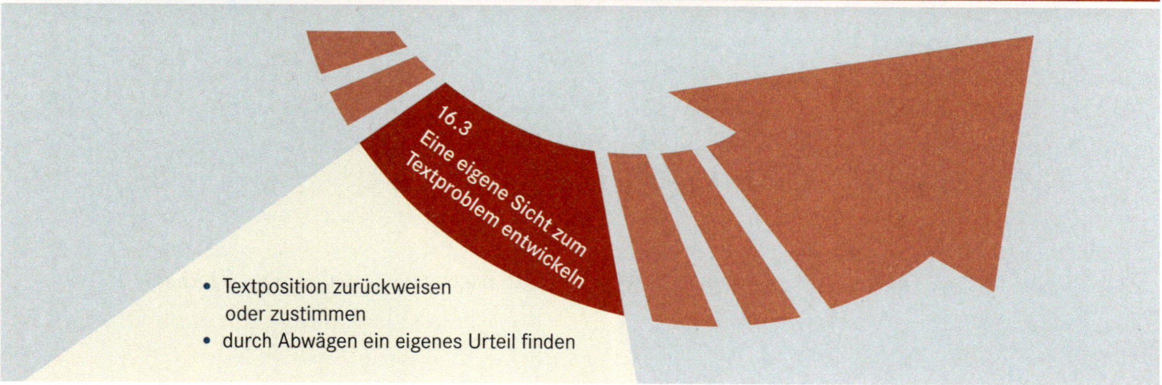

Eine Gliederung erstellen

Schon bei der Bearbeitung eines Textes für die Erörterung ist es sinnvoll, über eine geeignete Gliederung nachzudenken.

Das Auto ist am Ende

von Hansgeorg Hermann

17. Juli 2008 Ratlosigkeit herrscht in der französischen Provinz: Am Morgen nach dem alljährlichen Sommer-Musikfest verbrennen schwer angetrunkene Jugendliche in Coutances in der Normandie einen alten, ordentlich auf einem Parkplatz vor dem Bahnhof abgestellten Renault 4. Er war verrostet, die Farbe beige-undefinierbar. Sie selbst könnten sich ein Auto nicht leisten, selbst solch eine alte Karre nicht, erklären sie später den erstaunten Gendarmen. Das Benzin sei einfach zu teuer. Da sollen andere auch nichts haben.

Neid auf Autobesitzer? Zehn Kilometer weiter, im schönen Montmartin-sur-Mer, lässt die Verwaltung des Regierungsbezirks Manche lokale Verbindungsstraßen begradigen und verbreitern. Um sie „verkehrssicherer“ zu machen, wie es heißt. Welch ein Irrtum! Die Regionalzeitung „La Manche Libre“ meldet – nur eine Woche nach der Brandstiftung von Coutances –, dass sich immer mehr Verkehrsanfänger auf den neuen Straßen totfahren – betrunken am Steuer. Junge Fahrer halten es selbst nach dem soundsovielten Calvados für wenig heikel, über die inzwischen zwölf Meter breiten Trassen (plus Parkstreifen und frei von lästigem Baumbesatz) mit Karacho zurück zum heimischen Gehöft zu brettern.

Kein Raum mehr für das Auto

In der Hauptstadt Frankreichs verhält es sich anders. Seit einigen Jahren lässt Bürgermeister Bertrand Delanoë die Boulevards im Zentrum von Paris enger machen: zugunsten der Stadtbusse, aber auch Taxis und Radfahrer sollen von seiner restriktiven Verkehrspolitik profitieren. Sie verfolgt ähnliche Ziele wie die der Städte London und Zürich. Der Individualverkehr und der ungezügelte Warentransport mit Kraftfahrzeugen soll verdrängt, der öffentliche Nahverkehr gestärkt werden, um eine Verbesserung

der Atemluft und die Senkung des Lärmpegels zu erreichen. Eine Gleichung, deren gewünschtes Ergebnis sich am einfachsten mit dem Wort „Lebensqualität“ beschreiben ließe. Ein Segen also?

„Unsinn“ sei das eine – nämlich die breiten Straßen der Manche –, „Kosmetik und Zeitverschwendung“ das andere, sagt Paul Virilio. Der Architekt, Philosoph und Universalkünstler, der Hochgeschwindigkeitsgegner in den vergangenen Jahrzehnten mit Buchtiteln wie „Rasender Stillstand“ oder „Fahren, fahren, fahren …“ entzückt hat, prophezeit in diesen bösen benzinknappen Tagen das schnelle und völlige Verschwinden des individuellen Automobils. „Das Privatauto“, erklärt der Sechsundsiebzigjährige, „ist am Ende. Schon einfach deshalb, weil wir keine räumliche Kapazität mehr dafür haben. Nicht zu sprechen davon, was der Hunger nach Kraftstoff dem Planeten antut.“

Der Biokraftstoff löst die Probleme nicht

Nicht nur des ästhetisch-medizinischen Moments wegen wird der Mensch nach Virilios Überzeugung das gute alte Kraftfahrzeug zwangsläufig aus dem Verkehr ziehen, sondern vor allem wegen des Energiemangels. Die Produktion sogenannter Biotreibstoffe werde die genannten Probleme der Weltbevölkerung nicht lösen, sondern sie verschärfen.

Schon jetzt, meldete neulich die internationale Hilfsorganisation Oxfam in ihrem Jahresbericht, verursacht die Subventionierung der Agrarkraftstoffe rund dreißig Prozent des weltweiten Anstiegs der Nahrungsmittelpreise, schon jetzt hat sie dreißig Millionen Menschen in die Armut getrieben. „Eine zynische Rechnung, die nicht aufgeht", sagt Virilio.

Die philosophische Komponente in Virilios Automobil-Kritik ist die, dass sich der Mensch – im Fahrzeug sitzend – die Sicht auf die Welt verbaut, darauf, wie sie wirklich ist. Mit dem Fuß auf dem Gaspedal konzentriert sich sein Blick durch die Windschutzscheibe auf einen Punkt in der Ferne. Was links und rechts an den Fenstern vorbeifliegt, sieht der Kraftfahrer nicht. Virilio nennt dies die „Derealisation" oder auch einfach den „Verlust der weiten Aussicht". Das sei eigentlich ein Fall für technisch versierte Psychoanalytiker, meint er. Ebenso wie vor dem Fernseher, wo der Bildschirm das Fenster ersetzt, blickt der Mensch in einen Tunnel, an dessen Ende das Licht nicht heller, sondern immer trüber werde. Die Frage, die sich Virilio nebenbei stellt, lautet: Baut der Mensch sich womöglich deshalb Hochgeschwindigkeitstrassen, damit er während seiner rasenden Fahrt nicht mehr erkennen kann, was er seinem Lebensraum antut?

Virilios abschätziges Urteil über die Verkehrspolitik der großen europäischen Städte – Kosmetik und Zeitverschwendung – bestätigt sich den Bürgern seines Anschauungsobjekts Paris täglich. Die neuen Busspuren werden in fast allen Stadtvierteln regelmäßig von anliefernden Lastwagen verstellt, der Individualverkehr quillt wie eh und je aus engen Wohnstraßen in die großen Boulevards und verstopft nicht nur die Fahrbahnen, sondern mit Abgasen und Lärm auch die Sinnesorgane der Hauptstädter. Die Klage der Zeitung „La Manche Libre" über den Unfalltod der jungen Autofahrer auf neuen breiten Straßen scheint zudem Virilios andere These zu bestätigen – dass Rasen den Blickwinkel des Menschen in jeder Beziehung dramatisch verengt.

Wie bekommt man Bodenhaftung?

Das ließe sich freilich leicht ändern, indem man einfach die Bewegung des Individuums wieder zurückbremste, Privatverkehr durch öffentlichen Verkehr ersetzte. Doch wohin führen solche Überlegungen? „Zu Großtransportern", fürchtet Virilio, also zu enormen, ja ungeheuren Nicht-Orten zu Lande, zu Wasser und in der Luft. Einen Vorgeschmack darauf geben die neuen Airbus-Modelle, in denen fast schon tausend Passagiere pro Maschine von Kontinent zu Kontinent eilen.

„Wollen Sie da einsteigen? Ich jedenfalls will es nicht", sagt Virilio, der sich auch als „Dromologen" bezeichnet, was in diesem Fall getrost mit „Wegekundiger" übersetzt werden darf. Unfälle mit vielen hundert Toten seien vorprogrammiert und auch längst einkalkuliert. Das ist das neue, bislang nicht diskutierte Problem. Will und wird die Gesellschaft einen Unfall mit tausend Todesopfern auf einen Schlag ertragen? „Jeder technische Erfolg ist im selben Moment ein Fehlschlag", sagt Virilio. „Wir sind dabei, mit jedem Erfolg diese unsere Welt zu verlieren." Und deshalb, so glaubt er, wird der Mensch zurück müssen „zu Bodenhaftung und Erdgebundenheit". Um es mit Marc Augé ein bisschen griffiger zu sagen: „Erst die Fußgänger verwandeln die von der Stadtplanung als ‚Ort' definierte Straße in einen Raum." Autos können das nicht.

(FAZ, 17.07.2008)

1 *Stellen Sie die Argumentationsstruktur des Textes stichpunktartig dar.*

2 *Verfassen Sie das Thesenreferat.*

3 *Entscheiden Sie sich mithilfe des Basiswissens auf S. 284 für ein Gliederungsschema und gliedern Sie Ihre Erörterung in Stichworten.*

Basiswissen – Gliederungsschemata

Die textgebundene Erörterung enthält fast immer drei Hauptelemente:
a) die Darstellung der Argumentationsstruktur im Thesenreferat,
b) das kritische Erörtern der Hauptthesen und deren Argumente,
c) die Stellungnahme zur Themenfrage.

Die Darstellung und Erörterung der Argumentationsstruktur eines Textes kann nacheinander erfolgen (Blockprinzip) oder miteinander verzahnt werden (Reißverschlussprinzip).

Blockprinzip

Diese Elemente sind häufig schon in der Aufgabenstellung sichtbar und können als Gliederungsgrundlage dienen. In diesem Fall ergibt sich die Erörterung nach dem *Blockprinzip*:

Aufgabenstellung des Erörterungsaufsatzes	Gliederung nach dem Blockprinzip
„Verfassen Sie eine textgebundene Erörterung ...“	übergreifende Aufgabenstellung
„Fassen Sie ... mit eigenen Worten zusammen.“	Thesenreferat
„Erarbeiten Sie die Grundstruktur der Argumentation.“	Thesenreferat
„Prüfen Sie die Beweiskraft der Textargumentation und ihre beabsichtigte sprachliche Wirkung.“	Erörtern
„Nehmen Sie kritisch Stellung zu ...“	eigene Stellungnahme

Reißverschlussprinzip

Wenn Sie die oben aufgeführten Elemente mit der jeweiligen Stellungnahme direkt verbinden, gliedern Sie nach dem *Reißverschlussprinzip*. Beim Aufbau nach dem Reißverschlussprinzip folgen Sie dem eigenen Zugriff auf den Text. Und deswegen entwickeln Sie eine eigene Systematik, die Sie dem Leser auch sprachlich vermitteln. Dieser Aufbau ist anspruchsvoll, aber lebendiger.

Gliederung nach dem Reißverschlussprinzip	
Grundaussage 1	Stellungnahme 1
Grundaussage 2	Stellungnahme 2
Grundaussage 3	Stellungnahme 3

Mischform

Sie können auch eine *Mischform* wählen. Zuerst erarbeiten Sie das Thesenreferat und folgen dabei dem Gedankengang des Textes (Blockprinzip). Anschließend erörtern Sie ausgewählte Textgedanken unter eigenen Gesichtspunkten und nehmen Stellung unter Loslösung von der Textvorlage (Reißverschlussprinzip).

4 *Erörtern Sie die Vor- und Nachteile der jeweiligen Gliederungsschemata.*

Unterschiedliche Ansätze der Stellungnahme formulieren

Muster

Aufsatzteil 1:
Aus meiner Erörterung möchte ich im Folgenden Virilios Ansichten über Benzinverknappung und Raumenge auf verstopften Straßen ausklammern. Virilios Blick auf den Straßenverkehr leuchtet jedem Autofahrer ein. Steigende Benzinpreise als Folge der Verknappung des Rohstoffs Öl sind in unserer mobilen Gesellschaft alltägliche Erfahrung geworden.

Aufsatzteil 2:
Virilio unterstellt dem Autofahrer, er nehme die vorbeifliegende Umgebung nicht mehr wahr. Das führe zu einem „Verlust der weiten Aussicht", folgert der Philosoph und Technikkritiker. Eine solche Wahrnehmung vergleicht er mit der eingeschränkten Fenster- und Bildschirmsicht. Virilio behauptet, dass diese Sichtweisen zu einem trüber werdenden Tunnelblick führten, der die Wahrnehmung der Wirklichkeit eingrenze. Für diesen Prozess findet er einen eigenen Ausdruck: die „Derealisation". Diese Neuschöpfung ist einerseits ungewöhnlich und damit einprägsam. Andererseits verleiht sie seiner subjektiven Beobachtung eine gewisse Wissenschaftlichkeit.

Aufsatzteil 3:
Es bleibt unklar, warum perspektivisches Sehen „derealisiert". Würde man Virilios Ausführungen prinzipiell folgen, dann wäre auch jeder analytische Blick durchs Mikroskop nicht welterfassend, sondern eine Forschungsweise, die zu einem eingeengten Weltverständnis führte.

Aufsatzteil 4:
Virilio macht ein Gedankenexperiment, bei dem er den privaten Verkehr zurückbremst und den öffentlichen Verkehr mit Großraumbeförderungsmitteln bestückt. Er sagt die Entwicklung von Großtransportern voraus, die wahre Menschenmassen bewegen werden. Rhetorisch fragt er den Leser, ob dieser den Transport mit dem Großraumflugzeug wagen wolle. Er selbst lehne diese Mobilitätsform ab, sie führe zu einer Anhäufung von vielen Todesopfern und sei deswegen ein gesellschaftlicher Fehlschlag.

1 ***Überprüfen Sie, ob der 2. Aufsatzteil eine Stellungnahme enthält.***

2 ***Schreiben Sie im Anschluss an den 4. Aufsatzteil eine widersprechende, eine zustimmende und eine weiterführende Stellungnahme.***

Zwischenfazit

- Blockprinzip
- Reißverschlussprinzip
- unterschiedliche Ansätze der Stellungnahme

Eine textgebundene Erörterung schreiben

Die folgende Erörterung wurde von einem Schüler verfasst.

Muster

Aufgabe: Erörtern Sie den Text „Das Auto ist am Ende“ von Hansgeorg Hermann aus der FAZ vom 17. Juli 2008.

1. Fassen Sie die wesentlichen Aussagen des Textes zusammen.
2. Erarbeiten Sie die Grundzüge seiner Argumentation und seiner Automobilkritik.
3. Nehmen Sie kritisch Stellung zum prophezeiten Ende des Autos.

In seinem Hintergrundartikel in der FAZ vom 17. Juli bezweifelt der Autor Hansgeorg Hermann, ob sich widersprechende Maßnahmen in der Verkehrspolitik die Lebensqualität erhöhten. So versuche man in den europäischen Großstädten, dem Lärm und den vollgestopften Straßen mit restriktiven Maßnahmen entgegenzuwirken. Angestrebt werde die Verbannung von LKW und Autos in diesen Ballungsgebieten. Auf dem Land hingegen verbreitere man Trassen, um die Sicherheit von Fahrzeugfahrern zu erhöhen. Um eine Antwort geben zu können, lässt der Autor den Technikkritiker Paul Virilio, der das Ende des Autos vorhersagt und daher jegliche Verkehrspolitik ablehnt, zu Wort kommen.

Dieser begründet die Forderung nach dem Ende des Individualverkehrs zum einen mit dem Hinweis auf den fehlenden Raum für Autos. Zum anderen verweist er auf deren immensen Treibstoffverbrauch, der die Erde zusätzlich noch belaste. Er ist davon überzeugt, dass vor allem der Energiemangel ohnehin zu einem „Aus des Autos“ führe. Den Einwand, Autos könnten mit Biokraftstoff fahren, lässt Virilio nicht als Gegenargument gelten.

Stattdessen setzt er seine Kritik an Autofahrern fort. Diesen unterstellt er Ignoranz und mangelndes Umweltbewusstsein. So nähmen Autofahrer die Welt nur durch einen eingeschränkten Tunnelblick wahr und verdrängten die Umweltschädigung durch Beschleunigung.

Jegliche aktuelle Verkehrspolitik sei vergebens, behauptet der Technikkritiker und kündigt das Verschwinden des Autos in der Zukunft an. Virilio radikalisiert seine Haltung mit der Forderung, nicht nur der Privatverkehr, sondern auch das Ausdehnen des öffentlichen Verkehrs müsse abgelehnt werden. Er stellt fest, dass das Ausweichen vom Individualverkehr auf den öffentlichen Verkehr zum Einsatz von Großtransportern führe, der aber wiederum nur neue Probleme schüfe. Folglich qualifiziert er Großraumtransporter ab, weil durch sie Unfälle mit tausend Todesopfern vorprogrammiert seien.

Obwohl diese Großraumtransporter eine große technische Errungenschaft darstellten, kritisiert Virilio ihren Einsatz im öffentlichen Verkehrswesen als Verlust an der Welt. Letztlich werde der Fußgänger und mit ihm Bodenhaftung und Erdverbundenheit zurückkehren, folgert er. Das Auto könne keinen Lebensraum schaffen, dieses gelinge allein dem Fußgänger.

Aus meiner Erörterung möchte ich im Folgenden Virilios Ansichten über Benzinverknappung und Raumenge auf verstopften Straßen ausklammern. Stattdessen stelle ich zwei Hauptaussagen von Virilio in den Mittelpunkt der Betrachtung: zum einen die Behauptung, der Autofahrer schränke seine Sicht auf die Welt ein, und zum anderen die These, der Verzicht auf private Verkehrsmittel führe zu einem Einsatz von öffentlichen Großraumtransportern und dieser wiederum zu einkalkulierten Unfällen mit einer hohen Zahl an Toten.

Virilio beginnt seine Argumentation mit dem Hinweis auf die eingeschränkte Perspektive des Autofahrers, der nur auf die Ferne fixiert sei und die Umgebung nicht mehr wahrnehme. Daraus folgert er, dass dieser Tunnelblick auch die Wahrnehmung der Wirklichkeit behindere. So führt der Philosoph seine Leser zu der zentralen These, der heutige Autofahrer leide an Wirklichkeitsverlust. Aber diese Beweisführung überzeugt nicht. Zwar kann man grundsätzlich zustimmen, dass Autofahren ein zielgerichtetes Schauen verlangt. Das Gleiche lässt sich aber auch über das Fernsehen oder das Arbeiten am PC sagen. Würde man in diesen Fällen Virilios Argumentation folgen, so müsste man allen modernen Menschen eine getrübte Wirklichkeitssicht unterstellen.

Des Weiteren führt Virilio an, das größte Verkehrsaufkommen sei auf Langstrecken zu verzeichnen. Dieses ist eine falsche Annahme. In der Steuerdebatte um die Pendlerpauschale wurde deutlich, dass die meisten Fahrten unter 20 Kilometern liegen. Ihr Gesamtvolumen am Wegeaufkommen übersteigt sogar das der Langstrecken. Daraus schließe ich, dass Virilios Interesse eher darin begründet liegt, den Leser zu schockieren, als ihn aufzuklären.

Weiterhin lässt sich anführen, dass das Problem von Massenunfällen nicht neu ist. Seit dem ICE-Unfall von Eschede vor zehn Jahren existieren verbesserte Katastrophenpläne und dem Reisenden sind verbesserte Sicherheitsmaßnahmen nicht verborgen geblieben.

Virilio spielt hier mit der Angst vor dem Massentod. Es fehlen konkrete statistische Belege, die das Risiko von Großraumtransportern veranschaulichen. Diese Beweise bleibt der Autor schuldig, sodass man ihm wiederum Einseitigkeit und Panikmache unterstellen kann.

Auch die Schlussfolgerung Virilios, der Mensch müsse als Fußgänger die Bodenhaftung wiedererlangen, spricht für die Einseitigkeit seiner Argumentation. Diese läuft auf eine Alles-oder-nichts-Forderung hinaus: Die einzig akzeptable Lösung für die Verkehrsprobleme sei es, sich nur noch zu Fuß fortzubewegen. Ein solcher Vorschlag ist nicht nur einseitig, sondern auch naiv. Die Probleme der modernen Welt sollen gelöst werden, indem man zu den Fortbewegungsmöglichkeiten vergangener Epochen zurückkehrt. Diese Sicht wird der Komplexität der heutigen Welt nicht gerecht. …

1 ***Veranschaulichen Sie in einer Kopie des Textes die Gliederung anhand von Randnotizen.***

2 ***Setzen Sie die Erörterung mit eigenen Argumenten fort.***

3 ***Verfassen Sie eine eigene Erörterung.***

Arbeitstechnik – Arbeitsplan „Textgebundene Erörterung“

Arbeitsschritte	Ziele	Vorgehensweisen
1. Text analysieren	Inhalt und Reichweite der Hauptthese erfassen, Hauptthesen erkennen	• Schlüsselbegriffe heraussuchen und klären • strukturierende Verben zuordnen • Argumentationsstruktur darstellen
2. Stoff sammeln	Gedanken und Argumente als Antworten auf die Themenfrage sammeln	• Mindmap
3. Stoff ordnen und Erörterungsansätze finden	eigene und kritische Argumentation entwickeln	• sprachliche Auffälligkeiten analysieren • Haltung zur Themenfrage überprüfen
4. Gliederung erstellen	Aufbau des Aufsatzes bestimmen, Argumentationsstrategie festlegen, Zielrichtung der Stellungnahme beachten	• nach Blockprinzip gliedern • nach Reißverschlussprinzip gliedern
5. Textgebundene Erörterung verfassen	den Aufsatz sprachlich-stilistisch gestalten	• lesergerecht formulieren • Textverknüpfungen herstellen

Sprache und Stil

Die unten aufgeführten Punkte können Ihnen helfen, die Folgerichtigkeit Ihrer Erörterungsschritte zu prüfen und unübersichtliche Reihungen von Argumenten zu vermeiden. Verwenden Sie deshalb beim Verfassen der Erörterung

- **sprachliche Hinweise auf den Textaufbau,**
- **Signalwörter und Schlüsselbegriffe,**
- **strukturierende und wertende Verben,**
- **kommentierende Einschübe,**
- **Verknüpfungswörter.**

Wichtig sind deutliche Textverknüpfungen an den Naht- bzw. Übergangsstellen. Sie bringen den Zusammenhang zwischen den verschiedenen Gedankengängen zum Ausdruck.

Funktion im Textzusammenhang	Sprachliches Mittel
Verknüpfung von Gedanken	Ein weiterer Aspekt ist ... Hinzukommt, dass ... Außerdem spielt noch ... eine Rolle ...
Antithese	Auf der anderen Seite ... ...
Hervorhebung	Nicht übersehen werden darf ... Besonders wichtig ist dabei ... Die folgenden Gesichtspunkte haben besonderes Gewicht ... Besondere Aufmerksamkeit verdient ... Im Besonderen ... Weitaus wichtiger aber ist noch ... ...
Einräumung	Wenn man berücksichtigt, dass ... An dieser Stelle ließe sich einwenden ... Allerdings muss man auch sehen, dass ... Dies kann aber nur unter der Bedingung gesagt werden, dass ... Einschränkend dazu muss aber betont werden, dass ... ...
Schluss	Nach genauer Prüfung aller vorgetragenen Gesichtspunkte ... Abschließend betrachtet, ...

4 ***Finden Sie für jede Funktion zwei weitere sprachliche Mittel.***

Um Ihre Argumentation möglichst überzeugend zu präsentieren, können Sie folgende Argumentationsstrategien einsetzen.

Arbeitstechnik | **Argumentationsstrategien**

Wer mit Widerstand rechnet, bevorzugt die **Durchbruchstrategie** und nennt das überzeugendste Argument zuerst. Weitere Argumente dienen der Unterstützung.

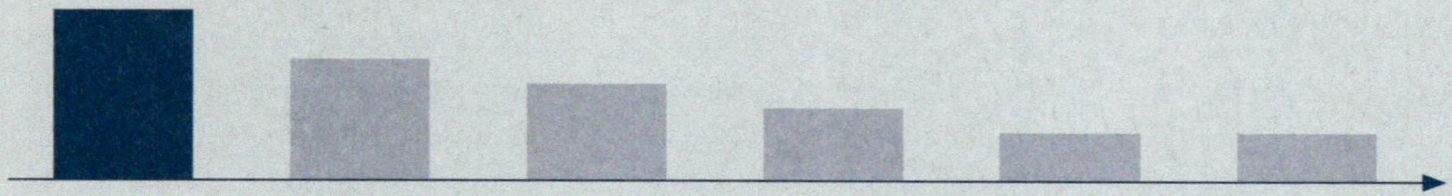

Bei der **dramatisierenden Reihe** dagegen beginnen Sie mit einem wichtigen Argument, zählen dann weitere Argumente auf und bewahren sich das beste Argument für den Schluss (Höhepunkt) auf.

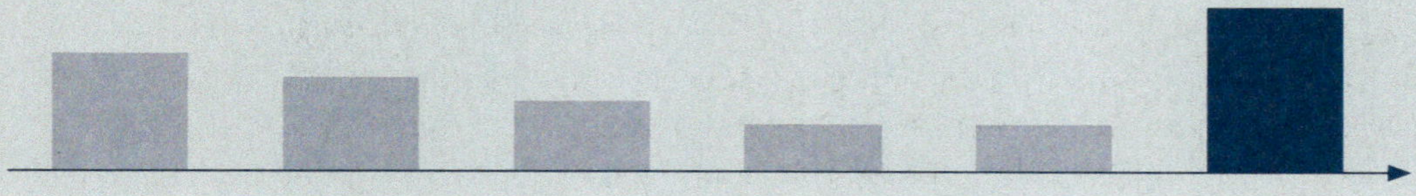

Fazit

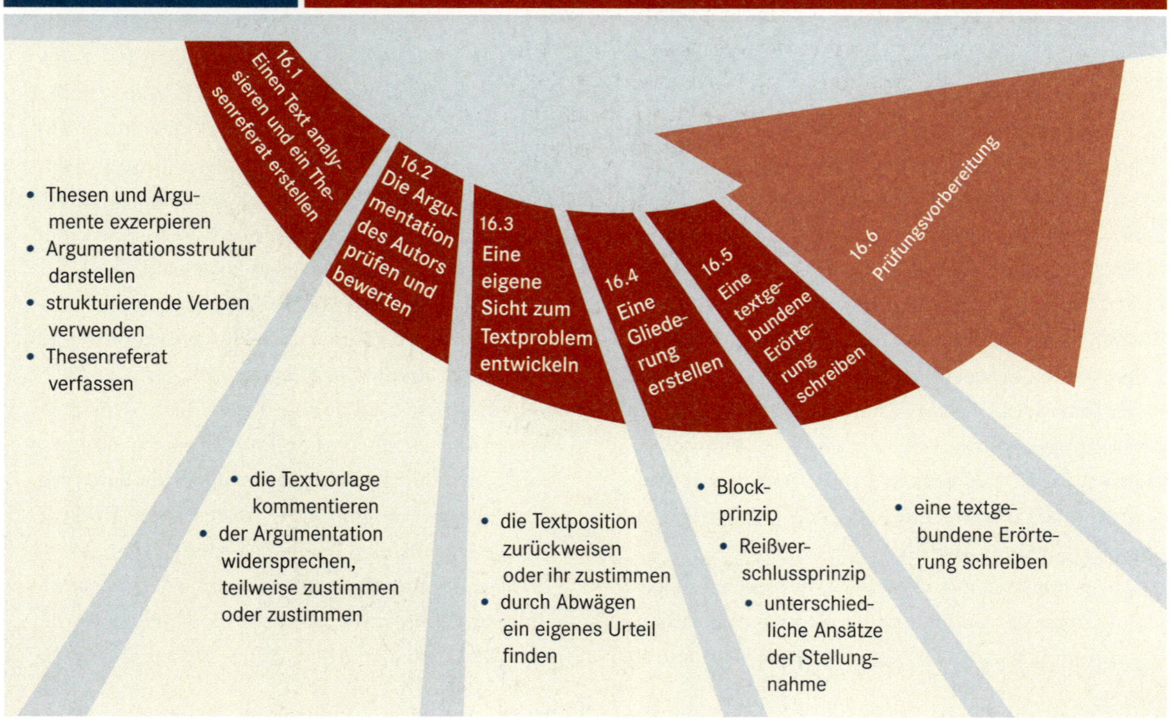

Prüfungsvorbereitung

Die folgenden Texte und Aufgaben könnten Ihnen in einer Prüfung vorliegen.

Prüfungstext 1

Die vielen Augen des „großen Bruders“

von Karolin Gunzert

In Bahnhöfen, auf Flughäfen, in Kaufhäusern – Überwachungskameras sind überall. Tendenz steigend. Befürworter glauben, dass die Kameras helfen, Verbrechern auf die Spur zu kommen. Kritiker warnen vor einem Überwachungsstaat.

Nur fünf Tage hat die Polizei gebraucht, um die Täter des Londoner Bombenanschlags zu identifizieren. Am Morgen des 7. Juli tauchten vier junge Männer mit Rucksäcken auf den Schultern auf dem Bahnhof King‘s Cross auf. Keinem der vielen tausend Pendler, die täglich auf dem Bahnhof ankommen, sind die jungen Pakistani aufgefallen. Den Überwachungskameras schon. Sie hielten fest, wie die Männer plaudernd in Richtung U-Bahn liefen. Eine halbe Stunde später detonierten vier Bomben an vier verschiedenen Orten. Unter den Toten befanden sich auch die pakistanischen Täter. Für die Polizei ist die schnelle Identifikation ein großer Erfolg. Und für die Anhänger der Videoüberwachung ist sie ein weiteres Argument dafür.

Verglichen mit Großbritannien wird in Deutschland viel weniger überwacht. Trotzdem: Auch hier ist es zumindest in Großstädten so gut wie unmöglich, nicht von einer Kamera erfasst zu werden. Etwa eine halbe Million Kameras passen auf die Deutschen auf. Die meisten sind allerdings privat, werden von Bahnhofsbetreibern, Villenbesitzern oder Kaufhausketten betrieben. Allein in Leipzig gibt es laut der Initiative „Leipziger Kameras“ bis zu 7000 Überwachungskameras. Davon sind nur vier in polizeilicher Hand. Der Rest ist privat. Denn jeder kann problemlos Überwachungskameras kaufen und auf seinem Gelände anbringen.

Wer mit Kameras überwacht, der zeichnet Daten auf. Doch der Gefilmte weiß oft nicht, dass Bilder von ihm gemacht, also Daten erhoben wurden. Im Volkszählungsurteil von 1983 haben die Richter des Bundesverfassungsgerichts den Bürgern jedoch das Recht auf informationelle Selbstbestimmung zugesprochen. Das heißt: Es besteht ein „Schutz des Einzelnen gegen unbegrenzte Erhebung, Speicherung, Verwendung und Weitergabe seiner persönlichen Daten“ […]

Jeder hat also das Recht, über die Aufnahme seiner persönlichen Daten selbst zu bestimmen. Damit greift die Videoüberwachung streng genommen in das Persönlichkeitsrecht ein. Deswegen darf zum Beispiel ein Arbeitgeber seine Angestellten nicht ohne Verdacht dauerhaft per Video beobachten. Wenn jedoch Verdacht besteht, kann er seine Mitarbeiter mit der Videokamera überwachen lassen.

Bei der polizeilichen Videoüberwachung von öffentlichen Plätzen muss es sich um Orte handeln, die sich eindeutig als problematisch erwiesen haben. Zum Beispiel Plätze, an denen eindeutig mit Drogen gehandelt wird oder an denen es oft zu gewalttätigen Ausschreitungen kommt.

In öffentlichen Bussen in Wiesbaden fahren mittlerweile 57 Videokameras mit. Installiert hat sie die dortige Verkehrsgesellschaft ESWE. Zur großen Freude von Oberbürgermeister Hildebrand Diehl: „Das Sicherheitsgefühl der Bürger wird auf jeden Fall positiv beeinflusst.“ Bei der Videoüberwachung kommt es vor allem auf den psychologischen Effekt an. Sobald Kameras angebracht sind, fühlen sich Fahrgäste und Fahrer oft sicherer. […]

Allerdings sind Busse und Bahnen begrenzte, geschlossene Räume und keine Orte, in denen es Seitenstraßen und dunkle Ecken gibt. Kriminelle wissen nur zu oft um die Positionen der Kameras und gehen ihnen schlicht und einfach aus dem Weg. Zum Beispiel in Frankfurt: Dort filmen Überwachungskameras der Polizei seit vier Jahren das oft nicht ganz saubere Treiben in der Fußgängerzone der Konstablerwache. Zwar ist die Kriminalität auf dem Platz seit der Anbringung spürbar gesunken,

Prüfungsvorbereitung

doch die Dealer und Junkies sind einfach einen Stock tiefer, in den U-Bahnhof abgewandert. Die Stadt Frankfurt sieht die Anbringung der Kameras trotzdem als Erfolg an. Denn konkret ging es nicht um eine generelle Eindämmung der Kriminalität, sondern um die „Reinhaltung" eines prominenten Platzes mitten im Stadtzentrum. [...]

(wissen.ARD.de)

1 ***Stellen Sie die beiden gegensätzlichen Positionen des Textes dar.***

2 ***Erörtern Sie eine der beiden Positionen (vgl. Kapitel 12).***

3 ***Nehmen Sie abschließend Stellung zu den verschiedenen Positionen zur Überwachung.***

Der amerikanische Computer- und Sicherheitsexperte Sean Hastings befand im Jahr 2000, dass es in ganz Amerika keinen sicheren Platz für seine Rechner gebe. So nahm er sie nach Sealand mit, einer ehemaligen Luftabwehrstation im Ärmelkanal. Von Sealand aus verkaufte Hastings Serverplätze an eine Klientel, die den staatlichen Zugriff fürchtete. Heute lebt er wieder in den USA und berät Organisationen und Firmen.

Prüfungstext 2

Privat war gestern

Sicherheitsexperte Sean Hastings rät im Interview mit dem Zeit-Reporter Thomas Fischermann nur noch wirklich Wichtiges geheim zu halten.

Zeit: Wenn man dann daran denkt, dass viele Leute auf Seiten wie MySpace freiwillig alles über sich ins Internet stellen – Anschrift, Konsumgewohnheiten, private Fotos ...

Hastings: Sicher, und Betrüger nutzen das aus. Doch hier bin ich mir nicht sicher, ob das so negativ ist. Lassen Sie die Leute doch voneinander wissen, was sie wollen.

Zeit: Die Halbnacktfotos vom jugendlichen Saufgelage? Der künftige Chef könnte von der prüden Sorte sein ...

Hastings: (lacht) Daher sollten wir dafür eintreten, dass jedermann solche Bilder von sich ins Internet stellt. Dann kann sich niemand mehr leisten, so prüde zu sein.

Zeit: Das kann nicht wahr sein! Da interviewt man einen Experten zur Datensicherheit und Geheimhaltung, und er sagt: Stellt alles über euch ins Internet?

Hastings: Okay, jetzt mal ernsthaft: Es gibt sowieso keine Privatsphäre mehr. Davon sollte erst mal jeder ausgehen. Nicht nur Sie selber, auch alle möglichen anderen Leute stellen alles Mögliche über sich ins Netz. Ihr Aufenthaltsort wird laufend überwacht. Kameras werden immer kleiner.

Zeit: Wenn das so ist, könnte man sich Ihre Tipps zum geheimen Surfen und Nachrichtenschicken also sparen?

Hastings: Nein, aber man sollte sich klarmachen: Es erfordert besondere Anstrengungen, ein Geheimnis zu bewahren, übrigens nicht nur elektronischer Art. Ansonsten müssen Sie davon ausgehen, dass alles öffentlich ist, was Sie tun.

Zeit: Für welche Art von Geheimnissen treiben Sie eigentlich selber solchen Aufwand?

Hastings: Ich habe keinen Grund, diese Frage zu beantworten.

(Die Zeit, 08.05.2008)

1 ***Erörtern Sie die Vision des Sicherheitsexperten Hastings und nehmen Sie Stellung zum Thema „Fehlende Privatsphäre".***

Prüfungsvorbereitung

Prüfungstext 3

Was ist das Private noch wert?

von Claudia Renner

Experten-Diskussion: Staat und Wirtschaft gieren nach Daten.

Die Informationsgesellschaft kennt scheinbar kein Tabu mehr. Täglich hinterlassen wir Datenspuren für die digitale Ewigkeit. Staat und Wirtschaft speichern sie begierig und werten sie aus – ob im Kampf gegen Terrorgefahren oder auf der Jagd nach dem gläsernen Kunden. Wann leidet unsere Freiheit und wo müssen wir Grenzen ziehen?

Über den Wert des Privaten für die freiheitliche Gesellschaft diskutierte eine hochkarätig besetzte Runde in Mainz. Wir stellen die wichtigsten Aussagen zusammen:

Was heißt privat?

Für Landes-Datenschützer Edgar Wagner hat Privatsphäre viel mit Freiräumen zur Entwicklung der eigenen Persönlichkeit zu tun, mit Selbstbestimmung und der Unantastbarkeit der Menschenwürde. „Das sind keine Kleinigkeiten", so Wagner, „das gehört zum Tafelsilber unseres Grundgesetzes."

„Das war nicht immer so", bemerkt die Philosophieprofessorin Beate Rössler. Bei den alten Griechen – die als Labor der europäischen Demokratie vor mehr als 2000 Jahren gelten – war Privatsphäre das Haus als Lebensraum der Frauen und Kinder. „Erst im 17. und 18. Jahrhundert wurde die Idee des Privaten mit Selbstbestimmung und Freiheit verbunden", so Rössler.

Wie gefährdet der Staat die Privatsphäre?

Seit den Terroranschlägen des 11. September 2001 wuchs das Sicherheitsbedürfnis bei Politik und Bürgern. Allein die Telefon-Überwachungen nahmen von 1995 bis 2004 um 500 Prozent auf 29 000 zu, 2005 wurde 35 000 Mal mitgehört. Bund und Länder brachten neue Gesetze auf den Weg, um Anschlagsgefahren schon im Vorfeld einzudämmen: Großer Lauschangriff, Video-Überwachung von Wohnungen, vorbeugendes Telefon-Abhören, das automatische Erfassen von Kfz-Kennzeichen.

Eingriffe in die Privatsphäre sind „teils nötig, um Freiheit zu gewährleisten", das gesteht die Verfassungsrichterin Christine Hohmann-Dennhardt zu. Aber sie und ihre Kollegen haben „einiges Oberschießende gefunden und den Gesetzgebern Einhalt geboten, zuletzt bei der geplanten Online-Durchsuchung" von PC. Es ist wie mit der Erfindung der Eisenbahn und des Autos: Diesen Vergleich zieht Bernd Flessner, Literaturwissenschaftler und Zukunftsforscher. Das technisch Machbare entwickelt sich so rasend schnell, dass immer weniger Zeit bleibt, auf die Entwicklungen zu reagieren – geschweige denn, sie zu steuern.

Wie sehen das die Bürger?

Justizminister Heinz Georg Bamberger sieht die Abwägung zwischen Sicherheit und Freiheit genauso wie das Verfassungsgericht. Er bezweifelt aber, ob die Bürger dem folgen: „Ich fürchte, wenn man sie fragen würde, was ihnen wichtiger ist, ergäbe das eine Mehrheit zugunsten der Sicherheit." IT-Sicherheitsexperte Andreas Bogk vom Chaos Computer Club (CCC) fühlt sich inzwischen schon an seine Kindheit in der DDR erinnert. „Wenn die Leute ein

Exemplar ihres Haus- und Briefkastenschlüssels bei der Polizei abgeben müssten, dann gäbe es einen Aufschrei." Genau das passiere aber bei der Vorratsspeicherung aller Telefon- und Internet-Verbindungsdaten.

Was machen Unternehmen mit unseren privaten Daten?
Jedes Anklicken beim Internet-Suchdienst ‚Google' oder auf anderen Seiten schreibt mit an einem Kundenprofil. Zukunftsforscher Flessner sieht mit der milliardenfachen Verbreitung von Funk-Chips (RFID) auf Waren und Mülltonnen eine unvorstellbare Datenflut anschwellen. Bald könne jeder einen Daten-Klon „im Netz haben", von dem man komplett weiß, was er wann gekauft und weggeschmissen hat.

Verraten wir uns selbst an die Informationsgesellschaft?
„Millionenfach stellen vor allem junge Menschen persönliche Daten ins Netz", so Datenschützer Wagner. Soziale Netzwerke wie „StudiVZ" oder „Wer kennt wen" haben bereits mehr als sechs Millionen Nutzer in der Bundesrepublik. „Wer freiwillig auf ein Stück seiner Privatheit verzichtet, hat selten den Preis bedacht. „Fotos von einer wilden Jugendfete könnten das Ende einer Karriere bedeuten, wenn Internetspuren später einmal bei Vorstellungsgesprächen eine Rolle spielen." Einmal eingestellte Daten im Netz zu löschen, ist laut CCC-Aktivist Bogk „schwierig bis unmöglich". Besser sei es, freiwillige Angaben zu vermeiden oder durch analysiertes Web-Browsen zu verhindern, dass ein Webseitenbesuch gespeichert werden kann.

Geben wir für mehr Sicherheit unsere Freiheit auf?
Philosophin Rössler formuliert es philosophisch: „Sicherheit an sich ist nicht wichtig, sondern sie soll unsere Freiheit ermöglichen." Verfassungsrichterin Hohmann-Dennhardt ist nicht weit weg davon: „Wie viel Freiheit kann ich zurücknehmen, um Sicherheit zur Freiheit zu schaffen?" So weit die Theorie. In der Praxis ist das Abwägen schwierig. Moderator Bernhard Töpper vom ZDF gibt zu bedenken, dass die zum Glück erfolglosen Bahn-„Kofferbomber" aus dem Kölner Hauptbahnhof ohne die Video-Aufzeichnung nicht so schnell erwischt worden wären. Den Karlsruher Kollegen, die den Überwachungstendenzen von Otto Schily bis Wolfgang Schäuble Grenzen setzen, hält der oberste rheinland-pfälzische Verfassungsrichter Karl Friedrich Meyer als Teilnehmer aus dem Publikum entgegen: „Sie haben so lange recht, wie nichts passiert. Am anderen Ende der Skala steht die Erkenntnis Bambergers: ‚Bei 100 Prozent Sicherheit erstirbt die Freiheit.'"

(Rhein-Zeitung, 25.04.2008)

1 *Stellen Sie die unterschiedlichen Expertenmeinungen einander gegenüber.*

2 *Erörtern Sie die verschiedenen Positionen.*

3 *Nehmen Sie kritisch zu einer der Positionen Stellung.*

Prüfungsvorbereitung

Checkliste: Textgebundene Erörterung

Text analysieren und Erörterung vorbereiten

- ☑ Worum geht es und was ist strittig?
- ☑ Haben Sie notiert, welche Reaktion der Text in Ihnen auslöst?
- ☑ Ist die Argumentation stimmig und überzeugend?
- ☑ Spricht der Text Ihren Erfahrungshorizont an?
- ☑ Was sind die Hauptthesen?
- ☑ Wie werden Thesen und Antithesen begründet und belegt?
- ☑ Sind die Argumente beweiskräftig und überzeugend?
- ☑ Haben Sie die rhetorischen Mittel markiert?
- ☑ Haben Sie die rhetorischen Mittel ausgewertet?

Text im Thesenreferat wiedergeben

- ☑ Haben Sie den Gedankengang des Textes durch eine Übersicht in Stichworten oder durch eine Grafik veranschaulicht?
- ☑ Welche Argumentationsstruktur enthält der Text?
- ☑ Haben Sie die Textargumentation vollständig wiedergegeben?
- ☑ Haben Sie Kommentare in Ihrem Thesenreferat vermieden?

Text erörtern

- ☑ Wo steht etwas Neues, das eine Antwort auf die strittige Frage bringt?
- ☑ Sind die Belege der Argumentation haltbar, sind sie wahr?
- ☑ Ist die Begründung zwischen Beleg und These so zwingend, dass sie überzeugt?
- ☑ Ist die Argumentation insgesamt stimmig?

Prüfen Sie Ihre eigene Argumentation

- ☑ Welche weiteren stützenden Argumente nennen Sie?
- ☑ Werden bei Ihrer Bewertung auch entsprechende Gegenargumente genannt?

Kapitel 17

Eine Textinterpretation schreiben

17.1 Drama

- Einordnung einer Textstelle
- Analyse und Interpretation
- Die historische Interpretationsmethode
- Prüfungsvorbereitung

17.2 Epik (am Beispiel Roman)

- Einordnung einer Textstelle
- Analyse und Interpretation
- Die Beurteilung eines Werkes – Buchbesprechung
- Prüfungsvorbereitung

17.3 Lyrik

- Thema und Leseeindruck
- Analyse und Interpretation
- Vergleich motivgleicher Gedichte
- Prüfungsvorbereitung

Die schriftliche Interpretation literarischer Texte haben Sie bislang meist an kurzen Erzähltexten geübt. Darüber hinaus haben Sie sich grundlegende Kenntnisse zu den Gattungen Epik, Lyrik und Drama angeeignet und Texte dieser Gattungen analysiert. In diesem Kapitel werden Sie vor allem Ganzschriften deuten und Ihre Analyse- und Interpretationsergebnisse in einem Interpretationsaufsatz darlegen. Dabei lernen Sie auch werkübergreifende Interpretationsmethoden kennen und anwenden sowie das Formulieren der Beurteilung eines literarischen Werkes für eine Buchvorstellung. Alle diese Kenntnisse und Arbeitstechniken helfen Ihnen, den schriftlichen Prüfungsaufsatz gut vorzubereiten.

Was ich bereits aus anderen Kapiteln weiß

- ✔ Literarische Texte weisen in der Regel gattungsspezifische Besonderheiten auf; es gibt aber auch Mischformen zwischen Drama, Epik, Lyrik (➪ Kapitel 8, 14).
- ✔ Ein Interpretationsaufsatz besteht aus den Teilen Einleitung, Hauptteil, Schluss (➪ Kapitel 4).
- ✔ Einer Textinterpretation geht eine Analyse des Inhalts, Aufbaus, gattungstypischer Merkmale sowie der sprachlichen und stilistischen Auffälligkeiten voraus. Sie enthält darüber hinaus eine Schlussbewertung des Textes (➪ Kapitel 4, 14).

Drama

Einordnung einer Textstelle

Das Interpretieren einer literarischen Ganzschrift erfordert eine umfassende Auseinandersetzung mit Inhalt und Form eines Textes. Am Beispiel von Bertolt Brechts Drama „Leben des Galilei“ erarbeiten Sie das schrittweise Vorgehen beim Schreiben der Textinterpretation. In einem ersten Aufgabenteil wird von Ihnen häufig verlangt, einen Textauszug in den Gesamtzusammenhang des Dramas einzuordnen. Dazu ist es notwendig, sich die Handlung des ganzen Dramas zu vergegenwärtigen.

Inhaltliche Zusammenfassung des Dramas „Leben des Galilei“ von Bertolt Brecht

Im Mittelpunkt des Dramas steht der Wissenschaftler Galileo Galilei, der von 1564–1642 als Mathematiker, Physiker und Astronom in Italien gelebt und geforscht hat. Mit seinen wissenschaftlichen Untersuchungen versucht er die Richtigkeit des kopernikanischen Weltbildes – das die Sonne und nicht die Erde als Mittelpunkt hat – zu beweisen. Galilei gerät damit in einen scharfen Gegensatz zur herrschenden kirchlichen Lehre. Es wird dargestellt, wie daraus Galileis Konflikt zwischen seiner Verantwortung als Wissenschaftler zur Aufklärung einerseits und seiner Person, die weiterleben und forschen will, andererseits entsteht.

In fünfzehn Bildern zeichnet Brecht die Stationen des Lebensweges Galileis nach. Zunächst lehrt und forscht Galilei in Padua, und es gelingt ihm mithilfe eines nach holländischem Vorbild gebauten Fernrohres nachzuweisen, dass der Jupiter Monde hat, die ihn als Trabanten umkreisen.

Obwohl Galilei vor den kirchlichen Wissenschaftlern in Florenz gewarnt wird, entschließt er sich, seine Forschungen von Padua nach Florenz zu verlegen, weil er sich dort aufgrund der höheren Besoldung bessere Rahmenbedingungen für seine Arbeit erhofft. Er spürt aber sehr schnell die Widerstände der kirchlichen Wissenschaftler, die vor allem religiös argumentieren und sich auf die Bibel berufen, in der ihrer Meinung nach eindeutig bewiesen sei, dass Gott die Erde in den Mittelpunkt gestellt habe. Außerdem befürchtet man, dass Galileis Erkenntnisse beim einfachen Volk zu Unruhen und Rebellion führen könnten. Und obwohl der Astronom des Vatikans Clavius die Ergebnisse Galileis bestätigt, wird Galileis Lehre auf den Index gesetzt, das heißt, es werden Verbreitung und Studium verboten.

Zwar unterwirft sich Galilei dem Forschungsverbot, doch als acht Jahre später ein Wissenschaftler zum Papst gewählt wird, setzt Galilei seine Arbeit fort. Dies hat zur Folge, dass er von der Inquisition, dem Gericht der Kirche, verhört wird. Obwohl die Richtigkeit der Lehre Galileis auch für das Kirchengericht außer Zweifel steht, zwingt man ihn zum Widerruf und inhaftiert ihn die letzten Jahre seines Lebens in einem Haus außerhalb von Florenz.

Dort forscht er trotz ständiger Bewachung weiter, und es gelingt ihm, eine Abschrift seines Hauptwerkes, der „Discorsi“, seinem ehemaligen Lieblingsschüler Andrea zukommen zu lassen, der sie nach Holland schmuggelt.

1 ***Untersuchen Sie die inhaltliche Zusammenfassung.***

a) Formulieren Sie den im Drama dargestellten Konflikt mit eigenen Worten.

b) Beschreiben Sie die gesellschaftspolitische Dimension des Konflikts.

Einordnung einer Textstelle

4. Bild (Auszug)

Cosmo bückt sich rasch und übergibt Andrea höflich das Modell. Inzwischen räumt Galilei verstohlen das andere Modell beiseite.

GALILEI *am Fernrohr:* Wie Eure Hoheit zweifellos wissen, sind wir Astronomen seit einiger Zeit mit unseren Berechnungen in große Schwierigkeiten gekommen. Wir benützen dafür ein sehr altes System, das sich in Übereinstimmung mit der Philosophie, aber leider nicht mit den Fakten zu befinden scheint. Nach diesem alten System, dem Ptolemäischen, werden die Bewegungen der Gestirne als äußerst verwickelt angenommen. Der Planet Venus zum Beispiel soll eine Bewegung von dieser Art vollführen. *Er zeichnet auf eine Tafel die epizyklische Bahn der Venus nach der ptolemäischen Annahme.* Aber selbst solche schwierigen Bewegungen annehmend, sind wir nicht in der Lage, die Stellung der Gestirne richtig vorauszuberechnen. Wir finden sie nicht an den Orten, wo sie eigentlich sein müßten. Dazu kommen solche Gestirnbewegungen, für welche das Ptolemäische System überhaupt keine Erklärung hat. Bewegungen dieser Art scheinen mir einige von mir neu entdeckte kleine Sterne um den Planeten Jupiter zu vollführen. Ist es den Herren angenehm, mit einer Besichtigung der Jupitertrabanten zu beginnen, der Mediceischen Gestirne?

ANDREA *auf den Hocker vor dem Fernrohr zeigend:* Bitte, sich hier zu setzen.

DER PHILOSOPH Danke, mein Kind. Ich fürchte, das alles ist nicht ganz so einfach. Herr Galilei, bevor wir Ihr berühmtes Rohr applizieren, möchten wir um das Vergnügen eines Disputs bitten. Thema: Können solche Planeten existieren?

DER MATHEMATIKER Eines formalen Disputs.

GALILEI Ich dachte mir, Sie schauen einfach durch das Fernrohr und überzeugen sich?

ANDREA Hier, bitte.

DER MATHEMATIKER Gewiß, gewiß. – Es ist Ihnen natürlich bekannt, daß nach der Ansicht der Alten Sterne nicht möglich sind, die um einen anderen Mittelpunkt als die Erde kreisen, noch solche Sterne, die im Himmel keine Stütze haben?

GALILEI Ja.

DER PHILOSOPH Und, ganz absehend von der Möglichkeit solcher Sterne, die der Mathematiker – *er verbeugt sich gegen den Mathematiker* – zu bezweifeln scheint, möchte ich in aller Bescheidenheit als Philosoph die Frage aufwerfen: Sind solche Sterne nötig? Aristotelis divini universum …

GALILEI Sollten wir nicht in der Umgangssprache fortfahren? Mein Kollege, Herr Federzoni, versteht Latein nicht.

DER PHILOSOPH Ist es von Wichtigkeit, daß er uns versteht?

GALILEI Ja.

DER PHILOSOPH Entschuldigen Sie mich. Ich dachte, er ist Ihr Linsenschleifer.

2 ***Ordnen Sie den Textausschnitt in den Gesamtzusammenhang des Dramas ein.***

a) Fassen Sie den Inhalt des Ausschnittes kurz zusammen.

b) Notieren Sie in Stichpunkten, was in den Bildern 1–4 (Beginn) geschehen ist und wie die Handlung nach dem Ausschnitt fortgeführt wird. Orientieren Sie sich auch an der inhaltlichen Zusammenfassung des Dramas (S. 296).

Einordnung einer Textstelle

Muster

Die Begegnung zwischen Galilei und den Wissenschaftlern aus Florenz steht im Mittelpunkt des 4. Bildes. Es geht um die Frage, ob sich die Wissenschaftler von Galilei überzeugen lassen werden oder nicht. Da Galilei an die Vernunft glaubt, hat er die Hoffnung, dass die Wissenschaftler durch das Fernrohr sehen und die Existenz der Jupitermonde anerkennen werden; damit wäre auch das ptolemäische Weltbild, in dem die Erde im Mittelpunkt steht, widerlegt. Zu seiner Enttäuschung muss er allerdings erfahren, dass sich die Wissenschaftler weigern, durch das Fernrohr zu schauen, weil sie der Überzeugung sind, dass solche Sterne nicht existieren können und darüber hinaus mehr schaden als nutzen würden.
Bereits im Vorfeld ist Galilei von Sagredo gewarnt worden, nach Florenz zu gehen, weil der Einfluss der Kirche auf Wissenschaft und Lehre dort weitaus größer sei als in der von Rom relativ unabhängigen Universitätsstadt Padua, die zur freien Republik Venedig gehört. Allerdings lässt sich Galilei durch die Warnungen nicht beeindrucken, weil er an die Überzeugungskraft seiner Argumente glaubt. Vor allem locken ihn die finanziellen Möglichkeiten, die sich ihm in Florenz bieten.
Im weiteren Verlauf der Handlung muss Galilei erkennen, dass Macht und Einfluss der Kirche so groß sind, dass sie seine Lehre auf den Index setzen können. Außerdem wird er inhaftiert und man droht ihm die Folter an. Unter diesem Druck wird der Wissenschaftler schließlich seine Lehre widerrufen.

3 ***Beschreiben Sie den Aufbau des Mustertextes.***

4 ***Erstellen Sie eine Gliederung für die Einordnung des Textausschnittes in den Gesamtzusammenhang.***

Arbeitstechnik | **Einordnung einer Textstelle in den Gesamtzusammenhang**

Die Einordnung einer Textstelle in den Gesamtzusammenhang einer Ganzschrift dient dem Nachweis der Textkenntnis – in diesem Teil des Aufsatzes beschreiben Sie Inhalte und ordnen diese ein, Sie interpretieren sie noch nicht. So gehen Sie vor:

- Sie formulieren eine inhaltliche Zusammenfassung der vorgegebenen Textstelle.
- Daran schließen Sie einen Rückblick an, der kurz deutlich macht, weshalb es zu der im Textauszug beschriebenen Handlung kommt.
- In einem Ausblick fassen Sie dann zusammen, wie sich die Handlung weiter entfaltet.
- Sie schreiben in eigenen Worten. Die Zeitform ist das Präsens. Wichtige Figurenäußerungen geben Sie in indirekter Rede wieder. Zitate sind in diesem ersten Teil des Aufsatzes noch nicht erlaubt.

Achtung: Rückblick und Vorausblick müssen zeigen, dass Sie sich auf die vorgegebene Textstelle beziehen. Es geht also nicht darum, das ganze Drama inhaltlich wiederzugeben. Die Einordnung einer Textstelle sollte nicht mehr als ein Drittel des Gesamtumfangs Ihres Aufsatzes ausmachen.

Analyse und Interpretation sprachlicher und dramentechnischer Mittel

Im nächsten Schritt analysieren und interpretieren Sie einen Dramenauszug.

6. Bild (Auszug)

Eintritt ein sehr alter Kardinal, von einem Mönch gestützt. Man macht ihm ehrerbietig Platz.

DER SEHR ALTE KARDINAL Sind sie immer noch drinnen? Können sie mit dieser Kleinigkeit wirklich nicht schneller fertig werden? Dieser Clavius sollte doch seine Astronomie verstehen! Ich höre, dieser Herr Galilei versetzt den Menschen aus dem Mittelpunkt des Weltalls irgendwohin an den Rand. Er ist folglich deutlich ein Feind des Menschengeschlechts! Als solcher muß er behandelt werden. Der Mensch ist die Krone der Schöpfung, das weiß jedes Kind, Gottes höchstes und geliebtestes Geschöpf. Wie könnte er es, ein solches Wunderwerk, eine solche Anstrengung, auf ein kleines, abseitiges und immerfort weglaufendes Gestirnlein setzen? Würde er so wohin seinen Sohn schicken? Wie kann es Leute geben, so pervers, daß sie diesen Sklaven ihrer Rechentafeln Glauben schenken! Welches Geschöpf Gottes wird sich so etwas gefallen lassen?

DER DICKE PRÄLAT *halblaut:* Der Herr ist anwesend.

DER SEHR ALTE KARDINAL *zu Galilei:* So, sind Sie das? Wissen Sie, ich sehe nicht mehr allzu gut, aber das sehe ich doch, daß Sie diesem Menschen, den wir seinerzeit verbrannt haben – wie hieß er doch? –, auffallend gleichen.

DER MÖNCH Eure Eminenz sollten sich nicht aufregen. Der Arzt ...

DER SEHR ALTE KARDINAL *schüttelt ihn ab, zu Galilei:* Sie wollen die Erde erniedrigen, obwohl Sie auf ihr leben und alles von ihr empfangen. Sie beschmutzen Ihr eigenes Nest! Aber ich jedenfalls lasse es mir nicht gefallen. *Er stößt den Mönch zurück und beginnt stolz auf und ab zu schreiten.* Ich bin nicht irgendein Wesen auf irgendeinem Gestirnchen, das für kurze Zeit irgendwo kreist. Ich gehe auf einer festen Erde, in sicherem Schritt, sie ruht, sie ist der Mittelpunkt des Alls, ich bin im Mittelpunkt, und das Auge des Schöpfers ruht auf mir und auf mir allein. Um mich kreisen, fixiert an acht kristallene Schalen, die Fixsterne und die gewaltige Sonne, die geschaffen ist, meine Umgebung zu beleuchten. Und auch mich, damit Gott mich sieht. So kommt sichtbar und unwiderleglich alles an auf mich, den Menschen, die Anstrengung Gottes, das Geschöpf in der Mitte, das Ebenbild Gottes, unvergänglich und ... *Er sinkt zusammen.*

DER MÖNCH Eure Eminenz haben sich zuviel zugemutet!

In diesem Augenblick öffnet sich die Tür hinten, und an der Spitze seiner Astronomen kommt der große Clavius herein. Er durchschreitet schweigend und schnell, ohne zur Seite zu blicken, den Saal und spricht, schon am Ausgang, zu einem Mönch hin.

CLAVIUS Es stimmt. *Er geht ab, gefolgt von den Astronomen. Die Tür hinten bleibt offenstehen. Totenstille. Der sehr alte Kardinal kommt zu sich.*

DER SEHR ALTE KARDINAL Was ist? Die Entscheidung gefallen?

Niemand wagt, es ihm zu sagen.

DER MÖNCH Eure Eminenz müssen nach Hause gebracht werden.

Man hilft dem alten Mann hinaus. Alle verlassen verstört den Saal. Ein kleiner Mönch aus der Untersuchungskommission des Clavius bleibt bei Galilei stehen.

DER KLEINE MÖNCH *verstohlen:* Herr Galilei, Pater Clavius sagte, bevor er wegging: Jetzt können die Theologen sehen, wie sie die Himmelskreise wieder einrenken! Sie haben gesiegt. *Ab*

Analyse und Interpretation sprachlicher und dramentechnischer Mittel

GALILEI *sucht ihn zurückzuhalten:* Sie hat gesiegt! Nicht ich, die Vernunft hat gesiegt!

Der kleine Mönch ist schon weg. Auch Galilei geht. Unter der Tür begegnet er einem hochgewachsenen Geistlichen, dem Kardinal Inquisitor. Ein Astronom begleitet ihn. Galilei verbeugt sich. Bevor er hinausgeht, stellt er einem Türhüter flüsternd eine Frage.

TÜRHÜTER *zurückflüsternd:* Seine Eminenz, der Kardinal Inquisitor. [R]

1 ***Ordnen Sie die Textstelle in den Gesamtzusammenhang ein.***

2 ***Formulieren Sie eine Interpretationshypothese zu dem Textauszug. Gehen Sie so vor:***

a) Formulieren Sie, wie Sie den Auftritt des „sehr alten Kardinals" im Hinblick auf seine inhaltlichen Aussagen, seine Sprache und seinen Zusammenbruch deuten.

b) Gehen Sie auf die Funktion ein, die dieses 6. Bild für den Handlungsverlauf des Dramas haben könnte.

3 ***Analysieren Sie den Auszug.***

a) Welche Auffassung von der Bedeutung der Wissenschaft äußert „der sehr alte Kardinal"? Vergleichen Sie seine Auffassung mit der Galileis.

b) Untersuchen Sie, welche sprachlichen Mittel verwendet werden, um die Position des „sehr alten Kardinals" zu untermauern. (➪ Kapitel 4, S. 96–97)

Sprache und Stil

4 ***Deuten Sie die Ergebnisse Ihrer Sprachanalyse. Formulieren Sie Sätze nach dem Muster unten.***

Sprachliches Mittel	Deutung
Drohungen, z. B.: „Aber ich jedenfalls lasse es mir nicht gefallen" (Z. 19–20)	Aggressivität des Kardinals
Ironie: „... auf irgendeinem Gestirnchen" (Z. 21)	würdigt Galileis Arbeit herab
Anapher: „Ich bin nicht [...] Ich gehe [...], ich bin [...]" (Z. 21–23)	egozentrischer Machtmensch – sieht nur sich im Mittelpunkt
Metapher: „Sie beschmutzen Ihr eigenes Nest!" (Z. 19)	beleidigend, verachtend

Muster

Trotz seiner Gebrechlichkeit ist der Kardinal sehr erregt und aggressiv gegenüber Galilei und vermittelt das Bild eines Machtmenschen, der keinen Widerspruch duldet. Dies wird z. B. daran deutlich, dass seine Aussagen in Form von Ausrufen formuliert werden, dass er ironisch über Galileis Forschung spricht und sich als Mittelpunkt von allem darstellt, wozu das Stilmittel Anapher benutzt wird: „Ich bin nicht irgendein Wesen […] Ich gehe […], ich bin […]" (Z. 21–23). Mit der ironischen Verkleinerung „Gestirnchen" würdigt er Galileis Forschungsleistungen herab. Darüber hinaus droht er Galilei, dass man ihn töten werde: „[…] das sehe ich doch, daß Sie diesem Menschen, den wir seinerzeit verbrannt haben […] auffallend gleichen."

Analyse und Interpretation sprachlicher und dramentechnischer Mittel

Für die Interpretation dramatischer Texte spielen die Regieanweisungen eine große Rolle, weil hier der Autor Hinweise gibt, wie eine Textpassage gespielt werden soll.

Muster

Deutung der dramentechnischen Gestaltung (6. Bild)

Die Regieanweisungen zeigen, auf welche Art der Kardinal seine Erregung, seinen Ärger und die Aggression Galilei betreffend durch die Körpersprache verdeutlichen soll, wenn er sich beispielsweise von dem ihn stützenden Mönch befreit: „schüttelt ihn ab" (Z. 18). Mit dieser emotionalen Geste soll auch ein Gegensatz zur Gebrechlichkeit des alten Mannes hervorgehoben werden: „Eintritt ein sehr alter Kardinal, von einem Mönch gestützt. [...]" und „Er sinkt zusammen." (Z. 2, 28)
Dennoch lässt sich bereits an dieser Stelle vermuten, dass die Bestätigung der Lehren Galileis durch Clavius nicht den endgültigen Sieg für Galilei bringen wird, denn Brecht gibt mit dem Auftritt des Großinquisitors bereits einen wichtigen Hinweis, wie sich die Ereignisse weiterentwickeln werden: „Unter der Tür begegnet er einem hochgewachsenen Geistlichen, dem Kardinal Inquisitor. Ein Astronom begleitet ihn. Galilei verbeugt sich." (Z. 44–45) Die Verbeugung Galileis könnte als Vorwegnahme der späteren Unterwerfung gedeutet werden.

5 ***Untersuchen Sie die Musterlösung.***

a) Schreiben Sie die für diesen Textauszug aufgestellten Interpretationshypothesen heraus.

b) Fassen Sie die Begründungen der Interpretationshypothesen kurz schriftlich zusammen.

6 ***Ergänzen Sie die Deutung der dramentechnischen Gestaltung (Muster) durch weitere Beispiele.***

Basiswissen – **Dramentechnische Mittel: die Regieanweisung**

Regieanweisungen sind wichtige dramentechnische Mittel. Sie geben Hinweise zum körpersprachlichen Verhalten (analoge Kommunikation), also Mimik und Gestik einer Figur, und verdeutlichen so mit der Art der Gesprächsführung, der Äußerung von Emotionen, das Verhältnis der Figuren zueinander. Häufig nutzt der Autor (Dramatiker) die Regieanweisungen auch, um Hinweise zu geben, wie er sich die Kulisse, die Beleuchtung oder die Architektur eines Raumes wünscht und was die gerade nicht sprechenden Figuren tun sollen.

Die Analyse der Regieanweisungen gibt neben der Beschreibung des Dramenaufbaus und anderer dramentechnischer Mittel (➪ Kapitel 14, S. 233–243) wichtige Aufschlüsse für die Interpretation des Dramas.

7 ***Formulieren Sie Regieanweisungen, mit denen folgende digitale (verbale) Äußerungen durch analoges (nonverbales) Verhalten verdeutlicht und verstärkt werden können.***

Beispiel: digitale Ebene	auszudrückendes Gefühl	analoge Ebene
Ich habe versagt.	*Resignation*	*schlägt die Hände vor das Gesicht*
So kannst du mit mir nicht umgehen!	Wut, Aggression	...
Ich könnte alle umarmen!	Euphorie	...
Was soll ich jetzt bloß tun?	Ratlosigkeit	...
Hoffentlich kommt er bald!	Ungeduld	...

Die historische Interpretationsmethode

Für eine Interpretation kann es sinnvoll sein, die textimmanente Betrachtungsweise zu ergänzen und den historischen Hintergrund eines Werkes zu untersuchen. Die Werke Bertolt Brechts eignen sich besonders für die historische Interpretationsmethode, weil Brecht auf gesellschaftspolitische Ereignisse seiner Zeit in seinen literarischen Werken unmittelbar reagierte.

Informationen zu Brechts Biografie und Zeitgeschichte

Bertolt Brecht wurde 1898 in Augsburg geboren. Er wuchs in gesicherten bürgerlichen Verhältnissen auf. Schon während seiner Schulzeit setzte er sich sehr kritisch mit dem gerade tobenden Ersten Weltkrieg auseinander. Dies verstärkte sich noch, als er 1918 als Sanitätssoldat in einem Augsburger Reservelazarett arbeitete. Seine Gedichte, Lieder und Theaterstücke aus dieser Zeit sowie aus den 20er Jahren des 20. Jahrhunderts wurden nach dem Machtantritt der Nationalsozialisten im Januar 1933 zu „undeutschen Schriften“ erklärt und verbrannt. Brecht wurde die deutsche Staatsbürgerschaft aberkannt und er musste das Land verlassen.

Von seinen Stücken gibt es oft mehrere Fassungen, die an verschiedenen Orten entstanden sind. So hat Brecht die erste Fassung von „Leben des Galilei“ 1938/39 in Dänemark verfasst, die zweite im amerikanischen Exil zwischen 1945 und 1947 und die dritte Bearbeitung in Berlin vorgenommen, die 1955 im Suhrkamp Verlag ihre Druckfassung erhielt. Vor allem der Atombombenabwurf 1945 über Hiroshima und Nagasaki, der in wenigen Minuten über 180.000 Menschen das Leben kostete, veranlasste Brecht zu einer Überarbeitung des berühmten Schlussmonologes Galileis.

Erste (dänische) Fassung (1938/39) – 14. Bild (Schlussmonolog)

Galilei […] Die Wissenschaft befindet sich nämlich mit der gesamten Menschheit in einem Boot. So kann sie nicht etwa sagen: Was geht es mich an, wenn am andern Ende des Bootes ein Leck ist! Sie steht so für die Vernunft, welche eine zu große Sache ist, als daß sie je in einem Kopf Platz hätte. Die Vernunft ist eine Sache, in welche die Menschen sich teilen. Sie kann als die Selbstsucht der gesamten Menschheit bezeichnet werden. Die Wissenschaft kann Menschen, die es versäumen, für die Vernunft einzutreten, nicht brauchen. Sie muß sie mit Schande davonjagen, denn sie mag so viele Wahrheiten wie immer wissen, in einer Welt der Lüge hätte sie keinen Bestand. Wenn die Hand, die sie füttert, ihr gelegentlich und ohne Warnung an die Gurgel greift, wird die Menschheit sie abhauen müssen. Das ist der Grund, warum die Wissenschaft einen Menschen wie mich nicht in ihren Reihen dulden kann.

Dritte (Berliner) Fassung (1953–55) – 14. Bild (Schlussmonolog)

Galilei […] Eine Menschheit, stolpernd in einem Perlmutterdunst von Aberglauben und alten Wörtern, zu unwissend, ihre eigenen Kräfte voll zu entfalten, wird nicht fähig sein, die Kräfte der Natur zu entfalten, die ihr enthüllt. Wofür arbeitet ihr? Ich halte dafür, daß das einzige Ziel der Wissenschaft darin besteht, die Mühseligkeit der menschlichen Existenz zu erleichtern. Wenn Wissenschaftler, eingeschüchtert durch selbstsüchtige Machthaber, sich damit begnügen, Wissen um des Wissens willen aufzuhäufen, kann die Wissenschaft zum Krüppel gemacht werden, und eure neuen Maschinen mögen nur neue Drangsale bedeuten.

Die historische Interpretationsmethode

Ihr mögt mit der Zeit alles entdecken, was es zu entdecken gibt, und euer Fortschritt wird doch nur ein Fortschreiten von der Menschheit weg sein. Die Kluft zwischen euch und ihr kann eines Tages so groß werden, daß euer Jubelschrei über irgendeine neue Errungenschaft von einem universalen Entsetzensschrei beantwortet werden könnte. – Ich hatte als Wissenschaftler eine einzigartige Möglichkeit. In meiner Zeit erreichte die Astronomie die Marktplätze. Unter diesen ganz besonderen Umständen hätte die Standhaftigkeit e i n e s Mannes große Erschütterungen hervorrufen können. Hätte ich widerstanden, hätten die Naturwissenschaftler etwas wie den hippokratischen Eid der Ärzte entwickeln können, das Gelöbnis, ihr Wissen einzig zum Wohle der Menschheit anzuwenden! Wie es nun steht, ist das Höchste, was man erhoffen kann, ein Geschlecht erfinderischer Zwerge, die für alles gemietet werden können. Ich habe zudem die Überzeugung gewonnen, Sarti, daß ich niemals in wirklicher Gefahr schwebte. Einige Jahre lang war ich ebenso stark wie die Obrigkeit. Und ich überlieferte mein Wissen den Machthabern, es zu gebrauchen, es nicht zu gebrauchen, es zu mißbrauchen, ganz wie es ihren Zwecken diente. *Virginia ist mit einer Schüssel hereingekommen und bleibt stehen.*

GALILEI Ich habe meinen Beruf verraten. Ein Mensch, der das tut, was ich getan habe, kann in den Reihen der Wissenschaftler nicht geduldet werden. R

1 ***Untersuchen Sie die Veränderungen, die Brecht vorgenommen hat, und versuchen Sie diese zu begründen. Nutzen Sie dazu die Informationen zu Biografie und Zeitgeschichte.***

2 ***Erörtern Sie die Relevanz des Themas „Grenzen des wissenschaftlichen Forschens“ für Leser des 21. Jahrhunderts.***

Basiswissen | **Historische Interpretationsmethode**

Interpretationsmethode, bei der Faktoren, die außerhalb eines Textes liegen, zur Deutung herangezogen werden. Das können z. B. geschichtliche Ereignisse sein oder gesellschaftspolitische Vorgänge, die das Leben und Wirken einer Autorin oder eines Autors stark beeinflussen. Mit dieser Methode prüfen Sie, ob und wie solche Ereignisse und Vorgänge sich auf die Themenwahl, die inhaltliche und sprachliche Darstellungsweise eines literarischen Textes (hier eines Dramas) ausgewirkt haben, und Sie beziehen diese Aspekte in Ihre Deutung ein (➪ Kapitel 14).

Muster

Aufgabe mit Lösungsvorschlag:
Ordnen Sie das vollständige 6. Bild in den Gesamtzusammenhang des Dramas ein und interpretieren Sie es. Berücksichtigen Sie dabei die sprachliche und dramentechnische Gestaltung und gehen Sie auf historische Hintergründe ein.

Das 1938 im dänischen Exil entstandene Drama „Leben des Galilei“ wurde von Bertolt Brecht verfasst und in den folgenden zwei Jahrzehnten mehrfach überarbeitet, bis es im Jahr 1955 in Berlin seine endgültige Fassung erhielt. Im Mittelpunkt steht das Leben des berühmten Physikers und Astronomen Galileo Galilei, sein Kampf mit der Kirche um freie Forschung und die Folgen eines sich wandelnden Weltbildes.

allgemeine Einleitung

Die Textinterpretation

Inhalt der Textstelle

Im 6. Bild, dessen Handlung im Forschungsinstitut des Vatikans spielt, warten Galilei und eine Reihe von Theologen, Priestern, Wissenschaftlern auf die Untersuchungsergebnisse des Astronomen Clavius. Eingangs der Szene macht man sich über das neue Weltbild und die Lehren Galileis lustig. Es werden Einwände gegen das kopernikanische Weltbild erhoben. So kritisieren die beiden Astronomen, dass es bereits früher Erscheinungen am Himmel gegeben habe, die mit dem alten Weltbild nicht zu erklären gewesen seien. Dennoch habe niemand die Vermessenheit besessen, den Himmel in seinem Wesen anzuzweifeln. Ein sehr dünner Mönch versucht, die Lehre Galileis mit dem Wortlaut der Schrift zu widerlegen und behauptet, Galileis Theorien seien destruktiv. Unterstützung erhält er von dem sehr alten Kardinal, der ebenfalls darüber reflektiert, was mit der Welt und dem Menschen geschähe, wenn Galileis Weltbild stimmen würde. Vor allem beklagt er den Verlust der Gottesebenbildlichkeit, die im Weltbild der Bibel die innere Mitte bildet. Mit eindeutigen Drohungen versucht er Galilei einzuschüchtern. Das Bild endet damit, dass Clavius in aller Knappheit die Himmelsbeobachtungen bestätigt.

Rückblick

Bereits im Vorfeld dieses Bildes ist die Skepsis der Vertreter der katholischen Kirche gegenüber dem kopernikanischen Weltbild thematisiert worden. Vor allem im 4. Bild wird das Dogma der herrschenden kirchlichen Lehre deutlich: Die Gelehrten weigern sich, durch das Fernrohr zu schauen, weil sie nicht an die Möglichkeit der Existenz der Jupitermonde glauben.

weitere Entwicklung

Auch im weiteren Verlauf des Dramas kommt es zu erheblichen Konflikten Galileis mit der Kirche. Man setzt seine Schriften auf den Index; als er weiterforscht und berühmt wird, zwingt ihn die Inquisition schließlich zum Widerruf und erteilt ihm lebenslänglich Hausarrest.

Interpretationshypothesen mit Textbelegen

Im 6. Bild wird gezeigt, aus welch unterschiedlichen Motiven heraus Erkenntnisse der Wissenschaften abgelehnt werden. Zum einen fällt die Gruppe um den dicken Prälaten auf, die offensichtlich nicht gewillt ist, sich mit den neuen Theorien auseinanderzusetzen. Diese Gruppe repräsentiert einen Menschentypus, der nur auf seine beschränkte Sinneswahrnehmung vertraut. Auf das, was sie nicht versteht, reagiert sie mit einem fast albernen kleinen Theaterspiel, das ihre Ignoranz unter Beweis stellt: „Es bildet sich ein Klumpen von Mönchen, die unter Gelächter tun, als wehrten sie sich, von einem Schiff im Sturm abgeschüttelt zu werden." (S. 59)*

Analyse der Regieanweisung

Konflikt

Brecht wählt in der Regieanweisung erneut das Bild vom Schiff als Metapher für die neue Zeit, die anbricht; eine Zeit, in der man sich getraut, die Ufer zu verlassen (vgl. S. 9 f.) und über das Meer zu fahren. Dabei werden, so Galileis Hoffnung, in der Tat nicht nur die alten Lehren, sondern auch deren Vertreter „abgeschüttelt". Ihre Sprache ist zynisch, weil sie sich immer wieder über Galileis Lehren lustig machen: „Ein Mönch spielt Komödie: Mir schwindelt. Die Erde dreht sich zu schnell." (S. 58) Hingegen machen sich die beiden Astronomen wesentlich mehr Gedanken, sie stehen für diejenigen Wissenschaftler, die sich neuen Erkenntnissen zwar nicht völlig verschließen, aber denen die alte Ordnung so schützenswert erscheint, dass sie das Neue lieber verwerfen. Sie sehen, aber sie haben nicht den Mut, daraus die richtigen Schlüsse zu ziehen. Der zweite Astronom äußert: „Es gibt Erscheinungen, die uns Astronomen Schwierigkeiten bereiten, aber muß der Mensch alles verstehen?" (S. 60) Die rhetorische Frage zeigt deutlich, wo sich der Astronom seine Grenzen setzt: dort, wo die göttliche und die weltliche Ordnung selbst zum Gegenstand der Forschung werden.

Sprachanalyse und Zitate

Einen letzten Typus von Gegnern der Lehre Galileis stellt uns Brecht mit dem sehr dünnen Mönch und dem sehr alten Kardinal vor. Sie sind fanatische Fundamentalisten, die sich aus unterschiedlichen Gründen der Unfehlbarkeit der Bibel verpflichtet fühlen: „Wie kann die Sonne stillstehen, wenn sie sich überhaupt nicht dreht, wie diese Ketzer behaupten? Lügt die Schrift?" (S. 60) Auch diese Fragen sind Scheinfragen, die verknüpft sind mit einer eindeutigen Drohung in die Richtung Galileis. Mit Aufzählungen, Metaphern und Vergleichen will der sehr dünne Mönch die Verwerflichkeit der Hypothesen Galileis vor Augen führen: „Die Heimat des Menschen setzen sie einem

* Die Seitenangaben beziehen sich auf B. B., Leben des Galilei. edition Suhrkamp, 2007.

Die Textinterpretation

Wandelstern gleich. Mensch, Tier, Pflanze und Erdreich verpacken sie auf einen Karren und treiben ihn im Kreis durch den leeren Himmel." (S. 60)

Sprachanalyse und Zitate

Die antithetische Grundstruktur seiner Ausführungen unterstreicht nochmals die Schärfe des Konflikts zwischen der alten und neuen Lehre: „Da ist kein Unterschied mehr zwischen Oben und Unten, zwischen dem Ewigen und Vergänglichen. […] Es gibt auch nicht Mensch und Tier, der Mensch selber ist ein Tier, es gibt nur Tiere!" (S. 60 f.)

Wie sich der Mönch in seinen Ausführungen ereifert, wird an den Ausrufezeichen deutlich; sie sollen zeigen, dass er keinen Widerspruch duldet, dass ein wissenschaftlicher Disput mit ihm unmöglich ist. Dies verdeutlichen auch Brechts Regieanweisungen: „[…] kommt mit einer aufgeschlagenen Bibel nach vorn, den Finger auf eine Stelle stoßend: […]" (S. 60)

Ganz ähnlich verhält es sich mit dem sehr alten Kardinal, der ebenfalls ein Dogmatiker ist und in der Auseinandersetzung mit der eigenen Hinfälligkeit aus dem geozentrischen ein egozentrisches Weltbild gemacht hat. Die Vielzahl der Sätze, die mit dem Personalpronomen und Reflexivpronomen in der 1. Person Singular beginnen, zeigt die Ich-Fixierung des Kardinals. Auch er bedient sich der Metaphorik, um die Bedeutung des Menschen als „Krone der Schöpfung", als „Wunderwerk" hervorzuheben oder Galilei und seine Anhänger als „Sklaven der Rechentafeln" (S. 61) zu beschimpfen. Höhepunkt seiner Hetzrede gegen die Lehren Galileis ist sicher die Klimax am Ende, als er kurz vor seinem Zusammenbruch konstatiert: „So kommt sichtbar und unwiderleglich alles an auf mich, den Menschen, das Ebenbild Gottes, unvergänglich und …" (S. 62)

Wie brüchig und morbide die alte Lehre geworden ist, wird in der lakonisch knappen Regieanweisung „Er sinkt zusammen." (S. 62) nochmals dramentechnisch unterstrichen.

Zusammenfassung der Interpretationshypothesen

So ist nach der Analyse und Interpretation dieses Bildes festzuhalten, dass es unterschiedliche Gründe gibt, sich dem Neuen zu verweigern. Dabei könnten Angst (der sehr alte Kardinal), Kadavergehorsam (der sehr dünne Mönch) und schlichte Dummheit (der Prälat) eine Rolle spielen. Dennoch geht es Brecht nicht allein um die Wissenschaft, sondern um die Forschung zum Wohl der Menschheit.

Brechts Intention unter Einbeziehung historischer Hintergründe

Wer im „Galilei" nur ein Plädoyer für ungehinderte freie Forschung sieht, übersieht, dass Brecht die Frage nach der Verantwortung des Wissenschaftlers stellt, nachdem die Atombombenabwürfe auf Japan geschehen sind. Es geht ihm um Humanisierung der gesellschaftlichen Verhältnisse und darum, die Unfreiheit der Menschen zu bekämpfen. Die Kapitulation Galileis am Schluss des Dramas muss in diesem Zusammenhang als Kapitulation vor den gesellschaftlichen Zuständen, die eine freie Entfaltung unmöglich machen, gesehen werden und weniger als persönliches Defizit.

1 ***Untersuchen Sie die Musterlösung.***

a) Arbeiten Sie die Interpretationshypothesen sowie deren Begründungen heraus.

b) Beurteilen Sie die Bedeutung des Schlussteils in Hinsicht auf die Interpretation des Dramas.

Fazit

17.1 Textinterpretation eines Dramentextes

- Einordnung einer Textstelle in den Gesamtzusammenhang
- Interpretation:
  - Interpretationshypothesen formulieren
  - Deutung der sprachlichen und dramentechnischen Mittel
  - geschichtlichen Hintergrund einbeziehen

Prüfungsvorbereitung

Musteraufgabe

Interpretieren Sie den folgenden Textauszug aus Brechts „Leben des Galilei" im Hinblick auf seine Bedeutung für die Aussage des Dramas.

a) Ordnen Sie den Auszug in den Gesamtzusammenhang des Dramas ein.

b) Beziehen Sie die Analyse der sprachlichen Mittel und der Regieanweisungen in Ihre Deutung mit ein.

c) Erörtern Sie im Schlussteil vor dem Hintergrund der historischen Ereignisse zu Brechts Lebenszeit die Aussage Andreas: „Unglücklich das Land, das keine Helden hat" sowie Galileis Erwiderung darauf: „Nein. Unglücklich das Land, das Helden nötig hat."

13. Bild (Auszug)

[...]

FEDERZONI *heiser:* Nichts. Es ist drei Minuten über fünf.

ANDREA Er widersteht.

DER KLEINE MÖNCH Er widerruft nicht!

FEDERZONI Nein. Oh, wir Glücklichen!

Sie umarmen sich. Sie sind überglücklich.

ANDREA Also: es geht nicht mit Gewalt! Sie kann nicht alles! Also: die Torheit wird besiegt, sie ist nicht unverletzlich! Also: der Mensch fürchtet den Tod nicht!

FEDERZONI Jetzt beginnt wirklich die Zeit des Wissens. Das ist ihre Geburtsstunde. Bedenke, wenn er widerrufen hätte!

DER KLEINE MÖNCH Ich sagte es nicht, aber ich war voller Sorge. Ich Kleingläubiger!

ANDREA Ich aber wußte es.

FEDERZONI Als ob es am Morgen wieder Nacht würde, wäre es gewesen.

ANDREA Als ob der Berg gesagt hätte: ich bin ein Wasser.

DER KLEINE MÖNCH *kniet nieder, weinend:* Herr, ich danke dir.

ANDREA Aber es ist alles verändert heute! Der Mensch hebt den Kopf, der Gepeinigte, und sagt: ich kann leben. So viel ist gewonnen, wenn nur e i n e r aufsteht und N e i n sagt!

In diesem Augenblick beginnt die Glocke von Sankt Markus zu dröhnen. Alles steht erstarrt.

VIRGINIA *steht auf:* Die Glocke von Sankt Markus! Er ist nicht verdammt!

Von der Straße herauf hört man den Ansager den Widerruf Galileis verlesen.

STIMME DES ANSAGERS „Ich, Galileo Galilei, Lehrer der Mathematik und der Physik in Florenz, schwöre ab, was ich gelehrt habe, daß die Sonne das Zentrum der Welt ist und an ihrem Ort unbeweglich, und die Erde ist nicht Zentrum und nicht unbeweglich. Ich schwöre ab, verwünsche und verfluche mit redlichem Herzen und nicht erheucheltem Glauben alle diese Irrtümer und Ketzereien sowie überhaupt jeden anderen Irrtum und jede andere Meinung, welche der Heiligen Kirche entgegen ist."

Es wird dunkel.

Wenn es wieder hell wird, dröhnt die Glocke noch, hört dann aber auf. Virginia ist hinausgegangen. Galileis Schüler sind noch da.

FEDERZONI Er hat dich nie für deine Arbeit richtig bezahlt. Du hast weder eine Hose kaufen noch selber publizieren können. Das hast du gelitten, weil „für die Wissenschaft gearbeitet wurde"!

Prüfungsvorbereitung

ANDREA *laut:* Unglücklich das Land, das keine Helden hat!

Eingetreten ist Galilei, völlig, beinahe bis zur Unkenntlichkeit verändert durch den Prozeß. Er hat den Satz Andreas gehört. Einige Augenblicke wartet er an der Tür auf eine Begrüßung. Da keine erfolgt, denn die Schüler weichen vor ihm zurück, geht er, langsam und seines schlechten Augenlichts wegen unsicher, nach vorn, wo er einen Schemel findet und sich niedersetzt.

ANDREA Ich kann ihn nicht ansehen. Er soll weg.

FEDERZONI Beruhige dich.

ANDREA *schreit Galilei an:* Weinschlauch! Schneckenfresser! Hast du deine geliebte Haut gerettet? *Setzt sich.* Mir ist schlecht.

GALILEI *ruhig:* Gebt ihm ein Glas Wasser!

Der kleine Mönch holt Andrea von draußen ein Glas Wasser. Die andern beschäftigen sich nicht mit Galilei, der horchend auf seinem Schemel sitzt. Von weitem hört man wieder die Stimme des Ansagers.

ANDREA Ich kann schon wieder gehen, wenn ihr mir ein wenig helft.

Sie führen ihn zur Tür. In diesem Augenblick beginnt Galilei zu sprechen.

GALILEI Nein. Unglücklich das Land, das Helden nötig hat. R

Checkliste: Eine Interpretation zu einem Dramenauszug schreiben

Vorbereitung des Aufsatzes

- ☑ Enthält die Aufgabenstellung neben der allgemeinen Aufforderung zur Textinterpretation noch besonders zu beachtende Aspekte?
- ☑ Haben Sie sich beim Lesen des Textes die zentralen Aussagen in Stichpunkten notiert und Auffälligkeiten in Sprache und dramentechnischen Mitteln festgehalten?

Einleitung

- ☑ Haben Sie Autor, Titel und Erscheinungsjahr (evtl. den Erscheinungsort) genannt?
- ☑ Wurde der Inhalt des Dramas (worum es geht) in einem Satz zusammengefasst?

Hauptteil

- ☑ Haben Sie den Textauszug in den Gesamtzusammenhang des Dramas eingeordnet? (inhaltliche Zusammenfassung des Textauszuges, Rückblick auf Vorangegangenes, Figuren und deren Beziehungen zueinander, Entwicklungsstand der Handlung und Ausblick)
- ☑ Wurden Interpretationshypothesen formuliert und Belege zur Begründung angeführt?
- ☑ Haben Sie Ihre Analyseergebnisse der sprachlichen und dramentechnischen Mittel gedeutet (Aufbau, Konfliktgestaltung, Regieanweisungen, Dialoge, Monologe) und Zitate angeführt?

Schlussteil

- ☑ Sind Sie zusammenfassend auf Ihre Interpretationshypothesen eingegangen?
- ☑ Haben Sie außer der werkimmanenten (Sprache, dramentechnische Mittel) auch die historische Interpretationsmethode angewandt (historische Ereignisse, biografische Besonderheiten)?
- ☑ Haben Sie eine Bewertung des Auszugs im Hinblick auf die Gesamtaussage vorgenommen?

Textüberarbeitung

- ☑ Haben Sie Ihren Aufsatz im Hinblick auf seine Gliederung, auf sprachlichen Ausdruck, auf Rechtschreibung, Grammatik und Zeichensetzung kontrolliert und korrigiert?

Epik (am Beispiel Roman)

Inhaltliche Zusammenfassung, erster Leseeindruck

Die Interpretation eines Romanauszuges folgt in den wesentlichen Bereichen dem gleichen Muster wie die Interpretation eines Dramenauszugs. Die Analyse der dramentechnischen Gestaltung wird durch die Analyse der erzähltechnischen Gestaltung ersetzt. Wie Sie vorgehen können, wird exemplarisch an der Interpretation von Peter Stamms Roman „Agnes" gezeigt.

Inhaltliche Zusammenfassung des Romans „Agnes" von Peter Stamm

Der Ich-Erzähler, ein Schriftsteller aus der Schweiz, lebt für eine befristete Zeit in Chicago, wo er als Vorbereitung für ein neues Buch über Luxuszüge in den USA recherchiert. In der Bibliothek lernt er die wesentlich jüngere Agnes kennen, die an ihrer Doktorarbeit in Physik schreibt, und verliebt sich in sie. Nach mehreren Wochen der Freundschaft bittet Agnes den Ich-Erzähler, ein literarisches Porträt von ihr in Form eines kurzen Romans zu schreiben. Die Arbeit an dieser Geschichte beansprucht den Ich-Erzähler so, dass er selbst die Recherchen für sein geplantes Buch vernachlässigt. Erleichtert wird das Schreiben durch die Tatsache, dass Agnes bei ihm eingezogen ist. Eine erste wirkliche Verstimmung zwischen den beiden Liebenden gibt es, als Agnes mit ihm zu einer Halloween-Party möchte, was er jedoch ablehnt. Stattdessen folgt er einer geschäftlichen Einladung und lernt die attraktive und selbstbewusste Louise kennen, die sich schnell für ihn interessiert. Diese Begegnung bleibt zunächst ohne Folgen, da sich der Ich-Erzähler früh verabschiedet und doch noch auf der Party nach Agnes sucht, sie aber nicht findet. Eine schwere Belastungsprobe erfährt die Beziehung, als Agnes von ihrer Schwangerschaft berichtet und der Ich-Erzähler zu einer Abtreibung rät. Völlig enttäuscht packt Agnes ihre Sachen und verlässt ihren Freund, der zunächst auch nichts tut, um diese zurückzugewinnen. Erst als ihm eine Bekannte von Agnes berichtet, dass diese erkrankt sei und es ihr schlecht gehe, überwindet sich der Ich-Erzähler zu einem Besuch. Er erfährt, dass Agnes ihr gemeinsames Kind verloren hat. Obwohl beide wieder zusammenziehen und sich versöhnen, erholt sich Agnes nicht mehr vollständig. Der vom Ich-Erzähler geschriebene Roman, der sich immer weiter entfaltet, bekommt mehr und mehr Bedeutung für Agnes; Realität und Fiktion scheinen zu verschwimmen, als sie zum Beispiel für das Kind, das nur in der Romanwirklichkeit existiert, Kleidung und Spielsachen kauft. Der Ich-Erzähler will die Arbeit an der fiktionalen Geschichte zu Ende bringen und arbeitet sehr intensiv an der Schlusspassage. Er schreibt zwei Varianten: In der einen stirbt Agnes, in der anderen gibt es ein glückliches Ende in Ehe und Familie. An Silvester geht der Ich-Erzähler alleine zu einer Party, trifft dort Louise und betrügt Agnes mit ihr. Als er nach Hause kommt, stellt er fest, dass Agnes den Schluss der Geschichte, der mit ihrem Tod endet, am PC gelesen hat. Wie er es dort beschrieben hat, fehlt der Mantel von Agnes und sie ist verschwunden.

1 *Benennen Sie auf der Grundlage Ihrer Lektüre des Romans und mithilfe der inhaltlichen Zusammenfassung Thema, Ort und Zeit der Handlung sowie die zentralen Figuren.*

2 *Formulieren Sie in Vorbereitung auf die schriftliche Interpretation Ihren ersten Leseeindruck.*

3 *Nennen Sie – wenn bekannt – literarische Texte, in denen das Verknüpfen von „realer Welt" der Figuren und einer fiktionalen Geschichte (sozusagen in der Geschichte) thematisiert wird bzw. eine wichtige Rolle spielt.*

Einordnung einer Textstelle

Die Prüfungsaufgabe zur Interpretation einer epischen Ganzschrift könnte so formuliert sein:

Musteraufgabe

Ordnen Sie die Textstelle in den Gesamtzusammenhang des Romans ein.

Interpretieren Sie den Textauszug unter besonderer Berücksichtigung der sprachlichen und erzähltechnischen Gestaltung.

Peter Stamm: Agnes

[…] Dann sagte Agnes: „Ich bin schwanger … Ich kriege ein Kind“, sagte sie. „Freust du dich?“ Ich stand auf und ging in die Küche, um mir ein Bier zu holen. Als ich zurückkam, saß Agnes auf meinem Schreibtisch und spielte mit einem Kugelschreiber. Ich setzte mich neben sie, ohne sie zu berühren. Sie nahm mir die Flasche aus der Hand und trank einen Schluck.

„Schwangere Frauen sollten keinen Alkohol trinken“, sagte ich und lachte verkrampft.

Sie boxte mich in die Schulter. „Und?“, fragte sie. „Was sagst du?“

„Nicht gerade, was ich mir vorgestellt habe. Warum? Hast du die Pille vergessen?“

„Der Arzt sagt, es kann auch mit der Pille passieren. Ein Prozent oder so der Frauen, die die Pille nehmen …“

Ich schüttelte den Kopf und sagte nichts. Agnes begann, leise zu weinen.

„Agnes wird nicht schwanger“, sagte ich. „Das war nicht … Du liebst mich nicht. Nicht wirklich.“

„Warum sagst du das? Es ist nicht wahr. Ich habe nie … nie habe ich das gesagt.“

„Ich kenne dich. Ich kenne dich vielleicht besser als du dich selbst.“

„Das ist nicht wahr.“

Als müsste ich mich selbst überzeugen, sagte ich nur: „Sie ist nicht schwanger.“

Agnes rannte ins Schlafzimmer. Ich hörte, wie sie sich aufs Bett warf und laut schluchzte.

Ich folgte ihr und blieb in der Tür stehen. Sie sagte etwas, das ich nicht verstand.

„Was sagst du?“

„Es ist dein Kind.“

„Ich will kein Kind. Ich kann kein Kind gebrauchen.“ „Was soll ich tun? Was willst du denn, dass ich tue? Ich kann es nicht ändern.“

Ich setzte mich aufs Bett und legte die Hand auf ihre Schulter.

„Ich brauche kein Kind.“

„Ich brauche auch kein Kind. Aber ich bekomme eins.“

„Man kann das ändern“, sagte ich leise.

Agnes sprang auf und schaute mich an mit einer Mischung aus Ekel und Wut. „Du willst, dass ich abtreibe?“ „Ich liebe dich. Wir müssen reden.“ „Immer sagst du, wir müssen reden. Aber du redest nie.“

„Jetzt rede ich.“ „Geh, geh weg. Lass mich. Du widerst mich an mit deiner Geschichte.“

Ich verließ das Zimmer. Ich zog mich warm an und ging nach draußen.

1 *Lösen Sie den 1. Teil der Musteraufgabe. Orientieren Sie sich dazu auf S. 308.*

2 *Formulieren Sie eine Interpretationshypothese. Analysieren Sie den Textauszug.*

Analyse und Interpretation sprachlicher und erzähltechnischer Mittel

Muster für eine Textarbeit

Dialog	Dann sagte Agnes: „Ich bin schwanger ... Ich kriege ein Kind“, sagte sie. „Freust du dich?“	sehr distanzierte Reaktion
Erzählerbericht	Ich stand auf und ging in die Küche, um mir ein Bier zu holen. Als ich zurückkam, saß Agnes	
	auf meinem Schreibtisch und spielte mit einem Kugelschreiber. Ich setzte mich neben sie,	
	ohne sie zu berühren. Sie nahm mir die Flasche aus der Hand und trank einen Schluck.	
	„Schwangere Frauen sollten keinen Alkohol trinken“, sagte ich und lachte verkrampft.	Ablenkung, unehrlich
Frage	Sie boxte mich in die Schulter. „Und?“, fragte sie. „Was sagst du?“	
Gegenfrage als Ablenkungsmanöver	„Nicht gerade, was ich mir vorgestellt habe. Warum? Hast du die Pille vergessen?“	Vorwurf
	„Der Arzt sagt, es kann auch mit der Pille passieren. Ein Prozent oder so der Frauen, die die	
	Pille nehmen ...“ Verteidigung, Rechtfertigung Ellipse	
	Ich schüttelte den Kopf und sagte nichts. Agnes begann, leise zu weinen.	Enttäuschung
Rede in der 3. Person	„Agnes wird nicht schwanger“, sagte ich. „Das war nicht ... Du liebst mich nicht. Nicht	Ellipse
	wirklich.“ → Hinweis auf Fiktion im Roman	
	„Warum sagst du das? Es ist nicht wahr. Ich habe nie ... nie habe ich das gesagt.“	Inversion
Anapher	„Ich kenne dich. Ich kenne dich vielleicht besser als du dich selbst.“	Anmaßung
	„Das ist nicht wahr.“ erneut Hinweis auf Fiktion im Roman	
Ansatz vom inneren Monolog	Als müsste ich mich selbst überzeugen, sagte ich nur: „Sie ist nicht schwanger.“	erneut 3. Person
	Agnes rannte ins Schlafzimmer. Ich hörte, wie sie sich aufs Bett warf und laut schluchzte. Ich	gekränkt
	folgte ihr und blieb in der Tür stehen. Sie sagte etwas, das ich nicht verstand.	
	„Was sagst du?“	
	„Es ist dein Kind.“ Dialog Zuspitzung der Auseinandersetzung	
Anapher	„Ich will kein Kind. Ich kann kein Kind gebrauchen.“ „Was soll ich tun? Was willst du denn,	
	dass ich tue? Ich kann es nicht ändern.“ Fragen ≙ Unsicherheit	
	Ich setzte mich aufs Bett und legte die Hand auf ihre Schulter.	Beschwichtigung
Wiederholung	„Ich brauche kein Kind.“ egozentrisch	Dialog
	„Ich brauche auch kein Kind. Aber ich bekomme eins.“	
Euphemismus	„Man kann das ändern“, sagte ich leise.	Manipulationsversuch → körperl. Reaktion: Entsetzen
	Agnes sprang auf und schaute mich an mit einer Mischung aus Ekel und Wut. „Du willst, dass	
	ich abtreibe?“ „Ich liebe dich. Wir müssen reden.“ „Immer sagst du, wir müssen reden. Aber	
	du redest nie.“	
Imperativ	„Jetzt rede ich.“ „Geh, geh weg. Lass mich. Du widerst mich an mit deiner Geschichte.“ Ich	
	verließ das Zimmer. Ich zog mich warm an und ging nach draußen.	Ekel / Flucht vor dem Konflikt

1 *Untersuchen Sie die Textarbeit des Schülers. Wofür wurden die verschiedenen Farben verwendet?*

Analyse und Interpretation sprachlicher und erzähltechnischer Mittel

2 ***Interpretieren Sie den Textauszug mithilfe der Analyseergebnisse der Schülerarbeit auf S. 310.***

a) Stellen Sie den eskalierenden Konflikt grafisch als Spannungsbogen dar.

b) Deuten Sie das Verhalten des Ich-Erzählers hinsichtlich der Beziehung zu Agnes. Welche sprachlichen Mittel erzeugen welche Wirkung?

c) Erläutern Sie, wie sich das Fehlen einer erlebten Rede oder eines inneren Monologs auf die Zuspitzung der Szene auswirkt. Weshalb könnte der Autor auf diese erzähltechnischen Mittel in dieser Situation verzichtet haben (→ Kapitel 4, S. 95; Kapitel 14, S. 222)?

Arbeitstechnik — Analyse und Interpretation eines Auszugs aus einer epischen Ganzschrift

Bei der Interpretation eines Auszugs aus einer Ganzschrift (z. B. Roman) analysieren und deuten Sie nur einen Teil; dabei sollte aber immer der Gesamtzusammenhang berücksichtigt werden. Deshalb ordnen Sie in einem ersten Schritt den Auszug in den Gesamtzusammenhang ein und formulieren eine Interpretationshypothese.

Im nächsten Schritt analysieren und beschreiben Sie den Textauszug, z. B. die handelnden Figuren, den Spannungsverlauf der Szene, sprachliche und erzähltechnische Besonderheiten.

Bei der Deutung des Auszugs sollten die in der Aufgabenstellung vorgegebenen Aspekte im Mittelpunkt stehen. Anhand Ihrer Analyseergebnisse begründen Sie Ihre Interpretationshypothese oder überarbeiten diese. Aussagen zum Zusammenwirken von Inhalt, sprachlichen und erzähltechnischen Mitteln bilden den Schwerpunkt der Interpretation sowie die Grundlage für eine Wertung des Textauszugs.

Beispiel:

Interpretationshypothese	*Der Ich-Erzähler erweist sich in diesem Gespräch als äußerst unsensibel.*
Sprachanalyse	*So reagiert er auf die ernst gemeinten Fragen seiner Freundin mit Gegenfragen und Ablenkungen. Die wiederholte Verwendung von Anaphern (...) unterstreicht ...*
Analyse der Erzähltechnik	*Das unsensible Verhalten wird auch daran deutlich, dass das Gespräch mehr aus Monologen statt aus Dialogen besteht, es ist ein Scheingespräch ...*

3 ***Suchen Sie zu den folgenden Interpretationshypothesen Belege aus Erzähltechnik- und Sprachanalyse. Verfassen Sie im Anschluss eine Interpretation des Romanauszugs.***

- *Man muss auch sagen, dass der Ich-Erzähler sehr ichbezogen, ja fast egozentrisch auf die doch eigentlich erfreuliche Nachricht reagiert.*
- *Agnes wird mit wachsender Enttäuschung immer aggressiver und kann es kaum fassen, wie ihr Geliebter auf sie reagiert.*
- *Er zwingt Agnes in eine Rechtfertigungshaltung, obwohl zu einer Schwangerschaft ja zwei Menschen gehören.*

Von der Interpretation zur Buchbesprechung

Die inhaltliche Zusammenfassung

Eine Sonderform der Textinterpretation ist die Buchbesprechung, die im Schulalltag eine häufig gewählte Variante zum Referat darstellt. Sie bietet die Möglichkeit, dem Forum der Klasse eine Ganzschrift zu präsentieren. Dabei gilt es, wichtige Standards kennen zu lernen und umzusetzen.

Von Liebe und Kälte – Buchbesprechung zu Peter Stamms Roman „Agnes“

Gleich zu Beginn erfährt der Leser den Ausgang der Geschichte: „Agnes ist tot. Eine Geschichte hat sie getötet.“ Wie es dazu gekommen ist und was es mit der Geschichte auf sich hat, das schildert Peter Stamm mit der Kühle und Klarheit eines eisigen Gebirgsbachs auf 150 Seiten. Erzählt wird die Beziehung zwischen Agnes, einer Cello spielenden, sensibel-verletzlichen Physik-Studentin, und dem aus der Schweiz kommenden Ich-Erzähler, der in den Staaten über Luxus-Eisenbahnwagen recherchiert. Die beiden begegnen sich in der Chicago Public Library und verbringen später eine kurze Zeit gemeinsam in der 27. Etage eines Hochhauses, in dessen Umgebung sich ein wesentlicher Teil der Geschichte abspielt.

Irgendwann bittet Agnes: „Schreib eine Geschichte über mich, damit ich weiß, was du von mir hältst.“ Und so beginnt der Ich-Erzähler ein Porträt über Agnes zu schreiben. Vom Erzählfluss mitgerissen überholt die Geschichte schließlich die Gegenwart und die erfundene Realität, wird zwanghaft-bestimmend für Agnes' Liebe und ihr Leben.

(www.ciao.de/Agnes_Stamm_Peter_Test_1835324)

1 ***Untersuchen Sie, in welchen Passagen der Text von einer „klassischen“ Inhaltsangabe abweicht. Begründen Sie das Vorgehen, indem Sie auf den Zweck einer Buchvorstellung eingehen.***

2 ***Arbeiten Sie heraus, zu welchen Aspekten sich der Verfasser der Buchbesprechung äußert.***

3 ***Fassen Sie nach dem obigen Muster eine Ganzschrift (Drama oder Roman) zusammen.***

Basiswissen — Buchbesprechung

In einer Buchbesprechung geht es nicht um eine ausführliche Inhaltsangabe, wie man sie in Literaturlexika oder Lektürehilfen findet, sondern um die wesentlichen Aspekte der Handlung. Die Kurzinformationen sollen den Lesern einen Eindruck vermitteln, worum es in dem Buch geht, was das Thema und die zentralen Motive sind. Sie sollten die Ganzschrift aber in größere Zusammenhänge einordnen. Dieser so genannte gesellschaftliche, historische oder thematische Kontext, in welchem ein Werk zu sehen ist, schafft für die Leser Möglichkeiten der Orientierung. So ist Brechts „Leben des Galilei“ z. B. in den Kontext „Möglichkeiten und Grenzen der Wissenschaften“ zu stellen, während Stamms „Agnes“ dem Kontext des „Scheiterns von Beziehungen“ zugeordnet werden kann.

In einer Buchbesprechung entscheiden Sie, welche Figuren des Werkes Sie erwähnen und welche Sie weglassen wollen. Sie reduzieren die inhaltliche Zusammenfassung auf die zentralen Konflikte und die Beziehungen, in denen die von Ihnen ausgesuchten Figuren dargestellt werden. Sie können sich auch vom Handlungsverlauf der Textvorlage lösen: Es ist durchaus erlaubt, den Schluss des Textes bereits zu Beginn der Buchbesprechung zu offenbaren.

Die Beurteilung des Werkes

Da die Buchbesprechung einen sehr viel stärkeren Adressatenbezug als die Textinterpretation hat – sie richtet sich an eine mehr oder weniger breite Öffentlichkeit, z. B. Ihre Mitschüler bei der Vorstellung eines Romans –, ist es von Bedeutung, sich die Kriterien für die eigene Beurteilung vor Augen zu führen.

Von Liebe und Kälte […] – Fortsetzung

Dieser kleine Roman ist flüssig und kühl erzählt, voller Frische und Schärfe in den Beobachtungen des Alltags und der Beziehungen. Und obschon es die Geschichte einer Liebe ist, kommt sie in ihrer Schilderung ohne große Emotion aus und scheint in ihrer Distanziertheit zum Geschehen manchmal eher die kalte und erschreckende Atmosphäre eines Autopsie-Saals auszustrahlen. Gerade aus diesem Kontrast ergibt sich die Faszination der Geschichte: lesenswert!

(www.ciao.de/Agnes_Stamm_Peter_Test_1835324)

1 ***Untersuchen Sie die Beurteilung des Romans durch den Verfasser der Buchbesprechung.***

a) Schreiben Sie die bewertenden Wörter heraus.

b) Ordnen Sie die Wörter nach negativen und positiven Konnotationen (➪Kapitel 1, S. 30).

c) Erläutern Sie die Formulierung am Schluss des Textes: „Gerade aus diesem Kontrast ergibt sich die Faszination der Geschichte: lesenswert!“

Sprache und Stil

Ihre Kritik an einem Werk sollten Sie behutsam formulieren. Dies gilt sowohl für positive als auch für negative Beurteilungen. Deshalb ist es wichtig, sprachlich und stilistisch treffend, aber auch angemessen zu formulieren. Denken Sie bei allen Buchbesprechungen daran, dass es nicht um Sie geht, sondern um den vorzustellenden literarischen Text.

2 ***Formulieren Sie die folgenden Sätze so um, dass sie den stilistischen Anforderungen einer Buchbesprechung gerecht werden. Begründen Sie Ihre Korrekturen.***

- *Der Roman ist der genialste, den ich gelesen habe, und gehört zu den ganz wenigen Werken der Gegenwartsliteratur, denen ich das Prädikat „besonders wertvoll“ erteile.*
- *Und dann frage ich mich, ob man sich so ein Drama denn heute noch überhaupt antun, sollte und komme zu dem Fazit: wieder mal ein Werk, das die Welt nicht braucht.*
- *Wenn Sie nach Literatur suchen, die Ihnen die Einnahme von Schlaftabletten erspart, dann kann ich Ihnen diesen Roman nur wärmstens empfehlen.*
- *Seit Goethe und Schiller endlich wieder mal ein Dramatiker, der uns mit seiner Leidenschaft und seinem Mut in den völligen Bann zu ziehen vermag.*

Kriterien zur Beurteilung eines literarischen Textes

Auch wenn Beurteilungen ihrem Wesen nach subjektiv sind, gibt es doch Möglichkeiten, sich an einigen Kriterien zu orientieren und diese in der Beurteilung transparent zu machen. Sie zeigen damit, dass Sie bemüht sind, Ihre Beurteilung zu begründen.

Beispiel 1:

„So weit ist es eine alltägliche Geschichte. Doch Peter Stamm begnügt sich nicht damit, Bekanntes neu zu erzählen; sein Roman ist auch eine verstörende Parabel über die Macht der Literatur. [...] Ein dichtes Netz von Verweisen durchzieht die fein aufeinander abgestimmten Kapitel des Buches, immer wieder findet Stamm suggestive Bilder für die Kälte und die Beziehungslosigkeit, in denen er seine Figuren gefangen sieht. ‚Das Geheimnisvolle ist die Leere in der Mitte‘, beschreibt die Physikstudentin Agnes ihre geliebten Kristallgitter und charakterisiert damit zugleich ihr eigenes Leben, in dem sich Liebe nur als literarische Illusion ereignet.“

(Sabine Döring „Eiswinde in Chicago“. In: FAZ, 23.04.1999, S. 42)

Beispiel 2:

„In der schwebend leichten Erzählweise und Vermischung von tatsächlichem und fiktiven Leben liegt ein großer Reiz dieses Buches. [...] Beeindruckend in seiner ebenso klaren wie knappen Prägnanz ist Peter Stamms Sprachstil. Sachlich, präzise, unprätentiös und anscheinend emotionslos, aber keineswegs steril, und dabei fast schwerelos leicht werden selbst dramatische Sachverhalte und tiefe Existenzkrisen dargestellt. Jedes Wort sitzt, keines ist überflüssig. Im Kopf entstehen durchaus Bilder, viele Bilder von großer Klarheit, aber eher Schwarz-Weiß-Fotos als farbig fulminante, üppig dekorierte Filmsequenzen. Obwohl auf jegliche verbal-psychologische Erklärungsansätze verzichtet wird, kann sich der/die Leser/-in analytisch der Ursachenforschung des Scheiterns dieser Liebesbeziehung widmen.“

(www.christa-tamara-kaul.de/buch-stamm-peter-agnes.htm)

Beispiel 3:

„Der Schweizer Hörspielautor Peter Stamm, 35, erzählt in seinem Prosadebüt eine realistische, zugleich fantastische Geschichte. Die knappen Dialoge sind dem Alltag abgelauscht. Mit einer Sprache, die in ihrer Kühle fast an den Bericht eines Wissenschaftlers erinnert, der unter dem Vergrößerungsglas ein Insekt betrachtet, gelingen dem Autor Bilder von überraschender Dichte und Kraft. Zum Schluss legt der Wissenschaftler mit leisem Bedauern das Vergrößerungsglas beiseite. Das Insekt ist gestorben.“

(Nahaufnahme. In: Der Spiegel 43/1998, 19.10.1998, S. 259)

1 *Untersuchen Sie, welche Kriterien die Verfasser der Buchbesprechungen in den Beispielen 1–3 zur Beurteilung von Stamms Roman „Agnes“ heranziehen und wie sie ihre Urteile begründen. Orientieren Sie sich auch am Basiswissen auf S. 317.*

2 *Notieren Sie sich Formulierungen, die Sie für besonders gelungen halten, bzw. solche, die Sie nicht verstehen. Tauschen Sie sich darüber in der Klasse aus.*

Kriterien zur Beurteilung eines literarischen Textes

Basiswissen | **Kriterien zur Beurteilung literarischer Texte**

Die Aktualität des Themas

Es gibt in der Literatur Themen, die zeitlos sind und sich über Jahrhunderte hinweg in den Werken wiederfinden lassen. Dazu gehören Themen wie Liebe, Eifersucht und Hass, Jugend, Generationskonflikte, Vereinsamung und Isolation oder auch Gewalt in den unterschiedlichsten Erscheinungsformen. Diese zeitlosen Themen können interessant, modern und überraschend gestaltet sein oder eben bieder, konventionell und für den Leser vorhersehbar. Andere Themen, wie z. B. „Leben in der DDR", können an Interesse verlieren, sobald sie in historische Ferne rücken, und sie büßen deshalb ihre Aktualität ein. Entscheidend dafür ist die Art der Gestaltung, also ob und wie es gelingt, Themen aus historischer und/oder geografischer Nähe oder Ferne für die Leser persönlich bedeutsam werden zu lassen.

Sprache und Stil des Erzählers

Da es sich bei literarischen Texten um Sprachkunstwerke handeln sollte, sind Sprache und Stil ein wichtiges Kriterium der Beurteilung. So haben beispielsweise die Kritiker von Stamms Roman immer wieder die stilistische Gestaltung gelobt, die sich dadurch auszeichnet, dass in einer sehr zurückhaltenden, schonungslos nüchternen Sprache der Zerfall der Liebesbeziehung zwischen dem Ich-Erzähler und Agnes präsentiert wird. Gerade der Bericht schaffe ein Gegengewicht zu der eigentlich tragischen Liebesgeschichte und verhindere, dass der Erzählstoff ins Kitschige abgleitet. Der Stil und die Sprache einer Erzählerin oder eines Erzählers können aber auch schwülstig, übertrieben intellektuell oder einfach bzw. banal sein.

Die Gestaltung des Stoffes

Sowohl für das Drama wie auch die epischen Großformen gilt, dass die Art und Weise, wie eine Autorin oder ein Autor ihren/seinen Stoff präsentiert, kritisch beurteilt werden kann. Dabei geht es nicht um den Umfang, sondern um die Frage, ob es gelungen ist, den Stoff zu „verdichten", ob die Bearbeitung frei von Redundanzen, also unnötigen Wiederholungen, ist und ob der Erzählstoff übersichtlich oder verwirrend strukturiert ist, unnachvollziehbar verkürzt oder ausufernd breit angelegt wurde. Aber auch hier ist Vorsicht geboten, denn epische Breite kann durchaus ein wertvolles Kunstprinzip sein.

3 *Stellen Sie in Ihrer Gruppe eine Ganzschrift der Epik oder Dramatik vor. Orientieren Sie sich am Basiswissen auf S. 315. Beurteilen Sie den Text und erläutern Sie dabei Ihre Kriterien.*

Fazit

17.2 Epik (am Beispiel Roman)

- Einordnung eines Textauszugs in den Gesamtzusammenhang
- Interpretation: Deutung inhaltlicher Aussagen in Verbindung mit der Analyse der sprachlichen und erzähltechnischen Mittel
- Bewertung/Buchbesprechung: Kurzinformation zu Thema, Handlung, Figuren
- Beurteilungskriterien: Gestaltung des Erzählstoffes, Aktualität, Sprache und Stil

Prüfungsvorbereitung

Der folgende Text mit den Aufgaben könnte Ihnen so in einer Prüfung vorliegen.

Peter Stamm: Agnes (Auszug)

[…] „Was fehlt ihr?", fragte ich, aber die Kollegin wollte nichts weiter sagen. „Gehen Sie doch bitte zu ihr", sagte sie nur, „es geht ihr nicht gut."

Ich bedankte mich und versprach, Agnes zu besuchen. Den Brief, den ich ihr geschrieben hatte, zerriss ich. Ich holte mir ein Bier aus dem Kühlschrank und setzte mich ans Fenster. Wenn ich jetzt zu Agnes gehe, dachte ich, dann ist es für immer. Es ist schwer zu erklären, obwohl ich sie liebte, mit ihr glücklich war, hatte ich nur ohne sie das Gefühl, frei zu sein. Und Freiheit war mir immer wichtiger gewesen als Glück. Vielleicht war es das, was meine Freundinnen Egoismus genannt hatten.

Ich ging nicht an diesem Tag zu Agnes und auch am nächsten nicht. Am dritten Tag endlich entschloss ich mich, sie zu besuchen.

[…]

Agnes kam im Morgenmantel an die Tür. Sie war sehr bleich. Sie bat mich herein, und ich folgte ihr ins Zimmer. Sie legte sich wieder hin. Ich saß eine Weile stumm bei ihr, dann fragte ich: „Du bist krank?"

„Ich habe das Kind verloren", sagte sie leise.

Ich hatte nie daran gedacht, dass sie das Kind verlieren könnte. Ich war erleichtert und schämte mich dafür.

Agnes lächelte und sagte: „Du solltest eigentlich froh sein." Aber der Zynismus gelang ihr nicht.

„Du bist nicht schuld", sagte sie, „der Arzt sagt, auf jede Geburt kommt eine Fehlgeburt."

„Kannst du keine Kinder kriegen?", fragte ich. „Doch", sagte sie, „aber ich muss Hormone nehmen, wenn ich wieder schwanger werde."

„Es tut mir leid", sagte ich.

Sie setzte sich auf und umarmte mich.

„Ich habe dich vermisst", sagte sie. Dann begann sie zu weinen. „Sechs Zentimeter groß war es, hat der Doktor gesagt."

„Wann ist es geschehen?"

„Ich war drei Tage in der Klinik", sagte Agnes. „Sie mussten eine Ausschabung machen. Das Kindsmaterial, hat der Doktor gesagt. Damit es keine Infektion gibt. Es war nicht lebensfähig. Das Kindsmaterial."

Ich blieb die Nacht über bei Agnes, lag angezogen neben ihr auf der Matratze und konnte nicht schlafen. Gegen Morgen stand ich auf. Ich wollte lesen, aber ich fand nur die Norton Anthology of Poetry und einige Prospekte.

[…]

Am Morgen ging es Agnes etwas besser, und sie stand auf, um zu frühstücken.

„Ich habe es nicht so gemeint damals", sagte ich. „Ich habe lange nachgedacht. Ich habe versucht, dich zu erreichen."

„Es war nicht das, was du gesagt hast. Aber dass du mich allein gelassen hast. Dass du einfach weggelaufen bist."

„Wenn du ein Kind möchtest …"

Prüfungsvorbereitung

„Du willst es nicht wirklich. Aber das spielt ja jetzt keine Rolle mehr."
„Vielleicht später", sagte ich.
„Ja", sagte Agnes, „vielleicht später."

1 ***Geben Sie den Inhalt der Textstelle in eigenen Worten wieder. Beschreiben Sie ausgehend von dieser Textstelle das Verhältnis des Ich-Erzählers zu Agnes.***

2 ***Weisen Sie die Berechtigung der folgenden These an dieser oder an anderen geeigneten Textstellen des Romans nach.***
„Es gelingt Stamm, die Defizite seiner Romanfiguren dem Leser auch durch Sprache und Erzähltechnik nahezubringen."

Checkliste: Eine Interpretation zu einem epischen Textauszug schreiben

Vorbereitung des Aufsatzes

☑ Enthält die Aufgabenstellung neben der allgemeinen Aufforderung zur Textinterpretation noch besonders zu beachtende Aspekte?

☑ Haben Sie sich beim Lesen des Textes wichtige inhaltliche Aussagen sowie Auffälligkeiten in Sprache und Erzähltechnik notiert?

Einleitung

☑ Haben Sie Autor, Titel und Erscheinungsjahr (evtl. den Erscheinungsort) sowie die Textsorte genannt?

☑ Wurde das Thema der Ganzschrift (z. B. des Romans) in einem Satz zusammengefasst?

Hauptteil

☑ Haben Sie den Textauszug in den Gesamtzusammenhang des Romans eingeordnet? (inhaltliche Zusammenfassung des Textauszuges, Rückblick auf Vorangegangenes, Figuren und deren Beziehungen zueinander, Entwicklungsstand der Handlung und Ausblick)

☑ Haben Sie Interpretationshypothesen formuliert und Belege für deren Begründung angeführt?

☑ Wurden die Ergebnisse Ihrer Sprachanalyse sowie der Analyse der erzähltechnischen Mittel gedeutet (Aufbau, Figurencharakteristik, Erzählhaltung, Erzählbericht, Figurenrede) und treffende Zitate angeführt?

Schlussteil

☑ Sind Sie zusammenfassend auf Ihre im Hauptteil formulierten Interpretationshypothesen eingegangen?

☑ Haben Sie eine Beurteilung des Romans vorgenommen nach solchen Kriterien wie: Aktualität, Sprache und Stil, Gestaltung des Erzählstoffes z. B. im Kontext ähnlicher Themen in der Literatur oder aktueller gesellschaftlicher Diskussionen?

Textüberarbeitung

☑ Haben Sie Ihren Aufsatz im Hinblick auf seine Gliederung, auf sprachlichen Ausdruck, auf Rechtschreibung, Grammatik und Zeichensetzung sowie auf die Regeln der Zitiertechnik kontrolliert und korrigiert?

Lyrik

Thema und erster Leseeindruck

Die Interpretation von Gedichten unterscheidet sich nur unwesentlich von der Interpretation anderer literarischer Texte. Zunächst beschreiben Sie, wie ein Gedicht nach dem ersten Lesen auf Sie wirkt, welche Grundstimmung es vermittelt und um welches Thema es geht. Neben der Sprachanalyse spielt allerdings die Untersuchung der formalen Gestaltungsmittel eine wichtige Rolle. In Prüfungsaufgaben können Sie darüber hinaus aufgefordert werden, mehrere Gedichte zu einem Thema zu vergleichen oder ein Gedicht im Kontext seiner Entstehungszeit (oder einer literarischen Epoche) zu betrachten.

Ulla Hahn: Bildlich gesprochen

Wär ich ein Baum ich wüchse
dir in die hohle Hand
und wärst du das Meer ich baute
dir weiße Burgen aus Sand.

Wärst du eine Blume ich grübe
dich mit allen Wurzeln aus
wär ich ein Feuer ich legte
in sanfte Asche dein Haus.

Wär ich eine Nixe ich saugte
dich auf den Grund hinab
und wärst du ein Stern ich knallte
dich vom Himmel ab.

Andreas Gryphius: An Eugenien

Ich finde mich allein und leb in Einsamkeit,
Ob ich schon nicht versteckt in ungeheure Wüsten,
In welchen Tigertier und wilde Vögel nisten.
Ich finde mich allein, vertieft in herbes Leid;
Auch mitten unter Volk, das ob der neuen Zeit
Des Friedens sich ergetzt in jauchzenvollen Lüsten,
Find ich mich doch allein. Wir, die einander küssten
In unverfälschter Gunst, sind leider nur zu weit.
Ich finde mich allein und einsam und betrübet,
Weil sie so fern von mir, mein Alles und mein Ich,
Ohn die mir auf dem Kreis der Erden nichts beliebet.
Doch tritt ihr wertes Bild mir stündlich vor Gesichte.
Sollt ich denn einsam sein? Ihr Bild begleitet mich.
Was kann sie, wenn ihr Bild mein Trauern macht zunichte!

Adelbert von Chamisso: Seit ich ihn gesehen

Seit ich ihn gesehen,
Glaub ich blind zu sein;
Wo ich hin nur blicke,
Seh ich ihn allein;
Wie im wachen Traume
Schwebt sein Bild mir vor,
Taucht aus tiefstem Dunkel
Heller nur empor.

Sonst ist licht- und farblos
Alles um mich her,
Nach der Schwestern Spiele
Nicht begehr ich mehr,
Möchte lieber weinen
Still im Kämmerlein;
Seit ich ihn gesehen,
Glaub ich blind zu sein.

1 *Notieren Sie Ihren ersten Leseeindruck. Wie wirkt jedes der Gedichte auf Sie? Welche Grundstimmung wird vermittelt?*

Analyse und Interpretation

1 ***Analysieren und interpretieren Sie zunächst eines der Gedichte. Gehen Sie wie folgt vor:***

a) Geben Sie den Inhalt wieder und formulieren Sie das Thema.

b) Beschreiben Sie die formale Gestaltung des Gedichts und formulieren Sie dazu eine erste Interpretationshypothese.

Muster

Das von Ulla Hahn verfasste Gedicht „Bildlich gesprochen“ stellt die Beziehung eines lyrischen Ich zu einer geliebten Person in den Mittelpunkt. In ganz unterschiedlichen Bildern aus den Bereichen der Natur, der Elemente und der Fabelwesen wird diese Beziehung beschrieben; dabei wird der Grundton jedoch im Verlauf immer aggressiver und gipfelt in den letzten beiden Versen im Bild vom „Stern“, der mit Gewalt vom Himmel geholt wird.

Das Gedicht ist in drei Strophen mit je vier Verszeilen gegliedert; die zweite und vierte Verszeile jeder Strophe reimen sich. Die metrische Gestaltung, in der Jamben und Trochäen dominieren, ist uneinheitlich und wirkt deshalb eher unruhig. Formal auffallend ist außerdem, dass die Strophen fast analog aufgebaut sind: Der Irrealis (1) „Wär ich/Wärst du“ leitet jeweils die erste und dritte Verszeile jeder Strophe ein. Die formale Strenge des Gedichts wird zudem durch den regelmäßigen Wechsel von weiblichen und männlichen Kadenzen unterstrichen und bildet vielleicht ganz bewusst die spannungsreiche Beziehung zwischen dem lyrischen Ich und seinem Partner bzw. seiner Partnerin ab.

(1 = Konjunktiv II)

2 ***Überprüfen Sie anhand der Arbeitstechnik „Formanalyse“, welche Aspekte in dem Mustertext berücksichtigt werden und auf welche weiteren Besonderheiten eines lyrischen Textes eingegangen wurde.***

3 ***Erläutern Sie, an welchen Stellen im Muster über die Textbeschreibung hinaus schon Deutungen formuliert werden.***

Arbeitstechnik – Formanalyse eines Gedichts

Die Formanalyse eines Gedichtes sollte die Anzahl der Strophen und Verse benennen, das Gedicht nach Reimschemata (Paarreim, Kreuzreim oder umarmender Reim) untersuchen und das Metrum (Jambus, Trochäus, Anapäst oder Daktylus) ermitteln. Auch die Kadenzen, also die letzten Silben jeder Verszeile, sollten Erwähnung finden. Natürlich gibt es auch Gedichte, die auf formale Gestaltungsmittel teilweise oder ganz verzichten. In diesem Fall reduziert sich die Formanalyse auf die vorhandenen Auffälligkeiten (➪ Kapitel 14, S. 228–230).

Von großer Bedeutung für eine Gedichtinterpretation ist die Sprachanalyse, da in der Lyrik dem sprachlichen Ausdruck – in Form von Sprachbildern und rhetorischen Figuren – eine besonders hohe Aufmerksamkeit zukommt (➪ Kapitel 4, S. 96–97).

4 ***Führen Sie eine Sprachanalyse zum Gedicht Ihrer Wahl durch und deuten Sie die Ergebnisse.***

a) Untersuchen Sie den Text im Hinblick auf Sprachbilder (Metaphern, Vergleiche) und suchen Sie nach weiteren rhetorischen Stilfiguren. Achten Sie dabei z. B. auf Wortwiederholungen, auf Steigerungen in Wortbedeutungen, auf die gewählten Sprachebenen.

b) Interpretieren Sie die Ergebnisse der Sprachanalyse im Zusammenhang mit der Formanalyse.

Analyse und Interpretation

Die Interpretation des Gedichts „Bildlich gesprochen" (Anfang, S. 318) wurde so fortgesetzt:

Muster

Bereits der Titel „Bildlich gesprochen" verweist auf das zentrale Thema des Gedichts – es geht darum, die Bedeutung einer Beziehung in sprachliche Bilder zu fassen, sie also durch Metaphern näher zu beschreiben. Das lyrische Ich spricht in der ersten Strophe noch in eher konventionellen Bildern, wenn es von „Baum" und „Meer" spricht. Die scheinbare Harmonie zwischen den Liebenden wird schon in der zweiten Strophe fragwürdig, weil das Ausgraben der Blume mit allen Wurzeln bereits auf eine zu große Inbesitznahme des Partners hindeutet. Auch im Bild vom Feuer, das das Haus in Asche legt, kommt diese zerstörerische Dimension der Liebe noch einmal zum Ausdruck. In der dritten Strophe werden die Erwartungen des Lesers dann gänzlich durchkreuzt, wenn vom Abgrund, in den der Geliebte gezogen wird, gesprochen wird. Der umgangssprachliche Ausdruck „ich knallte dich vom Himmel ab" (V. 11 f.) verschärft noch einmal den Grundton der Aggressivität und vermittelt den Willen des lyrischen Ich, den Geliebten nicht zu idealisieren, sondern ihn zu „erden".

Ulla Hahn bricht mit ihrem Gedicht „Bildlich gesprochen" mit einer Tradition der Liebeslyrik, die dazu neigt, die Geliebte oder den Geliebten zu idealisieren und in ihrem/seinem Wesen überzubewerten. Sie spielt aber mit dieser Lesererwartung, da man beim Lesen der ersten Strophe noch glaubt, das Gedicht bewege sich in den bekannten Bahnen überschwänglicher Liebesgedichte.

Dabei mag die Skepsis gegenüber einer Darstellung von Liebe, die nur alles in übertrieben positiver Sicht wahrnimmt, ein tragendes Motiv gewesen sein. Denn Liebe kann auch besitzergreifend, zerstörerisch und destruktiv wirken, was in der oben analysierten Bildlichkeit auch deutlich wird.

Die Gegensätzlichkeit der Geschlechter spiegelt sich nicht nur in den wechselnden Kadenzen, sondern auch in der antithetischen Grundstruktur der Strophen wider; dabei ist das lyrische Ich die Aktive, die mehr und mehr destruktiv wirkt, während der Geliebte den passiven Part zu spielen hat.

Das Gedicht spricht den modernen Leser gerade deshalb an, weil es mit einer naiven Sicht auf die Liebesbeziehung bricht und stattdessen unausgesprochen deutlich macht, dass eine Liebesbeziehung nicht von selbst gelingt, sondern der Beziehungsarbeit bedarf. Tendenzen, den Partner zu vereinnahmen, ihn zu entwurzeln und seiner Identität zu berauben, zerstören die Beziehung letzten Endes genauso wie die Neigung, im Partner ein übermenschliches Wesen zu sehen. Vielleicht ist auch die sehr strenge äußere Form ein Hinweis darauf, dass die Gestaltung einer Liebesbeziehung die Arbeit an Formen braucht – an Umgangsformen, Formen des Umgangs miteinander, Formen der Streitkultur –, damit es zu einer harmonischen Beziehung kommen kann, in der sich die Lebensentwürfe reimen.

5 ***Untersuchen und bewerten Sie die Musterinterpretation.***

a) In welche Teile wurde der Interpretationsaufsatz gegliedert? Worauf wurde jeweils eingegangen?

b) Mit welchen Aussagen stimmen Sie überein, mit welchen nicht?

6 ***Ergänzen Sie die Interpretation durch eine kritische Bewertung des Gedichtes.***

Arbeitstechnik — Sprachanalyse und kritische Würdigung

In der Gedichtinterpretation untersuchen Sie die Verwendung der sprachlichen Mittel und beschreiben deren Wirkung. Sie greifen auch die Ergebnisse der Formanalyse wieder auf, wenn diese für Ihre Interpretation aufschlussreich sind. Den Schluss bildet eine kritische Würdigung des Gedichts. Hier können Sie an Ihre Leseerfahrungen anknüpfen. Sie äußern sich zum Thema, zu Inhalt und Form, zur Sprache oder auch zur Aktualität.

Vergleich motivgleicher Gedichte

Die Aufgabe, Gedichte zu vergleichen, erfordert folgende weitere Schritte:

1 ***Lesen Sie die zu vergleichenden Gedichte (S. 318) im Hinblick auf Gemeinsamkeiten und Unterschiede. Notieren Sie diese beispielsweise in Tabellenform:***

Vergleichsaspekt	„Bildlich gesprochen“	„An Eugenien“
Strophengliederung und Verse	3 Strophen mit je 4 Versen	1 Strophe, 14 Verse
Reimschema, Metrum	...	...
(siehe Arbeitstechnik, S. 321, 322)	...	...

2 ***Beziehen Sie in Ihre Analyse und Interpretation auch Entstehungsdaten der Gedichte oder Hinweise auf die Lebensdaten der Dichter mit ein. Ordnen Sie die drei Gedichte (S. 320) folgenden Jahrhunderten zu: 17., 19. und 20. Jahrhundert.***

Sprache und Stil

Bei einem Gedichtvergleich beschreiben Sie Gemeinsamkeiten und Unterschiede und deuten diese. Folgende Formulierungshilfen können Ihnen helfen:

- *Die Texte weisen einige Gemeinsamkeiten auf. In beiden steht das Thema … im Mittelpunkt …*
- *Es gibt jedoch deutliche Unterschiede im Hinblick auf … Während in dem Gedicht von …, wird in dem Gedicht besonders mit den Mitteln … gearbeitet. Daraus erklären sich die deutlich unterschiedlich wirkenden …, die möglicherweise zurückzuführen sind auf …*
- *Im Ergebnis des Textvergleiches lässt sich sagen … Ich persönlich finde das Gedicht …*

Formulieren Sie die Beurteilung eines Gedichtes nicht zu vereinfacht. Wenn Sie Kritik üben, sollte sich diese auf Ihr subjektives Urteil beziehen und nicht allgemeingültig formuliert werden.

3 ***Formulieren Sie die folgenden Sätze so um, dass sie neutraler wirken.***
Das Thema ist von Vorgestern. • Die Metaphern versteht kein Mensch. • Ich finde das zu oberflächlich.
Beispiel: *Das Gedicht ist langweilig. Leider muss ich zugeben, dass mich das Gedicht nicht fesseln konnte.*

Fazit

17.3 Gedichtinterpretation

- den ersten Leseeindruck beschreiben
- Thema benennen und Inhalt knapp wiedergeben
- Formanalyse (Strophen, Verse, Reime, Metrum, Kadenzen)
- Sprachanalyse (Sprachbilder, rhetorische Figuren)
- Deutung der Analyseergebnisse
- kritische Würdigung

Prüfungsvorbereitung

Der folgende Text könnte Ihnen so in einer Prüfung vorliegen.

Ulla Hahn: Mit Haut und Haar

Ich zog dich aus der Senke deiner Jahre
und tauchte dich in meinen Sommer ein
und leckte dir die Hand und Haut und Haar
und schwor dir ewig mein und dein zu sein.

Du wendetest mich um. Du branntest mir dein Zeichen
mit sanftem Feuer in das dünne Fell.
Da ließ ich von mir ab. Und schnell
begann ich vor mir selbst zurückzuweichen

und meinem Schwur. Anfangs blieb noch Erinnern
ein schöner Überrest der nach mir rief.
Da aber war ich schon in deinem Innern
vor mir verborgen. Du verbargst mich tief.

Bis ich ganz in dir aufgegangen war.
Da spucktest du mich aus mit Haut und Haar.

1 *Interpretieren Sie das Gedicht von Ulla Hahn „Mit Haut und Haar“, entstanden 1981.*

Checkliste: Eine Gedichtinterpretation schreiben

Vorbereitung des Aufsatzes

☑ Haben Sie die Aufgabenstellung auf besondere Aspekte der Interpretation hin geprüft?

Einleitung

☑ Wurden Autor, Titel und Erscheinungsjahr (evtl. den Erscheinungsort) genannt, das Thema formuliert, eine Interpretationshypothese aufgestellt?

Hauptteil

☑ Haben Sie knapp den Inhalt, das lyrische Ich sowie weitere Figuren und deren Beziehung beschrieben?

☑ Haben Sie die Ergebnisse Ihrer Sprachanalyse (Sprachbilder, rhetorische Figuren, Sprachvarietäten, andere Auffälligkeiten) sowie der Formanalyse (Anordnung der Verse und Strophen, Reim, Metrum, Kadenzen) gedeutet, Ihre Interpretationshypothese überprüft und begründet und treffende Zitate angeführt?

☑ Wurden im Falle eines Gedichtvergleichs Gemeinsamkeiten und Unterschiede herausgearbeitet?

Schlussteil

☑ Wurde eine Beurteilung vorgenommen?

Textüberarbeitung

☑ Haben Sie die Gliederung, Ausdruck, Rechtschreibung und Grammatik korrigiert?

Kapitel 18

Texte überarbeiten

Schreiben ist ein Prozess, der nicht nur das Produzieren von Texten, sondern auch die Reflexion über das Geschriebene und das Überarbeiten einschließt.

Bei der Überarbeitung eines Textes kontrollieren, reflektieren und optimieren Sie das Geschriebene, indem Sie den Schreibprozess fortsetzen, bis Sie ein bestmögliches Schreibergebnis erzielt haben.

Das folgende Kapitel bietet Ihnen eine Hilfestellung, wie Sie in mehreren Schritten Texte überarbeiten können.

Was ich aus anderen Kapiteln weiß oder bereits gelernt habe

- ✔ Genaue Kenntnisse in den Bereichen Grammatik, Rechtschreibung und Zeichensetzung helfen, Fehler zu vermeiden (➪ Kapitel 5, 9).
- ✔ Wenn man zitiert, müssen bestimmte Regeln eingehalten werden (➪ Kapitel 4, 20).
- ✔ Mithilfe eines Portfolios kann man die verschiedenen Stufen der Entstehung und Überarbeitung von selbstständig verfassten Texten dokumentieren (➪ Kapitel 20).
- ✔ Ein Aufsatz (Analyse, Textinterpretation, Erörterung) besteht aus Einleitung, Hauptteil und Schluss.

In zwei Schritten zur Textüberarbeitung

Verschiedenartige Fehler erkennen

Im Unterricht wurde die Kalendergeschichte „Der Augsburger Kreidekreis“ von Bertolt Brecht besprochen. Zur Information folgt eine kurze Zusammenfassung der Geschichte:

Zusammenfassung der Kalendergeschichte „Der Augsburger Kreidekreis“ von Bertolt Brecht

„Der Augsburger Kreidekreis“ ist eine Kalendergeschichte, die 1940 von Bertolt Brecht verfasst wurde. Im Mittelpunkt steht die Auseinandersetzung um ein Kind und die Frage, wer dessen rechtmäßige Mutter ist.

Die Handlung spielt zur Zeit des Dreißigjährigen Krieges in und um die Stadt Augsburg. Katholische Soldaten fallen in die Stadt ein, morden und plündern. Sie erschlagen auch den Protestanten und Gerbereibesitzer Zingli. Seine Frau, die mit dem einzigen Kind fliehen sollte, hält sich zu lange mit dem Packen ihrer Kleider und ihres Schmucks auf und lässt das Kind zurück. Anna, die Magd, versteckt sich zunächst und versucht, Frau Zingli zu finden, um ihr die Nachricht vom Überleben ihres Kindes mitzuteilen. Ihre Suche bleibt erfolglos.

Anna flüchtet mit dem Kind zu ihrem Bruder auf einen großen Bauernhof. Ihrer Schwägerin gegenüber gibt sie das Kind als ihr eigenes aus. Als diese immer misstrauischer wird, erfindet Anna eine Ehe. Als sich die Situation zuspitzt, geht Anna fern vom Hof eine Ehe mit einem scheinbar todkranken Kleinbauern (Häusler) ein.

Doch ihr Mann wird gesund. Er holt sie und das Kind zu sich. Nach einem Fluchtversuch fügt sich Anna in ihr Schicksal. Für das Kind ist so gesorgt.

Nach Kriegsende kehrt Frau Zingli zurück und nimmt in Annas Abwesenheit das Kind zu sich. Anna wendet sich an das Gericht. Der Richter will die Mutterschaft durch eine Prüfung beweisen. Er lässt das Kind in einen Kreidekreis stellen, die beiden Frauen sollen gleichzeitig versuchen, es zu sich zu ziehen. Diejenige, deren Liebe am stärksten ist, werde die nötige Kraft haben, das Kind auf ihre Seite zu ziehen, so der Richter. Frau Zingli schafft es, mit einem einzigen heftigen Ruck das Kind aus dem Kreis zu sich zu ziehen. Anna hat das Kind aus Angst, es könne ihm etwas geschehen, wenn es in zwei Richtungen gezogen wird, losgelassen.

Dennoch verlässt Anna, die vermeintliche Verliererin, den Prozess als Siegerin. Sie hat durch ihr Loslassen bewiesen, dass sie dem Kind nicht wehtun kann und damit die wahre Mutter ist.

Folgende Aufgaben waren zu bearbeiten: **Geben Sie kurz die wesentlichen Aussagen der Geschichte wieder. Charakterisieren Sie die beiden weiblichen Hauptfiguren.** Eine dazu angefertigte Schülerarbeit wurde zwei Mal überarbeitet. In der 1. Überarbeitung wurden Fehler in den Bereichen Inhalt und Aufbau markiert. Bei einer 2. Überarbeitung wurde auf Fehler in Rechtschreibung, Zeichensetzung, Grammatik und Ausdruck/Stil hingewiesen.

Muster	**1. Überarbeitung**	**2. Überarbeitung**
In der Kalendergeschichte „Der Augsburger Kreidekreis“ von Bertolt Brecht geht es um Protestanten und Soldaten in der freien Reichsstadt Augsburg zur Zeit des Dreißigjährigen Krieges.	Inhalt: Einleitungssatz	
Herr Zingli, Besitzer einer großen Gerberei versteckt sich vor den Soldaten,		Zeichensetzung
die ihn jedoch finden und töten. Seine Frau, die noch mit dem packen ihres		Rechtschreibung/
Schmucks, Kleider und sonstiger Dinge beschäftigt ist, kann gerade noch die Flucht ergreifen. Ihr kleines Kind lässt sie zurück.		Grammatik
Die Magd versteckt sich zunächst vor den Soldaten. Sie bleibt unentdeckt. Sie ist sich der Gefahr bewusst. Sie nimmt dennoch das Kind der Protestanten		Ausdruck

Verschiedenartige Fehler erkennen

familie an sich, das ebenfalls wie durch ein Wunder nicht entdeckt worden ist.	Inhalt: Versuch,	
Die Magd ist damit die einzigste, die sich um das Kind kümmert, und bringt	die Mutter zu	G
es in das Dorf Großsaitingen zu ihrem Bruder.	finden, fehlt	
Anna nimmt alles auf sich, um für das Baby zu sorgen, heiratet sogar einen	Inhalt: Wer ist	
totkranken Mann, das ja nicht jemand auf die Idee kommt, ihr zu sagen, sie	Anna?	R/R/A
sei eine Mutter ohne Vater.	Logik	
Wider Erwarten erscheint der Häusler gesund auf dem Bauernhof und holt	Inhalt: Wer ist	
seine Frau Anna und das Kind zu sich. Diese hält das Leben mit ihm nicht	der Häusler?	
aus und flüchtet mit dem Kind. Als sie sich den Fuß in einem Straßengraben	Inhalt: unnötig	
verstaucht und nicht mehr weiterkann, wird sie von ihrem „Mann" geholt und		A
zurückgebracht. Sie fügt sich, da dem Kind so am besten geholfen ist.		
Als eines Tages Frau Zingli kommt und das Kind zurückholt, ist Anna verzwei-		
felt und wendet sich an das Gericht in Augsburg. Der Richter will mit einer		
Kreisprobe die rechte Mutter ausfindig machen. Dies bedeutet, dass sich das		
Kind in die Mitte eines Kreidekreises stellt und beide Frauen daran ziehen		
soll. Die rechte Mutter, so meint der Richter, wird es schaffen, das Kind auf	Inhalt: Warum	G/G
ihre Seite zu ziehen. Anna gewinnt, obwohl sie die Probe nicht besteht.	gewinnt Anna?	
Frau Zingli ist keine fürsorgliche Mutter, da sie lieber packt, anstatt mit ihrem	Bruch/Über-	
Baby zu verschwinden. Sie denkt nur an ihren Besitz.	leitung	A (umgangs-
Die Magd hingegen ist nicht so wohlhabend wie Frau Zingli. Aber im Gegen-	Zusammenhang	sprachlich)
satz zu Frau Zingli ist sie mutig. Zwar zögert sie erst, das Kind mitzunehmen,		A (Wortwieder-
aber dann nimmt sie es mit und rettet es so schließlich vor den Soldaten. Anna		holung)
läuft Gefahr, erwischt zu werden, dennoch ging sie durch das Getümmel der		G
feiernden Soldaten, um der Mutter des Kindes von der Rettung des Babys zu		
berichten. Aber vergebens, diese bleibt unauffindbar und so ist Anna mit dem		
Kind allein. Im Gegensatz zu Frau Zingli ist Anna eine warmherzige Frau, die		
viel Zuneigung zu dem Kind zeigt und bereit ist, sich für dieses zu opfern. Sie		
gibt sich als die eigene Mutter des Kindes aus. Das verdeutlicht auch, wie sehr	Logik	
Anna das Kind liebt und es eben behalten will. Sie ist wirklich die Mutter des	Inhalt: zu wenig	A (Füllwort)
Kindes, da Frau Zingli von Anfang an nur an ihren Besitz gedacht hat. Dem	Inhalt: Wdh.	
Richter war dies auch klar. Er ahnte zwar, das Frau Zingli die biologische		G/G/R
Mutter ist, aber es dieser Frau eh nur um sich selbst und ihren Ruf geht. Ihm		A (Füllwort)
war auch klar, dass das Kind bei der Magd mit viel Liebe aufwachsen wird.		G
Vielleicht wird es ein Umfeld haben, das nicht so wohlhabend ist, aber eine		
Mutter, die ihm alles geben wird, was sie hat.		
Es war gut, das der Richter Frau Z. und der Magd solch eine Aufgabe gegeben		R/A
hat. So sieht man, wer das Beste für das Kind will. (S. 336, Z. 17–19)		Z / Zitat am Ende

1 ***Setzen Sie sich mit dem Aufsatz und den Überarbeitungshinweisen (➪ S. 326 f.) auseinander.***

a) Betrachten Sie die Hinweise der 1. Überarbeitung. Verbessern Sie die fehlerhaften Textstellen.

b) Bearbeiten Sie die Hinweise der 2. Überarbeitung. Korrigieren Sie die Fehler des Schülers.

c) Welchen Tipp würden Sie dem Autor des Aufsatzes im Bereich der Rechtschreibung geben?

2 ***Schreiben Sie den Aufsatz neu. Überprüfen Sie ganz besonders die inhaltlich geänderten Stellen auf Rechtschreibung, Grammatik, Zeichensetzung und Ausdruck.***

Tipp
Es ist sinnvoll, am Computer zu arbeiten.

Verschiedenartige Fehler erkennen

Arbeitstechnik — Einen Aufsatz überarbeiten

Während des Schreibens nehmen Sie an Ihrem Text Verbesserungen vor. Nach dem Schreiben sollten Sie ihn gezielt überarbeiten. Planen Sie Zeit ein. Überarbeiten Sie Ihren Text möglichst in einem zeitlichen Abstand, z. B. wie folgt:

1. Überarbeitung: Beachten Sie zunächst vor allem den Inhalt und den Aufbau des Aufsatzes. Folgende Fragen sollten Sie beantworten:

- ☑ Haben Sie die Anforderungen der Schreibaufgabe richtig erkannt?
- ☑ Haben Sie das Thema treffend und umfassend bearbeitet?
- ☑ Haben Sie Ihren Aufsatz gut gegliedert (Einleitung, Hauptteil, Schluss)?

Je nach Aufgabenstellung des Aufsatzes kann es sinnvoll sein, eine Checkliste zum Inhalt zu erarbeiten (siehe Checklisten in den Prüfungskapiteln).

2. Überarbeitung: Setzen Sie sich nun mit den Bereichen Rechtschreibung, Zeichensetzung und Grammatik auseinander und überprüfen Sie den Text hinsichtlich sprachlicher Richtigkeit und angemessener Wortwahl.

Bei der Überarbeitung eines Aufsatzes sind **Checklisten** hilfreich. Für die Bereiche Rechtschreibung, Grammatik, Zeichensetzung, Ausdruck/Stil und äußere Form ist die nachfolgende Checkliste geeignet:

- ☑ Haben Sie auf Umgangssprache, nicht standardisierte Abkürzungen und Füllwörter verzichtet?
- ☑ Haben Sie abwechslungsreich und präzise formuliert und Wiederholungen vermieden?
- ☑ Haben Sie Ihre Sätze sinnvoll und grammatikalisch richtig verknüpft?
- ☑ Haben Sie Ihre Arbeit auf Rechtschreibfehler überprüft, die Sie häufig machen?
- ☑ Haben Sie die Wörter nachgeschlagen, bei deren Rechtschreibung Sie unsicher waren?
- ☑ Haben Sie die Regeln der Zeichensetzung beachtet?
- ☑ Haben Sie Ihre Arbeit auf Flüchtigkeitsfehler überprüft?
- ☑ Ist die äußere Form Ihres Aufsatzes ansprechend und Ihre Schrift gut lesbar?

Je nach Aufsatzart müssen die Checklisten entsprechend erweitert werden.

3 *Erstellen Sie eine Checkliste, anhand derer Sie den Inhalt eines Aufsatzes überprüfen können, wenn Sie eine Inhaltsangabe und eine Figurencharakteristik schreiben sollen.*

> *Tipp*
> Orientieren Sie sich auch an den Checklisten in den Prüfungskapiteln.

Zwischenfazit

- 1. Überarbeitung:
  Inhalt und Aufbau überprüfen
- 2. Überarbeitung:
  Rechtschreibung, Zeichensetzung, Grammatik sowie Ausdruck und Stil überprüfen

Einen Aufsatz gezielt nach verschiedenen Kriterien überarbeiten

Einleitung, Hauptteil und Schluss überarbeiten

Bei der Überarbeitung eines Aufsatzes ist es sinnvoll, gezielt die einzelnen Bestandteile nach inhaltlichen und sprachlichen Kriterien zu betrachten. Die folgenden einleitenden Sätze sind verschiedenen Schülerarbeiten zum Thema „Der Augsburger Kreidekreis" von Bertolt Brecht (Aufgabenstellung S. 324) entnommen.

- *Die Kalendergeschichte vom Augsburger Kreidekreis wurde 1953 geschrieben. Der Verfasser war ein berühmter Dichter.*
- *In dem Text „Augsburger Kreidekreis" von B. Brecht geht es um eine Protestantenfamilie die zur Zeit des Dreißigjährigen Krieges eine schwere Zeit durchmacht.*
- *In der Kalendergeschichte von Bertolt Brecht geht es um ein Protestantenkind, das zwischen der biologischen und der Leihmutter hin und her gerissen wird.*
- *Der Augsburger Kreidekreis spielt in Augsburg.*
- *Der Verfasser Bertolt Brecht (1898–1956) war ein berühmter Dichter. Seine Geschichte handelt vom Dreißigjährigen Krieg, der von 1618 bis 1648 andauerte. Es war ein militärischer Krieg, es gab Spannungen zwischen der katholischen und der protestantischen Kirche.*

1 ***Beurteilen Sie die einleitenden Sätze in Bezug auf ihre inhaltliche Richtigkeit und Aussagekraft.***

a) Überarbeiten Sie die Sätze. (Es empfiehlt sich, am Computer zu arbeiten.)

b) Begründen Sie Ihre Überarbeitung. Notieren Sie Stichpunkte.
Beispiel: *Die Kalendergeschichte* ***vom Augsburger Kreidekreis*** *wurde* ***1953*** *geschrieben. (Titel ungenau wiedergegeben, Jahreszahl falsch) – richtig: Die Kalendergeschichte „Der Augsburger Kreidekreis" wurde 1940 geschrieben. ...*

2 ***Formulieren Sie zusammenfassend Tipps für die Gestaltung einer Einleitung.***

Tipp
Orientieren Sie sich an den Checklisten in den Prüfungskapiteln.

Die folgenden Sätze sind dem Hauptteil verschiedener Schülerarbeiten entnommen. Sie enthalten grammatikalische und Satzverknüpfungsfehler und sind stilistisch zu überarbeiten.

- *Eines Tages kommt eine Rotte Soldaten und stürmen die Häuser.*
- *In „Der Augsburger Kreidekreis" geht es um eine protestantische Familie, die verfolgt werden, ihr Baby zurücklassen und fliehen.*
- *Anna hat die Verantwortung über das Kind genommen.*
- *Als sie im Kreis dem Kind seine Hand hält, lässt sie diese los, weil sie dem Kind nicht wehtun will.*
- *Sie hat ihr Kind allein gelassen, da wo es sehr gefährlich war.*
- *Anna geht für das Kind eine ungewollte Ehe ein und heiratet mit einem alten Mann.*
- *Am Ende hat Anna bei der Aufgabe, wo man sich entscheiden soll, wer die wahre Mutter ist, das Kind der Frau Zingli überlassen.*
- *Der Richter meint, Anna ist die bessere Mutter.*
- *Frau Zingli denkt nur an sich. Sie liebt ihren Schmuck. Sie ist nicht reif, Mutter zu sein. Sie ist ehrlos, weil sie sogar ihr Kind verleugnet.*
- *Auf S. 321, Z. 14 ff.* ist deutlich erkennbar, dass Frau Zingli mehr Wert auf ihre Sachen legt als auf ihr Kind. Ebenso sieht man auf S. 322 (Z. 24/25), dass sie ihr Kind verleugnet.*

* Die Zitate beziehen sich auf die folgende Ausgabe: Bertolt Brecht. Gesammelte Werke in 20 Bänden. Gesammelte Werke 2. Prosa 1. In Zusammenarbeit mit Elisabeth Hauptmann. Frankfurt am Main: Suhrkamp Verlag 1967.

Einleitung, Hauptteil und Schluss überarbeiten

- *Frau Zingli kümmert sich mehr um ihren Besitz anstatt um ihr Kind. Als die Protestanten ihr Haus stürmen, lässt Frau Zingli es im Stich.*
- *Frau Zingli lässt ihr eigen Fleisch und Blut im Stich, ihr Mann ist gestorben.*
- *Die Frau vom Bruder ist die Besitzerin vom Bauernhof.*
- *Die Schwägerin will mehr über Annas Mann wissen. Sie heiratete einen Häusler.*

3 ***Setzen Sie sich mit diesen fehlerhaften Sätzen auseinander. Arbeiten Sie in Dreiergruppen.***

a) Lesen Sie sich Satz für Satz gegenseitig vor.
b) Benennen Sie die jeweiligen Fehler in den Sätzen.
c) Erörtern Sie, wie Sie die Sätze verbessern können.
d) Notieren Sie Ihre Ergebnisse.

4 ***Präsentieren Sie die überarbeiteten Sätze im Plenum.***

5 ***Bewerten Sie abschließend die vorgetragenen Satzvarianten und wählen Sie die aus Ihrer Sicht beste aus. Nutzen Sie dabei auch folgende Kriterien:***
inhaltlich richtig • präzise • klar • enthält nichts Unwesentliches • gut verknüpft • grammatikalisch richtig • richtig zitiert • stilistisch korrekt • klare Bezüge

Sätze	beste Variante	Grund
Satz 1 *Eines Tages kommt eine* ***Rotte Soldaten*** *und stürme**n** die Häuser.*	**Variante 3** *Eines Tages kommen Soldaten und stürmen die Häuser.*	*grammatikalisch richtig*
Satz 8 *Frau Zingli denkt nur an sich.* ***Sie*** *liebt ihren Schmuck.* ***Sie*** *ist nicht reif, Mutter zu sein.* ***Sie*** *ist ehrlos, weil sie sogar ihr Kind verleugnet.*	...	*gut verknüpft, abwechslungsreiche Satzanfänge*
...	...	...

6 ***Formulieren Sie Tipps für die Gestaltung eines Hauptteils.***

7 ***Überarbeiten Sie den Schluss der vorliegenden Schülerarbeit (➪ S. 325) in mehreren Schritten und dokumentieren Sie alle Ihre Überlegungen dazu in einem Portfolio (➪ Kapitel 20, S. 349).***

a) Notieren Sie zunächst, welche Inhalte Sie in Ihrem Schlussteil zu der vorliegenden Aufgabe (➪ S. 324–325) vermitteln wollen.
b) Schreiben Sie den Schlussteil neu. Arbeiten Sie am Computer.

8 ***Formulieren Sie Tipps für die Gestaltung eines Schlussteils.***

Tipp
Orientieren Sie sich an den Checklisten in den Prüfungskapiteln.

Tipp
Weitere Tipps zum Überarbeiten finden Sie auf S. 332 (Aufgabe 1).

Die Überarbeitungsschritte anwenden

Eine Schülerin hat zu der folgenden Aufgabe einen fehlerhaften Aufsatz geschrieben.

Aufgabe: Was braucht der Mensch, um glücklich zu sein? Erörtern Sie diese Frage.

Muster

Glück wird als die höchste Erfüllung menschlicher Wünsche unterstellt. Wir alle streben danach. Was Glück und Glücklichsein ist, kann jeder Mensch nur sich selbst beantworten.

Spontan fallen einem aber dazu gleich eine Vielzahl von Punkten ein: Es soll einem gut gehen, man will sich wohl fühlen, Spaß haben, angenehmes erleben, erfolgreich und reich sein. Dem Chef die Arbeit hinschmeißen und sich mehr gönnen können als andere – davon haben schon viele geträumt. Macht Demokratie zufrieden? Wächst das Glück mit steigendem Wohlstand? Erfüllen die Ehe die Menschen? Machen Kinder glücklich? Sind Menschen in Deutschland glücklicher als Menschen in anderen Ländern? Der amerikanische Ökonom Easterlin hat 1974 durch eine empirische Studie herausgefunden, dass das absolute Einkommen nicht ausschlaggebend ist für die Lebenszufriedenheit. Auch Kinder machen erst wirklich glücklich, wenn sie aus dem Haus sind.

Auch die Ehe macht nicht wirklich glücklich. Viele Ehepaare sind 10 Jahre nach der Eheschließung unglücklicher als 10 Jahre davor, belegen statistische Erhebungen. Das klingt nicht nach einem glücklichen Leben und spricht nicht für Kinder oder die Ehe als Glücksgaranten. Freunde? Ich persönlich bin zu dem Ergebnis gekommen das mich ein warmer Platz zum schlafen, gutes Essen und unter Freunden zu sein am glücklichsten macht. Mein Tag würde dann so ablaufen: irgendwann aufstehen, die Zeit draußen verbringen, was auch immer. Am Abend treffe ich mich mit meinen Freunden. Der Abend verläuft harmonisch, mit vielen Gesprächen usw. Vertrauen, gegenseitige Achtung sind keine Fremdwörter mehr. Wahres Glück kann man nämlich nicht kaufen. Ein weiterer wesentlicher Aspekt für ein glückliches Dasein ist das körperliche Wohlbefinden. Denn für diejenigen, die von einer Krankheit gezeichnet ist oder sich um einen kranken Familienangehörigen sorgt, relativiert sich vieles. Wir nehmen Gesundheit meist als gegeben hin. Wir bemerken erst dann, wenn sie uns fehlt, wie wesentlich sie ist. Wir sollten uns folglich täglich bewusst machen, das wir dankbar sein können, wenn wir von Krankheiten verschont bleiben. Auch ein Leben in Sicherheit und Freiheit halten wir oft für selbstverständlich und bemerken kaum, wie wichtig es ist, um zufrieden und glücklich sein zu können. Sicherheit der politischen Verhältnisse sowie die Garantie von Grundrechten sind wichtige Kriterien, da sie uns die Möglichkeit geben unser Leben zu gestalten und nach den persönlichen Neigungen und Stärken für sinnvolle Ziele einzutreten.

Was der einzelne für sein Glück braucht, ändert sich im Laufe des Lebens und ist für jeden anderster. Für den älteren Menschen steht eher der Gesundheitsaspekt im Vordergrund, ein junger Mensch will fun haben.

Festzuhalten bleibt, dass Glück kulturspezifisch sehr unterschiedlich gesehen wird. Der eine braucht eine Handvoll Geld, der andere einen Abend mit Freunden (siehe oben). Diese Frage wird jedenfalls oft gestellt und beantworten kann man sie nicht wirklich.

1 ***Überarbeiten Sie den fehlerhaften Aufsatz. Arbeiten Sie am Computer.***

a) Analysieren Sie zunächst die Aufgabe und überlegen Sie, welche Anforderungen bei dieser Aufsatzart berücksichtigt werden müssen (➪ S. 191).

b) Lesen Sie den Aufsatz einmal im Ganzen, bevor Sie mit der Überarbeitung beginnen.

c) Legen Sie eine Tabelle wie auf S. 326 f. an, in der Sie für jeden Überarbeitungsschritt Fehlerhaftes aus dem Aufsatz notieren.

d) Überarbeiten Sie alle Teile des Aufsatzes entsprechend der Arbeitstechnik auf S. 326.

Den Schreibprozess reflektieren

1 *Reflektieren Sie Ihren Schreibprozess. Gehen Sie dabei so vor:*

a) Setzen Sie am nächsten Tag Ihre Version des Aufsatzes (➪ S. 329, Aufgabe 1) in eine andere Schriftart, die Sie sonst nicht benutzen. Betrachten Sie die „neue" Variante und analysieren Sie, ob und wie sich Ihre Perspektive ändert. Notieren Sie Ihre Überlegungen.

b) Überarbeiten Sie diese neue Variante. Achten Sie vor allem auf den Aufbau und den Inhalt.

c) Setzen Sie am Tag darauf diese Version wieder in eine andere Schriftart und überarbeiten Sie sie erneut mithilfe der Checklisten (➪ S. 326).

d) Analysieren Sie ein paar Tage später noch einmal diese Variante. Überarbeiten und optimieren Sie sie erneut. (Wenn Sie wollen, können Sie diesen Prozess noch ein paar Tage fortsetzen.)

e) Vergleichen Sie die erste mit der letzten Version. Lesen Sie Ihre schriftlich festgehaltenen Überlegungen und reflektieren Sie Ihren gesamten Schreibprozess.

f) Überlegen Sie, was Sie aus diesem Verfahren für weitere Schreibprozesse nutzen können, und legen Sie eine Checkliste an.

Tipp

Speichern Sie jede Textvariante, die Sie erhalten. (Verwenden Sie für den Dateinamen z. B. das jeweilige Datum oder Nummern.)

Die folgenden Internetlinks können außerdem hilfreich bei der Überarbeitung von Texten sein:

- **Überprüfen Sie Ihren Text unter *www.leichtlesbar.ch* auf seine Lesbarkeit.**
- **Geben Sie Ihren Text unter *www.wordle.net/create* ein. Dort können Sie feststellen, welche Wörter in Ihrem Text am häufigsten vorkommen, und gegebenenfalls das ein oder andere Wort durch ein anderes ersetzen.**

I Fazit

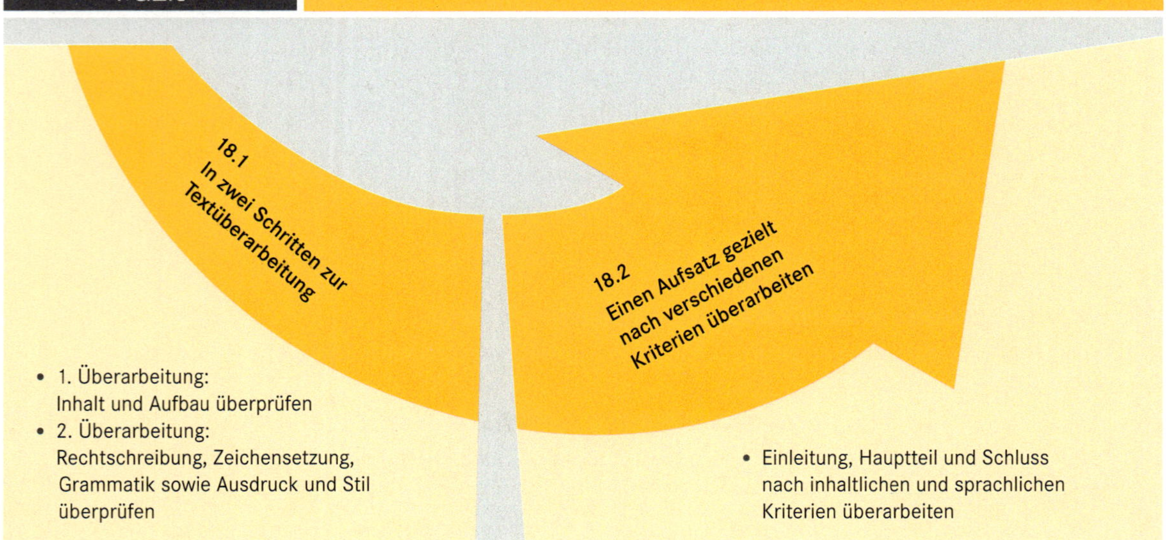

Kapitel 19

Arbeiten in Projekten

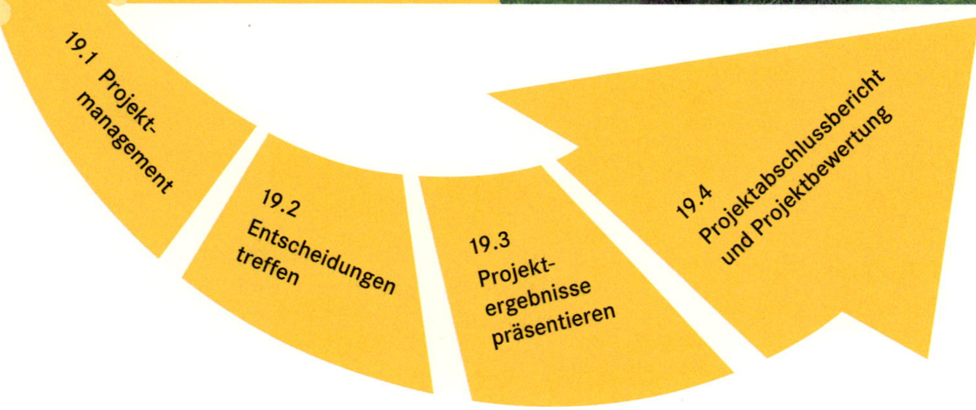

Fächerübergreifende Qualifikationen wie Selbstständigkeit oder Teamfähigkeit sind in der modernen Berufswelt unverzichtbar. Selbstständig arbeitende Mitarbeiter sind interessiert, denken mit, haben Ideen, eine eigene Meinung und sind verlässlich. An teamfähigen Mitarbeitern schätzen die Vorgesetzten, dass sie andere unterstützen oder sich um Dinge kümmern, die allen zugutekommen.

In handlungsorientierten Lernsituationen, so z. B. bei der Projektarbeit, werden Soft Skills wie Teamfähigkeit oder Selbstständigkeit besonders geschult. Projekte sind deshalb Bestandteil des Schulalltags. Dieses Kapitel stellt Ihnen Methoden vor, die Sie an drei wesentlichen Punkten Ihrer Projektarbeit unterstützen können: beim Projektmanagement, bei der Entscheidungsfindung und bei der Präsentation Ihrer Projektarbeit. Dabei wird vorausgesetzt, dass Sie erste Erfahrungen in der Projektarbeit erworben haben und in der Lage sind, ein Thema inhaltlich zu erschließen.

Was ich bereits weiß oder im Wiederholungsteil selbstständig erarbeiten kann

- ✔ Beim Geben und Empfangen von Feedback müssen bestimmte Regeln eingehalten werden.
- ✔ Ergebnisse von Diskussionen und Meetings werden mithilfe von Protokollen gesichert.

Projektmanagement

Ein Projekt strukturieren

Auch wenn Sie gerne sofort inhaltlich in Ihr Projekt einsteigen wollen, ist eine sorgfältige Planung und Kontrolle für den Erfolg Ihres Projekts unverzichtbar. In der Wirtschaft nennt man das Management. Das eigentliche Projektmanagement ist in der Regel Aufgabe des Projektleiters oder eines Leitungsteams. Die folgenden Arbeitschritte haben sich in Projekten bewährt.

I Das Projekt definieren

- ein Thema finden
- die Projektrahmenbedingungen formulieren
- die Projektorganisation planen

II Das Projekt planen

- Aufgaben in Arbeitspakete bündeln
- einen Projektstrukturplan aufstellen
- einen Projektablaufplan erstellen
- Meilensteine definieren
- Zuständigkeiten regeln

III Das Projekt durchführen

- Projektcontrolling, z. B. durch Zwischenberichte der Teams
- fortlaufende Projektdokumentation

IV Das Projekt abschließen

- Projektpräsentation
- Projektabschlussbericht
- Projektevaluation

Jedes Projektmanagement hat eine inhaltliche, eine personelle und eine zeitliche Dimension. Auf der **inhaltlichen** Ebene überlegen Sie, welche Teilaufgaben oder Arbeitsschritte nötig sind, um das gesetzte Ziel zu erreichen. Dazu eignen sich Kreativitätstechniken wie **Brainstorming**, **Brainwriting**, **Kartenabfrage** oder **Mindmapping**. Aufgaben, die zusammengehören, werden zu **Arbeitspaketen** gebündelt. Zu jedem Arbeitpaket, z. B. dem Arbeitspaket „Pressearbeit", lassen sich konkrete Handlungsanweisungen oder Teilschritte formulieren, z. B. einen Presseverteiler erstellen, Kontakte zu örtlichen Presseorganen herstellen, Pressetexte entwerfen etc.

1 *Strukturieren Sie Ihr Projekt inhaltlich.*

a) Sammeln Sie mit einer Kreativitätstechnik Ihrer Wahl, z. B. der Kartenabfrage, alle Ideen und Überlegungen, die den Mitgliedern Ihrer Projektgruppe einfallen.
Tipp: Wichtig ist, dass zunächst kein Vorschlag kommentiert oder bewertet wird.

b) Ordnen Sie die Ergebnisse hinsichtlich ihrer Bedeutung für das Thema.
Tipp: Dazu können Sie jedem Teilnehmer drei Klebepunkte geben, mit denen er seine Wahl trifft.

c) Ordnen und bündeln Sie alle Vorschläge zu Arbeitspaketen, die Sie durchnummerieren.

d) Stellen Sie fest, welche Arbeiten aufeinander aufbauen und welche Arbeiten zeitaufwändig sind.

e) Listen Sie auf, welche organisatorischen Voraussetzungen für einzelne Arbeitspakete notwendig sind und welche Materialien Sie benötigen.

Auf der **personellen** Ebene geht es um die Bildung von Teams, die unterschiedliche Anforderungen bewältigen und möglichst viele Aufgabenbereiche abdecken können. Jedes Team ist für ein oder mehrere Arbeitspakete verantwortlich, die Zuständigkeiten sollten in einem Protokoll festgehalten werden. Jedes Team ernennt einen Teamleiter und/oder -sprecher.

Ein Projekt strukturieren

2 *Bilden Sie Teams. Ordnen Sie den Teams die Arbeitspakete aus Aufg. 1 (S. 334) zu.*

Auf der **zeitlichen** Ebene überlegen Sie, in welcher Reihenfolge die Arbeitsschritte erledigt werden sollen. Dafür erstellen Sie einen **Projektstrukturplan** nach folgendem Schema:

Muster

Projektstrukturplan		
I Vorbereitungs- und Sammelphase	II Planungsphase	III Durchführungsphase
Arbeitspaket 1: ...	**Arbeitspaket x: ...**	**Arbeitspaket y: ...**

Die konkrete Zeitplanung wird in einem **Projektablaufplan** festgehalten.

Muster

Projektablaufplan (Auszug)

	Termin	22. KW	23. KW	24. KW	25. KW	26. KW	27. KW	28. KW	**Verantwortliches Team**	**erledigt**
Arbeitspaket	**Beginn**									
1 - Zeitungen anschreiben	02.06.								Hannes	

Als **Meilensteine** trägt man Termine ein, die für alle und den weiteren Ablauf wichtig sind.

Muster

Meilensteindiagramm

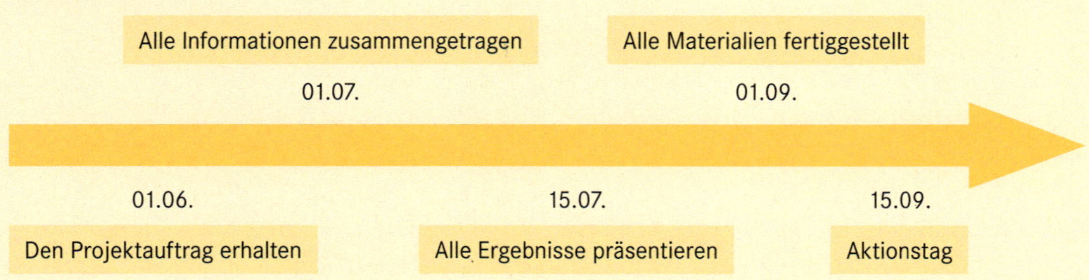

3 *Planen Sie den zeitlichen Ablauf Ihres Projekts.*

a) Erstellen Sie einen Projektstrukturplan.

b) Erstellen Sie am Computer einen vollständigen Ablaufplan für die Dauer des Projekts.

c) Übertragen Sie den Ablaufplan auf eine Wandzeitung.

d) Einigen Sie sich auf 3 bis 4 Meilensteine, die für den Erfolg Ihres Projekts wichtig sind.

Entscheidungen treffen

Arbeiten im Team: Moderationstechnik

Projektarbeit bietet auf der einen Seite ein großes Maß an Freiheiten und Entscheidungsmöglichkeiten und fördert dadurch die Entwicklung von Selbstständigkeit und Teamfähigkeit, auf der anderen Seite können langwierige Entscheidungsprozesse und Unstimmigkeiten innerhalb einer Gruppe den Abschluss und Erfolg einer Arbeit gefährden. Auf den folgenden Seiten lernen Sie Arbeitsmethoden kennen, die Ideen und Vorschläge einer Gruppe zu ordnen und Entscheidungen zu treffen, die kriterienorientiert sind.

Arbeitstechnik **Moderationstechnik**

Diese Methode eignet sich, um Ideen oder Probleme zu sammeln, zu strukturieren oder zu visualisieren.

1. Eine Schülerin oder ein Schüler übernimmt die Rolle des Moderators:
   Als methodischer Helfer unterstützt der Moderator eine Gruppe dabei, selbstverantwortlich zu handeln: Er fragt nach, fasst Äußerungen einer Gruppe zusammen, bringt die Dinge auf den Punkt, ohne selber die Vorschläge Einzelner zu bewerten oder seine eigene Meinung zu äußern. Ihm sollte ein Assistent zur Seite stehen, der das Schreiben oder Visualisieren übernimmt.
2. Ablauf:
   - Besorgen Sie Stellwände, die mit Packpapier bespannt sind, Karten in verschiedenen Größen und Formen, Filzstifte in verschiedenen Farben, Nadeln, Klebestifte und Klebepunkte.
   - Der Moderator schreibt zu Beginn eine Frage oder ein Thema in die Mitte der Stellwand.
   - Die Gruppe äußert der Reihe nach Ideen, Aspekte oder Meinungen, die der Assistent als Stichworte auf Karten notiert und an die Stellwand hängt.
   - Lesen Sie die Karten nach Abschluss der Ideensammlung vor und gruppieren Sie sie nach inhaltlicher Zusammengehörigkeit – das nennt man **clustern**. Hängen Sie Karten, die nicht zugeordnet werden können, an die Seite.
   - Suchen Sie für jede Gruppierung Oberbegriffe und schreiben Sie sie auf z. B. ovale Karten.
   - Ordnen Sie die einzelnen Gruppen dann weiter, z. B. nach ihrer Bedeutung für das Thema, nach zeitlichen Gesichtspunkten, nach arbeitstechnischen Gesichtspunkten (aufwändig/einfach, realistisch/utopisch, mehr/weniger personalintensiv).

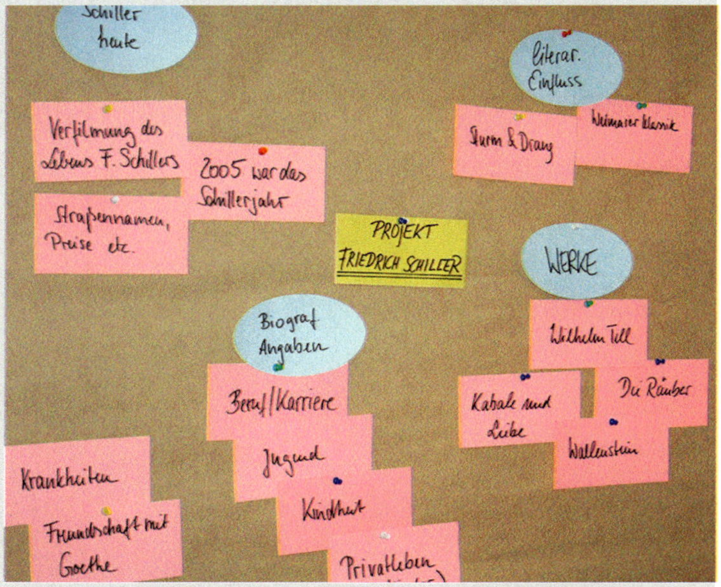

Das gewichtete PMI

Methoden der Entscheidungsfindung können Ihnen inhaltliche Entscheidungen nicht ersparen. Sie helfen Ihnen aber, diese transparent und damit nachvollziehbar zu machen. Das ist für die Evaluation Ihrer Arbeit am Ende des Projekts hilfreich, denn Sie können zurückverfolgen, warum Sie bestimmte Entscheidungen getroffen haben.

Wollen Sie nur eine einzelne Frage klären und eine klare Antwort erhalten, bietet sich die Methode des gewichteten PMI („Plus-Minus-Interesting") an.

Arbeitstechnik | PMI – Plus-Minus-Interesting

- Sammeln Sie alleine, z. B. mithilfe der Brainstorming-Methode oder in der Gruppe, z. B. durch Zuruf, möglichst viele negative und positive Aspekte einer anstehenden Entscheidung.
- Tragen Sie die gesammelten Aspekte in eine Tabelle ein (siehe Muster unten).
- Ordnen Sie die Aspekte, die weder eindeutig positiv noch negativ zu beurteilen sind, der Kategorie „Interessant" zu.
- Gewichten Sie die Aspekte, indem Sie jeden Aspekt nach seiner Wichtigkeit für das Gelingen des Projekts bewerten. Wählen Sie eine 6 für sehr wichtig und eine 1 für absolut unwichtig.
- Ziehen Sie die Punkte in jeder Kategorie zusammen und ermitteln Sie den Durchschnitt.
- Ziehen Sie den Durchschnittswert der Minuspunkte von dem der Pluspunkte ab. Wenn Sie ein Ergebnis größer null erhalten, lautet die Antwort „ja", ist das Ergebnis kleiner null, lautet die Antwort „nein". Ein Unentschieden ergibt sich bei dem Ergebnis null.

Im Rahmen ihrer Projektarbeit überlegen einige Schülerinnen und Schüler, ob sie als Schlusspräsentation einen Film drehen sollen. Zur Entscheidungsfindung haben sie die folgende Tabelle nach der PMI-Methode angelegt.

Muster

Pluspunkte (+)	**Gew.**	**Minuspunkte (-)**	**Gew.**	**Interessant**
lässt sich gut zeigen	4	Schüler haben das noch nie gemacht	6	
bleibt lange erhalten	5	Produktion ist sehr aufwändig	5	
Herstellung macht Spaß	3	viel Material nötig (Kameras etc.)	5	
viele können mitmachen	4			
Durchschnitt	**4**	**Durchschnitt**	**5,33**	

1 *Untersuchen Sie die oben begonnene Tabelle und ergänzen Sie weitere Aspekte.*

2 *Überlegen Sie, welche Aspekte interessant sein könnten, aber weder eindeutig positiv noch negativ zu bewerten sind.*

3 *Beurteilen Sie, ob die Schülerinnen und Schüler den Film drehen sollten oder eher nicht.*

Die bewertete Entscheidungsmatrix

Für eine Vielzahl von Problemen oder Aufgaben gibt es alternative Lösungswege. Entsprechend schwer ist es, sich nach eindeutigen und nachvollziehbaren Kriterien für einen Weg zu entscheiden. Mit der Methode „bewertete Entscheidungsmatrix“ können Sie unterschiedliche Lösungswege miteinander vergleichen und Vor- und Nachteile der einzelnen Möglichkeiten abwägen. Am Ende erhält man ein klares Votum für einen bestimmten Weg.

Arbeitstechnik **Bewertete Entscheidungsmatrix**

- Notieren Sie alle Lösungswege, die Ihnen zu Ihrem Problem oder Ihrer Aufgabe einfallen.
- Listen Sie dann alle Kriterien auf, die für Ihre Entscheidung von Bedeutung sein sollen. Beachten Sie dabei, dass die Kriterien positiv formuliert werden (also: je mehr davon, desto besser, z. B. *Spaßfaktor Publikum?*).
- Erstellen Sie anschließend eine Matrix (siehe Muster):
  - Teilen Sie die Zahl 100 durch die Anzahl der Kriterien. Das Ergebnis zeigt Ihnen, zu wie viel Prozent jedes Kriterium berücksichtigt wird, wenn alle Kriterien gleich gewichtet wären.
  - Vergleichen Sie anschließend die einzelnen Kriterien hinsichtlich ihrer Bedeutsamkeit und verändern Sie bei Bedarf die Prozentzahlen. Wichtig ist, dass die Summe immer 100 % ergibt.
  - Verteilen Sie Noten: eine 6, wenn das Kriterium besonders erfüllt ist, eine 1, wenn es kaum erfüllt ist.
  - Sie erhalten eine gewichtete Note, wenn Sie die Note mit der Bewertung multiplizieren und durch 100 teilen.
  - Die Summen aller gewichteten Noten zeigen, welcher Lösungsweg bevorzugt werden sollte.

Einige Schülerinnen und Schüler haben zu der Frage „Wie soll das Ergebnis des Projektes präsentiert werden?“ eine bewertete Entscheidungsmatrix angefertigt.

Muster

Lösungswege		**Film**		**Ausstellung**		**Broschüre**	
Kriterien	**Bewertung**	Note	gewichtete Note	Note	gewichtete Note	Note	gewichtete Note
Zeitaufwand überschaubar?	25 %	1	0,25	5	1,25		
Öffentlichkeitswirksam?	20 %	6	1,20	3	0,60		
Kosten gering?	15 %	3	0,45	5	0,75		
Spaßfaktor Herstellung hoch?	20 %	5	1,00	3	0,60		
Spaßfaktor Publikum?	20 %	5	1,00	4	0,80		
Summe	**100 %**		**3,9**		**4,0**		

1 *Bewerten und gewichten Sie die Kriterien für den Lösungsweg „Broschüre“.*

Projektergebnisse präsentieren

Projekte werden mit einer Präsentation abgeschlossen. Hier werden in der Regel Ergebnisse aus Untersuchungen oder Befragungen und vieles mehr präsentiert. Es eignet sich aber nicht jede Präsentationsform (vgl. Kapitel 20, S. 350, 351) für jeden Inhalt. Es ist deshalb notwendig, mögliche Präsentationsformen auf ihre Eignung im Hinblick auf die zu erwartenden Ergebnisse hin zu überprüfen.

1 *Ergänzen Sie weitere Präsentationsmöglichkeiten.*

2 *Beurteilen Sie die Vor- und Nachteile der unterschiedlichen Präsentationsformen. Erstellen Sie dafür eine Kriterienliste (Thema, Umfang, technische Anforderungen, finanzielle Anforderungen), anhand derer Sie die Eignung verschiedener Präsentationsformen untersuchen.*

Muster

Kriterien / Präsentationsform	Thema	Umfang	technische Anforderungen	finanzielle Anforderungen
Referat	beliebig	bis mittlerer Umfang	gering	gering
Ausstellung	...	...	...	...

Präsentieren mit PowerPoint

PowerPoint ist derzeit das am weitesten verbreitete Präsentationsprogramm. Es steht als Synonym für eine ganze Reihe von ähnlichen Produkten (OpenOffice Impress u. a.). Nach Schätzungen von Microsoft werden damit täglich rund 30 Millionen Präsentationen erstellt.

PowerPoint ist ein seitenorientiertes Programm. Für die einzelnen Seiten (auch „Folien" genannt) bestehen umfangreiche Gestaltungsmöglichkeiten. Diese reichen von der einfachen Textfolie über Folien mit Grafiken, Tabellen und Diagrammen bis hin zu Folien mit Multimedia-Inhalten. Grafiken können dabei sowohl in PowerPoint selbst mit verschiedenen Zeichenwerkzeugen erstellt als auch in Form von Fotos eingebettet werden. Ebenso ist es möglich, Audio- und Videodateien zu integrieren.

In den letzten Jahren haben sich Präsentationen mithilfe von Videoprojektoren (Beamern) an Schulen durchgesetzt, sodass auch Animationen möglich sind.

Als wichtigste Vorteile von PowerPoint werden meist folgende genannt:

- PowerPoint eignet sich perfekt zur Visualisierung.
- Die Einbindung von Layout, Bild, Ton und Animationen spricht unterschiedliche Sinne an.
- PowerPoint ermöglicht durch das digitale Medium ein effizientes Arbeiten an und gegebenenfalls das Ändern von Texten.
- PowerPoint ermöglicht mit vergleichsweise geringem Aufwand einen recht professionellen Auftritt.

Doch nicht alle sehen in PowerPoint ein ausschließlich positives Werkzeug:

Macht PowerPoint blöd?

Weltweit sind ungefähr 400 Millionen Exemplare von Microsofts Präsentations-Software PowerPoint im Einsatz. Der US-Computerwissenschaftler Edward Tufte ist der Meinung, dass dieses Programm seine Nutzer potenziell verblödet. Er begründet das mit der komprimierten Art, in der Informationen in den .ppt-Dateien wiedergegeben werden. Diese erziehe die Menschen dazu, Texte zu überfliegen und Listen zu vertrauen, nicht mehr dem eigenen Menschenverstand.

Die New York Times stellt diese Kritik von Tufte nun sogar in einen Zusammenhang mit der Katastrophe um die Raumfähre Columbia. [...] [D]ie Untersuchungskommission [habe] auch kritisiert, dass komplexe Informationen an die Techniker in Form von PowerPoint-Präsentationen weitergegeben worden seien. Angeblich habe diese Form der Informationsweitergabe dazu führen können, dass Mitarbeiter nicht wahrgenommen hätten, dass es sich bei der Situation, in der sich die Astronauten befanden, um eine lebensbedrohliche handelte. (tol/c't)

(www.heise.de/newsticker/Macht-PowerPoint-bloed--/meldung/42928, 03.09.2008)

1 *Geben Sie die Hauptaussagen des Wissenschaftlers Edward Tufte wieder. Entspricht seine Aussage Ihren Erfahrungen mit PowerPoint-Präsentationen?*

Die Gefahr, durch PowerPoint komplexe Sachverhalte auf unzulässige Weise zu vereinfachen, wird mittlerweile gesehen. Es gibt bereits Großunternehmen, die PowerPoint-Präsentationen aus ihren Firmen verbannt haben – oder es zumindest versucht haben. Letztlich ist PowerPoint ein Werkzeug: Gut gebraucht, erzeugt es gute Resultate; schlecht gebraucht, eben schlechte.

Präsentieren mit PowerPoint

Kritisiert wird an Präsentationsprogrammen wie PowerPoint vor allem, dass sie als Selbstzweck genutzt werden, bei dem der Inhalt in den Hintergrund tritt. Die Präsentation eines Projekts mit PowerPoint bedingt demnach eine Fokussierung auf wesentliche Aspekte und zwingt zu einer logisch sinnvollen Zusammenstellung der Ergebnisse. Daher müssen einige wichtige Regeln beachtet werden, um eine überzeugende Präsentation mit PowerPoint zu erstellen.

Basiswissen | **Regeln zum Erstellen einer PowerPoint-Präsentation**

- Denken Sie zuerst über die Inhalte nach und machen Sie sich dann erst Gedanken über deren Visualisierung.
- Gestalten Sie eigene, schlichte Vorlagen für Ihre Präsentation (die vom Programm bereitgestellten Vorlagen sind für die meisten Themen unangemessen).
- Reduzieren Sie die Anzahl der Aussagen auf einer Folie, sie sollten auf einen Blick erfasst werden können. Mehr als sieben Aussagen sind zu viel.
- Achten Sie auf einen ausreichenden Rand und großzügige Zeilenabstände.
- Auf Textfolien sollten maximal zehn Zeilen, in der Zeile höchstens zehn Wörter stehen. Mehr als zehn Folien sind für die meisten Präsentationen unangemessen.
- Arbeiten Sie mit einer gut lesbaren Schriftart, wechseln Sie die Schriftgröße nicht zu häufig und setzen Sie Hervorhebungen sparsam ein.
- Wählen Sie die richtige Schriftgröße: für Bildunterschriften 20 Punkt, 24 für den Fließtext, 28 Punkt fett für Zwischenüberschriften und 32 Punkt fett für die Hauptüberschrift.
- Setzen Sie Farben bewusst ein, sie dienen der Hervorhebung, Unterscheidung und Gliederung.
- Beschränken Sie Visualisierungen auf zentrale Aussagen.

Die folgende Präsentationsfolie ist aus einem schulischen Projekt über Friedrich Schiller entstanden:

2 *Beurteilen Sie die PowerPoint-Folie.*

3 *Erstellen Sie eine eigene PowerPoint-Präsentation zum Thema „Wege zu einer aussagekräftigen PowerPoint-Präsentation".*

Eine Website gestalten

Projektergebnisse können auch auf einer Website präsentiert werden, die online gestellt einem größeren Publikumskreis zugänglich gemacht werden kann. Neben den technischen Voraussetzungen für eine solche Präsentation und Projektteilnehmern mit Kenntnissen auf diesem Gebiet erfordert eine Website eine besondere Herangehensweise. Die Besonderheit besteht darin, dass Begriffe auf einer Website durch eine netzartige Struktur zu einem Hypertext verknüpft werden, die Verknüpfung wird im World Wide Web mit sogenannten Hyperlinks realisiert.

1 *Benennen Sie die Unterschiede zwischen herkömmlichen linearen Texten und Hypertexten.*

2 *Überlegen Sie, wo man außerhalb des Internets solche dem Hypertext ähnliche Strukturen findet.*

3 *Erörtern Sie, inwiefern Hypertexte eher dem menschlichen Denken entsprechen als lineare Texte.*

Eine Website gestalten

Um die Hypertextstruktur einer Website herzustellen, muss man sich von der herkömmlichen Vorstellung einer hierarchischen Gliederung, wie sie sich typischerweise z. B. in einem Referat findet, lösen. Die Hypertextstruktur ist am ehesten mit der Struktur einer Mindmap (➪ Kapitel 7, S. 134) und deren Verknüpfungen zu vergleichen.

Einige Schülerinnen und Schüler haben für ihr Projekt über Friedrich Schiller die folgende Gliederung erstellt:

1. ***Kindheit ohne Kindsein***
   - *protestantisches Ethos des Vaters*
   - *Herzog Carl Eugen und seine Pflanzschule*
   - *Geschichte: Absolutismus*
2. ***Jugendlicher Rückzug ins heimliche Schreiben***
   - *Freundschaftskult in der Karlsschule*
   - *Vertrautwerden mit der Antike*
   - *Literatur: Empfindsamkeit*
   - *Beruf: Arzt beim Militär*
3. ***Freiheit im Schriftsteller-Sein***
   - *frühe Gedichte: Tyrannenhass und Männerwürde*
   - *Verfassen von „Die Räuber"*
   - *Flucht nach Mannheim*
   - *Geschichte: politische Verhältnisse in Deutschland*
   - *Literatur: Sturm und Drang*
4. ***Unstete Jahre in materieller Not, aber von großer Produktivität***
   - *Kabale und Liebe*
   - *Literatur: bürgerliches Trauerspiel*
   - *Geschichte: Frz. Revolution*
   - *Geschichte: Aufstieg des Bürgertums*
   - *Karte mit den Wohnorten*
5. ***Anerkannt, aber Geschichtsschreiber***
   - *Beschäftigung mit Dreißigjährigem Krieg*
   - *Heirat (und andere Frauen)*
   - *Geschichte: Adel und Mäzenatentum*
   - *Wallenstein*
   - *theoretische Schriften*
6. ***Kurze Jahre auf der Höhe des Schriftstellerruhms***
   - *Verbindung mit Goethe*
   - *Balladen*
   - *Wilhelm Tell*
   - *Tod*
   - *Literatur: Klassik*

Das Projekt soll nun auf der Schulhomepage veröffentlicht werden und deshalb eine Hypertextstruktur bekommen. Die Projektgruppe hat zur Vorbereitung eine Mindmap angefertigt.

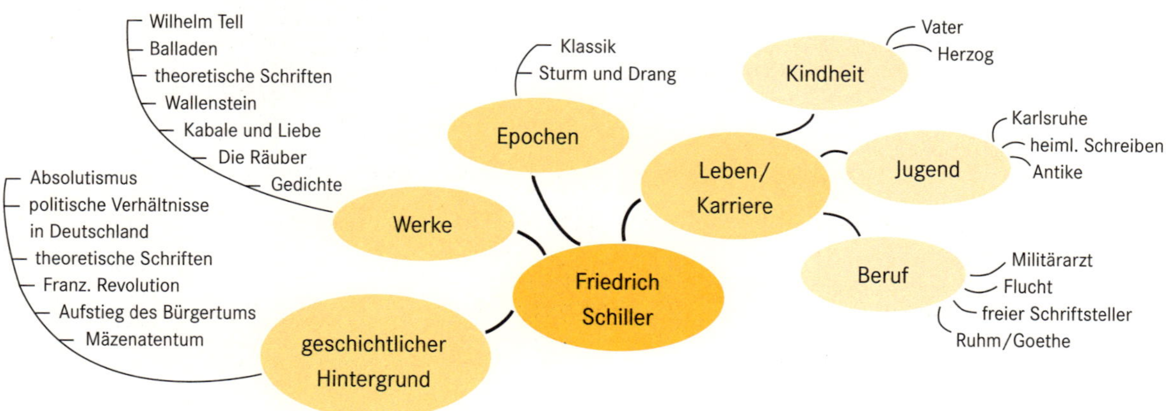

4 *Beurteilen Sie Vor- und Nachteile der Darstellungsformen.*

Projektabschlussbericht und Projektbewertung

Im Zentrum eines gelungenen Projektes stehen selbstständige, kreative und selbstorganisierte Teamarbeit, ein möglichst fächerübergreifendes Thema und die Schulung der Dokumentations- und Präsentationsfähigkeit. Zum Abschluss eines Projekts gehören neben der Präsentation auch eine Dokumentation des Projekts in Form eines Projektabschlussberichts und eine Bewertung.

Der **Projektabschlussbericht** belegt Umfang und Qualität der geleisteten Arbeit. Er enthält:

1. Deckblatt	
2. Inhaltsverzeichnis	
3. Einleitung	(Projektthema, -beschreibung und -ziel, Aufgabe des Teams)
4. Hauptteil	(Beschreibung der Aufgaben und Arbeitspakete, des Projektsablaufs, Darstellung und Bewertung der Ergebnisse)
5. Schluss	(Bewertung der Arbeit, Ausblick, Ideen für zukünftige Arbeiten)
6. Anhang	(wichtige Dokumente, z. B. Protokolle, evtl. Literaturverzeichnis)

Vor der Beurteilung der Projektergebnisse durch die Unterrichtenden sollte eine zusammenfassende Selbstbeurteilung durch die Projektgruppe stattfinden. Dazu werden Teamarbeit und Ergebnisse bewertet.

Bewertungskriterien können sein:

1. Bewertung der Dokumentation:	**A** Vollständigkeit	**B** Sorgfalt	**C** Gestaltung
2. Bewertung des Produkts/der Präsentation:	**A** Inhalt	**B** Sorgfalt	**C** Gestaltung
3. Bewertung des Arbeitsverhaltens:	**A** Teamfähigkeit	**B** Arbeitseinsatz	**C** Ideen

Fazit

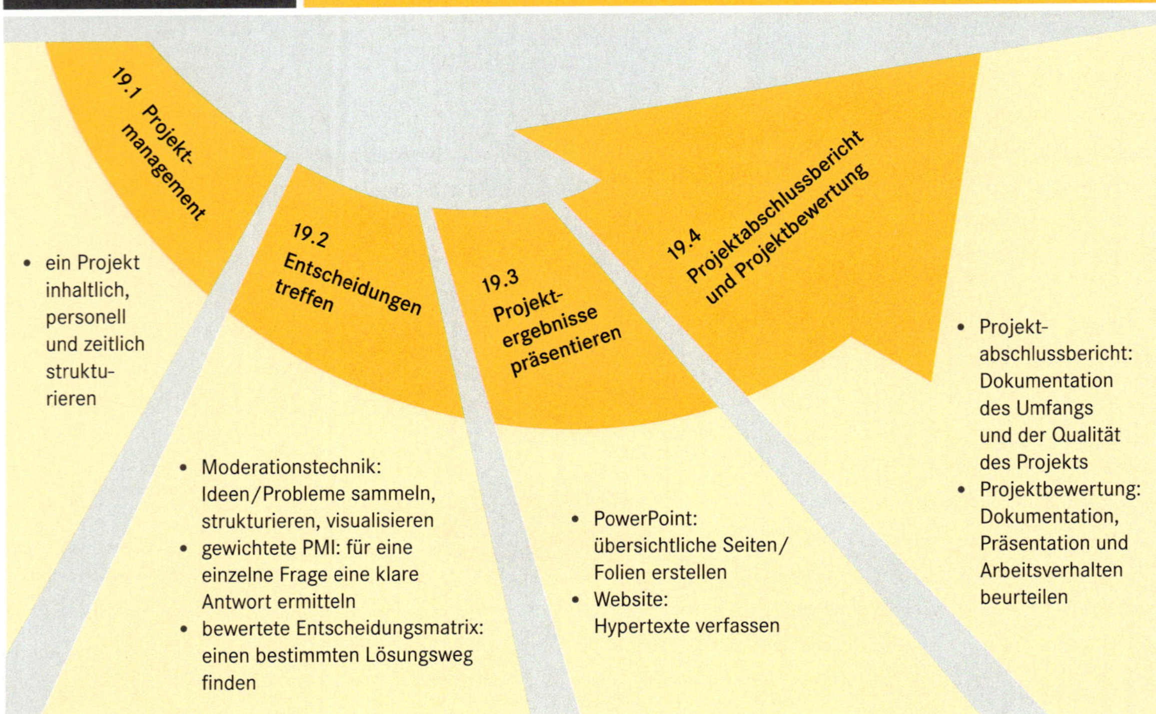

Kapitel 20

Methoden und Arbeitstechniken

Assoziogramm ⇨ Visualisieren

Blitzlicht ⇨ Moderationstechniken

Brainstorming ⇨ Moderationstechniken

Diagonales Lesen ⇨ Lesetechniken

Dossier anlegen: Ein Dossier (frz.: Aktendeckel) ist eine Sammlung von Dokumenten zu einem Thema oder Vorgang. Dossiers finden in der Politik Verwendung, um aus Akten Sachthemen aufzubereiten und einem festgelegten Personenkreis zugänglich zu machen. Der Begriff spielt auch in der Publizistik eine Rolle. So veröffentlichen Tageszeitungen und Wochenzeitschriften – häufig in Zusammenhang mit ihrem Online-Auftritt – Dossiers zu aktuellen Themen. Diese beinhalten Artikel, Hintergrundberichte, Interviews, Fotos und vieles mehr. Im Unterricht bietet ein Dossier eine gute Möglichkeit, viele Facetten eines Themas aufzugreifen.
Wichtig ist, dass alle gesammelten Materialien bearbeitet und verarbeitet werden, sodass etwas Eigenes daraus entsteht. Entscheidend ist also nicht die Menge des Materials, sondern inwiefern aus dem Material ein neues Produkt entsteht.
Materialrecherche: Neben allen Arten von informativen Texten, wie beispielsweise Berichten/Hintergrundberichten, Interviews, Kommentaren, chronologischen Aufstellungen oder literarischen Texten, kommen bei der Materialrecherche auch Bildmaterial (Grafiken, Diagramme, Statistiken) sowie Audio- und Videosequenzen in Betracht.
Auswahl/Relevanz des Materials: Durch die Möglichkeiten des Internets kann man heute zu jedem beliebigen Thema unendlich viele Informationen finden. War vor einigen Jahren das Auffinden von Informationen der Schwerpunkt einer solchen Recherche, so besteht heute die eigentliche Leistung eher darin, aus der Informationsfülle nach Relevanz (z. B. für ein Thema) auszuwählen und zu überprüfen. Die folgenden Leitfragen helfen bei der Beurteilung von Internetquellen:

- Was ist wichtig?
- Was ist exemplarisch?
- Wie ist die Qualität der Quellen zu beurteilen?

(⇨Kapitel 2, S. 56)
Blickwinkel/Facetten: In der Politik, wo unterschiedliche Interessengruppen eine Rolle spielen, ist ein Dossier inhaltlich gelungen, wenn in ihm möglichst viele Blickwinkel auf ein Thema enthalten sind. Das Prinzip gilt aber auch im Deutschunterricht, wo in einem Dossier zum Beispiel zum Thema „Schiller" unterschiedliche Sichtweisen auf den Dichter vereinigt sein sollten. Neben Texten des Dichters können hier auch Aussagen von Zeitgenossen und Bewertungen aus heutiger Sicht eine Rolle spielen.

Ergebnisprotokoll ⇨ Protokolle erstellen

Erörterungsaufsatz schreiben: Bei einer Erörterung nähert man sich einem Thema von allen Seiten. Sie dient der Meinungsbildung, Entscheidungsfindung und Problemlösung.
Typen: Bei der **textgebundenen Erörterung** setzt man sich argumentativ mit den Inhalten eines oder mehrerer Sachtexte auseinander. Bei einer **freien Erörterung** behandelt man ein Thema unabhängig von einer Textvorlage. Eine besondere Form ist die **literarische Erörterung**, in der man vor dem Hintergrund der eigenen Leseerfahrung zu einem Thema Stellung nimmt.
Erörterungsarten: Man unterscheidet je nach Thema und Aufgabenstellung:

1. die **lineare (steigernde) Erörterung**, bei der man Ursachen, Folgen oder Lösungsmöglichkeiten zu einem bestimmten Thema erläutert;
2. die **dialektische (gegenüberstellende) Erörterung**, bei der man sich mit den Pro- und Kontraargumenten

Methoden und Arbeitstechniken

eines strittigen Problems auseinandersetzt und zu einer Entscheidung gelangt.

Aufbau eines Erörterungsaufsatzes:

- *Einleitung:* Die Einleitung führt zum Thema und weckt Interesse, soll prägnant und kurz formuliert werden. Man kann z. B. Bezug auf ein aktuelles Beispiel oder persönliche Erfahrungen einbringen.
- *Hauptteil:* Hier werden überzeugende Thesen und Argumente mit entsprechender Entfaltung (Beispiele, Belege) formuliert. Höhepunkt ist die persönliche Stellungnahme zu dem Problem. Im Falle einer textgebundenen Erörterung beginnt man den Hauptteil mit dem Thesenreferat bzw. mit der Analyse des vorgegebenen Textes und schließt dann die eigene Argumentation an.
- *Schluss:* Man kann eine kurze Zusammenfassung, einen Ausblick in die Zukunft oder einen Appell an die Leser formulieren oder Bezug zur Einleitung nehmen.

➪ **Kapitel 12; Kapitel 16**

Exzerpieren: Wenn man einen Text auf eine bestimmte Fragestellung hin untersucht, kann man die relevanten Textstellen exzerpieren, d. h., man gibt den Text auszugsweise in kurzen Sätzen und/oder Stichpunkten wieder. Dabei kann es sich um wörtliche oder paraphrasierende (sinngemäße) Textauszüge handeln.

Ein Exzerpt hat den Vorteil, dass nur die Textpassagen notiert werden, die für das eigene Thema von Bedeutung sind. So kann man später auf wichtige Informationen zurückgreifen, ohne den Text nochmals zu lesen. Außerdem haftet ein „abgespeckter" und selbst verfasster Text besser im Gedächtnis.

Ein Exzerpt kann in Teilen in andere Texte übernommen werden, z. B. in eine Facharbeit (➪ Facharbeit schreiben).

Man kann zwei Methoden anwenden:

1. *Texte kürzen:* Textstellen, die für das eigene Thema nicht wichtig sind, werden weggelassen.
2. *Texte verdichten:* Ausführlich dargelegte Informationen werden so zusammengefasst, dass der Text übersichtlicher wird.

Vorgehen: Man unterteilt den zu bearbeitenden Text in Sinnabschnitte und formuliert die Kernaussage des jeweiligen Abschnitts. Definitionen, Schlüsselwörter und wichtige Thesen zitiert man wörtlich (Zitate müssen als solche kenntlich gemacht werden). Beispiele und ausführliche Argumentationen werden stichwortartig zusammengefasst. ➪ Zitieren (sinngemäßes Zitieren)

Tipp: Man teilt den oberen Teil einer DIN-A5-Karteikarte in zwei Hälften. Auf der linken Seite werden alle Angaben zu Autor und Werk, auf der rechten Seite wird die dem Exzerpt zugrunde liegende Fragestellung notiert. Darunter wird das Exzerpt aufgeschrieben.

➪ **Kapitel 7, S. 133**

Facharbeit schreiben: Eine Facharbeit ist eine eigenständige Hausarbeit von Schülerinnen und Schülern, in der in sachlich gegliederter Form ein Thema selbstständig erarbeitet werden soll. Dazu werden Informationen aus verschiedenen Quellen gesammelt und gebündelt. Dem Schreibenden steht dabei eine betreuende Lehrkraft zur Seite.

Bei der Erstellung einer Facharbeit lernen die Schülerinnen und Schüler, was eine wissenschaftliche Arbeit ist und wie man sie schreibt. Die umfassende und wissenschaftliche Erarbeitung eines Themas ist nicht Anspruch der Facharbeit in der Schule.

Prinzipiell sind Facharbeiten in allen Schulfächern möglich, auch fächerübergreifende Bearbeitungen sind denkbar.

Arbeitsphasen:

1. Themensuche und -reflexion
2. Arbeitsplanung und -vorbereitung
3. Materialsuche und -sammlung
4. Ordnen und Durcharbeiten des Materials
5. Entwurf einer Gliederung
6. Textentwurf
7. Überarbeitung(en) des Entwurfs
8. Reinschrift
9. Korrektur der Reinschrift und Abgabe der Endfassung
10. Bewertung

Tipp: Zur zeitlichen Planung der Facharbeit eignet sich ein Meilensteindiagramm (➪ Kapitel 19, S. 333).

Formale Vorgaben: Eine Facharbeit umfasst in der Regel 8 bis 12 DIN-A4-Seiten mit einem Schriftgrad von 12 Punkt und einem Abstand von 1,5 Zeilen.

Tipp: Die äußere Form muss optisch ansprechend sein. Man sollte daher auf die Einhaltung der formalen Vorgaben und auf Sauberkeit achten.

Aufbau: Die Facharbeit sollte folgende Bestandteile enthalten:

1. Deckblatt (Thema der Facharbeit, Name, Klasse und Angabe des Schuljahres)
2. Inhaltsverzeichnis
3. Textteil:
   I. Einleitung als Entwicklung der Fragestellung
   II. Hauptteil mit untergliedernden Zwischenüberschriften
   III. Schlussteil als Zusammenfassung der Ergebnisse
4. Literaturverzeichnis
5. ggf. Anhang mit themenspezifischen Dokumentationen (Tabellen, Skizzen etc.)
6. ggf. Erklärung über die selbstständige Anfertigung der Arbeit

Fortlaufendes Lesen ➪ Lesetechniken

5-Schritt-Lesetechnik ➪ Lesetechniken

Intensives Lesen ➪ Lesetechniken

Interpretationsaufsatz schreiben: Die Interpretation eines literarischen Textes setzt eine intensive Auseinandersetzung mit dessen Inhalt und Form voraus. Je nach Gattung des Textes geht man folgendermaßen vor:

A Interpretation eines dramatischen Textes:

Einleitung: Man nennt Titel, Autor, Erscheinungsjahr und ggf. Erscheinungsort und fasst den Inhalt des Dramas in einem Satz zusammen.

Hauptteil: Meistens soll ein Dramenauszug in den Gesamtzusammenhang eines Werkes eingeordnet werden; dazu fasst man den Inhalt des Auszugs zusammen und schildert das vorangegangene sowie das folgende Geschehen. In einem nächsten Schritt formuliert man Interpretationshypothesen und analysiert und deutet sprachliche und dramentechnische Mittel (Regieanweisungen, Dialoge, Monologe, Aufbau, Konfliktgestaltung) unter Verwendung von Zitaten. Die aufgestellten Interpretationshypothesen werden anhand der Analyseergebnisse begründet.

Schlussteil: Hier geht man noch einmal zusammenfassend auf die Interpretationshypothesen ein und bewertet den Auszug im Hinblick auf die Gesamtaussage. Eine Betrachtung der Faktoren, die außerhalb des Textes liegen (z. B. geschichtliche Ereignisse), kann sinnvoll bzw. gefordert sein.

B Interpretation eines epischen Textes (am Beispiel Roman):

Einleitung: Man nennt Titel, Autor, Erscheinungsjahr und ggf. Erscheinungsort und fasst den Inhalt des Romans in einem Satz zusammen.

Hauptteil: Meistens soll ein Romanauszug in den Gesamtzusammenhang des Werkes eingeordnet werden (man fasst den Inhalt des Auszugs zusammen und schildert das vorangegangene sowie das folgende Geschehen). Dann formuliert man Interpretationshypothesen und schließt die Analyse und Interpretation des Auszugs (z. B. Figuren, Spannungsbogen, sprachliche und erzähltechnische Mittel) unter Verwendung treffender Zitate an. Wichtig ist dabei, dass man auf das Zusammenwirken von Inhalt, sprachlichen und erzähltechnischen Mitteln eingeht. Die aufgestellten Interpretationshypothesen werden anhand der Analyseergebnisse begründet.

Schlussteil: Man geht noch einmal zusammenfassend auf die Interpretationshypothesen ein und nimmt eine Beurteilung des Romans nach Kriterien vor wie Aktualität, Sprache und Stil, Gestaltung des Erzählstoffs.

C Interpretation eines lyrischen Textes:

Einleitung: Man nennt Titel, Autor, Erscheinungsjahr und ggf. Erscheinungsort, formuliert das Thema und stellt eine Interpretationshypothese auf.

Hauptteil: Zunächst fasst man den Inhalt des Gedichtes zusammen, beschreibt die Grundstimmung, das lyrische Ich und ggf. weitere Figuren und deren Beziehungen zueinander. Anschließend analysiert man die Form (Anzahl der Strophen und Verse, Reimschema, Metrum, Kadenzen) und die Sprache (Sprachbilder, rhetorische Figuren), beschreibt deren Wirkung und deutet die Ergebnisse der Analysen unter Verwendung von Zitaten. Dann muss die Interpretationshypothese anhand der Analyseergebnisse belegt werden. Fordert die Aufgabenstellung einen Gedichtvergleich, stellt man die Gemeinsamkeiten und Unterschiede der Gedichte heraus und deutet diese.

Schlussteil: Abschließend nimmt man eine Beurteilung des Gedichts vor. Dabei kann man sich zum Thema, zur Gestaltung von Inhalt und Form, zur Sprache oder auch zur Aktualität äußern.

Methoden und Arbeitstechniken

Kartenabfrage ➪ Moderationstechniken

Lesetechniken: In Beruf und Alltag muss man oft den Inhalt umfangreicher und schwieriger Texte verstehen und wiedergeben können. Es gibt verschiedene Techniken, die das Lesen erleichtern, z. B.:

1.) **5-Schritt-Lesetechnik:**
Wenn man sich Informationen aus einem Text für eine Klassenarbeit oder Prüfung merken oder diese in ein Referat einbauen möchte, kann man die Informationen mithilfe der 5-Schritt-Lesetechnik in eigene Worte fassen:

1. ***Überfliegen:*** Man überfliegt den Text zuerst grob und achtet dabei auf Titel, Untertitel, Hervorhebungen, Inhaltsverzeichnis, Autor oder Autorin. So erhält man einen Eindruck von Aufbau und Inhalt des Textes und findet heraus, welche Abschnitte für den eigenen Zweck relevant sind.
2. ***Fragen:*** Beim ersten Lesen entstandene Fragen werden formuliert. Dies können reine Verständnisfragen sein, sie können sich aber auch auf alle Unklarheiten des Textes beziehen. Gut geeignet sind die W-Fragen.
3. ***Lesen:*** Der Text wird gründlich gelesen und dabei wird versucht, auf die zuvor formulierten Fragen Antworten zu finden. Wichtige Textstellen können markiert, unbekannte Wörter können in einem Wörterbuch nachgeschlagen werden (➪Wörterbuch benutzen). Schwierige Passagen sollten mehrmals gelesen werden.
4. ***Schreiben:*** Schlüsselbegriffe und die wichtigsten Gedanken des Textes werden notiert. Komplizierte Sätze, die wichtig für das Verständnis des Textes sind, können in eigene Worte gefasst werden (➪Exzerpieren).
5. ***Wiederholen:*** Der Inhalt des Textes wird anhand der Notizen wiedergegeben, Fehlendes wird ergänzt.

2.) **Vier Arten, einen Text zu lesen:**
Wenn man liest, hat man unterschiedliche Ziele, z. B. sucht man in einem Text nach Details oder man möchte sich einen Gesamtüberblick verschaffen. Je nach Leseabsicht kann man wählen zwischen folgenden Lesetechniken:

Lesetechnik	Vorgehen	Ziele
Punktuelles Lesen	Der Text wird nach speziellen Begriffen „durchsucht“, dabei orientiert man sich an Überschriften und liest nur relevante Abschnitte gründlich.	Es sollen Detailinformationen gefunden werden.
Diagonales Lesen	Der Text wird überflogen, dabei werden einzelne Passagen, hervorgehobene Textstellen und Überschriften gelesen, Sprünge beim Lesen sind dabei sinnvoll.	Man möchte sich einen Überblick über einen Text verschaffen und eine Entscheidung über die weitere Beschäftigung mit dem Text treffen.
Fortlaufendes Lesen	Der Text wird gründlich gelesen, wichtige Stellen werden markiert, Notizen werden gemacht.	Man möchte sich umfassend informieren.
Intensives Lesen	Der Text wird gründlich gelesen, es wird sich auf die Lösung einer vorgegebenen Aufgabe konzentriert. Dazu werden Notizen gemacht, es wird markiert und unterstrichen.	Man möchte den gesamten Text vollständig erfassen und sich ein Urteil über Autor und Absicht bilden können.

Metaplantechnik: Die Metaplantechnik eignet sich besonders, wenn es darum geht, Ideen zu sammeln und zu strukturieren oder Gruppenprozesse zu visualisieren. Ein oder zwei Moderatoren leiten und begleiten den Arbeitsprozess und wenden ➪Moderationstechniken an.
Erforderliche Hilfsmittel:

- Stellwände mit Nadeln oder Heftzwecken, Packpapier/Tapeten zum Bespannen der Stellwände (➪Präsentationsmedien – Metaplanwand)
- Karten in unterschiedlichen Farben und Formen

- Filzschreiber in unterschiedlichen Stärken und Farben
- Klebepunkte zur Bewertung durch die Teilnehmer
- Fotoapparat, mit dem die gestalteten Stellwände abgelichtet werden, z. B. für ein Protokoll

Ablauf:
- Der Moderator schreibt ein Thema, ein Problem oder eine Frage auf eine mit Packpapier bespannte Stellwand.
- Die Teilnehmer notieren ihre Ideen stichwortartig auf vorbereitete Karten, pro Karte eine Idee. Es sollte groß und gut lesbar geschrieben werden.
- Die Karten werden eingesammelt, vorgelesen und unsortiert an die Stellwand gehängt.
- Anschließend werden die Karten geclustert, d. h. zu Gruppen zusammengefasst. Karten, die nicht zugeordnet werden können, kommen an die Seite.
- Bei Bedarf wird für jede Gruppe ein Oberbegriff auf andersfarbige Karten notiert.
- Der Moderator notiert die Punkte auf weitere Karten, die die Teilnehmer gerne ergänzen würden.
- Falls erforderlich bewerten die Teilnehmer die einzelnen Lösungen/Vorschläge mithilfe von Klebepunkten (➪Themengewichtung).

Mindmap ➪ Visualisieren

Moderationstechniken: Diese Techniken helfen, in einer Gruppe Probleme zu sammeln, zu strukturieren oder zu visualisieren. Eine Schülerin oder ein Schüler übernimmt die Rolle der Moderatorin/des Moderators, die/der die Arbeit einer Gruppe begleitet, strukturiert, organisiert und zusammenfasst. Zu den Aufgaben des Moderators gehören:
- die Organisation des Einstiegs in ein Thema oder ein Projekt,
- die Kontrolle der Einhaltung von Zeiten und Regeln,
- die Förderung der Bereitschaft der Teilnehmer zur Mitarbeit durch geeignete Anregungen,
- die Bewahrung des Überblicks über den Arbeitsfortschritt,
- das Zusammenfassen und Visualisieren der Ergebnisse durch geeignete Methoden.

Visualisierungstechniken: Auf Flipcharts können Aussagen der Teilnehmer festgehalten und Ergebnisse notiert werden. Nichts geht verloren. Auch Moderationswände bzw. Metaplanwände eignen sich. Auf ihnen arbeitet man mit unterschiedlichen Formen von Karten und mit Linien, die Zusammenhänge verdeutlichen (➪Präsentationsmedien).

Es gibt verschiedene Moderationstechniken, z. B.:

Blitzlicht: In einem Blitzlicht äußert sich jeder Teilnehmer zu seiner aktuellen Stimmungslage. Es gibt keine Diskussionen während des Blitzlichts. Die Moderatorin/Der Moderator kann ein Blitzlicht nutzen, um beispielsweise latent vorhandenen Unmut, der die Arbeit beeinträchtigt, ins Bewusstsein aller zu rücken.

Brainstorming: Beim Brainstorming geht es darum, in kurzer Zeit möglichst viele Ideen/Lösungsvorschläge zu einem Thema zu sammeln.

Ablauf: Die Gruppe äußert nacheinander Ideen zu einem Stichwort, ohne dass diese bewertet werden. Die Äußerungen werden von zuvor ausgewählten Mitschülern an der Tafel, auf Folien etc. notiert. Erst nach Abschluss des Brainstormings wird die Sammlung strukturiert und bewertet.

Kartenabfrage: Diese Methode eignet sich, um zu Beginn einer Diskussion, Unterrichtsreihe oder Projektplanung Vorkenntnisse, Erwartungen oder Lösungsansätze von den Teilnehmern abzufragen.

Ablauf: Die Teilnehmer notieren ihre Ideen auf vorbereitete Karten. Es genügen Stichworte. Erste Strukturierungsmöglichkeiten ergeben sich durch unterschiedlich farbige Karten (doppelte Kartenabfrage).

Beispiel: *Bei der Planung des Tagesablaufs stehen rote Karten für die Frage: „Was sollten wir heute auf jeden Fall schaffen?“, gelbe Karten für Aussagen zu: „Das hat Zeit bis morgen.“*

Themengewichtung: Gibt es unterschiedliche Auffassungen zur Auswahl und Bewertung gesammelter Ideen, können die Teilnehmer mithilfe von Klebepunkten eine Gewichtung der Lösungen/Vorschläge vornehmen.
➪Kapitel 19

Portfolioarbeit: Als Portfolio bezeichnet man ursprünglich eine Brieftasche oder Dokumentenmappe. Heute wird der Begriff in der Börsenwelt verwendet, wo er eine Zusammenstellung von Wertpapieren bezeichnet. In der Kunst und in anderen kreativen Bereichen beinhaltet ein Portfolio die Auswahl besonderer Arbeiten und Leistungen eines Menschen (Arbeitsmappe).

Methoden und Arbeitstechniken

An diese Verwendung des Begriffs knüpft auch der schulische Einsatz von Portfolios an. Im Deutschunterricht ist ein Portfolio eine Sammlung von Texten einer Schülerin oder eines Schülers, die über einen längeren Zeitraum entstanden ist, an Unterrichtsinhalte anknüpft und neben den Schreibprodukten auch eine Reflexion über deren Entstehung enthält.

Unterscheidung:

Grundsätzlich unterscheidet man zwischen einem Kursportfolio oder einem Portfolio im Einzelunterricht. Bei beiden werden anhand ausgewählter Arbeiten die Entwicklung und Ergebnisse eines Unterrichtsvorhabens dargestellt, reflektiert und bewertet. Dagegen ist das Portfolio als Bildungsmappe oder Bildungsdokumentation längerfristig angelegt und fachübergreifend.

Im Deutschunterricht kann man ein Portfolio beispielsweise anlegen, um ein erweitertes Textsortenspektrum einzuüben oder um die verschiedenen Stufen der Entstehung und Überarbeitung von selbstständig verfassten Texten zu dokumentieren. Auch ein Praktikumsportfolio oder ein Portfolio in Form einer Epochenmappe, Autoren- oder Werkporträtmappe sind möglich.

Vorbedingungen:

Portfolioarbeit braucht gemeinsam erarbeitete Vorgaben. Dabei müssen die Anforderungen für alle Beteiligten transparent sein. Dies gilt vor allem für Vorgaben bezüglich Umfang, Zeit und Bewertungsmaßstäben.

Reflexion:

Portfolioarbeit wird immer durch die Schülerinnen und Schüler reflektiert. Dabei können folgende Fragestellungen im Vordergrund stehen:

- Warum habe ich diesen Leistungsnachweis für das Portfolio ausgewählt?
- Was ist an dieser Arbeit gelungen?
- Was zeigt er von mir und meiner Arbeit?
- Was habe ich anhand dieses Leistungsnachweises gelernt?

Präsentation eines Portfolios:

Portfolioarbeiten sollen wahrgenommen werden. Deshalb ist es sinnvoll, sich über mögliche Präsentationsformen und -gelegenheiten vor Beginn des Vorhabens Gedanken zu machen.

PowerPoint-Präsentationen: PowerPoint ist ein Computerprogramm, mit dem man eine auf Seiten (auch „Folien“ genannt) basierende Präsentation erstellen kann. Die Gestaltungsmöglichkeiten reichen von der einfachen Textfolie über Folien mit Grafiken, Tabellen und Diagrammen bis hin zu Folien mit Multimediainhalten.

Bei der Gestaltung der PowerPoint-Folien ist Folgendes zu beachten:

- möglichst eigene, schlichte Vorlagen gestalten
- die Anzahl der Aussagen auf einer Folie sollte man auf einem Blick erfassen können (nicht mehr als sieben)
- ausreichenden Rand und Zeilenabstand lassen
- auf Textfolien sollten maximal zehn Zeilen, in der Zeile höchstens zehn Wörter stehen
- möglichst nicht mehr als zehn Folien verwenden
- eine gut lesbare Schriftart verwenden
- Schriftgröße nicht zu häufig wechseln und Hervorhebungen sparsam einsetzen
- Schriftgröße: für Bildunterschriften 20 Punkt, 24 für den Fließtext, 28 Punkt fett für Zwischenüberschriften und 32 Punkt fett für die Hauptüberschrift
- Farben bewusst zur Hervorhebung, Unterscheidung und Gliederung einsetzen
- Visualisierungen auf zentrale Aussagen beschränken

Man sollte bei der Gestaltung der Folien beachten, dass sie den Vortrag unterstützen, aber nicht ersetzen sollen. Die vollständige Präsentation wird dann auf einem mobilen Datenträger gespeichert und mithilfe eines Computers und eines Beamers vorgeführt.

➪ **Kapitel 19, S. 340–338 f.**

Präsentationsmedien: Präsentieren kann man mit vielen Medien, u. a. mit:

1 Flipchart:

Vorteile: einfach zu handhaben und zu transportieren

Nachteile: Flipchartblock ist teuer/nicht geeignet für große Räume (auf hinteren Plätzen nicht zu sehen)

Tipps: dicken Filzer verwenden/Druckbuchstaben

2 Laptop mit Beamer:

Vorteile: transportierbar, Abspielen von DVDs und MP3-Musikformat, eigene Aufnahmen können gezeigt werden, professionelle und schnelle Gestaltung von Grafiken, Abbildungen, Bildern usw., Einsatz von Präsentationsprogrammen wie PowerPoint

(➪PowerPoint-Präsentationen) oder Keynote möglich
Nachteile: gute Software- und Hardwarekenntnisse sind erforderlich, häufig gerät der Präsentierende in den Hintergrund, Reizüberflutung durch zu große Bilderflut, Medienmonotonie
Tipps: andere Medien einbauen, z. B. Flipchart, maximal 15 Minuten, ausreichende Redepausen einbauen, weitere Tipps ➪Overheadprojektor
3 Metaplanwand und Karten:
Vorteile: flexibler Einsatz der Metaplankarten (verschieben und neu anordnen), Übersicht wird gewährleistet durch unterschiedliche Formate/Formen/Farben der Karten, Clustern (Haufenbildung nach Sinnzusammenhängen) und die Bildung von Oberbegriffen, Teilnehmer füllen die Karten aus und werden dadurch aktiv beteiligt
Nachteile: Moderationsregeln (➪Moderationstechniken) müssen beherrscht werden, der Umgang mit Karten und Wand erfordert Routine
Tipps: nur ein Aspekt auf eine Karte/nur Stichworte, höchstens drei Zeilen pro Karte/Druckbuchstaben, gut formulierte Kartenfragen führen zum Ziel
4 Overheadprojektor und Folien:
Vorteile: transportierbar und verschiebbar, Folien können vorbereitet werden
Nachteile: weiße Projektionsfläche muss vorhanden sein, Sonnenlicht kann blenden, Schrift auf Folie ist zu klein oder zu dünn, zu viele Folien/zu schneller Folienwechsel, Folien häufig überladen
Tipps: nicht mit der Wand sprechen oder im Licht stehen, nicht hinter dem OHP verschanzen, bei längeren Pausen abschalten, Folien durchnummerieren, Zeigehilfen verwenden, Blickkontakt zum Publikum suchen
5 Wandtafel:
Vorteile: einfach zu handhaben/große Schreibfläche, durch Abwischen Veränderung jederzeit möglich
Nachteile: Sprechen und Schreiben gleichzeitig schwierig, Gefahr, mit der Tafel zu sprechen, Tafelbilder können nicht gesichert werden
Tipps: auf gut lesbare Schrift und auf Raumaufteilung achten, kontrastreiche Kreidefarben benutzen

Protokolle erstellen: Viele Kommunikationssituationen erfordern eine Dokumentation, um alle Beteiligten gleichermaßen sachrichtig und umfassend zu informieren. Dazu werden in zahlreichen beruflichen und außerberuflichen Veranstaltungen Protokolle angefertigt, z. B. bei Parlamentsdebatten, bei Mitgliederversammlungen oder bei Besprechungen in Betrieben. Auch im schulischen Bereich kann die Anfertigung eines Protokolls zur Dokumentation der Ergebnisse von SV-Sitzungen, von Unterrichtsstunden oder des Verlaufs einer Schülerdiskussion sinnvoll sein.
Je nach Verwendungszweck unterscheidet man zwischen Verlaufsprotokoll und Ergebnisprotokoll.
Verlaufsprotokoll: In einem Verlaufsprotokoll wird der Verlauf eines Treffens chronologisch und vollständig protokolliert und objektiv dargestellt. Dabei werden die wesentlichen Schritte des Treffens festgehalten, es wird dargestellt, wie es zu den Ergebnissen gekommen ist, und die Kernaussagen der Argumente, Einwände, Anträge und Forderungen der Teilnehmerinnen und Teilnehmer werden wiedergegeben. Redebeiträge werden dabei in indirekter Rede wiedergegeben, oft verwendet man daneben die Form des Redeberichts („Frau Schmitz zeigte sich erfreut über ...“). Anträge werden wörtlich formuliert.
Ergebnisprotokoll: Ergebnisprotokolle sind oft knapper als Verlaufsprotokolle und beschränken sich auf die Information über Ergebnisse und Beschlüsse eines Treffens. Der zeitliche Verlauf spielt dabei keine Rolle. Anträge, Abstimmungs- und Wahlergebnisse werden in gekürzter Form genannt. Wenn ein Beteiligter Aufgaben übernommen hat, wird dies vermerkt. Auf das Aufzeichnen einzelner Wortbeiträge wird verzichtet.
Sprache und Stil:
Sprache und Stil des Protokolls sind sachlich, nüchtern und nicht wertend. Umgangssprache gehört nicht in ein Protokoll. Protokolle werden im Präsens formuliert.
Aufbau:

- *Protokollkopf:* Im Kopf des Protokolls werden Angaben gemacht über die Art der Veranstaltung, den Anlass, den Ort, das Datum und die Zeit, die Teilnehmerinnen und Teilnehmer und ggf. über eine vorliegende Tagesordnung. Ebenfalls muss genannt sein, wer das Protokoll angefertigt hat.
- *Hauptteil:* Dann erfolgt die eigentliche Wiedergabe des Verlaufs bzw. der Ergebnisse einer Veranstaltung. Gab es zu dieser eine Einladung mit Tagesord-

nung, so kann die Gliederung dieser Tagesordnung gleichzeitig die des Protokolls sein.

- *Schluss:* Die/Der Protokollführende gibt am Schluss Ort und Datum der Ausfertigung des Protokolls an und garantiert mit ihrer/seiner Unterschrift für die Richtigkeit.

Punktuelles Lesen ⇨ Lesetechniken

Strukturbild ⇨ Visualisieren

Themengewichtung ⇨ Moderationstechniken

Thesenpapier: Ein Thesenpapier (auch „Handout" oder „Paper" genannt) dient als Orientierungshilfe für die Zuhörer während eines Vortrags. Es fasst die wichtigsten Aussagen des Vortragenden zusammen und ist häufig die Grundlage für eine sich anschließende Diskussion. Da es parallel zum Vortrag gelesen wird, sollte es besonders übersichtlich gestaltet sein.

Aufbau:

- in der Regel eine DIN-A4-Seite
- Schriftgrad mindestens 11 Punkt
- Kopfzeile mit Angaben zum Vortragenden, zum Fach, Fachlehrer, Thema der Unterrichtsreihe, Thema des Vortrags, Datum
- kurze inhaltliche Erläuterung des Themas und Einordnung in einen Gesamtzusammenhang
- Thesen
- evtl. persönliches Fazit
- Literaturhinweise bzw. -angaben

Inhalt:

Die Thesen verdeutlichen den Argumentationsstrang des Vortragenden oder z. B. des Autors, über dessen Werk berichtet wird. Jede These ist Teil einer Argumentationskette. Sie übernimmt die Funktion einer Ausgangsbehauptung, die mündlich begründet und erläutert wird.

Reihenfolge der Thesen:

- Es empfiehlt sich, die Thesen in der Reihenfolge des Vortrags aufzulisten, sodass der Zuhörer sich daran orientieren kann.
- Unter dramaturgischen Gesichtpunkten kann man die wichtigste These an den Anfang stellen (Durchbruchstrategie) und durch weitere Thesen und Argumente untermauern oder man platziert sie als Höhepunkt an das Ende des Vortrags (dramatisierende Reihe).

Sprache:

- Kurze, verständliche Sätze erleichtern das Zuhören.

Umfrage: Die Umfrage ist eine Methode, Informationen über Menschen zu sammeln.

Zielgruppe bestimmen:

Bevor eine Umfrage zu einem Thema durchgeführt werden kann, muss zunächst der Personenkreis bestimmt werden, der befragt werden soll. Man kann entweder einen „repräsentativen" Personenkreis befragen oder nach dem Zufallsprinzip auswählen, wen man befragt.

1. *Repräsentativumfrage:* Hier wird eine überschaubare Anzahl von Personen befragt, die in ihrer Zusammensetzung (Alter, Berufsstand, Geschlecht, Interessen etc.) ein möglichst genaues Abbild der Zielgruppe darstellen. Die Ergebnisse der Befragung werden auf die Gesamtgruppe hochgerechnet.
2. *Auswahl nach dem Zufallsprinzip:* Eine Befragung nach dem Zufallsprinzip ist wesentlich einfacher durchzuführen, die Fehlerquote ist aber auch erheblich höher als bei einer Repräsentativumfrage.

Die Erhebungsmethode bestimmen:

Die geeignete Erhebungsmethode hängt von den eigenen organisatorischen und zeitlichen Möglichkeiten ab. Man kann:

- Fragebögen verteilen oder verschicken,
- eine Telefonumfrage starten,
- geeignete Personen in einem Interview befragen,
- einen Fragebogen ins Internet stellen.

Fragen formulieren:

Grundsätzlich sollten alle Fragen standardisiert sein, d. h. in der Reihenfolge und Wortwahl immer gleich sein. Es empfiehlt sich, Fragen möglichst eindeutig, präzise und leicht verständlich zu formulieren und mit einfachen Fragen („Eisbrecher") zu starten. Je nach Zielstellung kann zwischen offenen und geschlossenen Fragen gewählt werden.

1. *Geschlossene Fragen:* Bei geschlossenen Fragen muss der Befragte zwischen zwei Alternativantworten auswählen (*Ja/Nein, Richtig/Falsch* oder *A/B*). Es können auch mehrere Antworten zur Auswahl

gestellt werden wie bei einer Multiple-Choice-Frage. Als Sonderform kann man die Skalenfrage verwenden, bei der die Umfrageteilnehmer durch Ankreuzen auf einer Skala eine These bewerten.

2. *Offene Fragen:* Bei offenen Fragen können die Teilnehmer die Antworten frei formulieren. Vermeiden sollte man Suggestivfragen (dabei werden dem Befragten die Antworten in den Mund gelegt, z. B. „Sind Sie auch der Meinung, dass ...“).

Geschlossenen Fragen lassen sich leichter auswerten als offene Fragen, da bei offenen Fragen ein Vergleich der Antworten oft schwierig ist.

Validität und Reliabilität einer Umfrage:
Die Ergebnisse einer Umfrage sollten dem Anspruch an Validität und Reliabilität genügen. Valide oder gültig sind die Ergebnisse dann, wenn die Fragen so präzise gestellt wurden, dass Fehldeutungen unmöglich sind. Reliabel oder zuverlässig sind Forschungsergebnisse dann, wenn die Meinungen der Befragten möglichst genau die Ansichten der Zielgruppe wiedergeben, d. h., wenn die Fehlerquote sehr gering ist.

Präsentation der Umfrage:
Für die Präsentation oder Visualisierung von Ergebnissen eignen sich vielfach Schaubilder und Diagramme (➪Kapitel 3).

Verlaufsprotokoll ➪ Protokolle erstellen

Vier Arten, einen Text zu lesen ➪ Lesetechniken

Visualisieren: Textinhalte können mithilfe grafischer Elemente dargestellt und zusammengefasst werden. Neben Diagrammen (➪Kapitel 3) eignen sich dafür die folgenden Methoden:

a) Bei einem ***Assoziogramm*** ordnet man einem vorgegebenem Oberbegriff verschiedene Ideen, Begriffe etc. (Assoziationen) zu, ohne diese zu strukturieren. Diese Methode hilft, um Vorwissen zu einem Thema zu aktivieren. Ein Assoziogramm eignet sich z. B. bei der Vorbereitung einer Interpretation.

➪**Kapitel 14, S. 232**

b) Mithilfe einer ***Mindmap*** können Schlüssel- bzw. Oberbegriffen Detailinformationen in Form von Unterbegriffen zugeordnet werden. Das zentrale Thema wird in die Mitte eines Blattes geschrieben und eingekreist. Um das Thema herum werden Hauptäste angeordnet, auf denen die Hauptgedanken (Schlüsselbegriffe) stichwortartig festgehalten werden. Für jeden neuen Aspekt wird ein weiterer Ast eingerichtet. Zur weiteren Differenzierung werden Nebenäste angelegt, auf denen weitere Teilaspekte (Unterbegriffe) notiert werden. Mit Symbolen oder Bildern kann man die Begriffe ergänzen.

c) Mit einem ***Strukturbild*** kann man die in einem Text thematisierten Sachverhalte, Ereignisse etc. darstellen, Bildelemente können eingefügt werden.

➪**Kapitel 7, S. 134–136**

Wörterbuch benutzen: Beim Erstellen eines eigenen Textes oder beim Lesen eines fremden Textes können

Hoch|re|li|ef [-ljɛf] *n. 9* Relief mit stark erhaben herausgearbeiteter Darstellung, Hautrelief, *Ggs.:* Flachrelief
hoch|rot
hoch|rüs|ten *tr. 1* **1.** militärisch aufrüsten **2.** technisch verbessern, modernisieren; einen PC, ein Auto h.
hoch|schal|ten *intr. 1, ugs., Kfz:* in einen höheren Gang schalten
hoch|schät|zen *auch:* **hoch schätzen** *tr. 1*
Hoch|schät|zung *f. 10 nur Sg.*

Aussprache
Bedeutungserklärung
betonte Silbe (langer Vokal)
Silbentrennung
gram. Angabe – hier: Nomen existiert nur im Singular
Geschlecht (hier: n. = Neutrum)
Gegensatz
Anwendungsbeispiel
Stilebene (ugs. = umgangssprachlich)
Fachbereich, in dem das Wort verwendet wird
orthografische Variante

Fragen auftauchen, die sich mithilfe eines Wörterbuchs schnell klären lassen. Voraussetzung ist, dass man mit diesem Hilfsmittel umgehen und die verwendeten Zeichen entschlüsseln kann (➪ Beispiel).
Weitere Informationen zur Benutzung und zu den Abkürzungen finden sich auf den ersten Seiten eines Wörterbuchs.

Zitieren: Mit Zitaten belegt man z. B. in einem Aufsatz die Richtigkeit der eigenen Gedanken. Zitate müssen als solche kenntlich gemacht werden:

1 Direktes (wörtliches) Zitieren:

- Anfang und Ende des Zitats werden durch Anführungsstriche deutlich gemacht.
- Wird eine Textpassage nicht vollständig zitiert, werden die Auslassungen mit rechteckigen Klammern und drei Punkten gekennzeichnet: [...].
- Übernimmt man ein Zitat z. B. in den eigenen Aufsatz, können die Fallendungen (z. B. *-es, -en, -er, -em*) verändert werden, Beispiel:

Original: *„Im Laufe dieses* ***Jahres*** *wird sich nichts an der Einstellung der Experten ändern."*
Als Zitat: *Der Autor meint, in diesem „****Jahr*** *wird sich nichts an der Einstellung der Experten ändern."*

- Ein Zitat in einem Zitat wird durch einfache Anführungsstriche hervorgehoben.

2 Sinngemäßes Zitieren (indirekte Rede):

- Längere Textpassagen werden oft in indirekter Rede wiedergegeben.
- Der Sinn darf nicht entstellt werden.
- Sinngemäße Zitate müssen ebenfalls kenntlich gemacht werden, z. B. durch eine Einleitung des Zitats (*Der Autor meint, dass ...*).

3 Quellenangaben:

- Sie erscheinen im Text oder als Fuß- oder Endnoten.
- Sie enthalten den Nachnamen und den Vornamen des Autors/Herausgebers, Titel, Auflage, Verlagsort, Verlag, Erscheinungsjahr, Seitenangabe.
  Beispiel: *Berthold, Siegwart: Reden lernen, 1. Aufl., Frankfurt am Main: Cornelsen Scriptor Verlag, 1993, Seite 15.*
- Beim sinngemäßen Zitieren erscheint vor der Literaturangabe die Abkürzung „vgl." für die Aufforderung „Vergleiche!".

Kapitel 21

Operatoren kennen – Arbeitsanweisungen verstehen

Was sind Operatoren?

Operatoren sind Arbeitsanweisungen. Sie sind wesentlicher Bestandteil jeder Aufgabenstellung, denn sie benennen die Handlungsschritte (in Form von Verben), die zur Lösung von Aufgaben notwendig sind.

Die Anforderungen einer Aufgabe, die durch die Formulierung der Arbeitsanweisungen deutlich werden, verlangen von Ihnen unterschiedliche Fähigkeiten und Vorkenntnisse. Sie müssen sich bei jeder Aufgabenstellung fragen: Welche Fertigkeiten werden von mir verlangt? Welche Tätigkeiten auf welchem Anforderungsniveau werden von mir erwartet? Welche Vorkenntnisse brauche ich?

Wenn Sie z. B. einen Text mit Ihren eigenen Worten **wiedergeben** sollen, dann können Sie sich auf den Inhalt der Textvorlage beschränken. Sollen Sie einen Text **analysieren** oder **untersuchen**, dann betrachten Sie z. B. Aspekte von Inhalt, Aufbau und Sprache. Zu Ihren Ergebnissen formulieren Sie dann eigene Aussagen. Wenn von Ihnen eine **Textinterpretation** verlangt wird, dann benötigen Sie Vorkenntnisse, um zu begründeten Aussagen gelangen zu können. Sie müssen z. B. wissen, was Metaphern sind, wie man Figuren charakterisiert, welche Formmerkmale ein Gedicht haben kann.

Entsprechend den unterschiedlich komplex zu erbringenden Leistungen lassen sich die Operatoren verschiedenen **Anforderungsbereichen** zuordnen.

Die wichtigsten Operatoren, die Sie im Buch, in Lernstandskontrollen und in Prüfungsaufgaben finden können, wurden in die folgenden tabellarischen Übersichten aufgenommen.

Anforderungsbereich I

z. B. beschreiben

Anforderungsbereich II

z. B. analysieren

(das bedeutet z. B.:
deuten
vergleichen
beschreiben)

Anforderungsbereich III

z. B. interpretieren

(das bedeutet z. B.:
begründen
bewerten
analysieren
beschreiben)

Operatoren kennen – Arbeitsanweisungen verstehen

Anforderungsbereich I

Dieser Bereich umfasst das Wiedergeben, Beschreiben und Darstellen von Sachverhalten. Die von Ihnen erwarteten Tätigkeiten beziehen sich auf ein gegebenes Material (z. B. Text, Situation, Grafik) oder auf Sachverhalte in einem abgegrenzten Lernzusammenhang.

Verb	Anforderung (erwartete Tätigkeit)	Beispielaufgabe im Buch
nennen aufschreiben/ herausschreiben notieren	Sie tragen die wesentlichen Informationen (Kernaussagen) eines Textes oder eines Sachverhaltes zusammen (Sie zählen sie auf), ohne dass Sie diese kommentieren.	S. 11, 3a S. 81, 3 S. 301, 5a S. 297, 2b
beschreiben	Sie stellen vorgegebene Situationen, Texte, grafische Darstellungen, Personen, Vorgänge, Sachverhalte sachlich genau dar, ohne sie schon zu bewerten.	S. 10, 16 S. 45, 1 S. 298, 3
wiedergeben (meist gekoppelt mit) zusammenfassen	Sie formulieren den Inhalt eines Textes mit eigenen Worten. Sie verknappen Inhalte, Aussagen, Zusammenhänge auf das Wesentliche und geben dies strukturiert in wenigen Sätzen wieder.	S. 35, 1d S. 319, 1a S. 47, 6 S. 138, 1
darstellen/ vorstellen	Sie formulieren Ergebnisse, z. B. einer Informationsrecherche, einer Befragung, einer Diskussion, einer Gruppenarbeit, zusammenfassend oder unter einer bestimmten Fragestellung.	S. 311, 2a S. 31, 2c S. 315, 3

Anforderungsbereich II

Dieser Bereich umfasst das selbstständige Anwenden und Übertragen von Kenntnissen und Fertigkeiten auf neue Materialien und Situationen. Von Ihnen werden Tätigkeiten wie das Auswählen, Bearbeiten, Ordnen, Vergleichen, Analysieren, Erklären von Sachverhalten und Zusammenhängen erwartet. Besonders kommt es darauf an, diese Kenntnisse und Fertigkeiten selbstständig auf neue Fragestellungen, unbekannte Texte oder Situationen zu übertragen.

Verb	Anforderung (erwartete Tätigkeit)	Beispielaufgabe im Buch
erschließen	Unter Berücksichtigung von vorgegebenen Gesichtspunkten erarbeiten Sie sich den Sinngehalt oder die Problemstellung eines Textes oder Textteils.	S. 174, 1 S. 193, 1
deuten	Sie entschlüsseln sprachliche Bilder (z. B. Metapher, Vergleich, Personifikation), Textteile, Texte in ihrer übertragenen Bedeutung und beschreiben diese.	S. 300, 4 S. 319, 4
charakterisieren	Sie erfassen die wesentlichen Merkmale, Eigenschaften, Erscheinungsformen von Personen, Sachverhalten, Vorgängen, Zuständen und beschreiben diese.	S. 381, 1 S. 245, a

Operatoren kennen – Arbeitsanweisungen verstehen

Verb	Anforderung (erwartete Tätigkeit)	Beispielaufgabe im Buch
auswerten	Sie führen die wichtigsten Ergebnisse aus einzelnen Berichten, Recherchen etc. zu einer Gesamtaussage zusammen.	S. 56, 6a S. 380, 2 S. 405, 2
erklären	Sie stellen Sachverhalte, Aussagen, Hintergründe, Einsichten auf der Grundlage von bereits vorhandenen Kenntnissen dar.	S. 22, 3a S. 51, 2c
erläutern	Eine Erläuterung gleicht der Erklärung, Sie formulieren jedoch anschaulicher durch das Hinzufügen von Beispielen und zusätzlichen Informationen.	S. 68, 1 S. 235, 2 S. 311, 2c S. 319, 3
vergleichen	Sie stellen Texte, Textaussagen, Problemstellungen, sprachliche Mittel usw. nach vorgegebenen Gesichtspunkten gegenüber und beschreiben Unterschiede oder Übereinstimmungen.	S. 12, 2b S. 48, 7b S. 219, 1 S. 367, 3
ordnen/zuordnen	Sie fügen Formulierungen, Aussagen, Texte aufgrund übereinstimmender Merkmale und gegebenenfalls nach einer Rangfolge zusammen.	S. 37, 1a S. 42, 5 S. 10, 2 S. 26, 1a
einordnen	Sie stellen auf der Grundlage einer vorgegebenen Betrachtung Sachverhalte, Aussagen, Problemstellungen oder Texte in einen Zusammenhang (z. B. einen Textauszug in den Gesamtzusammenhang eines Textes).	S. 39, 4a S. 297, 2
untersuchen/ analysieren	Sie erfassen den Inhalt und die Form von Texten oder anderen Materialien (z. B. Schaubild) nach vorgegebenen oder selbst gewählten Gesichtspunkten, z. B. Kernaussagen, Aufbau, sprachliche Besonderheiten, Figurenkonstellationen, Erzählperspektive, Reimschemata usw., beschreiben und deuten diese. Sie arbeiten den Wechselbezug von Inhalt und Form (besonders bei literarischen Texten) heraus.	S. 48, 7 S. 61, 2 S. 218, 1 S. 224, 1 S. 15, 1 S. 37, 1 S. 60, 2

Anforderungsbereich III

Dieser Bereich umfasst das Beurteilen und Bewerten sowie selbstständige Problemlösungen auf der Grundlage des angeeigneten Wissens. Von Ihnen wird erwartet, dass Sie sich selbstständig mit einem Thema, einer Problemstellung, einem literarischen Text auseinandersetzen, verschiedene Positionen diskutieren, bewerten, dazu begründet Stellung nehmen, selbstständig Lösungswege vorschlagen und Ihr Vorgehen sowie das anderer kritisch reflektieren.

Verb	Anforderung (erwartete Tätigkeit)	Beispielaufgabe im Buch
beurteilen	Sie formulieren selbstständig auf der Grundlage von vorhandenen Kenntnissen eine sachliche, vorurteilsfreie Position zu einem Sachverhalt, einer Aussage, einer Problemstellung, einem Text.	S. 55, 5b S. 88, 1 S. 305, 1b

Operatoren kennen – Arbeitsanweisungen verstehen

bewerten	Die Bewertung erfordert zunächst die Beurteilung von Sachverhalten, Problemstellungen usw. Diese Beurteilung ergänzen Sie allerdings durch Ihre persönliche Sichtweise auf der Grundlage Ihrer Wertmaßstäbe, die Sie dabei offenlegen.	S. 43, 6 S. 61, 2c S. 80, 1 S. 92, 1b S. 159, 1
begründen	Sie stellen einen Zusammenhang zwischen Ursachen und Folgen oder Wirkungen her. Sie untermauern eine Aussage, Meinung, Position, These durch Sach- und Fachkenntnisse, d. h. mit nachvollziehbaren Argumenten (z. B. mit Beispielen, Belegen).	S. 39, 4b S. 62, 3b S. 89, 3 S. 184, 1b
sich auseinandersetzen mit	Sie befassen sich ausführlich mit einer Behauptung bzw. einer Problemstellung, bedenken unterschiedliche Aspekte des Problems, Ursachen, Folgen. Sie bauen auf dieser Grundlage eine schlüssige Argumentation auf.	S. 25, 3 S. 43, 6 S. 398, 3 S. 405, 3
erörtern	Sie betrachten oder diskutieren eine Aussage, These (Behauptung) oder eine Problemstellung von verschiedenen Seiten. Dabei wird durch eine Abfolge von *Für-und-wider-* bzw. *Sowohl-als-auch-Argumenten* die Stichhaltigkeit der Argumentation beurteilt, bewertet und zu einer eigenen Stellungnahme bzw. zu Lösungsvorschlägen geführt. Grundlage für das Erörtern sind Tätigkeiten wie: *sich auseinandersetzen, begründen, beurteilen, bewerten.*	S. 183–200 S. 269–294
Stellung nehmen	Sie beurteilen und bewerten eine Problemstellung oder Behauptung und positionieren sich dazu mit überzeugenden Argumenten. Anders als bei der Erörterung müssen Sie nicht auf alle gegnerischen Positionen eingehen, wenngleich das Entschärfen dieser Ihre eigene Position aber stärken kann.	S. 195–196
interpretieren	Auf der Basis einer umfassenden Analyse und Bewertung eines Textes oder anderer Materialien deuten Sie Sinnzusammenhänge und erläutern die Gesamtaussage eines Textes in einer begründeten Stellungnahme. Je nach Aufgabenstellung können Sie sich dabei auf den Text beschränken oder Informationen zum Autor und/oder zum geschichtlichen Hintergrund einbeziehen. Grundlage für das Interpretieren sind bzw. können Tätigkeiten sein wie: *erschließen, untersuchen/analysieren, charakterisieren, vergleichen, bewerten, begründen.*	S. 81, 2 S. 100, 2 S. 164, 1a S. 319, 1 S. 391, 2
entwerfen	Sie legen auf der Grundlage einer Arbeitsvorgabe wesentliche Punkte und Arbeitsschritte fest, z. B. für das Schreiben eines Textes.	S. 251, 2
erstellen/ gestalten/ verfassen	Sie fertigen unter Beachtung von Vorgaben einen Text (z. B. Leserbrief, Dialog, Bewerbungsschreiben, Interpretation) oder eine Arbeitsvorlage an.	S. 35, 1b S. 298, 4 S. 73, 1b S. 16, 3a S. 86, 2
gestaltend interpretieren	Grundlage und Orientierung kann auch eine Textvorlage sein, dann wird erwartet, dass Sie die Besonderheiten der Vorlage erfassen und in Ihrer Textproduktion berücksichtigen.	

Zusatzmaterial

Literaturgeschichte, Literarische Texte, Sachtexte

um 750 – 1520 | Mittelalterliche Literatur

1520 – 1600 | Reformationszeit

1600 – 1700 | Barock

1685 – 1781 | Aufklärung

1770 – 1780 | Sturm und Drang

1786 – 1805 | Klassik

1795 – 1835 | Romantik

1815 – 1848 | Junges Deutschland/ Vormärz

1848 – 1890 | Bürgerlicher Realismus

1880 – 1900 | Naturalismus

1890 – 1918 | Literatur der Jahrhundertwende

ca. 1910 – 1925 | Expressionismus

1918 – 1945 | Weimarer Republik bis zum Ende des „Dritten Reiches“

1933 – 1945 | Exilliteratur

seit 1945 | Gegenwartsliteratur

Einblicke in Epochen der Literaturgeschichte

Auf den folgenden Seiten erfahren Sie Näheres über die größten Dichter Deutschlands, die Weltruhm erlangt haben und deren Werke in unzählige Sprachen übersetzt worden sind. Sie lernen die Zeit, in der sie geschrieben haben, und ihre größten „Klassiker“ kennen. „Klassiker“ sind diese Werke vor allem deshalb, weil sie die bis heute großen Themen wie Liebe, Eifersucht, Hass, Raserei und Angst ebenso gestaltet wie Epochenbegriffe definiert haben.

Literarische Texte und Sachtexte der Gegenwart

Im zweiten Teil dieses Zusatzmaterials finden Sie literarische Texte zu den Themen Beziehungen, Arbeit und Beruf sowie Kommunikation und Motivation, die teilweise mit Aufgaben versehen sind. Es schließen sich Sachtexte der Gegenwart zu den Themen Konflikte, Sprache und Kommunikation, Glück und neue Medien an, die Sie mithilfe von beigefügten Aufgabenstellungen er- und bearbeiten können.

Einblicke in Epochen der Literaturgeschichte

Barock (1600–1700)

Basiswissen | **Barock**

Der Begriff „Barock“ (*der* oder *das*) lässt sich zurückführen auf den portugiesischen Begriff „barroco“, was „unregelmäßige, schiefe Perle“ bedeutet. Zunächst wurde die Bezeichnung „Barock“ abwertend im Sinne von „absonderlich“, „schwülstig“ verwendet, im 20. Jahrhundert etablierte sich die Bezeichnung als Epochenbegriff.

Der Barock war die Kunst der Gegenreformation (Reaktion der katholischen Kirche auf die Reformation durch Luther) und des Absolutismus (Regierung eines Alleinherrschers), denn die wichtigsten Kunstförderer waren in dieser Zeit Kirche und Aristokratie. Sie strebten nach Selbstdarstellung, was sich in Größe und Pathos des Kunstwerks sowohl in der Malerei, der Musik, der Architektur als auch in der Literatur verwirklichte. Typisch für diese Zeit sind beispielsweise Prachtbauten (z. B. in Versailles), eine üppige Mode (z. B. Perücken) oder aufwändige Theaterinszenierungen. Dieser Lebensgier stand ein pessimistisches Weltbild gegenüber, das besonders zurückzuführen ist auf die Gräuel während des Dreißigjährigen Krieges (1618–1648). Die Barockliteratur stand daher im Spannungsfeld von Lebensfreude und Todesbangen ebenso wie von Weltgenuss und Jenseitssehnsucht. So verwundert es nicht, dass die konträren, aus der römischen Philosophie stammenden Motive „Carpe diem“ („Nutze den Tag!“) und „Memento mori“ („Gedenke des Todes!“), aber auch der „Vanitas-Gedanke“ (alles Irdische ist eitel im Sinne von nichtig, vergeblich und vergänglich) vielfach in der barocken Literatur verarbeitet wurden.

Zu den wichtigsten Zielen der Dichter im 17. Jahrhundert gehörte die Entwicklung einer deutschen Literatursprache. Da Dichtung zur Zeit des Barock als erlernbare Kunst und nicht als kreativer Schaffensprozess galt, entstanden zahlreiche Poetiken (Poetik = Lehre von der Dichtkunst), in denen die literarischen Formen und ihre Themen und Stoffe normativ festgelegt wurden (normative Poetik). Das wichtigste theoretische Werk zur Poetik verfasste der Dichter und Literaturtheoretiker **Martin Opitz** mit seinem Werk „Buch von der Deutschen Poeterey“ (1624), in dem er Regeln für die neue deutsche Kunstdichtung und Verssprache festlegte. Folglich wurde die deutsche Sprache als Kommunikationsmittel, neben Latein, immer bedeutender. Neben Opitz zählen u. a. Andreas Gryphius und Hans Jakob Christoffel von Grimmelshausen zu den wichtigsten Vertretern des Barock.

Andreas Gryphius (* 1616 Glogau, Schlesien, † 1664 ebenda)

Andreas Gryphius' Kindheit war geprägt von dem frühen Tod seiner Eltern und dem Dreißigjährigen Krieg. 1631 besuchte er das Gymnasium in Görlitz, zog 1632 nach Fraustadt und zwei Jahre später nach Danzig. 1638 begann er sein Sprachenstudium im niederländischen Leiden (Gryphius beherrschte ca. 10 Sprachen).
Gryphius war ein bedeutender Lyriker und wurde besonders für seine Sonette bekannt. Sein literarisches Werk ist geprägt von tiefem Pessimismus, was vor allem in seinen geistlichen Liedern zum Ausdruck kommt.

Hans Jakob Christoffel von Grimmelshausen
(* 1621 Gelnhausen, Hessen, † 1676 Renchen, Schwarzwald)

Hans Jakob Christoffel von Grimmelshausen wurde im Alter von 13 Jahren in den Wirren des Dreißigjährigen Krieges entführt und gelangte auf Umwegen in den Schwarzwald, wo er bis zu seinem Tod blieb. Er brachte sich sein Wissen selbst bei und schrieb den ersten deutschen Prosaroman von Weltgeltung: „Der abenteuerliche Simplicissimus Teutsch“ (nebenstehend das Titelblatt der Ausgabe aus dem Jahr 1670), einen abenteuerlichen, derb-drastischen und von hintergründigem Humor zeugenden Zeitroman, in den eigene Erlebnisse Einzug fanden. Grimmelshausen bediente sich einer direkten, urwüchsigen Sprache und vermittelte mit dieser Zeit- und Menschenschilderung eine auch kulturhistorisch wertvolle Darstellung.

Barock (1600–1700)

Andreas Gryphius: Es ist alles eitel

Du siehst, wohin du siehst, nur Eitelkeit auf Erden.
Was dieser heute baut, reißt jener morgen ein,
Wo itzund Städte stehn, wird eine Wiese sein,
Auf der ein Schäferskind wird spielen mit den Herden.

Was itzund prächtig blüht, soll bald zutreten werden.
Was itzt so pocht und trotzt, ist morgen Asch und Bein;
Nichts ist, das ewig sei, kein Erz, kein Marmorstein.
Itzt lacht das Glück uns an, bald donnern die Beschwerden.

Der hohen Taten Ruhm muss wie ein Traum vergehn.
Soll denn das Spiel der Zeit, der leichte Mensch, bestehn?
Ach, was ist alles dies, was wir vor köstlich achten,

Als schlechte Nichtigkeit, als Schatten, Staub und Wind,
Als eine Wiesenblum, die man nicht wiederfind't.
Noch will, was ewig ist, kein einig* Mensch betrachten.

* einziger

1 *Geben Sie kurz den Inhalt des Gedichts wieder und analysieren Sie den formalen Aufbau (➪Kapitel 14 S. 228–230; Kapitel 17, S. 319).*

2 *Erklären Sie mithilfe des Basiswissens (➪S. 358), was an diesem Gedicht typisch für den Barock ist.*

3 *Erläutern Sie, was Gryphius in dem Gedicht unter „eitel" versteht und was wir heute unter diesem Begriff verstehen.*

Hans Jakob Christoffel von Grimmelshausen: Der abenteuerliche Simplicissimus Teutsch (Auszug)

Im Zentrum der Geschichte steht das Leben eines Jungen, des Ich-Erzählers, während des Dreißigjährigen Krieges. Als der Hof seiner Eltern von plündernden Soldaten überfallen wird, muss er mit ansehen, wie seine Angehörigen gefoltert werden. Er flüchtet und begegnet im Wald einem Eremiten, bei dem er zwei Jahre lebt. Dieser nennt ihn Simplicius, den „Einfältigen", und bringt ihm Lesen und Schreiben bei. Nach dem Tod des Eremiten möchte Simplicius bei einem Dorfpfarrer einen Rat einholen und wird erneut Zeuge von Plünderung und Mord.

[…] Zu solchem End machte ich mich seinem Dorf zu; und als ich hinkam, fande ich's in voller Flamm stehen, dann es eben eine Partei Reuter* ausgeplündert, angezündet, teils Bauren niedergemacht, viel verjagt und etliche gefangen hatten, darunter auch der Pfarrer selbst war. Ach Gott! wie ist das menschliche Leben so viel Mühe und Widerwärtigkeit! Kaum hat ein Unglück aufgehört, so stecken wir schon in einem andern. Mich verwundert nicht, dass der heidnische Philosophus Timon** zu Athen viel Galgen aufrichtete, daran sich die Menschen selber aufknüpfen und so ihrem elenden Leben […] ein Ende machen sollten. Die Reuter waren eben wegfertig und führten den Pfarrer an einem Strick daher. Unterschiedliche schrieen: „Schieße den Schelmen nieder!" Andere aber wollten Geld von ihm haben. Er aber hub die Händ auf und bat um des Jüngsten Gerichts willen um Verschonung und christliche Barmherzigkeit; aber umsonst; denn einer ritte ihn über den Haufen […].

* Reiter

** ein Athener aus dem 5. Jh. v. Chr., der durch seine Menschenverachtung berühmt geworden ist

4 *Beschreiben Sie die Wirkung des Auszugs. Erläutern Sie, mit welchen sprachlichen Mitteln diese erreicht wird.*

Aufklärung (1685–1781)

Basiswissen **Aufklärung**

Der Begriff „Aufklärung" ist die Bezeichnung für eine geistesgeschichtliche Epoche, die sich Ende des 17. Jahrhunderts in ganz Europa und Nordamerika ausbreitete und bis weit ins 18. Jahrhundert reichte.

Es war eine Zeit des Umbruchs, in der sich das mittelalterliche Weltbild aufzulösen begann. Die bürgerlichen Gelehrten vertrauten dem Gedanken der „Vernunft" des Menschen, dem nicht das „Handeln" – der blinde Gehorsam –, sondern das „Nachdenken" vorausgehen sollte. Der Mensch sollte sein Leben selbst bestimmen. Dieses Gedankengut bewirkte, dass sich immer mehr gegen die gesellschaftlichen Abhängigkeiten von Adel und Kirche wehrten und in politischen Fragestellungen mehr Freiheiten und Mitbestimmung forderten.

Es entstanden literarische Werke, die Adel und Kirche kritisierten. Weil Kritik an der Obrigkeit zu dieser Zeit unter Strafe stand, versuchten die Autoren, sie zu verstecken. Die Fabel erwies sich dazu als sehr geeignet, denn menschliches Verhalten konnte mithilfe der Tiergeschichten maskiert und entlarvt werden. Die Fabel war auch wegen ihres lehrhaften Charakters beliebt, denn die „Aufklärer" wollten mit ihren Texten belehren. Um eine möglichst breite Leserschaft anzusprechen, verwendeten viele Autoren eine verständliche, natürliche Sprache.

Die wichtigste Gattung der Aufklärung war das Drama. Die bedeutendste literarische Neuerung dieser Zeit stellte das von Lessing begründete bürgerliche Trauerspiel dar, das die Ständeklausel (Tragödie = Personen höheren Standes; Komödie = Personen niederen Standes) aufhob. Das Bürgertum rückte ins Zentrum der Handlung und es wurden Konflikte zwischen Adel und Bürgertum thematisiert. Wichtige Vertreter der Aufklärung sind z. B. Gotthold Ephraim Lessing, Immanuel Kant, Christian Fürchtegott Gellert und Johann Christoph Gottsched.

Immanuel Kant (* 1724 Königsberg, † 1804 ebenda)

Nach diversen Hauslehrertätigkeiten und zahlreichen Veröffentlichungen zu naturwissenschaftlichen und philosophischen Themen berief die Universität Königsberg Kant im Alter von 46 Jahren zum ordentlichen Professor. Kant, der unverheiratet blieb, stets einen streng geregelten Tagesablauf einhielt, schloss sich früh den Ideen der Aufklärung an und wurde einer ihrer wichtigsten Wortführer, was sich in seinen Werken widerspiegelte.

Gotthold Ephraim Lessing (* 1729 Kamenz in Sachsen, † 1781 in Braunschweig)

Lessing versuchte sich als freischaffender Journalist, Kritiker und Dramatiker, konnte davon aber kaum leben. Seine Hochzeit mit Eva König musste warten, bis er, bereits 47 Jahre alt, eine Anstellung als Bibliothekar erhalten hatte. Ein Jahr nach der Hochzeit starb sein Kind kurz nach der Geburt und einige Tage darauf auch seine Frau. Er verstarb drei Jahre später. Sein Werk war geprägt von dem Glauben an Freiheit, Toleranz und Humanität.

Immanuel Kant: Beantwortung der Frage: Was ist Aufklärung? (Auszug)

Der folgende Auszug stammt aus Kants Aufsatz „Beantwortung der Frage: Was ist Aufklärung?".

Aufklärung ist der Ausgang des Menschen aus seiner selbst verschuldeten Unmündigkeit. Unmündigkeit ist das Unvermögen, sich seines Verstandes ohne Leitung eines anderen zu bedienen. *Selbst verschuldet* ist diese Unmündigkeit, wenn die Ursache derselben nicht am Mangel des Verstandes, sondern der Entschließung und des Mutes liegt, sich seiner ohne Leitung eines anderen zu bedienen. Sapere aude! Habe Mut, dich deines *eigenen* Verstandes zu bedienen!, ist also der Wahlspruch der Aufklärung.

Faulheit und Feigheit sind die Ursachen, warum ein so großer Teil der Menschen, nachdem sie die Natur längst von fremder Leitung freigesprochen (naturaliter maiorennes), dennoch gerne zeitlebens unmündig bleiben; und warum es anderen so leicht wird, sich zu deren Vormündern aufzuwerfen. Es ist so bequem, unmündig zu sein. [...] Ich habe nicht nötig zu denken, wenn ich nur bezahlen kann; andere werden das verdrießliche Geschäft schon für mich übernehmen. [...].

1 *Erläutern Sie, was Immanuel Kant unter „Aufklärung“ versteht.*

Gotthold Ephraim Lessing: Emilia Galotti (Auszug)

Der Prinz von Guastalla begehrt das bürgerliche Mädchen Emilia Galotti und will sie zu seiner Mätresse machen. Er lässt ihren Bräutigam ermorden und lockt sie in sein Lustschloss. Dort trifft sie auf ihren Vater Odoardo. Sie erfährt, dass ihr Bräutigam tot ist und sie, angeblich zum Schutz, zur Familie Grimaldi gebracht werden soll, wo sie dem Prinzen ausgeliefert wäre.

5. Aufzug, 7. Auftritt (Auszug)

ODOARDO [...] Denke nur: Unter dem Vorwande einer gerichtlichen Untersuchung, – o des höllischen Gaukelspieles! – reißt er dich aus unsern Armen und bringt dich zu Grimaldi.

EMILIA Reißt mich? bringt mich? – Will mich reißen; will mich bringen: will! will! – Als ob wir, wir keinen Willen hätten, mein Vater!

ODOARDO Ich ward auch so wütend, dass ich schon nach diesem Dolche griff [...].

EMILIA Um Himmels willen nicht, mein Vater! Dieses Leben ist alles, was die Lasterhaften haben. – Mir, mein Vater, mir geben Sie diesen Dolch. [...]

ODOARDO Was? Dahin wäre es gekommen? Nicht doch; nicht doch! Besinne dich. – Auch du hast nur *ein* Leben zu verlieren.

EMILIA Und nur *eine* Unschuld!

ODOARDO Die über alle Gewalt erhaben ist. –

EMILIA Aber nicht über alle Verführung. – Gewalt! Gewalt! wer kann der Gewalt nicht trotzen? Was Gewalt heißt, ist nichts: Verführung ist die wahre Gewalt. – Ich habe Blut, mein Vater; so jugendliches, so warmes Blut als eine. Auch meine Sinne sind Sinne. Ich stehe für nichts. Ich bin für nichts gut. Ich kenne das Haus der Grimaldi. Es ist das Haus der Freude. [...]. Geben Sie mir, mein Vater, geben Sie mir diesen Dolch. [...]

ODOARDO Wenn ich dir ihn nun gebe – da! *(Gibt ihr ihn)*

EMILIA Und da! *(Im Begriffe, sich damit zu durchstoßen, reißt der Vater ihr ihn wieder aus der Hand)* [...] Ehedem wohl gab es einen Vater, der seine Tochter von der Schande zu retten, ihr den ersten, den besten Stahl in das Herz senkte – ihr zum zweiten das Leben gab. Aber alle solche Taten sind von ehedem! Solcher Väter gibt es keinen mehr!

ODOARDO Doch, meine Tochter, doch! *(Indem er sie durchsticht)* Gott, was hab' ich getan! [...]

EMILIA Eine Rose gebrochen, ehe der Sturm sie entblättert. – Lassen Sie mich sie küssen, diese väterliche Hand.

2 *Fassen Sie die Szene kurz zusammen. Erklären Sie, warum Emilia sterben will und erläutern Sie die Motive Odoardos, Emilia zu töten.*

3 *Erläutern Sie, welche Rückschlüsse sich auf die Gesellschaft des 18. Jahrhunderts ziehen lassen.*

Sturm und Drang (1770–1780)

Basiswissen | **Sturm und Drang**

Die Bezeichnung „Sturm und Drang“ ist auf das gleichnamige Drama (1776) von Friedrich Maximilian von Klinger zurückzuführen. Die literarische Jugend, von der diese Bewegung ausging, wehrte sich gegen ein Leben, das von der Vernunft bestimmt war. Anstelle des Verstandes (Aufklärung) zählte nun das Gefühl. Einen besonderen Einfluss auf die Vertreter des „Sturm und Drang“ übte der französische Philosoph Jean-Jacques Rousseau (1712–1778) aus, der in seinen Schriften die Hinwendung zur und Verbundenheit des Menschen mit der Natur forderte, ein Gedanke, der nicht nur das Vernunftdenken der Aufklärung infrage stellte, sondern auch Raum für gesellschaftliche Veränderungen schuf (z. B. Ausbruch der Französischen Revolution im Jahre 1789).

Die jungen Autoren des „Sturm und Drang“ verband der Wunsch, sich von der Tradition, dem Kleinbürgertum und der Bevormundung durch absolutistische Herrscher und den Adel zu lösen und die Literatur zu revolutionieren. Ihre Leitbegriffe waren Leidenschaft, Natur, Gefühl; ihr Ziel: eine sittliche, politische und künstlerische Freiheit. Sie verehrten Shakespeare und die antike Gestalt Prometheus als ideale Vertreter des Genies - das „Genie“ begriffen sie als einen selbstständigen, individuellen, leidenschaftlichen Menschen, in dem sich die kreative Kraft der Natur äußert. Die Autoren plädierten für schöpferische Eigenständigkeit, auf Regeln und Konventionen basierende Dichtung lehnten sie ab. Sie provozierten, warfen Altbekanntes über Bord und probierten in der Literatur Neues aus.

Die jungen Dichter ließen dem Gefühl in ihren Werken freien Lauf. Sie experimentierten mit Sprache; so fand beispielsweise die Umgangssprache Einzug in die Literatur. Wo in der Lyrik zuvor strenge Versmaße und Reimschemata Pflicht waren, verwendeten die Dichter freie Rhythmen ohne feste Reime. Es entstanden vollkommen neue literarische Gattungen, z. B. die Erlebnislyrik, die es ermöglichte, eigene, erlebte Gefühle unmittelbar aussprechen zu können. Auch die Kunstballade, die genutzt wurde, um zeitkritische Themen zu behandeln, und der Briefroman, der in der deutschen Sprache mit Goethes „Leiden des jungen Werthers“ einen vorläufigen Höhepunkt erlebte, waren Neuerungen der künstlerischen Schaffenskraft dieser Zeit. Die bevorzugte Gattung jedoch war das Drama; thematisiert wurden die Standesunterschiede zwischen Adel und Bürgertum, soziale Missstände, aber auch Familien- und Generationenprobleme. Wichtige Vertreter des „Sturm und Drang“ sind neben Johann Wolfgang Goethe und Friedrich Schiller z. B. Jakob Michael Reinhold Lenz und Christian Friedrich Daniel Schubart.

Johann Wolfgang Goethe (* 1749 Frankfurt am Main, † 1832 Weimar)

Johann Wolfgang Goethe begann im Alter von 16 Jahren ein Jurastudium in Leipzig, wo er gleichzeitig poetische Vorlesungen besuchte. Mit 21 Jahren setzte Goethe nach einer kurzen Unterbrechung sein Jurastudium in Straßburg fort. Im Jahr 1775 holte ihn der junge Erbprinz Karl August von Sachsen nach Weimar. Hier nahm Goethe am kulturellen Leben teil und übte in seiner Funktion als Jurist eine Vielzahl von Ämtern aus. In diesen Funktionen war er bis zu seinem Tod im Jahr 1832 in Weimar tätig. Die bekanntesten Werke Johann Wolfgang Goethes fielen zweifellos in die Zeit, die man mit „Weimarer Klassik“ bezeichnet. Der junge Goethe jedoch war auch ein herausragender Vertreter des „Sturm und Drang“. Goethe gilt als der bedeutendste deutsche Schriftsteller.

Johann Wolfgang Goethe: Die Leiden des jungen Werthers (Auszug)

Werther verliebt sich in die bereits verlobte Lotte. Als er erkennt, dass es zu keiner Verbindung mit ihr kommen kann, nimmt er an einem anderen Ort eine Stelle an. Doch Standesdünkel zwingen ihn, diese Stelle aufzugeben. Er kehrt zu der nun verheirateten Lotte zurück. Doch schon bald erschießt er sich aus Verzweiflung. Der Roman setzt sich aus Briefen Werthers an seinen Freund Wilhelm zusammen. Den Brief vom 4. Mai schreibt Werther kurz nach seinem Umzug aufs Land. Den Brief vom 30. August schreibt er, kurz bevor er von Lotte wegzieht.

Sturm und Drang (1770–1780)

Am 4. Mai 1771

Wie froh bin ich, dass ich weg bin! Bester Freund, was ist das Herz des Menschen! Dich zu verlassen, den ich so liebe, von dem ich unzertrennlich war, und froh zu sein! Ich weiß, du verzeihst mir's. Waren nicht meine übrigen Verbindungen recht ausgesucht vom Schicksal, um ein Herz wie das meine zu ängstigen? [...] Gewiss, du hast recht, Bester, der Schmerzen wären minder unter den Menschen, wenn sie nicht – Gott weiß, warum sie so gemacht sind! – mit so viel Emsigkeit der Einbildungskraft sich beschäftigten, die Erinnerungen des vergangenen Übels zurückzurufen, eher als eine gleichgültige Gegenwart zu ertragen. [...]

Übrigens befinde ich mich hier gar wohl. Die Einsamkeit ist meinem Herzen köstlicher Balsam in dieser paradiesischen Gegend, und diese Jahreszeit der Jugend wärmt mit aller Fülle mein oft schauderndes Herz. Jeder Baum, jede Hecke ist ein Strauß von Blüten, und man möchte zum Maienkäfer werden, um in dem Meer von Wohlgerüchen herumschweben und alle seine Nahrung darin finden zu können.

Die Stadt selbst ist unangenehm, dagegen rings umher eine unaussprechliche Schönheit der Natur. Das bewog den verstorbenen Grafen von M., einen Garten auf einem der Hügel anzulegen, die mit der schönsten Mannigfaltigkeit sich kreuzen und die lieblichsten Täler bilden. Der Garten ist einfach, und man fühlt gleich bei dem Eintritte, dass nicht ein wissenschaftlicher Gärtner, sondern ein fühlendes Herz den Plan gezeichnet, das seiner selbst hier genießen wollte. [...]

Am 30. Aug.

Unglücklicher! Bist du nicht ein Tor? Betriegst du dich nicht selbst? Was soll diese tobende, endlose Leidenschaft? Ich habe kein Gebet mehr als an sie; meiner Einbildungskraft erscheint keine andere Gestalt als die ihrige, und alles in der Welt um mich her sehe ich nur im Verhältnisse mit ihr. Und das macht mir denn so manche glückliche Stunde – bis ich mich wieder von ihr losreißen muss. Ach Wilhelm! wozu mich mein Herz oft drängt! – Wenn ich so bei ihr gesessen bin, zwei, drei Stunden, und mich an ihrer Gestalt, an ihrem Betragen, an dem himmlischen Ausdruck ihrer Worte geweidet habe, und nun nach und nach alle meine Sinne aufgespannt werden, mir es düster vor den Augen wird, ich kaum noch höre, und es mich an die Gurgel fasst wie ein Meuchelmörder, dann mein Herz in wilden Schlägen den bedrängten Sinnen Luft zu machen sucht und ihre Verwirrung nur vermehrt – Wilhelm, ich weiß oft nicht, ob ich auf der Welt bin! Und – wenn nicht manchmal die Wehmut das Übergewicht nimmt und Lotte mir den elenden Trost erlaubt, auf ihrer Hand meine Beklemmung auszuweinen, – so muss ich fort, muss hinaus und schweife dann weit im Felde umher; einen jähen* Berg zu klettern ist dann meine Freude, [...] durch die Hecken, die mich verletzen, durch die Dornen, die mich zerreißen! Da wird mir's etwas besser! Etwas! [...] O Wilhelm! die einsame Wohnung einer Zelle, das härene Gewand und der Stachelgürtel wären Labsale, nach denen meine Seele schmachtet. Adieu! Ich sehe dieses Elendes kein Ende als das Grab.

* steil

1 *Beschreiben Sie, welchem Gefühl in den beiden Briefen jeweils Ausdruck verliehen wird.*

2 *Erläutern Sie mithilfe des Basiswissens (→ S. 362), warum die Figur „Werther“ exemplarisch für die Epoche des „Sturm und Drang“ ist.*

Weimarer Klassik (1786–1805)

Basiswissen | **Weimarer Klassik**

Als „klassisch" bezeichnet man im Allgemeinen Werke, die als vorbildlich und mustergültig gelten. Die „Weimarer Klassik", die ihr Zentrum in Weimar hatte und deren bedeutendste Vertreter Johann Wolfgang Goethe und Friedrich Schiller waren, gilt als „vorbildliche" Epoche. Zeitlich begrenzt wurde die „Weimarer Klassik" durch Goethes Italienreise (1786–1788) und Schillers Tod (1805).

Die Weimarer Klassik fiel in die Zeit gesellschaftlichen Umbruchs und politischer Instabilität. Der gewaltsame Ausgang der Französischen Revolution und der europaweite Kampf des Bürgertums gegen die Ständegesellschaft veranlasste die Dichter, sich in ihren Werken in eine Idealwelt zurückzuziehen. Die gereiften Schriftsteller wandten sich von dem gefühlsbetonten „Sturm und Drang" ab, überbordende Gefühle erfuhren Mäßigung. An ihre Stelle trat eine Erhöhung von Menschheitsidealen. Die neuen Leitgedanken waren Humanität und Harmonie: Die Dichter strebten nach der Anerkennung des Einzelnen in seiner Individualität und Andersartigkeit sowie nach Achtung fremder Nationen und Kulturen; ein harmonisches Miteinander konnte ihrer Ansicht nach nur durch die „ästhetische" Erziehung mittels der Kunst und der Literatur erreicht werden, welche die religiös-moralische Erziehung ablösen sollte.

Die griechische Antike diente den Dichtern als ideales Vorbild und so verarbeiteten sie – besonders Goethe – klassische antike Stoffe; aber auch andere europäische Stoffe erregten ihr Interesse und fanden Eingang in ihre Werke. Als „klassisch" wird diese Epoche aber nicht nur wegen ihrer Inhalte, sondern auch wegen ihrer vorbildhaften Sprachgestaltung bezeichnet. Die Dichter vermieden Umgangssprache und Dialekt und verwendeten z. B. in den Dramen eine gebundene Sprache. Ihnen gelang es, die deutsche Sprache auf hohem Niveau zu vereinheitlichen und damit maßgeblich den Sprachgebrauch breiter Bevölkerungsschichten im Laufe des 19. Jahrhunderts zu beeinflussen.

Friedrich Schiller (* 1759 Marbach am Neckar, † 1805 Weimar)

Friedrich Schiller musste auf Befehl des württembergischen Herzogs bereits mit 14 Jahren eine Militärschule besuchen. Mit 16 Jahren begann er ein Jurastudium, studierte dann Medizin und erwarb im Alter von 21 Jahren seinen Doktortitel. Nebenbei studierte Schiller die Werke Shakespeares und die Dramen des „Sturm und Drang". 1781 beendete er die Arbeit an seinem Theaterstück „Die Räuber", das ihm großes Ansehen, aber auch den Unmut seines Landesherrn einbrachte. 1782 floh Schiller und lebte zeitweise u. a. in Mannheim, Leipzig und Dresden. Ab 1794 standen Schiller und Goethe in einem regen Briefwechsel. Ihr Dialog begründete die deutsche Klassik. Ende des Jahres 1799 zog Schiller mit seiner Familie nach Weimar. Der schwer kranke Schiller starb 1805 in Weimar.

Johann Wolfgang Goethe: Iphigenie auf Tauris (Auszug)

In Taurien ist Iphigenie eine angesehene Priesterin und wird von König Thoas umworben. Sie hat die brutalen Menschenopfer abgeschafft, soll aber nun den gefangen genommenen Orest und dessen Freund Pylades opfern. Schließlich entdecken Iphigenie und Orest ihre Verwandtschaft und Orest weiht sie in seinen Fluchtplan ein, den Iphigenie Thoas gesteht. Dieser, ergriffen von Iphigenies Vertrauen in ihn als humanen Herrscher, lässt sie, Orest und Pylades gehen. Zu Beginn des Dramas klagt Iphigenie in einem Monolog über den Heimatverlust, ihr Leben in der Fremde und bittet die Göttin Diana, sie mit ihrer Familie zu vereinen.

1. Aufzug, 1. Auftritt

IPHIGENIE Heraus in eure Schatten, rege Wipfel
Des alten heil'gen, dichtbelaubten Haines,
Wie in der Göttin stilles Heiligtum,
Tret' ich noch jetzt mit schauderndem Gefühl,

Weimarer Klassik (1786–1805)

Als wenn ich sie zum ersten Mal beträte,
Und es gewöhnt sich nicht mein Geist hierher.
So manches Jahr bewahrt mich hier verborgen
Ein hoher Wille, dem ich mich ergebe;
Doch immer bin ich, wie im ersten, fremd.
Denn ach, mich trennt das Meer von den Geliebten,
Und an dem Ufer steh' ich lange Tage,
Das Land der Griechen mit der Seele suchend;
Und gegen meine Seufzer bringt die Welle
Nur dumpfe Töne brausend mir herüber.
Weh dem, der fern von Eltern und Geschwistern
Ein einsam Leben führt! Ihm zehrt der Gram
Das nächste Glück vor seinen Lippen weg.
Ihm schwärmen abwärts immer die Gedanken
Nach seines Vaters Hallen, wo die Sonne
Zuerst den Himmel vor ihm aufschloss, wo
Sich Mitgeborne spielend fest und fester
Mit sanften Banden aneinanderknüpften.
Ich rechte mit den Göttern nicht; allein
Der Frauen Zustand ist beklagenswert.
Zu Haus' und in dem Kriege herrscht der Mann
Und in der Fremde weiß er sich zu helfen.
Ihn freuet der Besitz; ihn krönt der Sieg;
Ein ehrenvoller Tod ist ihm bereitet.
Wie eng-gebunden ist des Weibes Glück!
Schon einem rauhen Gatten zu gehorchen
Ist Pflicht und Trost; wie elend, wenn sie gar
Ein feindlich Schicksal in die Ferne treibt!
So hält mich Thoas hier, ein edler Mann,
In ernsten, heil'gen Sklavenbanden fest.
O wie beschämt gesteh' ich, dass ich dir
Mit stillem Widerwillen diene, Göttin,
Dir meiner Retterin! Mein Leben sollte
Zu freiem Dienste dir gewidmet sein.
Auch hab' ich stets auf dich gehofft und hoffe
Noch jetzt auf dich, Diana, die du mich,
Des größten Königes verstoßne Tochter,
In deinen heil'gen, sanften Arm genommen.
Ja, Tochter Zeus, wenn du den hohen Mann,
Den du, die Tochter fodernd, ängstigtest;
Wenn du den göttergleichen Agamemnon,
Der dir sein Liebstes zum Altare brachte,
Von Trojas umgewandten Mauern rühmlich
Nach seinem Vaterland zurückbegleitet,
Die Gattin ihm, Elektren und den Sohn,
Die schönen Schätze, wohl erhalten hast;
So gib auch mich den Meinen endlich wieder,
Und rette mich, die du vom Tod' errettet,
Auch von dem Leben hier, dem zweiten Tode.

1 *Untersuchen Sie mithilfe des Basiswissens (➪ S. 364), welche Merkmale der „Weimarer Klassik" sich in diesem Auszug finden lassen (➪ Kapitel 17, S. 299 ff.).*

Friedrich Schiller: Das Glück und die Weisheit

Entzweit mit einem Favoriten,
Flog einst *Fortun'* der Weisheit zu:
„Und will dir meine Schätze bieten,
Sei meine Freundin du!

Mit meinen reichsten, schönsten Gaben
Beschenkt ich ihn so mütterlich,
Und sieh, er will noch immer haben,
Und nennt noch geizig mich.

Komm, Schwester, lass uns Freundschaft schließen,
Du marterst dich an deinem Pflug,
In deinen Schoß will ich sie gießen,
Hier ist für dich und mich genug."

Sophia lächelt diesen Worten,
Und wischt den Schweiß vom Angesicht;
„Dort eilt dein Freund, sich zu ermorden,
Versöhnet euch, ich brauch dich nicht."

2 *Fassen Sie das Gedicht zusammen. Untersuchen Sie den formalen Aufbau (➪ Kapitel 17, S. 319).*

Romantik (1795–1835)

Basiswissen | **Romantik**

Der Begriff „Romantik“ ist zurückzuführen auf das Wort „Roman“ (romanhaft, fantastisch, abenteuerlich). Die Romantik ist zu verstehen als Abkehr vom Vernunftdenken der Spätaufklärung, aber auch von der in sich vollendeten Formenwelt und dem Weltverständnis der Klassik.

Die Zeit der Romantik ist geprägt von den Revolutions- und den napoleonischen Kriegen, ab 1815 (Wiener Kongress) vom Wiederaufbau des Absolutismus und von der aufkommenden Industrialisierung. Die Romantiker sahen dieser Veränderung der Welt zwiespältig entgegen. Sie flohen in die „heile“ Welt der Literatur, die es ihnen ermöglichte, ihre Idealwelt darzustellen. Bei der Gestaltung literarischer Werke vertraten die Romantiker die Einstellung, der Dichter habe absolute Freiheit. Mystische, fantastische und märchenhafte Themen fanden Einzug in die Literatur; es entstand die Gattung des Kunstmärchens, in dem Fantasie und Realität vereint wurden. Der Begeisterung für überliefertes Volksgut ist es zu verdanken, dass viele Sammlungen volkstümlicher Märchen, Lieder etc. entstanden (z. B. Brüder Grimm).

Die Literatur der Romantik zeichnet sich aus durch die Entdeckung der Subjektivität und durch die Vereinigung von als bislang unvereinbar geltenden Gegensätzen (Geist und Natur, Endlichkeit und Unendlichkeit, Vergangenheit und Gegenwart). Ziel des Dichters war es, im Einklang mit dem Universum zu existieren. Die Romantiker bevorzugten neben dem Roman die Lyrik, denn sie erlaubte ihnen, Gefühle auszudrücken. Zur Zeit der Romantik entstanden in einigen Städten Freundes- oder Gesprächskreise, so genannte Salons. Diese wurden oft von Frauen geführt, wie z. B. der Salon der Rahel Varnhagen in Berlin. Wichtige Vertreter der Romantik sind neben Ernst Theodor Amadeus Hoffmann und Joseph von Eichendorff z. B. Ludwig Tieck, Novalis (eigentlich Georg Philipp Friedrich von Hardenberg), Clemens Brentano, Karoline von Günderode und Bettina von Arnim.

Ernst Theodor Amadeus Hoffmann (* 1776 Königsberg, † 1822 Berlin)

Der vielseitig begabte E. T. A. Hoffmann studierte Jura und arbeitete einige Jahre als Jurist. Als er seine Stelle verloren hatte, musste er sich mit verschiedenen Tätigkeiten durchschlagen. Er war u. a. als Komponist und Musikdirektor tätig. In dieser Zeit entstanden seine ersten bedeutenden literarischen Werke. 1816 wurde er erneut in den Staatsdienst berufen und war finanziell abgesichert; bis zu seinem Tod war dies seine literarisch produktivste Phase.

Joseph von Eichendorff (* 1788 Schloss Lubowitz bei Ratibor, † 1857 Neiße, beides Polen)

Joseph von Eichendorff entstammte einer katholischen Adelsfamilie. Er studierte Jura und veröffentlichte mit 20 Jahren seine ersten Gedichte. 1813 bis 1815 nahm er als preußischer Soldat an den Befreiungskriegen gegen Napoleon teil. Da seine Familie verschuldet war, trat er 1817 in den von ihm ungeliebten Beamtendienst ein. Er schrieb neben seinem Beruf. Viele seiner Gedichte wurden von bekannten Komponisten vertont.

Ernst Theodor Amadeus Hoffmann: Der Sandmann (Auszug)

Diese Erzählung ist die Geschichte des Studenten Nathaniel, der davon überzeugt ist, von einer dunklen Macht beeinflusst zu werden. Er verfällt der Liebe zu Olimpia, einem Automaten, und dann dem Wahnsinn. Schließlich begeht er Selbstmord. Die Erzählung beginnt mit einem Brief, in dem Nathaniel seinem Bruder Lothar von einer unheimlichen Begegnung berichtet.

Gewiss seid Ihr alle voll Unruhe, dass ich so lange – lange nicht geschrieben. Mutter zürnt wohl, und Clara mag glauben, ich lebe hier in Saus und Braus und vergesse mein holdes Engelsbild, so tief mir in Herz und Sinn eingeprägt, ganz und gar. – Dem ist aber nicht so;

Romantik (1795–1835)

täglich und stündlich gedenke ich Eurer aller [...]. – Ach wie vermochte ich denn Euch zu schreiben, in der zerrissenen Stimmung des Geistes, die mir bisher alle Gedanken verstörte! – Etwas Entsetzliches ist in mein Leben getreten! – Dunkle Ahnungen eines grässlichen mir drohenden Geschicks breiten sich wie schwarze Wolkenschatten über mich aus, undurchdringlich jedem freundlichen Sonnenstrahl. – Nun soll ich Dir sagen, was mir widerfuhr. Ich muss es, das sehe ich ein, aber nur es denkend, lacht es wie toll aus mir heraus. – Ach mein herzlieber Lothar, wie fange ich es denn an, Dich nur einigermaßen empfinden zu lassen, dass das, was mir vor einigen Tagen geschah, denn wirklich mein Leben so feindlich zerstören konnte! Wärst Du nur hier, so könntest Du selbst schauen; aber jetzt hältst Du mich gewiss für einen aberwitzigen Geisterseher. – Kurz und gut, das Entsetzliche, was mir geschah, dessen tödlichen Eindruck zu vermeiden ich mich vergebens bemühe, besteht in nichts anderm, als dass vor einigen Tagen, nämlich am 30. Oktober mittags um 12 Uhr, ein Wetterglashändler* in meine Stube trat und mir seine Ware anbot. Ich kaufte nichts und drohte, ihn die Treppe herabzuwerfen, worauf er aber von selbst fortging. –

Du ahnest, dass nur ganz eigne, tief in mein Leben eingreifende Beziehungen diesem Vorfall Bedeutung geben können, ja, dass wohl die Person jenes unglückseligen Krämers gar feindlich auf mich wirken muss. So ist es in der Tat. Mit aller Kraft fasse ich mich zusammen, um ruhig und geduldig Dir aus meiner frühern Jugendzeit so viel zu erzählen, dass Deinem regen Sinn alles klar und deutlich in leuchtenden Bildern aufgehen wird. Indem ich anfangen will, höre ich Dich lachen und Clara sagen: „Das sind ja rechte Kindereien!" – Lacht, ich bitte Euch, lacht mich recht herzlich aus! – ich bitt Euch sehr! – Aber Gott im Himmel! die Haare sträuben sich mir und es ist, als flehe ich Euch an, mich auszulachen, in wahnsinniger Verzweiflung, wie Franz Moor den Daniel**. – [...]

* Person, die mit Thermometern und Barometern handelt

** Bezug zu Schillers Drama „Die Räuber"

1 *Beschreiben Sie mit eigenen Worten die psychische Befindlichkeit Nathaniels. Berücksichtigen Sie dabei auch die sprachliche Gestaltung des Auszugs.*

Joseph von Eichendorff: Der wandernde Student

Bei dem angenehmsten Wetter
Singen alle Vögelein,
Klatscht der Regen auf die Blätter,
Sing ich so für mich allein.

Denn mein Aug kann nichts entdecken,
Wenn der Blitz auch grausam glüht,
Was im Wandern könnt erschrecken
Ein zufriedenes Gemüt.

Frei von Mammon will ich schreiten
Auf dem Feld der Wissenschaft,
Sinne ernst und nehm zuzeiten
Einen Mund voll Rebensaft.

Bin ich müde vom Studieren,
Wann der Mond tritt sanft herfür,
Pfleg ich dann zu musizieren
Vor der Allerschönsten Tür.

2 *Vergleichen Sie Eichendorffs Gedicht mit dem Gedicht „Das Glück und die Weisheit" (➪ S. 367).*

3 *Stellen Sie mithilfe des Basiswissens (➪ S. 366) dar, warum es sich bei Eichendorffs Gedicht und bei dem Auszug aus Hoffmanns Erzählung um „romantische" Texte handelt.*

Junges Deutschland – Vormärz (1815–1848)

Basiswissen | **Junges Deutschland – Vormärz**

Nach dem politischen Niedergang Napoleons wurde auf dem Wiener Kongress (1815) eine Neuordnung Europas beschlossen, mit dem Ziel, flächendeckend die Monarchie wieder einzuführen. Anstatt den Bürgern mehr Rechte einzuräumen, wie von den Fürsten im Krieg gegen Napoleon zugesichert, verschärfte man die Pressezensur, entließ liberal eingestellte Lehrkräfte an Universitäten, verhaftete Studenten national gesinnter Studentenvereinigungen und erließ ein Schreibverbot gegen antimonarchische Schriftsteller.

Aus dieser Unterdrückung heraus entstand zwischen 1815 und der Märzrevolution 1848 eine Bewegung von oppositionellen Schriftstellern. Sie setzten sich für ein einheitliches Deutschland, die Aufhebung der Pressezensur, das Respektieren der Grundrechte aller Menschen, eine gerechte Verteilung der materiellen Güter, aber auch für die Rechte der Frauen ein. Neben essayistischen und journalistischen Texten bevorzugten die jungen Schriftsteller des „Vormärz" die Gattung Lyrik. Viele dieser Autoren mussten aus Deutschland fliehen und ins Exil gehen. Einer von diesen Autoren ist Heinrich Heine (1797–1856), der 1831 ins Exil nach Paris ging. Andere wichtige Schriftsteller in dieser Zeit sind Georg Büchner, Georg Herwegh und Hermann Ferdinand Freiligrath.

Heinrich Heine: Nachtgedanken

Denk ich an Deutschland in der Nacht,
Dann bin ich um den Schlaf gebracht,
Ich kann nicht mehr die Augen schließen,
Und meine heißen Tränen fließen.

Die Jahre kommen und vergehn!
Seit ich die Mutter nicht gesehn,
Zwölf Jahre sind schon hingegangen;
Es wächst mein Sehnen und Verlangen.

Mein Sehnen und Verlangen wächst.
Die alte Frau hat mich behext,
Ich denke immer an die alte,
Die alte Frau, die Gott erhalte!

Die alte Frau hat mich so lieb,
Und in den Briefen, die sie schrieb,
Seh ich, wie ihre Hand gezittert,
Wie tief das Mutterherz erschüttert.

Die Mutter liegt mir stets im Sinn.
Zwölf lange Jahre flossen hin,
Zwölf lange Jahre sind verflossen,
Seit ich sie nicht ans Herz geschlossen.

Deutschland hat ewigen Bestand,
Es ist ein kerngesundes Land,
Mit seinen Eichen, seinen Linden,
Werd ich es immer wiederfinden.

Nach Deutschland lechzt ich nicht so sehr,
Wenn nicht die Mutter dorten wär;
Das Vaterland wird nie verderben,
Jedoch die alte Frau kann sterben.

Seit ich das Land verlassen hab,
So viele sanken dort ins Grab,
Die ich geliebt – wenn ich sie zähle,
So will verbluten meine Seele.

Und zählen muss ich – Mit der Zahl
Schwillt immer höher meine Qual,
Mir ist, als wälzten sich die Leichen
Auf meine Brust – Gottlob! sie weichen!

Gottlob! durch meine Fenster bricht
Französisch heitres Tageslicht;
Es kommt mein Weib, schön wie der Morgen,
Und lächelt fort die deutschen Sorgen.

1 *Fassen Sie die Hauptgedanken des Gedichts von Heine zusammen.*

2 *Erläutern Sie, was man anhand des Gedichts über das Deutschlandbild Heines erfährt.*

Bürgerlicher Realismus (1848–1890)

Basiswissen | **Bürgerlicher Realismus**

Mitte des 19. Jahrhunderts strebten zahlreiche Dichter aus dem Bürgertum danach, in ihren Werken die reale Welt darzustellen, und gaben der Epoche ihren Namen. Zeitlich begrenzt wurde der Realismus von der Märzrevolution 1848 und dem Naturalismus (ab 1880), wobei beide Strömungen eine Zeit lang nebeneinander existierten.

Die Dichter des Realismus wendeten sich von den politischen Zielen des Vormärz ab. Zu enttäuschend war für sie die politische Realität nach der niedergeschlagenen Revolution 1848. Auch die Ideale der Romantik lehnten sie ab. In die Zeit des Realismus fielen tief greifende gesellschaftliche und wirtschaftliche Veränderungen. Die zunehmende Industrialisierung führte zur Verelendung der stetig wachsenden Stadtbevölkerung, aber auch zu einem Aufstieg des wirtschaftlich erfolgreichen Bürgertums. In der Mitte des 19. Jahrhunderts wuchs der Glaube an die Allmacht der Naturwissenschaften. Wichtige wissenschaftliche Entdeckungen und Theorien fielen in diese Zeit.

Im Mittelpunkt der Literatur des Realismus stand die reale Welt: das Einzelschicksal, der Mensch im Alltag, in der Arbeit und in seinen natürlichen gesellschaftlichen Bindungen und Verhältnissen. Die Aufmerksamkeit der Realisten richtete sich auf die seelischen Konflikte der meist bürgerlichen Hauptpersonen. Kennzeichnend für die Literatur des Realismus waren außerdem das Versagen der Religion beim Lösen zwischenmenschlicher Konflikte und die Bestimmung des individuellen Schicksals durch seine Lebenswelt. Die Realisten wollten jedoch nicht die Wirklichkeit naturgetreu abbilden, sie strebten vielmehr nach einer Verklärung der Wirklichkeit und stellten eine idealisierte Welt dar. Humor diente ihnen als zentrales Mittel der Verklärung. Wichtige Vertreter des Realismus sind neben Theodor Fontane z. B. Gottfried Keller, Wilhelm Raabe und Theodor Storm.

Theodor Fontane (* 1819 Neuruppin bei Berlin, † 1898 Berlin)

Im Alter von dreißig Jahren gab Theodor Fontane seinen Apothekerberuf auf und schlug eine journalistische Laufbahn ein. Zwölf Jahre später wechselte er erneut seinen Beruf und wurde Theaterkritiker für die „Vossische Zeitung“. Mit fast 60 Jahren entschloss er sich, Schriftsteller zu werden. Besonders seine realistischen Gesellschaftsromane zogen viel Aufmerksamkeit auf sich, denn Fontane behandelte tabuisierte Themen, z. B. in „Irrungen, Wirrungen“ (unstandesgemäße Liebe) oder „Effi Briest“ (Ehebruch), und stieß damit bei vielen Zeitgenossen auf Ablehnung. Meistens standen Frauen im Mittelpunkt seiner Romane. Fontane starb 1898 als angesehener Mann.

Theodor Fontane: Effi Briest (Auszug)

Die junge und lebenslustige Effi Briest wird mit dem 20 Jahre älteren Baron von Instetten verheiratet. Die Heirat mit dem gefühlskalten Landrat ermöglicht ihr den gesellschaftlichen Aufstieg, doch Effi ängstigt sich in in dem neuen Zuhause, fühlt sich vernachlässigt und einsam. Sie beginnt eine Affäre mit Crampas. Einige Jahre später findet Instetten dessen Liebesbriefe und erschießt ihn im Duell. Effi, geschieden und gesellschaftlich isoliert, lebt getrennt von ihrem Kind in Berlin. Erst todkrank kehrt sie auf das Gut ihrer Eltern zurück und stirbt. Im folgenden Auszug informiert Instetten seinen Freund Wüllersdorf, dass er sich mit Crampas duellieren will.

27. Kapitel (Auszug)

„Es ist“, begann er [Instetten], „um zweier Dinge willen, dass ich Sie habe bitten lassen: erst, um eine Forderung zu überbringen, und zweitens, um hinterher, in der Sache selbst, mein Sekundant zu sein; das eine ist nicht angenehm und das andere noch weniger. Und nun Ihre Antwort.“

„Sie wissen, Instetten, Sie haben über mich zu verfügen. Aber eh ich die Sache kenne, verzeihen Sie mir die naive Vorfrage: Muss es sein? Wir sind doch über die Jahre weg, *Sie*, um die Pistole in die Hand zu nehmen, und *ich*, um dabei mitzumachen. Indessen missverstehen Sie mich nicht, alles dies soll kein ‚Nein' sein. […] Aber nun sagen Sie, was ist es?"

„Es handelt sich um den Galan meiner Frau, der […] mein Freund war oder doch beinah." […]

Nach einer Weile sagte Instetten: „Es sieht fast so aus, Wüllersdorf, als ob die sechs oder sieben Jahre einen Eindruck auf Sie machten. Es gibt eine Verjährungstheorie, natürlich, aber ich weiß doch nicht, ob wir hier einen Fall haben, diese Theorie gelten zu lassen."

„Ich weiß es auch nicht", sagte Wüllersdorf. „Und ich bekenne Ihnen offen, um diese Frage scheint sich hier alles zu drehen." […]

„Es steht so, dass ich unendlich unglücklich bin; ich bin gekränkt, schändlich hintergangen, aber trotzdem, ich bin ohne jedes Gefühl von Hass oder gar Durst nach Rache. Und wenn ich mich frage ‚Warum nicht?', so kann ich zunächst nichts anderes finden als die Jahre. Man spricht immer von unsühnbarer Schuld; vor Gott ist es gewiss falsch, aber vor den Menschen auch. Ich hätte nie geglaubt, dass die Zeit, rein als Zeit, so wirken könne. Und dann als Zweites: Ich liebe meine Frau, ja, seltsam zu sagen, ich liebe sie noch, und so furchtbar ich alles finde, was geschehen, ich bin so sehr im Bann ihrer Liebenswürdigkeit, eines ihr eignen heiteren Charmes, dass ich mich, mir selbst zum Trotz, in meinem letzten Herzenswinkel zum Verzeihen geneigt fühle."

Wüllersdorf nickte. „Ich kann ganz folgen, Instetten, würde mir vielleicht ebenso gehen. Aber wenn Sie so zu der Sache stehen und mir sagen: ‚Ich liebe diese Frau so sehr, dass ich ihr alles verzeihen kann', und wenn wir dann das andere hinzunehmen, dass alles weit, weit zurückliegt, wie ein Geschehnis auf einem andern Stern, […] wozu die ganze Geschichte?"

„Weil es trotzdem sein muss. Ich habe mir's hin und her überlegt. Man ist nicht bloß ein einzelner Mensch, man gehört einem Ganzen an, und auf das Ganze haben wir beständig Rücksicht zu nehmen, wir sind durchaus abhängig von ihm. Ging' es, in Einsamkeit zu leben, so könnt ich es gehen lassen; ich trüge dann die mir aufgepackte Last, das rechte Glück wäre hin, aber es müssen so viele leben ohne dies ‚rechte Glück' und ich würde es auch müssen und – auch können. Man braucht nicht glücklich zu sein, am allerwenigsten hat man einen Anspruch darauf, und den, der einem das Glück genommen hat, den braucht man nicht notwendig aus der Welt zu schaffen. Man kann ihn, wenn man weltabgewandt weiterexistieren will, auch laufen lassen. Aber im Zusammenleben mit den Menschen hat sich ein Etwas ausgebildet, das nun mal da ist und nach dessen Paragrafen wir uns gewöhnt haben, alles zu beurteilen, die andern und uns selbst. Und dagegen zu verstoßen geht nicht; die Gesellschaft verachtet uns, und zuletzt tun wir es selbst und können es nicht aushalten und jagen uns die Kugel durch den Kopf. […] Also noch einmal, nichts von Hass oder dergleichen, und um eines Glückes willen, das mir genommen wurde, mag ich nicht Blut an meinen Händen haben; aber jenes, wenn Sie wollen, uns tyrannisierende Gesellschafts-Etwas, das fragt nicht nach Charme und nicht nach Liebe und nicht nach Verjährung. Ich habe keine Wahl. Ich muss."

1 *Beschreiben Sie den Konflikt Instettens und dessen Begründung für seine Entscheidung.*

2 *Nennen Sie Kriterien, die die Epoche des Realismus in diesem Text widerspiegeln. Nehmen Sie das Basiswissen auf S. 369 zu Hilfe.*

Naturalismus (ca. 1880–1900)

Basiswissen | **Naturalismus**

Die sich dem Naturalismus verbunden fühlenden Schriftsteller wollten die Wirklichkeit ungeschönt in ihre literarischen Werke übertragen. Die Grundlage dafür bildete die genaue Beobachtung der Natur. Damit standen die Naturalisten im Gegensatz zu der verklärenden Wirklichkeitsdarstellung der Realisten.

Das Leben des ausgehenden 19. Jahrhunderts war geprägt vom Wachstum der Großstädte, der Beschleunigung des Lebens und den immer mehr an Bedeutung gewinnenden Naturwissenschaften. Dem Fortschrittsoptimismus stand die Kritik am Verlust überlieferter Werte entgegen. Mittelpunkt naturalistischer Darstellungen waren die einfachen Leute: die leidenden Armen, die Geknechteten – sie repräsentierten die Schattenseiten der Industrialisierung und Technologisierung. Durch die gezielte Fokussierung auf gesellschaftliche Missstände und das soziale Elend (Mietskasernen, Elendsviertel, Ausbeutung der Fabrikarbeiter) ergriffen die Naturalisten für die armen Leute Partei. Sie bildeten schonungslos das Hässliche und Schockierende, das moralische wie materielle Elend ab.

Die Naturalisten revolutionierten nicht nur die Themen ihrer literarischen Werke, sondern auch deren Sprache. Sie verwendeten in ihren Dramen beispielsweise Jargon und Dialekt. Wichtige Vertreter des Naturalismus sind neben Gerhart Hauptmann z. B. Arno Holz, Johannes Schlaf, Wilhelm Bölsche und Hermann Sudermann.

Gerhart Hauptmann (* 1862 Obersalzbrunn, † 1946 Agnetendorf, beides Niederschlesien)

Der vielseitig interessierte Gerhart Hauptmann hatte zunächst in der Schule und beruflich (er versuchte sich z. B. als Landwirt und Bildhauer) wenig Erfolg und litt unter Geldsorgen. Die Hochzeit mit seiner ersten Frau 1885 machte ihn finanziell unabhängig und er konnte sich dem Schreiben widmen. In den folgenden Jahren schuf er jene Werke, mit denen er internationalen Ruhm erlangte, die ihn jedoch auch immer wieder in Konflikt mit der Obrigkeit brachten. Als 1933 die Nationalsozialisten an die Macht kamen, blieb Hauptmann in Deutschland. 1944 war er Zeuge des Bombenangriffs auf Dresden; von dem Schock sollte er sich nicht mehr erholen. Er starb 1946 in Agnetendorf.

Gerhart Hauptmann: Der Biberpelz (Auszug)

Ende der 1880er Jahre in der Nähe von Berlin: Frau Wolff, eine tüchtige Waschfrau, begeht kleinere Diebstähle, um den sozialen Aufstieg ihrer Familie zu beschleunigen. Eines Tages stiehlt sie den Biberpelz von Herrn Krüger. Dieser erstattet Anzeige, die jedoch kaum Beachtung findet. Nach einer erneuten Anzeige Krügers muss sich Frau Wolff rechtfertigen, entgeht jedoch aufgrund ihrer Schlauheit dem Verdacht des Diebstahls. Zu Beginn des Stücks trifft Frau Wolff auf ihre siebzehnjährige Tochter Leontine, die als Dienstmädchen bei den Krügers arbeitet.

1. Akt (Auszug)

FRAU WOLFF *unsichtbar von außen:* Adelheid! Adelheid! *Stille; dann wird von der andern Seite ans Fenster gepocht.* Wirschte gleich uffmachen!

LEONTINE *im Schlaf:* Nein, nein, ick lass mir nich schinden!

FRAU WOLFF Mach uff, Mädel, sonste komm' ich durchs Fenster. *Sie trommelt […] ans Fenster.*

LEONTINE *aufwachend:* Ach, du bist's, Mama! Ick komme ja schon! *Sie schließt auf.*

FRAU WOLFF *ohne einen Sack, welchen sie auf der Schulter trägt, abzulegen:* Was willst'n du hier?

LEONTINE *verschlafen:* 'n Abend, Mama! […]

FRAU WOLFF Was willste denn nu zu Hause, Mädel?

LEONTINE *läppisch maulend:* Ich soll woll man jar nich mehr bei euch komm?

FRAU WOLFF Na, sei bloß so gutt und tu dich a bissel. Das hab ich zu gerne. *Sie lässt den Sack von der Schulter fallen.* Du weeßt woll noch gar nich, wie spät dass's schonn is? Mach bloß, dasste fortkommst zu deiner Herrschaft. [...]

LEONTINE *weinerlich, trotzig:* Ick jeh nich mehr bei die Leute, Mama!

FRAU WOLFF *erstaunt:* Du gehst nich ... *Ironisch:* Ach wo, das ist ja was ganz Neues.

LEONTINE Na brauch ick mir immer lassen schinden?

FRAU WOLFF *war bemüht, ein Stück Rehwild aus dem Sack hervorzuziehen:* I, schinden tun se dich also bei Kriegers? Nee, so a armes Kind aber ooch! Mit so was komm mer ock uffgezogen! A Frauenzimmer wie a Dragoner ...! Nanu fass an, dort unten a Sack! Du kannst dich woll gar nich tälscher anstellen? Bei mir haste damit kee Glicke nich! 's Faulenzen lernste bei mir erscht recht nich! *Beide hängen den Rehbock am Türpfosten auf.* Nu sag' ich dersch aber zum letzten Male ...

LEONTINE Ick jeh nich mehr bei die Leute hin. Denn jeh ick lieber in't Wasser, Mama!

FRAU WOLFF Na, dasste ock bloß keen'n Schnuppen krigst. [...] Da ruff mich ock, heerschte! Ich wer der an Schupps geben, dasste ooch ja und fliegst nich daneben.

LEONTINE *schreit heftig:* Na, brauch ick mir das woll jefallen zu lassen, det ick abens muss Holz rinräumen zwee Meter?

FRAU WOLFF *tut erstaunt:* Nee, 's is woll nich meeglich! Holz sollste reinschleppen! Nee, ieber die Leute aber ooch!

LEONTINE ... un zwanzich Daler uffs ganze Jahr? [...] Un nich ma satt Kartoffel und Häring?!

FRAU WOLFF Da red erscht nich lange, tummes Mädel. Da hast a Schlissel, geh, schneid d'r Brot ab. Un wenn de satt bist, scheer dich, verstanden?! 's Flaummus steht in der oberschten Reihe.

LEONTINE [...] Die Juste von Schulzens kriejt vierzig Daler un ...

FRAU WOLFF Renn du bloß mit'n Kopp durch de Wand! Du wirscht bei da Leuten nich ewig bleiben. Du bist ni vermit't fir ewige Zeiten. Meinswegen zieh du zum erschten April. So lange bleibste an Ort und Stelle! 's Weihnachtsgeschenk in der Tasche, gelt, nu mechste fortloofen? [...] Ich geh' bei da Leuten aus und ein. Das wer ich woll uff mir sitzen lassen!

LEONTINE Det bissken Lumpe, det ick da anhabe?

FRAU WOLFF 's baare Geld vergisste woll ganz?

LEONTINE Jawoll doch! Janze Märker sechse!

FRAU WOLFF I, Geld is Geld! Das lass du gutt sein!

LEONTINE Na, wenn ick aber kann mehr verdien'n!? [...] Ick jeh nach Berlin und nähe Mäntel. Stechowns Emilie jeht ooch seit'n Neujahr!

FRAU WOLFF Komm du m'r bloß mit der Schlumpe gezogen! Die soll m'r ock unter de Finger loofen! Dem Balge will ich a Talglicht uffstecken! Das wär so a Awasemang fer dich, gelt? Mit a Kerl'n de Nächte verschwiemeln. Nee, Mädel, wenn ich bloß da dran denke: Ich hau dich, dasste schonn gar nich mehr uffstehst. – Nu kommt Papa, jetzt nimm dich in Obacht! [...]

1 *Fassen Sie den Textauszug zusammen und beschreiben Sie die Lebensumstände der Familie.*

2 *Übersetzen Sie die Zeilen 1 bis 21 ins Hochdeutsche und vergleichen Sie Ihre Fassung mit dem Original. Erläutern Sie, welche Funktion der Dialekt in diesem Stück hat.*

3 *Vergleichen Sie den Naturalismus und den Realismus mithilfe der Basiswissen (⇨ S. 369, 371).*

Expressionismus (ca. 1910–1925)

Basiswissen **Expressionismus**

Der Begriff „Expressionismus" (lat. „ex" = aus; „premere" = drücken) bedeutet „Ausdruckskunst" und bezeichnet eine literarische Strömung in der Zeit von ca. 1910 bis 1925.

Die Expressionisten wollten neue, revolutionäre Ausdrucksformen schaffen und wandten sich gegen Normen und Konventionen. Das Leben in der Großstadt und die Verkümmerung des Menschen (körperlicher und psychischer Verfall, Verelendung) inspirierte die Expressionisten. Sie lehnten die Nachahmung der Natur, wie es noch die Naturalisten anstrebten, ab: Ihre Werke drückten innerlich gesehene Wahrheiten und Erlebnisse aus. Der Erste Weltkrieg (1914–1918), eine bis dahin noch nie erlebte Welle der Vernichtung von Menschen, wurde ebenfalls Gegenstand der expressionistischen Kunst. Neben schockierenden Inhalten zeichneten auch die freien Sprachexperimente die expressionistischen Werke aus. In rauschhaften, explosiven Sprachfantasien durchbrachen sie das Realistische, sie lösten grammatische Strukturen auf und zerstörten damit die „normale" Raum-Zeit-Vorstellung, auch Wortneuschöpfungen und eine auffällige Farbsymbolik kennzeichnen ihre Werke.

Es entstanden Werke, die heute noch Geltung haben und deren Einfluss seither spürbar ist. So sind z. B. in Werken bekannter Autoren späterer Zeit die Einwirkungen des Expressionismus deutlich erkennbar; auch heute noch entstehen expressionistische Werke. Wichtige Vertreter des literarischen Expressionismus sind neben Alfred Döblin und Gottfried Benn z. B. Franz Kafka, Georg Trakl, Jakob van Hoddis und Georg Heym.

Alfred Döblin (* 1878 in Stettin, † 1957 in Emmendingen bei Freiburg)

Alfred Döblin, promovierter Mediziner, praktizierte von 1911 an als Nervenarzt in Berlin. Er war außerdem als Schriftsteller tätig und Mitbegründer der Zeitschrift „Der Sturm". Nach der Machtergreifung Hitlers emigrierte er 1933 nach Paris und 1940 in die USA. 1945 kehrte Döblin nach Deutschland zurück und wurde Mitbegründer der Mainzer Akademie und Herausgeber einer Literaturzeitschrift. 1953 ging er, enttäuscht vom Nachkriegsdeutschland, nach Paris. 1956 kehrte er schwer krank nach Deutschland zurück und starb 1957 in der Psychiatrie in Emmendingen.

Gottfried Benn (* 1886 Mansfeld, Westprignitz, † 1956 Berlin)

Gottfried Benn studierte zunächst Theologie und Philosophie, wechselte dann zur Medizin und wurde Militärarzt, später war er als Facharzt für Haut- und Geschlechtskrankheiten tätig. Die Erfahrungen, die er als Arzt und ganz besonders als Militärarzt in beiden Weltkriegen sammelte, fanden Eingang in sein literarisches Schaffen. Benn wurde vor allem für seine frühe expressionistische Lyrik bekannt, in der er die Banalität menschlichen Daseins und den körperlichen Verfall drastisch schilderte und damit seine Leser schockierte. Er starb 1956 an Krebs.

Alfred Döblin: Berlin Alexanderplatz (Auszug)

Franz Biberkopf, der wegen Totschlags im Gefängnis Berlin-Tegel eine Haftstrafe verbüßt hat, versucht nach seiner Entlassung ein anständiges Leben zu führen. Er zieht durch Berlin, gerät jedoch immer wieder in den Strudel von Verbrechen, Gewalt und Mord, bis er schließlich nach dem Besuch einer Heilanstalt den rechten Weg findet. Der folgende Auszug schildert, wie Franz nach seiner Entlassung mit der Straßenbahn in die Stadt fährt.

Mit der 41 in die Stadt

Er stand vor dem Tor des Tegeler Gefängnisses und war frei. Gestern hatte er noch hinten auf den Äckern Kartoffeln geharkt mit den andern, in Sträflingskleidung […]. Der Aufseher am

Tor spazierte einige Male an ihm vorbei, zeigte ihm seine Bahn, er ging nicht. Der schreckliche Augenblick war gekommen (schrecklich, Franze, warum schrecklich?), die vier Jahre waren um. [...] Man setzte ihn wieder aus. Drin saßen die andern, tischlerten, lackierten, sortierten, klebten, hatten noch zwei Jahre, fünf Jahre. Er stand an der Haltestelle. Die Strafe beginnt. Er schüttelte sich, schluckte. Er trat sich auf den Fuß. Dann nahm er einen Anlauf und saß in der Elektrischen. Mitten unter den Leuten. Los. Das war zuerst, als wenn man beim Zahnarzt sitzt, der eine Wurzel mit der Zange gepackt hat [...]. Lebhafte Straßen tauchten auf, die Seestraße, Leute stiegen ein und aus. In ihm schrie es entsetzt: Achtung, Achtung, es geht los. Seine Nasenspitze vereiste, über seine Backe schwirrte es. „Zwölf-Uhr-Mittagszeitung“, „BZ“, „Die neuste Illustrierte“, „Die Funkstunde neu“, „Noch jemand zugestiegen?“ Die Schupos haben jetzt blaue Uniformen. Er stieg unbeachtet wieder aus dem Wagen, war unter Menschen. Was war denn? Nichts. Haltung, ausgehungertes Schwein, reiß dich zusammen, kriegst meine Faust zu riechen. Gewimmel, welch Gewimmel. Wie sich das bewegte. Mein Brägen hat wohl kein Schmalz mehr, der ist wohl ganz ausgetrocknet. Was war das alles. Schuhgeschäfte, Hutgeschäfte, Glühlampen, Destillen. [...] Man mischt sich unter die andern, da vergeht alles, dann merkst du nichts, Kerl. Figuren standen in den Schaufenstern in Anzügen, Mänteln, mit Röcken, mit Strümpfen und Schuhen. Draußen bewegte sich alles, aber – dahinter – war nichts! Es – lebte – nicht! Es hatte fröhliche Gesichter, es lachte, wartete auf der Schutzinsel gegenüber Aschinger zu zweit oder zu dritt, rauchte Zigaretten, blätterte in Zeitungen. So stand das da wie die Laternen – und – wurde immer starrer.

1 *Beschreiben Sie die Wirkung, die dieser Romanauszug auf Sie hat. Welche erzähltechnischen Mittel fallen Ihnen besonders auf (➪ Kapitel 4, S. 83, S. 94 ff.; Kapitel 14, S. 222, 224)?*

Gottfried Benn: Karyatide*

Entrücke dich dem Stein! Zerbirst
die Höhle, die dich knechtet! Rausche
doch in die Flur! Verhöhne die Gesimse –
sieh: durch den Bart des trunkenen Silen**
aus einem ewig überrauschten
lauten einmaligen durchdröhnten Blut
träuft Wein in seine Scham!

Bespei die Säulensucht: toderschlagene
greisige Hände bebten sie
verhangenen Himmeln zu. Stürze
die Tempel vor die Sehnsucht deines Knies,
in dem der Tanz begehrt!

Breite dich hin, zerblühe dich, oh, blute
dein weiches Beet aus großen Wunden hin:
sieh, Venus mit den Tauben gürtet
sich Rosen um der Hüften Liebestor –
sieh dieses Sommers letzten blauen Hauch
auf Astermeeren an die fernen
baumbraunen Ufer treiben; tagen
sieh diese letzte Glück-Lügenstunde
unserer Südlichkeit
hochgewölbt. R

* weibliche Skulptur, die als tragende Säule dient
** rohe, wilde halb tierische, halb menschl. Gestalt

1 *Fassen Sie den Inhalt zusammen und interpretieren Sie das Gedicht (➪ S. 229, 321 ff.).*

2 *Weisen Sie mithilfe des Basiswissens (➪ S. 373) nach, dass der Romanauszug und das Gedicht expressionistische Werke sind. Beachten Sie besonders inhaltliche und sprachliche Aspekte.*

Exilliteratur (1933–1945)

Basiswissen **Exilliteratur**

Mit der Machtergreifung Adolf Hitlers am 30. Januar 1933 veränderte sich nicht nur das politische Leben, sondern auch das Leben der Künstler und Schriftsteller in Deutschland. Am 10. Mai 1933 wurden die Bücher vieler Schriftsteller verbrannt. Betroffen hiervon waren vor allem Autoren jüdischer Herkunft, Autoren mit anderen politischen Überzeugungen, aber auch Autoren, die mit Literatur experimentierten und in den Augen der Nationalsozialisten als „entartet“ galten. Da während der Zeit der Weimarer Republik (1918–1933) zahlreiche unterschiedliche schriftstellerische Richtungen entstanden waren, die durch die kreativsten und unbequemsten Köpfe der Zeit repräsentiert wurden, wurde sehr schnell deutlich, dass diese im „Dritten Reich“ in Deutschland keinen Platz mehr hatten. Die neuen Machthaber verfolgten die Künstler gnadenlos. So blieben ihnen nur zwei Möglichkeiten: Einige Autoren blieben in Deutschland, zogen sich zurück und gingen in die so genannte „innere Emigration“, d. h., sie arrangierten sich mit dem System, wählten unpolitische Themen für ihre literarischen Werke oder schrieben gar nicht mehr. Für die meisten Autoren jedoch wurde die Situation von 1933 an so unerträglich, dass sie das Land verließen und somit ihre Heimat verloren. Ganz besonders intensiv wurden diese Lebensbedingungen in Form von Gedichten aufgearbeitet.

Viele Autoren litten im Exil unter Armut, Ausgrenzung und ständiger Furcht vor Abschiebung. Einige Autoren, z. B. Kurt Tucholsky oder Stefan Zweig, nahmen sich aus Verzweiflung das Leben. Ein Großteil der überlieferten Gedichte erzählt von dieser Verzweiflung der Autoren in ihrer neuen Lebenssituation. Andere Autoren betrachteten das Exil aber auch als eine Chance der inneren Weiterentwicklung und sie konnten sogar Erfolge feiern.

Die Autoren der Exilliteratur verfolgten kein einheitliches Programm, ihre politischen Ansichten waren sehr unterschiedlich. Allen gemeinsam war die Ablehnung des Nationalsozialismus. Wichtigste Vertreter der „Exilliteratur“ sind neben Rose Ausländer und Hilde Domin z. B. die Brüder Thomas und Heinrich Mann, Bertolt Brecht, Anna Seghers, Erich Fried, Kurt Tucholsky und Nelly Sachs.

Rose Ausländer (* 1901 Czernowitz, Österreich-Ungarn, † 1988 Düsseldorf)

Die in Czernowitz geborene Jüdin Rose Ausländer (eigentlicher Name: Rosalie Scherzer-Ausländer) studierte Literatur und Philosophie und wanderte auf Anraten ihrer Mutter 1921 in die USA aus. Dort heiratete sie ihren Studienfreund Ignaz Ausländer und begann mit dem Schreiben. Zwei Mal kehrte sie aus familiären Gründen nach Czernowitz zurück. Bei ihrem zweiten Aufenthalt in der Heimatstadt 1941 besetzten deutsche Soldaten Czernowitz und Rose Ausländer wurde in das Ghetto der Stadt deportiert. Aus Angst vor Zwangsarbeit und vor der Deportation in ein KZ musste sie sich in Kellerverliesen verstecken. Nach dem Krieg ging sie in die USA zurück. Erst ab 1956 schrieb sie wieder Gedichte in deutscher Sprache. 1965 kehrte sie in den Westteil des damals geteilten Deutschland zurück. Bis zu ihrem Tod 1988 veröffentlichte sie viele erfolgreiche Gedichtbände.

Hilde Domin (* 1909 Köln, † 2006 Heidelberg)

Hilde Domin war die Tochter eines jüdischen Juristen. Sie verließ Deutschland 1932. Sie hatte als politisch interessierte Frau die Machtergreifung durch die Nationalsozialisten vorausgesehen. Zunächst lebte sie in Rom, dann in Florenz und emigrierte 1939 über England in die Dominikanische Republik, wo sie sich zusammen mit ihrem Mann in Santo Domingo niederließ. Hier begann sie, schriftstellerisch tätig zu sein. Aus Dankbarkeit für die von der Dominikanischen Republik gewährte Gastfreundschaft nannte sie sich von nun an „Domin“. Sie kehrte erst 1954 nach Westdeutschland zurück. Sie starb 2006, hochbetagt und viel verehrt.

Exilliteratur (1933–1945)

Ein auffälliger Gegensatz im Umgang mit dem Leben im Exil lässt sich bei den Gedichten der Lyrikerinnen Rose Ausländer und Hilde Domin feststellen.

Rose Ausländer: Ein Tag im Exil

Ein Tag im Exil
Haus ohne Türen und Fenster

Auf weißer Tafel
mit Kohle verzeichnet
die Zeit

Im Kasten
die sterblichen Masken
Adam
Abraham
Ahasver
Wer kennt alle Namen

Ein Tag im Exil
wo die Stunden sich bücken
um aus dem Keller
ins Zimmer zu kommen

Schatten versammelt
ums Öllicht im ewigen Lämpchen
erzählen ihre Geschichten
mit zehn finstern Fingern
die Wände entlang

Rose Ausländer

Hilde Domin

Hilde Domin: Ziehende Landschaft

Man muss weggehen können
und doch sein wie ein Baum:
als bliebe die Wurzel im Boden,
als zöge die Landschaft und wir ständen fest.

Man muss den Atem anhalten,
bis der Wind nachlässt
und die fremde Luft um uns zu kreisen beginnt,
bis das Spiel von Licht und Schatten,
von Grün und Blau,
die alten Muster zeigt
und wir zu Hause sind,
wo es auch sei,
und niedersitzen können und uns anlehnen,
als sei es an das Grab
unserer Mutter.

1 *Vergleichen Sie die beiden Exilgedichte von Rose Ausländer und Hilde Domin.*

a) Wie wirken die Gedichte auf Sie? Begründen Sie Ihre Aussagen.

b) Fassen Sie die Gedichte zusammen.

c) Analysieren Sie Sprache und Form der Gedichte.

d) Erläutern Sie anhand der Gedichte, welche Haltung zum Leben im Exil die beiden Lyrikerinnen einnahmen.

2 *Erläutern Sie von diesen Gedichten ausgehend den Begriff „Exil". Nehmen Sie das Basiswissen auf S. 375 zu Hilfe.*

Literatur nach 1945

Basiswissen | **Literatur nach 1945**

In dem zerstörten und in Besatzungszonen aufgeteilten Deutschland gab es nach dem Ende des Zweiten Weltkrieges in allen Bereichen des Lebens einen Neuanfang. Die Teilung Deutschlands führte dazu, dass sich in beiden Teilen Deutschlands eigenständige literarische Strömungen entwickelten.

Die westdeutsche Literatur zwischen 1945 und 1975 war eng mit der Gründung der **Gruppe 47** verknüpft. Aus der Gruppe 47 gingen Autoren wie Günter Grass, Heinrich Böll und Siegfried Lenz, aber auch die wichtigsten Vertreter der Schweiz, Max Frisch und Friedrich Dürrenmatt, sowie aus Österreich Ingeborg Bachmann und Thomas Bernhard hervor. Zentrales Thema der Literatur war es, das Nazi-Regime und seine Folgen in diesen drei deutschsprachigen Staaten kritisch aufzuarbeiten.

Die DDR-Literatur zwischen 1949 und 1989 thematisierte neben der Auseinandersetzung mit dem Faschismus den Aufbau des Sozialismus als Staatsform und die Teilung Deutschlands insbesondere nach dem Mauerbau im Jahr 1961. Ihre herausragenden Vertreter sind u. a. Johannes R. Becher, Christa Wolf und Anna Seghers. Viele der renommierten Autoren der DDR, z. B. Günter Kunert, Reiner Kunze und Sarah Kirsch, verließen die DDR, um in der Bundesrepublik ohne Zensur ihrem Beruf nachgehen zu können. Der Liedermacher Wolf Biermann wurde aufgrund politischer Kontroversen aus der DDR ausgebürgert.

Zwischen 1975 und der Wiedervereinigung kamen zwei literarische Strömungen auf. Zum einen setzten sich sowohl west- wie ostdeutsche Autoren zunehmend kritisch mit dem geteilten Deutschland auseinander. Zu nennen sind hier u. a. Martin Walser und Volker Braun.

Zum anderen erschien in den 80er Jahren der Begriff „Postmoderne". Kennzeichnend für die postmoderne Literatur ist das Spiel mit traditionellen Erzählmustern und Motiven, z. B. in dem Roman „Das Parfum" von Patrick Süskind.

Die Literatur nach der Wiedervereinigung 1990 zeichnete sich durch eine breite Vielfalt aus. Eine einheitliche literarische Strömung ist in der neuesten deutschen Literatur nicht feststellbar. Als auffälligstes Merkmal kann angeführt werden, dass die großen Verlage vermehrt auf junge schriftstellerische Nachwuchstalente setzten und in den letzten Jahren unzählige großartige junge Autoren hervorgebracht haben, z. B. Arno Orzessek, Joachim Zelter, Judith Herrmann, Annette Pehnt, Martin Gülich, Frank Goosen, Katharina Hacker, Thomas Glavinic, Daniel Kehlmann etc., die auch international große Erfolge feiern.

Exemplarisch folgen nun kurze Werkauszüge von jeweils einem Vertreter der oben angeführten vier Gruppen.

Günter Grass: Die Blechtrommel (Auszug)

Mit seinem Erstlingswerk „Die Blechtrommel" (1959) gelangte Günter Grass (geb. 1927 in Danzig) zu Weltruhm. 1999 erhielt er für sein Werk den Nobelpreis für Literatur. Grass selbst versteht sich als ein Mittler zwischen Ost und West: In Westdeutschland lebt und über seine polnische Heimatstadt Danzig schreibt er. Sein unverwechselbarer Stil, der in der „Blechtrommel" seinen Ursprung findet, zeichnet sich vor allem durch drastische Detailbeschreibungen und grotesk-fantastische Handlungsabläufe aus. Oskar Matzerath, die Hauptfigur des Romans, beschließt an seinem dritten Geburtstag, das Wachstum einzustellen. Da er, bei seiner Geburt geistig bereits hoch entwickelt, seine kleinbürgerlich-frivole Welt von Anfang an durchschaut und ablehnt, begibt er sich trommelnd auf seinen eigenen Weg. Gleichzeitig wird er zum Beobachter seiner Umgebung, der manchmal boshaft detailliert die Wirklichkeit erfasst. Es folgt ein Auszug aus dem ersten Kapitel des Romans.

Der weite Rock

Zugegeben: ich bin Insasse einer Heil- und Pflegeanstalt, mein Pfleger beobachtet mich, läßt mich kaum aus dem Auge; denn in der Tür ist ein Guckloch, und meines Pflegers Auge ist von jenem Braun, welches mich, den Blauäugigen, nicht durchschauen kann.
Mein Pfleger kann also gar nicht mein Feind sein. Liebgewonnen habe ich ihn, erzähle dem Gucker hinter der Tür, sobald er mein Zimmer betritt, Begebenheiten aus meinem Leben, damit er mich trotz des ihn hindernden Guckloches kennenlernt. Der Gute scheint meine Erzählungen zu schätzen, denn sobald ich ihm etwas vorgelogen habe, zeigt er mir, um sich erkenntlich zu geben, sein neuestes Knotengebilde. Ob er ein Künstler ist, bleibe dahingestellt. Eine Ausstellung seiner Kreationen würde jedoch von der Presse gut aufgenommen werden, auch einige Käufer herbeilocken. Er knotet ordinäre Bindfäden, die er nach den Besuchsstunden in den Zimmern seiner Patienten sammelt und entwirrt, zu vielschichtig verknorpelten Gespenstern, taucht diese dann in Gips, läßt sie erstarren und spießt sie mit Stricknadeln, die auf Holzsöckelchen befestigt sind.
Oft spielt er mit dem Gedanken, seine Werke farbig zu gestalten. Ich rate davon ab, weise auf mein weißlackiertes Metallbett hin und bitte ihn, sich dieses vollkommenste Bett bunt bemalt vorzustellen. Entsetzt schlägt er dann seine Pflegerhände über dem Kopf zusammen, versucht in etwas zu starrem Gesicht allen Schrecken gleichzeitig Ausdruck zu geben und nimmt Abstand von seinen farbigen Plänen.
Mein weißlackiertes metallenes Anstaltsbett ist also ein Maßstab. Mir ist es sogar mehr: mein Bett ist das endlich erreichte Ziel, mein Trost ist es und könnte mein Glaube werden, wenn mir die Anstaltsleitung erlaubte, einige Änderungen vorzunehmen: das Bettgitter möchte ich erhöhen lassen, damit mir niemand mehr zu nahe tritt.
Einmal in der Woche unterbricht ein Besuchstag meine zwischen weißen Metallstäben geflochtene Stille. Dann kommen sie, die mich retten wollen, denen es Spaß macht, mich zu lieben, die sich in mir schätzen, achten und kennenlernen möchten. Wie blind, nervös, wie unerzogen sie sind. [...] Mein Anwalt stülpt jedesmal, sobald er mit seinem Hallo das Zimmer sprengt, den Nylonhut über den linken Pfosten am Fußende meines Bettes. Solange sein Besuch währt – und Anwälte wissen viel zu erzählen –, raubt er mir durch diesen Gewaltakt das Gleichgewicht und die Heiterkeit.
Nachdem meine Besucher ihre Geschenke auf dem weißen, mit Wachstuch bezogenen Tischchen unter dem Anemonenaquarell deponiert haben, nachdem es ihnen gelungen ist, mir ihre gerade laufenden oder geplanten Rettungsversuche zu unterbreiten und mich, den sie unermüdlich retten wollen, vom hohen Standard ihrer Nächstenliebe zu überzeugen, finden sie wieder Spaß an der eigenen Existenz und verlassen mich. Dann kommt mein Pfleger, um zu lüften und die Bindfäden der Geschenkpackungen einzusammeln. [...]
Bruno Münsterberg – ich meine jetzt meinen Pfleger, lasse das Wortspiel hinter mir – kaufte auf meine Rechnung fünfhundert Blatt Schreibpapier. Bruno, der unverheiratet, kinderlos ist und aus dem Sauerland stammt, wird, sollte der Vorrat nicht reichen, die kleine Schreibwarenhandlung, in der auch Kinderspielzeug verkauft wird, noch einmal aufsuchen und mir den notwendigen unlinierten Platz für mein hoffentlich genaues Erinnerungsvermögen beschaffen. Niemals hätte ich meine Besucher; etwa den Anwalt oder Klepp, um diesen Dienst bitten können. Besorgte, mir verordnete Liebe hätte den Freunden sicher verboten, etwas so Gefähr-

liches wie unbeschriebenes Papier mitzubringen und meinem unablässig Silben ausscheidenden Geist zum Gebrauch freizugeben.
Als ich zu Bruno sagte: „Ach Bruno, würdest du mir fünfhundert Blatt unschuldiges Papier kaufen?“, antwortete Bruno, zur Zimmerdecke blickend und seinen Zeigefinger, einen Vergleich herausfordernd, in die gleiche Richtung schickend: „Sie meinen weißes Papier […]“ R

1 *Fassen Sie den Romanbeginn zusammen. Wie sieht Oskar seine Umwelt?*

2 *Untersuchen Sie die erzähltechnische und die sprachliche Gestaltung des Auszugs (➪ Kapitel 4, S. 83, 94 ff.).*

Christa Wolf: Der geteilte Himmel (Auszug)

Christa Wolf (geb. 1929 in Landsberg, Warthe, DDR) erlebte ihren Durchbruch als freie Schriftstellerin mit ihrer Erzählung „Der geteilte Himmel“ (1963). Die Liebesgeschichte zwischen der Studentin Rita Seidel und dem Chemiker Manfred Herrfurth ist in den DDR-Alltag angesiedelt. Manfred kann sich in seiner Arbeit nicht verwirklichen und geht in den Westen. Rita entscheidet sich dazu, ihm nicht zu folgen. Kurz darauf wird die Mauer gebaut. Der Text liefert einen Einblick in den DDR-Alltag der frühen 1960er Jahre und zeigt auf, welche Folgen die deutsch-deutsche Teilung für die Menschen hatte. Erzählt wird die Geschichte auf zwei Zeitebenen: Rita befindet sich nach einem Betriebsunfall in einem Krankenhaus. Ihr Leben mit Manfred wird rückblickend geschildert.

Erstes Kapitel

In jenen letzten Augusttagen des Jahres 1961 erwacht in einem kleinen Krankenhauszimmer das Mädchen Rita Seidel. Sie hat nicht geschlafen, sie war ohnmächtig. Wie sie die Augen aufschlägt, ist es Abend, und die saubere weiße Wand, auf die sie zuerst sieht, ist nur noch wenig hell. Hier ist sie zum erstenmal, aber sie weiß gleich wieder, was mit ihr, heute und vorher, geschehen ist. Sie kommt von weit her. Sie hat undeutlich ein Gefühl von großer Weite, auch Tiefe. Aber man steigt rasend schnell aus der unendlichen Finsternis in die sehr begrenzte Helligkeit. Ach ja, die Stadt. Enger noch: das Werk, die Montagehalle. Jener Punkt auf den Schienen, wo ich umkippte. Also hat irgendeiner die beiden Waggons noch angehalten, die da von rechts und links auf mich zukamen. Die zielten genau auf mich. Das war das Letzte. […]
Aber der Arzt braucht nicht zu fragen, er weiß ja alles, es steht auf dem Unfallblatt. Diese Rita Seidel, eine Studentin, arbeitet nur während der Ferien im Betrieb. Sie ist manches nicht gewohnt, zum Beispiel die Hitze in den Waggons nicht […].
„Der Schock“, sagt der Arzt und verschreibt Beruhigungsspritzen. Nach Tagen allerdings, als Rita immer noch nicht erträgt, daß man sie anspricht, wird er unsicher. Er denkt, wie gerne er den Kerl unter die Finger kriegen möchte, der dieses hübsche und empfindsame Mädchen so weit gebracht hat. Für ihn steht fest, daß nur Liebe ein junges Ding so krank machen kann. Ritas Mutter, von ihrem Dorf herbeigerufen und hilflos vor dem fremden Zustand der Tochter, kann keine Auskunft geben. „Das Lernen“, sagt sie. „Ich hab mir gleich gedacht, sie hält es

nicht aus." Ein Mann? Nicht daß sie wüßte. Der frühere, ein Chemiedoktor, ist doch schon ein halbes Jahr weg. Weg? fragt der Arzt. Nun ja: Abgehauen, Sie verstehen.
Das Mädchen Rita bekommt Blumen: Astern, Dahlien, Gladiolen – bunte Tupfer im bleichen Krankenhaustag. Niemand darf zu ihr, bis sich eines Abends ein Mann mit einem Rosenstrauß nicht abweisen läßt. [...] Der Arzt erfährt, daß dies der junge Betriebsleiter vom Waggonwerk war, und nennt sich selber einen Trottel. Er aber wird das Gefühl nicht los, daß dieser junge Mann mehr von der Patientin Rita Seidel weiß als die Mutter, als er selbst, der Arzt, und als jeder einzelne Besucher, die nun zahlreich kommen: [...]. Es kann für ausgeschlossen gelten, daß die Patientin einsam gewesen ist.
Die da zur ihr kommen, haben sie alle gern. Sie sprechen behutsam mit ihr und tasten mit Blicken ihr Gesicht ab, das blaß und müde, aber nicht mehr trostlos ist. Sie weint jetzt seltener, meistens abends. Sie wird der Tränen Herr werden und, weil es ihr fernliegt, ihr Leid zu hätscheln, auch der Verzweiflung.
Sie sagt niemandem, daß sie Angst hat, die Augen zuzumachen. Sie sieht immer noch die beiden Waggons, grün und schwarz und sehr groß. Wenn die angeschoben sind, laufen sie auf den Schienen weiter, das ist ein Gesetz, dazu sind sie gemacht. Sie funktionieren. Und wo sie sich treffen werden, da liegt sie. Da liege ich.
Dann weint sie wieder.
Sanatorium, sagt der Arzt. Sie will nichts erzählen. Soll sie sich ausweinen, soll sie zur Ruhe kommen, soll Gras über alles wachsen. Sie könnte mit der Bahn fahren, so weit ist sie schon wieder, aber der Betrieb schickt ein Auto.
Ehe sie abfährt, bedankt sie sich beim Arzt und bei den Schwestern. Alle sind ihr wohlgesinnt, und wenn sie nichts erzählen will, ist das ihre Sache. Alles Gute.
Ihre Geschichte ist banal, denkt sie, in manchem auch beschämend. Übrigens liegt sie hinter ihr. Was noch zu bewältigen wäre, ist dieses aufdringliche Gefühl: Die zielen genau auf mich. Ⓡ

1 *Fassen Sie das erste Kapitel der Erzählung zusammen. Was erfahren Sie über Rita Seidel?*

2 *Sammeln Sie in Gruppen Informationen über den Monat August im Jahre 1961 und werten Sie Ihre Ergebnisse in der Klasse aus.*

3 *Begründen Sie, warum Christa Wolf diesen Titel gewählt haben könnte.*

Martin Walser: Ein fliehendes Pferd (Auszug)

Martin Walser (geb. 1927 in Wasserburg am Bodensee) beschäftigen immer wieder aktuelle und grundlegende gesellschaftliche Verhaltensweisen. Die von ihm in Szene gesetzten literarischen Figuren gehören der Mittelschicht an und werden in ihrem Streben nach sozialem Aufstieg und privatem Glück beschrieben, wobei sie sich bemühen, den gesellschaftlichen Rollen und Konventionen zu genügen. So auch in der Novelle „Ein fliehendes Pferd" (1978), Walsers größtem literarischen Erfolg. Das Wiedersehen der ehemaligen Schulfreunde und Studienkollegen Helmut und Klaus, die mit ihren Frauen am Bodensee Urlaub machen, reißt beide für einen Moment aus ihrem verbissen eingeübten Tarnverhalten und bringt sie aus ihrem mühsam erarbeiteten Gleichgewicht. Die Novelle wurde zwei Mal verfilmt (1986 und 2007).

Erstes Kapitel (Auszug)

Plötzlich drängte Sabine aus dem Strom der Promenierenden hinaus und ging auf ein Tischchen zu, an dem noch niemand saß. Helmut hatte das Gefühl, die Stühle dieses Cafés seien für ihn zu klein, aber Sabine saß schon. Er hätte auch nie einen Platz in der ersten Reihe genommen. So dicht an den in beiden Richtungen Vorbeiströmenden sah man doch nichts. Er hätte sich möglichst nah an die Hauswand gesetzt. [...] Sabine bestellte schon den Kaffee, legte ein Bein über das andere und schaute dem trägen Durcheinander auf der Uferpromenade mit einem Ausdruck des Vergnügens zu, der ausschließlich für Helmut bestimmt war. Er verlegte seinen Blick auch wieder auf die Leute, die zu dicht an ihm vorbeipromenierten. Man sah wenig. Von dem wenigen aber zu viel. Er verspürte eine Art hoffnungslosen Hungers nach diesen hell- und leichtbekleideten Braungebrannten. Die sahen hier schöner aus als daheim in Stuttgart. Von sich selbst hatte er dieses Gefühl nicht. Er kam sich in hellen Hosen komisch vor. Wenn er keine Jacke anhatte, sah man von ihm wahrscheinlich nichts als seinen Bauch. Nach acht Tagen würde ihm das egal sein. Am dritten Tag noch nicht. So wenig wie die grässlich gerötete Haut. Nach acht Tagen würden Sabine und er auch braun sein. Bei Sabine hatte die Sonne bis jetzt noch nichts bewirkt als eine Aufdünsung jedes Fältchens, jeder nicht ganz makellosen Hautstelle. Sabine sah grotesk aus. Besonders jetzt, wenn sie voller Vergnügen auf die Promenierenden blickte. Er legte eine Hand auf ihren Unterarm. Warum mussten sie überhaupt dieses hin- und herdrängende Dickicht aus Armen und Beinen und Brüsten anschauen? In der Ferienwohnung wäre es auch nicht mehr so heiß wie auf dieser steinigen, baumlosen Promenade. Und jede zweite Erscheinung hier führte ein Ausmaß an Abenteuer an einem vorbei, dass das Zuschauen zu einem rasch anwachsenden Unglück wurde. Alle, die hier vorbeiströmten, waren jünger. [...] Drei Tage waren sie hier, und drei Abende hatte er Sabine in die Stadt folgen müssen. Jedes Mal auf diese Promenade. Leute beobachten fand sie interessant. War es auch. Aber nicht auszuhalten. Er hatte sich vorgenommen, Kierkegaards Tagebücher zu lesen. [...] Er sehnte sich danach, Kierkegaard näherzukommen. Vielleicht sehnte er sich nur, um enttäuscht werden zu können. Er stellte sich diese tägliche, stundenlange Enttäuschung beim Lesen der Tagebücher Kierkegaards als etwas Genießbares vor. [...] Wenn diese Tagebücher keine Nähe gestatteten, wie er fürchtete (und noch mehr hoffte), würde seine Sehnsucht, diesem Menschen näherzukommen, noch größer werden. Ein Tagebuch ohne alles Private, etwas Anziehenderes konnte es nicht geben. Er musste Sabine sagen, dass er ab morgen die Abende nur noch in der Ferienwohnung verbringen werde. Er hätte zittern können vor Empörung! Er hier auf dem zu kleinen Stuhl, Leute anstierend, während er in der Ferienwohnung ... [...] Sabines Vergnügen an den Vorbeiströmenden hatte inzwischen ein Lächeln erzeugt, das sich nicht mehr änderte. Er genierte sich für Sabines Lächeln. Er berührte sie am Oberarm. Wahrscheinlich sollte man reden miteinander. Ein alt werdendes Paar, das stumm auf Cafestühlen sitzt und der lebendigsten Promenade zuschaut, sieht komisch aus. Oder trostlos. Besonders, wenn die Frau noch dieses schon seit längerem verstorbene Lächeln trägt. Helmut mochte es nicht, wenn die Umwelt sich über Sabine und ihn Gedanken machen konnte, die zutrafen. Egal, was die Umwelt über ihn und Sabine dachte, es sollte falsch sein.

1 *Fassen Sie den Auszug zusammen.*

2 *Charakterisieren Sie beide Figuren (→ Kapitel 4, S. 78–79; Kapitel 8, S. 139–140).*

Joachim Zelter: Schule der Arbeitslosen (Auszug)

Joachim Zelter (geb. 1962 in Freiburg, Breisgau) hat mit „Schule der Arbeitslosen“ (2006) einen Roman vorgelegt, der sich mit einem Thema beschäftigt, das in dieser Art und Weise noch nahezu tabuisiert ist. Der Roman spielt im Jahre 2016. Zur Lösung des Problems der Langzeitarbeitslosigkeit hat die Bundesagentur für Arbeit die neue Schulungseinrichtung „Sphericon“ entwickelt, die durch eine Mischung aus positivem Denken, Animation, Bewerbungstraining, Strafen und Belohnungen den idealen Bewerber schaffen will. Im nüchternen Stil eines Berichts entwirft Zelter ein Szenario, das immer bedrohlicher wird. Unter der glatten Oberfläche entwickelt sich eine brutale Perspektive auf die Arbeitslosen, die ihre physische Vernichtung nahelegt.

Erstes Kapitel (Auszug)

Eine stillgelegte Fabrik in einem niedergegangenen Industriegebiet. Zweistöckig. Das Gebäude wurde provisorisch renoviert – aufgeteilt in einzelne Räume und Zwischenräume: *coaching zones, training points, recreation sectors* … Im ersten Stock Schlafräume, Waschgelegenheiten und Duschen. Trennwände sind in aller Eile errichtet worden. Die Wände sind aus Spanplatten – weißgetüncht. Im Erdgeschoss liegen die Büros: Sekretariat, Trainerzimmer, Schulleitung und weitere Räumlichkeiten. Daneben die Kantine, eine Kantine ohne Küche, aber mit Automaten für Getränke, Suppen und Fertiggerichte. Im Keller liegt der Meditationsraum und das *Gym*. Darin befinden sich Fahrradergometer, Rudermaschinen, ein Solarium und eine einzige Palme. Früher war das Gebäude Teil einer Fabrik für Autoradios. Innerhalb weniger Monate war ihr Konkurs abgewickelt. Für den symbolischen Preis von einem Euro ging das Gebäude über in die Zuständigkeit von SPHERICON.

SPHERICON stellt keine Autoradios her. Auch keine anderen Dinge. Wenn überhaupt, dann produziert SPHERICON Möglichkeiten – letzte Möglichkeiten – für Menschen, die von sich glauben oder glauben wollen, all ihre Möglichkeiten verspielt oder aufgebraucht zu haben. SPHERICON ist ein Maßnahmen-Center. Es setzt Maßnahmen um, die von den jeweiligen Job Centers der Bundesagentur für Arbeit angeordnet werden – Maßnahmen zur Schulung arbeitsloser Personen. Es bündelt alle zu ergreifenden Maßnahmen zu einer umfassenden Schulung. Weit mehr als nur eine fachliche Schulung. Vielmehr eine Lebensschulung. So steht es auf dem Briefkopf. Auf Deutsch und auf Englisch. *School of Life*. Schule des Lebens.

SPHERICON ist eine Wohnschule für arbeitslose Erwachsene. Die erwachsenen Schüler gehen nach dem Unterricht nicht nach Hause, sondern werden ganztägig begleitet und betreut. Schüler wie Lehrer übernachten auf dem Schulgelände. Sie stehen in ständigem Kontakt und Austausch. Die Unterrichtsfächer werden den Schülern (Trainees) nicht vorgegeben, sondern je nach Bedarf entwickelt. Dem unterliegt ein ganzheitliches Menschenbild. Nichts ist undenkbar. Und selbst wenn alle denk- und undenkbaren Maßnahmen keinen unmittelbaren Erfolg haben, so die Überlegung, dann gehen die Schüler/Trainees aus der Schulung dennoch gestärkt hervor: stabilisiert, euphorisiert, flexibilisiert.

SPHERICON ist absolut freiwillig.

1 *Nehmen Sie Stellung zu der in dem Text aufgeworfenen Problematik.*

2 *Entwerfen Sie alternative Vorschläge zur Lösung der Langzeitarbeitslosigkeit.*

Literarische Texte und Sachtexte der Gegenwart

Literarische Texte zum Thema Beziehungen

Wolf Wondratschek: 43 Liebesgeschichten

Didi will immer. Olga ist bekannt dafür. Ursel hat schon dreimal Pech gehabt. Heidi macht keinen Hehl daraus. Bei Elke weiß man nicht genau. Petra zögert. Barbara schweigt. Andrea hat die Nase voll. Elisabeth rechnet nach. Eva sucht überall. Ute ist einfach zu kompliziert. Gaby findet keinen. Sylvia findet es prima. Marianne bekommt Anfälle.

Nadine spricht davon. Edith weint dabei. Hannelore lacht darüber. Erika freut sich wie ein Kind. Bei Loni könnte man einen Hut dazwischenwerfen.

Katharina muss man dazu überreden. Rita ist sofort dabei. Brigitte ist tatsächlich eine Überraschung. Angela will nichts davon wissen. Helga kann es. Tanja hat Angst. Lisa nimmt alles tragisch. Bei Carola, Anke und Hanna hat es keinen Zweck.

Sabine wartet ab. Mit Ulla ist das so eine Sache. Ilse kann sich erstaunlich beherrschen. Gretel denkt nicht daran. Vera denkt sich nichts dabei. Für Margot ist es bestimmt nicht einfach.

Christel weiß, was sie will. Camilla kann nicht darauf verzichten. Gundula übertreibt. Nina ziert sich noch. Ariane lehnt es einfach ab. Alexandra ist eben Alexandra. Vroni ist verrückt danach. Claudia hört auf ihre Eltern. Didi will immer.

Isabella Nadolny: In aller Unschuld

Ich war dreizehn, ging oft ins Kino, hatte etwas Chypre* im Taschentuch und trug Baskenmützen mit Mickymäusen drauf. Viele Filme sah ich mir für fünfzig Pfennig zweimal hintereinander an, wegen der Liebesszenen. Aber ich hätte es nicht um alles in der Welt zugegeben. Abends im Bett erinnerte ich mich genussvoll an jede Einzelheit der Großaufnahmen. Die unendlichen gleichförmigen und farblosen Filmküsse waren mir damals Salz und Brot jeder noch so kitschigen Begebenheit. Niemals dachte ich: Würdest du das besser machen? Und wenn ich mich in Filmträume einspann, war ich immer der Mann – welch wunderbare Partnerinnen konnte man sich vorstellen, langlockig, schlank, groß, mit herrlichen Augen, während die Männer sich kaum voneinander unterschieden. Nein, ich hatte das bessere Teil erwählt.

Die Filme, in die ich durfte – sie waren samt und sonders jugendfrei –, waren von großer amerikanischer *boy-and-girl*-Unschuld. Das waren meine Vorstellungen nicht! Sie überfielen mich zu jeder Tageszeit, in jeder Situation, auch mitten in angestrengter geistiger Arbeit. Auf der Schulbank, am Federhalter kauend, wann wohl der Dreißigjährige Krieg ... oder brav und artig auf den Geografielehrer blickend, der einen trockenen Vortrag über Glimmerschiefer hielt. „Peltzer, wiederhole bitte, was wir bis jetzt gehört haben ...!" – Ich stand da und wusste nichts. Ich war weit weg gewesen – die Augen trübe, die Kniekehlen erfüllt von süßer Schwere, die Hände lahm und kraftlos, voller Zärtlichkeit gegen das ungekannte, fremde Wesen – den Übergang zwischen Märchenprinz und Filmheld.

Ich war mir nicht bewusst, was ich ausstrahlte – aber die Jungen spürten es, und es gab allerlei Unliebsames. Ich war überzeugt, in meiner Unschuld keinen Anlass dazu gegeben zu haben. – Mein Verstand lief sauber auf den anerzogenen Wegen. Auch fand ich sie im Allgemeinen so langweilig und dumm, die langbeinigen Knaben, die nichts Geistreiches zu sagen

* besondere Duftkomposition, fruchtiges Parfum

wussten. Aber was nützte der Verstand gegen die heidnische, unwiderstehliche Anziehungskraft von Wärme und Nähe, – sofern die Jungen überhaupt sympathisch waren, wenn sie einmal nicht redeten und forsch taten, sondern einen mit plötzlich verhärtetem, erblassendem Gesicht in die Arme nahmen. Wenn es ihnen wirklich gelang, mir einen Kuss zu versetzen, lief ich nachher tagelang gedrückt herum, glaubte, jeder müsse es sehen, und kam mir geschändet vor. Zumal ich ja so sehr mit Mama einig war … „Man ließ sich nicht in einer Ecke abknutschen wie ein Dienstmädchen", o nein, man ließ sich nicht. –

Es kamen böse Jahre voller Probleme und Verwicklungen – jede kleine Eroberung war eine Last. Ich konnte es nicht erwarten, groß zu sein, endlich erwachsen zu werden. Zutiefst und insgeheim wünschte ich mir, dann „lasterhaft" zu leben. Worunter ich mir nichts anderes vorstellte, als nie mehr Ohrfeigen austeilen und „was fällt dir ein" sagen zu müssen, wenn es gerade schön war, und mich frei von der Last eines bösen Gewissens jeder Zärtlichkeit hinzugeben, die mir gefiel. Ich war überzeugt, es würden nicht allzu viele sein …

Max Frisch: Ein Mädchen und ein junger Mann

Ein Mädchen und ein junger Mann haben zusammen ihre Jugend verbracht, bis es nicht mehr ging, und das alles ist lange her. Daß eine Liebe einfach verenden kann, es war nicht hinzunehmen; beide hielten es für eine Schuld, daß die Liebe sie verließ, und aus der Heuchelei, die ihre Zuflucht wurde, wucherten die wirklichen Verschuldungen. Da war das Versprechen der Ehe, das sich nicht halten ließ; man kann sich nicht aus Anstand heiraten. Das Mädchen, als sie endlich und zum letztenmal auseinandergingen, sank an der Haustüre zusammen, bewußtlos, so daß er sie tragen mußte, und als sie wieder zum Bewußtsein kam, stand er noch immer da, zum letztenmal entschlossen, daß sie heiraten werden. Er wollte kein Schuft sein, nicht diesem einzigen Menschen gegenüber, den er geliebt hatte wie noch keinen andern, und er war ein Schuft, was immer er sagte; er konnte es nicht halten. Das Gehen war Verrat, das Bleiben war Verrat. Das alles kostete viel Irrtum und Blut; es war eine häßliche Zeit […] …

Einmal, viele Jahre später, schreibt er einen Brief. Er weiß nicht, was er eigentlich schreiben soll. Er weiß, daß seine Verschuldungen nicht verjähren, und es soll keine Abbitte sein, keine Wehmut. […] Nur ein Gruß soll es sein. Es drängt ihn so klar, und er weiß nicht, warum er dieses Drängen töten soll. Er schickt den Brief, der fraglos ist, und erwartet nichts. Aber noch damit erwartet er zuviel. Die Antwort, die dennoch kommt, ist heftig und bitter und voll Rechthaberei. Es gibt eine männliche Rechthaberei, die stur und tumb ist und vielleicht gewaltsam, und es gibt eine weibische Rechthaberei, die anders ist, eifernd und kleinlich. Als er den Brief gelesen hat, steht er mit der Beschämung eines Menschen, der durch eine falsche Türe getreten ist und eine Entblößung sehen muß, die ihn nichts angeht; er steckt den Brief in einen neuen Umschlag und schickt ihn zurück. Sich selber nennt er einen Esel; es wäre die erste Frau gewesen, die großmütig bleibt, wo sie nicht mehr liebt, und in dem Alter, das er unterdessen erreicht hat, dürfte ihn diese Erfahrung nicht mehr überraschen –

Wieder vergehen Jahre.

Einmal, es ist in einer andern Stadt, geht er eine Treppe hinunter, zerstreut und ohne Blick; er fühlt nur, daß jemand, der eben die Treppe heraufkommt, plötzlich stehenbleibt und ihm den Weg verstellt. Es ist eine Frau, die ihn offen und betroffen anschaut, und eine Weile, während er ihrem Gesicht gegenübersteht, weiß er nicht sicher, wer es ist. Er sucht umsonst. Natürlich kennt man sich; es ist ein Gesicht, das ihn duzt, auch wenn es schweigt, ein gutes und reifes und warmes Gesicht, das über seinem ratlosen Suchen langsam zu lächeln beginnt und auf diese Weise vergißt, daß es selber betroffen war, und endlich, als er begreift, geben sie einander die Hand. Was sollen sie sprechen? Er will nicht fragen, und über das Wetter sprechen können sie auch nicht; er sagt:

„Es geht dir gut ..."

„Und dir?"

„Du hast Kinder ..."

„Ja!" sagt sie fröhlich: „Und du auch."

Das Gespräch ist ganz leicht und frei. Nur der Umstand, daß ihm noch immer nicht ihr Name auf die Zunge kommt, stellt alles wie hinter einen Schleier. Daß sie ihm noch einmal von vorne begegnet, er hätte damit rechnen müssen. Ebensowenig wie an ihren Namen, den er durch ein namenloses Du ersetzt, kann er sich im Augenblick erinnern, wie sich eigentlich die Geschichte mit dem Brief verhielt: ob er ihn wirklich zurückschickte damals, oder dachte er nur daran, wollte er es nur –

„Das ist meine Frau", sagt er: „Und das ist Annemarie."

Jetzt hat er auch den Namen, und überhaupt ist er es, der fortan redet, während die beiden Frauen, ohne daß sie die Augen dazu brauchen, einander anschauen. Irgendwie bleibt es unwahrscheinlich, daß es zwei sind. Als man weitergeht, sagt Annemarie genau, was er selber hätte sagen wollen; er sagt nur:

„Leb wohl!"

Sie sagt:

„Ich bin so froh, daß wir uns noch einmal gesehen haben."

Das tönt fast, als wäre ein Sterben in Sicht; sicher dachte sie durchaus nicht an Tod, es war nur das Gefühl eines Endgültigen, das auch ihn über die Treppe hinunter begleitet, und all die müßigen Gedanken, die nachher kommen, Gedanken, ob es möglich wäre, daß unser Leben hätte anders verlaufen können, am Ende sind sie nichts anderes als Wellen, die um das Endgültige branden, das wir anders nicht begreifen. [R]

Botho Strauß: Der Arglose

Ich kenne die Geschichte eines Mannes, der zum Othello wurde und seine Frau erwürgte zwanzig Jahre nach einer Affäre, die sie angeblich mit seinem besten Freund gehabt hatte. Er entdeckte Indizien für ihre Untreue erst im Nachlass seines Freunds, den er nicht mehr zur Rede stellen konnte.

Der Gedanke ließ ihn nicht mehr los, dass seine Frau, die er unverbrüchlich liebte, ihn zwanzig Jahre in dieser elenden Täuschung eingesperrt hatte. In Wahrheit aber konnte er den *Gedanken an seine Arglosigkeit* nicht ertragen. Den Gedanken, dass sie ihn in seiner Arglosigkeit zwanzig Jahre lang still beobachtet, wenn nicht gar bemitleidet hatte. Sein Mangel an Argwohn brachte ihn nachträglich zur Raserei. Nicht die, die ihn vermutlich betrogen hatte, wollte er töten, sondern jene einzige Zeugin seiner erbärmlichen Arglosigkeit.

Literarische Texte zu den Themen Arbeit und Beruf

Thomas Hürlimann: Der Filialleiter

Als der Filialleiter des Supermarktes auf dem Fernsehschirm seine Frau erblickte, erschrak er zu Tode. Nein, er täuschte sich nicht – das erste Programm zeigte Maria-Lisa, seine eigene Frau. Im schicken Blauen saß sie in einer größeren Runde, und gerade jetzt, da der Filialleiter seinen Schock überwunden glaubte, wurde Maria-Lisa von der Moderatorin gefragt, was sie für ihren Ehemann empfinde.

„Nichts“, sagte Maria-Lisa.

„Maria-Lisa!“, entfuhr es dem Filialleiter, und mit zittriger Hand suchte er den Unterarm seiner Frau. Wie jeden Abend saßen sie nebeneinander vor dem Fernseher, und beide hatten ihre Füße in rote Plastikeimerchen gestellt, in ein lauwarmes Kamillenbad – das stundenlange Stehen im Supermarkt machte ihnen zu schaffen.

Die Bildschirm-Maria-Lisa lächelte. Dann erklärte sie, über den Hass, ehrlich gesagt, sei sie schon hinaus.

Der Filialleiter hielt immer noch Maria-Lisas Arm. Er schnaufte, krallte seine Finger in ihr Fleisch und stierte in den Kasten. Hier, fand er, war sie flacher als im Leben. Sie hatte ihr Was-darfs-denn-sein-Gesicht aufgesetzt und bemerkte leise […]: „Mein Willy ekelt mich an.“ Und das in Großaufnahme!

Nun sprach eine blonde Schönheit über die Gefahren der Affekteverkümmerung, und der Filialleiter, dem es endlich gelang, die Augen vom Apparat zu lösen, versuchte seine Umgebung unauffällig zu überprüfen. Jedes Ding war an seinem Platz. In der Ecke stand der Gummibaum, an der Wand tickte die Kuckucksuhr, und neben ihm saß die Frau, mit der er verheiratet war. Kein Spuk – Wirklichkeit! Maria-Lisa war auf dem Bildschirm, und gleichzeitig griff sie zur Thermosflasche, um in die beiden Plastikeimer heißes Wasser nachzugießen. Sein Fußbad erfüllte Willy auch an diesem Abend mit Behagen. Dann rief er sich in Erinnerung, was ablief. Ungeheuerlich! Auf dem Schirm wurde das emotionale Defizit eines Ehemanns behandelt, und dieser Ehemann war er selbst, der Filialleiter Willy P.! […] Hinter seinem Rücken war Maria-Lisa zu den Fernsehleuten gegangen. Warum? Willy hatte keine Ahnung. Willy wusste nur das eine: Vor seinen Augen wurde sein Supermarkt zerstört. Maria-Lisa reichte ihm das Frotteetuch, aber der Filialleiter stieg noch nicht aus dem Eimer. Er hielt das Tuch in der Hand, und so stand er nun, nur mit Unterhemd und Unterhose bekleidet, minutenlang im Kamillenbad – ein totes Paar Füße, im Supermarkt plattgelatscht.

„Das Wasser wird kalt“, sagte Maria-Lisa.

Der Filialleiter rieb sich die Füße trocken, dann gab er Maria-Lisa das Tuch.

Als die Spätausgabe der Tagesschau begann, saßen sie wieder auf dem Kanapee, Maria-Lisa und der Filialleiter, Seite an Seite, er trank sein Bier und sie knabberte Salzstangen.

Martin Suter: Kostenfaktor Mitarbeiter

Schmidlin und Gmünder sitzen in der Weinstube Hotz bei der zweiten Flasche Les Forts de Latour. Es gibt nichts zu feiern, sonst hätten sie den Château Latour Grand Vin gewählt, seinen großen Bruder. Aber so, wie die Quartalsbilanz aussieht, muss der kleine reichen.

„Aber Bischof in den Ferien“, sagt Schmidlin. Nicht zum ersten Mal.

„Seelenruhig“, ergänzt Gmünder, wie bei den vorigen Malen.

Beide trinken einen Schluck. Nicht so dicht wie der Grand Vin, aber den Umständen angemessen.

„Wie viel sind wir bei ihm rauf, das letzte Mal?"

„Genau weiß ich es nicht auswendig, aber mehr als die Teuerung."

„Und sitzen seelenruhig in – wo?"

„Dinard."

„Wo ist das?"

„Bretagne."

„Hockt seelenruhig in Dinard, während wir uns hier mit der Quartalsbilanz herumschlagen dürfen." Schmidlin lässt den Wein im Glas kreisen und nimmt einen Schluck. „Wollen wir noch etwas von dem Bündnerfleisch nachbestellen? Der ist mir zu fruchtig auf nüchternen Magen."

Gmünder winkt dem Kellner und bestellt. „[...] Ohne ihn sähe das auch alles besser aus."

„Du meinst, ohne sein Zutun?"

„Ohne seinen Lohnaufwand."

„Das kannst du laut sagen." Schmidlin schenkt beiden nach. „Nicht nur den, den er kostet. Auch den, den er verursacht."

„Auch den indirekten."

„Auch den infrastrukturellen."

„Ohne Bischof würde hier jetzt der Château Latour Grand Vin stehen. Mindestens."

Der Kellner bringt die Portion Bündnerfleisch [...]. Schmidlin nimmt das Thema wieder auf.

„Stell dir vor, was Bischof so gesehen für die Rentabilitätsverbesserung tun könnte."

„Für die Gesamtkosten wäre er allerdings noch keine spürbare Entlastung."

Schmidlin hält das Glas an die Nase, schließt die Augen und trinkt einen großen Schluck.

„Ab wann wäre die ungefähr spürbar?"

Gmünder überlegt. „So ab Abteilungsebene."

„Du meinst, die ganze Abteilung weg?"

Gmünder nickt und nimmt einen Schluck.

Schmidlin lächelt verträumt. „Stell dir diese Zahlen vor, ohne den Abteilungsaufwand."

Gmünder stellt sie sich vor.

„Schon eine verdammte Rentabilitätsentlastung, dieser Personalaufwand", stellt Schmidlin fest und schiebt ein Röllchen Bündnerfleisch in den Mund. „Glaubst du, das lässt sich machen? Die Abteilung weg?"

„Ich könnte mir da ein paar Szenarien vorstellen."

Schmidlin nickt. „Bleibt immer noch der Produktionsaufwand als Klotz am Bein. Stell dir die Quartalszahlen vor, ohne diesen scheiß Produktionsaufwand."

Gmünder will nachschenken, aber die Flasche ist leer. Er schaut Schmidlin fragend an. „Was meinst du?"

„Ja. Aber den Grand Vin."

„Ich überleg gerade", sagt Gmünder, „wenn wir die Produktion schließen, wer stellt dann die Produkte her?"

„Siehst du, das meine ich: In Dinard herumhängen, während wir uns mit den Detailfragen herumschlagen dürfen."

Literarische Texte zu den Themen Kommunikation und Motivation

Gerhard Zwerenz: Nicht alles gefallen lassen ...

Wir wohnen im dritten Stock mitten in der Stadt und haben uns nie etwas zuschulden kommen lassen, auch mit Dörfelts von gegenüber verband uns eine jahrelange Freundschaft, bis die Frau sich kurz vor dem Fest unsre Bratpfanne auslieh und nicht zurückbrachte.

Als meine Mutter dreimal vergeblich gemahnt hatte, riss ihr eines Tages die Geduld und sie sagte auf der Treppe zu Frau Muschg, die im vierten Stock wohnt, Frau Dörfelt sei eine Schlampe.

Irgendwer muss das den Dörfelts hinterbracht haben, denn am nächsten Tag überfielen Klaus und Achim unsern Jüngsten, den Hans, und prügelten ihn windelweich.

Ich stand grad im Hausflur, als Hans ankam und heulte. In diesem Moment trat Frau Dörfelt drüben aus der Haustür, ich lief über die Straße, packte ihre Einkaufstasche und stülpte sie ihr über den Kopf. Sie schrie aufgeregt um Hilfe, als sei sonst was los, dabei drückten sie nur die Glasscherben etwas auf den Kopf, weil sie ein paar Milchflaschen in der Tasche gehabt hatte. Vielleicht wäre die Sache noch gut ausgegangen, aber es war just um die Mittagszeit, und da kam Herr Dörfelt mit dem Wagen angefahren.

Ich zog mich sofort zurück, doch Elli, meine Schwester, die mittags zum Essen heimkommt, fiel Herrn Dörfelt in die Hände. Er schlug ihr ins Gesicht und zerriss dabei ihren Rock. Das Geschrei lockte unsere Mutter ans Fenster, und als sie sah, wie Herr Dörfelt mit Elli umging, warf unsre Mutter mit Blumentöpfen nach ihm. Von Stund an herrschte erbitterte Feindschaft zwischen den Familien.

Weil wir nun den Dörfelts nicht über den Weg trauten, installierte Herbert, mein ältester Bruder, der bei einem Optiker in die Lehre geht, ein Scherenfernrohr am Küchenfenster. Da konnte unsere Mutter, waren wir andern alle unterwegs, die Dörfelts beobachten. Augenscheinlich verfügten diese über ein ähnliches Instrument, denn eines Tages schossen sie von drüben mit einem Luftgewehr herüber. Ich erledigte das feindliche Fernrohr dafür mit einer Kleinkaliberbüchse, an diesem Abend ging unser Volkswagen unten im Hof in die Luft. Unser Vater, der als Oberkellner im hoch renommierten Café Imperial arbeitete, nicht schlecht verdiente und immer für den Ausgleich eintrat, meinte, wir sollten uns jetzt an die Polizei wenden.

Aber unserer Mutter passte das nicht, denn Frau Dörfelt verbreitete in der ganzen Straße, wir, das heißt unsre gesamte Familie, seien derart schmutzig, dass wir mindestens zweimal jede Woche badeten und für das hohe Wassergeld, das die Mieter zu gleichen Teilen zahlen müssen, verantwortlich wären.

Wir beschlossen also, den Kampf aus eigner Kraft in aller Härte aufzunehmen, auch konnten wir nicht mehr zurück, verfolgte doch die ganze Nachbarschaft gebannt den Fortgang des Streites.

Am nächsten Morgen schon wurde die Straße durch ein mörderisches Geschrei geweckt. Wir lachten uns halbtot, Herr Dörfelt, der früh als Erster das Haus verließ, war in eine tiefe Grube gefallen, die sich vor der Haustüre erstreckte.

Er zappelte ganz schön in dem Stacheldraht, den wir gezogen hatten, nur mit dem linken Bein zappelte er nicht, das hielt er fein still, das hatte er sich gebrochen.

Bei alledem konnte der Mann noch von Glück sagen – denn für den Fall, dass er die Grube bemerkt und umgangen hätte, war der Zünder einer Plastikbombe mit dem Anlasser seines

Wagens verbunden. Damit ging kurze Zeit später Klunker-Paul, ein Untermieter von Dörfelts, hoch, der den Arzt holen wollte.

Es ist bekannt, dass die Dörfelts leicht übel nehmen. So gegen zehn Uhr begannen sie unsre Hausfront mit einem Flakgeschütz zu bestreichen. Sie mussten sich erst einschießen, und die Einschläge befanden sich nicht alle in der Nähe unsrer Fenster.

Das konnte uns nur recht sein, denn jetzt fühlten sich auch die anderen Hausbewohner geärgert, und Herr Lehmann, der Hausbesitzer, begann, um den Putz zu fürchten. Eine Weile sah er sich die Sache noch an, als aber zwei Granaten in seiner guten Stube krepierten, wurde er nervös und übergab uns den Schlüssel zum Boden.

Wir robbten sofort hinauf und rissen die Tarnung von der Atomkanone. Es lief alles wie am Schnürchen, wir hatten den Einsatz oft genug geübt, die werden sich jetzt ganz schön wundern, triumphierte unsere Mutter und kniff als Richtkanonier das rechte Auge fachmännisch zusammen.

Als wir das Rohr genau auf Dörfelts Küche eingestellt hatten, sah ich drüben gegenüber im Bodenfenster ein gleiches Rohr blinzeln, das hatte freilich keine Chance mehr, Elli, unsre Schwester, die den Verlust ihres Rockes nicht verschmerzen konnte, hatte zornroten Gesichts das Kommando „Feuer!" erteilt.

Mit einem unvergesslichen Fauchen verließ die Atomgranate das Rohr; zugleich fauchte es auch auf der Gegenseite. Die beiden Geschosse trafen sich genau in der Straßenmitte.

Natürlich sind wir nun alle tot, die Straße ist hin und wo unsre Stadt früher stand, breitet sich jetzt ein graubrauner Fleck aus.

Aber eins muss man sagen, wir haben das Unsere getan, schließlich kann man sich nicht alles gefallen lassen.

Die Nachbarn tanzen einem sonst auf der Nase herum.

1 *Beschreiben Sie, wie die in der Kurzgeschichte handelnden Figuren sich und ihre Umwelt wahrnehmen (➪ Kapitel 11, S. 167–169). Aus welchen Gründen entwickelt sich aus dieser Art der Wahrnehmung zwangsläufig ein Konflikt?*

2 *Analysieren Sie den Konfliktverlauf auf der Basis der Theorie nach Friedrich Glasl (➪ Kapitel 15, S. 253).*

3 *Erörtern Sie denkbare Handlungsmöglichkeiten der Konfliktparteien, die zu einer Eskalationsvermeidung des Konflikts hätten beitragen können.*

Thomas Mann: Buddenbrooks (Auszug)

In der Mühlenstraße betrat er ein mit gelbbrauner Ölfarbe gestrichenes Haus und stieg zum ersten Stockwerk empor, woselbst an der Tür auf einem Messingschild „Zahnarzt Brecht" zu lesen war. Er sah das Dienstmädchen nicht, das ihm öffnete. Auf dem Korridor roch es warm nach Beefsteak und Blumenkohl. Dann plötzlich atmete er die scharf riechende Luft des Wartezimmers, in das man ihn nötigte. „Nehmen Sie Platz … einen Momang!", schrie die Stimme eines alten Weibes. Es war Josephus, der im Hintergrunde des Raumes in seinem blanken

Bauer* saß und ihm mit kleinen, giftigen Augen schief und tückisch entgegenstarrte.
Der Senator setzte sich an den runden Tisch und versuchte, die Witze in einem Band ‚Fliegender Blätter' auf sich wirken zu lassen, schlug dann aber das Buch mit Ekel zu, drückte das kühle Silber seiner Stockkrücke gegen die Wange, schloss seine brennenden Augen und stöhnte. Rings war alles still, und nur Josephus biss mit Knacken und Knirschen in das ihn umgebende Gitter. Herr Brecht war es sich schuldig, auch wenn er unbeschäftigt war, eine Weile warten zu lassen.
Thomas Buddenbrook stand hastig auf und trank an einem Tischchen aus einer dort aufgestellten Karaffe ein Glas Wasser, das nach Chloroform roch und schmeckte. Dann öffnete er die Tür zum Korridor und rief mit gereizter Betonung hinaus, wenn nicht dringende Abhaltung vorhanden sei, möge Herr Brecht die Güte haben, sich ein wenig zu beeilen. Er habe Schmerzen.
Gleich darauf erschien der graumelierte Schnurrbart, die Hakennase und die kahle Stirn des Zahnarztes in der Tür zum Operationszimmer.
„Bitte", sagte er. „Bitte!", schrie auch Josephus. Der Senator folgte der Einladung, ohne zu lachen. Ein schwerer Fall!, dachte Herr Brecht und verfärbte sich ...
Sie gingen beide rasch durch das helle Zimmer zu dem großen, verstellbaren Stuhl mit Kopfpolster und grünplüschenen Armlehnen, der vor einem der beiden Fenster stand. Während er sich niederließ, erklärte Thomas Buddenbrook kurz, um was es sich handelte, legte den Kopf zurück und schloss die Augen.
Herr Brecht schrob ein wenig an dem Stuhle und machte sich dann mit einem Spiegelchen und einem Stahlstäbchen an dem Zahne zu schaffen. Seine Hand roch nach Mandelseife, sein Atem nach Beefsteak und Blumenkohl.
„Wir müssen zur Extraktion** schreiten", sagte er nach einer Weile und erblich noch mehr.
„Schreiten Sie nur", sagte der Senator und schloss die Lider noch fester.
Nun trat eine Pause ein. Herr Brecht präparierte an einem Schranke irgendetwas und suchte Instrumente hervor. Dann näherte er sich dem Patienten aufs Neue.
„Ich werde ein bisschen pinseln", sagte er. Und sogleich begann er, diesen Entschluss zur Tat zu machen, indem er das Zahnfleisch ausgiebig mit einer scharf riechenden Flüssigkeit bestrich. Hierauf bat er leise und herzlich, stillezuhalten und den Mund sehr weit zu öffnen, und begann sein Werk.
Thomas Buddenbrook hielt mit beiden Händen die Sammetarmpolster fest erfasst. Er empfand kaum das Ansetzen und Zugreifen der Zange, bemerkte dann aber an dem Knirschen in seinem Munde sowie an dem wachsenden, immer schmerzhafter und wütender werdenden Druck, dem sein ganzer Kopf ausgesetzt war, dass alles auf dem besten Wege sei. Gott befohlen!, dachte er. Nun muss es seinen Gang gehen. Dies wächst und wächst bis ins Maßlose und Unerträgliche, bis zur eigentlichen Katastrophe, bis zu einem wahnsinnigen kreischenden, unmenschlichen Schmerz, der das ganze Gehirn zerreißt ... Dann ist es überstanden; ich muss es nun abwarten.
Es dauerte drei oder vier Sekunden. Herrn Brechts bebende Kraftanstrengung teilte sich Thomas Buddenbrooks ganzem Körper mit, er wurde ein wenig auf seinem Sitze emporgezogen und hörte ein leise piependes Geräusch in der Kehle des Zahnarztes ... Plötzlich gab es einen furchtbaren Stoß, eine Erschütterung, als würde ihm das Genick gebrochen, begleitet von einem kurzen Knacken und Krachen. Er öffnete hastig die Augen ... Der Druck war fort,

* Bauer (*das* oder *der*): Vogelkäfig

** Extraktion: Herausziehen (hier: den Zahn ziehen)

aber sein Kopf dröhnte, der Schmerz tobte heiß in dem entzündeten und misshandelten Kiefer, und er fühlte deutlich, dass dies nicht das Bezweckte, nicht die wahre Lösung der Frage, sondern eine verfrühte Katastrophe sei, die die Sachlage nur verschlimmerte ... Herr Brecht war zurückgetreten. Er lehnte am Instrumentenschrank, sah aus wie der Tod und sagte:

„Die Krone ... Ich dachte mir's."

Thomas Buddenbrook spie ein wenig Blut in die blaue Schale zu seiner Seite, denn das Zahnfleisch war verletzt. Dann fragte er halb bewusstlos: „Was dachten Sie sich? Was ist mit der Krone?"

„Die Krone ist abgebrochen, Herr Senator ... Ich fürchtete es ... Der Zahn ist außerordentlich defekt ... Aber es war meine Pflicht, das Experiment zu wagen ..."

„Was nun?"

„Überlassen Sie alles mir, Herr Senator ..."

„Was muss geschehen?"

„Die Wurzeln müssen entfernt werden. Vermittelst des Hebels ... Es sind vier an der Zahl ..."

„Vier? Also ist viermaliges Ansetzen und Ziehen nötig?"

„Leider."

„Nun, für heute ist es genug!", sagte der Senator und wollte sich rasch erheben, blieb aber trotzdem sitzen und legte den Kopf zurück.

„Lieber Herr, Sie dürfen nur Menschliches verlangen", sagte er. „Ich stehe nicht auf den festesten Füßen ... Für diesmal bin ich jedenfalls fertig ... Wollen Sie die Güte haben, das Fenster da einen Augenblick zu öffnen."

Dies tat Herr Brecht, und dann erwiderte er: „Es wäre mir vollkommen lieb, Herr Senator, wenn Sie morgen oder übermorgen zu einer beliebigen Stunde wieder vorsprechen möchten und wir die Operation bis dahin verschöben. Ich muss gestehen, ich selbst ... Ich werde mir jetzt erlauben, noch eine Spülung und eine Pinselung vorzunehmen, um den Schmerz vorläufig zu lindern ..."

Er nahm die Spülung und die Pinselung vor, und dann ging der Senator, begleitet von dem bedauernden Achselzucken, an das der schneebleiche Herr Brecht seine letzten Kräfte verausgabte.

„Einen Momang ... bitte!", schrie Josephus, als sie das Wartezimmer passierten, und er schrie es noch, als Thomas Buddenbrook schon die Treppe hinunterstieg.

1 *Beurteilen Sie, ob bei der dargestellten Kommunikationssituation eine symmetrische oder eine komplementäre Kommunikationsstruktur vorliegt (➪ Kapitel 11, S. 177–180).*

2 *Nennen Sie Beispiele für analoges Kommunikationsverhalten (➪ Kapitel 11, S. 166) zwischen dem Zahnarzt und dem Patienten. Interpretieren Sie diese hinsichtlich ihrer kommunikativen Wirkung.*

3 *Beschreiben Sie die komischen Elemente in der dargestellten Kommunikationssituation. Begründen Sie die Ursachen dieser Komik aus dem Zusammenwirken der Kommunikationsstruktur (symmetrisch und komplementär) und den analogen Signalen.*

Literarische Texte zu den Themen Kommunikation und Motivation

Haruki Murakami: Gefährliche Geliebte (Auszug)

Nach dem College fand ich mithilfe eines Freundes eine Stelle im Lektorat eines Schulbuchverlags. Ich ließ mir die Haare schneiden, putzte mir die Schuhe und kaufte mir einen Anzug. Es war ein ziemlich popeliger Verlag, aber in dem Jahr waren die Stellen für College-Absolventen mit Hauptfach Literatur dünn gesät, und bei meinen mehr als bescheidenen Noten und meinen nicht vorhandenen Beziehungen musste ich mich eben mit dem begnügen, was ich bekam.

Der Job war die pure Langeweile. Das Arbeitsklima war gar nicht einmal so schlecht, aber tagein, tagaus Schulbücher zu redigieren ödete mich an. Anfangs sagte ich mir: Also gut, ich werde tun, was ich kann, und der Sache einen Reiz abzugewinnen versuchen; und ein halbes Jahr lang arbeitete ich mich dumm und dämlich. Wenn man sich nur lang genug strebend bemüht, muss doch irgendwann die Erlösung kommen, richtig? Aber schließlich gab ich es auf. Man konnte es drehen und wenden, wie man wollte – der Job war nichts für mich. Ich hatte das Gefühl, mein Lebensende starre mir ins Gesicht. Die Monate und Jahre würden vertröpfeln wie Wasser aus einem undichten Hahn, und ich würde immer mehr abstumpfen. Ich hatte bis zur Rente noch dreiunddreißig Jahre abzusitzen: dreiunddreißig Jahre an einem Schreibtisch, angefüllt mit nichts als Korrekturfahnenlesen und Zeilenzählerei. Ich würde ein nettes Mädchen heiraten, ein paar Kinder bekommen und zweimal im Jahr – einziger Lichtblick in einem ansonsten faden Dasein – der üblichen Bonuszahlung entgegensehen. Ich erinnerte mich an das, was Izumi einmal gesagt hatte: „Aus dir wird einmal ein wunderbarer Mensch, das weiß ich. In dir steckt etwas Besonderes." Jedes Mal, wenn es mir wieder einfiel, versetzte es mir einen Stich. Was Besonderes – in mir, Izumi? Vergiss es. Aber dahinter bist du inzwischen sicher selbst gekommen. Was soll's – jeder kann sich mal irren.

Mechanisch erledigte ich die Arbeit, die man mir auftrug, und verbrachte meine freie Zeit mit Lesen oder Musikhören. Die Arbeit ist nur eine öde Notwendigkeit, hatte ich beschlossen, und wenn ich nicht arbeite, werde ich die Zeit auf die für mich beste und unterhaltsamste Weise nutzen. Deswegen ging ich nie mit, wenn die Leute vom Verlag einen trinken gingen. Nicht, dass ich ein Einzelgänger gewesen und mit den anderen nicht ausgekommen wäre; ich bemühte mich nur nicht, meine Kollegen auch privat kennenzulernen. Meine Freizeit sollte nur mir gehören, das stand für mich fest.

1 *Beschreiben Sie das Zusammenspiel von Motivation und Arbeitseinstellung des Protagonisten.*

2 *Analysieren Sie die Arbeits- und Lebenssituation des Protagonisten hinsichtlich seiner Zufriedenheit bzw. Unzufriedenheit anhand der „Zwei-Faktoren-Theorie" von Herzberg (➪ Kapitel 15, S. 259).*

3 *Erörtern Sie, welche Bedürfnisse des Protagonisten nach der Bedürfnispyramide Maslows erfüllt sind und welche von ihm angestrebt werden (➪ Kapitel 15, S. 258).*

Viele Ausländer haben's schwer in Deutschland

Die Vereinten Nationen kritisieren, dass die Bundesrepublik zu wenig gegen Rassismus unternimmt.

von unserem Mitarbeiter Andreas Zumach

Die Vereinten Nationen werfen Deutschland mangelnden Einsatz im Kampf gegen Rassismus vor. Die Bundesrepublik habe wesentliche Verpflichtungen aus der „Internationalen Konvention zur Beseitigung jeder Form von Rassismus" nicht erfüllt, kritisiert der Ausschuss des zuständigen Komitees, genannt Cerd, in einem jetzt veröffentlichten Bericht. Dieser Ausschuss ist dafür zuständig, die Einhaltung der Konvention zu überprüfen. Der Cerd-Bericht ist das Ergebnis eines seit Herbst 2006 laufenden Überprüfungsverfahrens, dem sich alle 173 Vertragsstaaten der Konvention regelmäßig unterziehen müssen.

Zunächst hatte die Bundesregierung dem Cerd einen Bericht über die Umsetzung der Antirassismuskonvention vorgelegt. Dazu formulierten die UN-Experten nach Konsultation mit Landes- und Bundesbehörden sowie mit dem Forum Menschenrechte kritische Fragen. […]

Fazit: Der UN-Ausschuss ist besorgt über eine zunehmende Zahl rassistischer Vorfälle in Deutschland. Davon betroffen seien vor allem Juden, Muslime, Sinti und Roma sowie afrikanische Asylbewerber. Bund und Länder müssten Prävention und Strafverfolgung verstärken. Insbesondere ging der UN-Ausschuss auf die Situation der Sinti und Roma ein. Sie würden in Sachen Bildung und bei der Arbeits- und Wohnungssuche benachteiligt, hieß es. Auch in den Medien werde diese Volksgruppe häufig diskriminiert.

Ausländer sind häufig schlechter gestellt

Der Ausschuss kritisiert, dass in der deutschen Gesetzgebung rassistische Diskriminierung nicht definiert ist und dass rassistische Motive eines Verbrechens nicht unbedingt zu schärferen Strafen führen. Außerdem vermisste der Ausschuss im Bericht der Bundesregierung statistische Daten zur ethnischen Zusammensetzung der Bevölkerung. Die Untersuchung sei nicht nach international gebräuchlichen ethnischen Kategorien aufgeschlüsselt. Nach Darstellung der Bundesregierung hat ein Fünftel der Bevölkerung in Deutschland einen Migrationshintergrund, rund acht Prozent sind Ausländer ohne deutschen Pass. Es sei unklar, wie Deutschland sich als „nichtmulti-ethnischer Staat" definieren wolle, erklärte der Cerd-Berichterstatter Patrick Thornberryin der Anhörung Anfang August. Der Ausschuss möchte zudem wissen, inwieweit diese Bevölkerungsgruppen in die öffentlichen Dienste integriert seien, etwa in die Polizei. „Unser Ziel ist es, Menschen mit Migrationshintergrund zu integrieren, nicht zu assimilieren", hatten Vertreter der Bundesregierung geantwortet.

Weitere Kritikpunkte des UN-Ausschusses: Ausländer, die Opfer von Gewalttaten wurden, erhielten meist weniger Geld nach dem Opferentschädigungsgesetz als deutsche Opfer. Außerdem gingen in Hessen, Baden-Württemberg und im Saarland nicht alle Kinder von Asylbewerbern auf eine Grundschule. Die Behörden müssten alle Hürden für einen Grundschulbesuch beseitigen. Besorgniserregend sei auch, dass der Anteil von Migrantenkindern in Sonderschulen besonders hoch sei. Kritisch äußert sich der UN-Ausschuss auch zu den Fragebögen, die einige Bundesländer einbürgerungswilligen Ausländern vorlegen. Ausdrücklich kritisiert wird der Fragebogen Baden-Württembergs wegen seiner spezifischen Fragen an Ausländer aus islamischen Staaten. Der Ausschuss fordert die Bundesregierung auf, die seit 1990 existierende UN-Konvention zum Schutz von Wanderarbeitern und ihrer Familienangehörigen zu ratifizieren. Positiv hob der UN-Ausschuss die Einführung des Allgemeinen Gleichstellungsgesetzes vor zwei Jahren sowie die Islamkonferenz des Bundesinnenministeriums hervor.

Aktionsplan gegen Rassismus ist in Arbeit

Die Internationale Liga für Menschenrechte erklärte, der UN-Ausschuss habe in ungewöhnlich deutlicher Form die Missstände in Deutschland benannt. Es sei klar geworden, dass die Bundesregierung nicht entschieden genug gegen Rassismus vorgehe. Bereits vor sieben Jahren habe die Bundesregierung bei der Antirassismuskonferenz der Uno in Durban versprochen, einen Aktionsplan gegen Rassismus aufzustellen, sagte Vizepräsident Yonas Endrias. Laut Innenministerium soll dieser Plan demnächst im Kabinett beschlossen werden. Das Forum Menschenrechte kritisiert, dass die Bundesregierung die Vorschläge von Nichtregierungsorganisationen (NRO) im Aktionsplan nicht berücksichtige. Damit habe die Regierung den Beschluss der Konferenz von Durban missachtet, der eine Zusammenarbeit mit den NRO vorsieht.

(Badische Zeitung, 21.08.2008, S. 4)

1 *Fassen Sie mit eigenen Worten zusammen, mit welchen besonderen Schwierigkeiten Ausländer in Deutschland oft konfrontiert sind.*

2 *Erläutern Sie mögliche Lösungsansätze für dieses Problem und diskutieren Sie diese.*

Speichelhockey im Fummelbunker

Sie ist derb, brutal und oft sexistisch – trotzdem nehmen sich Verlage ihrer an: wie sich die Jugendsprache mit der Zeit wandelt.

von unserem Mitarbeiter Simon Book

Freiburg. Waren Sie schon mal in einem Fummelbunker? Oder sind Sie vielleicht eine Seniorenbarbie? In der Jugendsprache stehen diese Begriffe für Diskothek beziehungsweise eine aufgetakelte Großmutter. Wer da nicht mehr mitkommt, findet die Übersetzung mittlerweile in speziellen Wörterbüchern. Dieses Jahr wird nun auch erstmals das Jugendwort des Jahres gekürt.

Vor fünfzig Jahren begann die Wissenschaft, die Sprache der Jugend zu untersuchen. Gar nicht so einfach. Schließlich hat Jugendsprache viele Stile und Arten, wie der Freiburger Sprachwissenschaftler Helmut Spiekermann erklärt: „In den 80er Jahren haben wir zu etwas Tollem noch geil gesagt. Das wurde erst zu cool und dann zu fett. Heute sagen junge Menschen porno." Vier Veränderungen innerhalb von fünfundzwanzig Jahren. Ein beeindruckend schneller Wandel, den Holger Klatte vom Verein Deutscher Sprache ebenfalls feststellt: „Jugendsprache entwickelt einen eigenen Wortschatz und klingt oft brutal. Durch ihren schnellen Wandel haben aber viele Wörter keine lange Lebensdauer."

Wie brutal die Jugendsprache ist, kann man auch im „Wörterbuch der Jugendsprache" von Pons oder in Langenscheidts „Hä?? Jugendsprache unplugged" erfahren. Man findet darin den Analhusten (Blähungen), den Augenorgasmus (Augenweide), die Gehirnprothese (Taschenrechner) oder die Popelbremse (Oberlippenbart). Aber nicht alle Jugendwörter sind so derb. So sagen Teenager zu einem Zungenkuss Speichelhockey, die Klinik zum Alkoholentzug heißt Fantafarm und eine Zigarette wird zum Lungenbrötchen. Die Jugendlichen setzen ihre eigene soziale Umgebung in ihrer Sprache um. Die Ausdrücke sind dabei Instrumente, die den Jugendlichen bei der Abgrenzung helfen: „Die wollen nicht, dass man sie versteht", sagt Forscher Spiekermann. Deshalb sagen sie Schneckenchecker zum Schürzenjäger und Truckerdusche zum Deodorant. Laut dem Freiburger Wissenschaftler stellen sie ein Zusammengehörigkeitsgefühl über die Sprache her, sie grenzen sich bewusst von den Erwachsenen ab: „Die soziale Identität der Jugendlichen findet Ausdruck in Kleidung, Musik und eben auch in der Sprache. Sie ist Teil der Jugendkultur."

Pons und Langenscheidt profitieren davon. Jedes Jahr lassen sie sich von bis zu 20 000 Schülerinnen und Schülern ihre Jugendwörter zuschicken. Diese kommen dann unzensiert in die Wortsammlungen. Und damit nicht genug. In diesem Jahr soll gar das

Jugendwort des Jahres gewählt werden. […]

Ein Geschäft mit der Sprache, oder besteht ein wirkliches Bedürfnis, die Bedeutung von […] Heuchlerbesen (Blumenstrauß) oder Pflasterporsche (Rollator) zu kennen? Die Nachschlagewerke versuchen jedenfalls, nicht nur eine Aufzählung von Wörtern zu bieten. Begriffe werden, soweit vorhanden, mit ihren englischen, amerikanischen, französischen, spanischen und italienischen Entsprechungen geliefert. So kann sich also bald die Jugend der Welt in einer Sprache unterhalten. Ein fast biblischer Gedanke, der allerdings an Substanz verliert, wenn man Klatte glaubt. Der nämlich sagt, dass sich Jugendsprache derart schnell verändere, „da hinken die Wörtersammlungen meist hinterher". Er ist allerdings dafür, Jugendsprache zu einem Teil der Sprachausbildung junger Menschen zu machen, wobei sich dann die Frage stellt, wer wem was beibringt. Die Deutschlehrer werden sich dieses Lernfeld freilich nicht so ohne weiteres erschließen können. Aber vielleicht kann der Wettbewerb ja Jugendliche wieder für ihre Muttersprache begeistern, hofft Klatte.

(Badische Zeitung, 13.09.2008)

1 *Suchen Sie nach weiteren Ausdrücken, die man der Jugendsprache zuordnen kann.*

2 *Erläutern Sie Vor- und Nachteile der Jugendsprache (**➪ Kapitel 1, S. 11–12**).*

Pro & Contra: 40 Jahre danach: Nichts übrig vom Geist der 68er

Pro: Junge Mensche heute sind harmoniesüchtig – ganz anders als die 68er-Generation. Statt auf die Straße zu gehen, verziehen wir uns aufs Sofa zu Hause.

von unserer Mitarbeiterin Doreen Fiedler

Die streitsüchtige 68er-Generation beherrscht vierzig Jahre nach ihrer Zeit noch immer die Universität. Aber nur thematisch. Selber streiten, kritisieren, disputieren, kollidieren können die Studierenden nicht mehr. Im Seminarraum harmoniert Ordnung mit Disziplin, man hört einander zu und bleibt rücksichtsvoll. Draußen marschieren die wenigen, die aus Tradition am Straßenprotest festhalten und gegen die Studiengebühren erfolglos mobil zu machen suchen, drinnen aber sitzen sie brav für den Seminarschein. Fürs Lehramtsstudium natürlich. Damit die Zukunft gesichert ist.

Dabei ist es nicht so, dass wir Jungen verlernt hätten, uns zusammenzuballen. Aber bitte schön gemeinschaftlich *für* eine Sache, nicht *dagegen*. Zum Beispiel für die Liebe (1,6 Millionen bei der 2008er-Love-Parade) oder für Fußballfreundschaft. Erhebt ein Grüppchen die Gegenstimme, könnten es bezahlte Demonstranten sein. So geschehen vor dem Berliner Reichstag, Anlass war Kritik an der Gesundheitsreform.

Protest ist nämlich Arbeit. In unserer Freizeit quatschen wir lieber mit unseren Freunden. Zumindest die private Welt auf dem Sofa, im Park, im Café soll im Lot bleiben, wenn schon die große Welt aus den Fugen gerät. […] Und wenn auch noch zerrüttete Familienverhältnisse im Hintergrund stehen, wenn Arbeitslosigkeit die Eltern bedroht, dann werden Freundschaften und Netzwerke unschätzbar wichtig. Wir setzen unser harmonisches Umfeld gegen die böse Umwelt. Übrigens auch immer mehr mit langfristigen Partnerschaften inklusive Treueschwur.

Wir wollen nicht mehr protestieren! Reden wir über Politik, dient das mehr dem Informationsaustausch als der Stellungnahme. Und sollten wir einmal eine Meinung besitzen, denn nur im Rahmen der vorgegebenen liberalen Standards. Die schreiben ja vor, tolerant zu sein: Unsere Freunde glauben an fremde Götter, die Mitbewohner haben andere Hautfarben, nachts tanzen wir auf Schwulenpartys. Haben wir ein Problem damit, werden wir es niemals sagen. Das könnte ja zu Krach führen.

Contra: Der Protest der jungen Erwachsenen heute kann nicht mit den Maßstäben der 68er-Bewegung gemessen werden. Das Internet ist unser Rednerpult.

von unserer Mitarbeiterin Hanna Hauck

Einigkeit, Gleichheit, Brüder- und Schwesterlichkeit sind auch heute noch lange nicht erreicht. Frauen verdienen in Deutschland im Durchschnitt mehr als 20 Prozent weniger als Männer, Rechtsradikalismus scheint, in Anbetracht der Wahlerfolge der NPD, nicht überwunden; und die Internationale Aids-Konferenz in Mexiko-Stadt hat gezeigt, dass wir die Immunschwächekrankheit weder im Griff haben noch respektvoll mit infizierten Menschen umgehen. Die Liste ist beliebig erweiterbar. Und doch scheint man nicht mehr, wie noch in den späten 60ern üblich, sofort auf die Straße zu gehen. Das heißt aber noch lange nicht, dass wir nichts mehr zu sagen haben. Protest der heutigen Jugendlichen und jungen Erwachsenen äußert sich anders [...].

Rege Diskussionsbereitschaft findet man in vielen Online-Foren und Internetblogs, in denen Themen kontrovers besprochen werden – mehr oder weniger geschützt durch vermeintliche Anonymität vor der manchmal übertriebenen *political correctness*. Auch wenn einige das Schlupfloch Internet schamlos ausnutzen: Die Online-Debatten sind der Allgemeinheit zugänglich. [...] Das Rednerpult wurde vom Podium auf den Bildschirm geholt.

Auch organisierten Protest gibt es noch: Die Gruppe „Stasi 2.0", die ihr Logo an Ampeln, Mauern und Häuserwänden anbringt und auch im Internet veröffentlicht, ist nur eine von vielen Aktionsbündnissen, die sich gegen Wolfgang Schäubles Online-Überwachungen richten. Anfang Juni vergangenen Jahres in Heiligendamm bewiesen außerdem Zehntausende G-8-Gegner, dass Großdemonstrationen noch nicht der Vergangenheit angehören.

Dennoch sind viele junge Menschen der Protest- und Demonstrationstraditionen, die von der 1968-Bewegung vorgegeben wurden, überdrüssig. Junge Frauen heute müssen nicht mehr öffentlich ihre BHs verbrennen, um Gleichberechtigung einzufordern, sondern können versuchen, dieses Ideal zu leben, indem sie für eine eigene Karriere kämpfen.

(Badische Zeitung, 05.09.2008)

1 ***Informieren Sie sich über die Studentenunruhen im Jahr 1968. Stellen Sie in Gruppen Material zu unterschiedlichen thematischen Schwerpunkten zusammen.***

2 ***Vergleichen Sie heutige gesellschaftliche Entwicklungen mit denen des Jahres 1968. Gehen Sie dabei besonders auf die im Text dargestellten Einstellungen junger Erwachsener ein.***

Wieder an die Zukunft glauben

von Christoph Seils

In Bildungscamps sollen Haupt- und Gesamtschüler Selbstvertrauen tanken und verborgene Talente entdecken – in der Hoffnung, dass sie so später leichter einen Ausbildungsplatz finden.

„Achtung Aufnahme", schallt es durch den Raum, dann beginnt Kevin den Nachrichtenclip für Radio Future Musjk LC zu lesen. Er verhaspelt sich, muss noch einmal beginnen. Im dritten Anlauf schließlich spricht der 14-Jährige in der improvisierten Kabine seinen kurzen Text zu Ende, dreht sich um und schmunzelt verlegen. Geschafft. Doch kein Radiosender ist dies hier, sondern praktische Berufsorientierung. „Zukunftscamp – Future now" heißt das Modellprojekt, das die acht DGB-Gewerkschaften in diesem Sommer schon zum zweiten Mal im brandenburgischen Flecken-Zechlin sowie parallel im nordrhein-westfälischen Harringen durchgeführt haben.

Die Gewerkschaften betreten Neuland. Sie bieten hier weder eine Ferienfreizeit noch traditionelle

Bildungsarbeit. Drei Wochen lang beschäftigen sich die 60 Achtklässler aus Haupt-, Ober- und Gesamtschulen stattdessen mit Themen wie Gerechtigkeit, Klimawandel und Ernährung. Sie arbeiten, experimentieren und besuchen Betriebe. Sie sollen dabei nicht kurzfristig in bestimmte Berufe hineingetrimmt werden, sondern verborgene Talente entdecken und Selbstvertrauen tanken. 15 Betreuer stehen dafür rund um die Uhr zur Verfügung.

Die Stimmung in dem Camp direkt am See ist prächtig. „Cool, macht Spaß", sagt Dennis. Stolz brät er mit einer roten Schürze um den Bauch vegetarische Hamburger und räumt ein, „sonst hätte ich in den Ferien nur vor dem Fernseher gesessen". Eine muntere Truppe hat sich in Flecken-Zechlin zusammengefunden, aber auch Alkohol-, Drogen- oder Gewalterfahrungen haben Teilnehmer bereits gemacht. [...] Gemeinsam sind ihnen die Zukunftssorgen, die Stigmatisierung von Haupt- und Gesamtschülern hat sich tief in ihre Köpfe eingebrannt. „Wir haben alle Angst, dass wir keinen Ausbildungsplatz bekommen", sagt die 14-jährige Iman [...], „jeder macht sich Gedanken um seine Zukunft."

Insgesamt hat sich die Ausbildungssituation zwar entspannt. Aber noch immer finden viele Jugendliche keinen Ausbildungsplatz, Zehntausende brechen ihre Ausbildung jedes Jahr ab. Durchschnittlich 80 000 Schüler schaffen nicht einmal den Hauptschulabschluss. Sie sind auf dem Arbeitsmarkt faktisch nicht vermittelbar, landen in den Programmen der Bundesagentur für Arbeit und verursachen Kosten in Milliardenhöhe. „Es hat mich schon immer geärgert, dass wir jedes Jahr so viele Jugendliche ohne Schulabschluss auf den Arbeitsmarkt entlassen", sagt Dietmar Hexel vom DGB-Bundesvorstand, der das Projekt initiiert hat. [...] Hier soll das Modellprojekt ansetzen. Wobei nach drei Wochen nicht Schluss ist. Zwei Jahre lang werden die Jugendlichen begleitet, durch die Bewerbungsphase bis zu ihrem Schulabschluss. [...]

Bislang kooperieren die Schule, die Arbeitgeber und die Arbeitsagentur an dieser biografischen Nahtstelle kaum miteinander. Aber die Gewerkschaften haben diese nun an einen Tisch gebracht. Bekannte deutsche Unternehmen wie die Salzgitter AG, Siemens oder Volkswagen beteiligen sich an den Kosten des Modellprojektes von rund 240.000 Euro. Die Arbeitsagentur in Neuruppin finanziert 49 Prozent, obwohl es gar nicht in ihren Aufgabenbereich fällt, Schüler zum Schulabschluss zu bringen. Doch Agentur-Chefin Cornelie Schlegel will das Geld „besser präventiv einsetzen als später in der Reparaturphase". Auch die Bundesagentur sieht das Geld „sinnvoll" eingesetzt und würde solche Camps gerne langfristig finanzieren, in allen Bundesländern. Allerdings sei dies eine Entscheidung, die die Politik treffen müsse, heißt es dort. Immerhin hat Bundeskanzlerin Angela Merkel das Thema „Übergänge" inzwischen auf die Agenda ihres Bildungsgipfels gesetzt.

Dabei ist es gar nicht so einfach, den Erfolg des Projekts zu messen, noch fehlen Langzeituntersuchungen [...]. Solche Camps könnten jedoch „Impulse geben", sagt Ute Stoltenberg. Jugendlichen, „die im öffentlichen Bewusstsein abgeschrieben sind", könne ein Fenster zu einer selbst zu gestaltenden Zukunft geöffnet werden.

Campleiter Eckart Riechmann kann dazu ganz praktisch von den kleinen Erfolgen seiner Arbeit berichten. Zum Beispiel von einem Jugendlichen, der das Team im vergangenen Jahr fast zur Verzweiflung gebracht hatte. Der war „sozial 'ne Grotte", so Riechmann. Er soff, feierte nachts und wusste morgens nichts mit sich anzufangen. Nach einer Woche drohte der Rausschmiss. „Aber wir haben ihn gekriegt", sagt der Sozialpädagoge. Der Jugendliche habe schließlich Spaß am Kochen gefunden. Ein Jahr später hat er nun einen Ausbildungsvertrag unterschrieben. Aber es gibt auch Misserfolge. In diesem Jahr musste ein Teilnehmer vorzeitig abreisen, nachdem er unter anderem Altersgenossen verprügelt hatte.

Der Stimmung in Flecken-Zechlin tut dies keinen Abbruch. Doch die Teilnehmer stehen zugleich unter Druck. Dennis will Tischler werden, deshalb haben ihm seine Eltern mit auf den Weg gegeben, er solle sich hier unbedingt anstrengen. Imans Berufsziel heißt Polizistin. „Ich würde alles dafür tun", sagt sie. Trotzdem ist die Berufsvorbereitung im Camp nicht alles. Klar, die Jugendlichen sind eifrig dabei beim Ausprobieren, Experimentieren oder Diskutieren, doch die Augenringe lassen sich kaum verbergen. Die Partys in der Nacht sind auch nicht schlecht.

(Die Zeit, Nr. 38, 11.09.2008)

1 *Beschreiben Sie mit eigenen Worten die in dem Text vorgestellte Bildungsinitiative.*

2 *Bewerten Sie diese Maßnahme.*

3 *Setzen Sie sich in Gruppenarbeit mit der Frage auseinander, wie man die Zukunftsperspektiven von Haupt- und Gesamtschülern verbessern kann.*

Wikipedia
Ohne Gewähr

Die Wikipedia ist eines der Leitmedien des World Wide Web. Die Erfolgsgeschichte der „freien Enzyklopädie" beruht darauf, dass jeder dort schreiben und sein Wissen einbringen kann, auch anonym. Dieses Prinzip der Offenheit wird ergänzt durch Dokumentation und Kontrolle: Alle Artikeländerungen werden gespeichert. Frühere Versionen sind unter „Versionen/Autoren" abrufbar, unter „Diskussion" finden sich die Debatten und Fragen der Bearbeiter. So eindrucksvoll die Fülle und die Nachvollziehbarkeit der Wikipedia-Inhalte sind – beim Umgang mit ihnen ist besondere Sensibilität angesagt.

Wikipedia arbeitet nach dem Konsensprinzip: Es „hat Bestand, was von der Gemeinschaft akzeptiert wird", heißt es in der Selbstbeschreibung. Das bedeutet selbstverständlich nicht, dass alle Bearbeiter der Enzyklopädie deren kompletten Inhalt kennen und gutheißen. Vielmehr herrscht der Konsens unter den Bearbeitern des einzelnen Artikels. Die Kompetenz dieser Gruppen kann sehr unterschiedlich sein, dementsprechend variiert auch das Niveau der Artikel. Und eine Gewähr für die Richtigkeit ist der Konsens ohnehin nicht.

Viele Themen sind in der Wikipedia-Gemeinschaft ebenso umstritten wie in der Gesellschaft. Und immer wieder ist die Wikipedia das Ziel von PR-Aktionen, Texte werden interessengeleitet geändert. Oft entdecken aufmerksame Wikipedianer solche Versuche, mäßig kaschierte Werbung einzuschleusen, nach wenigen Minuten und löschen sie. Trotzdem ist es angeraten, vor der Verwendung der Texte einen Blick auf die Diskussionsseite zu werfen und zumindest die jüngeren Versionsänderungen zu beachten – umso kritischer, je kleiner die jeweilige Bearbeitergruppe ist.

Beim Erkennen von Manipulationsversuchen hilft der Wikiscanner von Virgil Griffith. Er wertet alle Änderungen nicht angemeldeter Nutzer aus und ordnet deren Netzadressen Firmen und Organisationen zu. So wurde jüngst das US-Militär bei Änderungen am Artikel „Guantanamo" ertappt, der hessische CDU-Landesverband änderte die Biografie des grünen Landtagsabgeordneten Tarek Al-Wazir (angeblich war es ein Praktikant), und der Eintrag über die grüne Bundesgeschäftsführerin Steffi Lemke ist ein Beispiel für einen sogenannten Edit-War, bei dem sich die Bearbeiter gar nicht grün sind.

(Die Zeit, Nr. 6, 31.01.2008, S. 37)

1 *Geben Sie mit eigenen Worten wieder, warum es problematisch sein kann, mit Wikipedia zu arbeiten.*

2 *Erörtern Sie Vor- und Nachteile der Nutzung des Internets als Lern- und Informationsquelle.*

Lügen im Netz

Kann man Informationen aus dem Internet trauen? Wie man vermeidet, falschen Online-Informationen aufzusitzen

von Albrecht Ude

Anfang 2006 meldeten der WDR, der MDR, n-tv, *Spiegel Online* und andere Medien eine politische Sensation. Vom Ticker der Nachrichtenagentur AP hatten sie eine Meldung übernommen: „Bund Deutscher Juristen fordert Aussagen unter ‚leichter Folter' – Offene Diskussion und Bruch von Tabus verlangt".

Die Meldung war eine Ente. Ein bis heute unbekannter Schalk hatte die Website www.bunddeutscherjuristen.org ins Netz gestellt und dann die heikle Nachricht verschickt, dass dessen Vorsitzender Dr. Claus Grötz, angeblich im Hauptberuf Strafrichter am Bundesgerichtshof, die Folter gefordert habe. Keinem Redakteur war aufgefallen, dass es diesen Richter gar nicht gibt. Auch hatte niemand bemerkt, dass der angeblich bereits 1952 gegründete Bund Deutscher Juristen erst seit dem 28. Dezember 2005, zwei Tage vor der Pressemeldung, seine Website betrieb, dass diese kein Impressum enthält und dass der Urheber nicht zu ermitteln ist.

Das Internet ist ein Geschenk für die Demokratie. Nirgendwo gibt es weniger finanzielle, technische und politische Hürden, seine Meinung zu publizieren. Andererseits greifen im Internet nicht die Qualitätskontrollen, die bei Printmedien üblich sind. […] Doch viel zu viele Surfer nehmen immer noch alles für bare Münze, was sie in ihrem Browserfenster lesen.

Internetrecherche ist bequem. […] In der Schule lautet die Aufgabe oft: Finde zum Thema X Informationen im Netz, und viele Schüler (und oft auch die Lehrer) glauben, mit ein bisschen Googeln und dem Ausdruck der Fundstellen sei die Aufgabe erledigt. Dabei fängt die eigentliche Arbeit dann erst an. […] Das ist schwierig und wird bisher kaum gelehrt, wohl auch, weil viele Lehrer damit selbst überfordert sind. Inzwischen gibt es die ersten Leitfäden, mit deren Hilfe recherchierende Kinder die Vertrauenswürdigkeit von Webinhalten beurteilen können: Das Internet-ABC, das sich an 5- bis 12-Jährige richtet, leitet im Abschnitt *Von Autoren und Datendieben* zu ersten kritischen Fragen an. Detailliertere Informationen für ältere Nutzer bietet Lehrer Online.

Eine Webseite ist keine Seite wie ein Stück Papier, sondern eine Datei. Außer dem Text enthält sie Befehle, die weitere Dateien wie Bilder, Formatierungsanweisungen und Programmskripte laden. Der Webbrowser zeigt das auf dem Bildschirm an. Allerdings nützt das manchmal nicht viel, denn der Nutzer sieht beileibe nicht alles.

Wer schreibt? Die ersten Fragen betreffen Autor, Text und Aktualität. Wer schreibt? Welcher Standpunkt, welches Vorurteil wird vertreten? Sind die Informationen stabil oder bald überholt? Sind sie plausibel und prüfbar? Gibt es Links, wohin zeigen sie, und funktionieren sie? Besonders wichtig ist die Frage der Aktualität: Ist das Publikationsdatum oder das der letzten Änderung genannt? Viele Informationen im Internet sind undatiert und auch dann noch abrufbar, wenn sie längst veraltet sind. Wenn kein Datum angegeben (oder dies zweifelhaft) ist, kann man bei Archive.org nachsehen, wie lange die Seite schon existiert und wann sie geändert wurde.

Das Umfeld Wichtig ist auch das Umfeld der Seite: Wo erscheint sie […]? Eine Website über den amerikanischen Bürgerrechtler und Friedensnobelpreisträger Martin Luther King, der 1968 ermordet wurde, steht unter www.martinlutherking.org im Netz. Zunächst hat es den Anschein, als pflege hier eine Privatinitiative dessen Andenken. Ganz unten auf der Startseite steht aber, dass sie von Stormfront betrieben wird, einem Neonaziverein in den USA, mit dem Motto: *White pride – worldwide.*

Zensur Wer bei Google.de und Google.com nach dieser Naziseite sucht, findet deren Homepage in der internationalen Google-Version auf Platz eins, in der deutschen dagegen gar nicht. Während diese Form der Zensur den deutschen Gesetzen geschuldet ist, die rechtsradikale Propaganda verbieten, wollen andere Länder ihre Bürger vor freiheitlichem Gedankengut „schützen", etwa Iran oder die Volksrepublik China – Letztere nennt ihre Maßnahmen euphemistisch die „Great Firewall of China". Missliebige ausländische Webseiten sind von China aus unerreichbar, was man auf der Seite Websitepulse.com prüfen kann: [...].

Die Domain Auch ohne Betrug und Zensur sollte man bei jeder Website auf die so genannte Top-Level-Domain (TLD) achten. Jeder Staat hat eine (aus zwei Buchstaben bestehende) Länderkennung, außerdem gibt es „generische" TLDs für Sachgebiete. Eine .com- oder .org-Domain bekommt, wer ausreichend dafür zahlt; andere TLDs sind für bestimmte Anbieter reserviert. Man sollte daher stets fragen, ob die Domain zum Inhalt passt. Unter der Domain www.whitehouse.com etwa findet man nicht das Weiße Haus – das steht im Netz selbstverständlich unter .gov, der Domain für Behörden der USA.

Weitere Fragen sind, wer eine Website finanziert und ob es Hinweise auf Sponsoren gibt. Schließlich braucht jede ernst zu nehmende Site ein Impressum mit vollständigen und validen Kontaktangaben.

Hoaxes Ist eine Falschmeldung erst einmal in der Welt, so ist sie im Internet kaum noch korrigierbar. Die „Hoaxes", von den Bonsai-Kätzchen im Einmachglas bis zu angeblichen Nachrichten über Firmen wie Microsoft, haben eine praktisch unbegrenzte Lebensdauer. Wer an der Ernsthaftigkeit einer Nachricht zweifelt, sollte den deutschsprachigen Hoax-Infodienst von Frank Ziemann anklicken.

Copy & Paste Eine wichtige Frage ist ebenfalls, ob es sich um den Originaltext handelt. Im Zeitalter von Copy & Paste ist der Textklau endemisch. Digitale Texte werden oft kopiert, meist ohne die erforderliche Erlaubnis. Selbst *Spiegel Online* hat einmal einen kompletten Text aus der Wikipedia ohne Kennzeichnung übernommen, sich allerdings nach der Entdeckung entschuldigt und den Beitrag gelöscht. Für die Suche nach Plagiaten taugen Google und die Spezialsuchmaschine Copyscape.

Das Urteil der anderen Selbst wenn das zu prüfende Dokument kein Plagiat ist oder diese Frage keine Rolle spielt, empfiehlt es sich, nach dem Text zu googeln, um zu erfahren, was andere darüber denken. Dazu kann man nach dem Titel des Dokuments recherchieren. Wer hat diesen Text zitiert oder besprochen und wie? Wichtig ist auch, wer sich dort äußert. Und auch wenn niemand das Dokument zur Kenntnis nimmt, kann das eine relevante Information sein.

Wer verlinkt auf die vorliegende Website? Das erfährt man durch eine simple Google-Abfrage: „link: www.zeit.de" zum Beispiel zeigt die Websites, in denen ein Link auf die *ZEIT* vorkommt. Allein schon deren Anzahl ist eine Aussage darüber, für wie wichtig die Nutzer des Internets die Website halten.

Die Ergebnisse sollten sensibel gewichtet werden. Wenn zum Beispiel angesehene Webkataloge von Google, Yahoo oder Web.de oder ein bibliothekarisches Projekt wie der Librarians' Internet Index, das Bulletin Board for Libraries oder das Internet Scout Project auf eine Seite verweisen, dann ist die dadurch geäußerte Wertschätzung durchaus verlässlich. Bei anderen Link-Quellen sollte man überlegen, wie sich diese über die verlinkte Seite äußern und wie ernst man diese Quellen nimmt. Falls gar kein externer Link auf eine Website verweist, ist es sinnvoll, zu prüfen, ob die großen Suchmaschinen die Site kennen. Ist das nicht der Fall, sollte man sich fragen, wie man diese Site selbst gefunden hat.

Wer steckt dahinter? Geht es um wirklich wichtige oder heikle Informationen, kann es sich lohnen, genauer hinzuschauen, wer die Website betreibt. Jede Domain ist in einer sogenannten Whois-Datenbank registriert. Die Einträge enthalten die Namen und Adressdaten des Domain-Inhabers und der Zuständigen für technische Fragen [...]. Für alle deutschen Domains ist das Denic zuständig. Alle Domains weltweit sind bei Websites wie Allwhois abfragbar. Die komplette Liste aller Domains verwaltet die Internet Assigned Numbers Authority (IANA).

Eine solche Recherche hätte auch die peinliche Falschmeldung von 2006 verhindert. Als Betreiber von www.bunddeutscherjuristen.org ist eine Firma in den USA genannt. Ihre Dienstleistung: die Namen ihrer Auftraggeber verschweigen.

(Die Zeit, Nr. 6, 31.01.2008, S. 37)

Sachtexte

1 *Prüfen Sie den Wahrheitsgehalt von Internetseiten am Beispiel konkreter Aufgaben. (Z. B.: Informieren Sie sich zum „Tag der offenen Tür" im Bundeskanzleramt.)*

2 *Vergleichen Sie die Ergebnisse und diskutieren Sie diese.*

Umstrittener Grips-Rabatt

von Jan Friedmann

Die Universität Freiburg erlässt Studenten mit einem hohen IQ die Studiengebühr – Kommilitonen klagen gegen die Klausel.

Vor den großen Fenstern treiben Nebelschwaden in Richtung Schwarzwald, Novembermelancholie hängt über der beschaulichen Universitätsstadt Freiburg in Südbaden.

Im Sitzungssaal IV des Verwaltungsgerichts geht es jedoch zur Sache: Verschanzt hinter Aktenordnern und Gesetzessammlungen sitzen vier Studenten den Richtern gegenüber, zwei haben zusätzlich ihre Väter als Rechtsbeistand mitgebracht. Die Beklagte sitzt am äußeren Rand der langen Reihe: die Universität Freiburg […].

Auf der Tagesordnung des Gerichts steht eine Freiburger Spezialität, man könnte sie als Gehirnschmalz-Regelung bezeichnen: Als bundesweit einzige Hochschule erlässt die Albert-Ludwigs-Universität Studenten mit einem nachgewiesenen IQ von mindestens 130 für begrenzte Zeit die Studiengebühren. […]

Was als kleiner Marketing-Gag der Hochschulleitung begann, hat sich zu einem erbitterten Streit ausgeweitet. Die Universität muss sich unangenehme Fragen stellen lassen: Wer misst wie und mit welchem Recht, was Intelligenz ist? Und ist es gerecht, daran finanzielle Vorteile zu knüpfen?

Dabei schien die ursprüngliche Überlegung plausibel: War es nicht ein genialer Schachzug im Wettbewerb der Hochschulen um Reputation, Profil und Fördergelder, einen unüberhörbaren Lockruf an die schlauen Studenten und Studienbewerber auszusenden? Schließlich spielt man nach eigenem Verständnis ja auch in der „Champions League", wie Freiburgs Rektor Wolfgang Jäger nach der Kür seiner Hochschule zur Elite-Universität vor einem Monat selbstbewusst verkündete.

Die juristischen Voraussetzungen für die IQ-Regelung waren rasch gefunden: Ein Passus im Landeshochschulgebührengesetz von Baden-Württemberg erlaubt, bei „weit überdurchschnittlicher Begabung" oder „herausragenden Leistungen im Studium" die Gebühren zu erlassen.

Diese eher vage Formel interpretierte die Universität Freiburg auf eigenwillige Art: Danach können Studenten befreit werden, die von einem renommierten Begabtenförderungswerk unterstützt werden – und solche, „die einen IQ von mindestens 130 nachweisen können, der aus einem nicht länger als drei Monate zurückliegenden Intelligenztest resultiert". […]

Nun muss die Universität Studenten wie Thorsten Deppner, 26, vor Gericht erklären, warum er nicht dazugehören soll. Deppner bildet gemeinsam mit einem weiteren angehenden Juristen, einem Mediziner und einem Physiker die Klagevorhut. Sein Abitur hat er mit 1,0 bestanden, im ersten Staatsexamen erreichte er ein Prädikatsergebnis von über elf Punkten. Der Student mit den schulterlangen blonden Haaren vertritt sich selbst vor Gericht, argumentiert prägnant und kundig.

Die Universität lehnte es ab, Deppner für sein noch nicht beendetes zweites Fach Politik die Gebühr zu erlassen. Mit dem Jura-Staatsexamen sei auch das relevante Stipendium der Studienstiftung […] ausgelaufen. Eine Sachbearbeiterin beschied ihn, er könne sich ja bei einem IQ-Test anmelden.

Das ärgerte den jungen Juristen: „Es ist ein Skandal, dass ein IQ-Test als Nachweis dienen soll und die eigentlichen Studienleistungen außen vor bleiben", argumentiert Deppner.

Selbst unter den Siegern der Freiburger Testwelle – die Hochbegabtenvereinigung Mensa etwa verzeichnete einen Ansturm auf ihren 50 Euro teuren Test – finden sich kaum offene Fans der IQ-Klausel. Sie erzähle allenfalls guten Freunden, dass sie erfolgreich war, berichtet Maike Haupt, 28-jährige Studentin in Englisch, Französisch und Biologie. Er sei „kein Einser-Student, eher Mittelklasse", stapelt auch der Nichtzahler und Pharmaziestudent Sebastian Thölken, 23, tief. [...]

Unterstützung bekamen die studentischen Kläger vergangene Woche vom Verwaltungsgericht in Freiburg. Noch liegt kein schriftliches Urteil vor, aber die Richtung ist klar: Die Hochschule verlasse sich auf externe Maßstäbe für angebliche Hochbegabung, sagte der Vorsitzende Richter, anstatt selbst anhand der Studienleistungen zu prüfen, wer ein exzellenter Student sei. [...]

Für den Fall, dass der IQ-Bonus dennoch nicht verschwindet, haben sich die Studentenvertreter schon ein Gegenmittel überlegt: Sie wollen künftig IQ-Test-Training anbieten – um möglichst viele Studierende über die magische Schwelle zu heben.

(Der Spiegel 47/2007, 19.11.2007)

1 ***Beschreiben Sie mit eigenen Worten das in dem Zeitungsartikel aufgeworfene Problem.***

2 ***Erörtern Sie, inwiefern dieses Problem typisch für die gesellschaftliche Entwicklung ist und welche Folgen sich daraus ergeben.***

Kinder der Revolution

von Tina Suchanek

Josephine Happ aus Frankfurt an der Oder und Elisa Häußler aus Frankfurt am Main wurden beide im November 1989 geboren. Sie kennen nur das eine Deutschland – und leben doch in zwei unterschiedlichen Welten.

Für Josephine ist das Leben eine Chance. Sie sagt: „Wenn ich für etwas arbeite, werde ich das auch bekommen."

Die Welt war eine andere, als Frau Happ sechs Tage nach der Geburt ihrer Tochter das Krankenhaus verließ. Nicht nur, dass da jetzt Josephine war. Zwar schien die Zeit im Kreißsaal einen Augenblick stehen geblieben zu sein, doch draußen war dieselbe Zeit gerade dabei, eilends Geschichte zu schreiben: Es war der 9. November 1989.

Achtzehn Jahre später bittet Josephine Happ – ein Mädchen, eine Frau? –, sich die Schuhe auszuziehen, bevor man die Treppe hochgeht, in ihr Zimmer, um über ihr Leben in diesem neuen Deutschland zu sprechen, das so alt ist wie sie – und das einzige Deutschland, das sie kennt. Ihr Zimmer erzählt von ausgehender Kindheit und nahendem Erwachsensein; viel Wärme, viele Poster, viele Bücher, darunter sämtliche *Harry Potter*-Bände und Jules Vernes *Reise zum Mittelpunkt der Erde*.

Der Mittelpunkt der Erde hatte sich in Josephines Geburtsjahr schlagartig verschoben, viele Menschen aus Frankfurt (Oder) zogen diesem Mittelpunkt hinterher. Josephines Eltern blieben da. [...] Über Josephines Bett hängen japanische Fächer, ägyptische Papyri und schamanische Traumfänger, die Faszination der Fremde, seit ihrer Geburt, in ihrem ganzen Leben, erreichbar. In der elterlichen Stube: schwere Möbel, ein paar Bilder, vom Großvater aus Rostock gemalt und sparsam im Raum verteilt, als hingen sie noch im Plattenbau. „So groß" sei damals die ganze Wohnung gewesen, sagt Josephine und breitet die Arme aus, als könnte sie das ganze Zimmer umfassen. Dann erzählt sie, die Hände noch in der Luft, von ihrem Plan, die Welt zu erobern.

Als Erstes lege man sich fest, sagt Josephine. „Sich immer etwas offenhalten wollen, damit kann ich mich nicht identifizieren." Ihre Eltern, Arzt und Apothekerin, sagten immer: „Such dir einen Job, wo du sicher bist." Ihr Vater, der Mediziner, meine: „Krank werden die Leute immer." Josephine sagt:

„Heidelberg wird fürs Medizinstudium empfohlen."

Heidelberg hat eine schöne Altstadt. Josephine mag schöne Altstädte. In Frankfurt (Oder) werden die Wohnungen im Zentrum abgerissen und vor der Stadt wieder aufgebaut, als Häuser im Grünen.

[...] Frankfurt (Oder) sei „einfach nicht auf dem neuesten Stand – egal, in welcher Hinsicht". Und doch ist Josephine Teil des Ostens, sie weiß es. Sie findet coole Dinge nicht cool, sondern „peppig", auch wenn das Wort in Restdeutschland nahezu ausgestorben ist. Wie fast alle in ihrem Jahrgang erhielt sie vor vier Jahren die Jugendweihe, die atheistische Ostvariante der Konfirmation. Noch so ein Überbleibsel aus einer Vergangenheit, die nicht ihre ist. Die Stadt schenkte ihr damals eine Rose und einen Atlas. Seitdem gehört sie zum „offiziellen Kreis der Erwachsenen" – die mit dem Wegweiser in der Hand.

Wie bei vielen in Josephines Abiturklasse zeigt dieser gen Westen. Dort will sie studieren, weil die Ost-Unis zu unbekannt sind. Nach dem Abitur wird sie nicht erst ein „praktisches Jahr" machen, wie ihre Mutter vorschlägt. Schließlich will sie ja auch Kinder haben, „in den Zwanzigern wäre schon gut", früher als die Westfrauen also. Hausfrau und Mutter komme für sie jedoch nie infrage, sagt sie. „Erwachsensein heißt doch, unabhängig von anderen zu sein."

Und dann erzählt Josephine, dass die meisten in ihrer Umgebung so denken und reden, „wenn ich mir etwas aussuche und dafür arbeite, werde ich das auch bekommen". Es gibt in ihrer Klasse keine Jammerossis mehr, eher Handlungsossis. Für die ist Deutschland nicht mehr als ein Fakt, vielleicht eine Chance. So erwartet Josephine nichts von Deutschland, sie erwartet aber einiges von sich.

Für Elisa besteht die Welt aus vielen Möglichkeiten – und Risiken: „Man kann jederzeit gekündigt werden."

Sechshundert Kilometer entfernt von Frankfurt (Oder) liegt Frankfurt am Main – 600 000 Einwohner mehr, zehn Prozentpunkte weniger Arbeitslose: der Westen. Hier wohnt Elisa Häußler mit ihren Eltern und ihrem jüngeren Bruder in einem kleinen Hexenhaus. Das denkt man, wenn man vor der elektronisch gesicherten Gartentür steht. Wird man eingelassen, ändert sich der Blick, die Räume werden größer und heller. Jahrzehntealte Tannen verdecken die atelierartige Rückseite des Hauses – Häußlers ließen sie anbauen, nachdem Elisa geboren worden war, sechs Tage nach dem Mauerfall. Das Leben war all die Jahre ein Zugewinn. Die Bäume durften hier in Ruhe wachsen. [...]

Kunstpädagogin wie ihre Mutter wolle sie nicht werden, sag Elisa. Vielleicht ins Ausland gehen, vielleicht „in Richtung Politik und Wirtschaft" studieren; der Vater ist Unternehmensberater. „Das wird sich ergeben", sagt sie, „nach der Schule will ich erst mal irgendwie was anderes machen." Das Leben ist ein Meer von Möglichkeiten, es besteht aus vielen Vielleichts und wenigen Unbedingts. Das kann Ausdruck von Lebensluxus sein. Oder von Verunsicherung.

Entscheidungen oder vielmehr: Potenzielle Fehlentscheidungen sind es, die Elisa mit dem Erwachsensein in der neuen deutschen Multioptionsgesellschaft verbindet. Mit 18 könne sie zwar selbst bestimmen, welche Partei sie wählen, was sie arbeiten, wo sie leben wolle, doch nie könne sie sicher sein, richtig entschieden zu haben. „Auch wenn man meint, einen sicheren Job zu haben, kann man jederzeit gekündigt werden", sagt Elisa, ihre Stimme klingt dabei fast gelangweilt, abgeklärt, ohne Tiefe.

[...] In Elisas Zimmer herrscht Übersicht, es gibt keine Enten, Vögel, Bilder. Nur Familienfotos. Die Verwandten wohnen fast alle in der Nähe, die Urgroßmutter stammte aus Leipzig, aber dort war Elisa noch nicht. Nur einmal in Weimar. Die Leute dort seien nicht viel anders als im Westen, sagt sie. „Unvorstellbar, dass sie einmal gefangen waren."

Heute sei man dagegen sehr frei, zu frei vielleicht. „Es gibt so viele Möglichkeiten, unterschiedliche Lebensziele, Kleidung, Musik. Das ist wohl typisch für meine Generation." Man könne leicht glauben, „dass einem alles zufliegt" – oder eben nichts. „Bei meinen Eltern war das nicht so." Dann lächelt Elisa in Frankfurt am Main ihr Lächeln, in dem etwas mehr Vorsicht und etwas weniger Zuversicht liegen als in dem von Josephine in Frankfurt (Oder), und man denkt: Die beiden sind gleich alt und leben im gleichen Land, doch Josephine Happ lebt ihr Leben heute in einer Perspektive wie Elisa Häußlers Eltern vor etwa vierzig Jahren.

(Zeitmagazin „Leben", Nr. 46, 08.11.2007)

1 *Vergleichen Sie die hier beschriebenen Lebenswege und -auffassungen. Erläutern Sie die Unterschiede.*

2 *Verfassen Sie einen Dialog zwischen den beiden jungen Frauen, wie er bei einer ersten gemeinsamen Begegnung zustande kommen könnte. Über welche Themen würden sie sich unterhalten? Welche Tipps würden sie sich gegenseitig geben?*

1. Was macht ihr nun mit den Deutschlandfahnen? 2. War der Rauswurf von Eva Herman aus Johannes B. Kerners Sendung gerechtfertigt? 3. Wenn dir jemand einen Tag schenken würde – was würdest du tun? 4. Wie übersetzt man das Wort „cool" auf Deutsch? 5. Wie würde die Welt aussehen, wenn die Menschen ihren eigenen Träumen folgen würden? 6. Was kann man gegen Winterdepression tun? 7. Welchen Film sollte man unbedingt auf DVD oder Video haben? 8. Warum dreht man im Auto das Radio leiser, wenn man den Weg nicht findet? 9. Welche Redewendungen sind einfach genial? 10. Welche verrückten Dinge macht man aus Liebe? 11. Sollte Deutschland beim Grand Prix aussteigen, so wie es zum Beispiel Nicole fordert? 12. Welches Fußballspiel der letzten Jahre wird euch für immer in Erinnerung bleiben? 13. Welcher Moderator ist zurzeit der beste im deutschen Fernsehen? 14. Wieso werden im Büro so gerne Kugelschreiber geklaut? 15. Welche Möglichkeiten hat jeder Einzelne, um die Gleichstellung der Frauen in der Gesellschaft zu fördern? 16. Was macht man gegen einen Ohrwurm? 17. Welchen Zoo könnt ihr zum Besuch empfehlen? 18. Was muss man gelesen haben? 19. Was ist eine Hundekurve? 20. Wenn man Manager einer Plattenfirma wäre, wie ginge man mit der Produktpiraterie um? 21. Zu welchen Opfern wären Sie bereit, um unseren Planeten zu retten? 22. Welches ist das beste Skigebiet? 23. Welches ist das schönste Urlaubsland? 24. Was sind die besten Tipps für ein Bewerbungsgespräch? 25. Wir sind schon lange von Comic-Superhelden fasziniert. Warum identifizieren wir uns weiterhin mit ihnen?

Fragen, die Leute wirklich umtreiben

Endlich entdeckt. Die Liste der 25 wichtigsten Probleme des Landes

von Tilmann Prüfer und Matthias Stolz

Wer wissen will, was die Deutschen am allermeisten beschäftigt, dem hilft die oben stehende Liste weiter: die 25 am meisten diskutierten Fragen der Internetseite *Yahoo Clever*, die bestbesuchte der deutschen Frageseiten. Wenn der Mensch früher eine Frage hatte, dann wandte er sich an die Götter, ein Buch oder die Menschen, die um ihn herum waren. Heute hat er die Möglichkeit, ein paar Millionen Menschen gleichzeitig zu befragen. Er stellt die Frage auf Internetseiten wie *Wer weiß was?*, *Lycos IQ* oder *Yahoo Clever* und wartet auf Antworten. Hunderte Fragen werden dort jeden Tag gestellt, so ist in den letzten Jahren eine Sammlung der großen, deutschen Fragen entstanden.

Es gibt ein paar Wörter, die liest man jeden Tag in der Zeitung, aber auf der Liste fehlen sie: Hartz IV, Terror, Afghanistan oder Angela Merkel. Dennoch ist die Politik ein Thema für die Deutschen – sie kommt nur ziemlich versteckt vor: Die allererfolgreichste Frage war jene, was die Menschen mit ihren Deutschlandfahnen nach der WM 2006 gemacht haben. Nur scheinbar geht es dabei um das Problem der Aufbewahrung eines Stofflappens, denn alle wissen, dass dieser zusammengefaltet und gebügelt in jedem Schrank Platz findet. Stattdessen zielt die Frage auf Größeres: Ist das Fahnenschwenken des Sommers 2006, das plötzlich entdeckte Nationalgefühl, nur ein einmaliges Vergnügen? Sollen wir uns dafür so sehr schämen, dass wir die Fahnen loswerden müssen? Eine Antwort, die von den übrigen Teilnehmern als besonders gut bewertet wurde, schlägt vor, die Fahnen [...] zu spenden. [...]

Auch bei der Frage nach Eva Hermans Rausschmiss in der Kerner-Show geht es natürlich nicht nur um eine Bewertung der Ansagerin und des Moderators, sondern auch um die Nazizeit allgemein. Man liest in den Beiträgen viel politisch Korrektes und viel eher Dummes. Immerhin: Die Debatte um die deutsche Vergangenheit ist lebendig.

Die Liste ist arm an Fragen, über die es sich streiten ließe. Auf die Frage, welches ein Film ist, den man unbedingt besitzen sollte, nennen die Teilnehmer brav ihre Lieblinge, ohne darüber zu diskutieren. Das Land ist des Streitens müde geworden.

Schön ist: Keine einzige Frage findet sich, deren Triebfeder Geiz, Missgunst oder Neid ist. Den Deutschen geht es ganz gut, das sagt diese Liste auch. [...] Ihre Fragen drehen sich mehr um den richtigen Benimm bei Bewerbungen oder danach, wohin all die Kugelschreiber im Büro verschwinden. Wichtig ist die Freizeit. Was stelle ich mit meinem freien Tag an, welche Länder gilt es noch zu bereisen? Ein Volk also, das sich am meisten um die sorglosen Tage sorgt. Schon Ernst Jünger schrieb: „Ein gutes Gefühl: auf diesem Planeten nur beurlaubt zu sein." Das ist übrigens die Antwort auf *Wer weiß was*? zur Frage „Hat jemand ein hübsches Zitat zum Thema Urlaub?"

(Zeitmagazin „Leben", Nr. 47, 15.11.2007)

1 *Erörtern Sie in Gruppen (4–5 Schüler), was die 25 Fragen über unsere Gesellschaft aussagen.*

2 *Werten Sie anschließend Ihre Ergebnisse in der gesamten Klasse aus.*

3 *Nennen Sie weitere wichtige Fragen, die junge Menschen heute bewegen, und setzen Sie sich mit diesen auseinander.*

Ich liebe dich – auf Papier und digital

Liebesbriefe sind populär, werden aber immer seltener / Per SMS und E-Mail kommt die nette Botschaft einfach schneller an.

von unserer Mitarbeiterin Linda Zimmermann

Auf Papier und nach Parfüm duftend war gestern. Heute erreichen die meisten Liebesbotschaften innerhalb von Sekunden ihren Empfänger per E-Mail oder SMS. Dabei kommt der gute alte Liebesbrief noch immer gut an.

Das Grinsen wird breiter, die Wangen röten sich, die Augen glänzen: „Felix hat geschrieben", sagt Sandra Bauer und strahlt ihr Handy an. Die 20-jährige Abiturientin aus Freiburg ist seit 18 Monaten mit ihrem Freund zusammen. Sie sieht ihn nur am Wochenende – die Entfernung ist schuld. „Ich freue mich jedes Mal, wenn er mir schreibt, wie es ihm geht und was er gerade so macht." Und natürlich noch mehr, wenn er Liebesbotschaften in 160 Zeichen packt. Vor wenigen Minuten noch klagte Sandra über ihren schlechten Tag, jetzt sagt sie: „Eine SMS von Felix lässt die Welt gleich anders aussehen."

Sandra ist ein absoluter Fan von elektronischer Post. [...]

Auch andere haben die Vorteile von elektronischer Post in Form von SMS und E-Mails längst erkannt: Nach einer Studie des Bitkom (Bundesverband Informationswirtschaft, Telekommunikation und neue Medien) versendet ein Handynutzer in

Deutschland jährlich 350 SMS, das sind insgesamt rund 23 Milliarden SMS im Jahr. Auch E-Mails sind auf dem Vormarsch. 2006 nutzten 60 Prozent aller 16- bis 74-Jährigen in Deutschland das Internet, um private E-Mails zu verschicken oder zu empfangen. Das sind so viele wie noch nie. 2002 lag die Quote erst bei 38 Prozent. Wie viele der elektronischen Botschaften so zärtliche Worte enthalten wie die zwischen Felix und Sandra, kann natürlich niemand sagen.

Der Hüter der Liebesbriefe

Doch nicht jeder schätzt diese Art der Kommunikation. David Vorgrimmler (22) studiert in Freiburg Informatik. Und obwohl dieser Studiengang seine Vorliebe für Technik verrät, winkt er ab, wenn es um elektronische Post geht: „Liebesbotschaften per SMS finde ich eher unpersönlich. Wie das Wort Short Message, kurze Nachricht, schon sagt, muss man die Texte immer abkürzen. Für das Formulieren von Gefühlen ist das ungeeignet“, sagt er. In E-Mails sei dafür zwar genug Platz, aber David zieht dennoch das Papier vor [...]. E-Mails und SMS bleiben den Empfängern oft nicht so lange erhalten – wenn die Festplatte abstürzt oder ein neues Handy angeschafft wird, sind sie häufig verloren. Außerdem meint David: „Überall sieht man gedruckte Buchstaben im Internet, in Zeitschriften oder Zeitungen – da ist etwas Handschriftliches einfach etwas Besonderes.“

Liebesbriefe sind keineswegs out. Das zeigt ausgerechnet der Blick ins Internet. Ein Junge fragt beispielsweise in einem Onlineforum von Yahoo, ob sich Mädchen heute noch über einen traditionellen, also handschriftlichen Liebesbrief freuen. Er hat schnell 20 Antworten – fast alle positiv. [...]

Die Statistik der Deutschen Post zeigt, dass tatsächlich viele zu faul fürs Liebesbriefe-Schreiben sind. Zwar werden bundesweit jeden Tag 70 Millionen Briefe befördert, „es ist aber eine Verschiebung weg vom privaten Brief hin zum Geschäftsbrief oder Werbebrief zu beobachten“, sagt Pressesprecher Hugo Gimber. Auch insgesamt gehe die Menge der Briefe langsam zurück. „Die Auswirkungen von Internet, E-Mails und SMS sind deutlich spürbar.“ Stephan Kahl, Pressesprecher des Bitkom, erklärt: „Junge Leute sind mit E-Mails und SMS aufgewachsen. Diese Art der Kommunikation ist für sie selbstverständlich. Das spiegelt sich natürlich auch beim Versenden von Liebesgrüßen wider.“ Ein Vorteil der neuen Medien: An E-Mails und SMS können auch Fotos, Ton und Videos angehängt werden. Das gibt eine individuelle Note.

Trotzdem kann David diese Entwicklung nicht nachvollziehen: „Verschickt man eine Liebesmail, dann bekommt der Empfänger die Zeilen oft neben irgendwelchen Spam-Mails. Womöglich hat man die Mail nebenher verfasst – während man bei Ebay etwas ersteigerte. Das hat nichts Persönliches mehr“, sagt er. Seine Freundin ist gerade für ein halbes Jahr nach England geflogen. „Ich werde ihr auf jeden Fall Briefe schreiben.“ [...]

Nicht immer liest man das Geschriebene so gerne. Ein Ex-Freund von Sandra hat per E-Mail die Beziehung beendet. „Das fand ich sehr feige und verletzend“, erzählt Sandra. „Bei schriftlichen Mitteilungen vermeidest du, dem anderen in die Augen zu schauen. Du gehst der direkten Reaktion des Empfängers aus dem Weg“, sagt Sandra. So etwas ist unangenehm – egal ob es handschriftlich per Brief passiert oder schnell mal per E-Mail oder SMS. Sandra: „E-Mails bewahren eine gewisse Distanz, außerdem können sie zu jeder Zeit an die ganze Welt verschickt werden. Das Versenden von Briefen ist wesentlich komplizierter und dauert länger – vielleicht überlegt man es sich da so noch einmal anders.“ Als sie so überlegt, vibriert und piepst ihr Handy wieder. Gespannt nimmt sie es in die Hand. Wer hat wohl jetzt geschrieben?

(Badische Zeitung, 21.11.2007)

1 *Nennen Sie Vor- und Nachteile der jeweiligen Art und Weise, Liebesbriefe zu schreiben.*

2 *Erörtern Sie am Beispiel digitaler Liebesbriefe, inwiefern sich die Gesellschaft durch den Einfluss neuer Medien verändert.*

Textquellenverzeichnis

Andersch, Alfred: *Der Vater eines Mörders* (Auszüge), *S. 180, 220.* Zürich: Diogenes 1980, S. 129 ff.

Ausländer, Rose: *Ein Tag im Exil, S. 376.* Aus: Gesammelte Gedichte. Köln: Literarischer Verlag Braun 1977, S. 114.

Becker, Annegret: *Der perfekte Chef, S. 126.* Aus: Impulse, August 2002.

Beckett, Samuel: *Warten auf Godot* (Auszug), *S. 240.* Aus: S. M., Warten auf Godot. Deutsch v. Elmar Tophoven. Frankfurt a. M.: Suhrkamp 1963, S. 7.

Benn, Gottfried: *Karyatide, S. 374.* Aus: G. B., Sämtliche Werke. Bd. 1. Gedichte. Stuttgarter Ausgabe in Verbindung mit Ilse Benn. Hg. v. Gerhard Schuster. Stuttgart: Klett-Cotta 1986, S. 38.

Berg, Sybille: *RUTH langweilt sich* (Auszug), *S. 80.* Aus: S. B., Ein paar Leute suchen das Glück und lachen sich tot. Leipzig: Reclam 1997, S. 13.

Berlinghof, Harald: *Die Welt im Wohnzimmer, S. 133–135.* Aus: Rhein-Neckar-Zeitung, 25.04.2006.

Berner, Winfried: *Wahrnehmung: Das unsichere Fundament unseres Handelns* (gekürzt), *S. 168.* Aus: http://www.umsetzungsberatung.de/psychologie/wahrnehmung.php [09.09.2008]

Böll, Heinrich: *Anekdote zur Senkung der Arbeitsmoral* (Auszug), *S. 82.* Aus: Aufsätze, Kritiken, Reden II. Köln: Deutscher Taschenbuch Verlag 1967, S. 182; *Mein teures Bein* (Auszug), *S. 83.* Aus: H. B., Wanderer, kommst du nach Spa... Erzählungen. München: Deutscher TB-Verlag 1985; *Wie in schlechten Romanen* (Auszug), *S. 181.* Aus: Heinrich Böll: Romane und Erzählungen. Hg. v. Werner Bellmann. Stuttgart: Reclam 2000.

Bönisch, Julia: *Das geht gar nicht!, S. 177.* Aus: Süddeutsche Zeitung, 07.01.2008.

Book, Simon: *Speichelhockey im Fummelbunker* (gekürzt), *S. 394.* Aus: Badische Zeitung, 13.09.2008.

Brecht, Bertolt: *Wer kennt wen?, S. 100.* Aus: B. B., Gesammelte Werke in 20 Bänden. Prosa 2. In Zusammenarbeit mit Elisabeth Hauptmann. Werkausgabe Edition Suhrkamp. Frankfurt a. M.: Suhrkamp 1967, S. 407–408; *Was ist mit dem epischen Theater geworden?, S. 246.* Aus: Schriften zum Theater 3. 1933-1947. Frankfurt a. M.: Suhrkamp 1963; *Kann die heutige Welt durch Theater wiedergegeben werden?* (Auszug), *S. 233.* Aus: B. B., Werke. Große kommentierte Berliner u. Frankfurter Ausgabe. Hg. v. W. Hecht u. a., Bd. 23. Frankfurt a. M.: Suhrkamp 1993, Seite 340 f.; *Leben des Galilei* (Auszug), *S. 237.* Aus: B. B., Gesammelte Werke 3. Stücke 3. Werkausgabe Edition Suhrkamp. Frankfurt a. M.: Suhrkamp 1967; *Das Leben des Galilei: Auszug aus dem 4. Bild, S. 297.* Aus: ebd., S. 1265–1266. *Auszug aus dem 6. Bild, S. 299.* Aus: ebd., S. 1281–1283. *Auszug aus dem 14. Bild. Erste Fassung, S. 302.* Aus: Leben des Galilei. Edition Suhrkamp. 44. Aufl. Berlin: Suhrkamp 1990; *Auszug aus dem 14. Bild. Dritte Fassung (1953–55), S. 302.* Aus: B. B., Gesammelte Werke 3. Stücke 3. Werkausgabe Edition Suhrkamp. Frankfurt a. M.: Suhrkamp 1967, S. 1340–1341. *Auszug aus dem 13. Bild, S. 306.* Aus: ebd., S. 1325, 1328–1329.

Brussig, Thomas: *Am kürzeren Ende der Sonnenallee* (Auszug), *S. 10.* Frankfurt a. M.: Fischer TB Verlag 2002, S. 12.

Büchner, Georg: *Lenz* (Auszug), *S. 147.* Aus: Deutsche Erzählungen. Von Droste-Hülshoff bis Raabe. Hg. v. Helmut Winter. München: Piper Verlag 1999, S. 417.

Chamisso, Adelbert von: *Seit ich ihn gesehen, S. 318.* Aus: Deutsche Liebesgedichte von Walther von der Vogelweide bis zur Gegenwart. Ausgewählt v. Walter Lewerenz u. Helmut Preißler. Berlin: Verlag Neues Leben 1964, S. 124.

Cill, Hanni; Meyn, Hermann: *Die Informationsgesellschaft von morgen* (gekürzt), *S. 102.* Aus: Die Informationsgesellschaft von morgen. Hg. v. der Bundeszentrale für politische Bildung, Heft 260.

Döblin, Alfred: *Berlin, Alexanderplatz* (Auszüge), *S. 82, 373.* Berlin: Rütten & Loening 1978, S. 9 f.

Domin, Hilde: *Ziehende Landschaft, S. 376.* Aus: Gesammelte Gedichte. Frankfurt a. M.: Fischer 1987, S. 13.

Dörrie, Doris: *Es gibt da eine kleine Ente ..., S. 76.* Aus: Kurz und bündig. Die schnellsten Geschichten der Welt. Hg. v. Daniel Kampa u. a. Zürich: Diogenes 2007, S. 57–59.

Dorst, Tankred: *Die Schattenlinie* (Auszug), *S. 179.* Frankfurt a. M.: Suhrkamp 1994, S. 31 ff.

Dürrenmatt, Friedrich: *Der Richter und sein Henker* (Auszug), *S. 222.* Zürich: Diogenes 2004; *Uns kommt nur noch die Komödie bei, S. 246.* Aus: Theaterprobleme. In: Theater-Schriften und Reden. Zürich: © Diogenes Verlag 1985; *Die Physiker* (Auszug), *S. 239.* Aus: Werkausgabe in 37 Bänden. Bd. 7. Zürich: Diogenes 1998; *Modell Scott, S. 242.* Aus: F. D., Die Wiedertäufer. Werke X. Zürich: Verlag die Arche 1980, S. 127 f.

Eichendorff, Joseph von: *Der wandernde Student, S. 367.* Aus: Frühling mit Nachtigallen und anderem Zubehör. Eichendorff zum Vergnügen. Hg. v. Martin u. Ulrike Hollender. Stuttgart: Philipp Reclam jun. GmbH & Co. 1998, S. 26 ff.

Eisenhart-Rothe, Beate von: *Miteinander zu reden ist noch der beste Schutz* (gekürzt), *S. 256.* Aus: DIE WELT, 28.05.2008.

Fiedler, Doreen: *Pro & Contra: 40 Jahre danach: Nichts übrig vom Geist der 68er* (gekürzt), *S. 395.* Aus: Badische Zeitung, 05.09.2008.

Fischermann, Thomas: *Privat war gestern. Interview mit Sean Hastings, S. 291.* Aus: DIE ZEIT, Nr. 20, 08.05.2008.

Fontane, Theodor: *Effi Briest* (Auszug), *S. 369.* Aus: Fontanes Werke in fünf Bänden. 4. Bd. Ausgew. u. eingeleitet v. Hans-Heinrich Reuter. Hg. v. d. Nationalen Forschungs- und Gedenkstätten der klassischen deutschen Literatur in Weimar. Berlin/Weimar: Aufbau-Verlag 1964, S. 249–252.

Fried, Erich: *Was es ist, S. 232.* Aus: Gedichte. Ausgew. u. hg. v. Klaus Wagenbach. München: Deutscher Taschenbuch-Verlag 1995.

Friedmann, Jan: *Umstrittener Grips-Rabatt* (gekürzt), *S. 401.* Aus: Der Spiegel 47/2007, 19.11.2007.

Frisch, Max: *Homo Faber* (Auszug), *S. 164.* Frankfurt a. M.: Suhrkamp 1977; *Ein Mädchen und ein junger Mann* (gekürzt), *S. 384.* Aus: M. F., Gesammelte Werke in zeitlicher Folge. Bd. 4. Tagebuch 1946–1948. Frankfurt a. M.: Suhrkamp 1950, 1976, S. 493–496.

Funk, Viktor: *Wenn das Internet zum Pranger wird* (gekürzt), *S. 270.* Aus: Frankfurter Rundschau, 13.03.2008.

Goethe, Johann Wolfgang: *Maifest, S. 227.* Aus: Sämtliche Werke. Bd. 2. Die Gedichte 1800–1832. Hg. v. Karl Eibl. Frankfurt a. M.: Deutscher Klassiker Verlag, S. 47 f.; *Die Leiden des jungen Werthers* (Auszüge), *S. 227, 363.* Aus: Goethes Werke. Hamburger Ausgabe in 14 Bänden. Bd. 6, Romane und Novellen 1. Hg. v. Erich Trunz. München: Verlag: C. H. Beck 1993; *Iphigenie auf Tauris* (Auszug), *S. 364.* Aus: Sämtliche Werke. Briefe, Tagebücher und Gespräche. Bd. 5: Dramen 1776–1790. Unter Mitarbeit von Peter Huber hg. v. Dieter Borchmeyer. Frankfurt a. M.: Deutscher Klassiker Verlag 1988, S. 555 f.

Grass, Günter: *Der Butt* (Auszug), *S. 219.* Darmstadt u. a.: Luchterhand 1977; *Die Blechtrommel* (Auszug), *S. 378.* Hamburg/Zürich: Luchterhand Literaturverlag 1974, S. 6–8.

Grimmelshausen, Hans Jakob Christoffel von: *Der abenteuerliche Simplicissimus Teutsch* (Auszug), *S. 359.* Nachw. v. Günther Deicke. 5. Aufl. Berlin/Weimar: Aufbau 1988, S. 37 f.

Grosz, Peter: *Unerlaubter Weitschuss* (Auszug), *S. 94.* Aus: Tatort Klassenzimmer. Texte

Textquellenverzeichnis

gegen Gewalt in der Schule. 3. Aufl. Hg. v. Reiner Engelmann. Würzburg: Arena Verlag 1995, S. 144 f.

Gryphius, Andreas: *Es ist alles eitel, S. 359.* Aus: Werke in einem Band. Berlin/Weimar: Aufbau 1980, S. 5; *An Eugenien, S. 318.* Aus: Deutsche Liebesgedichte von Walther von der Vogelweide bis zur Gegenwart. Ausgewählt v. Walter Lewerenz und Helmut Preißler. Berlin: Verlag Neues Leben 1964, S. 42.

Gunzert, Karolin: *Die vielen Augen des „großen Bruders“* (gekürzt), *S. 290.* Aus: http://www.ard.de/ratgeber/special/videoueberwachung/-/id=322978/nid=322978/did=320090/2i5o7u/index.html [09.03.2009]

Hahn, Ulla: *Bildlich gesprochen, S. 318.* Aus: U. H., Liebesgedichte. Stuttgart: DVA 1993, S. 22; *Mit Haut und Haar, S. 322.* Aus: U. H., Herz über Kopf. Stuttgart: Deutsche Verlagsanstalt 1981.

Hauptmann, Gerhart: *Der Biberpelz* (Auszug), *S. 371.* Aus: Ausgewählte Werke. Berlin: Aufbau 1962, S. 7–9.

Hein, Christoph: *Drachenblut* (Auszug), *S. 197.* Frankfurt a. M.: Büchergilde Gutenberg 1985, S. 175.

Heine, Heinrich: *Nachtgedanken, S. 368.* Aus: Werke, Bd. 1: Gedichte. Hg. v. C. Siegrist. Frankfurt a. M.: Insel 1968.

Hermann, Hansgeorg: *Das Auto ist am Ende, S. 282.* Aus: Frankfurter Allgemeine Zeitung, 17.07.2008.

Herodot: *Historien, S. 187.* Aus: Historien. 1. Buch, Kap. 21, 33. Hg. v. Hans W. Haussig. Übersetzt v. August Horneffer. Stuttgart: Kröner 1971, S. 14 ff.

Herrmann, Dörte: *Urteilslos* (Auszug), *S. 80.* Aus: D. H., Ich dich nicht. 44 bemerkenswerte Kurzgeschichten. Jena u. a.: Verlag Neue Literatur, S. 24.

Hilbig, Wolfgang: *Grünes grünes Grab* (Auszug), *S. 98.* Aus: W. H., Erzählungen. Frankfurt a. M.: Fischer TB Verlag 2002, 307 ff.

Hildesheimer, Wolfgang: *Eine größere Anschaffung, S. 137.* Aus: W. H., Lieblose Legenden, Frankfurt a. M.: Suhrkamp 1962, S. 88–91.

Hoddis, Jakob van: *Weltende, S. 228, 229.* Aus: Dichtungen und Briefe. Hg. v. Regina Nörtemann. Zürich: Arche-Verlag 1987, S. 15.

Hoffmann, Ernst Theodor Amadeus: *Der Sandmann* (Auszug), *S. 366.* Aus: Märchen und Erzählungen. Nachwort v. Gerhard Seidel. Berlin/Weimar: Aufbau 1980, S. 131 f.

Hürlimann, Thomas: *Der letzte Auftritt, S. 89, 94.* Aus: T. H., Die Satellitenstadt. Geschichten. Zürich: Ammann-Verlag 1992, S. 142 ff.; *Der Liebhaber der Mutter* (Auszug), *S. 95.* Aus: ebd.; *Der Filialleiter* (gekürzt), *S. 386.* Aus: ebd.

Jessen, Jens: *Die verkaufte Sprache* (gekürzt), *S. 31.* Aus: DIE ZEIT, 26.07.2007.

Joffe, Josef: *An die Wand geworfen* (gekürzt), *S. 24.* Aus: Zeit online 31/2007, S. 42.

Joyce, James: *Ulysses* (Auszug), *S. 223.* Aus: J. J., Ulysses. Bd. 2. Übersetzt von Hans Wollschläger. Berlin: Verlag Volk und Welt 1980, S. 498.

Kafka, Franz: *Oxforder Oktavheft 2* (Auszug), *S. 82.* Hg. v. Roland Reuss und Peter Staengle. Frankfurt a. M. u. a.: Stroemfeld 2006; *Kleine Fabel, S. 99.* Aus: Gesammelte Werke. Hg. v. Max Brod. Frankfurt a. M.: Fischer TB Verlag 1983, S. 91; *Gib's auf!, S. 225.* Aus: F. K., Sämtliche Erzählungen. Hg. v. Paul Raabe. Frankfurt a. M.: Fischer TB Verlag 1970, S. 320 f.; *Der Nachbar, S. 244.* Aus: Gesammelte Werke. Hg. v. Max Brod. Frankfurt a. M.: Fischer TB Verlag 1983.

Kant, Immanuel: *Beantwortung der Frage: Was ist Aufklärung?* (Auszug), *S. 360.* Aus: Was ist Aufklärung? Thesen und Definitionen. Hg. v. Erhard Bahr. Stuttgart: Reclam 1974, S. 9 f.

Kästner, Erich: *Sachliche Romanze* (Auszug), *S. 228.* Aus: Zeitgenossen, haufenweise. Gedichte. München u. a.: Hanser 1998, S. 65.

Kehlmann, Daniel: *Die Vermessung der Welt* (Auszug), *S. 104.* Reinbek: Rowohlt TB Verlag 2008, S. 45.

Kleine, Julia: *Am besten natürlich bleiben* (gekürzt), *S. 167.* Aus: Focus, 17.06.2009.

Köhler, Horst: *Für einen fruchtbaren Dialog von Wirtschaft und Politik.* – Rede von Bundespräsident Horst Köhler anlässlich der Jahrestagung des BDI (Auszüge), *S. 206.* Aus: http://bundespraesident.de/Reden-und-Interviews-,11057.646241/Fuer-einen-fruchtbaren-Dialog-.htm?global.back=/-%2c11057%2c0/Reden-und-Interviews.htm%3flink%3dbpr_liste%26link.sDateV%3d21.06.2008%26link.sDateB%3d27.06.2008 [24.09.2008]; *Arbeit, Bildung, Integration* (Auszug), *S. 206.* Aus: http://bundespraesident.de/Reden-und-Interviews-,11057. 646080/Arbeit_-Bildung_-Integration-B.htm?global.back=/-%2c11057%2c1/Reden-und-Interviews.htm%3flink%3dbpr_liste [24.09.2008]

Kuckeberg, Martin: *Wer sprach das erste Wort? Die Entstehung von Sprache und Schrift* (gekürzt), *S. 28.* Aus: hr-online, 24.11.2004.

Kunze, Hagen: *Personaler kennen sie alle* (verändert), *S. 25.* Aus: Floskeln, nein danke. In: http://inhalt.monster.de/15315_de-de_p1.asp [27.05.2008]

Kunze, Reiner: *Die Liebe, S. 231.* Aus: Erich Fried, Die Quelle der Liebe. Texte von Erich Fried, Reiner Kunze, Jörg Zink u. a. Zusammengestellt v. Volker Bauch. Leipzig: St. Benno Verlag 2006.

Lessing, Gotthold Ephraim: *Emilia Galotti* (Auszug), *S. 361.* Aus: Werke und Briefe in zwölf Bänden. Bd. 7, Werke 1770–1773. Hg. von Klaus Bohnen. Frankfurt a. M.: Deutscher Klassiker Verlag 2000, S. 368–370.

Maier, Andreas: *Wäldchestag* (Auszug), *S. 105.* Frankfurt a. M.: Suhrkamp 2002, S. 11.

Malerba, Luigi: *Seelenfrieden* (Auszug), *S. 81.* Aus: L. M., Taschenabenteuer: 53 Geschichten. Aus dem Italienischen von Iris Schnebel-Kaschnitz. Berlin: Wagenbach 1986.

Mann, Thomas: *Mario und der Zauberer* (Auszug), *S. 94.* Aus: T. M., Tonio Kröger und Mario und der Zauberer. Ein tragisches Reiseerlebnis. Frankfurt a. M.: Fischer 2005; *Bekenntnisse des Hochstaplers Felix Krull* (Auszug), *S. 221.* Aus: T. M., Bekenntnisse des Hochstaplers Felix Krull. Der Memoiren erster Teil. Frankfurt a. M.: S. Fischer 1985; *Buddenbrooks* (Auszüge), *S. 224, 389.* Frankfurt a. M.: Fischer TB Verlag 1960; *Der Zauberberg* (Auszug), *S. 223.* Frankfurt a. M.: Fischer TB Verlag 1991.

Meuscheler, Rainer; Meuscheler Tilmann: *Don't worry, be happy* (gekürzt), *S. 185.* Aus: Frankfurter Allgemeine Sonntagszeitung, 06.03.2005.

Murakami, Haruki: *Gefährliche Geliebte* (Auszug), *S. 392.* Aus: H. M., Gefährliche Geliebte. Übersetzt von Giovanni Bandini und Ditte Bandini. Köln: Dumont 2000, S. 56–57.

Nadolny, Isabella: *In aller Unschuld, S. 283.* Aus: Familien Geschichten. Erstveröffentlichung, Abdruck mit freundl. Genehmigung v. Sten Nadolny. München: Deutscher TB Verlag 2006, S. 132–133.

Nuri, Midia: *Wenn die Lehre an der Einstellung scheitert* (gekürzt), *S. 40.* Aus: STERN, 05.04.2008, www.stern.de/wirtschaft/arbeit-karriere/karriere/:Ausbildung-Wenn-Lehre-Einstellung/616006.html [26.02.2009]

Orths, Markus: *Kruft und Schill* (Auszüge), *S. 85, 95.* Aus: M. O., Fluchtversuche. Frankfurt a. M.: Schöffling & Co. 2006.

Pfohlmann, Oliver: *„Ich sehe was, was du nicht siehst“* (gekürzt), *S. 218.* Aus: Frankfurter Rundschau Literatur 10/2007.

Prüfer, Tilmann; Stolz, Matthias: *Fragen, die Leute wirklich umtreiben* (gekürzt), *S. 404.* Aus: Zeitmagazin „Leben“, Nr. 47, 15.11.2007.

Textquellenverzeichnis

Radisch, Iris: *Mein Leben im intellektuellen Vorruhestand* (Auszug), *S. 198.* Aus: DIE ZEIT, Nr. 32, 02.08.2007, www.zeit.de/2007/32/L-Maron?page=all [27.02.2009]

Rau, Johannes: *Nirgendwo wissen die Menschen besser, ...* (gekürzt), *S. 215.* Aus: http://www.bundespraesident.de/Reden-und-Interviews/Reden-Johannes-Rau-,11070.56139/Ansprache-von-Bundespraesident.htm?global.back=/Reden-und-Interviews/-%2c11070%2c0/Reden-Johannes-Rau.htm%3flink%3dbpr_ liste%26link.sDateV%3d11.09.2001%26link.sDateB%3d14.09.2001 [24.09.2008]

Regener, Sven: *Herr Lehmann* (Auszug), *S. 221.* Frankfurt a. M.: Eichborn-Berlin 2001, S. 124.

Reich-Ranicki, Marcel: *Nichts als Literatur* (Auszug), *S. 198.* Aus: M. R.-R., Nichts als Literatur. Aufsätze und Anmerkungen. Stuttgart: Reclam 1985, S. 73.

Renner, Claudia: *Was ist das Private noch wert?, S. 292.* Aus: Rhein-Zeitung, 25.04.2008.

Schädlich, Hans Joachim: *Ostwestberlin* (Auszug), *S. 84.* Reinbek: Rowohlt 1987, 72–74.

Schiller, Friedrich: *Die Schaubühne als moralische Anstalt betrachtet, S. 245.* Aus: Was kann eine gute stehende Bühne eigentlich bewirken? In: Sämtliche Werke. Bd. 5. Hg. v. Gerhard Fricke u. Herbert G. Göpfert. München: Carl Hanser Verlag 1960; *Die Jungfrau von Orleans* (Auszug), *S. 234.* Aus: F. S., Die Jungfrau von Orleans. Hg. v. Wolfgang Freese und Ulrich Karthaus unter Mitarbeit v. Renate Fischetti. Stuttgart: Reclam 1984; *Das Glück und die Weisheit, S. 365.* Aus: F. S., Sämtliche Werke. Gedichte. Bearbeiter: Jochen Golz. Berlin: Aufbau 2005, S. 89.

Schlink, Bernhard: *Der Vorleser* (Auszug), *S. 174.* Zürich: Diogenes 1997, S. 36 f.

Schneider, Robert: *Schlafes Bruder* (Auszug), *S. 221.* Leipzig: Reclam 1998, S. 9.

Schönmann, Jochen: *Die fröhlichen Schüler von Heidelberg* (gekürzt), *S. 192.* Aus: Spiegel online, 12.09.2007.

Schuh, Hans: *Ja nicht abkatzen!, S. 13.* Aus: DIE ZEIT, 25.10.2007.

Schulz von Thun, Friedemann: *Die vier Seiten einer Nachricht* (gekürzt), *S. 172.* Aus: Miteinander reden, Bd. 1. Reinbek: Rowohlt Verlag 1981, S. 26–29.

Seils, Christoph: *Wieder an die Zukunft glauben* (gekürzt), *S. 396.* Aus: DIE ZEIT, 11.09.2008.

Siefer, Werner; Miketta, Gabi: *REDEN – ÜBERZEUGEN – GEWINNEN!* (gekürzt), *S. 22.* Aus: Focus, 28.10.1996.

Simon, Walter, Prof.: *Jeder Erfolg reizt, es neu zu versuchen, S. 264.* Aus: DIE WELT, 08.01.2000.

Skármeta, Antonio: *Mit brennender Geduld* (Auszüge), *S. 147.* Übersetzt v. Willi Zurbrüggen. München/Zürich: Piper 2005.

Stamm, Peter: *Agnes* (Auszüge), *S. 309, 316.* München: btb-Verlag 2001.

Stifter, Adalbert: *Brigitta* (Auszug), *S. 147.* Aus: Deutsche Erzählungen. Von Droste-Hülshoff bis Raabe. Hg. v. Helmut Winter. München: Piper 1999, S. 337.

Storm, Theodor: *Pole Poppenspäler* (Auszug), *S. 147.* Aus: Deutsche Erzählungen. Von Droste-Hülshoff bis Raabe. Hg. v. Helmut Winter. München: Piper 1999, S. 512.

Strauß, Botho: *Der Arglose, S. 385.* Aus: B. S., Mikado. München: Hanser 2006, S. 98.

Suchanek, Tina: *Kinder der Revolution* (gekürzt), *S. 402.* Aus: Zeitmagazin „Leben", Nr. 46, 08.11.2007.

Süskind, Patrick: *Das Parfüm* (Auszug), *S. 94.* Zürich: Diogenes 1985, S. 35.

Suter, Martin: *Männer unter Stress: Perrig* (gekürzt), *S. 78.* Aus: Wahrscheinlich liest wieder kein Schwein Satirisches. Hg. v. Daniel Keel u. Daniel Kampa. Zürich: Diogenes 2006, S. 320; *Kostenfaktor Mitarbeiter* (gekürzt), *S. 386.* Aus: M. S., Unter Freunden und andere Geschichten aus der Business Class. Zürich: Diogenes 2007, S. 194–196.

Swift, Jonathan: *Gullivers Reisen* (Auszug), *S. 27.* Übers. v. Franz Kottenkamp. Vervollständigt und bearb. v. Roland Arnold. Frankfurt a. M./Leipzig: Insel Verlag 2008, S. 262 f.

Thumann, Jürgen: *Solidarität braucht Leistung* (gekürzt), *S. 210.* Aus: http://www.bdi.eu/Dokumente/Presse/Jata08_RedeThumann.DOC [24.09.2008]

Torberg, Friedrich: *Der Schüler Gerber* (Auszug), *S. 250.* München: Deutscher TB Verlag 1980, S. 168.

Trakl, Georg: *Ein Frühlingsabend, S. 247.* Aus: G. T., Gesammelte Werke. Hg. v. Wolfgang Schneditz. Salzburg: Müller 1949.

Turner, Sebastian: *Interview mit dem manager magazin, S. 19.* Aus: manager magazin, 17.04.2003.

Ude, Albrecht: *Lügen im Netz* (gekürzt), *S. 399.* Aus: DIE ZEIT, Nr. 6, 31.01.2008, S. 37.

Uhtenwoldt, Deike: *Erste Prüfung im Netz* (gekürzt), *S. 34.* Aus: Frankfurter Allgemeine Zeitung, 29.03.2008, Nr. 74, S. C4.

Walser, Martin: *Ein fliehendes Pferd* (Auszug), *S. 381.* Aus: M. W., Ein fliehendes Pferd. Kommentar v. Helmuth Kiesel. Suhrkamp BasisBibliothek 35. Frankfurt a. M.: Suhrkamp 2002, S. 11–13.

Watzlawick, Paul; Beavin, Janet H.; Jackson, Don D.: *Axiome der Kommunikation, S. 165.* Aus: Menschliche Kommunikation. Formen, Störungen, Paradoxien. Hg. v. Paul Watzlawick; Janet H. Beavin; Don D. Jackson. Bern/Stuttgart: Huber 1969, S. 50–53, S. 61–68.

Weizsäcker, Richard von: Rede bei der Gedenkveranstaltung im Plenarsaal des Deutschen Bundestages zum 40. Jahrestag des Endes des Zweiten Weltkrieges in Europa. (Auszug), *S. 202.*
Aus: http://bundespraesident.de/Reden-und-Interviews/Reden-Richard-von-Weizsaecker-,12166.629421/Rede-von-Bundespraesident-Rich.htm?global. back=/Reden-und-Interviews/-%2c12166%2c0/Reden-Richard-von-Weizsaecker.htm%3flink%3dbpr_liste%26link.sDateV%3d08.05.1985%26 link.sDateB%3d08.05.1985 [25.09.2008]

Widmer, Urs: *Top Dogs* (Auszüge), *S. 108, 176.* In: Theater Heute, 2/97, S. 43, 47.

Wiese, Benno von: *Durch Leid, Gehorsam und Buße ..., S. 236.* Aus: B. v. W., Die deutsche Tragödie von Lessing bis Hebbel. Hamburg: Hoffmann & Campe 1967, S. 254.

Wohmann, Gabriele: *Flitterwochen, dritter Tag, S. 86, 95.* Aus: G. W., Ausgewählte Erzählungen aus zwanzig Jahren. Bd. 2. Darmstadt: Luchterhand 1979, S. 50 f.

Wolf, Christa: *Der geteilte Himmel* (Auszug), *S. 379.* Berlin/Weimar: Aufbau 1975, S. 8–10.

Wondratschek, Wolf: *Als das Einfamilienhaus fertig war ...* (Auszug), *S. 77.* Aus: W. W., Früher begann der Tag mit einer Schusswunde. Zürich: Diogenes 1989; *43 Liebesgeschichten, S. 283.* Aus: ebd.

Zelter, Joachim: *Schule der Arbeitslosen* (Auszug), *S. 382.* Tübingen: Klöpfer & Meyer 2006, S. 5–6.

Zimmer, Dieter E.: *Alles eine Sache des guten Geschmacks? Von wegen!* (gekürzt), *S. 23.* Aus: DIE ZEIT, 26.07.2007.

Zimmermann, Linda: *Ich liebe dich – auf Papier und digital* (gekürzt), *S. 405.* Aus: Badische Zeitung, 21.11.2007.

Zippert, Hans: *Würden Sie an einer Tortengrafik teilnehmen?, S. 61.* Quelle: Bäckerei Dingwerth, 04.04.2002. Aus: H. Z.: So funktioniert Deutschland. München/Wien: Sanssouci im Carl Hanser Verlag 2004, S. 123.

Zumach, Andreas: *Viele Ausländer haben's schwer in Deutschland* (gekürzt), *S. 393.* Aus: Badische Zeitung, 21.08.2008, S. 4.

Zwerenz, Gerhard: *Nicht alles gefallen lassen ..., S. 388.* Aus: G. Z., Nicht alles gefallen lassen. Schulbuchgeschichten. Frankfurt a. M.: Fischer TB Verlag 1972, S. 55–56.

Textquellenverzeichnis

Unbekannte und ungenannte Verfasser

Alles, was Sie über ein zufriedenes Leben wissen müssen (gekürzt), *S. 188.* Aus: FAS, 06.03.2005

Auf ihre Frage an Jugendliche ..., S. 73. Nach: Jim-Studie 2007, Hrsg. v. MPFS, S. 29.

Basiskenntnisse sind in folgenden Bereichen notwendig (Auszug), *S. 11.* Aus: www.schulministerium.nrw.de/BP/Unterricht/Faecher/Berufs_Studienorientierung/03_Empfehlungen_Landesausschuss.pdf, S. 2 [26.02.2009]

Biomüll von anderem Müll zu trennen, das ..., S. 113 (Originalbeitrag)

„Der Schweizer Hörspielautor Peter Stamm ...", S. 314. Aus: http://wissen.spiegel.de/wissen/image/show.html?did=8002534&aref=image017/F9843/SP-19981019-SP199804302590259.pdf&thumb=false [18.09.2008]

Dialog im Chat, S. 16 (Originalbeitrag)

Die Bedürfnispyramide nach Maslow (gekürzt), *S. 262.* Aus: http://www. intrinsische-mitarbeitermotivation.de/seite-8.html [27.02.2009]

Die Entsorgung von Müll erfolgt in Tonnen ..., S. 113 (Originalbeitrag)

Die ideale Schule (gekürzt), *S. 107.* Aus: Süddeutsche Zeitung, 14.12.2006.

Die Lammkeule waschen und ..., S. 219. Aus: http://www.kochmeister.com/ r/33749-Lammkeule_mit_Ofenkartoffel. html [18.09.2008]

Die Leute können mit Observation gut leben. Ein Interview mit Ronald Hitzler, S. 275. Aus: DIE ZEIT – Wissen, Nr. 4, Juni/Juli 2008.

Die neue Kirch-Gruppe, S. 64. Quelle: Unternehmen: Frankfurter Allgemeine Zeitung/F.A.Z.-Grafik Niebel, F.A.Z., Nr. 96, 24.04.2008, S. 17.

Die neun Stufen der Konflikteskalation, S. 253. Aus: Friedrich Glasl, Konfliktmanagement. Ein Handbuch für Führungskräfte, Beraterinnen und Berater. Bern/Stuttgart: Haupt u. a. 1999.

Dienst nach Vorschrift ist die Regel, S. 259. Aus: manager-magazin, 09.08.2008.

Die Nutzung des Radios an Werktagen im Tagesverlauf 2008, S. 63. Quelle: Media Analyse 2008 Radio I, eigene Berechnungen. Aus: http://www.mediendaten.de/hoerfunk-radionutzung-d0.html [27.02.2009]

Die Zwei-Faktoren-Theorie von Herzberg, S. 263. Aus: http://www.intrinsische-mitarbeitermotivation.de/seite-9.html [27.02.2009]

Du, S. 51. Aus: Du bist Deutschland. Eine Kampagne für mehr Kinderfreundlichkeit. In: http://www.du-bist-deutschland.de/ [09.03.2009]

Einmal gespeichert, immer gespeichert (gekürzt), *S. 131.* Aus: Q-rage, 3. Ausgabe Schuljahr 2007–2008, S. 2.

Einstieg zum Aufstieg. Die Ausbildung bei der Sparkasse, S. 49. Aus: Ausbildung 2007/2008, IHK Bonn/Rhein-Sieg.

Eklat beim Deutschen Fernsehpreis: Marcel Reich-Ranicki verweigert seine Ehrung (gekürzt), *S. 266.* Aus: Süddeutsche Zeitung, 12.10.2008.

Erfolgsgaranten Soft Skills (gekürzt), *S. 21.* Aus: FOCUS, 26.01.2007.

Extrinsische Motivation, S. 260. Aus: http://www.intrinsische-mitarbeitermotivation.de/seite-5.html [27.02.2009]

Formulierungen des Alltags, S. 255. Aus: Verhandlungstechniken. Vorbereitung, Strategie und erfolgreicher Abschluss. Hg. v. Astrid Heeper und Michael Schmidt. Berlin: Cornelsen 2008.

Gestern Nacht war ich zum Zwecke der ..., S. 113 (Originalbeitrag)

Gestörte Kommunikation im Beruf, S. 251. Aus: Frankfurter Rundschau, 28.04.2007.

Glückspilz, S. 74. Aus: Rhein-Neckar-Zeitung, 07.02.2007.

Handy-Besitzer 2007 und 1998, S. 62. Quellen: JIM-Studie 2007. Hrsg. v. MPFS; JIM-Studie 1998. Hrsg. v. MPFS.

Hausordnung (gekürzt u. verändert), *S. 153.* Aus: http://www.mieterbund.de/ fileadmin/pdf/mietvertrag/hausordnung.pdf [02.09.2008]

Hochrelief bis Hochschätzung (gekürzt), *S. 351.* Aus: WAHRIG. Die deutsche Rechtschreibung. Hg. v. der WAHRIG-Redaktion unter der Leitung von Dr. Sabine Krome. Gütersloh und München: Wissen Media Verlag GmbH 2006, S. 511.

„Ich will, ich kann, ich werde" – Der Trainer Christoph Daum wäre gerne ein gelassener Mann, S. 260. Aus: Berliner Zeitung, 20.05.2000.

In den Tropen beziehen die Stürme ..., S. 117 (Originalbeitrag)

In der JIM-Studie werden ... (verändert), *S. 73.* Nach: JIM-Studie 2007, Hrsg. v. MPFS, S. 16.

„In der schwebend leichten Erzählweise ...", S. 314. Aus: http://www.christa-tamara-kaul.de/buch-stamm-peter-agnes.htm [17.09.2008]

INTERPANDEMISCHE PERIODE/PANDEMISCHE WARNPERIODE, S. 116. Aus: Influenza Pandemieplan des Auswärtigen Amts Gesundheitsdienst (Referat 106), Stand: August 2008 (Initialer Plan 08/2005), S. 8–9, http://www.auswaertiges-amt.de/diplo/de/Laenderinformationen/01-Laender/Gesundheitsdienst/download/Pandemieplan.pdf [27.02.2009]

Intrinsische Motivation, S. 260. Aus: http://www.intrinsische-mitarbeitermotivation.de/seite-4.html [27.02.2009]

Kaos: Hey, hab da mal so 'ne Frage, S. 15 (Originalbeitrag)

Kolumne: English, please!, S. 38. Aus: Einstieg Abi 11-2008.

Konflikte sind so alt wie die Menschheit ..., S. 252. Aus: Friedrich Glasl, Konfliktmanagement. Ein Handbuch für Führungskräfte, Beraterinnen und Berater. Bern und Stuttgart: Haupt u. a. 1999.

Konfliktmanagement, S. 254. Aus: Focus, 03.08.2005.

Konnotation und Denotation, S. 30 (Originalbeitrag)

Kundenwünsche, Werbetrends und Werbesprache, S. 46 (Originalbeitrag)

Lärmskala, S. 60. Quelle: FR-InfoGrafik, dpa/DAL.

Macht PowerPoint blöd? (gekürzt), *S. 338.* Aus: http://www.heise.de/newsticker/Macht-PowerPoint-bloed--/meldung/42928 [03.09.2008]

Medienbeschäftigung in der Freizeit 2007, S. 62. Quelle: JIM-Studie 2007. Hrsg. v. MPFS.

Mr. Mits und die Sprache, S. 29 (Originalbeitrag)

Musik, bis die Ohren fiepen, S. 60. Aus: Frankfurter Rundschau, 05.10.2007.

Musikpiraterie im Internet, S. 71. Aus: Globus Infografik 1294, 05.04.2007.

Obwohl die Wirtschaftsdaten schlecht sind, schauen ..., S. 114 (Originalbeitrag)

Online-Lexika nutzen, S. 57 (Originalbeitrag)

Recherchieren in Online-Ausgaben von Printmedien, S. 57 (Originalbeitrag)

Red isch Deutsch oda was? (gekürzt), *S. 12.* Aus: FOCUS, 24.03.2008.

„Soweit ist es eine alltägliche Geschichte ...", S. 314. Aus: http://www.faz.net/s/RUB79A33397BE834406A5D2BFA87FD13913/Doc~ED833A8F8D35C414480C83B0C404ABA5E~ATpl~Ecommon~Scontent.html [17.09.2008], von Silke Doering

Sprache als Visitenkarte, S. 32 (Originalbeitrag)

Stolperfallen, S. 63. Aus: Frankfurter Rundschau, 21.11.2007, Quelle: Verbraucherzentrale Hessen. FR-InfoGrafik,

Suchtgefahr: Zu tief ins Web geschaut (gekürzt), *S. 106.* Aus: www.heute.de, 16.06.2007, http://www.heute.de/ZDFheute/inhalt/22/0,3672,7252566,00.html [27.02.2009]

Von Liebe und Kälte, eine Rezension zu Peter Stamms Roman „Agnes", S. 312, 313. Aus:

Textquellenverzeichnis

http://www.datenstrand.de/leuchtturm/rezension/rezens013.htm [17.09.2008]

„Was guckst du, bin isch Kino?" (gekürzt), *S. 14.* Aus: Spiegel online, 21.06.2008.

Wenn es im Getriebe knirscht, S. 257. Aus: Frankfurter Rundschau, 17.02.2007.

Wenn Personaler googeln (gekürzt), *S. 36.* Von: dpa/Tobias Schormann. Aus: www.sueddeutsche.de/jobkarriere/artikel/97/142782/3/ [17.09.2008]

Wie ein bildender Künstler (gekürzt), *S. 166.* Aus: Frankfurter Allgemeine Sonntagszeitung, 01.06.2008

Wie Kultur unser Denken formt (Auszug), *S. 29.* Aus: Sabine Aßmann, Leben ohne Zahlen. Wie Sprache das Denken formt. science.OFR.at, http://science.orf.at/science/news/122177 [26.02.2009].

Wikipedia – Ohne Gewähr, S. 398. Aus: DIE ZEIT, Nr. 6, 31.01.2008, S. 37.

Wir definieren Konflikte als eine ..., S. 252. Aus: Johan Galtung: Theorien zum Frieden. In: Kritische Friedensforschung. Hg. v. Dieter Senghaas. Frankfurt a. M.: Suhrkamp 1972, S. 235.

Wörterbuchdefinitionen Beihefter, Prime Time, Relaunch, Rub-Off-Effekt, Testimonial, S. 20. Aus: Werbisch. Werbisch – Deutsch. Das ultimative Wörterbuch der Werbung. Scholz & Friends. Frankfurt a. M./Wien: Redline Wirtschaft bei Ueberreuter 2004.

... zwischen Januar und September ... (verändert), *S. 63.* Aus: Frankfurter Rundschau, 21.11.2007.

Alle hier nicht aufgeführten Texte sind Originalbeiträge für dieses Buch. Nicht in allen Fällen war es möglich, den Rechteinhaber ausfindig zu machen. Berechtigte Ansprüche werden selbstverständlich im Rahmen der üblichen Vereinbarungen abgegolten. Wir bitten um Verständnis.

Bildquellenverzeichnis

Einband: Getty Images/Jeff Gross; **S. 9:** vario images; **S. 10:** Cinetext/Jahnke; **S. 14:** vario images/Marja Kasalo; **S. 17:** picture-alliance/dpa-Fotoreport; **S. 18:** CREDIT/Copyright/Rainer Weisflog; **S. 19:** vario images; **S. 23:** bildagentur-online.de; **S. 28:** picture-alliance/akg-images/Erich Lessing; **S. 30:** shutterstock/Eric Isselée; **S. 31:** vario images/Bernhard Claassen; **S. 32:** A1PIX; **S. 33:** vario images; **S. 37:** picture-alliance/dpa-Report; **S. 46:** picture-alliance/Bildagentur Huber; **S. 49:** Sparkasse Köln/Bonn; **S. 51:** fischerAppelt Kommunikation; **S. 59:** Marlee-Fotolia.com; **S. 61/69/72:** dpa-infografik; **S. 62:** JIM 2007; **S. 75:** photothek/Liesa Johannssen; **S. 101:** picture-alliance/dpa Themendienst; **S. 102:** Zentralbild/Matthias Hiekel; **S. 103:** akg-images/Carl-W. Röhrig; **S. 105:** VG Bild-Kunst, Bonn 2006; **S. 106:** picture-alliance/ZB; **S. 107:** picture-alliance/dpa; **S. 108:** ullstein bild – AP; **S. 109:** Dron – Fotolia.com; **S. 111:** moodboard-Fotolia.com; **S. 119:** akg-images; **S. 121:** Image Source; **S. 126:** Westend61/Nico Hermann; **S. 129:** Mike Schroeder/argus; **S. 158:** Peter Wirtz; **S. 163:** vario images; **S. 164:** Cinetext Bildarchiv; **S. 165:** CORBIS/Chase Swift; **S. 168:** medicalpicture; **S. 170:** f1online.de; **S. 173:** Schulz von Thun/Institut für Kommunikation; **S. 177:** vario images; **S. 183:** Tanja Bagusat-Fotolia.com; **S. 184:** picture-alliance/dpa – Sportreport; **S. 184:** picture-alliance/dpa – Fotoreport; **S. 189:** puje-Fotolia.com; **S. 193:** AndresRodriguez-Fotolia.com; **S. 202:** ullstein bild – AP; **S. 204:** picture-alliance/dpa – Report; **S. 211:** ullstein bild-Giribas; **S. 217:** picture-alliance/dpa; **S. 223:** Cinetext/Sammlung Richter; **S. 225:** picture-alliance/dpa; **S. 233:** ullstein bild-Archiv Gerstenberg; **S. 234:** Cinetext/Düring; **S. 235** o: Cinetext/Henschel Theater Archiv, u: Cinetext/Wallmüller; **S. 240:** picture-alliance/dpa; **S. 242:** ullstein bild-vario images; **S. 243** o.li.: picture-alliance/maxppp, o.re.: picture-alliance/akg-images, u.li.: ullstein bild/Fritz Eschen, u.re.: picture-alliance/KPA TopFoto; **S. 244:** picture-alliance/akg images/Johann Brandstetter; **S. 245:** ullstein bild; **S. 246** o: ullstein bild, u: ullstein bild-Heinz Köster; **S. 248:** ullstein bild – Chromorange; **S. 262:** ullstein bild – AP; **S. 265:** ullstein bild – wolterfoto; **S. 269:** Rainer Weispflog; **S. 270:** ullstein bild-Teutopress; **S. 276:** picture-alliance/dpa/dpaweb; **S. 279/282:** picture-alliance/dpa; **S. 292:** Vichel/Andia fr.; **S. 297:** bildagentur-online.com; **S. 299:** ullstein bild – Harry Croner; **S. 300:** ullstein bild – Abraham Pisarek; **S. 323:** Barbara Winzer – Fotolia.com; **S. 333:** ullstein bild – KPA

Wir danken allen Rechteinhabern für die Abdruckgenehmigung. Da es uns leider nicht möglich war, alle Rechteinhaber zu ermitteln, bitten wir, sich gegebenenfalls an den Verlag zu wenden.

Textsortenverzeichnis

Textsortenverzeichnis

Textsortenverzeichnis

Sachwortverzeichnis

Sachwortverzeichnis

Sachwortverzeichnis